Lukas Handschin / Christof Truniger

Die neue GmbH

Die neue GmbH

von

Lukas Handschin
Prof. Dr. iur., Rechtsanwalt

und

Christof Truniger
Dr. iur., LL.M., Rechtsanwalt

2., vollständig neu bearbeitete Auflage

Schulthess § 2006

Bibliografische Information ‹Der Deutschen Bibliothek›
Die Deutsche Bibliothek verzeichnet diese Publikation in der Deutschen Nationalbibliografie; detaillierte bibliografische Daten sind im Internet über ‹http://dnb.ddb.de› abrufbar.

ISBN 10: 3 7255 4835 8 / ISBN 13: 978 3 7255 4835 4

www.schulthess.com

Vorwort und Dank

10 Jahre nach der 1. Auflage des Lehrbuches «Die GmbH – Ein Grundriss» erfolgt mit der 2. Auflage eine vollständige Neubearbeitung. Im Zentrum steht das neue Recht der GmbH, mit dessen Inkrafttreten im Jahr 2007 zu rechnen ist. Die Neubearbeitung widmet sich primär der neuen GmbH. Im Zentrum stehen sodann zwei weitere Gesetzgebungserlasse: zum einen die Bestimmungen im Rahmen der Revision des Obligationenrechts betreffend die Revisionspflicht im Gesellschaftsrecht; zum anderen das Fusionsgesetz. Trotz grösserem Umfang bleibt die Neubearbeitung ein Grundriss. Die Neubearbeitung soll gleichzeitig Lehrmittel und Praktikerhandbuch sein.

Den Autoren ist es ein Anliegen, allen zu danken, die sie unterstützt haben. Herrn Martin Waldburger für sein Mitwirken an der ersten Auflage; Herrn Michael Gwelessiani, Herrn Theo Müller und Herrn Hans-Jakob Käch vom Handelsregisteramt des Kantons Zürich für die Vorprüfung der Statuten; Frau Indre Steinemann für die Mitarbeit beim Kapitel betreffend die Revision der GmbH; Frau Denise Bérces für die Mitarbeit bei der Erstellung der Konkordanztabelle; Frau Estelle Thomet und Frau Catherine Kunz für die Kontrolle der Fussnoten; Frau Claudia Schäppi für die Erstellung der druckfertigen Vorlage; Frau Simone Kappeler vom Schulthess Verlag für die Betreuung der Drucklegung.

Das neue Recht der GmbH, die Revision des Obligationenrechts betreffend die Revisionspflicht im Gesellschaftsrecht und auch das Fusionsgesetz sind neue Erlasse. Viele Fragen sind noch nicht geklärt. Wir haben uns bemüht, zur Klärung dieser Fragen einen Beitrag zu leisten oder zumindest Lösungsansätze aufzuzeigen. Selbstverständlich müssen wir uns dabei neue Erkenntnisse vorbehalten.

Zürich, September 2006

Lukas Handschin und Christof Truniger

Inhaltsübersicht

Inhaltsverzeichnis

Abkürzungsverzeichnis

a.a.O.	am angeführten Ort
Abs.	Absatz
AG	Aktiengesellschaft
AGVE	Aargauische Gerichts- und Verwaltungsentscheide (Aarau)
AJP	Aktuelle Juristische Praxis, St. Gallen 1992
a.M.	anderer Meinung
aOR	Bundesgesetz über das Obligationenrecht vom 30. März 1911 / 18. Dezember 1936 (alte Fassungen)
Art.	Artikel
ASA	Archiv für Schweizerisches Abgaberecht, Bern 1932
Aufl.	Auflage
BGE	Entscheidungen des schweizerischen Bundesgerichts Amtliche Sammlung (Lausanne)
BGHZ	Entscheidungen des (deutschen) Bundesgerichtshofes in Zivilsachen (Köln)
BJM	Basler Juristische Mitteilungen, Basel 1954
BK	Berner Kommentar (Kommentar zum schweizerischen Privatrecht, Bern)
Bsp.	Beispiel
bspw.	beispielsweise
bzw.	beziehungsweise
d.h.	das heisst
DBG	Bundesgesetz vom 14. Dezember 1990 über die direkte Bundessteuer
HReg	Handelsregister
HRegV	Handelsregisterverordnung vom 7. Juni 1937/9. Juni 1992
f.	und folgende (Note, Seite etc.)
ff.	und folgende (Noten, Seiten etc.)
FN	Fussnote

FusG	Bundesgesetz über Fusion, Spaltung, Umwandlung und Vermögensübertragung vom 3. Oktober 2003
GmbH	Gesellschaft mit beschränkter Haftung
GestG	Bundesgesetz über den Gerichtsstand in Zivilsachen vom 24. März 2000
GV	Generalversammlung
HG SG	Handelsgericht des Kantons St. Gallen
i.V.m.	in Verbindung mit
KOV	Verordnung des Bundesgerichts über die Geschäftsführung der Konkursämter
lit.	litera = Buchstabe
m.w.H.	mit weiteren Hinweisen
N	Note
NJW	Neue Juristische Wochenschrift, München
OR	Schweizerisches Obligationenrecht vom 30. März 1911 / 18. Dezember 1936
RAG	Bundesgesetz über die Zulassung und Beaufsichtigung der Revisorinnen und Revisoren vom 16. Dezember 2005
S.	Seite
SAG	Schweizerische Aktiengesellschaft (Zürich, seit 1990 SZW)
SchKG	Bundesgesetz über Schuldbetreibung und Konkurs vom 11. April 1889
SemJud	La Semaine Judiciaire (Genf)
SHAB	Schweizerisches Handelsamtsblatt
SJZ	Schweizerische Juristenzeitung (Zürich)
SR	Systematische Sammlung des Bundesrechts
StG	Steuergesetz des Kantons Zürich (Ord.Nr. 631.1)
StHG	Bundesgesetz vom 14. Dezember 1990 über die Harmonisierung der direkten Steuern der Kantone und Gemeinden
StGB	Schweizerisches Strafgesetzbuch vom 21. Dezember 1937
SZW	Schweizerische Zeitschrift für Wirtschaftsrecht (Zürich, bis 1990 SAG)
u. E.	unseres Erachtens
u.U.	unter Umständen

UWG	Bundesgesetz über den unlauteren Wettbewerb vom 19. Dezember 1986
VE	Vorentwurf von Peter Böckli, Peter Forstmoser, Jean-Marc Rapp, Reform des GmbH-Rechts, Zürich 1997.
vgl.	vergleiche
VR	Verwaltungsrat
VVAG	Verordnung des Bundesgerichts vom 17. Januar 1923 über die Pfändung und Verwertung von Anteilen an Gemeinschaftsvermögen
z. B.	zum Beispiel
ZBJV	Zeitschrift des Bernischen Juristenvereins, Bern 1865
ZGB	Schweizerisches Zivilgesetzbuch vom 11. Dezember 1907
Ziff.	Ziffer
ZK	Zürcher Kommentar (Kommentar zum Schweizerischen Zivilgesetzbuch, Zürich)
ZPO	Zivilprozessordnung
ZR	Blätter für Zürcherische Rechtsprechung, Zürich 1902
ZWR	Zeitschrift für Walliser Rechtsprechung, Sitten 1967

Materialien

Böckli Peter / Forstmoser Peter / Rapp Jean-Marc, Reform des GmbH-Rechts, Expertenentwurf vom 29. November 1996 für eine Reform des Rechts der Gesellschaft mit beschränkter Haftung, Zürich 1997

Böckli Peter / Forstmoser Peter / Rapp Jean-Marc, Expertenbericht und Vorentwurf für eine Reform des Rechts der Gesellschaft mit beschränkter Haftung, Vernehmlassungsunterlage, Bern 1999

Bundesamt für Justiz (Hrsg.), Zusammenstellung der Vernehmlassungen zum Vorentwurf für eine Reform des Rechts der Gesellschaft mit beschränkter Haftung, Bern 2000

Botschaft zur Änderung des Obligationenrechts (GmbH-Recht sowie Anpassungen im Aktien-, Genossenschafts-, Handelsregister- und Firmenrecht) vom 19. Dezember 2001, BBl 2002, S. 3148 ff. (zit.: Botschaft)

Botschaft zur Revision des Obligationenrechts (Revisionspflicht im Gesellschaftsrecht) sowie zum Bundesgesetz über die Zulassung und Beaufsichtigung von Revisorinnen und Revisoren vom 23. Juni 2004, BBl 2004, S. 3969 ff. (zit.: Botschaft Revisionspflicht im Gesellschaftsrecht)

Parlamentarische Beratungen: Nationalrat, 2. März 2005 (Erstrat), AB 2005 N 59; Ständerat, 15. Juni 2005 (Zweitrat), AB 2005, S. 617; Nationalrat, 28. September 2005 (Differenzen), AB 2005 N 1256; Ständerat, 1. Dezember 2005 (Differenzen), AB 2005, S. 984; Nationalrat, 13. Dezember 2005 (Differenzen), AB 2005 N 1824; Nationalrat, 16. Dezember 2005 (Schlussabstimmung), AB 2005 N 1995; Ständerat, 16. Dezember 2005 (Schlussabstimmung), AB 2005, S. 1218

Referendumsvorlage, Obligationenrecht (GmbH-Recht sowie Anpassungen im Aktien-, Genossenschafts-, Handelsregister- und Firmenrecht), Änderung vom 16. Dezember 2005, BBl 2005, S. 7289 ff.

Ausgewählte Literatur

Alphabetisch; bei mehreren Werken desselben Autors chronologische Auflistung. Die nachstehend aufgeführten Publikationen werden mit dem Autorennamen und dem Titel bzw. Kurztitel (zit.) zitiert. Im Text wird nicht darauf verwiesen, ob sich das Zitat auf altes oder neues Recht bezieht. Diese Information ergibt sich aus der Literaturliste.

Literatur zum neuen Recht der GmbH

Blanc Mathieu	La répartition des compétences entre les associés et les gérants dans le droit révisé de la Sàrl, in: SJZ 102 (2006) S. 221 ff.
Böckli Peter	Das neue Schweizerische GmbH-Recht – Was ist wirklich neu?, in: Das neue Schweizerische GmbH-Recht, Zürich 2006 (zit.: Das neue GmbH-Recht)
Büren Roland von/ Steiner Christoph	Der Vorentwurf für eine Refom des Rechts der GmbH, in: ZBJV 1999, S. 460 ff.
Forstmoser Peter	Das neue Recht der Schweizer GmbH, in: Festschrift für Peter Böckli zum 70. Geburtstag, Zürich 2006, S. 535 ff. (zit.: GmbH)
Forstmoser Peter	Der Vorentwurf für eine Reform des Rechts der GmbH – eine Übersicht, in: Die GmbH und ihre Reform, Zürich 2000, S. 1 ff. (zit.: Vorentwurf)
Forstmoser Peter/ Patrik R. Peyer/ Bertrand Schott	Das neue Recht der GmbH, Einführung und synoptische Darstellung, Zürich 2006 (zit.: Das neue Recht der GmbH)
Gwelessiani Michael	Die Änderungen des Obligationenrechts vom 16. Dezember 2005 aus handelsrechtlicher Sicht, in: Das neue Schweizerische GmbH-Recht, Zürich 2006 (zit.: Änderungen aus handelsregisterrechtlicher Sicht)
Handschin Lukas	Die GmbH als Tochtergesellschaft im Konzern, in: Festgabe für Franz Hasenböhler, Zürich 2004, S. 67 ff. (zit.: Die GmbH als Tochter)

Handschin Lukas	Finanzierung und Haftung bei der GmbH – altes und geplantes Recht, in: Die GmbH und ihre Reform, Zürich 2000, S. 45 ff. (zit.: Finanzierung und Haftung)
Kellerhans Andreas	Das neue schweizerische GmbH-Recht – Übergangsbestimmungen, in: Das neue Schweizerische GmbH-Recht, Zürich 2006
Kläy Hanspeter / Duc Nicolas	Revision des GmbH-Rechts, in: ST 1999, S. 651 ff.
Koehler Dirk	Die GmbH in der Schweiz und in Deutschland, Diss. Luzern 2005, Luzerner Beiträge zur Rechtswissenschaft, Bd. 8
Meier-Schatz Christian	Die GmbH und die Private AG, in: Die GmbH und ihre Reform, Zürich 2000, S. 111 ff. (zit.: GmbH)
Nussbaum Martin / Sanwald Reto / Scheidegger Markus	Kurzkommentar zum neuen GmbH-Recht, Bern 2006
Schwarz Jürg M.	Die GmbH aus betriebswirtschaftlich-organisatorischer Sicht der KMU, in: Die GmbH und ihre Reform, Zürich 2000, S. 87 ff.
Oberholzer Dominik	Die Einmann-GmbH, Diss. Freiburg 2000
Wohlmann Herbert	Reform der GmbH: Grundfragen – Organisation – Mitgliedschaft, in: Die GmbH und ihre Reform, Zürich 2000, S. 35 ff. (zit.: Grundfragen)

Literatur zum alten Recht der GmbH

Amstutz Marc	Kommentar zum schweizerischen Privatrecht, 2. A., Basel 2002 (zit.: OR)
Baudenbacher Carl	Kommentar zum schweizerischen Privatrecht, 2. A., Basel 2002 (zit.: OR)
Baudenbacher Carl / Banke Klaus	Die GmbH gestern, heute und morgen, in: SZW 1996, S. 49 ff.
Bügler Reto	Der GmbH-Anteil, Diss. Zürich 2004
Favalli Daniele	Die Übertragung eines Stammanteils sowie der Austritt und der Ausschluss eines Gesellschafters aus der GmbH, in: SZW 1999, S. 92 ff.

Hünerwadel Patrick	Kommentar zum schweizerischen Privatrecht, 2. A., Basel 2002 (zit.: OR)
Isler Peter R. / Zindel Gaudenz G.	Kommentar zum schweizerischen Privatrecht, 2. A., Basel 2002 (zit.: OR)
Janggen A. / Becker H.	Kommentar zum schweizerischen Zivilgesetzbuch, Obligationenrecht, Bern 1939 (zit.: BK)
Jenny Fritz	Der Schutz der GmbH gegen gesellschaftswidriges Verhalten des Gesellschafters, Diss. Basel 1942
Küng Manfred	Kommentar zum schweizerischen Privatrecht, 2. A., Basel 2002 (zit.: OR)
Küng Manfred / Hauser Isabel	GmbH, Gründung und Führung der Gesellschaft mit beschränkter Haftung, Basel 2005
Küng Manfred / Meisterhans Clemens / Zenger Urs	GmbH, Genossenschaft, Handbuch für das Handelsregister, Bd. III, Zürich 1993
Kurer Peter	Kommentar zum schweizerischen Privatrecht, 2. A., Basel 2002 (zit.: OR)
Meier-Hayoz Arthur / Forstmoser Peter	Grundriss des schweizerischen Gesellschaftsrechts, 9. A., Bern 2004
Oertle Matthias / Pasquier Shelby du	Kommentar zum schweizerischen Privatrecht, 2. A., Basel 2002 (zit. OR)
Pfitzmann Hans-Joachim	Ausschluss und Austritt aus der personalistischen Kapitalgesellschaft, Bern 1974
Planta Andreas von / Christian Lenz	Kommentar zum schweizerischen Privatrecht, 2. A., Basel 2002 (zit.: OR)
Schenker Franz	Kommentar zum schweizerischen Privatrecht, 2. A., Basel 2002 (zit.: OR)
Stäubli Christoph	Kommentar zum schweizerischen Privatrecht, 2. A., Basel 2002 (zit.: OR)
Steiger Werner von	Kommentar zum Schweizerischen Zivilgesetzbuch, Obligationenrecht, Zürich 1965 (zit.: ZK)
Truffer Roland / Dubs Dieter	Kommentar zum schweizerischen Privatrecht, 2. A., Basel 2002 (zit.: OR)

Truniger Christof	Die partnerschaftliche Ausgestaltung kapitalbezogener Gesellschaftsformen, Diss. Zürich 1999
Watter Rolf	Kommentar zum Schweizerischen Privatrecht, 2. A:, Basel 2002 (zit.: OR)
Widmer Peter / Banz Oliver	Kommentar zum schweizerischen Privatrecht, 2. A., Basel 2002 (zit.: OR)
Wohlmann Herbert	GmbH-Recht, Basel 1997 (zit.: GmbH)
Wohlmann Herbert	Zu den Verweisungen im Recht der GmbH auf das Aktienrecht, in: SZW 1995, S. 139 ff. (zit.: Verweisungen)
Wüstiner Hanspeter	Kommentar zum schweizerischen Privatrecht, 2. A., Basel 2002 (zit.: OR)

Weitere Literatur

Affentranger Markus / Reinert Peter	Handkommentar Fusionsgesetz, Bern 2003 (zit.: Baker & McKenzie)
Albertini Andreas von	Zur Frage des Klammervermerkes bei Tochtergesellschaften ausländischer Konzerne im Falle der Verwendung der Bezeichnung «Schweiz» als Firmenzusatz, in: Jahrbuch des Handelsregisters 1994, S. 108 ff.
Altenpol Martina	Kommentar zum schweizerischen Privatrecht, 2. A., Basel 2002 (zit.: OR)
Urs R. Behnisch / Peter Locher	Die Sanierungsfusion nach Art. 6 FusG aus zivil- und steuerrechtlicher Sicht, in: Festschrift für Peter Böckli zum 70. Geburtstag, Zürich 2006, S. 290 ff.
Böckli Peter	Zum Vorentwurf für eine Revision des Aktien- und Rechnungslegungsrechts, in: GesKR 1/2006, S. 4 ff. (zit.: Zum Vorentwurf)
Böckli Peter	Schweizer Aktienrecht, 3. A., Zürich 2004 (zit. Aktienrecht)
Böckli Peter	Die Revisionsstelle im Dilemma: Zurückweisung des Jahresabschlusses oder Aufschub der Rechnungsabnahme?, in: De Lege Ferenda, Festschrift für Alain Hirsch, Genf 2004, S. 193 ff. (zit.: Revisionsstelle im Dilemma)

Böckli Peter	Aktionärbindungsverträge mit eingebauten Vorkaufs- oder Kaufsrechten und Übernahmepflichten, in: Schriften zum neuen Aktienrecht 13, Zürich 1998, S. 35 ff. (zit. ABV)
Böckli Peter	Neuerungen im Verantwortlichkeitsrecht für die Revisionsstelle, Zürich 1994 (zit.: Revisionsstelle)
Böckli Peter	Die unentziehbaren Kernkompetenzen des Verwaltungsrates, Zürich 1994 (zit. Kernkompetenzen)
Bühler Roland	Grundlagen des materiellen Firmenrechts, Diss. Zürich 1991
Büren Roland von	Der Konzern, Schweizerisches Privatrecht, Bd. VIII/6, Basel/Frankfurt 1997
Büren Roland von/ Stoffel Walter A./ Weber Rolf H.	Grundriss des Aktienrechts, Zürich 2005 (zit.: Aktienrecht)
Büren Roland von/ Stoffel Walter A./ Schnyder Anton K./ Christen-Westenberg Catherine	Aktienrecht, Zürich 2000 (zit.: Aktienrecht)
Bürgi Wolfhart	Die Aktiengesellschaft, Zürcher Kommentar Art. 660–697 OR, Zürich 1957 (zit.: ZK)
Crone Hans-Caspar von der	Internet-Generalversammlung, in: Neuere Tendenzen im Gesellschaftsrecht, Festschrift für Peter Forstmoser zum 60. Geburtstag, Zürich 2003, S. 155 ff. (zit.: Internet-Generalversammlung)
Crone Hans-Caspar von der	Interessenkonflikte im Aktienrecht, in: SZW 1994, S. 1 ff. (zit.: Interessenkonflikte im Aktienrecht)
Crone Hans-Caspar von der	Lösung von Pattsituationen bei Zweimanngesellschaften, in: SJZ 89 (1993) S. 37 ff. (zit.: Pattsituationen)
Daeniker Daniel	Die zwei Hüte des Verwaltungsrates: Handhabung von Interessenkonflikten bei M & A Transaktionen, in: Mergers & Acquisitions VII, Zürich 2005, S. 113 ff.

Druey Jean Nicolas	Liberierung durch Verrechnung – muss die Gegenforderung werthaltig sein? in: Aktuelle Fragen des Banken- und Finanzmarktrechts, Festschrift für Dieter Zobl zum 60. Geburtstag, Zürich 2004, S. 267 ff. (zit.: Liberierung durch Verrechnung)
Druey Jean Nicolas	Grundzüge des schweizerischen Aktienrechts, Zürich, 1995, S. 673 ff. (zit.: Aktienrecht)
Druey Jean Nicolas	Kapitalverlust und Umschuldung, in: ST 1988, S. 99 ff. (zit.: Kapitalverlust)
Druey Jean Nicolas / Vogel Alexander	Das Schweizerische Konzernrecht in der Praxis der Gerichte, Zürich 1999
Eckert Martin	Kommentar zum schweizerischen Privatrecht, 2. A., Basel 2002 (zit. OR)
Eckert Martin	Bewilligungspflichtige und verbotene Firmenbestandteile, Diss. Zürich 1992
Eichenberger René P.	Die Behandlung des Aktienerwerbes in der Lex Friedrich, Diss. Zürich 1992
Epper Martin	Handkommentar Fusionsgesetz, Bern 2003 (zit.: Baker & McKenzie)
Forstmoser Peter	Interessenkonflikte von Verwaltungsratsmitgliedern, in: Festschrift Hermann Schulin, Basel 2002, S. 10 ff. (zit.: Interessenkonflikte)
Forstmoser Peter	Aktionärbindungsverträge, in: Festschrift Schluep, Zürich 1988, S. 359 ff. (zit. Aktionärbindungsverträge)
Forstmoser Peter	Die aktienrechtliche Verantwortlichkeit, 2. A., Zürich 1987 (zit.: Verantwortlichkeit)
Forstmoser Peter	Schweizerisches Aktienrecht I/1, Zürich 1981 (zit.: Aktienrecht)
Forstmoser Peter / Meier-Hayoz Arthur / Nobel Peter	Schweizerisches Aktienrecht, Bern 1996 (zit.: Aktienrecht)
Frick Joachim	Handkommentar Fusionsgesetz, Bern 2003 (zit.: Baker & McKenzie)

Gauch Peter	Der Zweigbetrieb im schweizerischen Zivilrecht mit Einschluss des Prozess- und Zwangsvollstreckungsrechts, Zürich 1974 (zit.: Der Zweigbetrieb)
Gauch Peter	System der Beendigung von Dauerverträgen, Diss. Freiburg 1968, Arbeiten aus dem juristischen Seminar der Universität Freiburg, Bd. 34 (zit.: Dauerverträge)
Gauch Peter / Schluep Walter R. / Schmid Jörg / Rey Heinz	Schweizerisches Obligationenrecht: Allgemeiner Teil, 8. A., Zürich 2003
Gericke Dieter	Kommentar zum Fusionsgesetz, Basel 2005 (zit.: BSK FusG)
Glanzmann Lukas	Handkommentar Fusionsgesetz, Bern 2003 (zit.: Baker & McKenzie)
Glanzmann Lukas	Der Darlehensvertrag mit einer Aktiengesellschaft aus gesellschaftsrechtlicher Sicht, Diss. St. Gallen 1996
Greyerz Christoph von	Kapitalersetzende Darlehen, in: Festschrift Vischer, Zürich 1983, S. 547 ff.
Grimm Andrea R.	Business Judgement Rule, Diss. Zürich 1998, Schweizer Schriften zum Handels- und Wirtschaftsrecht, Bd. 186
Guhl Theo / Koller Alfred / Schnyder Anton K. / Druey Jean-Nicolas	Das Schweizerische Obligationenrecht, 9. A., Zürich 2000 (zit.: Guhl)
Handschin Lukas	Treuepflicht des Verwaltungsrates bei der gesellschaftsinternen Entscheidfindung, in: Neuere Tendenzen im Gesellschaftsrecht, Festschrift für Peter Forstmoser zum 60. Geburtstag, Zürich 2003, S. 155 ff. (zit.: Treuepflicht)
Handschin Lukas	Kommentar zum schweizerischen Privatrecht, 2. A., Basel 2002 (zit.: OR)
Handschin Lukas	Die Pflichten des Verwaltungsrates im Sanierungsfall, in: ZBJV 136 (2000), Heft 7/8, S. 433 ff. (zit.: Pflichten des Verwaltungsrates)
Handschin Lukas	Der Konzern im geltenden schweizerischen Privatrecht, Zürich 1994 (zit.: Konzern)

Handschin Lukas	Zur Abgrenzung von Garantievertrag und Bürgschaft: Akzessiorität der Verpflichtung als massgebendes Kriterium, in: SZW 1994, S. 226 ff. (zit.: Garantievertrag)
Handschin Lukas	Zur Unabhängigkeit der Revisionsstelle: Beratung und Buchhaltungsarbeiten durch die Revisionsstelle für die revidierte Gesellschaft, in: SJZ 90 (1994), S. 344 ff. (zit.: Revisionsstelle)
Handschin Lukas	Die Auflösung der AG aus wichtigem Grund und andere sachgemässe Lösungen, in: SZW 1993, S. 43 ff. (zit.: Andere sachgemässe Lösungen)
Hefti Fritz	Die Umwandlung einer Aktiengesellschaft in eine GmbH, Diss. Zürich 1938
Helbling Carl	Revisions- und Bilanzierungspraxis, 3. A., Bern und Stuttgart 1992
Höhn Jakob	Andere sachgemässe und zumutbare Lösungen im Sinne von Art. 736 Ziff. 4 OR, in: Festschrift Forstmoser, Zürich 1993, S. 113 ff.
Höhn Ernst / Waldburger Robert	Steuerrecht, 9. A., St. Gallen 2000
Homburger Eric	Kommentar zum Schweizerischen Zivilgesetzbuch, Obligationenrecht, Zürich 1997 (zit. ZK)
Huguenin Claire	Insichgeschäfte im Aktienrecht, in: Festschrift für Peter Böckli zum 70. Geburtstag, Zürich 2006, S. 521 ff. (zit.: Insichgeschäfte)
Huguenin Claire	Das Gleichbehandlungsprinzip im Aktienrecht, Zürich 1994 (zit.: Gleichbehandlung)
Isler Peter R.	Der aussergerichtliche Vergleich mit einzelnen aktienrechtlich verantwortlichen Organpersonen, in: Festschrift für Peter Nobel zum 60. Geburtstag, Bern 2005, S. 195 ff. (zit.: Der aussergerichtliche Vergleich)
Isler Peter R.	Sorgfalt und Haftung des Verwaltungsrates, in: Verantwortlichkeit im Unternehmensrecht, Zürich 2003, S. 1 ff. (zit.: Sorgfalt und Haftung)
Jermini Davide	Handkommentar Fusionsgesetz, Bern 2003 (zit.: Baker & McKenzie)
Krneta Georg	Praxiskommentar Verwaltungsrat, 2. A., Bern 2005

Küng Manfred	Sacheinlagen und Sachübernahmen im neuen Aktienrecht, in: Jahrbuch des Handelsregisters, Zürich 1992, S. 13 ff. (zit.: Jahrbuch)
Küng Manfred	Zum Fusionsbegriff im schweizerischen Recht, in: SZW 1991, S. 245 ff. (zit.: Fusionsbegriff)
Kunz Peter V.	Der Minderheitenschutz im schweizerischen Aktienrecht, Bern 2001 (zit.: Minderheitenschutz)
Kunz Peter V.	Die Klagen im Schweizerischen Aktienrecht, Zürich 1997 (zit.: Klagen)
Länzlinger Andreas	Kommentar zum schweizerischen Privatrecht, 2. A., Basel 2002 (zit.: OR)
Maurenbrecher Benedikt	Kommentar zum Fusionsgesetz, Basel 2005 (zit.: BSK FusG)
Meier-Schatz Christian	Einführung in das neue Fusionsgesetz, in: AJP 11 (2002) S. 514 ff. (zit. Einführung)
Meier-Schatz Christian	Die Zulässigkeit aussergesetzlicher Rechtsformwechsel im Gesellschaftsrecht, in: ZSR 5/1994, S. 353 ff. (zit.: Rechtsformwechsel)
Merz Hans	Obligationenrecht, Allgemeiner Teil, in: Schweizerisches Privatrecht, Bd VI/1, Basel 1984
Müller Roland/ Lipp Lorenz/ Plüss Adrian	Der Verwaltungsrat, 2. A., Zürich 1999
Neuhaus Markus/ Peter Ilg	Kommentar zum schweizerischen Privatrecht, 2. A., Basel 2002 (zit.: OR)
Nigg Hans	Kommentar zum schweizerischen Privatrecht, 2. A., Basel 2002 (zit.: OR)
Nobel Peter	Bestimmung des wirklichen Wertes von Aktien ohne Börsenkurs, in: Recht 1996, S. 121 ff.
Patak Sascha Daniel	Die virtuelle Generalversammlung im Schweizerischen Aktienrecht, Diss. Zürich 2005, Schweizer Schriften zum Handels- und Wirtschaftsrecht, Bd. 239
Passadelis Nicolas	Handkommentar Fusionsgesetz, Bern 2003 (zit.: Baker & McKenzie)

Pestalozzi Christoph	Kommentar zum schweizerischen Privatrecht, 2. A., Basel 2002 (zit.: OR)
Plüss Adrian	Die Rechtstellung des Verwaltungsratsmitglieds, Diss. Zürich 1990
Reinert Peter	Handkommentar Fusionsgesetz, Bern 2003 (zit.: Baker & McKenzie)
Rhein Mirjam	Die Nichtigkeit von VR-Beschlüssen, Diss. Zürich 2001, Schweizer Schriften zum Handels- und Wirtschaftsrecht, Bd. 203
Rimle Alois	Handkommentar Fusionsgesetz, Bern 2003 (zit.: Baker & McKenzie)
Roberto Vito	Probleme der differenzierten Solidarität, in: GesKR 1/2006, S. 29 ff.
Salis von-Lütolf Ulysses	Private Equity Finanzierungsverträge, Zürich 2002 (zit.: Finanzierungsverträge)
Salis von-Lütolf Ulysses	Risiko- und Gewinnverteilung bei privaten Finanzierungen, SJZ 97 (2001) S. 213 ff. (zit.: Private Finanzierungen)
Schärer Heinz / Maurenbrecher Benedikt	Kommentar zum schweizerischen Privatrecht, 3. A., Basel 2003 (zit.: OR)
Schenker Franz	Handkommentar Fusionsgesetz, Bern 2003 (zit.: Baker & McKenzie)
Schenker Urs	Risikoallokation und Gewährleistung beim Unternehmenskauf, in: Mergers & Acquisitions VII, Zürich 2005, S. 239 ff.
Schenker Urs	Handkommentar Fusionsgesetz, Bern 2003 (zit.: Baker & McKenzie)
Schleiffer Patrick	No Material Adverse Change, in: Mergers & Acquisitions VI, Zürich 2004, S. 53 ff.
Schnyder Bernhard / Murer Erwin	Kommentar zum Schweizerischen Privatrecht, Bern 1984 (zit.: BK)
Schuhmacher-Bauer Iso	Beistandschaft in der Aktiengesellschaft, Zürich 1981
Siegwart Alfred	Kommentar zum Schweizerischen Zivilgesetzbuch, Obligationenrecht, Zürich 1945 (zit.: ZK)

Stark Emil W.	Kommentar zum Schweizerischen Zivilgesetzbuch, Bern 1984 (zit.: BK)
Tanner Brigitte	Kommentar zum Schweizerischen Zivilgesetzbuch, Obligationenrecht, Zürich 2003 (zit.: ZK)
Tanner Brigitte	Die Generalversammlung im multimedialen Zeitalter, in: Die Rechtsentwicklung an der Schwelle zum 21. Jahrhundert, Symposium zum Schweizerischen Privatrecht, Zürich 2001, S. 473 ff. (zit.: Generalversammlung)
Tanner Brigitte	Die Auswirkungen des neuen Aktienrechts auf Gesellschaften mit beschränkter Haftung, Genossenschaften und Bankaktiengesellschaften, in: Festschrift Forstmoser, Zürich 1993, S. 31 ff. (zit.: Auswirkungen)
Treuhand-Kammer	Schweizer Handbuch der Wirtschaftsprüfung 1998 (zit.: Handbuch)
Tschäni Rudolf	M&A-Transaktionen nach Schweizer Recht, Zürich 2003 (zit.: M&A-Transaktionen)
Tschäni Rudolf	Leverage Buy-Out (Zivilrechtliche Aspekte), in: Mergers & Acquisitions II, Zürich 2000, S. 1 ff. (zit.: LBO)
Tschäni Rudolf	Unternehmensübernahmen nach Schweizer Recht, 2. A., Basel/Frankfurt 1991 (zit.: Unternehmensübernahmen)
Tschäni Rudolf/ Papa Roberta	Kommentar zum Fusionsgesetz, Basel 2005 (zit.: BSK FusG)
Vischer Frank	Drei Fragen zum Fusionsrecht, in: SZW 1993, S. 2 ff. (zit.: Fusionsrecht)
Vischer Markus	Earn-out-Klauseln in Unternehmenskaufverträgen, in: SJZ 98 (2002) S. 509 ff.
Vock Dominik	Prozessuale Fragen bei der Durchsetzung von Aktionärsrechten, Diss. Zürich 2000
Vogel Oscar/ Spühler Karl	Grundriss des Zivilprozessrechts und des internationalen Zivilprozessrechts der Schweiz, 7. A., Bern 2001 (zit.: Grundriss)
Watter Rolf	Kommentar zum Schweizerischen Privatrecht, 3. A:, Basel 2003 (zit.: OR)
Watter Rolf/ Gstoehl Matthias	Preisanpassungsklauseln, in: Mergers & Acquisitions VI, Zürich 2004, S. 33 ff.

Watter Rolf/ Büchi Raffael	Kommentar zum Fusionsgesetz, Basel 2005 (zit.: BSK FusG)
Weber Rolf H.	Kommentar zum schweizerischen Privatrecht, 2. A., Basel 2002 (zit. OR)
Wernli Martin	Kommentar zum schweizerischen Privatrecht, 2. A., Basel 2002 (zit. OR)
Widmer Peter	Kommentar zum schweizerischen Privatrecht, 2. A., Basel 2002 (zit.: OR)

1. Teil
Grundlagen

§ 1 Die Reform des Rechts der GmbH; Zielsetzung des Gesetzgebers

I. Die Reform des Rechts der GmbH

Im Herbst 1995 wurde eine Arbeitsgruppe beauftragt, eine Revision des Rechts der GmbH vorzubereiten. Diese Arbeitsgruppe legte im November 1996 einen ersten Expertenentwurf mit ausführlicher Begründung vor[1]. Der Entwurf wurde in der Folge überarbeitet. Im Dezember 2001 erliess der Bundesrat die Botschaft zur Revision des Obligationenrechts (GmbH-Recht) sowie Anpassungen im Aktien-, Genossenschafts-, Handelsregister- und Firmenrecht[2]. Die Behandlung durch das Parlament begann Anfang 2003 in der Rechtskommission des Nationalrats. 1

Im Juni 2004 unterbreitete der Bundesrat dem Parlament sodann eine Zusatzbotschaft zur Revision des Rechts der GmbH: die Botschaft zur Änderung des Obligationenrechts (Revisionspflicht im Gesellschaftsrecht) sowie zum Bundesgesetz über die Zulassung und Beaufsichtigung der Revisoren[3]. Mit der Änderung des Obligationenrechts und dem neuen Bundesgesetz über die Zulassung und Beaufsichtigung der Revisoren wird für sämtliche Rechtsformen des Privatrechts ein einheitliches Konzept der Revision geschaffen. In einem nächsten Schritt soll das Rechnungslegungsrecht im Obligationenrecht an der Stelle der bisherigen allgemeinen Bestimmungen zur kaufmännischen Buchführung integriert werden und die bisherigen Spezialnormen des Aktienrechts ersetzen. 2

Am 16. Dezember 2005 hiess das Parlament das neue GmbH-Recht sowie die Anpassungen im Aktien-, Genossenschafts-, Handelsregister- und Firmenrecht gut. Mit dem Inkrafttreten ist im Jahr 2007 zu rechnen. 3

1 *Böckli/Forstmoser/Rapp,* Reform des GmbH-Rechts.

2 Botschaft zur Revision des Obligationenrechts (GmbH-Recht sowie Anpassungen im Aktien-, Genossenschafts-, Handelsregister- und Firmenrecht) vom 19. Dezember 2001, BBL 2002, S. 3148 ff.

3 Botschaft zur Änderung des Obligationenrechts (Revisionspflicht im Gesellschaftsrecht) sowie zum Bundesgesetz über die Zulassung und Beaufsichtigung der Revisoren vom 23. Juni 2004, BBL 2004, S. 3969 ff.

II. Zielsetzung des Gesetzgebers bei der Reform des Rechts der GmbH

4 Die GmbH ist eine Kapitalgesellschaft, für deren Verbindlichkeiten ausschliesslich das Gesellschaftsvermögen haftet. Die GmbH ist mit der AG eng verwandt. Dementsprechend wurde das Recht der GmbH im Rahmen der Revision an das Recht der Aktiengesellschaft angenähert. Der Kapital- und der Gläubigerschutz wurden verstärkt und die Mitgliedschaft stärker auf den Kapitaleinsatz ausgerichtet.

5 Die Harmonisierung betrifft insbesondere die Möglichkeit der Gründung von Einpersonengesellschaften; die Nationalitäts- und Wohnsitzerfordernisse für die Mitglieder der Gesellschaftsorgane; das Vorgehen bei Mängeln in der Organisation; die Firmenbildung und den Firmenschutz[4].

6 Die Querverweisungen auf das Recht der Aktiengesellschaft sind grundsätzlich als sogenannt dynamische Verweise zu verstehen: Wird eine Norm, auf die an anderer Stelle verwiesen wird, revidiert, beziehen sich die entsprechenden Verweisungen auf das neue Recht[5].

7 Trotz der vorgenannten Annäherung an das Recht der Aktiengesellschaft, wurden die Eigenheiten der Rechtsform GmbH beibehalten und deren Eigenständigkeit als «personenbezogene Kapitalgesellschaft» bewahrt. Die kapitalbezogene Grundstruktur ist mit personengesellschaftlichen Elementen durchdrungen und orientiert sich an den Bedürfnissen von Unternehmen mit einem beschränkten, eng gefassten Kreis von Gesellschaftern. Die Gesellschafter können sich – und dies im Unterschied zur Aktiengesellschaft – im Innenverhältnis statutarisch gegenseitig Pflichten auferlegen und Rechte einräumen. Die GmbH zeichnet sich sodann im Innenverhältnis durch eine grosse Flexibilität aus. Die gesetzliche Ordnung ist weitgehend dispositiver Natur und erlaubt damit die Berücksichtigung der konkreten Umstände und der persönlichen Verhältnisse[6].

III. Überblick über die wesentlichen Neuerungen

8 Das neue Recht bezweckt, die Gesellschaft mit beschränkter Haftung konsequent als personenbezogene Kapitalgesellschaft auszugestalten[7]. Mängel im geltenden GmbH-Recht wurden beseitigt und die gesetzliche Regelung aktualisiert. Das neue

4 Botschaft, S. 3166.

5 Botschaft, S. 3167.

6 Botschaft, S. 3154 f. Zu Zielsetzung und Gang der Reformarbeiten, zu Neuerungen und Konstanten vgl. die synoptische Darstellung von *Forstmoser/Peyer/Schott,* Das neue Recht der GmbH.

7 Botschaft, S. 3149.

Recht erlaubt, die GmbH als Einpersonengesellschaft zu gründen[8]. Die Beschränkung des Stammkapitals auf maximal CHF 2 Millionen wurde fallen gelassen, da sie das Wachstum der Gesellschaft behindern kann. Das minimale Stammkapital wurde unverändert bei CHF 20 000 belassen, muss nach neuem Recht jedoch stets voll liberiert werden[9]. Auf die subsidiäre Solidarhaftung der Gesellschafter in der Höhe des Stammkapitals wurde verzichtet[10]. Die finanzielle Beteiligung der einzelnen Gesellschafter darf neu mehrere Stammanteile umfassen[11]. Die Formvorschriften für die Übertragung von Stammanteilen wurden gelockert; beibehalten wurden hingegen die umfassenden Vinkulierungsmöglichkeiten[12]. Das neue Recht verbessert den Rechtsschutz von Personen mit Minderheitsbeteiligungen. Dies gilt namentlich im Bereich des Auskunfts- und des Einsichtsrechts[13] sowie des Bezugsrechts bei der Erhöhung des Stammkapitals[14]. Wohl konnte unter altem Recht jeder Gesellschafter eine Erhöhung des Stammkapitals verhindern und damit indirekt auch sein Bezugsrecht durchsetzen; unter neuem Recht aber ist das Bezugsrecht durch den Verweis auf die aktienrechtlichen Bestimmungen als solches geschützt. Im Hinblick auf die Praktikabilität der gesetzlichen Regelung wurden der Austritt und der Ausschluss von Gesellschaftern in manchen Punkten besser geregelt[15]. Dasselbe gilt für die Regelung statutarischer Nachschuss- und Nebenleistungspflichten[16]. Die Möglichkeit, eine GmbH revisionsfrei zu führen, wurde mit dem neuen Recht stark eingeschränkt: Die GmbH ist grundsätzlich der Revisionspflicht unterstellt, wobei sehr kleine Gesellschaften unter bestimmten Umständen auf eine Revision verzichten können[17].

8 Art. 775 OR; vgl. nachfolgend § 5 N 4 ff.

9 Art. 777c Abs. 1 OR; vgl. nachfolgend § 5 N 59 f.

10 Art. 772 Abs. 1 OR; vgl. nachfolgend § 25 N 5 ff.

11 Art. 776 Ziff. 3 OR; vgl. nachfolgend § 5 N 22.

12 Art. 785 OR und Art. 786 OR; vgl. nachfolgend § 19 N 28 ff.

13 Art. 802 OR; vgl. nachfolgend § 14 N 119 ff.

14 Art. 781 Abs. 5 Ziff. 2 OR; vgl. nachfolgend § 9 N 15 ff.

15 Art. 822 OR und Art. 823 OR; vgl. nachfolgend § 19 N 6 ff.

16 Art. 776a Abs. 1 Ziff. 1 OR und Art. 796 OR; vgl. nachfolgend § 17 N 3 ff. sowie § 18 N 1 ff.

17 Art. 818 OR; vgl. nachfolgend § 15 N 24 ff.

§ 2 Begriff und Wesen der GmbH

I. Die GmbH in Stichworten

1. Zwischenform der Kollektiv- und der Aktiengesellschaft

1 Die Gesellschaft mit beschränkter Haftung (GmbH) wurde als Rechtsform für kleine und mittlere Unternehmen geschaffen und als Zwischenform der kapitalistischen Aktiengesellschaft und der rein personalistischen Kollektiv- und Kommanditgesellschaft konzipiert.

2. Juristische Person

2 Wie die Aktiengesellschaft ist die GmbH eine juristische Person, die gegenüber Dritten und gegenüber ihren eigenen Gesellschaftern rechtsfähig ist. Für ihre Schulden haftet ausschliesslich das Gesellschaftsvermögen. Wie bei der Aktiengesellschaft gilt der Grundsatz, dass der Gesellschafter nicht für die Schulden der Gesellschaft haftet.

3. Kapitalgesellschaft

3 Wie die Aktiengesellschaft ist die GmbH eine Kapitalgesellschaft; ihr Kapital (Stammkapital) beträgt mindestens CHF 20 000.–. Veränderungen des Stammkapitals sind mittels Kapitalerhöhung oder Kapitalherabsetzung nur unter Einhaltung strenger gesetzlicher Vorschriften möglich. Das Stammkapital ist eine rechnerische, nicht eine reale Grösse. Es entspricht den Verpflichtungen zu Einlagen in das Gesellschaftsvermögen, welche die Gesellschafter übernommen haben. Das Stammkapital stellt sodann eine Sperrquote dar. In der Höhe des Stammkapitals soll das Reinvermögen der Gesellschaft erhalten bleiben. Die Gesellschaft darf in der Höhe des Stammkapitals ihr Vermögen nicht freiwillig vermindern. Die Funktion des Stammkapitals liegt schliesslich darin, eine Haftungsbasis für die Gläubiger sicherzustellen.

4. Kaufmännisches Unternehmen

4 Zur Verfolgung ihrer Ziele betreibt die GmbH in der Regel ein kaufmännisches Unternehmen. Die Rechtsform steht aber auch für ideelle und gemeinnützige Zwe-

cke zur Verfügung[18]. Das kaufmännische Unternehmen lässt sich umschreiben als selbstständiger, organisierter Geschäftsbetrieb, der sich mit dem Handel oder der Fabrikation von Gütern beschäftigt oder eine andere die Berücksichtigung kaufmännischer Grundsätze erfordernde Tätigkeit verfolgt[19]. Die GmbH entsteht mit dem Eintrag in das Handelsregister[20]. Gemäss Art. 957 OR i.V.m. Art. 791 OR ist die GmbH buchführungspflichtig[21].

5. Haftung

Wie im Aktienrecht haften die Organe aus Verantwortlichkeit bei schuldhaftem Verhalten in unbeschränkter Höhe. Im Übrigen haftet den Gesellschaftsgläubigern ausschliesslich die GmbH. Für die Verpflichtungen der GmbH haftet allein das Gesellschaftsvermögen[22]. Die Gesellschafter haften nicht persönlich. Nach altem Recht hafteten die Gesellschafter der GmbH unter Umständen bis zur Höhe des eingetragenen Stammkapitals für alle Verbindlichkeiten der Gesellschaft solidarisch. 5

6. Grosse Flexibilität im Innenverhältnis

Die gesetzliche Ordnung ist mit Bezug auf das Innenverhältnis weitgehend dispositiver Natur. Dies ermöglicht eine auf die konkreten Umstände und die persönlichen Verhältnisse der beteiligten Personen bezogene Ausgestaltung der Gesellschaft in den Statuten. Zwingend sind demgegenüber die Regeln, welche das Aussenverhältnis betreffen, namentlich die Bestimmungen zum Schutz der Gläubiger. 6

Anders als im Aktienrecht können in der GmbH den Gesellschaftern im Innenverhältnis statutarisch persönliche Pflichten auferlegt werden, denen in der Aktiengesellschaft das Nebenleistungsverbot[23] entgegensteht. Der bei Aktiengesellschaften notwendige Abschluss eines Aktionärbindungsvertrags (mit all seinen Nachteilen[24]) entfällt. 7

[18] Botschaft, S. 3171.

[19] Art. 52 HRegV; *Forstmoser/Meier-Hayoz,* § 4 N 55.

[20] Art. 779 OR.

[21] Vgl. dazu ausführlich *Guhl,* § 83 N 17.

[22] Art. 772 OR; Art. 794 OR.

[23] Art. 680 OR.

[24] Vgl. nachfolgend § 2 N 13 ff.

II. Vor- und Nachteile der GmbH

1. Juristische Persönlichkeit

a) Keine Haftung für Gesellschaftsschulden

8 Die GmbH ist wie die Aktiengesellschaft eine juristische Person. Anders als bei der Kollektiv- und Kommanditgesellschaft haften die Gesellschafter für Gesellschaftsschulden nicht mit ihrem Vermögen.

b) Änderungen im Mitgliederbestand sind ohne Einfluss auf Persönlichkeit und Firma

9 Vorteile gegenüber der Kollektivgesellschaft ergeben sich aus der juristischen Persönlichkeit der GmbH auch beim Wegfall von Gesellschaftern. Änderungen im Mitgliederbestand gefährden die GmbH weniger stark als die Kollektiv- und Kommanditgesellschaft, die in diesem Fall nach dispositivem Recht aufgelöst werden. Trägt die Gesellschaft in ihrer Firma den Namen eines Gesellschafters, muss die GmbH – anders als die Kollektivgesellschaft – ihre Firma nicht ändern, wenn der Namensgeber ausscheidet.

2. Relativ einfache Gründung

10 Der Vorteil der relativ einfachen Gründung besteht nur gegenüber der Aktiengesellschaft, nicht gegenüber der Kollektiv- und Kommanditgesellschaft, die noch einfacher entstehen können. Vereinfacht ist die Gründung gegenüber der Aktiengesellschaft nicht in der Form (in beiden Fällen sind eine öffentliche Beurkundung und ein Handelsregistereintrag erforderlich), sondern in den materiellen Voraussetzungen, die erfüllt sein müssen: Anstelle eines Grundkapitals von CHF 100 000.– wie bei der Aktiengesellschaft, das zur Hälfte nachweisbar einbezahlt sein muss, begnügt sich die GmbH mit einem Mindestkapital von CHF 20 000.–.

3. Keine Nationalitätsvorschriften für die Mitglieder der Geschäftsführung

Nach den Vorschriften des Aktienrechts mussten die Mitglieder des Verwaltungsrates mehrheitlich in der Schweiz wohnhafte Schweizer Bürger sein[25]. Das GmbH-Recht kennt diese Anforderung nicht; verlangt wird lediglich, dass mindestens eine der Personen, welche die Gesellschaft vertreten kann, Wohnsitz in der Schweiz hat. Diese Person kann auch ein Direktor sein[26]. Die Bestimmung des GmbH-Rechts wurde im Rahmen der GmbH-Reform auch im Aktienrecht eingeführt. Art. 708 OR wurde ersatzlos gestrichen. 11

4. Zulässigkeit von statutarisch begründeten Gesellschafterpflichten

a) Worum geht es?

In Gesellschaften mit nur wenigen Gesellschaftern besteht oft das Bedürfnis, dass sich die Gesellschafter im Innenverhältnis gegenseitig Pflichten auferlegen und Rechte einräumen können. Im Aktienrecht sind solche gesellschaftsrechtlich begründeten Pflichten nicht zulässig; die einzige Pflicht dcs Aktionärs ist die Liberierungspflicht[27]. Konkurrenzverbote, Nachschusspflichten, Vorkaufsrechte, Leistungs- und Beitragspflichten können als Aktionärspflicht statutarisch nicht gültig vereinbart werden. 12

b) Exkurs: Der Aktionärsbindungsvertrag als Lösung und seine Nachteile

aa) Begriff

Die Praxis hat sich über die Nachteile des Aktienrechts mit dem Aktionärbindungsvertrag hinweggeholfen: Schliessen die Gesellschafter Verträge über die Ausübung ihrer Mitgliedschaftsrechte ab, spricht man vom Abschluss von Aktionärbindungsverträgen. Als Synonyme werden bisweilen die Begriffe «Aktionärkonsortium», «Syndikat» oder «Poolvertrag» verwendet. 13

[25] Art. 708 OR.

[26] Art. 814 Abs. 3 OR. Beachte: Dem im Handelsregister eingetragenen einzelzeichnungsberechtigten Direktor kommt Organqualität zu. Vgl. Entscheid Eidgenössisches Versicherungsgericht H 420/99 vom 22. März 2001, E. 2.a.

[27] Art. 680 OR.

14 Als Vertrag unterliegt der Aktionärbindungsvertrag den Bestimmungen des Obligationenrechts, nicht jedoch den Bestimmungen des Körperschaftsrechts. Inhaltlich besteht volle Vertragsfreiheit[28]. Der Aktonärbindungsvertrag ist ein zweiter Gesellschaftsvertrag unter den gleichen Gesellschaftern, der diejenigen Pflichten vorsieht, die aktienrechtlich nicht zulässig sind. Mit dem Abschluss eines Aktionärbindungsvertrages entsteht eine Doppelgesellschaft, ein Verbund zweier Gesellschaften, einer einfachen Gesellschaft und einer Aktiengesellschaft, mit den gleichen Gesellschaftern. Diese Doppelgesellschaft ist gegenüber Dritten im Aussenverhältnis vor allem Aktiengesellschaft und intern unter den Gesellschaftern (wo die zitierten Pflichten zum Tragen kommen) vor allem einfache Gesellschaft.

bb) Die Geltungsdauer von Aktionärbindungsverträgen

15 Wird ein Aktionärbindungsvertrag geschlossen, haben die Gesellschafter regelmässig ein Interesse, dass ihre Vereinbarung über eine gewisse Dauerhaftigkeit verfügt. Regeln die Parteien die Dauer des Vertrages, müssen sie darauf achten, dass die Vereinbarung keine übermässige Bindung im Sinne von Art. 27 Abs. 2 ZGB beinhaltet.

16 Nach bundesgerichtlicher Rechtssprechung beinhaltet eine Vereinbarung dann eine sittenwidrige Bindung, wenn sie die persönliche und wirtschaftliche Freiheit eines Vertragspartners in zeitlicher, örtlicher oder sachlicher Hinsicht derart einschränkt, dass sie diesen der Willkür eines anderen ausliefert, seine wirtschaftliche Entfaltungsmöglichkeit aufhebt oder die Grundlagen seiner wirtschaftlichen Existenz gefährdet[29]. Ob ein Aktionärbindungsvertrag eine sittenwidrige Bindung enthält, hat der Richter aufgrund der konkreten Umstände zu beurteilen.

17 Grundsätzlich ist davon auszugehen, dass Verträge auf übermässig lange Zeit oder sogenannt «ewige» Verträge – sofern sie keine Möglichkeit zum Ausscheiden bieten – eine übermässige Bindung im Sinne von Art. 27 Abs. 2 ZGB beinhalten. Ebenso verstossen «unkündbare» Verträge in der Regel gegen Art. 27 Abs. 2 ZGB. Die Klausel *«der Vertrag soll auf Lebzeiten der Parteien Gültigkeit haben»* ist sicher dann fraglich, wenn gleichzeitig vorgesehen wird, dass der Vertrag im Todesfall eine Partei nicht aufgelöst, sondern mit den Erben des Verstorbenen fortgeführt werden soll. Ungewiss ist sodann der Bestand der Klausel, wonach der Aktionärbindungsvertrag *«für die Dauer der Gesellschaft»* Geltung haben soll. Da die juristische Person theoretisch ein ewiges Leben hat, beinhaltet die Klausel eine ewige Bindung.

18 Ergibt die Auslegung des konkreten Vertrages, dass eine übermässige Bindung im Sinne von Art. 27 Abs. 2 ZGB vorliegt, fällt die Klausel unter die Bestimmung von Art. 20 OR. Haben die Parteien nicht vereinbart, was zwischen ihnen gelten soll,

[28] *Truniger,* S. 40 f. m.w.H.

[29] BGE 114 II 162; BGE 111 II 337; BGE 104 II 8; BGE 102 II 218.

wenn ein Teil des Vertrages nichtig ist, ist der Vertrag lückenhaft, wenn sich herausstellt, dass der Vertrag an einem Teilmangel leidet. Der lückenhafte Vertrag bedarf der Ergänzung. Ist der Aktionärbindungsvertrag als gesellschaftsrechtlicher Vertrag, sprich als einfache Gesellschaft, zu qualifizieren, führt dies zur Anwendbarkeit der in Art. 545 f. OR dispositiv festgehaltenen Bestimmungen über die Kündigung der einfachen Gesellschaft. Der Vertrag kann ordentlich auf sechs Monate gekündigt werden. Ausserdem kann er bei Vorliegen wichtiger Gründe ausserordentlich beendigt werden[30].

Ist der Aktionärbindungsvertrag als ein auf bestimmte Dauer abgeschlossener Schuldvertrag zu qualifizieren, ist er grundsätzlich aus ordentlichen Gründen nicht kündbar. Er endet mit dem Ablauf der vereinbarten Dauer und kann lediglich in Folge ausserordentlicher Beendigungsgründe vorzeitig beendigt werden. Ist der schuldrechtliche Aktionärbindungsvertrag hingegen auf unbestimmte oder nichtbestimmte Dauer abgeschlossen worden, muss er ordentlich kündbar sein[31]. Sieht das Gesetz keine dispositive Regelung vor und wird auch eine analoge Anwendung des Gesetzes den konkreten Verhältnissen nicht gerecht, bestimmt sich die Rechtslage nach Art. 20 Abs. 2 OR[32]. 19

Gesellschafter, welche eine dauerhafte vertragliche Bindung eingehen wollen, sind deshalb am besten beraten, wenn sie den Aktionärbindungsvertrag auf eine bestimmte Laufzeit schliessen und mit einer Neuerungsklausel versehen. Die Lehre geht in Analogie zum Bürgschaftsrecht von einer Maximaldauer von 20 Jahren aus. Ebenfalls einen guten Schutz bieten Klauseln, welche eine feste Vertragsdauer und nach deren Ablauf eine ordentliche Kündigungsmöglichkeit mit relativ langen Kündigungsfristen vorsehen[33]. 20

cc) Nur obligatorische Verpflichtungen

Die Konstruktion der Doppelgesellschaft hat schwerwiegende Nachteile: Der Aktionärbindungsvertrag entfaltet lediglich «inter partes», sprich unter den Vertragsparteien, eine rein obligatorische Wirkung. Daraus folgt zweierlei: Erstens, der Aktionärbindungsvertrag hat gesellschaftsrechtlich keine unmittelbare Bedeutung. Er bindet ausschliesslich die Vertragsparteien. Vertragswidriges Verhalten ist gesellschaftsrechtlich relevant und gültig[34]. Zweitens, Aktionärbindungsverträge sind Verträge über die Ausübung von Mitgliedschaftsrechten. Das Recht an sich bleibt beim Gesellschafter. Der Aktionärbindungsvertrag beschränkt lediglich das Dürfen, nicht aber das Können. Die Vertragsparteien können vertragswidrig han- 21

30 *Forstmoser,* Aktionärbindungsverträge, 371.

31 BGE 93 II 300 f.

32 BGE 107 II 218 f.

33 *Truniger,* S. 46 ff. m.w.H.

34 ZR 1970, S. 261.

deln, sie dürfen nur nicht[35]. Weil die in der einfachen Gesellschaft vereinbarten zusätzlichen Pflichten nicht aktienrechtlicher Natur sind, können sie auch nicht mit den Mitteln des Aktienrechts vollstreckt werden. Das Stimmverhalten eines Mitglieds im Verwaltungsrat oder in einer Generalversammlung, das gegen den Gesellschaftsvertrag verstösst, ist zwar vertragswidrig, aber aktienrechtlich dennoch gültig. Das Mitglied, dessen Rechte verletzt wurden, kann von seinen vertragsbrüchigen Mitgesellschaftern allenfalls Schadenersatz verlangen, gegen die gefällten aktienrechtlichen Beschlüsse kann es nicht vorgehen[36].

dd) Kein automatischer Übergang der Pflichten auf neue Aktionäre

22 Das Schicksal des Aktionärbindungsvertrages beim Subjektwechsel ist aus verschiedenen Gründen ungewiss. Probleme ergeben sich aus der rechtlichen Qualifikation, aus der Natur sowie dem sachlichen Inhalt des Aktionärbindungsvertrages.

23 Ist der Aktionärbindungsvertrag als Gesellschaftsvertrag zu qualifizieren, führt dies zur Anwendung von Art. 545 Ziff. 2 und Ziff. 6 OR: Das Ausscheiden einer Vertragspartei aus dem Aktionärbindungsvertrag führt zu dessen Auflösung, sofern nicht die Fortführung vereinbart worden ist.

24 Da der Aktionärbindungsvertrag lediglich «inter partes» bindende Wirkung entfaltet, ist seine Verbindlichkeit beim Subjektwechsel ungewiss. Der neue Gesellschafter ist nur an den Aktionärbindungsvertrag gebunden, wenn er sich diesem unterwirft.

25 Ist die Aktiengesellschaft nicht in der Lage, den veräusserten Anteil selber zu erwerben oder durch einen anderen Aktionär erwerben zu lassen, kann sie den Gesellschafterwechsel nicht verhindern (und damit auch nicht die Aufnahme eines Aktionärs, der an den Aktionärsbindungsvertrag nicht gebunden ist).

26 Die Verbindlichkeit des Aktionärbindungsvertrages beim Subjektwechsel kann erreicht werden, wenn sich die Vertragsparteien verpflichten, im Veräusserungsfall die ihnen obliegenden Verpflichtungen auf den Erwerber zu überbinden.

27 Schliesslich kann auch der konkrete Inhalt eines Aktionärbindungsvertrages einem Subjektwechsel entgegenstehen. Probleme können sich beispielsweise bei Vorhand-, Vorkaufs- oder Kaufsrechten ergeben. Die vorgenannten Gestaltungsrechte sind mit dem Schuldverhältnis als Ganzes verbunden und teilen als solche grundsätzlich das rechtliche Schicksal des Rechtsverhältnisses, dem sie angehören[37]. Vorhand-, Verkaufs- und Kaufsrechte können nicht einzeln, als Nebenrechte einer Forderung, auf Dritte übertragen werden. Der Erwerber muss an die Stelle des Veräusserers

[35] *Forstmoser/Meier-Hayoz/Nobel*, Aktienrecht, § 39 N 159; *Forstmoser*, Aktionärbindungsverträge, 366.

[36] *Truniger*, S. 42 m.w.H.

[37] *Merz*, S. 72; BGE 94 II 279 f.

treten und sämtliche Rechte und Pflichten, die dem Aktionärbindungsvertrag entspringen, übernehmen[38].

ee) Durchsetzung

Wer aus dem Aktionärbindungsvertrag einen Anspruch ableitet, hat ein Recht auf Realerfüllung des Vertrages. Die Gesellschaft sowie am Vertrag nicht beteiligte Dritte können gegen die Verletzung nichts unternehmen[39]. Sodann führt die Natur des Aktionärbindungsvertrages dazu, dass der Verpflichtete jederzeit vertragswidrig und dennoch gesellschaftsrechtlich gültig handeln kann[40]. 28

Dementsprechend kann der Anspruch auf Realerfüllung nur solange durchgesetzt werden, als er rechtzeitig geltend gemacht wird. Rechtzeitig heisst: vor der Vertragsverletzung. Kann der Anspruch auf Realerfüllung nicht durchgesetzt werden, tritt an dessen Stelle ein Anspruch auf Schadenersatz[41]. 29

c) Statutarische Gesellschafterpflichten im GmbH-Recht

aa) Ausgangslage

In der GmbH ist der «Kunstgriff», der in der Doppelgesellschaft liegt, nicht nötig, denn im GmbH-Recht können zusätzliche Gesellschafterpflichten statutarisch vorgesehen werden, ohne dass dazu eine einfache Gesellschaft eingegangen werden muss. Die Nachteile des Aktionärbindungsvertrags entfallen daher im GmbH-Recht. 30

bb) Pflichten sind gesellschaftsrechtlich vollstreckbar

Weil die zusätzlichen Pflichten statutarische Pflichten sind, sind sie gesellschaftsrechtlich vollstreckbar. Gesellschafterbeschlüsse beispielsweise, die gegen statutarische Pflichten verstossen, sind mangelhaft und nicht gültig zustande gekommen (anders beim Aktionärbindungsvertrag: Gesellschaftsbeschlüsse, die diesen verletzen, bleiben gültig; allenfalls werden Schadenersatzansprüche oder – wenn vereinbart – Konventionalstrafen fällig). Bei der Doppelgesellschaft darf der Gesellschafter nicht gegen die internen Pflichten verstossen, bei der GmbH kann er nicht. 31

[38] *Truniger,* S. 53 ff. m.w.H.

[39] ZR 1970, S. 261 f.

[40] *Forstmoser/Meier-Hayoz/Nobel,* Aktienrecht, § 39 N 159.

[41] *Truniger,* S. 56 ff. m.w.H.

cc) Pflichten binden automatisch auch neu eintretende Gesellschafter

32 Die zusätzlichen Pflichten wirken auch auf zukünftige Gesellschafter (anders der Aktionärbindungsvertrag, der nur unter den Parteien gilt; neue Gesellschafter sind daran nicht gebunden). Die Gesellschafter der GmbH haben die Gewissheit, dass auch ein neu eintretender Gesellschafter an die statutarischen Pflichten gebunden ist.

5. Der Gesellschafterbindungsvertrag

33 Ausserhalb der (öffentlich zugänglichen) Statuten bleibt es den Gesellschaftern unbenommen, sich gegenseitig vertraglich zu verpflichten. Der Gesellschafterbindungsvertrag ist das Pendant zum Aktionärbindungsvertrag.

34 Gesellschafterbindungsverträge unterliegen den Bestimmungen des Obligationenrechts, nicht jedoch dem Recht der GmbH. Das Körperschaftsrecht setzt dem Gesellschafterbindungsvertrag inhaltlich grundsätzlich keine Grenzen; es besteht volle Vertragsfreiheit.

35 Gesellschafterbindungsverträge sind schuldrechtliche Verträge, das heisst Verträge, die sich auf eine Forderung beziehen. Sie verpflichten die Gesellschafter untereinander oder gegenüber aussenstehenden Dritten zu einem bestimmten Verhalten gegenüber der Gesellschaft. Gesellschafterverbindungsverträge entfalten lediglich «inter partes» eine rein obligatorische Wirkung. Dementsprechend hat der Gesellschafterbindungsvertrag gesellschaftsrechtlich keine unmittelbare Bedeutung. Der Vertrag bindet ausschliesslich die Vertragsparteien. Gesellschafterbindungsverträge betreffen sodann lediglich die Ausübung der Mitgliedschaftsrechte, das Recht an sich aber bleibt beim Gesellschafter. Der Gesellschafterbindungsvertrag beschränkt wie der Aktionärbindungsvertrag lediglich das Dürfen, nicht aber das Können. Die Vertragsparteien können jederzeit vertragswidrig handeln, sie dürfen nur nicht.

36 Die Gesellschafter haben regelmässig ein Interesse, dass ihre Vereinbarung über eine gewisse Dauerhaftigkeit verfügt. Regeln die Parteien die Dauer des Vertrages, müssen sie darauf achten, dass die Vereinbarung keine übermässige Bindung im Sinne von Art. 27 ZGB beinhaltet. Nach bundesgerichtlicher Rechtsprechung beinhaltet eine Vereinbarung dann eine sittenwidrige Bindung, wenn sie die persönliche Freiheit eines Vertragspartners in zeitlicher, örtlicher oder sachlicher Hinsicht derart einschränkt, dass sie diesen der Willkür eines anderen ausliefert, seine wirtschaftliche Entfaltungsmöglichkeit aufhebt oder die Grundlagen seiner wirtschaftlichen Existenz gefährdet[42].

[42] BGE 114 II 162.

Beim Gesellschafterbindungsvertrag ist zu beachten, dass das Schicksal des Vertrags beim Subjektwechsel ungewiss ist. Ist der Gesellschafterbindungsvertrag als einfache Gesellschaft zu qualifizieren, führt dies zur Anwendung von Art. 545 OR: Das Ausscheiden einer Vertragspartei aus dem gesellschaftsrechtlichen Gesellschafterbindungsvertrag führt zu dessen Auflösung, sofern nicht die Fortführung der vertraglichen Bindung trotz des Ausscheidens einer Partei ausdrücklich oder stillschweigend vereinbart worden ist. Ist aufgrund der rechtlichen Qualifikation der Bestand des Gesellschafterbindungsvertrages trotz des Ausscheidens eines Gesellschafters gewährleistet, ist zu prüfen, ob der konkrete Inhalt des Bindungsvertrages einem Subjektwechsel entgegensteht. Probleme können sich beispielsweise ergeben, wenn sich die Parteien gegenseitig Vorhand-, Vorkaufs- oder Kaufsrechte an ihrer Gesellschaftsbeteiligung eingeräumt haben, ohne gleichzeitig eine Regelung der Rechtsnachfolge vorzusehen. 37

Aus der Natur des Gesellschafterbindungsvertrages ergibt sich sodann, dass lediglich demjenigen, der aus dem Vertrag einen Anspruch ableitet, ein Recht auf Realerfüllung des Vertrages zukommt. Die Gesellschaft sowie am Vertrag nicht beteiligte Dritte können gegen eine Verletzung des Gesellschafterbindungsvertrages nichts unternehmen. Zum anderen führt die Natur des Gesellschafterbindungsvertrages dazu, dass der durch den Vertrag Verpflichtete jederzeit vertragswidrig und dennoch gesellschaftsrechtlich gültig handeln kann. Der Anspruch auf Realerfüllung kann nur so lange durchgesetzt werden, als er rechtzeitig geltend gemacht wird[43]. 38

Da bei der GmbH Nebenleistungspflichten in den Statuten vereinbart werden können, ist das Bedürfnis nach einem Gesellschafterbindungsvertrag bei der GmbH viel seltener als bei der AG. Gegenstand des Gesellschafterbindungsvertrages sind fast ausschliesslich vertrauliche Vereinbarungen zwischen den Gesellschaftern. 39

6. Vinkulierungsmöglichkeit

Voraussetzung für den Erwerb eines GmbH-Anteils ist die Zustimmung der Gesellschaft. Diese kann ohne Angabe von Gründen verweigert werden[44]. Die Möglichkeit, die Abtretung von Stammanteilen zu beschränken, ist für die GmbH charakteristisch. Sie entspricht der Personenbezogenheit sowie der grossen Bedeutung der Zusammensetzung des Gesellschafterkreises in kleinen Gesellschaften. Da ein Ausscheiden aus der Gesellschaft sodann nicht nur durch die Veräusserung der Anteile, sondern auch durch Austritt möglich ist, kann die Abtretbarkeit weiter beschränkt werden als bei der Aktiengesellschaft. 40

43 *Truniger,* S. 41 ff. m.w.H.

44 Art. 786 OR.

7. Strengere Quorumsvorschriften der GmbH als Nachteil

41 Gewisse Beschlüsse der GmbH, beispielsweise der Beschluss über die Änderung des Gesellschaftszwecks, der Beschluss über die Einführung von stimmrechtsprivilegierten Stammanteilen oder der Beschluss über die Erhöhung des Stammkapitals, bedürfen zwingend der Zustimmung einer qualifizierten Mehrheit[45]. Dieser Zwang zu einem gewissen Konsens in wichtigen Fragen führt dazu, dass die GmbH als Rechtsform für Gesellschaften mit vielen Gesellschaftern, die untereinander keine Beziehung pflegen, wenig geeignet ist.

III. Die GmbH als partnerschaftlich strukturierte Gesellschaft

1. Partnerschaft

42 «Partnerschaftlich» bedeutet im herkömmlichen Wortsinn auf Partnerschaft beruhend bzw. auf Partnerschaft gegründet. Der Partner ist eine Person, die mit einer anderen etwas gemeinsam resp. aus gemeinsamen Interessen heraus unternimmt. Die Beziehung zwischen Partnern bezeichnet man als Partnerschaft. In einem rechtlichen Sinne lässt sich der Begriff Partnerschaft insofern weiterqualifizieren, als Partner in einem gemeinsamen Unternehmen zueinander in einer rechtsgeschäftlichen Beziehung stehen. In einem betriebswirtschaftlichen Sinne schliesslich versteht man unter dem Begriff Partnerschaft eine Organisationsstruktur, welche sich insbesondere dadurch auszeichnet, dass sie die Kollaboration gleichwertiger, sich gegenseitig ideal ergänzender Partner in den Vordergrund stellt und diese durch flexible, nicht hierarchische Strukturen fördert[46].

2. Die Bedürfnisse in partnerschaftlich orientierten Gesellschaften; Umsetzung im Recht der GmbH

a) Allgemeines

43 Partnerschaften werden eingegangen, weil sich der Einzelne aus der Kooperation mit seinen Partnern unmittelbar oder mittelbar Vorteile erhofft. Partnerschaften zeichnen sich insbesondere durch drei Besonderheiten aus: Erstens, eine nicht-

[45] Art. 808b OR.

[46] *Truniger,* S. 4 ff. m.w.H.

hierarchische Organisationsstruktur. Zweitens, eine auf Kollaboration basierende Betriebskultur. Drittens, eine gleichmässige Verteilung von Macht und Einfluss innerhalb der Gesellschaft[47].

Die Kooperation unter den Partnern bildet das Herzstück der Partnerschaft. Dementsprechend ist die Organisationsstruktur partnerschaftlich orientierter Gesellschaften darauf ausgerichtet, ein fruchtbares Zusammenwirken zu ermöglichen und zu fördern: Hierarchische Strukturen sind der Kooperation hinderlich und werden deshalb vermieden. Werte wie Teamdenken, Kommunikation, gegenseitiges Vertrauen, Interaktivität, Flexibilität prägen die Betriebskultur und sollen die Zusammenarbeit unter den Partnern fördern. Mit dem Abbau hierarchischer Strukturen eng verbunden ist auch das Merkmal der gleichmässigen Verteilung von Macht und Einfluss innerhalb der Gesellschaft. Die Mitgliedschaft in der partnerschaftlich strukturierten Gesellschaft ist geprägt durch die Zusammenarbeit gleichwertiger und gleichberechtigter Partner. Die Gleichheit der Partner manifestiert sich insbesondere auch in der gleichmässigen Verteilung von Macht und Einfluss. 44

Bei der Partnerschaft ist entscheidend, wer welche Leistung in die Gesellschaft einbringt. Durch die Partnerschaft soll ein Netzwerk unter den Partnern entstehen, das sich durch Interaktivität auszeichnet. Die einzelnen Partner sollen sich als Spezialisten gegenseitig ergänzen und gemeinsam eine neue Einheit bilden, welche dem einzelnen Partner neue Perspektiven eröffnet. Der Person des Leistungserbringers und der Art des Beitrages kommt grösste Bedeutung zu. 45

Das Recht der GmbH weist in seiner gesetzlichen Grundform verschiedene partnerschaftliche Strukturelemente auf. Verwiesen sei beispielsweise auf die Möglichkeit der Begründung von Nebenleistungs- und Nachschusspflichten[48] oder auf die grundsätzliche Befugnis der Gesellschafter, an der Geschäftsführung und Vertretung teilzuhaben[49]. Des Weiteren gilt es, die Bestimmung über die erschwerte Übertragbarkeit von Gesellschaftsanteilen zu beachten, mittels deren die personelle Kontinuität und die Kontrolle über den Gesellschafterkreis gewährleistet werden können[50]. Die Treuepflicht und das Konkurrenzverbot, denen die Gesellschafter unterliegen, sind schliesslich ebenso Ausdruck der engen Verbundenheit unter den Gesellschaftern wie die Möglichkeit, aus persönlichen Gründen die Auflösung der Gesellschaft zu verlangen, aus der Gesellschaft auszutreten oder einen Gesellschafter aus der Gesellschaft auszuschliessen bzw. ausschliessen zu lassen[51]. 46

[47] Vgl. Hierzu auch *Schwarz,* S. 98 ff.; *Truniger,* S. 9 ff. sowie S. 145 ff. m.w.H.

[48] Art. 776a OR und Art. 796 OR; vgl. nachfolgend § 18 N 7 f. sowie § 17 N 3 ff.

[49] Art. 809 OR; vgl. nachfolgend § 14 N 1 ff.

[50] Art. 785 f. OR; vgl. nachfolgend § 19 N 28 ff.

[51] Art. 822 f. OR; vgl. nachfolgend § 19 N 6 ff.

b) Das Bedürfnis, Nebenleistungspflichten zu begründen

47 Nebenleistungspflichten, und dies gilt sowohl für vermögensmässige als auch für nicht vermögensmässige Mitgliedschaftspflichten, können bei der AG ausschliesslich auf vertraglicher Ebene (als Pflicht gegenüber den anderen Aktionären und nicht etwa als Pflichten gegenüber der Gesellschaft) begründet werden. Bei der GmbH dagegen können Nebenleistungspflichten auf statutarischer Ebene begründet werden[52].

c) Das Bedürfnis, den Gesellschaftern ein Recht auf aktive Teilnahme an der Geschäftsführung einzuräumen

48 Bei der AG besteht Drittorganschaft. Die Wahl in den Verwaltungsrat steht zwingend der Generalversammlung zu und schliesst einen statutarischen Anspruch auf eine Teilnahme an der Geschäftsführung aus. Ein Recht auf aktive Teilnahme in der Geschäftsführung kann ausschliesslich auf vertraglicher Ebene (unter den Aktionären) begründet werden. Anderes gilt bei der GmbH. Gemäss Art. 809 OR üben grundsätzlich alle Gesellschafter die Geschäftsführung gemeinsam aus, wobei gemäss Art. 814 OR grundsätzlich jeder Geschäftsführer zur Vertretung der Gesellschaft berechtigt ist[53].

d) Das Bedürfnis, die Macht- und Einflussverhältnisse innerhalb der Gesellschaft zu festigen

49 Was das Stimmrecht anbelangt, gehen sowohl das Aktienrecht als auch das Recht der GmbH vom Grundsatz *«so viel Kapital, so viel Recht»* aus. Ebenso belässt das Recht beider Gesellschaftsformen den Gesellschaftern einen grossen Gestaltungsspielraum. Zwei wesentliche Unterschiede gilt es dennoch zu beachten: Wollen die Gesellschafter die Art und Weise der Stimmrechtsausübung festlegen, können sie dies im Fall der AG lediglich auf vertraglicher Ebene tun, währenddem bei der GmbH die Stimmrechtsausübung Gegenstand einer statutarischen Nebenleistungspflicht sein kann. Ein äusserst wirkungsvolles Mittel zur Festigung der Macht- und Einflussverhältnisse liegt sodann in der Kontrolle über die finanzielle Beteiligung der Gesellschafter. Diesbezüglich bietet das Recht der GmbH mit seinen umfassenden Vinkulierungsmöglichkeiten die besseren Kontrollmöglichkeiten als das Recht der Aktiengesellschaft[54].

52 Vgl. nachfolgend § 18 N 7 f.

53 Vgl. nachfolgend § 14 N 1 ff.

54 Vgl. nachfolgend § 19 N 28 ff.

e) Das Bedürfnis, den Kreis der Gesellschafter in seiner bisherigen Zusammensetzung zu erhalten

Das Aktienrecht bietet im Vergleich zum Recht der GmbII nur sehr beschränkte Möglichkeiten, die Übertragung der Gesellschaftsbeteiligung statutarisch zu erschweren. Zusätzliche Sicherheit für die personelle Kontinuität kann lediglich auf vertraglicher Ebene unter den Aktionären gewährleistet werden. Dagegen sieht das Recht der GmbH eine gesetzliche Vinkulierung vor und bietet zusätzlich die Möglichkeit, die Übertragung der Mitgliedschaft in den Statuten weiter zu erschweren[55]. 50

f) Das Bedürfnis, taugliche Mittel zur gesellschaftsinternen Konfliktlösung vorzusehen

Das Aktienrecht kennt weder ein Austrittsrecht noch (abgesehen vom Kaduzierungsverfahren) ein Ausschlussrecht noch ein Kündigungsrecht, sondern lediglich ein Recht, die Auflösung der Gesellschaft zu verlangen. Nach herrschender Lehre ist lediglich die statutarische Konkretisierung der vom Gesetz vorgesehenen Auflösungsgründe zulässig. In allen übrigen Fällen sind die Gesellschafter auf vertragliche Vereinbarungen unter den Aktionären angewiesen. Anders das Recht der GmbH. Jeder Gesellschafter kann aus wichtigen (auch persönlichen) Gründen aus der Gesellschaft austreten oder die Auflösung der Gesellschaft verlangen. Ebenso kann er aus wichtigen (auch persönlichen) Gründen den Ausschluss eines Gesellschafters aus der Gesellschaft verlangen. Das Recht der GmbH bietet damit ein breites Arsenal von gesetzlichen Konfliktlösungsbehelfen, welches statutarisch zusätzlich erweitert werden kann[56]. 51

3. Die partnerschaftliche Ausgestaltung der GmbH; Möglichkeiten und Grenzen

Wie bereits erwähnt, ist die gesetzliche Ordnung mit Bezug auf das Innenverhältnis weitgehend dispositiver Natur. Dies ermöglicht eine auf die konkreten Umstände und die persönlichen Verhältnisse der beteiligten Personen bezogene Ausgestaltung der Gesellschaft in den Statuten. Im Rahmen der Ausgestaltung ist allerdings zu beachten, dass eine Gesellschaft, damit sie als solche qualifiziert werden kann, bestimmte rechtliche Merkmale aufweisen muss. Der Rechtsanwender muss sich innerhalb der gewählten Gesellschaftsform an die zwingenden Minimalanforde- 52

[55] Vgl. nachfolgend § 19 N 28 ff.

[56] Vgl. nachfolgend § 20 N 1 ff. sowie zur statutarischen Schiedsklausel § 20 N 17 ff.

rungen halten. Letztere ergeben sich aus der begrifflichen Umschreibung der gewählten Gesellschaftsform und aus den zwingenden Rechtssätzen. Ausserhalb dieses zwingend festgelegten Kernbereichs steht es dem Rechtsanwender im Rahmen von Art. 19 f. OR bzw. Art. 27 ZGB frei, die gewählte Gesellschaftsform entsprechend seinen individuellen Bedürfnissen zu modifizieren. Negativ ausgedrückt sind atypische Ausgestaltungen dann unzulässig, wenn sie die zwingend normierte gesetzliche Grundstruktur missachten, in den absolut geschützten Kernbereich der Mitgliedschaft eingreifen, die Bestimmungen zum Schutz der Gläubiger oder zum Schutz von Personen mit Minderheitsbeteiligungen verletzen oder sonst gegen zwingendes Recht und allgemeine Rechtsgrundsätze verstossen[57].

53 Im neuen Recht der GmbH sind namentlich folgende Bestimmungen zwingend vorgesehen: die Bestimmungen betreffend die Optionen, welche bei der Vinkulierung zur Verfügung stehen[58]; die Bestimmungen über die Befugnisse der Gesellschafterversammlung und der Revisionsstelle[59]; die Bestimmungen über die gesetzlich vorgesehene Austrittsmöglichkeit[60]; die Bestimmungen über die Beteiligung am Stammkapital mit mindestens einem Stammanteil[61]; die Bestimmungen betreffend die Statuierung von bedingt notwendigem Statuteninhalt[62]; die Bestimmungen betreffend die einseitig zwingend festgelegten Bedingungen für das Einverlangen von Nachschüssen[63]; die Bestimmungen betreffend die gesetzliche Regelung statutarischer Nebenleistungspflichten[64]; die Bestimmungen betreffend die einseitig zwingend festgelegten Anforderungen an die Beschlussfassung[65]; die Bestimmungen betreffend das Gleichbehandlungsgebot[66]; die Vorschriften betreffend die Abberufung von Geschäftsführern sowie die Vorschriften betreffend die Entziehung der Vertretungsbefugnis von Geschäftsführern[67]; die Bestimmungen betreffend die Pflicht zur Vernichtung von Stammanteilen, wenn der Mindestnennwert im Rahmen der Kapitalherabsetzung nicht mehr durch Aktiven gedeckt ist[68].

57 Botschaft, S. 3154 f.; *Truniger*, S. 3 m.w. H.

58 Botschaft, S. 3160 f. Vgl. nachfolgend § 19 N 28 ff.

59 Botschaft, S. 3163. Vgl. nachfolgend § 13 N 33 ff. bzw. § 15 N 40 ff.

60 Botschaft, S. 3165. Vgl. nachfolgend § 19 N 6 ff.

61 Botschaft, S. 3170. Vgl. nachfolgend § 5 N 57 ff.

62 Botschaft, S. 3173. Vgl. nachfolgend § 5 N 18 ff.

63 Botschaft, S. 3196. Vgl. nachfolgend § 17 N 3 ff.

64 Botschaft, S. 3198. Vgl. nachfolgend § 18 N 7 f.

65 Botschaft, S. 3210. Vgl. nachfolgend § 13 N 84 f.

66 Botschaft, S. 3215. Vgl. nachfolgend § 14 N 48.

67 Botschaft, S. 3216. Vgl. nachfolgend § 14 N 79; § 24 N 33.

68 Botschaft, S. 3234. Vgl. nachfolgend § 9 N 33 ff.

4. Unternehmenskonstellationen, für welche die GmbH speziell geeignet erscheint

Vorausgesetzt, ein Unternehmen sucht eine partnerschaftlich orientierte Struktur 54
und ist nicht auf eine Finanzierung über den Kapitalmarkt angewiesen, scheint die GmbH als Rechtsform geeignet für Dienstleistungsbetriebe und nicht kapitalintensive Gewerbebetriebe; Unternehmen in der Startphase; Franchisebetriebe und Joint Ventures; Arbeitsgemeinschaften; Unternehmen mit einem Bedürfnis, die Gründer zu schützen; Einpersonengesellschaften oder Praxisgemeinschaften. Zumal die GmbH auch ideelle Zwecke verfolgen kann, ist sie auch als Organisationsform für Verbände oder karitative Institutionen denkbar[69].

[69] *Schwarz,* S. 102; zur GmbH als Rechtsträgergesellschaft für Joint Ventures vgl. *Koehler,* passim.

2. Teil
Entstehung / Gründungsvorgang

§ 3 Überblick über die wesentlichen Neuerungen

I. Zielsetzung des Gesetzgebers

Im neuen Recht ist die GmbH konsequent als personenbezogene Kapitalgesellschaft ausgestaltet. Während das rechtliche Konzept der Aktiengesellschaft auf der Kapitalbeteiligung der Aktionäre aufbaut und deren Persönlichkeit idealtypischerweise von geringer Bedeutung ist, wird bei der GmbH den beteiligten Personen und den Umständen des Einzelfalls möglichst weitgehend Rechnung getragen[1]. 1

Das neue Recht lässt die Gründung von Einpersonengesellschaften zu und schafft dafür klare Rechtsgrundlagen[2]. Ziel des Gesetzgebers war es sodann, die gesetzliche Regelung zu vereinfachen. Beispielsweise ermöglichte die Pflicht zur vollständigen Leistung der Einlagen eine Vereinfachung der gesetzlichen Regelung und erlaubte es insbesondere, auf die subsidiäre Solidarhaftung der Gesellschafter für die Liberierung des gesamten Stammkapitals zu verzichten[3]. Ebenso sollte die Veränderung der Beteiligungsverhältnisse erleichtert werden: Neu kann jeder Gesellschafter Eigentum an mehreren Stammanteilen haben; neu wird auch vom Erfordernis der öffentlichen Beurkundung abgesehen[4]. 2

Im neuen Recht wird die obere Begrenzung des Stammkapitals von CHF 2 Millionen aufgehoben, da sie das Wachstum von Gesellschaften beeinträchtigen kann. Umgekehrt wurde im Interesse von Kleinunternehmen mit geringem Kapitalbedarf auf eine Erhöhung des minimalen Stammkapitals verzichtet[5]. 3

[1] Botschaft, S. 3154.

[2] Botschaft, S. 3155.

[3] Botschaft, S. 3157.

[4] Botschaft, S. 3159.

[5] Botschaft, S. 3156. Zu Zielsetzung und Gang der Reformarbeiten, zu Neuerungen und Konstanten vgl. die synoptische Darstellung von *Forstmoser / Peyer / Schott,* Das neue Recht der GmbH.

II. Wesentliche Neuerungen

1. Die Gründung von Einpersonengesellschaften

4 Das neue Recht lässt die Gründung von Einpersonengesellschaften zu und schafft dafür klare Rechtsgrundlagen. Die Einpersonen-GmbH ist eine Gesellschaft, deren sämtliche Stammanteile in der Hand einer Person vereinigt sind. Diese Person führt die GmbH wie ein Einzelunternehmen mit beschränkter Haftung. Die Einpersonen-GmbH und der einzige Gesellschafter sind trotz faktischer Einheit juristisch zwei verschiedene Personen. Der Unternehmer trägt ein beschränktes Risiko und haftet ausschliesslich mit dem Gesellschaftsvermögen. Für die Schulden der Gesellschaft kann der Gesellschafter grundsätzlich nicht belangt werden. Erweist sich die Berufung auf die rechtliche Selbstständigkeit der juristischen Person als missbräuchlich, kann der Grundsatz der Trennung zwischen der GmbH und ihrem Eigentümer aufgehoben werden. Die Praxis spricht vom sogenannten Durchgriff[6].

2. Die Neuregelung des Stammkapitals

5 Mit der Revision wurde die obere Begrenzung des Stammkapitals von CHF 2 Millionen aufgehoben, da sie das Wachstum von Gesellschaften beeinträchtigen kann. Das neue Recht verzichtet sodann im Interesse von Kleinunternehmen mit geringem Kapitalbedarf auf die Erhöhung des minimalen Stammkapitals. Das Stammkapital beträgt mindestens CHF 20 000.– und die Gesellschafter sind mindestens mit je einem Stammanteil am Stammkapital beteiligt. Das neue Recht senkt darüber hinaus den Mindestnennwert der Stammanteile von bisher CHF 1000.– auf neu CHF 100.– und hebt die Pflicht zur Verschmelzung mehrerer Anteile eines Gesellschafters in einen Gesamtstammanteil auf. Höhe des Stammkapitals, Anzahl und Nennwert der Stammanteile müssen in den Statuten genannt werden[7].

3. Der Besitz mehreren Stimmanteile; die Erleichterung der Übertragung

6 Nach neuem Recht kann jeder Gesellschafter Eigentum an mehreren Stammanteilen haben. Auch die Form der Abtretung von Stammanteilen wurde vereinfacht. Das neue Recht sieht vom Erfordernis der öffentlichen Beurkundung ab und be-

[6] Vgl. nachfolgend § 5 N 4 ff.

[7] Vgl. nachfolgend § 5 N 22.

gnügt sich mit der Schriftform sowie der Eintragung der Gesellschafter im Handelsregister[8].

4. Die Pflicht zur vollständigen Leistung der Einlagen

Die Pflicht zur vollständigen Leistung der Einlagen ermöglicht eine Vereinfachung 7
der gesetzlichen Regelung und erlaubt es, auf die für die beteiligten Personen gefährliche subsidiäre Solidarhaftung aller Gesellschafter für die Liberierung des gesamten Stammkapitals zu verzichten und ein tiefes Mindestkapital beizubehalten[9]. Die tatsächliche Einzahlung des Stammkapitals wird durch die Übernahme der aktienrechtlichen Anforderungen betreffend die Leistung und die Prüfung der Einlagen sichergestellt[10].

III. Vergleich zum alten Recht / Würdigung

Die Gründung von Einpersonengesellschaften war nach altem Recht nicht mög- 8
lich: Das Gesetz verlangte zur Gründung einer GmbH mindestens zwei Personen. In der Praxis behalf man sich mit «Strohleuten», d. h. mit treuhänderisch als Gründer auftretenden Personen. Die nachträgliche Vereinigung aller Stammanteile in den Händen derselben Person wurde geduldet, wobei Gesellschafter und Gläubiger befugt waren, die Auflösung einer Einpersonengesellschaft zu verlangen. Das neue Recht lässt die Gründung von Einpersonengesellschaften zu und schafft dafür klare Rechtsgrundlagen[11].

Das Stammkapital durfte nach altem Recht nicht weniger als CHF 20 000.– und 9
nicht mehr als CHF 2 Millionen betragen. Mit der Revision wurde die obere Begrenzung von CHF 2 Millionen aufgehoben, da sie das Wachstum von Gesellschaften beeinträchtigen kann. Im Interesse von Kleinunternehmen mit geringem Kapitalbedarf verzichtet das neue Recht auf die Erhöhung des minimalen Stammkapitals. Das Mindestkapital von CHF 20 000.– muss jedoch voll liberiert werden[12].

Nach altem Recht durfte jeder Gesellschafter nur je einen Stammanteil besitzen. 10
Dies erschwerte die Übertragung der Anteile erheblich: Jede Veränderung der Be-

[8] Vgl. nachfolgend § 19 N 28 ff.

[9] Botschaft, S. 3156 f.

[10] Vgl. nachfolgend § 5 N 57 ff.

[11] Botschaft, S. 3155.

[12] Botschaft, S. 3155 f.

teiligung machte entweder eine Aufteilung oder eine Zusammenlegung von Stammanteilen erforderlich, wozu wiederum eine Revision der Statuten notwendig war. Nach neuem Recht kann jeder Gesellschafter Eigentum an mehreren Stammanteilen haben. Auch die Form der Abtretung von Stammanteilen wurde vereinfacht. Das neue Recht sieht vom Erfordernis der öffentlichen Beurkundung ab und begnügt sich mit der Schriftform sowie der Eintragung der Gesellschafter im Handelsregister[13].

11 Die GmbH ist für die Bedürfnisse von Gesellschaften mit einem beschränkten Kreis von beteiligten Personen konzipiert. Die gesetzliche Regelung geht von einer engen Bindung der beteiligten Personen an das Unternehmen aus; Stammanteile sind nicht kapitalmarktfähig. Stammanteile der GmbH können nur als Beweisurkunden oder als Namenpapiere verbrieft werden. Das neue Recht senkt darüber hinaus den Mindestnennwert der Stammanteile von bisher CHF 1000.– auf neu CHF 100.–. Auf eine weiter gehende Senkung wurde im Hinblick auf den starken Personenbezug und die mangelnde Kapitalmarktfähigkeit der GmbH verzichtet. Bei einem Nennwert von CHF 100.– und einem Stammkapital von CHF 20 000.– können 200 Gesellschafter an einer GmbH beteiligt werden. Für Gesellschaften mit einem grösseren Kreis von beteiligten Personen dürfte die Aktiengesellschaft die besser geeignete Rechtsform sein[14].

12 Nach altem Recht musste bei der Gründung nur die Hälfte des Stammkapitals liberiert werden, sei es in Form der Einzahlung von Geld oder als Sacheinlage. Im Hinblick auf die Beschränkung der Haftung auf das Gesellschaftsvermögen wird unter neuem Recht zum Schutz der Gläubiger die volle Liberierung der Stammanteile verlangt[15]. Die Pflicht zur vollständigen Leistung der Einlagen ermöglicht eine Vereinfachung der gesetzlichen Regelung, erlaubt es, ein tiefes Mindestkapital beizubehalten und auf die subsidiäre Solidarhaftung aller Gesellschafter für die Liberierung des gesamten Stammkapitals zu verzichten. Die tatsächliche Einzahlung des Stammkapitals wird durch die Übernahme der aktienrechtlichen Anforderungen betreffend die Leistung und die Prüfung der Einlagen sichergestellt[16].

[13] Botschaft, S. 3159 f.

[14] Botschaft, S. 3160.

[15] Botschaft, S. 3156 f.

[16] Art. 777c Abs. 2 Ziff. 3 OR.

§ 4 Grundlagen

I. Gründungsgesellschaft

1. Worum geht es?

Wird die Gesellschaft von einer Personenmehrheit[17] gegründet, kann das Verfahren für die Gründung der GmbH kompliziert und zeitaufwendig sein; zwischen der Bildung des Willens, gemeinsam den Gesellschaftszweck zu verfolgen, und der formellen Entstehung der GmbH mit dem Eintrag ins Handelsregister[18] liegt eine Zeitspanne, in der die Gesellschafter im Hinblick auf die gemeinsame Gesellschaft bereits vertraglich verbunden sind. Diese interne Verbindung wirkt oft auch Dritten gegenüber, und es stellt sich die Frage nach der Rechtsnatur dieser Verbindung und den Regeln, die darauf anzuwenden sind. 1

2. Die Gründungsgesellschaft als Vorstufe zur GmbH

Das GmbH-Recht wählt den gleichen Lösungsansatz wic das Aktienrecht: Mit dem Entschluss, eine GmbH zu bilden, gehen die zukünftigen GmbH-Gesellschafter eine Gründungsgesellschaft, in Form einer einfachen Gesellschaft[19], ein. Diese Gesellschaft entsteht grundsätzlich formfrei[20]. Formbedürftig ist der Gesellschaftsvertrag nur dann, wenn er die verbindliche Verpflichtung zur Gründung der GmbH enthält[21] (und nicht bloss die Absicht dazu) oder wenn formbedürftige Einlageverpflichtungen eingegangen werden. Auf das Innenverhältnis, d. h. auf die Beziehung zwischen den Gesellschaftern, sind diejenigen Regeln anwendbar, die sie unter sich vereinbart haben; zwingende Vorschriften oder Vermutungen bestehen nicht. Erst wenn die GmbH intern durch den notariell beurkundeten Gründungsbeschluss[22] gebildet ist (wegen des noch ausstehenden Handelsregistereintrags die Rechtspersönlichkeit aber noch nicht erlangt hat[23]), sind neben den im Gesellschaftsver- 2

[17] Zur Gründung der Einpersonengesellschaft vgl. nachfolgend § 5 N 4 ff.

[18] Vgl. nachfolgend § 5 N 1 ff.

[19] Art. 530 ff. OR; *Baudenbacher,* OR, Art. 772 N 6; *Wohlmann,* GmbH, S. 18 f.

[20] BGE 104 Ib 265; zur AG: BGE 102 II 423 f.; *Bär,* Gründungsgesellschaft, S. 86 ff.; *Wohlmann,* GmbH, S. 18.

[21] *Baudenbacher,* OR, Art. 772 N 6; a.M. *Wohlmann,* GmbH, S. 18, der auch für diesen Fall auf das Formerfordernis verzichten will.

[22] Vgl. nachfolgend § 5 N 15 ff.

[23] Art. 779 Abs. 1 OR.

trag vereinbarten Regeln auch die gesetzlichen Bestimmungen zur GmbH auf das Innenverhältnis anwendbar. Die Gründungsgesellschaft nähert sich durch diesen Schritt der GmbH an, sodass man auch von einer Vor-GmbH sprechen kann[24], die aber trotz ihrer Bezeichnung eine einfache Gesellschaft ist. Nimmt sie den Betrieb des kaufmännischen Unternehmens auf, ohne dass sie im Handelsregister eingetragen wird, bleibt sie eine einfache Gesellschaft oder wird unter den entsprechenden Voraussetzungen zur Kollektivgesellschaft[25].

3. Verpflichtungen der Gründer und ihre Wirkung auf die GmbH

a) Pflichten gegenüber den anderen Gesellschaftern

3 Verpflichtungen gegenüber der Gesellschaft, welche die Gründer unter sich im Hinblick auf die Gründung der GmbH eingehen, sind als interne Beitragspflichten nach Massgabe des Innenverhältnisses geschuldet und können durch jeden Gesellschafter mit der *actio pro socio* geltend gemacht werden[26].

b) Haftung der Gründer gegenüber Dritten

4 Verpflichtungen, die ein Gründer für die entstehende GmbH in eigenem Namen eingeht, berechtigen und verpflichten diesen nach aussen allein[27]. Intern stehen ihm gegebenenfalls Ansprüche gegen seine Mitgründer zu, sofern er im Rahmen seiner Geschäftsführungsbefugnis handelte[28]. Für Verpflichtungen, welche die Gründer vor der Entstehung der GmbH gegenüber Dritten ausdrücklich im Namen der GmbH eingehen, haften sie dagegen solidarisch[29]. Will sich ein Gründer vor dieser Solidarhaftung schützen, muss er die namens der GmbH eingegangene Verpflichtung mit der suspensiven Bedingung verknüpfen, wonach ein bindendes Rechtsverhältnis nur für den Fall entsteht, dass die GmbH gegründet wird und das betreffende Geschäft übernimmt[30]. Handelt ein Gründer im Namen der Gründungsgesellschaft

[24] *Wohlmann,* GmbH, S. 19; *Baudenbacher,* OR, Art. 772 N 6.

[25] *Baudenbacher,* OR, Art. 772 N 6; vgl. allgemein zur Abgrenzung einfache Gesellschaft / Kollektivgesellschaft: *Meier-Hayoz / Forstmoser,* § 13 N 8 ff.

[26] *Handschin,* OR, Art. 531 N 3; wobei auch auf Realerfüllung geklagt werden kann: BGE 110 II 291.

[27] Art. 543 Abs. 1 OR.

[28] Art. 537 OR.

[29] Art. 779a OR.

[30] Zum Aktienrecht *Schenker,* OR, Art. 645 N 4 m.w.H.; Zur analogen Anwendbarkeit von Art. 645 Abs. 1 OR, wenn für die Beteiligten noch unklar ist, ob eine neue AG gegründet oder eine bestehende umbenannt werden soll, vgl. BGE 128 III 137 ff.

(und nicht im Namen der zu gründenden GmbH), richten sich die Folgen nach allgemeinem Stellvertretungsrecht[31], wobei vermutet wird, dass der zur Geschäftsführung der Gründungsgesellschaft befugte Gründer auch zur Vertretung ermächtigt ist[32].

Unabhängig vom inneren Willen der Gesellschafter folgt aus dem Vertrauensprinzip, dass sich eine Gegenpartei auch aufgrund des Verhaltens der in Aussicht genommenen Gesellschafter auf die Regeln der einfachen Gesellschaft berufen kann, wenn sie in guten Treuen vom Bestand einer Gesellschaft ausgehen durfte[33]. 5

Verbindlichkeiten, die von den Gründern nach der Entstehung der GmbH im Namen der Gesellschaft eingegangen werden, verpflichten diese nach Massgabe der Bestimmungen über die Stellvertretung und das Verhalten der Geschäftsführer. 6

c) Übernahme der Gründerpflichten durch die GmbH

Verpflichtungen, die im Namen der zu gründenden GmbH eingegangen wurden und die innert drei Monaten nach ihrer Entstehung durch die GmbH übernommen werden, verpflichten nur noch die GmbH; die Gründer, die bis zu diesem Zeitpunkt solidarisch gehaftet haben, werden frei[34]. Die Übernahme der Verpflichtung durch die GmbH kann dabei ausdrücklich oder konkludent (zum Beispiel durch vorbehaltlose Erfüllung[35]) erfolgen[36]. Die Dreimonatsfrist beginnt mit der Entstehung der GmbH zu laufen, also mit dem Eintrag im Handelsregister. 7

Für die Gläubiger ist die Übernahme der Verbindlichkeiten durch die GmbH und die Befreiung der Gründer verpflichtend, auch wenn sie ihr nicht zugestimmt oder sich ihr gar widersetzt haben. Die Einwilligung der Gläubiger ist nur dann notwendig, wenn die GmbH die Dreimonatsfrist verpasst, da in diesem Falle die Schulden nur noch gemäss Art. 175 ff. OR übernommen werden können[37]. 8

d) Weigerung der GmbH, die Gründerschulden zu übernehmen

Weigert sich die GmbH, die Gründerverpflichtungen zu übernehmen, haften die Gründer weiterhin solidarisch; die GmbH kann zur Schuldübernahme nicht gezwungen werden. Teilweise wird vertreten, dass in diesem Fall der Gläubiger ge- 9

[31] Art. 32 ff. OR.

[32] Art. 543 OR.

[33] Entscheid des Bundesgerichts 4C.24/2000 vom 28. März 2000, E. 4.a.

[34] Art. 779a Abs. 2 OR. Sie haften allenfalls noch als Geschäftsführer gemäss Art. 827 OR; Verantwortlichkeit.

[35] Zum Aktienrecht *Schenker,* OR, Art. 645 N 9; vgl. auch *Siegwart,* ZK, N 23 zu Art. 645 OR.

[36] Vgl. hierzu eingehend ZR 2005, S. 37 ff.

[37] *Wohlmann,* GmbH, S. 23; für die AG: *Forstmoser/Meier-Hayoz/Nobel,* Aktienrecht, § 18 N 10.

stützt auf Art. 24 OR wegen *error in personam* vom Vertrag zurücktreten könne[38]. Dies erscheint u. E. fraglich, denn der Gläubiger musste im Zeitpunkt der Verpflichtung wissen, dass er mit einer Gründungsgesellschaft kontrahiert und dass die GmbH nicht verpflichtet ist, eingegangene Pflichten zu übernehmen; er hat sich nicht geirrt, sondern lediglich eine zukünftige Entwicklung falsch eingeschätzt. Denkbar ist allenfalls die Annahme einer stillschweigenden Bedingung, dass die Verpflichtung nur bestehen bleibe, wenn sie von der GmbH nach ihrer Gründung übernommen wird. Der Gläubiger verliert durch die Weigerung der GmbH, die Gründerpflichten zu übernehmen, ohnehin kein Haftungssubstrat. Ihm haften alle Gesellschafter solidarisch mit ihrem ganzen Vermögen, wozu auch ihre Beteiligungen an der GmbH gehören.

e) Unmittelbare Gründungskosten

10 Keine ausdrückliche Übernahme ist für die Gründungsverpflichtungen im engeren Sinn nötig: Für die Verpflichtungen, die für die Gründung der Gesellschaft unmittelbar notwendig waren, wie zum Beispiel Notariats- und Amtsgebühren, haftet die GmbH nach ihrer Entstehung nämlich auch dann, wenn sie die entsprechenden Pflichten nicht übernimmt[39]. Das Gleiche gilt für Pflichten, die im Rahmen einer im Gesellschaftsvertrag vorgesehenen Sacheinlage erfolgen; diese gehen ebenfalls auf die Gesellschaft über, ohne dass es einer ausdrücklichen Übernahme gemäss Art. 779a Abs. 2 OR bedarf[40].

II. Übernahme eines GmbH-Mantels als Alternative zur Gründung

1. Worum geht es?

11 Im Aktienrecht kommt es vor, dass eine Person, die eine Aktiengesellschaft *«erwerben»* will, diese nicht gründet, sondern stattdessen eine inhaltlich leere, nur noch als juristische Person bestehende Aktiengesellschaft, einen sogenannten Aktien-

[38] So insbesondere zum Aktienrecht *Schenker,* OR, Art. 645 N 13; vgl. auch *Forstmoser/Meier-Hayoz/Nobel,* Aktienrecht, § 18 N 11 sowie *Siegwart,* ZK, N 25 zu Art. 645 OR.

[39] Zum Aktienrecht *Schenker,* OR, Art. 645 N 12; *Siegwart,* ZK, N 2 zu Art. 645 OR.

[40] Zum Aktienrecht *Forstmoser,* Aktienrecht, S. 311 f.; *Schenker,* OR, Art. 645 N 12.

mantel[41], übernimmt[42]. Obschon Lehre[43] und Rechtsprechung[44] solche Geschäfte für nichtig halten, sind sie in der Praxis anzutreffen.

2. Der Erwerb eines GmbH-Mantels

Die für die Aktiengesellschaft geltenden Normen sind auch auf die GmbH anwendbar; auch die GmbH muss vom Handelsregister von Amtes wegen gelöscht werden, wenn sie nur noch formal-rechtlich existiert[45]. Ist indessen der Handel vollzogen und ist der GmbH vom neuen «Besitzer» Leben gegeben worden, fällt die Löschungsvoraussetzung weg; sie wegen ihrer mangelhaften Geschichte (der Tatsache, dass sie einmal ein GmbH-Mantel war) für nichtig zu erklären, wäre kaum richtig[46]. 12

Zu beachten ist allerdings, dass der Verkauf einer wirtschaftlich liquidierten Kapitalgesellschaft steuerrechtlich wie eine Liquidation mit anschliessender Neugründung behandelt wird. Dementsprechend wird die Differenz zwischen dem Verkaufspreis und dem Nennwert beim Gesellschafter als Einkommen besteuert. Beim Mantelhandel wird sodann grundsätzlich die eidgenössische Emissionsabgabe erhoben[47]. 13

41 BGE 67 I 36; *Forstmoser/Meier-Hayoz/Nobel,* Aktienrecht, § 56 N 163 ff.

42 Die Vorteile des Mantelhandels liegen im Zeitgewinn, in der Ersparnis der Gründungskosten und -formalitäten sowie im Erwerb eines bestehenden Namens.

43 *Guhl,* § 65 N 40; *Meier-Hayoz/Forstmoser,* § 16 N 445; *Forstmoser/Meier-Hayoz/Nobel,* Aktienrecht, § 56 N 168.

44 BGE 64 II 361, 67 I 37.

45 Art. 60 ff. HRegV.

46 So auch *Wohlmann,* GmbH, S. 27 und für die AG: *Forstmoser/Meier-Hayoz/Nobel,* Aktienrecht, § 56 N 169.

47 ASA 65, S. 568 ff. sowie ASA 66, S. 493 ff.

§ 5 Die Gründung der GmbH

I. Die Gründer

1. Mindest- und Höchstzahl

1 Die GmbH kann durch eine oder mehrere natürliche oder juristische Personen oder andere Handelsgesellschaften gegründet werden[48]. Eine Maximalzahl ist im Gesetz nicht genannt.

2. Personen

2 Gründer und Gesellschafter können sein: natürliche[49] und juristische Personen sowie die gegenüber Dritten als Einheit geltenden Personengemeinschaften (Kollektiv- und Kommanditgesellschaft) und Erbengemeinschaften[50], nicht aber einfache Gesellschaften, da diese in eigenem Namen weder Rechte ausüben noch Pflichten eingehen können[51]. Nationalitätsvorschriften gibt es nicht: Eine GmbH kann vollständig ausländisch beherrscht sein. Das gilt auch dann, wenn die Gesellschafter die Geschäftsführung selber ausüben; immerhin muss in diesem Falle mindestens eine Person, welche die Gesellschaft vertreten kann, in der Schweiz Wohnsitz haben[52].

3 Wie bei der Aktiengesellschaft[53] können auch bei der GmbH fiduziarisch auftretende Gründer tätig werden[54], mit der Folge, dass gegenüber der GmbH und Dritten ausschliesslich die fiduziarischen Gründer resp. Gesellschafter in Erscheinung treten. Der Anspruch des Treugebers und wirtschaftlichen Gründers besteht in diesen Fällen nur gegenüber dem Fiduziar und ist rein obligatorischer Natur[55]. Die gesellschaftsrechtlichen Rechte und Pflichten liegen grundsätzlich alleine beim Fiduziar,

48 Art. 775 OR.

49 Zur Problematik der nicht voll handlungsfähigen natürlichen Personen vgl. *Baudenbacher,* OR, Art. 772 N 13 und *Wohlmann,* GmbH, S. 38.

50 Vgl. Art. 788 OR.

51 Diese allenfalls nach Art. 792 OR: *Wohlmann,* GmbH, S. 64; anders *Baudenbacher,* OR, Art. 772 N 13.

52 Art. 814 Abs. 3 OR.

53 *Forstmoser/Meier-Hayoz/Nobel,* Aktienrecht, § 14 N 8.

54 *Baudenbacher,* OR, Art. 775 N 5; Zur Aktiengesellschaft: BGE 115 II 468.

55 *Baudenbacher,* OR, Art. 775 N 5.

wobei die Gründerhaftung[56] bei gegebenen Voraussetzungen, d. h., wenn der Treugeber in schöpferischer Weise an der Gründung mitwirkt, die Tätigkeit der Gründer fördert und durch sein Zutun auf die Entstehung der Gesellschaft hinwirkt, auch den Treugeber treffen soll[57].

3. Die Einpersonen-GmbH

a) Allgemeines

Die Einpersonen-GmbH ist eine Gesellschaft, deren sämtliche Stammanteile in der Hand einer Person vereinigt sind. Diese Person führt die GmbH wie ein Einzelunternehmen mit beschränkter Haftung. Die Einpersonen-GmbH ist unter neuem Recht ausdrücklich vorgesehen. Die Gesellschaft mit beschränkter Haftung kann durch eine oder mehrere natürliche und juristische Personen oder Handelsgesellschaften gegründet werden[58]. 4

Die Möglichkeit, eine Gesellschaft als Einpersonengesellschaft zu gründen, bringt für die Praxis eine erhebliche Vereinfachung und entspricht der 12. EG-Richtlinie auf dem Gebiet des Gesellschaftsrechts[59]. 5

Aus praktischen Gründen wird bei der Gründung auf das Erfordernis der Beteiligung einer Mehrheit von Personen verzichtet. Ist tatsächlich keine Personenmehrheit beabsichtigt, sollen keine rein formellen Gründer bzw. Strohleute beigezogen werden müssen. 6

Gemäss der Einpersonengesellschaftsrichtlinie sollte in der gesamten Gemeinschaft Einzelunternehmern das rechtliche Instrument einer Gesellschaft mit Haftungsbeschränkung geboten werden. Dementsprechend kann eine Gesellschaft mit beschränkter Haftung bei ihrer Gründung mit einem einzigen Gesellschafter errichtet werden oder entstehen, wenn alle Geschäftsanteile in einer einzigen Hand vereinigt werden[60]. 7

Einpersonengesellschaften müssen als solche im Handelsregister eingetragen werden[61]. Verträge zwischen dem einzigen Gesellschafter und der Gesellschaft sind grundsätzlich in schriftlicher Form abzuschliessen. Ausgenommen von dieser Vor- 8

[56] Art. 827 OR i.V.m. Art. 753 OR.

[57] Zum Aktienrecht: BGE 76 II 164; *Baudenbacher,* OR, Art. 775 N 5; *Watter,* OR, Art. 753 N 4 f.

[58] Art. 775 OR.

[59] 12. Richtlinie 89/667/EWG des Rates vom 21. Dezember 1989 auf dem Gebiet des Gesellschaftsrechts betreffend Gesellschaften mit beschränkter Haftung mit einem einzigen Gesellschafter (ABl. Nr. L 395 vom 30. Dezember 1989, S. 40) – «Einpersonengesellschaftsrichtlinie». Zur Richtlinie vgl. *Oberholzer,* S. 8 ff.

[60] Vgl. Einpersonengesellschaftsrichtlinie, Einleitung; *Oberholzer,* S. 143 ff.

[61] Art. 775 OR; Art. 3 Einpersonengesellschaftsrichtlinie.

schrift sind Vereinbarungen des laufenden Geschäfts, bei denen die Leistung der Gesellschaft den Wert von CHF 1000.– nicht übersteigt[62].

b) Anwendungsfälle

9 Die Einpersonen-GmbH erleichtert die erbrechtliche und die kaufrechtliche Übertragung. Im Todesfall fällt nicht das Unternehmen selbst, sondern fallen lediglich die Stammanteile der GmbH in den Nachlass. Diese können unter die Erben verteilt werden. Eine Vereinfachung ist auch bei der Veräusserung des Unternehmens festzustellen. An die Stelle der Übertragung von Aktiven und Passiven tritt der Verkauf der Stammanteile. Eine bedeutende Rolle spielt die Einpersonengesellschaft sodann im Konzern[63].

c) Durchgriff

10 Die Einpersonen-GmbH untersteht voll und ganz dem Recht der GmbH. Sie muss sich an die organisatorischen Vorschriften halten. Das heisst, sie muss Gesellschafterversammlungen und Geschäftsführungssitzungen durchführen und darüber Protokoll erstellen[64].

11 Die Einpersonen-GmbH und der einzige Gesellschafter sind trotz faktischer Einheit juristisch zwei verschiedene Personen. Der Unternehmer trägt ein beschränktes Risiko; es haftet ausschliesslich das Gesellschaftsvermögen. Für die Schulden der Gesellschaft kann der Gesellschafter grundsätzlich nicht belangt werden. Die Trennung des Geschäftsvermögens der Einpersonen-GmbH vom Privatvermögen des Gesellschafters ist in allen Rechtsgebieten zu beachten. Neben dem Privatrecht gilt dies insbesondere auch für das Vollstreckungsrecht, das Prozessrecht, das Strafrecht und das Steuerrecht.

12 Erweist sich die Berufung auf die rechtliche Selbstständigkeit der juristischen Person als missbräuchlich, kann der Grundsatz der Trennung zwischen der GmbH und ihrem Eigentümer aufgehoben werden. Die Praxis spricht vom sogenannten Durchgriff[65].

13 Beim Durchgriff wird die formalrechtliche Selbstständigkeit der juristischen Person ignoriert und Gesellschafter und Gesellschaft gleichgestellt, weil die Berufung auf die rechtliche Selbstständigkeit der juristischen Person als missbräuchlich

[62] Art. 814 Abs. 4 OR i.V.m. Art. 718b OR; Art. 5 Einpersonengesellschaftsrichtlinie.

[63] Vgl. nachfolgend § 33 N 1 ff.

[64] Art. 4 Einpersonengesellschaftsrichtlinie.

[65] Entscheid des Bundesgerichts 5C.279/2002 vom 14. März 2003, E. 5.2; ZR 1991, S. 279 ff. Beachte aber: Die Bildung einer Doppelgesellschaft allein genügt für einen Durchgriff nicht. Vgl. Obergericht des Kantons Luzern, Entscheid der Schuldbetreibungs- und Konkurskommission vom 9. Oktober 2002, in: ZBJV 139 (2003) S. 135 ff.

erscheint. Zurückhaltender ist die Lehre und Rechtsprechung beim umgekehrten Durchgriff, d. h. bei der Erstreckung einer Haftung des einzigen Gesellschafters auf die von diesem beherrschte Gesellschaft[66]. Gemäss dem Zürcher Obergericht bedarf der umgekehrte Durchgriff einer ganz besonderen Begründung. In der Rechtsprechung wurde der umgekehrte Durchgriff bejaht im Zusammenhang mit der Übertragung eines Patentes auf eine beherrschte Gesellschaft[67]; im Zusammenhang mit der Verarrestierung von Eigentum der AG für Schulden des Alleinaktionärs[68]; im Zusammenhang mit der Umgehung von Unterhaltsverpflichtungen[69].

Neben dem Durchgriff kann der einzige Gesellschafter allenfalls durch sein Verhal- 14
ten direkt verpflichtet werden, Handlungen der juristischen Person gegen sich gelten zu lassen; sei es wegen der Abgabe von Garantie- oder Patronatserklärungen, sei es durch das Erwecken von Vertrauen, sei es durch Culpa in contrahendo. Sodann kann sich aus der Auslegung eines Vertrages oder einer Gesetzesnorm ergeben, dass eine Verpflichtung der GmbH auch den einzigen Gesellschafter direkt trifft[70].

II. Gründungsvorgang: Erklärungen der Gründer

Die Gründung erfolgt durch die in öffentlicher Urkunde abgegebene einstimmige 15
Erklärung der Gründer, dass sie die GmbH gründen wollen und dass sie zu diesem Zweck Statuten festgelegt und die Organe bestellt haben[71].

In der Gründungsurkunde geben die Gründer ihre Personalien an[72] und bestätigen, 16
dass sie sämtliche Stammanteile übernommen haben[73], dass der einzuzahlende Betrag, der auf jeden Stammanteil eingezahlt ist, zur freien Verfügung der Gesellschaft steht (oder dass er durch statutarisch vorgesehene Sacheinlagen gedeckt ist) und dass (wenn Sacheinlagen oder -übernahmen vorgesehen sind) Einlage- oder Übernahmeverträge vorgelegt worden sind.

Die Gesellschaft wird errichtet, indem die Gründer in öffentlichen Urkunden erklä- 17
ren, eine Gesellschaft mit beschränkter Haftung zu gründen[74]; weiter gehende kan-

[66] Entscheid des Bundesgerichts 5C.209/2001 vom 12. Februar 2002, E. 3a und 3b; BGE 121 III 319; BGE 112 II 503; BGE 71 II 272 ff.; BGE 102 III 165 ff.; ZR 1991, S. 276 ff. Vgl. *Forstmoser/Meier-Hayoz/Nobel,* Aktienrecht, § 62 N 87 ff.

[67] BGE 71 II 272 ff.

[68] BGE 85 II 111 ff.

[69] ZR 1991, S. 276 ff.

[70] Zum Durchgriff vgl. eingehend *Forstmoser/Meier-Hayoz/Nobel,* Aktienrecht, § 62 N. 47 ff.

[71] Art. 777 Abs. 1 OR.

[72] *Schenker,* OR, Art. 780 N 7; Art. 90 lit. a i.V.m. Art. 78 Abs. 3 HRegV.

[73] Art. 777c Abs. 1 OR.

[74] Art. 777 Abs. 1 OR.

tonale Beurkundungsvorschriften bleiben vorbehalten. Die Urkunde hat die der Urkundsperson und den Gründern vorgelegenen Belege einzeln zu nennen[75].

III. Festlegung der Statuten

1. Gesetzlich vorgeschriebener Statuteninhalt

18 Anlässlich des Gründungsaktes beschliessen die Gründer einstimmig über den Wortlaut der Statuten. Diese müssen gemäss Art. 776 OR mindestens folgende Punkte regeln[76]:

a) Firma und Sitz der Gesellschaft

19 Die GmbH kann ihre Firma frei wählen[77]. Für die Firmenwahl gelten die allgemeinen Grundsätze des Firmenrechts[78], mit der Ergänzung, dass die Firma auf die Rechtsnatur der Gesellschaft hinweisen muss[79]. Der Sitz kann innerhalb der Schweiz frei bestimmt werden[80]. Ob das Unternehmen dann auch tatsächlich an diesem gewählten Sitz betrieben wird, spielt grundsätzlich keine Rolle. Die Grenze der Wahlfreiheit liegt allenfalls im Verbot des Rechtsmissbrauchs[81].

b) Zweck der Gesellschaft

20 Angegeben werden muss der thematische Zweck der Gesellschaft, der vorgesehene Tätigkeitsbereich[82]. Für die geforderte Präzision der Zweckbeschreibung gelten dieselben Grundsätze wie im Aktienrecht[83], wo zwar keine detaillierte Beschrei-

[75] Art. 777b OR.

[76] Vgl. Anhang: Musterstatuten.

[77] Art. 950 OR.

[78] Art. 944 ff. OR sowie Art. 38 HRegV und 44 ff. HRegV.

[79] Art. 950 OR; wobei dies sowohl ausgeschrieben als auch mit der üblichen Abkürzung (GmbH) geschehen kann: *Meier-Hayoz/Forstmoser,* § 18 N 38; *Schenker,* OR, Art. 776 N 4; *Wohlmann,* GmbH, S. 33; *von Steiger,* ZK, Art. 776 OR N 3 ff.; vgl. zur Firmenbildung eingehend § 23 N 1 ff.

[80] *Schenker,* OR, Art. 776 N 5; *von Steiger,* ZK, Art. 776 OR N 18; *Wohlmann,* GmbH, S. 33 f.; a.M. *Janggen/Becker,* BK, Art. 776 OR N 5 ff.

[81] *Schenker,* OR, Art. 776 N 5.

[82] *Janggen/Becker,* BK, N 10; *Schenker,* OR, Art. 776 N 9; *von Steiger,* ZK, N 26f; *Wohlmann,* GmbH, S. 34.

[83] So implizit auch *Schenker,* OR, Art. 776 N 9.

bung aller geplanten Tätigkeiten verlangt wird, aber dennoch mehr als nur unbestimmte Angaben, wie beispielsweise «Geschäfte aller Art»[84]. Die GmbH steht als Rechtsform sowohl für wirtschaftliche als auch für ideelle und gemeinnützige Zwecke zur Verfügung.

Der Endzweck der Gesellschaft, die Gewinnstrebigkeit und ihre Existenz als unabhängiges Unternehmen, der vermutet wird, muss sich aus der Zweckbestimmung nicht ergeben; die Beschreibung des thematischen Zwecks genügt[85]. 21

c) Höhe des Stammkapitals; Anzahl und Nennwert der Stammanteile

Das Stammkapital beträgt mindestens CHF 20 000.–[86] und die Gesellschafter sind mindestens mit je einem Stammanteil am Stammkapital beteiligt[87], wobei der Nennwert der Stammanteile grundsätzlich mindestens CHF 100. – beträgt[88]. Höhe des Stammkapitals, Anzahl und Nennwert der Stammanteile müssen in den Statuten genannt werden[89]. Die Namen der Gesellschafter, welche die einzelnen Stammanteile gezeichnet haben, müssen in den Statuten nicht aufgeführt werden[90]. Die namentliche Zuordnung der einzelnen Stammanteile auf die Gesellschafter muss erst mit der Anmeldung an das Handelsregister erfolgen[91]. 22

d) Form der von der Gesellschaft ausgehenden Bekanntmachungen

Die Bestimmung bezieht sich auf die gesellschaftsrechtlich begründeten Mitteilungen an Gesellschafter und Gläubiger (wie beispielsweise die Einladung an die Gesellschafterversammlung). Die Statuten müssen erklären, wie solche Mitteilungen abgegeben werden sollen, z. B. mit eingeschriebenem Brief oder durch Publikation im Handelsamtsblatt, wobei Letztere obligatorisch vorgeschrieben ist, wenn die Bekanntmachung im Handelsregister eintragungspflichtige Tatsachen betrifft. Gemäss Art. 931 Abs. 2 OR haben alle vom Gesetz vorgeschriebenen Veröffentlichungen, wie beispielsweise die Aufforderung an die Gläubiger bei der Kapitalherabsetzung oder der Schuldenruf bei der Liquidation, im Schweizerischen Handelsamtsblatt zu erfolgen. Gesellschafter, die an der Geschäftsführung der 23

[84] Vgl. BGE vom 29. Juni 1982, in: SAG 1983, 32 ff.; *Böckli,* Aktienrecht, § 1 N 294; *Forstmoser/Meier-Hayoz/Nobel,* Aktienrecht, § 8 N 50 f.; *Janggen/Becker,* BK, N 10; *Schenker,* OR, Art. 776 N 9.

[85] *Schenker,* OR, Art. 776 N 9. Für die AG: *Forstmoser/Meier-Hayoz/Nobel,* Aktienrecht, § 8 N 46.

[86] Art. 773 OR.

[87] Art. 772 Abs. 2 OR.

[88] Art. 774 Abs. 1 OR.

[89] Art. 776 Ziff. 3 OR.

[90] *Schenker,* OR, Art. 776 N 10; *Wohlmann,* GmbH, S. 35.

[91] Art. 791 OR; *Schenker,* OR, Art. 779 N 6.

GmbH nicht teilnehmen, sollten in dieser Frage auf dem eingeschriebenen Brief bestehen.

2. Bedingt notwendiger Statuteninhalt

24 Die gesetzliche Ordnung des GmbH-Rechts ist in wichtigen Fragen dispositiver Natur. Die GmbH-Gesellschafter sind in Bezug auf die Gestaltung des Innenverhältnisses relativ frei. Sie können sich Rechte einräumen und Pflichten auferlegen, die das Gesetz nicht vorsieht oder vorschreibt. Allerdings bezeichnet das Gesetz bestimmte Pflichten und Rechte, die nur gültig vereinbart werden können, wenn sie in den Statuten ausdrücklich erwähnt werden[92]. Damit ist sichergestellt, dass solche Rechte und Pflichten nicht (behaupteterweise) konkludent vereinbart werden können, was der Rechtssicherheit abträglich wäre. Im Übrigen ermöglicht diese Regel, dass auch Dritte, die beim Handelsregister Einsicht in die Statuten nehmen[93], von wichtigen Besonderheiten des Innenverhältnisses sichere Kenntnis erlangen.

Der bedingt notwendige Statuteninhalt betrifft die folgenden Fälle:

a) Nachschuss und Nebenleistungspflichten

25 Den Gesellschaftern kann in den Statuten die Pflicht auferlegt werden, der Gesellschaft zusätzliche Mittel zur Verfügung zu stellen (Nachschüsse). Ebenso kann eine Pflicht zur Erbringung von Nebenleistungen, sogenannten weiteren Gesellschaftspflichten, vorgesehen werden. Denkbar sind etwa Unterlassungspflichten, z. B. in Form besonderer Konkurrenzverbote oder Verpflichtungen zur Lieferung oder Abnahme von Waren. Nebenleistungspflichten müssen entweder dem Zweck der Gesellschaft, der Erhaltung der Selbstständigkeit der Gesellschaft oder der Wahrung der Zusammensetzung des Kreises der Gesellschafter dienen[94]. Das Gesetz lässt dabei zu, dass die nähere Umschreibung dieser Pflichten in einem separaten Reglement vorgenommen wird. Die wesentlichen Elemente der Verpflichtung sind allerdings in den Statuten selbst festzuhalten[95].

[92] Art. 776a OR.

[93] Art. 9 HRegV.

[94] Art. 796 Abs. 2 OR; Botschaft, S. 3161.

[95] Art. 776a Abs. 1 Ziff. 1 OR. Vgl. *Janggen/Becker,* BK, N 6; *Schenker,* OR, Art. 777 N 5; *von Steiger,* ZK, N 17; *Wohlmann,* GmbH, S. 87 f.

b) Vorhand-, Vorkaufs- oder Kaufsrechte

26 Vorhand-, Vorkaufs- oder Kaufsrechte der Gesellschafter sowie der Gesellschaft an Stammanteilen stellen eine besondere Art von Nebenleistungspflichten dar[96]. Die vorgenannten Erwerbsrechte ermöglichen, den Kreis der Gesellschafter zu kontrollieren und damit die gesellschaftsinterne Konstanz bewährter und vertrauter Mitgesellschafter zu fördern. Erwerbsrechte stärken die partnerschaftsbezogenen Strukturen der Gesellschaft. Gleichzeitig bewirken Erwerbsrechte eine Erschwerung der Übertragbarkeit der Stammanteile und damit eine Schwächung der kapitalbezogenen Strukturelemente der GmbH. Die Begründung von Erwerbsrechten bedarf der Aufnahme in die Statuten[97]. Ebenso ist die Ausgestaltung der Erwerbsrechte in den Statuten festzuhalten. Ausserhalb der Statuten können vertragliche Erwerbsrechte vereinbart werden.

c) Konkurrenzverbote

27 Nehmen die Gesellschafter an der Geschäftsführung teil, unterstehen sie einem gesetzlichen Konkurrenzverbot[98]. Das gesetzliche Konkurrenzverbot beschlägt nur die Geschäftsführer. Die Statuten können sodann auch die an der Geschäftsführung nicht beteiligten Gesellschafter einem Konkurrenzverbot unterwerfen[99]. Unbenommen bleibt die Vereinbarung vertraglicher Konkurrenzverbote ausserhalb der Statuten.

d) Konventionalstrafen

28 Das GmbH-Recht erlaubt, dem Gesellschafter statutarisch zusätzliche Pflichten aufzuerlegen und deren Erfüllung mittels Konventionalstrafe für den Fall der Nichterfüllung oder der nicht rechtzeitigen Erfüllung sicherzustellen[100].

e) Vorzugsstammanteile

29 Stammanteile können in vermögensrechtlicher Hinsicht gegenüber den gewöhnlichen Stammanteilen privilegiert werden. Die Vorteile beziehen sich namentlich auf die Dividende, den Liquidationsanteil, Bezugsrechte oder andere finanzielle Vorteile. Neben der umfangmässigen Besserstellung ist sodann auch eine zeitliche

96 Art. 796 f. OR.

97 Art. 776a Abs. 1 Ziff. 2 OR.

98 Art. 803 Abs. 2 OR sowie Art. 812 Abs. 3 OR.

99 Art. 776a Abs. 1 Ziff. 3 OR.

100 Art. 776a Abs. 1 Ziff. 4 OR. Vgl. auch *Schenker,* OR, Art. 777 N 4; *von Steiger,* ZK, N 12.

Privilegierung denkbar[101]. Die Vorteile kommen bestimmten Kategorien von Gesellschaftern zu und werden eingesetzt, um besondere Leistungen auszugleichen. Begriffsnotwendig ist, dass die Vorrechte statutarisch begründet sind. Die Umschreibung der Vorrechte gehört zum bedingt notwendigen Statuteninhalt[102].

f) Vetorechte

30 Gemäss Art. 807 OR kann bestimmten Gesellschaftern statutarisch[103] ein Vetorecht gegen Beschlüsse der Gesellschaftsversammlung eingeräumt werden. Das Vetorecht muss sich gegen bestimmte Beschlüsse der Gesellschafterversammlung richten[104]. Die vom Vetorecht erfassten Beschlüsse sind in den Statuten klar zu umschreiben[105]. Ein Vetorecht gegenüber den Entscheiden der Geschäftsführung besteht nicht[106]. Werden Entscheide der Geschäftsführer der Genehmigung der Gesellschafterversammlung unterstellt[107], kann das Vetorecht dennoch auf dem Bereich der Geschäftsführung ausgedehnt werden. Die Einführung eines Vetorechts bedarf der Zustimmung aller Gesellschafter[108]. Statutarische Vetorechte können nicht übertragen werden. Es handelt sich um persönliche Rechte, die nicht mit dem Stammanteil verbunden sind[109].

g) Beschränkung des Stimmrechts; Beschränkung des Rechts, sich vertreten zu lassen

31 Bestimmungen betreffend die Beschränkung des Stimmrechts sowie Bestimmungen betreffend die Beschränkung des Rechts, sich in der Gesellschaftsversammlung vertreten zu lassen, sind in den Statuten festzuhalten[110]. Das Stimmrecht der Gesellschafter kann beispielsweise beschränkt werden, indem einerseits Quoren verschärft oder gelockert werden und andererseits die Stimmkraft einzelner Mit-

[101] Z. B.: Auf Vorzugsstammanteile wird vorab eine Dividende von 15 % ausgeschüttet. Am verbleibenden Gewinn sind die Stammanteile gleichmässig beteiligt. (Alternativ: Der verbleibende Gewinn wird an die nicht privilegierten Gesellschafter ausgeschüttet.) Zur limitierten bzw. unlimitierten bzw. kumulativen Vorzugsdividende vgl. zum Aktienrecht *Forstmoser/Meier-Hayoz/Nobel,* Aktienrecht, § 41 N 26 ff.

[102] Art. 776a Abs. 1 Ziff. 5 OR; Art. 799 OR i.V.m. Art. 654 Abs. 1 und Art. 656 OR.

[103] Art. 776a Abs. 1 Ziff. 6 OR.

[104] Amtliches Bulletin des Nationalrates 2005, N 101.

[105] Art. 776a Abs. 1 Ziff. 6 OR.

[106] Botschaft, S. 3209.

[107] Art. 811 Abs. 1 Ziff. 1 OR.

[108] Art. 807 Abs. 2 OR.

[109] Art. 807 Abs. 3 OR. Vgl. Botschaft, S. 3209.

[110] Art. 776a Abs. 1 Ziff. 7 OR.

glieder, die sich gemäss dispositivem Recht nach der Höhe der Beteiligung richtet, aber nicht zwingend richten muss, abweichend geregelt wird[111].

h) Genussscheine

Die Statuten können die Schaffung von Genussscheinen vorsehen[112]. Die Vorschriften des Aktienrechts sind entsprechend anwendbar[113]. Genussscheine dienen dazu, besondere Leistungen für die Gesellschaft zu entgelten. Beispielsweise können über den Genussschein Gesellschafter entschädigt werden, die im Rahmen einer Sanierung einen Verlust erlitten haben. Genussscheine können bei der Gründung der Gesellschaft oder zu einem späteren Zeitpunkt geschaffen werden. Der Genussschein verkörpert keine Mitgliedschaftsrechte. Genussscheine sind Beteiligungsrechte besonderer Art. Sie haben keinen Nennwert und bilden nicht Teil des Stammkapitals. Der Genussschein gibt Anspruch auf einen Anteil am Bilanzgewinn oder am Liquidationsergebnis oder auf den Bezug neuer Stammanteile[114]. Ein Anspruch auf Mindestgleichbehandlung besteht nicht. Statutarisch kann eine Relation zu den entsprechenden Rechten der Gesellschafter fixiert werden. Beispielsweise kann eine Gleichbehandlung mit der Dividende vereinbart werden[115]. Die Anzahl der ausgegebenen Genussscheine und die damit verbundenen Rechte sind im Handelsregister einzutragen[116]. 32

i) Statutarische Reserven

Für den Geschäftsbericht, die Reserven und die Offenlegung der Jahresrechnung sind die Vorschriften des Aktienrechts entsprechend anwendbar. Die Statuten können bestimmen, dass der Reserve höhere Beträge als 5 % des Jahresgewinns zuzuweisen sind und dass die Reserve mehr als die vom Gesetz vorgeschriebenen 20 % des einbezahlten Kapitals betragen muss[117]. Sodann können in den Statuten auch andere Reserven mit einer spezifischen Zweckbindung eingefügt werden[118]. Beispielsweise eine Dividendenausgleichsreserve oder eine Reserve zur Gründung und Alimentierung einer Wohlfahrtseinrichtung. Die Begründung statutarischer Reserven vergrössert die Ausschüttungssperre[119]. 33

111 *Schenker,* OR, Art. 777 N 7; *Wohlmann,* GmbH, S. 105 f.

112 Art. 776a Abs. 1 Ziff. 8 OR.

113 Art. 774a OR.

114 Art. 657 Abs. 2 OR.

115 Art. 774a OR i.V.m. Art. 657 OR.

116 Vgl. zum Aktienrecht *Forstmoser/Meier-Hayoz/Nobel,* Aktienrecht, § 47 N 1 ff.

117 Art. 801 OR i.V.m. Art. 672 f. OR.

118 Art. 776a Abs. 1 Ziff. 9 OR.

119 Zum Aktienrecht vgl. *Forstmoser/Meier-Hayoz/Nobel,* Aktienrecht, § 50 N 42 ff.

j) Besondere Befugnisse der Gesellschafterversammlung

34 Aufgaben, die vom Gesetz zwingend einem anderen Organ vorbehalten sind, können nicht auf die Gesellschafterversammlung übertragen werden. Im nicht zwingenden Bereich können der Gesellschafterversammlung über die gesetzliche Zuständigkeit hinaus Befugnisse zugewiesen werden[120].

k) Genehmigung durch die Gesellschafterversammlung

35 Die Statuten können vorsehen, dass die Geschäftsführer bestimmte Entscheide der Gesellschafterversammlung zur Genehmigung vorlegen müssen oder dass die Geschäftsführer bestimmte Fragen der Gesellschafterversammlung zur Genehmigung vorlegen können. Die Genehmigungsbefugnis ist in den Statuten festzuhalten[121]. Dabei ist zu beachten, dass potenziell haftungsrelevante Entscheide zum Schaden Dritter nicht an die Gesellschafterversammlung übertragen werden können. Dies deshalb, weil nur die Geschäftsführer einer gesellschaftsrechtlichen Verantwortlichkeit unterliegen, nicht jedoch die Gesellschafterversammlung[122].

l) Zustimmungserfordernis der Gesellschafterversammlung zur Bezeichnung von natürlichen Personen

36 Gemäss Art. 809 Abs. 2 OR können als Geschäftsführer nur natürliche Personen eingesetzt werden. Juristische Personen oder Handelsgesellschaften, welche Gesellschafter sind, bezeichnen eine natürliche Person, die an ihrer Stelle das Recht zur Geschäftsführung ausübt. Die Statuten können dafür die Zustimmung der Gesellschafterversammlung verlangen[123].

m) Befugnis, Handelsbevollmächtigte zu ernennen

37 Die Befugnis der Geschäftsführer, Direktoren, Prokuristen und Handelsbevollmächtigte zu ernennen, ist in den Statuten festzuhalten. Wird in den Statuten nichts festgehalten, steht die Befugnis der Gesellschafterversammlung zu[124].

[120] Art. 776a Abs. 1 Ziff. 10 OR i.V.m. Art. 810 Abs. 1 und Abs. 2 OR. Vgl. nachfolgend § 13 N 33 ff.

[121] Art. 776a Abs. 1 Ziff. 11 OR.

[122] Art. 812 Abs. 2 OR; Botschaft, S. 3213. Vgl. nachfolgend § 13 N 52.

[123] Art. 776a Abs. 1 Ziff. 12 OR i.V.m. Art. 809 Abs. 2 OR; zur GmbH als Tochtergesellschaft im Konzern vgl. nachfolgend § 33 N 1 ff.

[124] Art. 776a Abs. 1 Ziff. 13 OR i.V.m. Art. 804 Abs. 3 OR

n) Tantiemen

Die Statuten können die Ausrichtung von Tantiemen an die Geschäftsführer vorsehen[125]. Ohne statutarische Basis kann die Ausrichtung eines Gewinnanteils an die Geschäftsführer nicht beschlossen werden. Die Ausschüttung darf sodann nur aus dem Bilanzgewinn erfolgen, wobei vorab die Zuweisung an die gesetzliche Reserve erfolgen muss und eine Dividende von 5 % auszurichten ist. Die Vorschriften des Aktienrechts sind entsprechend anwendbar[126]. 38

o) Bauzinsen

Die Ausrichtung von Bauzinsen ist zulässig, sofern sie in den Statuten festgehalten ist[127]. Bauzinsen, die während des Aufbaus des Unternehmens bis zur Aufnahme des vollen Betriebes ausgerichtet werden, stellen eine Ausnahme vom Verzinsungsverbot dar. 39

p) Organisation und Aufgaben der Revisionsstelle

Beabsichtigen die Gesellschafter, der Revisionsstelle über die gesetzlichen Pflichten hinaus Aufgaben zu übertragen, können die Statuten Bestimmungen betreffend die Organisation und die Aufgaben der Revisionsstelle enthalten[128]. Dabei ist allerdings zu beachten, dass der Revisionsstelle weder Aufgaben der Geschäftsführung noch Aufgaben, welche die Unabhängigkeit der Revisionsstelle beeinträchtigen, zugeteilt werden dürfen[129]. 40

q) Austrittsrecht

Die Statuten können den Gesellschaftern ein Recht auf Austritt einräumen und dieses von bestimmten Bedingungen abhängig machen. Die Möglichkeit zum Austritt aus wichtigen Gründen darf durch die Statuten nicht eingeschränkt werden. Zulässig ist hingegen, den Gesellschaftern in den Statuten ein weiter gehendes Austrittsrecht einzuräumen und die Bedingungen dafür festzulegen[130]. 41

125 Art. 776a Abs. 1 Ziff. 14 OR i.V.m. Art. 798b OR.

126 Art. 798b OR.

127 Art. 776a Abs. 1 Ziff. 15 OR i.V.m. Art. 798a Abs. 2 OR.

128 Art. 776a Abs. 1 Ziff. 16 OR.

129 Art. 818 Abs. 1 OR i.V.m. Art. 731a Abs. 2 OR. Beachte: Das Gesetz setzt eine Beeinträchtigung der Unabhängigkeit der Revisionsstelle voraus. Die Möglichkeit einer Beeinträchtigung genügt nicht.

130 Art. 776a Abs. 1 Ziff. 17 OR i.V.m. Art. 822 Abs. 2 OR sowie Art. 825 Abs. 2 OR. Vgl. nachfolgend § 19 N 6 ff.

r) Besondere Ausschlussgründe

42 Liegt ein wichtiger Grund vor, kann die Gesellschaft beim Gericht auf Ausschluss des Gesellschafters klagen. Die Statuten können sodann vorsehen, dass die Gesellschafterversammlung Gesellschafter ausschliessen darf, wenn bestimmte Gründe vorliegen. Diese besonderen Gründe sind in den Statuten festzuhalten[131].

s) Weitere Auflösungsgründe

43 Das Gesetz hält verschiedene Gründe für die Auflösung der Gesellschaft fest. Auflösungsgründe, welche über die gesetzlich geregelten Fälle hinausgehen, sind in den Statuten festzuhalten[132].

3. Vom Gesetz abweichende Regelungen

a) Nachträgliche Schaffung von Vorzugsstammanteilen

44 Die Gesellschafterversammlung kann nach Massgabe der Statuten oder auf dem Weg der Statutenänderung die Ausgabe von Vorzugsstammanteilen beschliessen. Hat die Gesellschaft Vorzugsstammanteile ausgegeben, können weitere Vorzugsstammanteile, denen Vorrechte gegenüber den bereits bestehenden Vorzugsstammanteilen eingeräumt werden sollen, nur mit Zustimmung sowohl einer besonderen Versammlung der Inhaber von Vorzugsstammanteilen als auch einer Gesellschafterversammlung ausgegeben werden. Dasselbe gilt, wenn statutarische Vorrechte, die mit Vorzugsstammanteilen verbunden sind, abgeändert oder aufgehoben werden sollen[133]. Von den gesetzlichen Bestimmungen abweichende Regelungen über die Beschlussfassung betreffend die nachträgliche Schaffung von neuen Vorzugsstammanteilen bedürfen der Aufnahme in die Statuten[134].

b) Übertragung von Stammanteilen

45 Die gesetzliche Regelung der Übertragung von Stammanteilen[135] ist weitgehend dispositiver Natur. In den Statuten kann von der gesetzlichen Ordnung abgewichen

[131] Art. 776a Abs. 1 Ziff. 18 OR i.V.m. Art. 823 Abs. 1 und Abs. 2 OR. Vgl. nachfolgend § 19 N 11 ff.

[132] Art. 776a Abs. 1 Ziff. 19 OR i.V.m. Art. 821 Abs. 1 Ziff. 1 OR. Vgl. nachfolgend § 28 N 25.

[133] Art. 799 OR i.V.m. Art. 654 OR.

[134] Art. 776a Abs. 2 Ziff. 1 OR.

[135] Art. 785 ff. OR.

werden. Unzulässig ist hingegen, auf die Formvorschriften für die Abtretung[136] oder auf die Eintragung der Gesellschafter im Handelsregister[137] zu verzichten. Zulässig ist es, die Abtretung der öffentlichen Beurkundung zu unterstellen[138]. Von den gesetzlichen Bestimmungen abweichende Regelungen müssen in den Statuten festgehalten werden[139].

c) Einberufung der Gesellschafterversammlung

Gemäss Art. 805 Abs. 2 OR werden ausserordentliche Gesellschafterversamm- 46
lungen nach Massgabe der Statuten einberufen. Die Frist zur Einberufung der Gesellschafterversammlung von 20 Tagen kann statutarisch verlängert oder bis auf zehn Tage verkürzt werden[140]. Von den gesetzlichen Bestimmungen abweichende Regelungen müssen in den Statuten festgehalten werden[141].

d) Bemessung des Stimmrechts

Die Statuten können die Stimmenzahl der Besitzer mehrerer Stammanteile be- 47
schränken[142]. Dabei ist allerdings zu beachten, dass das Stimmrecht unter neuem Recht mit dem Stammanteil verbunden ist, was die Begründung eines statutarischen Kopfstimmrechts ausschliesst[143]. Machen die Gesellschafter von dieser Möglichkeit Gebrauch, liegt eine statutarische Stimmrechtsbeschränkung vor, die in den Statuten festzuhalten ist[144].

Die Gesellschafter sind aber nicht nur befugt, die Stimmenmacht kapitalmässig 48
starker Gesellschafter zu beschränken, sie können auch die Stimmenmacht kapitalmässig schwacher Gesellschafter stärken[145].

e) Beschlussfassung in der Gesellschafterversammlung

Die Gesellschafterversammlung fasst ihre Beschlüsse und vollzieht ihre Wahlen 49
mit der absoluten Mehrheit der vertretenen Stimmen, soweit das Gesetz oder die

[136] Art. 785 OR.

[137] Art. 791 OR.

[138] Botschaft, S. 3175.

[139] Art. 776a Abs. 2 Ziff. 2 OR.

[140] Art. 805 Abs. 3 OR.

[141] Art. 776a Abs. 2 Ziff. 3 OR.

[142] Art. 806 Abs. 1 OR.

[143] *Böckli,* Das neue GmbH-Recht.

[144] Art. 776a Abs. 2 Ziff. 4 OR.

[145] Vgl. nachfolgend § 13 N 64 ff.

Statuten nichts anderes bestimmen[146]. Sofern die Statuten keine abweichende Regelung vorsehen, hat der Vorsitzende der Gesellschafterversammlung den Stichentscheid[147]. Statutenbestimmungen, die für die Fassung bestimmter Beschlüsse grössere Mehrheiten als die vom Gesetz vorgeschriebenen festlegen, können nur mit dem vorgesehenen Mehr eingeführt werden[148]. Die vom Gesetz abweichende Regelung ist in den Statuten festzuhalten[149].

f) Beschlussfassung in der Geschäftsführung

50 Hat die Gesellschaft mehrere Geschäftsführer, entscheiden diese mit der Mehrheit der abgegebenen Stimmen, wobei der Vorsitzende den Stichentscheid hat. Entscheidend ist dementsprechend nicht die Zahl der anwesenden Geschäftsführer, sondern die Zahl der stimmenden Geschäftsführer. Sofern die Gesellschafter von dieser Regelung abweichen wollen, müssen sie diese Regelung in den Statuten festhalten[150].

g) Geschäftsführung und Vertretung

51 Grundsätzlich üben alle Gesellschafter die Geschäftsführung gemeinsam aus[151], wobei jeder Geschäftsführer zur Vertretung der Gesellschaft berechtigt ist[152]. Statutarisch kann von dieser Regelung abgewichen werden. Das Gesetz lässt einen weiten Raum für eine geeignete Organisation in den Statuten. Es ist insbesondere möglich, die Geschäftsführung auf einzelne Gesellschafter zu beschränken oder an Dritte zu übertragen[153]. Die vom Gesetz abweichende Regelung der Geschäftsführung und Vertretung ist in den Statuten festzuhalten[154].

[146] Art. 808 OR. Das heisst, ungültige Stimmen und Enthaltungen zählen wie Nein-Stimmen, was das Erreichen der absoluten Mehrheit in der Regel erschwert.

[147] Art. 808a OR. Es ist insbesondere möglich, den Stichentscheid auszuschliessen.

[148] Art. 808b Abs. 2 OR. Die Regelung bezweckt zu verhindern, dass statutarische Mehrheiten festgeschrieben werden, die sich später gar nicht erreichen lassen. Botschaft, S. 3211.

[149] Art. 776a Abs. 2 Ziff. 5 OR. Vgl. nachfolgend § 13 N 84 ff.

[150] Art. 809 Abs. 4 OR.

[151] Art. 776a Abs. 2 Ziff. 6 OR i.V.m. Art. 809 OR. Vgl. nachfolgend § 14 N 15 ff.

[152] Art. 814 Abs. 1 OR.

[153] Botschaft, S. 3211 f.

[154] Art. 776a Abs. 2 Ziff. 7 OR.

h) Konkurrenzverbot

Die Geschäftsführer sind verpflichtet, die Interessen der Gesellschaft in guten Treuen zu wahren[155]. Sie dürfen keine konkurrenzierende Tätigkeit ausüben, es sei denn, die Statuten sehen etwas anderes vor[156]. Die vom Gesetz abweichende Regelung ist in den Statuten festzuhalten[157]. 52

4. Nachträgliche Abänderung der Statuten

Die im Zeitpunkt der Gründung vorliegenden Statuten kommen zwangsläufig einstimmig zustande; anlässlich des Gründungsaktes beschliessen die Gründer einstimmig über den Wortlaut der Statuten. Bei einer Abänderung der Statuten oder beim Beschluss über Themen, die zwingender Statuteninhalt sind, kommt mit Bezug auf den Inhalt der Statuten eine weitere Beschränkung hinzu, die zu beachten ist: der Minderheitsschutz. Das Recht schützt den Minderheitsgesellschafter, indem es die Abänderung der Statuten von qualifizierten Voraussetzungen abhängig macht. 53

Soweit das Gesetz oder die Statuten es nicht anders bestimmen, fasst die Gesellschafterversammlung ihren Beschluss mit der absoluten Mehrheit der vertretenen Stimmen[158]. Das Gesetz sieht in Art. 808b OR für verschiedene Aspekte der Statutenrevision – beispielsweise für die Änderung des Gesellschaftszwecks, die Erschwerung oder Erleichterung der Übertragung von Stammanteilen, die Erhöhung des Stammkapitals oder die Einschränkung des Bezugsrechts – eine qualifizierte Mehrheit vor: Der Beschluss der Gesellschafterversammlung bedarf mindestens zweier Drittel der vertretenen Stimmen und der absoluten Mehrheit des gesamten stimmberechtigten Stammkapitals. Die erforderliche Kapitalmehrheit wird auf das gesamte stimmberechtigte Kapital, nicht auf den an der Gesellschafterversammlung vertretenen Nennwert, bezogen. Das heisst, für einen gültigen Beschluss müssen mindestens 50 % des Stammkapitals vertreten sein. Diese Anforderungen an die Beschlussfassung können statutarisch erhöht, nicht aber gemindert werden. Das Gesetz verlangt sodann eine öffentliche Beurkundung des Beschlusses der Gesellschafterversammlung[159]. 54

Die Statutenänderung muss beim Handelsregisteramt angemeldet werden. Die Handelsregisterämter unterscheiden zwischen der partiellen Statutenrevision und der Totalrevision. Änderungen der Statuten, die weder das Stammkapital noch den Sitz 55

[155] Art. 812 Abs. 1 OR.

[156] Art. 812 Abs. 3 OR. Vgl. nachfolgend § 14 N 40 ff.

[157] Art. 776a Abs. 2 Ziff. 8 OR.

[158] Art. 808 OR.

[159] Art. 780 OR.

betreffen, werden als einfache Statutenänderungen bezeichnet[160]. Was die Sitzverlegung anbelangt, wird des Weiteren zwischen der kleinen und der grossen Sitzverlegung unterschieden: Bei der kleinen Sitzverlegung wird der Sitz der Gesellschaft innerhalb des gleichen Handelsregisterbezirkes verlegt; bei der grossen Sitzverlegung befindet sich der neue Sitz der Gesellschaft ausserhalb des bisherigen Handelsregisterbezirkes. Die Unterscheidung ist für die dem Handelsregisteramt einzureichenden Belege relevant[161].

56 Betrifft die Statutenänderung den Zweck der Gesellschaft, ist sodann zu beachten, dass die Zweckänderung auch eine Anpassung der Firma notwendig machen kann[162].

IV. Übernahme aller Stammanteile

57 Die Gründungsurkunde muss neben der Erklärung, dass die Gesellschafter eine GmbH gründen wollen, und dem Hinweis darauf, dass sie sich zu diesem Zweck auf einen Statutentext geeinigt haben, Aussagen und Erklärungen zum Grundkapital sowie zur Art und Weise seiner Zeichnung und Einzahlung enthalten.

1. Zeichnung des Stammkapitals

58 Das Grundkapital der GmbH muss mindestens CHF 20 000.– betragen. Die Höhe des Stammkapitals, die Anzahl und der Nennwert der Stammanteile werden durch die Gesellschafter festgelegt und in den Statuten festgehalten[163]. Die Gründungsurkunde muss die Erklärung enthalten, dass die Gründer alle Stammanteile übernommen haben[164]. Die Zuordnung der Stammanteile an die einzelnen Gesellschafter muss sich dabei aus der Gründungsurkunde noch nicht ergeben. Diese Angaben müssen erst bei der Anmeldung beim Handelsregisteramt gemacht werden. Allerdings ist es zweckmässig und üblich, bereits in der Gründungsurkunde aufzuzeigen, welcher Gesellschafter wie viel gezeichnet hat.

160 *Küng/Hauser,* § 9 N 4.

161 *Küng/Hauser,* § 9 N 9 ff.

162 *Küng/Hauser,* § 9 N 5.

163 Art. 776 Ziff. 3 OR.

164 Art. 777 Abs. 2 OR.

2. Liberierung des Stammkapitals

Die Gründer müssen nicht nur die Zeichnung des Stammkapitals bestätigen, sondern auch, dass dieses einbezahlt ist und der Gesellschaft zur Verfügung steht. Wie im Recht der Aktiengesellschaft kann das Kapital durch Bareinlage oder durch Sacheinlagen eingebracht werden. Das Gesetz verlangt eine vollständige Einbezahlung des Ausgabebetrags[165]. Dies gilt sowohl für die Gründung als auch für die Kapitalerhöhung. 59

Zulässig ist auch die Über-pari-Emission, wodurch die Gesellschafter verpflichtet werden, für ihren Stammanteil einen Betrag einzubezahlen, der den Nennwert des Stammanteils übersteigt (Agio). Wie im Aktienrecht muss das Agio richtigerweise nicht hinterlegt werden[166]. 60

3. Die Liberierung durch Bareinlagen

Werden die Stammanteile durch Bareinzahlung liberiert, verlangt das Gesetz – wie für die Aktiengesellschaft[167] – eine entsprechende Erklärung der Gesellschafter sowie eine Bestätigung der Bank, dass der Betrag hinterlegt ist und der GmbH nach ihrer Gründung zur Verfügung steht[168]. Die Liberierung durch Verrechnung ist zulässig[169]. 61

4. Die Liberierung durch Sacheinlagen und Sachübernahmen

Wie im Recht der Aktiengesellschaft kann auch im GmbH-Recht[170] auf die Barliberierung zugunsten von Sachübernahmen verzichtet werden, womit bei der GmbH auch dasselbe Bedürfnis nach Transparenz entsteht: Die Gläubiger sollen erkennen, welche Einlagen geleistet worden sind. Wollen einzelne oder alle Gesellschafter bei der Gründung ihre Einlagen nicht durch Bareinzahlung, sondern durch Sacheinlagen leisten, müssen die Statuten Aufschluss über den Gegenstand der Sacheinlage, den Betrag, zu dem die Sacheinlage bewertet wird, und den Stammanteil, der dem Sacheinleger für seine Einlage zukommt, geben. 62

165 Art. 777c Abs. 1 OR.

166 *Forstmoser/Meier-Hayoz/Nobel,* Aktienrecht, § 14 N 23.

167 Art. 633 OR.

168 Art. 777 Abs. 2 OR i.V.m. Art. 777b OR und Art. 777c OR.

169 Botschaft, S. 3178; vgl. nachfolgend N 65 ff.

170 Art. 777c Abs. 2 OR.

63 Die Sacheinlage ist die Einlage nicht in Geld, sondern in Sachen oder anderen Vermögenswerten. Bei der Sachübernahme erfolgt die Einlage zwar in Geld, allerdings besteht bereits im Zeitpunkt der Einlage die Verpflichtung oder die feste Absicht, den einbezahlten Geldbetrag für den Erwerb eines bestimmten Vermögenswertes zu verwenden. In beiden Fällen besteht die Gefahr für die Gläubiger der GmbH, dass diese Vermögenswerte durch die Gründer überbewertet wurden, sodass der Gesellschaft tatsächlich geringere Werte zur Verfügung stehen als ausgewiesen werden.

64 Die Sacheinlagegründung ist analog zum Aktienrecht geregelt. Gegenstand, Bewertung, Name des Sacheinlegers sowie Umfang der Beteiligung sind in der Gründungsurkunde anzugeben[171]. Die Gründungsgesellschafter haben sodann in einem Bericht Rechenschaft zu geben über Sacheinlagen, Sachübernahmen, Liberierung durch Verrechnung und die Einräumung besonderer Vorteile. Dieser Gründungsbericht ist durch einen Revisor zu prüfen; dies selbst dann, wenn die Gesellschaft grundsätzlich befugt ist, auf eine Revision zu verzichten[172].

5. Die Liberierung durch Verrechnung

65 Bei der Liberierung durch Verrechnung erfolgt die Erfüllung der Liberierungspflicht durch einen Forderungsverzicht. Bei der Gründung ist die Verrechnungsliberierung selten, bei der Kapitalerhöhung jedoch relativ häufig anzutreffen. Die Liberierung durch Verrechnung setzt voraus, dass die Voraussetzungen gemäss Art. 120 Abs. 1 OR (Gleichartigkeit, Gegenseitigkeit, Fälligkeit) erfüllt sind.

66 Bei der Kapitalerhöhung durch Verrechnung verlangt das Gesetz ausdrücklich einen Bericht der Geschäftsführung über den Bestand und die Verrechenbarkeit der Schuld sowie die Prüfungsbestätigung der Revisoren[173]. Für die Liberierung durch Verrechnung bei der Gründung gilt dasselbe. Eine Verrechnung zur Erfüllung der Liberierungspflicht setzt voraus, dass die Schuld der Gesellschaft im Augenblick der Gründung bereits gültig besteht. Analog zu den Bestimmungen betreffend die Kapitalerhöhung durch Verrechnung sind sodann ein Gründungsbericht der Geschäftsführung sowie eine Prüfungsbestätigung der Revisionsstelle zu verlangen. Die Liberierung durch Verrechnung ist unabhängig von der expliziten Erwähnung in den Statuten möglich; verlangt ist hingegen die Zustimmung der Gesellschaft[174].

[171] Art. 777c Abs. 2 OR i.V.m. Art. 628 OR. Beachte: Werden den Gründern besondere Vorteile zugestanden, ohne die gesetzliche Formvorschrift zu beachten, liegt eine unzulässige verdeckte Gewinnausschüttung vor. Vgl. BGE 131 III 636 ff.

[172] Art. 818 OR i.V.m. Art. 635 f. OR. Botschaft, S. 3178.

[173] Art. 781 Abs. 5 OR i.V.m. Art. 652e f. OR.

[174] Zum Aktienrecht vgl. *Böckli,* Aktienrecht, § 1 N 253 ff.

6. Die Geschäftsübernahme mit Aktiven und Passiven bei der Gründung

Eine Sonderform der Liberierung durch Verrechnung mit Schulden der Gesellschaft im Zeitpunkt der Gründung ist die Geschäftsübernahme mit Aktiven und Passiven bei der Gründung. 67

Werden sowohl die Vorschriften über die Übernahme eines Geschäftes mit Aktiven und Passiven als auch die Bestimmungen zur Sachübernahme eingehalten, ist eine Schuldübernahme im Augenblick der Gründung grundsätzlich gültig[175]. 68

7. Die Übernahme von Schulden durch die Gesellschaft

Die Gründungsgesellschafter, welche für die Gesellschaft vor deren Eintragung Verpflichtungen eingehen, haften für diese Verbindlichkeiten grundsätzlich persönlich und solidarisch[176]. Verbindlichkeiten zulasten der Gesellschaft können jedoch dann eingegangen werden, wenn diese von der aufschiebenden Bedingung der Gründung und Eintragung im Handelsregister sowie der Übernahme des Rechtsgeschäftes durch die neu gegründete Gesellschaft abhängig gemacht werden. Zu beachten ist, dass die handelnden Personen ausdrücklich oder erkennbar für Rechnung und im Namen der *«Gesellschaft in Gründung»* gehandelt haben müssen. Sodann braucht es eine rechtsgeschäftliche Übernahme durch die Gesellschaft innerhalb von drei Monaten nach der Eintragung im Handelsregister. Will ein Gründer seine Entlastung nach der Gründung sicherstellen, muss er die Vorschriften zur Transparenz im Zusammenhang mit der beabsichtigten Sachübernahme beachten[177]. 69

8. Rechtsfolgen bei Gründungsmängeln

Die Verletzung der Gründungsvorschriften, insbesondere der Transparenznormen betreffend Gegenstand, Bewertung sowie die Stammanteile, hat grundsätzlich die Nichtigkeit des Einlagegeschäftes zur Folge. Einschränkungen sind allenfalls denkbar, wenn der Mangel durch eine einfache Nachbesserung geheilt werden kann oder lediglich eine Verletzung des Transparenzgebotes vorliegt[178]. Bei Vorliegen eines qualifizierten Gründungsmangels und einer dadurch bewirkten erheblichen 70

[175] Zum Aktienrecht vgl. *Böckli,* Aktienrecht, § 1 N 257 f.

[176] BGE 63 II 295 ff.

[177] Zum Aktienrecht vgl. *Böckli,* Aktienrecht, § 1 N 259 ff.

[178] Zum Aktienrecht vgl. *Böckli,* Aktienrecht, § 1 N 268 f.

Gefährdung der Interessen der Gläubiger oder der Gesellschafter kann, analog zu Art. 643 Abs. 3 OR, die Auflösung der Gesellschaft verlangt werden.

71 Die Geschäftsführer sind verpflichtet, im Falle von Gründungsmängeln die Interessen der Gesellschaft nachhaltig zu vertreten. Der Geschäftsführer, der gegen diese Pflicht verstösst, wird verantwortlich. Schwerwiegende und vorsätzliche Gründungsmängel können sodann auch strafrechtliche Folgen haben. Zu denken ist an die Erschleichung einer falschen Beurkundung (Art. 253 StGB)[179], an die Falschbeurkundung (Art. 251 StGB) oder an den Vergehenstatbestand unwahre Angaben gegenüber Handelsregisterbehörden (Art. 153 StGB).

V. Anteilbuch, Liste an das Handelsregister

72 Über die Stammanteile ist bei der Gesellschaft ein Anteilsbuch zu führen, aus dem die Namen der Gesellschafter[180], Anzahl, Nennwert sowie allenfalls die Kategorie der Stammanteile, jeder Übergang eines Gesellschaftsanteils und jede weitere Änderung von Tatsachen ersichtlich sind[181].

73 Im Anteilbuch zu vermerken sind sodann Nutzniesser und Pfandgläubiger[182]. Sofern die Statuten nichts anderes vorsehen, liegt die Verantwortung für die korrekte Führung des Anteilbuches bei den Geschäftsführern.

74 Gemäss Art. 786 OR bedarf die Abtretung von Stammanteilen grundsätzlich der Zustimmung der Gesellschafterversammlung[183]. Dies vorausgesetzt, hat der Gesellschafter Anspruch auf Eintragung im Anteilbuch, wenn er sich gegenüber der Gesellschaft als Rechtsträger legitimieren kann. Die Prüfung der Gesellschaft vor der Eintragung ins Anteilbuch ist auf formelle Aspekte beschränkt. Nur wenn begründete Zweifel am Übertragungsvorgang bestehen, kann die Gesellschaft weitere Nachweise verlangen[184]. Die Wirkung der Eintragung ist deklaratorischer Natur[185], dient aber der Legitimation des Gesellschafters zur Rechtsausübung gegenüber der Gesellschaft.

179 Vgl. BGE 81 IV 240 ff.

180 Steht ein Stammanteil in gemeinschaftlichem Eigentum, ist jede der daran berechtigten Personen als Gesellschafter einzutragen und ein gemeinsamer Vertreter anzugeben. Vgl. Art. 792 OR. Zur Haftung für Nachschuss- und Nebenleistungspflichten vgl. aber nachfolgend § 17 N 3 ff.

181 Art. 790 OR.

182 Art. 790 OR. Die Gesellschafter sind frei, weitere relevante Umstände eintragen zu lassen. Beispielsweise Nachschuss- und Nebenleistungspflichten.

183 Vgl. nachfolgend § 19 N 32 ff.

184 Zum Aktienrecht vgl. *Böckli,* Aktienrecht, § 6 N 324.

185 Vgl. Art. 787 Abs. 1 OR.

Ist die Anerkennung als Gesellschafter durch falsche Angaben bzw. eine Täuschung erwirkt worden, kann die Anerkennung wegen Willensmangel angefochten und der Eintrag im Anteilbuch annulliert werden. Falsche Angaben können sodann unter Umständen einen Ausschluss aus der Gesellschaft aus wichtigem Grund rechtfertigen[186].

Den Gesellschaftern steht das Recht zu, in das Anteilbuch Einsicht zu nehmen[187]. 75
Dies gilt sowohl für den eigenen Eintrag als auch für den Eintrag anderer Personen.

Die Gesellschafter sind sodann mit Namen, Wohnsitz, Heimatort, Anzahl und 76
Nennwert des Stammanteils im Handelsregister einzutragen. Die Pflicht zur Anmeldung obliegt der Geschäftsführung[188].

VI. Bestellung von Organen

Organe müssen von den Gründern nicht zwingend bestellt werden. Regeln die Ge- 77
sellschafter diese Frage nicht, üben gemäss dispositiver Regel alle Gesellschafter die Geschäftsführung gemeinsam aus[189].

VII. Anmeldung beim Handelsregister: Entstehung der juristischen Person

1. Grundlagen

Nach dem Gründungsakt wird die GmbH in das Handelsregister an dem Ort ein- 78
getragen, an dem sie ihren Sitz haben soll[190]. Durch die Eintragung im Handelsregister erhält die Gesellschaft ihre juristische Persönlichkeit[191]. Die Gesellschaft erwirbt das Recht der Persönlichkeit auch dann, wenn die Voraussetzungen der Eintragung tatsächlich nicht vorhanden waren[192]. Die Eintragung hat konstitutive Wir-

186 Botschaft, S. 3192. Vgl. nachfolgend § 19 N 11 ff.

187 Art. 790 Abs. 4 OR.

188 Art. 791 OR.

189 Art. 809 OR; dazu nachfolgend § 14 N 15 ff.

190 Art. 778 OR. Zweigniederlassungen sind ins Handelsregister des Ortes einzutragen, an dem sie sich befinden (Art. 778a OR).

191 Art. 779 Abs. 1 OR.

192 Zum Aktienrecht vgl. *Böckli,* Aktienrecht, § 1 N 336.

kung, d. h. die juristische Person entsteht erst mit dem Eintrag. Vorher besteht nur eine Gründungsgesellschaft resp. die Vor-GmbH[193].

79 Die Anmeldung ist von der Gesellschaft, sprich der Geschäftsführung, vorzunehmen[194] und muss von zwei Mitgliedern des obersten Leitungsorgans oder von einem Mitglied mit Einzelzeichnungsberechtigung unterzeichnet werden[195]. Leisten die Geschäftsführer ihre Unterschriften nicht auf dem Amt selber, sind ihre vorgängig auf der Anmeldung angebrachten Unterschriften zu beglaubigen[196].

2. Inhalt der Anmeldung

80 Die Anmeldung richtet sich nach Art. 791 OR und der Handelsregisterverordnung. Sie muss folgende Erklärungen und Angaben enthalten:

(1) Firma, Sitz, Zweck und Adresse der Gesellschaft;

(2) Namen aller Gesellschafter, unter Angabe des Wohnsitzes, des Heimatorts und der Staatsangehörigkeit;

(3) Anzahl und Nennwert der Stammanteile;

(4) die Namen der Geschäftsführer;

(5) Angaben über die Vertretungsverhältnisse, d. h. darüber, ob die Vertretung gemäss dispositivem Recht[197] jedem Geschäftsführer zusteht oder ob die Vertretung durch Statuten oder Beschluss anders geregelt ist[198].

81 Sagen die Statuten über die Geschäftsführung nichts aus, sind alle Gesellschafter als Geschäftsführer einzutragen[199]. Es ist auch möglich, die Geschäftsführung erst nach der Gründung in Abweichung vom dispositiven Recht zu regeln. In diesem Falle sind der Anmeldung an das Handelsregister die revidierten Statuten und das Protokoll der Gesellschafterversammlung beizulegen[200].

[193] Vgl. dazu § 4 N 1 ff.

[194] Art. 791 Abs. 2 OR.

[195] Art. 931a OR.

[196] *Wohlmann,* GmbH, S. 20.

[197] Art. 814 Abs. 1 OR.

[198] Art. 776a Abs. 2 Ziff. 7 OR. Beachte: Die Frage der Vertretung hat formell mit der Frage der Geschäftsführung eigentlich nichts zu tun, denn die Geschäftsführung ist die Teilnahme an gesellschaftsinternen Entscheiden im Innenverhältnis; die Vertretung betrifft das Aussenverhältnis und damit die Frage, wer die Gesellschaft wie (allein oder zu zweit) gültig verpflichten kann.

[199] *von Steiger,* ZK, N 9 zu Art. 780 OR.

[200] *Schenker,* OR, Art. 780 N 9; vgl. auch *Janggen/Becker,* BK, N 7 zu Art. 780 OR sowie *von Steiger,* ZK, N 9 zu Art. 780 OR.

Die Gründung der Gesellschaft wird am Sitz der neuen Gesellschaft durch den Geschäftsführer persönlich oder mit beglaubigter Unterschrift schriftlich angemeldet. 82 Der Anmeldung sind die beglaubigten Statuten und die Gründungsurkunde mit den entsprechenden Beilagen beizufügen. Als Beilagen sind insbesondere Dokumente betreffend Sacheinlagen, Sachübernahmeverträge sowie Gründungsberichte und Prüfungsbestätigungen einzureichen. Die entsprechenden Beilagen werden durch die Einreichung beim Handelsregister zu öffentlich zugänglichen Registerakten.

Unrichtige Angaben beim Handelsregister können zu einer Gründungshaftung[201] 83 führen und strafrechtlich relevant sein. Gemäss Art. 153 StGB stellen vorsätzliche unwahre Angaben gegenüber Handelsregisterbehörden nicht nur eine Übertretung, sondern ein Vergehen dar. Fahrlässiges Verschweigen eintragungspflichtiger Tatbestände wird hingegen lediglich mit einer Busse sanktioniert[202].

Soweit der Errichtungsakt die entsprechenden Angaben nicht enthält, ist es so- 84 dann nötig, nachzuweisen, dass die notwendigen Organe bestellt sind, d.h., bei der GmbH mit Drittorganschaft die Organe gültig gewählt sind und ihre Wahl angenommen haben. Vollmachten, die dem Notar vorgelegen haben, sind nicht einzureichen. Hingegen verlangt die Handelsregisterverordnung die Einreichung des Protokolls der Geschäftsführung über die Konstituierung, eine Klarstellung hinsichtlich des Domizils der Gesellschaft sowie die Abgabe einer Erklärung, wonach keine anderen Sacheinlagen oder Sachübernahmen, Verrechnungstatbestände oder besondere Vorteile bestehen als jene, die im Errichtungsakt genannt sind (*Stampa-Erklärung*). Die tatsächliche Einzahlung des Stammkapitals wird durch die Übernahme der Bestimmungen des Aktienrechts sichergestellt[203].

Die Organe der Gesellschaft sind verpflichtet, die im Handelsregister eingetra- 85 genen Daten ohne Verzug den aktuellen Verhältnissen anzupassen, wenn sich diese ändern. Ebenso kann derjenige, der als Organ einer juristischen Person eingetragen ist, bei seinem Ausscheiden die Löschung eines Eintrags unverzüglich selber anmelden. Eine Rechtsscheinhaftung gegenüber gutgläubigen Dritten als Folge eines fehlerhaften Registereintrages kann damit verhindert werden. Der Registerführer ist verpflichtet, die Gesellschaft über die erfolgte Löschung zu unterrichten[204].

[201] Art. 753 OR.

[202] Art. 943 OR.

[203] Art. 777c Abs. 2 OR; Botschaft, S. 3178.

[204] Zum Aktienrecht vgl. *Böckli,* Aktienrecht, § 1 N 341 ff.

3. Beilagen zur Anmeldung

86 Der Anmeldung sind die Gründungsurkunde, eine beglaubigte Ausfertigung der Statuten sowie ein Gründungsbericht beizulegen. Bei Sacheinlage- und Übernahmegründungen müssen zusätzlich ein Gründerbericht[205], Sacheinlage- und Sachübernahmeverträge[206] und die Prüfungsbestätigung des Revisors[207] eingereicht werden.

87 Die Handelsregisterverordnung verlangt sodann die Abgabe der Erklärung, dass keine oder keine weiteren Sacheinlagen oder -übernahmen geplant sind (*Stampa-Erklärung*)[208].

4. Insbesondere die Lex-Friedrich-Erklärung

88 Personen im Ausland dürfen nach den Vorschriften des Bundesgesetzes über Grundstückerwerb durch Personen im Ausland[209] (Lex Friedrich) keine Anteile an Immobiliengesellschaften in der Schweiz erwerben. Mehr als ein Drittel der Stimmen an einer Gesellschaft, deren Aktiven zu mehr als einem Drittel aus Immobilien bestehen, dürfen sie nur erwerben, wenn sie dafür eine Bewilligung erhalten. Die Lex-Friedrich-Erklärung verlangt von den Gründern Aussagen über ausländische Gesellschafter und über den Liegenschaftenbesitz der zu gründenden Gesellschaft.

89 Die Gründung einer GmbH, die ausländisch beherrscht ist und deren Aktiven zu mehr als einem Drittel aus Liegenschaften bestehen (oder die die Absicht hat, Liegenschaften in diesem Umfange zu erwerben), setzt die Bewilligung der zuständigen Behörde voraus; der Gründungsvorgang kann sich durch dieses Erfordernis um Monate verzögern. Mit Vorteil versuchen die Gründer daher, ihre Lex-Friedrich-Bewilligung so früh als möglich zu erwirken.

90 Das Gesetz wurde im Rahmen des Freizügigkeitsabkommens der Schweiz mit der Europäischen Gemeinschaft und den EFTA-Staaten revidiert. Die Änderungen mit Bezug auf EU- und EFTA-Bürger (Lex Koller) traten am 1.10.1997 in Kraft. Damit wurden die Schranken für den Erwerb von Beteiligungen durch Ausländer weitgehend entschärft. Namentlich wird unter geltendem Recht von einer Bewilligungspflicht abgesehen, wenn das Grundstück als Betriebsstätte eines Handels-, Fabri-

205 Art. 777c Abs. 2 Ziff. 2 OR i.V.m. Art. 78 Abs. 2 lit. a HRegV.

206 Art. 777c Abs. 2 Ziff. 2 OR i.V.m. Art. 78 Abs. 2 lit. c HRegV.

207 Art. 777c Abs. 2 Ziff. 2 OR i.V.m. Art. 78 Abs. 2 lit. b HRegV.

208 Art. 777c Abs. 2 Ziff. 2 OR i.V.m. Art. 78 Abs. 1 lit. g HRegV.

209 SR 211.412.41; vgl. dazu weiterführend: *Eichenberger*, passim.

kations- oder eines anderen nach kaufmännischer Art geführten Gewerbes, einer Handwerkbetriebes oder eines freien Berufes dient[210].

5. Die Prüfung der Anmeldung

Der Registerführer prüft die Anmeldung und nimmt sie unverzüglich ins Tagebuch 91 auf. Ist die Anmeldung nicht zu beanstanden, hat die Gesellschaft einen gesetzlichen Anspruch auf Eintragung im Handelsregister.

Die Prüfung des Registerführers ist mit Bezug auf die formellen Voraussetzungen 92 für die Eintragung unbeschränkt. Der Registerführer ist sodann befugt, zu prüfen, ob die Statuten den vom Gesetz verlangten Inhalt aufweisen. Bei Formfehlern oder groben inhaltlichen Fehlern ist der Registerführer befugt, die Eintragung zurückzuweisen. Eine weiter gehende Prüfungskompetenz kommt dem Registerführer sodann hinsichtlich der Firmenbildung zu[211].

Was die Prüfung der inhaltlichen Übereinstimmung mit dem zwingenden Recht an- 93 belangt, ist die Kognition des Registerführers beschränkt. Gemäss Rechtsprechung des Bundesgerichts ist der Registerführer befugt, eine Anmeldung zurückzuweisen, wenn kumulativ drei Voraussetzungen erfüllt sind: (i) Das Begehren verstösst gegen eindeutiges, zwingendes Recht; (ii) der Verstoss gegen das Gesetz ist offensichtlich; (iii) die verletzte Rechtsnorm dient der Wahrung öffentlicher Interessen oder der Interessen Dritter[212].

6. Die Einsprache gegen die Eintragung

Dritte können sowohl gegen vollzogene als auch gegen erst bevorstehende Ein- 94 tragungen Einspruch erheben. Ist die Eintragung noch nicht vollzogen, kann eine superprovisorische Handelsregistersperre beantragt werden. Ist der Eintrag schon vollzogen, weist der Handelsregisterführer den Einsprecher an den Richter[213].

7. Die Eintragung der Zweigniederlassung

Nach der Rechtsprechung des Bundesgerichts ist die Zweigniederlassung ein Ge- 95 schäftsbetrieb, der zwar rechtlich Teil eines Hauptunternehmens ist, von dem er ab-

[210] Art. 2 Abs. 2 lit. a BewG; Vgl. Merkblatt des Bundesamtes für Justiz vom 3. Juni 2002.

[211] Vgl. nachfolgend § 23 N 25 ff.

[212] BGE 125 III 21 ff.; ZR 2001, S. 126 ff.; sowie hierzu eingehend *Böckli,* Aktienrecht, § 1 N 347 ff.

[213] Art. 32 Abs. 1 HRegV; *Böckli,* Aktienrecht, § 1 N 345 f.

hängt, der aber in eigenen Lokalitäten dauernd eine gleichartige Tätigkeit wie das Hauptunternehmen ausübt und dabei eine gewisse wirtschaftliche und gesellschaftliche Selbstständigkeit geniesst[214]. Von einem Gewerbebetrieb ist gemäss Handelsregisterverordnung auszugehen, wenn eine selbstständige, auf das Erzielen eines Umsatzes gerichtete, dauerhafte Tätigkeit vorliegt[215]. Die Zweigniederlassung verfügt nicht über eine eigene Rechtspersönlichkeit und ist nicht parteifähig[216]. Sie übt zumindest teilweise die gleiche Tätigkeit wie das Hauptunternehmen aus. Örtlich ist die Zweigniederlassung vom Hauptsitz des Unternehmens getrennt und verfügt über eigene Lokalitäten. Die Zweigniederlassung verfügt über eine eigene Leitung und tritt nach aussen selbstständig in Erscheinung. Der Betrieb muss organisatorisch autonom gestaltet sein[217]. Die Zweigniederlassung führt die gleiche Firma wie die Hauptniederlassung, kann der Firma allerdings einen Zusatz, wie beispielsweise *«Zweigniederlassung Luzern»*, beifügen[218].

96 Zweigniederlassungen sind, mit Verweis auf den Eintrag der Hauptniederlassung, im Handelsregister des Ortes einzutragen, an dem sich die Zweigniederlassung befindet[219]. Die Eintragung der Zweigniederlassung hat lediglich deklaratorische Bedeutung. Betreibungsort bleibt der Hauptsitz der Gesellschaft[220]. Allerdings begründet die Eintragung der Zweigniederlassung am Ort der Zweigniederlassung einen alternativen Gerichtsstand für Klagen aus dem Geschäftsbetrieb[221].

8. Die Löschung im Handelsregister

97 Weist eine Gesellschaft keine ersichtliche Geschäftstätigkeit mehr auf und hat sie keine verwertbaren Aktiven mehr, ist die Gesellschaft nach dreimaligem Schuldenruf im Handelsregister zu löschen[222].

98 Stellt der Handelsregisterführer bei der GmbH erhebliche Organisationsmängel fest, ist er verpflichtet, diese dem Gericht zu melden und konkrete Massnahmen vorzuschlagen[223]. Der angerufene Richter wiederum setzt der GmbH Frist zur Wie-

[214] BGE 103 II 201; BGE 117 II 87; vgl. hierzu eingehend *Gauch,* Der Zweigbetrieb, S. 22 ff., S. 104 ff., S. 150 ff.

[215] Art. 52 ff. HRegV.

[216] BGE 120 III 11 ff.

[217] BGE 117 II 85 ff.

[218] Art. 952 OR.

[219] Art. 778a OR.

[220] Art. 46 Abs. 2 SchKG.

[221] Art. 5 GestG.

[222] Art. 938a OR.

[223] Art. 941 OR; Art. 941a OR.

derherstellung des gesetzlichen Zustandes an oder aber ernennt die fehlenden Organe, setzt einen Sachwalter ein oder verfügt die Liquidation der Gesellschaft[224].

Scheidet eine im Handelsregister als Organ der Gesellschaft eingetragene Person 99
aus ihrem Amt aus, ist die Gesellschaft verpflichtet, unverzüglich im Handelsregister deren Löschung zu veranlassen. Unter neuem Recht ist hierzu auch die ausscheidende Person befugt. Die ausscheidende Person kann die Löschung umgehend selber anmelden[225].

9. Die Wiedereintragung im Handelsregister

Gemäss Art. 938 OR wird die Gesellschaft, wenn sie nicht mehr existiert, im Han- 100
delsregister gelöscht. Nach der Löschung kann die gelöschte Gesellschaft – bei einem entsprechenden Begehren eines Gläubigers, eines Gesellschafters oder eines Gesellschaftsorgans – ausnahmsweise wieder eingetragen werden, wenn nachträglich Aktiven oder nicht berücksichtigte Passiven zum Vorschein kommen. Der Gesuchsteller muss an der Wiedereintragung ein schutzwürdiges Interesse haben. Können seine Ansprüche auf einem anderen, zumutbaren Weg durchgesetzt werden, ist die Wiedereintragung zu verweigern. Ist ein schutzwürdiges Interesse gegeben, ist das neue Vermögen bzw. die nichtberücksichtigte Forderung glaubhaft zu machen. Mit der Wiedereintragung erlangt die Gesellschaft ihre Handlungsfähigkeit wieder. Die Organe bzw. die Liquidatoren[226] können ihre Tätigkeit wieder aufnehmen bzw. die Gläubiger ihre Forderungen gegenüber der Gesellschaft wieder geltend machen[227]. Scheitert die Einsetzung eines Liquidators, kann allenfalls von der zuständigen Vormundschaftsbehörde ein Beistand bzw. gemäss Vorentwurf zur Revision des Vormundschaftsrechts ein Sachwalter bestellt werden.

[224] Zum Aktienrecht vgl. *Böckli,* Aktienrecht, § 1 N 380 f.

[225] Art. 938b OR.

[226] Art. 826 Abs. 2 OR i.V.m. Art. 740 OR.

[227] *Forstmoser/Meier-Hayoz/Nobel,* Aktienrecht, § 56 N 154 ff.; *Eckert,* OR, Art. 938 N 10.

§ 6 Gründung der GmbH durch Umwandlung einer Aktiengesellschaft in eine GmbH

I. Worum geht es?

1 In Anbetracht verschiedener Vorteile der GmbH stellt sich für zahlreiche Aktiengesellschaften die Frage, ob sie ihre Rechtsform ändern und sich in eine GmbH umwandeln wollen.

2 Die Umwandlung ermöglicht es, ein Unternehmen zu restrukturieren, ohne eine Auflösung, eine Liquidation, eine Neugründung und eine Vermögensübertragung vornehmen zu müssen. Bei der Umwandlung wechselt das Unternehmen lediglich die Rechtsform und dauert fort[228].

3 Vor Inkrafttreten des Fusionsgesetzes wurde bei der Umwandlung einer Aktiengesellschaft in eine GmbH die Aktiengesellschaft als juristische Person aufgelöst, wobei das Unternehmen nicht liquidiert, sondern in die Gründung der GmbH eingebracht wurde. Es stellten sich daher nicht nur Fragen im Zusammenhang mit der Gründung, sondern ebenso Fragen im Zusammenhang mit der Auflösung der Aktiengesellschaft, namentlich im Bereich des Gläubiger- und Minderheitsschutzes.

II. Die Umwandlung nach FusG im Überblick

1. Grundlagen

4 Unter einer Umwandlung versteht man die Änderung der Rechtsform einer Gesellschaft unter Fortbestand aller vermögens- und mitgliedschaftsrechtlichen Beziehungen. Die Gesellschaft behält trotz Änderung der Rechtsform ihre Identität und ihre Rechtspersönlichkeit[229].

5 Bei der Umwandlung finden grundsätzlich die Bestimmungen über die Gründung der entsprechenden Gesellschaft Anwendung. Keine Anwendung finden die Vorschriften über die Anzahl der Gründer und die Vorschriften über Sacheinlagen[230].

6 Die Statuten der AG sind entsprechend dem Zweck der GmbH anzupassen. Die Firma der AG sowie Rechte und Pflichten der Gesellschafter sind an das Recht

[228] *Rimle,* Baker & McKenzie, Art. 53 – 68 N 6.

[229] *Meier-Schatz,* Einführung, S. 522. Vgl. nachfolgend § 32 N 40 ff.

[230] Art. 57 FusG.

der GmbH anzupassen. Der Aktionär muss insbesondere in Kauf nehmen, dass die Übertragbarkeit seiner Beteiligung beschränkt werden kann und ihm statutarische und gesetzliche Nebenleistungspflichten auferlegt werden können. Die Haftung verändert sich grundsätzlich nicht. Für Gesellschaftsschulden haftet ausschliesslich das Gesellschaftsvermögen. Allerdings kann den Gesellschafter bei der GmbH eine Nachschusspflicht treffen[231]. Das Aktienkapital kann in Stammkapital umgewandelt werden, ist dann aber bei der GmbH vollständig zu liberieren, wobei der Grundsatz der Wahrung der Mitgliedschaftsrechte zu beachten ist. Die Mitgliedschaft in der GmbH ist dem Gesellschafter unentgeltlich zuzugestehen bzw. die Liberierung ist allenfalls aus dem Vermögen der AG zu finanzieren[232]. Anzupassen ist schliesslich die Organisation der Gesellschaft.

2. Ablauf der Umwandlung

Das oberste Leitungsorgan erstellt einen schriftlichen Umwandlungsplan[233]. Der 7
Umwandlungsplan enthält die Firma, den Sitz und die Rechtsform vor und nach der Umwandlung; die neuen Statuten; die Zahl, die Art und die Höhe der Anteile, welche die Gesellschafter nach der Umwandlung erhalten. Ist der Umwandlungsplan erstellt, wird ein erläuternder Umwandlungsbericht mit gesetzlich vorgeschriebenem Inhalt verfasst[234]. Der Umwandlungsbericht muss Aufschluss über den Zweck und die Folgen der Umwandlung geben. Die Gründe für die Umwandlung sowie die wirtschaftlichen und rechtlichen Konsequenzen sind explizit zu erörtern. Der Bericht muss sodann feststellen, dass die Gründungsvorschriften der neuen Rechtsform beachtet worden sind, und die neuen Statuten inhaltlich kurz wiedergeben. Eingehend darzulegen ist die Umwandlung bzw. das Umtauschverhältnis sowie allfällige aus der Umwandlung resultierende Nachschuss- und andere persönlichen Leistungspflichten. Sind mit der Umwandlung zusätzliche Pflichten des Gesellschafters verbunden oder könnten solche zusätzlichen Pflichten im Rahmen der neuen Gesellschaftsform in Zukunft begründet werden, ist im Umwandlungsbericht darauf hinzuweisen.

Die vorgenannten Dokumente müssen von einem zugelassenen Revisionsexperten 8
geprüft werden[235].

Die Gesellschaft muss den Umwandlungsplan, den Umwandlungsbericht, den 9
Prüfungsbericht sowie die Jahresrechnungen und Jahresberichte der letzten drei

[231] Wobei die nachträgliche Einführung und Erweiterung einer statutarischen Nachschusspflicht der Zustimmung der betroffenen Gesellschafter bedarf. Vgl. Art. 797 OR.

[232] *Rimle,* Baker & McKenzie, Art. 57 N 17.

[233] Art. 59 FusG.

[234] Art. 61 FusG.

[235] Art. 62 FusG.

Geschäftsjahre sowie gegebenenfalls die Zwischenbilanz dreissig Tage vor der Beschlussfassung den Gesellschaftern zur Einsicht auflegen[236]. Nach der Durchführung des Einsichtsverfahrens wird über die Transaktionsunterlagen auf der Grundlage einer qualifizierten Mehrheit Beschluss gefasst. Der Umwandlungsbeschluss bedarf der öffentlichen Beurkundung[237]. Die Umwandlung ist sodann beim Handelsregister anzumelden[238].

10 Die Umwandlung wird mit der Eintragung ins Handelsregister rechtswirksam[239]. Das Vermögen der umgewandelten Gesellschaft geht mit allen Aktiven und Passiven durch Universalsukzession auf die neue Rechtsform über.

236 Art. 63 FusG.

237 Art. 65 FusG.

238 Art. 66 FusG.

239 Art. 67 FusG.

3. Teil
Vermögensverhältnisse / Stammkapital

§7 Überblick über die wesentlichen Neuerungen

I. Zielsetzung des Gesetzgebers

Die Pflicht zur vollständigen Liberierung und der Verzicht auf die subsidiäre solidarische Haftung der Gesellschafter ermöglichten es, die gesetzliche Regelung über die Kapitalerhöhung, die Kapitalherabsetzung und den Schutz des Stammkapitals zu vereinfachen und der Regelung im Aktienrecht anzupassen[1]. 1

Der Vorentwurf sah in Anlehnung an das deutsche Recht sowohl für die GmbH als auch für die Aktiengesellschaft eine gesetzliche Regelung für eigenkapitalersetzende Darlehen vor[2]. Eigenkapitalersetzende Darlehen sind Darlehen, die Gesellschafter oder ihnen nahestehende Personen der Gesellschaft in einem Zeitpunkt gewähren, in welchem dem Unternehmen Eigenkapital zugeführt werden müsste, und die infolgedessen als Kapitaleinlage, allenfalls als nachrangiges Fremdkapital, zu betrachten sind[3]. Nach dem Vorentwurf sollten entsprechende Darlehen im Konkurs im Rang allen anderen Forderungen nachgehen. Dieser Vorschlag stiess in der Vernehmlassung überwiegend auf Kritik. Namentlich wurde eingewendet, eine solche Regelung könnte die Sanierung von Gesellschaften erschweren. Als Folge dieser Kritik wurde im neuen Recht auf die Normierung eigenkapitalersetzender Darlehen verzichtet[4]. 2

[1] Botschaft, S. 3157.

[2] Botschaft, S. 3158. Zu Zielsetzung und Gang der Reformarbeiten, zu Neuerungen und Konstanten vgl. die synoptische Darstellung von *Forstmoser/Peyer/Schott,* Das neue Recht der GmbH.

[3] Vgl. hierzu eingehend *von Greyerz,* S. 547; *Glanzmann,* S. 139 ff.; *Böckli,* Aktienrecht, § 13 N 779 ff.

[4] Botschaft, S. 3158.

II. Wesentliche Neuerungen

1. Die Neuregelung der Kapitalerhöhung

3 Bei der Kapitalerhöhung wird das Stammkapital in den Statuten erhöht und werden Anzahl und Nennwert der Stammanteile angepasst. Wegen der mit der Kapitalerhöhung verbundenen Erhöhung der subsidiären Haftung der Gesellschafter konnte unter altem Recht ein Beschluss betreffend die Kapitalerhöhung nur mit Zustimmung sämtlicher Gesellschafter gefasst werden. Unter neuem Recht fällt der Bezug zur Haftung weg. Weshalb das Einstimmigkeitserfordernis sachlich nicht mehr gerechtfertigt war.

4 Die Kapitalerhöhung bedingt – wie die Gründung – Zeichnung und Liberierung der neuen Stammanteile. Gemäss Art. 781 Abs. 5 OR sind für die Form und den Inhalt des Kapitalerhöhungsbeschlusses; für das Bezugsrecht der Gesellschafter; für die Erhöhung des Stammkapitals aus Eigenkapital; für den Kapitalerhöhungsbericht und die Prüfungsbestätigung; für die Statutenänderung und die Feststellung der Geschäftsführer; für die Eintragung im Handelsregister und die Nichtigkeit vorher ausgegebener Urkunden die Vorschriften des Aktienrechts über die ordentliche Kapitalerhöhung entsprechend anwendbar. Dem Beschluss zur Kapitalerhöhung müssen zwei Drittel der vertretenen Stimmen sowie die absolute Mehrheit des gesamten stimmberechtigten Stammkapitals zustimmen[5]. Das neue Recht erlaubt sodann die Kapitalerhöhung aus Eigenkapital[6].

2. Der Schutz des Bezugsrechts

5 Mit dem Wegfall des Einstimmigkeitserfordernisses für den Beschluss betreffend Kapitalerhöhung wurde es notwendig, Bestimmungen zum Schutz des Bezugsrechts zu statuieren. Der Gesellschafter hat das Recht, im Rahmen der Kapitalveränderung seine relative Beteiligung an der Gesellschaft beizubehalten. Dementsprechend werden Beschränkungen des Bezugsrechts nur unter zwei formellen Bedingungen zugelassen: Zum einen ist für den Beschluss betreffend die Beschränkung des Bezugsrechts ein qualifiziertes Mehr erforderlich; zum anderen muss der Beschluss betreffend die Beschränkung des Bezugsrechts gemeinsam mit dem Beschluss der Gesellschafterversammlung über die Erhöhung des Stammkapitals erfolgen[7].

[5] Vgl. nachfolgend § 9 N 23 f.

[6] Vgl. nachfolgend § 9 N 6 ff.

[7] Vgl. nachfolgend § 9 N 15 ff.

3. Die Neuregelung der Kapitalherabsetzung

Die Kapitalherabsetzung bewirkt eine Veränderung der Kennziffer des Stammkapitals. Die Kapitalherabsetzung kann mit einem Mittelabfluss (*konstitutive Kapitalherabsetzung*), ohne Mittelabfluss (*deklarative Kapitalherabsetzung*) oder mit einem Mittelzufluss (*Kapitalschnitt*) verbunden sein. Das Gesetz verweist auf die Vorschriften des Aktienrechts, die entsprechend anwendbar sind[8]. 6

4. Der verbesserte Schutz des Stammkapitals

Die Liberierungspflicht und ihre Durchsetzung stärken die Funktion des Stammkapitals. Dem Schutz des Stammkapitals dienen sodann die Gründungsvorschriften; die Vorschriften betreffend das Verbot der Rückzahlung des Stammkapitals; die Gläubigerschutzbestimmungen bei der Herabsetzung des Stammkapitals sowie auch die Vorschriften betreffend die Pflichten bei Verlust des Stammkapitals. Der Schutz des Stammkapitals wird im neuen Recht in vielen Fällen durch Verweis auf die Bestimmungen des Aktienrechts sichergestellt[9]. 7

III. Vergleich zum alten Recht/Würdigung

Nach altem Recht brauchte es zur Erhöhung des Stammkapitals die Zustimmung aller Gesellschafter, weil diese subsidiär solidarisch für die Liberierung des gesamten Stammkapitals hafteten. Das neue Recht verzichtet auf die subsidiäre Haftung der Gesellschafter und sieht im Gegenzug eine Pflicht zur vollständigen Liberierung vor[10]. Dementsprechend genügt es unter neuem Recht, wenn dem Beschluss zur Kapitalerhöhung zwei Drittel der vertretenen Stimmen sowie die absolute Mehrheit des gesamten stimmberechtigten Stammkapitals zustimmen[11]. 8

Das Bezugsrecht der Gesellschafter wird neu durch eine Verweisung auf die aktienrechtlichen Bestimmungen geregelt[12]. 9

Wie bereits erwähnt hat der Gesetzgeber bewusst auf eine Regelung der eigenkapitalersetzenden Darlehen verzichtet. Unseres Erachtens bedeutet dies aber nicht, 10

[8] Vgl. nachfolgend § 9 N 33 ff.

[9] Vgl. nachfolgend § 8 N 15 ff.

[10] Art. 777c Abs. 1 OR; Art. 793 OR.

[11] Art. 808b Abs. 1 Ziff. 5 OR; Botschaft, S. 3157. Beachte aber: Ungültige Stimmen und Enthaltungen zählen wie Nein-Stimmen, was das Erreichen der absoluten Mehrheit in der Regel erschwert; der Beschluss kann nur zustande kommen, wenn 50 % des Stammkapitals vertreten sind.

[12] Art. 781 Abs. 5 Ziff. 2 OR; Botschaft, S. 3158.

dass in Zukunft bei der GmbH ein gewährtes Darlehen nicht in eine Kapitaleinlage umqualifiziert werden oder nicht ein konkludenter Rangrücktritt angenommen werden kann. Der Gesetzgeber hat lediglich auf eine generelle Regelung verzichtet. Für den konkreten Einzelfall wird aus diesem Verzicht nichts abgeleitet werden können. Wer den Anschein erweckt, sein Unternehmen sei liquid und rentabel, der muss sich auf den erzeugten Anschein behaften lassen.

§ 8 Das Stammkapital der GmbH und sein Schutz/ Das Vermögen der GmbH und sein Schutz

I. Grundlagen

1. Worum geht es?

1 Das Stammkapital ist ein in den Statuten bezeichneter Betrag, der einen besonderen gesetzlichen Schutz geniesst und den Gläubigern als besondere Haftungsreserve zur Verfügung stehen soll. Das Stammkapital, das Grundkapital der GmbH, entspricht in seinem Wesen dem Aktienkapital: Es ist nicht mit dem Gesellschaftsvermögen oder einem bestimmten Aktivposten zu verwechseln. Das Vermögen der Gesellschaft ist eine reale Grösse, die sich dauernd ändert. Das Stammkapital ist eine rechnerische Grösse. Bei einer gesunden Gesellschaft ist das Vermögen höher als das Stammkapital.

2. Das Stammkapital als Haftungsreserve

2 Das Stammkapital wird als Haftungsbetrag[13] oder -reserve bezeichnet. Damit ist nicht gemeint, dass die GmbH nur mit ihrem Stammkapital haftet; die GmbH haftet, wie alle juristischen Personen, mit ihrem ganzen Vermögen, also auch mit demjenigen Teil des Gesellschaftsvermögens, der das Stammkapital übersteigt[14].

3 Irreführend kann auch der Begriff der Haftungsreserve, Garantiesumme oder Mindesthaftungsbasis sein, soweit dadurch der Eindruck erweckt wird, dass der Betrag des Stammkapitals als effektive Haftungsreserve ausschliesslich den Gläubigern

[13] *Baudenbacher*, OR, Art. 772 N 20.

[14] Art. 772 Abs. 1 OR.

zur Verfügung stehe und der Verwendung durch die GmbH entzogen sei[15]. Dieser Eindruck ist falsch: Das Stammkapital ist nur eine rechnerische Haftungsgrösse; es ist der Betrag, der von der Gesellschaft freiwillig nicht weggegeben und unterschritten werden darf[16]; wohl aber unfreiwillig, wenn ein geschäftspolitischer Entscheid der Geschäftsführung falsch war und zu Pflichten gegenüber Dritten führt, die es unumgänglich machen, das Stammkapital anzuschneiden[17].

Für die Verbindlichkeiten der Gesellschaft haftet nur das Gesellschaftsvermögen. 4
Die Gesellschafter haften nicht, wenn der Verlust des voll einbezahlten Stammkapitals durch schlechten Geschäftsverlauf verursacht wurde[18].

3. Die Warnfunktion des Stammkapitals

Gemäss Art. 820 OR i.V.m. Art. 725 f. OR sind die Geschäftsführer der GmbH 5
verpflichtet, die Gesellschafter zu einer Gesellschafterversammlung einzuberufen, wenn die Hälfte des Stammkapitals[19] nicht mehr gedeckt ist. Die Höhe des Stammkapitals markiert den Punkt auf dem Weg in die Überschuldung, an dem die Gesellschafter begrüsst werden müssen. In diesem Sinne hat das Stammkapital eine Warnfunktion.

Die Anzeige des Kapitalverlustes dient dem Schutz der Gesellschafter, dem Schutz 6
der Gläubiger sowie dem Interesse der Allgemeinheit, namentlich dem Schutz künftiger Kreditgeber. Das Stammkapital, das Risikokapital der Gesellschaft, muss erhalten bleiben, andernfalls darf sich die Gesellschaft nicht am Geschäftsverkehr beteiligen[20].

15 Z. B. in einem Sperrkonto, das ausschliesslich den Gläubigern vorbehalten wäre.

16 Z. B. durch überhöhte Gewinnausschüttungen; vgl. dazu nachstehend N 27 ff.

17 Illustrativ zum Grundkapitalschutz in der Aktiengesellschaft *Druey,* Aktienrecht, S. 630 f.

18 Art. 772 Abs. 1 OR; Art. 794 OR.

19 Und – eventuell – der gesetzlichen Reserven; vgl. nachfolgend N 38 ff.

20 Vgl. zum Aktienrecht *Wüstiner,* OR, Art. 725 N 1 ff.

II. Die Höhe des Stammkapitals und seine Aufteilung auf die Mitglieder

1. Minimalhöhe

7 Das Stammkapital muss mindestens Fr. 20 000.– betragen[21]. Das Stammkapital ist als Folge der beschriebenen gesetzlichen Anforderungen an die Kapitalausstattung voll zu liberieren[22].

2. Aufteilung des Stammkapitals auf die Gesellschafter

8 Das Stammkapital ist aufgeteilt in Stammanteile mit einem Nennwert von mindestens CHF 100.–. Der Mindestnennwert ist zwingend[23]. Im Falle einer Sanierung kann der Nennwert unter den Mindestnennwert von CHF 100.– bis auf CHF 1.– herabgesetzt werden[24]. Wird der Nennwert im Sanierungsfall auf weniger als CHF 100.– festgesetzt, entstehen Sanierungsstammanteile. Ist selbst der Mindestnennwert von CHF 1.– nicht mehr durch Aktiven gedeckt, muss zwingend eine Kapitalherabsetzung durch Vernichtung von Stammanteilen vorgenommen werden[25].

9 Stammanteile müssen mindestens zum Nennwert ausgegeben werden. Unter-pari-Emissionen sind nicht zulässig[26]. Die Gesellschafter können mehrere Stammanteile besitzen. Anzahl und Höhe der Stammanteile müssen zwingend in den Gesellschaftsstatuten festgehalten sein, nicht aber die Namen der Gesellschafter und ihre Zuordnung zu den jeweiligen Stammanteilen[27]. Diese Informationen sind dem Handelsregister zu melden und können dort eingesehen werden[28].

10 Nach altem Recht konnte jeder Gesellschafter nur einen Stammanteil besitzen. Verschiebungen von Stammanteilen oder Teilen davon unter den Gesellschaftern[29] oder an Dritte mit gleichzeitiger Änderung der Stückelung führten also immer zu

[21] Art. 773 OR.

[22] Art. 777c Abs. 1 OR.

[23] Eine weiter gehende Senkung erscheint im Hinblick auf den personenbezogenen Charakter, die Angestaltung als Rechtsform für einen beschränkten Kreis von Beteiligten und die fehlende Kapitalmarktfähigkeit der GmbH nicht sachgerecht. Vgl. Botschaft, S. 3171.

[24] Art. 774 Abs. 1 OR.

[25] Botschaft, S. 3171 i.V.m. S. 3234.

[26] Art. 774 Abs. 2 OR.

[27] Art. 776 Ziff. 3 OR; vgl. hierzu auch § 5 N 18 ff.

[28] Art. 791 Abs. 1 OR; vgl. dazu § 5 N 76.

[29] Wenn beispielsweise in der Zweimann-GmbH der eine Gesellschafter dem anderen die Hälfte seiner Stammanteile abtritt.

Statutenänderungen. Unter neuem Recht wird die Veränderung der Besitzverhältnisse erleichtert: Jeder Gesellschafter darf neu mehrere Stammanteile besitzen[30]. Der Nennwert des Stammanteiles muss bei der Übertragung nicht verändert werden. Im Gegenzug verlangt das Gesetz in den Statuten die Angabe der Anzahl der Stammanteile[31].

3. Eigentum mehrerer Gesellschafter an einem Stammanteil

Die Gesellschafter sind mindestens mit je einem Stammanteil am Stammkapital beteiligt[32]. Steht mehreren Personen ein Stammanteil gemeinschaftlich zu, sind alle Berechtigten in das Anteilbuch einzutragen. Ihre Rechte üben sie durch einen von ihnen bestimmten gemeinsamen Vertreter aus[33]. Für ihre Pflichten, insbesondere auch für Nachschusspflichten und Nebenleistungspflichten, haften sie solidarisch[34]. 11

Die Regelung betreffend gemeinschaftliches Eigentum an Stammanteilen gilt sowohl für Miteigentum als auch für Gesamteigentum. Gemeinschaftliches Eigentum kann sich insbesondere ergeben, wenn Stammanteile durch eine einfache Gesellschaft oder eine Erbengemeinschaft gehalten werden[35]. 12

Werden die Stammanteile der GmbH von einer Kollektiv- oder einer Kommanditgesellschaft gehalten, sind nicht die einzelnen Kollektiv- oder Kommanditgesellschafter als Gesellschafter zu behandeln. Nachschuss- und Nebenleistungspflicht treffen die Kollektivgesellschaft bzw. die Kommanditgesellschaft[36]. 13

4. Kein Partizipationskapital

Der Partizipationsschein ermöglicht eine stimmrechtslose Kapitalbeteiligung[37]. Die Ausgabe von Partizipationsscheinen dient in der Praxis zwei verschiedenen Zielen: (i) Sie erlaubt die Beschaffung von Eigenkapital auf dem Kapitalmarkt, ohne dass dadurch die bisherigen Beherrschungsverhältnisse berührt werden; (ii) namentlich im Rahmen einer Unternehmensnachfolge kann sie dazu verwendet werden, die Mehrheitsverhältnisse dadurch zu beeinflussen, dass einer Gruppe von Beteilig- 14

[30] Art. 772 Abs. 2 OR.

[31] Art. 776 Ziff. 3 OR.

[32] Art. 772 Abs. 2 OR.

[33] Art. 792 Abs. 1 Ziff. 1 OR.

[34] Art. 792 Abs. 1 Ziff. 2 OR.

[35] Botschaft, S. 3193.

[36] Vgl. hierzu eingehend *Forstmoser,* GmbH, S. 557 f.

[37] Vgl. hierzu eingehend *Forstmoser/Meier-Hayoz/Nobel,* Aktienrecht, § 46 N 1 ff.

ten keine Stimmrechte gewährt werden. Die GmbH ist als nicht kapitalmarktfähige Rechtsform ausgestaltet. Dementsprechend wurde im Rahmen der Revision auf eine entsprechende Regelung für die Zulassung von Partizipationsscheinen in der GmbH verzichtet. Es handelt sich dabei um ein qualifiziertes Schweigen des Gesetzes[38].

III. Der Schutz des Stammkapitals

1. Worum geht es?

15 Die GmbH ist wie die AG eine vermögensfähige juristische Person. Sie kann sowohl im Aussenverhältnis gegenüber Dritten wie auch im Innenverhältnis gegenüber den eigenen Gesellschaftern im eigenen Namen Pflichten eingehen und Rechte begründen. AG und GmbH unterscheiden sich durch ihre uneingeschränkte juristische Persönlichkeit von den Personengesellschaften, die nie im Innenverhältnis und im Falle der einfachen Gesellschaft auch nicht im Aussenverhältnis rechtsfähig sind.

16 Das Eigenkapital der Gesellschaft besteht aus den Mitteln, welche die Gesellschafter in die Gesellschaft eingebracht haben, sowie aus Mitteln, welche die Gesellschaft selber erwirtschaftet hat. Das Eigenkapital besteht aus dem Stammkapital, den gesetzlichen Reserven sowie den statutarischen Reserven.

17 Das Gesetz schützt das Eigenkapital in dreifacher Hinsicht: Durch die Sicherstellung der Kapitalaufbringung; durch die Sicherstellung der Kapitalerhaltung; durch die Sicherstellung von Sanierungsmassnahmen beim Zerfall des Eigenkapitals[39].

18 Die Sicherstellung der Kapitalaufbringung geschieht einerseits durch die Zeichnungsverpflichtung, andererseits durch die Liberierungsverpflichtung. Der Gesellschafter verpflichtet sich, der Gesellschaft eine dem Ausgabenbetrag entsprechende Einlage zu leisten, und bezahlt den entsprechenden Betrag an die Gesellschaft[40].

19 Die Sicherstellung der Kapitalerhaltung erfolgt über die Bestimmungen zur verdeckten Gewinnentnahme[41]; die Bestimmungen über die Beschränkung des Erwerbs eigener Stammanteile[42]; die Bestimmungen über die Rechnungslegung[43], die Bestimmungen über die Gewinnermittlung und Gewinnausschüttung[44] oder auch

[38] Botschaft, S. 3248 f.

[39] Zum Aktienrecht vgl. *Böckli,* Aktienrecht, § 1 N 133 ff.

[40] Art. 777a OR; Art. 777c OR.

[41] Art. 800 OR i.V.m. Art. 678 OR.

[42] Art. 783 OR.

[43] Art. 801 OR i.V.m. Art. 662a OR.

[44] Art. 798 OR.

die Bestimmungen über die Kapitalherabsetzung[45] und die Liquidation der Gesellschaft[46].

Der Sicherstellung von Sanierungsmassnahmen beim Zerfall des Eigenkapitals dient sodann die gesetzliche Anzeigepflicht der Geschäftsführung. Zeigt die letzte Jahresbilanz, dass die Hälfte des Stammkapitals und der gesetzlichen Reserven nicht mehr gedeckt ist, ist die Geschäftsführung verpflichtet, unverzüglich eine Gesellschafterversammlung einzuberufen und Sanierungsmassnahmen zu beantragen[47]. Die Bestimmung sorgt für Transparenz, verhindert ein eigenmächtiges Weiterwirtschaften und begünstigt die Erarbeitung von Sanierungsmassnahmen. 20

Die Bestimmungen über den Kapitalschutz schränken die Freiheit der Geschäftsführung sowie der Gesellschafter zum Schutz der Gläubiger der Gesellschaft ein. Unter dem Aspekt der Rentabilität ist ein hohes Eigenkapital nicht erwünscht. Für die Gesellschaft ist das Eigenkapital hingegen eine entscheidende Grösse, weshalb es vom Gesetz durch zwingende Normen geschützt wird. 21

2. Sicherstellung der Kapitalaufbringung

Die Liberierungspflicht und ihre Durchsetzung stärken die Funktion des Stammkapitals. Bei der Gründung muss für jeden Stammanteil eine dem Ausgabebetrag entsprechende Einlage vollständig geleistet werden[48]. Die Libericrungspflicht gewährleistet ein minimales Haftungssubstrat. 22

Gemäss Art. 777b OR muss die Urkundsperson die Belege über die Gründung einzeln nennen und bestätigen, dass die entsprechenden Belege vorgelegen haben. Einer dieser Belege ist die Bestätigung über die Hinterlegung von Einlagen in Geld[49], womit die Durchsetzung der Liberierungspflicht sichergestellt wird. 23

Für die Angabe von Sacheinlagen, Sachübernahmen und besonderen Vorteilen in den Statuten, für die Eintragung von Sacheinlagen, Sachübernahmen und besonderen Vorteilen in das Handelsregister sowie für die Leistung und die Prüfung der Einlagen wird auf die Vorschriften des Aktienrechts verwiesen[50]. 24

Entsprechend Art. 635 OR haben die Gründer in einem Bericht Rechenschaft abzulegen über Sacheinlagen, Sachübernahmen, Liberierung durch Verrechnung und die Einräumung besonderer Vorteile. Dieser Bericht ist durch einen Revisor zu prü- 25

45 Art. 782 OR i.V.m. Art. 732 ff. OR.

46 Art. 826 Abs. 2 OR i.V.m. Art. 739 ff. OR.

47 Art. 820 Abs. 1 OR i.V.m. Art. 725 Abs. 1 OR.

48 Art. 777c OR.

49 Art. 777b Abs. 2 Ziff. 4 OR.

50 Art. 777c Abs. 2 OR i.V.m. Art. 628 OR, Art. 641 OR, Art. 633 ff. OR.

fen. Dies gilt selbst dann, wenn die Gesellschaft grundsätzlich befugt ist, auf eine Revision zu verzichten[51].

3. Sicherstellung der Kapitalerhaltung

a) Erlass- und Stundungsverbot

26 Gemäss Art. 777c OR bzw. Art. 793 OR muss bei der Gründung für jeden Stammanteil eine dem Ausgabebetrag entsprechende Einlage vollständig geleistet werden. Für die Leistung von Sacheinlagen sind die Vorschriften des Aktienrechts entsprechend anwendbar.

b) Verbot der Rückzahlung durch überhöhte Gewinnausschüttungen

27 Der Gewinnanspruch der Gesellschafter ist in seiner Höhe beschränkt auf den im Zeitpunkt der Gewinnausschüttung vorliegenden Bilanzgewinn[52], das heisst auf den Betrag, um welchen die Aktiven der Gesellschaft die Einlagen, Reserven und Schulden übersteigen: Es darf kein Gewinn ausbezahlt werden, wenn der Betrag, der nach Abzug der Schulden übrig bleibt, kleiner ist, als das Stammkapital und die gesetzlichen Reserven.

28 Die Gewinnbeteiligung darf nur aus dem Bilanzgewinn und aus den zu diesem Zweck gebildeten Reserven ausgerichtet werden. Dementsprechend kann ein Gewinn auch vorliegen, wenn die Gesellschaft zwar einen Betriebsverlust erzielt hat, aber ein Gewinnvortrag vorhanden ist. Umgekehrt ist nicht von einem Bilanzgewinn auszugehen, wenn wohl ein Betriebsgewinn erzielt wird, dieser aber zur Bildung von Reserven verwendet werden muss[53].

c) Verbot von Rückzahlungen aus dem gebundenen Eigenkapital

29 Die GmbH darf eigene Stammanteile von den Gesellschaftern nur erwerben, sofern sie den Rückkauf aus dem über das gebundene Eigenkapital hinausreichenden Gesellschaftsvermögen finanziert. Die Gesellschaft braucht frei verfügbares Eigenkapital. Das Stammkapital und die gesetzlichen Reserven darf sie zu diesem Zweck nicht verwenden. Sodann darf der Nennwert der erworbenen Stammanteile grundsätzlich 10 % des Stammkapitals nicht übersteigen[54].

[51] Art. 818 OR i.V.m. Art. 635a OR.

[52] Art. 798 OR; vgl. dazu ausführlich § 16 N 11 ff.

[53] Vgl. nachfolgend § 8 N 55 ff.

[54] Art. 783 OR; zum Erwerb eigener Anteile vgl. § 19 N 55 ff.

d) Verbot von verdeckten Gewinnausschüttungen

Gemäss Art. 800 OR sind Gewinnanteile, die Gesellschafter oder Geschäftsführer ungerechtfertigterweise bezogen haben, zurückzuerstatten. Die Vorschriften des Aktienrechts, insbesondere Art. 678 f. OR, sind entsprechend anwendbar. 30

Vermögensverschiebungen an Gesellschafter oder Geschäftsführer können diese bevorteilen und den Bestand der Gesellschaft gefährden. Betroffen sind aber auch Gläubiger der Gesellschaft und Drittpersonen mit berechtigten Interessen und Erwartungen in den Weiterbestand der Gesellschaft. 31

Zu unterscheiden sind erlaubte und unerlaubte Leistungen an Gesellschafter. Erlaubt sind Leistungen als Folge von Gegenleistungen, sofern diese Leistungen ausgewogen, «at arm's length», erfolgen. Erlaubt sind sodann die gesetzlich vorgesehenen Leistungen wie Dividende, Zins, Tantieme usw. Nicht erlaubt hingegen sind Leistungen an die Gesellschafter, welche ohne adäquate Gegenleistung erfolgen. Man spricht von *«verdeckter Gewinnausschüttung»*. 32

Verdeckte Gewinnausschüttungen werden vom materiellen Recht in dreifacher Hinsicht sanktioniert: 33

- Gemäss Art. 158 StGB begeht derjenige, der aufgrund eines Rechtsgeschäftes damit betraut ist, Vermögen eines anderen zu verwalten oder eine solche Vermögensverwaltung zu beaufsichtigen, und dabei unter Verletzung seiner Pflicht bewirkt oder zulässt, dass der andere am Vermögen geschädigt wird, eine ungetreue Geschäftsbesorgung. Die als Folge der ungetreuen Geschäftsbesorgung vorgenommene Verfügung ist nichtig[55].
- Verdeckte Gewinnausschüttungen sind oftmals Folge von Selbstkontrahierung: Der Geschäftsführer schliesst für die Gesellschaft einen Vertrag mit sich selbst. In der Regel besteht ein Interessenkonflikt. Grundsätzlich kommt der Vertrag in Selbstkontrahierung nicht zustande[56], es sei denn, die besondere Natur des Geschäfts – z. B. beim Kauf zum Börsen- oder Marktpreis – schliesse eine Benachteiligung aus oder das Geschäft werde nachträglich genehmigt[57].
- Beschlüsse der Geschäftsführung, welche gegen die Kapitalschutzvorschriften verstossen, sind nichtig[58]. Leistungen an Gesellschafter, welche in das Stammkapital oder in die gesetzlichen Reserven eingreifen, sind nichtig. Leistungen hingegen, welche nicht die Sperrquoten *Stammkapital* und *gesetzliche Reserven* verletzen, sondern lediglich das Gesellschaftsvermögen beeinträchtigen,

[55] Art. 20 Abs. 1 OR.

[56] BGE 126 III 363 ff.

[57] BGE 89 II 326.

[58] Art. 714 OR i.V.m. Art. 706b OR.

sind nach überwiegender Lehrmeinung nicht nichtig, sondern (zumindest bei Bösgläubigkeit) rückerstattungspflichtig[59].

34 Art. 678 OR sieht vor, dass Gesellschafter und Geschäftsführer von der Gesellschaft ungerechtfertigt erbrachte Leistungen zurückerstatten müssen. Die Bestimmung ist eine *lex specialis* zu Art. 62 ff. OR. Der Anspruch steht der Gesellschaft und dem einzelnen Gesellschafter zu. Der Gesellschafter klagt auf Leistung an die Gesellschaft. Die Pflicht zur Rückerstattung verjährt fünf Jahre nach Empfang der Leistung[60].

35 Art. 678 Abs. 2 OR definiert den unerlaubten Vorgang wie folgt: Leistungen der Gesellschaft, soweit diese in einem offensichtlichen Missverhältnis zur Gegenleistung und zur wirtschaftlichen Lage der Gesellschaft stehen. Das Gesetz geht von kumulativen Voraussetzungen aus, was allerdings von der Lehre zum Teil in Frage gestellt wird[61]. Ein offensichtliches Missverhältnis ist anzunehmen, wenn es keine vernünftige wirtschaftliche Begründung gibt oder wenn unter denselben Verhältnissen kein Dritter die konkreten Leistungen erbringen würde bzw. erhalten würde. Bösgläubigkeit ist im Gesetz als Voraussetzung nicht genannt[62].

36 Die verdeckte Gewinnausschüttung stellt einen unerlaubten Vorgang dar. Der Geschäftsführer, der die Gewinnausschüttung vornimmt oder duldet, wird verantwortlich, wobei strenge Massstäbe insbesondere dann anzulegen sind, wenn Geschäftsführer nicht im Interesse der Gesellschaft, sondern in eigenem Interesse handeln[63]. Die von der Gesellschaft abgeschlossenen Verträge, welche gegen das Gleichbehandlungsverbot der Gesellschafter verstossen, sind sodann anfechtbar und können vom Richter insoweit für ungültig erklärt werden, als es die Beseitigung der Ungleichbehandlung erfordert[64]. Im Falle einer bösgläubigen Gegenpartei ist gar

[59] Zum Aktienrecht vgl. *Forstmoser/Meier-Hayoz/Nobel,* Aktienrecht, § 25 N 98 f. Beachte aber: Eine Verantwortlichkeit fällt gemäss Bundesgericht ausser Betracht, wenn die ins Recht gefasste Organperson nachweisen könne, dass sie mit Einverständnis des Geschädigten gehandelt habe. Zumal der Alleinaktionär die die Gesellschaft schädigende Handlung toleriert habe, könnten sich die Beklagten auf die haftungsbefreiende Einrede «volenti non fit injuria» berufen. Die Verletzung der Kapitalschutzvorschriften müsse unter diesen Umständen nicht geprüft werden. Vgl. Entscheid des Bundesgerichts 4C.79/2005 vom 19. August 2005, E. 4.2.1.

[60] Art. 678 Abs. 4 OR.

[61] Zum Aktienrecht *Kurer,* OR, Art. 678 N 16; *Böckli,* Aktienrecht, § 12 N 555 ff.

[62] Beachte: Gemäss dem Vorentwurf für eine Revision des Aktien- und des Rechnungslegungsrechts wird auf die Qualifikation «offensichtlich» verzichtet. Es genügt ein Missverhältnis zwischen Leistung und Gegenleistung. Die ungerechtfertigte Bereicherung muss sodann nicht bösgläubig erfolgen. Vgl. hierzu kritisch *Böckli,* Zum Vorentwurf, S. 10 sowie S. 22 f.

[63] BGE 113 II 56 f.

[64] Art. 813 OR; Art. 808c OR i.V.m. Art. 706 Abs. 2 OR und Art. 717 Abs. 2 OR. Vgl. *Huguenin,* Gleichbehandlung, S. 255 ff.; *Homburger,* ZK, N 119 ff. zu Art. 717; *Böckli,* Aktienrecht, § 13 N 679 ff.; *Kunz,* Klagen, S. 146.

von der Nichtigkeit des gegen das Gleichbehandlungsverbot verstossenden Vertrages auszugehen[65].

e) Gläubigerschutzbestimmungen bei der Herabsetzung des Stammkapitals

Zu den Bestimmungen zum Schutz des Stammkapitals gehören auch die Vorschriften über die Kapitalherabsetzung, die sicherstellen sollen, dass die vom Stammkapital geschützten Interessen geschützt bleiben, auch wenn das Stammkapital herabgesetzt wird[66]. 37

4. Sicherstellung von Sanierungsmassnahmen

a) Verweis auf die Bestimmungen des Aktienrechts

Zu den Pflichten bei Verlust des Stammkapitals äussert sich das GmbH-Recht nicht mit einer eigenen materiellrechtlichen Bestimmung, sondern in Art. 820 OR mit einem Verweis auf die Bestimmungen des Aktienrechts, welche entsprechend anwendbar sind. 38

b) Die Bestimmungen des Aktienrechts

Ein zur Einberufung der Gesellschafterversammlung verpflichtender hälftiger Kapitalverlust liegt nicht erst dann vor, wenn das Stammkapital nicht zur Hälfte gedeckt ist, sondern bereits dann, wenn das Stammkapital und die gesetzlichen Reserven zusammen nicht mehr 50 % Deckung geniessen[67]. 39

Die Geschäftsführung muss nicht nur orientieren, sondern zudem Sanierungsmassnahmen beantragen. Dass die Geschäftsführer in dieser kritischen Situation Vorschläge unterbreiten müssen, ergibt sich allein schon aus ihrer Geschäftsführungspflicht[68]. Die Geschäftsführer, die in der Krise die Zügel schleifen lassen, verletzen diese Pflicht und werden gegebenenfalls verantwortlich[69]. Muss eine Zwischenbilanz erstellt werden[70], ist diese der Revisionsstelle vorzulegen. 40

[65] *Homburger,* ZK, N 1122 zu Art. 717; *Rhein,* S. 228 f.

[66] Vgl. nachfolgend § 9 N 33 ff.

[67] Zum Aktienrecht vgl. *Böckli,* Aktienrecht, § 13 N 717 ff.

[68] Vgl. nachfolgend § 14 N 7 ff.

[69] Vgl. *Handschin,* Pflichten des Verwaltungsrates, S. 433 ff. sowie nachfolgend § 25 N 14.

[70] Art. 725 Abs. 2 OR. Beachte: Das Gesetz verlangt in Art. 725 Abs. I OR nicht, dass die Geschäftsführung der Sanierungsversammlung einen Zwischenabschluss vorlegen muss. Vgl. hierzu BGE 121 III 426 E.a.

41 Gemäss Art. 820 Abs. 2 OR kann das Gericht den Konkurs aufschieben, wenn ausstehende Nachschüsse unverzüglich einbezahlt werden und Aussicht auf Sanierung besteht. Antragsberechtigt sind Geschäftsführer und Gläubiger.

5. Pflichten bei Überschuldung

a) Verweis auf die Bestimmungen des Aktienrechts

42 Zu den Pflichten bei einer Überschuldung äussert sich das GmbH-Recht nicht mit einer eigenen materiellrechtlichen Bestimmung, sondern in Art. 820 OR mit einem Verweis auf die Bestimmungen des Aktienrechts, die – mit einer Ausnahme[71] – entsprechend anwendbar sind.

b) Die Regeln nach Aktienrecht

aa) Neubewertung der Aktiven und Rangrücktritt

43 Besteht die begründete Besorgnis einer Überschuldung, ist eine Zwischenbilanz nach Veräusserungswerten zu errichten. Zeigt diese ein negatives Nettovermögen, benachrichtigen die Geschäftsführer den Richter, der den Konkurs ausspricht oder, auf Antrag der Geschäftsführer und wenn Aussicht auf Sanierung besteht, die Konkurseröffnung aufschiebt[72].

44 Die begründete Besorgnis der Überschuldung kann auch dann vorliegen, wenn die Geschäftsführer der GmbH an der Fortführung eines wichtigen Projekts oder der Gesellschaft insgesamt zweifeln (zum Beispiel auch aus personellen oder technischen Gründen). Im ersten Fall müssen die Aktiven, die das unsichere Projekt betreffen, auf den Liquidationswert abgewertet werden; im zweiten Fall muss eine Bilanz zu Liquidationswerten für die ganze Gesellschaft erstellt werden. Führt diese partielle oder ganzheitliche Abwertung zu einer Überschuldung, sind die in Art. 725 Abs. 2 OR vorgeschriebenen Massnahmen zu ergreifen.

45 Art. 725 OR erlaubt der Gesellschaft, die zu Fortführungswerten überschuldet ist, vor der Benachrichtigung des Richters eine Bilanz zu Liquidationswerten zu erstellen; weist die Bilanz zu Liquidationswerten keine Überschuldung aus, darf die Gesellschaft ihren Betrieb weiterführen. Praktisch spielt diese Regel lediglich dann, wenn hohe stille Reserven vorliegen, deren Auflösung nicht nur die Überschuldung zu Fortführungswerten beseitigen kann, sondern zudem auch die Abwertungen auffängt, die bei der Neubewertung fortführungsabhängiger Aktiven entstehen kön-

[71] Vgl. dazu nachfolgend N 52.

[72] Vgl. dazu im Detail: *Druey,* Kapitalverlust, S. 99 ff.

nen. Die Bilanz zu Liquidationswerten darf sich nicht einfach darauf beschränken, stille Reserven aufzulösen und die entsprechenden Aktiven aufzuwerten; Aktiven, deren Liquidationswert tiefer als ihr Fortführungswert ist, müssen vielmehr im gleichen Zuge abgewertet werden, und es muss eine Rückstellung für die Liquidationskosten gebildet werden[73].

Selbst wenn die Neubewertung der Aktiven zu Liquidationswerten ebenfalls eine Überschuldung ausweist, darf die Gesellschaft weitergeführt werden, falls Gesellschaftsgläubiger im Ausmass der Unterdeckung hinter alle anderen Gesellschaftsgläubiger zurücktreten[74]. 46

Beim Rangrücktritt sind zwei Varianten zu unterscheiden: der Rangrücktritt im engeren Sinne und der qualifizierte Rangrücktritt. Im ersten Fall erklärt der Gläubiger zugunsten aller anderen Gläubiger, dass er im Insolvenzfall erst befriedigt werden will, nachdem die Forderungen der anderen Gläubiger beglichen worden sind. Vor dem Insolvenzfall kann die fällige Forderung jederzeit geltend gemacht werden. Der qualifizierte Rangrücktritt beinhaltet neben der Rangrücktritterklärung eine Stundungsabrede und einen Verzicht auf Verrechnung. Beim qualifizierten Rangrücktritt wird mithin die Forderung nicht fällig und ist auch nicht erfüllbar. Die vorzeitige Tilgung bedarf der Zustimmung aller anderen Gläubiger, weshalb dem qualifizierten Rangrücktritt eine eigenkapitalähnliche Wirkung zukommt. 47

Forderungen, über die der Rangrücktritt[75] erklärt worden ist, müssen zwar weiterhin zu ihrem Wert bilanziert werden[76], dürfen aber bei der Berechnung der Überschuldung unberücksichtigt bleiben. Dabei ist allerdings zu beachten, dass der Rangrücktritt als solcher keine sanierende Wirkung hat und mit Sanierungsmassnahmen zu kombinieren ist[77]. 48

Im Gesetz nicht angesprochen ist die Frage, ob der Umfang des Rangrücktrittes die Unterdeckung gemäss Liquidations- *und* Fortführungbilanz beseitigen muss oder ob die Bereinigung der jeweils schlechteren Bilanz genügt. Mit Böckli ist davon auszugehen, dass der Rangrücktritt so bemessen sein soll, dass sowohl zu Liquidations- als auch zu Fortführungswerten keine Unterbilanz mehr besteht und die Gesellschaft aus betriebswirtschaftlicher Sicht wieder auf absehbare Zeit genügend alimentiert ist[78]. 49

[73] Zum Aktienrecht vgl. *Böckli,* Aktienrecht, § 13 N 771; *Wüstiner,* OR, Art. 725 N 38.

[74] Art. 725 Abs. 2 OR; *Wüstiner,* OR, Art. 725 N 45 ff.; sowie zum Aktienrecht *Forstmoser/Meier-Hayoz/Nobel,* Aktienrecht, § 50 N 214 ff.; *Böckli,* Aktienrecht, § 13 N 791 ff.

[75] Vgl. hierzu eingehend *Böckli,* Aktienrecht, § 13 N 792 ff.

[76] Zum Aktienrecht *Forstmoser/Meier-Hayoz/Nobel,* Aktienrecht, § 50 N 215 FN 86; *Wüstiner,* OR, Art. 725 N 47.

[77] Entscheid des Bundesgerichts 4C.47/2003 vom 2. Juli 2003, E. 2.2.

[78] Zum Aktienrecht *Böckli,* Rangrücktritt, S. 345; *Forstmoser/Meier-Hayoz/Nobel,* Aktienrecht, § 50 N 218.

bb) Prüfung der Bilanz durch die Revisionsstelle

50 Das Aktienrecht schreibt vor, dass die Bilanz, welche über die Überschuldung Aufschluss gibt, von der Revisionsstelle geprüft werden muss. Gemäss der Botschaft ist die Zwischenbilanz bei der GmbH nur dann der Revisionsstelle vorzulegen, wenn die Gesellschaft eine solche bezeichnen muss oder freiwillig eine solche bezeichnet hat[79]. Da die GmbH nach neuem Recht jedoch grundsätzlich der Revisionspflicht unterliegt und nur ausnahmsweise auf die Durchführung einer Revision verzichten kann, ist u. E. davon auszugehen, dass auch bei der GmbH die Bilanz von der Revisionsstelle geprüft werden muss.

cc) Die Fusion zur Beseitigung der Überschuldung

51 Gemäss Art. 6 FusG kann eine Gesellschaft, deren Stammkapital und deren gesetzliche Reserven zur Hälfte nicht mehr gedeckt sind oder die überschuldet ist, mit einer anderen Gesellschaft fusionieren, wenn diese über frei verwendbares Eigenkapital im Umfang der Unterdeckung und gegebenenfalls der Überschuldung verfügt. Die übernehmende Gesellschaft muss über genügend frei verfügbares Eigenkapital verfügen, um die Verluste zu kompensieren, was gegenüber dem Handelsregisteramt von einem Revisionsexperten festzustellen und zu bestätigen ist[80].

c) Sonderbestimmungen für die GmbH beim Vorliegen einer Nachschusspflicht

52 Das GmbH-Recht erlaubt – anders als das Aktienrecht – statutarische Nachschusspflichten[81]. Gemäss Art. 820 Abs. 2 OR kann das Gericht den Konkurs auf Antrag der Geschäftsführer oder auf Antrag eines Gläubigers aufschieben, namentlich wenn ausstehende Nachschüsse unverzüglich einbezahlt werden und Aussicht auf Sanierung besteht. Was die *Sanierungsfähigkeit* der Gesellschaft anbelangt, ist von der Lehre und Rechtsprechung zum Aktienrecht auszugehen. Die Aussicht auf Sanierung ist vom Gesuchsteller anhand eines Sanierungsplans nachzuweisen. Der Richter stützt auf den Bericht der Revisionsstelle ab und prüft den Sanierungsplan summarisch. Der Richter berücksichtigt dabei sämtliche involvierten Interessen am Weiterbestand bzw. der Liquidation, das heisst die Interessen der Gesuchsteller, der Gläubiger, der Gesellschaft, aber auch die Interessen der Allgemeinheit[82]. Durch den Begriff *namentlich* weist der Gesetzgeber darauf hin, dass der Richter den Konkurs auch aus anderen Gründen aufschieben kann.

79 Botschaft, S. 3219.

80 Vgl. hierzu eingehend *Behnisch/Locher,* S. 290 ff.

81 Art. 795 OR; vgl. zum Ganzen auch § 17 N 3 ff.

82 ZR 1995, S. 151 ff; ZR 1995, S. 184 ff.

IV. Schutz des GmbH-Gesamtvermögens; Verbot seiner ungerechtfertigten Verminderung

1. Statutarische Schranken

Die GmbH ist eine juristische Person mit eigenen Interessen, die mit den Interessen der Mitglieder nicht identisch sein müssen; sie verfolgt eigene Interessen, die Folge ihres Gesellschaftszweckes sind. 53

Die GmbH steht als Rechtsform auch für ideelle und gemeinnützige Zwecke zur Verfügung[83]. Fehlt dieser altruistische Gesellschaftszweck, ist die GmbH gewinnstrebig und die Geschäftsführer müssen in allen ihren Entscheiden die Gewinnstrebigkeit der GmbH beachten, wollen sie nicht verantwortlich werden[84]. Beschlüsse der Gesellschafterversammlung, welche gegen das Recht auf Gewinnstrebigkeit verstossen, sind ausserdem anfechtbar[85]. Ein nachträglicher Verzicht auf das wohlerworbene Recht der Gewinnstrebigkeit ist nur einstimmig möglich[86]. Die Pflicht zur Gewinnstrebigkeit schützt das GmbH-Vermögen, denn sie verbietet alle einseitigen Geschäfte zu seinen Lasten; die gewinnstrebige GmbH darf insbesondere keine Leistungen ohne Gegenleistung erbringen, nicht einmal solche zu Selbstkosten, es sei denn, sie erfolgten im Hinblick auf einen späteren Gewinn[87]. 54

2. Gesetzliche Schranken

Auch die nicht gewinnstrebige GmbH darf ihr Gesellschaftsvermögen nicht frei vermindern. Vielmehr gelten auch hier Schranken. Für die Rückerstattung von Leistungen der Gesellschaft an Gesellschafter, Geschäftsführer sowie diesen nahestehende Personen sind die Vorschriften des Aktienrechts entsprechend anwendbar[88]. Soweit das Stammkapital und gebundene Reserven nicht angeschnitten werden, liegt die Grenze der einseitigen Verminderung in den Bestimmungen über die Gewinnausschüttung[89]. Eine Gewinnbeteiligung darf nur aus dem Bilanzgewinn und aus zu diesem Zweck gebildeten Reserven ausgerichtet werden[90]. 55

[83] Art. 772 Abs. 1 OR.

[84] *Amstutz,* OR, Art. 804 N 6; zu weiteren Rechtsbehelfen: *von Steiger,* ZK, N 6 zu Art. 804 OR; vgl. nachfolgend § 25 N 19 ff.

[85] *Amstutz,* OR, Art. 804 N 5 und N 9.

[86] *Amstutz,* OR, Art. 804 N 5; *Wohlmann,* GmbH, S. 75; *von Steiger,* ZK, N 24 zu Art. 784 OR.

[87] Z. B. Projektierungsarbeiten im Rahmen einer Offertstellung.

[88] Art. 800 OR i.V.m. Art. 678 f. OR.

[89] Art. 798 ff. OR.

[90] Vgl. nachfolgend § 16 N 11 ff.

56 Jede Verminderung des Gesellschaftsvermögens, die auch zu einer Verminderung des Stammkapitals führt, muss nach den Vorschriften über die Herabsetzung des Stammkapitals erfolgen.

57 Keinesfalls dürfen einseitige Vermögensverschiebungen eine Unterbilanz gemäss Art. 820 OR erzeugen. Das gilt auch dann, wenn der GmbH keine Vermögenswerte entzogen werden, aber stattdessen Eventualverbindlichkeiten gegenüber Dritten eingegangen werden (zum Beispiel Garantieverpflichtungen).

3. Anwendungsfall: Die Verpfändung von Aktiven der Tochtergesellschaft für Schulden der Muttergesellschaft

58 Verpfändet die Tochtergesellschaft ihre Aktiven einem Dritten, um das der Muttergesellschaft gewährte Darlehen sicherzustellen, stellt sich die Frage, ob dies eine Verletzung der guten Sitten im Sinne von Art. 20 OR darstellt. Gemäss Art. 27 Abs. 2 ZGB kann sich niemand seiner Freiheit entäussern oder sich in einem das Recht oder die Sittlichkeit verletzenden Grad beschränken. Geht die Tochtergesellschaft einen Vertrag ein, der die Grundlagen ihrer wirtschaftlichen Existenz gefährdet, ist der Vertrag unter Umständen als unsittlich und damit ungültig zu betrachten. Bereits erbrachte Leistungen wären in diesem Fall von den Parteien nach den Regeln über die ungerechtfertigte Bereicherung zurückzuerstatten[91].

59 Wie bereits erwähnt, kann der Vertrag sodann einen Verstoss gegen den statutarischen Zweck der Gesellschaft darstellen. Ist die Verpfändung mit dem Gesellschaftszweck nicht vereinbar, handeln die Organe ohne Vertretungsmacht und Vertretungsbefugnis, weshalb das Geschäft ungültig ist[92].

60 Gemäss Art. 793 Abs. 2 OR dürfen die Einlagen nicht zurückerstattet werden. Es gilt das Verbot der Einlagerückgewähr. Vom Kapitalrückzahlungsverbot werden auch Leistungen an Dritte erfasst, die wirtschaftlich einer Kapitalrückzahlung gleichkommen. Wird eine Schuld der Muttergesellschaft von der Tochtergesellschaft beglichen, liegt allenfalls eine Kapitalrückerstattung vor[93].

61 Abschliessend ist sodann darauf hinzuweisen, dass die Gewährung von Sicherheiten je nach Bilanz und Vermögenslage der Tochtergesellschaft ein Klumpenrisiko darstellen und eine Verantwortlichkeit der Geschäftsführung begründen kann. Eine vertretbare Risikoverteilung gehört zu einer sorgfälltigen Vermögensanlage, was das Eingehen eines Klumpenrisikos verbietet[94].

91 *Tschäni,* LBO, S. 12 ff.

92 *Tschäni,* M&A-Transaktionen, S. 202.

93 *Tschäni,* M&A-Transaktionen, S. 203.

94 BGE 113 II 52.

§ 9 Änderung des Stammkapitals (Kapitalerhöhung und Kapitalherabsetzung)

I. Worum geht es?

Die GmbH kann sich durch die Erhöhung des Stammkapitals neue eigene Mittel verschaffen. Durch die Herabsetzung des Stammkapitals können nicht mehr benötigte Mittel an die Gesellschafter zurückbezahlt werden. 1

Während die Bestimmungen über die Kapitalerhöhung vor allem dem Schutz der Gesellschafter dienen, sollen die Vorschriften über die Kapitalherabsetzung primär die Gläubiger schützen. 2

II. Erhöhung des Stammkapitals

1. Grundlagen

Die Erhöhung des Stammkapitals dient zwei Zwecken. Sie stärkt die Kreditwürdigkeit, weil die Summe, die durch die Vorschriften über das Stammkapital geschützt wird, erhöht wird[95]. Dieser Zweck des Stammkapitals wird unabhängig davon erreicht, ob mit der Erhöhung des Stammkapitals neue Mittel in die Gesellschaft fliessen, also auch, wenn die Kapitalerhöhung aus eigenen Mitteln finanziert wird[96]. Fast noch wichtiger ist die zweite Funktion, welche allerdings nur bei einer Aussenfinanzierung der Kapitalerhöhung zum Tragen kommt: Die Kapitalerhöhung lässt neue Mittel in die Gesellschaft fliessen, ohne dass sich die Gesellschaftsschulden erhöhen. 3

Bei der Kapitalerhöhung wird das Stammkapital in den Statuten erhöht und werden Anzahl und Nennwert der Stammanteile angepasst. Die Kapitalerhöhung bedingt, wie die Gründung, Zeichnung und Liberierung der neuen Stammanteile. 4

95 Wobei diese Funktion nicht überschätzt werden sollte, drängen doch die Kreditgeber (Banken) namentlich in kleineren Verhältnissen regelmässig ohnehin auf eine persönliche Sicherheit der Gesellschafter.

96 Durch eine Umbuchung freier Mittel ins Stammkapital. Vgl. Art. 781 Abs. 5 Ziff. 3 OR i.V.m. Art. 652d OR.

5 Das Recht der GmbH kennt lediglich die ordentliche Kapitalerhöhung. Die genehmigte und die bedingte Kapitalerhöhung ist im Recht der GmbH – aufgrund der fehlenden Kapitalmarktfähigkeit – nicht vorgesehen[97].

2. Anwendbarkeit der aktienrechtlichen Vorschriften

6 Gemäss Art. 781 Abs. 5 OR sind für die Form und den Inhalt des Kapitalerhöhungsbeschlusses[98], für das Bezugsrecht der Gesellschafter[99], für die Erhöhung des Stammkapitals aus Eigenkapital[100], für den Kapitalerhöhungsbericht und die Prüfungsbestätigung[101], für die Statutenänderung und die Feststellung der Geschäftsführer[102], für die Eintragung im Handelsregister und die Nichtigkeit vorher ausgegebener Urkunden[103] die Vorschriften des Aktienrechts über die ordentliche Kapitalerhöhung entsprechend anwendbar.

7 Die Gesellschafterversammlung kann die Erhöhung des Stammkapitals beschliessen[104]. Die erforderliche Mehrheit beträgt mindestens zwei Drittel der vertretenen Stimmen und die absolute Mehrheit des gesamten stimmberechtigten Stammkapitals[105]. Nach altem Recht war für die Kapitalerhöhung die Zustimmung sämtlicher Gesellschafter erforderlich, da die Kapitalerhöhung zu einer Erhöhung der subsidiären Solidarhaftung der Gesellschafter führte. Mit dem Wegfall der subsidiären Solidarhaftung konnte die Beschlussfassung über die Kapitalerhöhung erleichtert werden.

8 Die Kapitalerhöhung erfolgt in einem zweistufigen Verfahren[106]: Die Gesellschafterversammlung beschliesst über die Erhöhung, den Betrag und allfällige Besonderheiten[107]; die Geschäftsführer sind für die Durchführung zuständig[108].

97 Botschaft, S. 3181.

98 Art. 781 Abs. 5 Ziff. 1 OR.

99 Art. 781 Abs. 5 Ziff. 2 OR.

100 Art. 781 Abs. 5 Ziff. 3 OR.

101 Art. 781 Abs. 5 Ziff. 4 OR.

102 Art. 781 Abs. 5 Ziff. 5 OR.

103 Art. 781 Abs. 5 Ziff. 6 OR.

104 Art. 781 Abs. 1 OR.

105 Art. 808b Abs. 1 Ziff. 5 OR. Beachte: Sind an der Gesellschafterversammlung nicht mindestens 50 % des Stammkapitals vertreten, kann kein gültiger Beschluss zustande kommen.

106 Botschaft, S. 3181.

107 Art. 781 Abs. 5 OR i.V.m. Art. 650 OR.

108 Art. 781 Abs. 2 OR.

Zeichnung und Leistung der Einlagen richten sich nach den Vorschriften über die Gründung, namentlich Art. 777a und Art. 777c OR[109]. Für den Zeichnungsschein gelten die Vorschriften des Aktienrechts[110]. 9

Ein öffentliches Angebot zur Zeichnung von Stammanteilen ist nicht zulässig[111]. Die Stammanteile sind nicht kapitalmarktfähig, was dem geschlossenen und personenbezogenen Charakter der GmbH entspricht. Zulässig ist hingegen die gezielte Suche nach einzelnen neuen Gesellschaftern in Fachblättern und Zeitungen[112]. 10

3. Kapitalerhöhungsbeschluss

Der Kapitalerhöhungsbeschluss liegt in der Kompetenz der Gesellschafterversammlung; er ist öffentlich zu beurkunden und führt zu einer Statutenänderung[113]. 11

Der Beschluss muss mindestens folgenden Inhalt aufweisen: 12

- Betrag der Kapitalerhöhung;
- Anzahl und Nennwert der Stammanteile; Vorrechte;
- Art der Zeichnung; Erhöhung aus eigenen Mitteln, mittels Liberierung durch die Gesellschafter oder Dritte;
- Namen der Personen, welche die neuen Stammanteile zeichnen;
- Art und Betrag der Liberierung; Bar-, Sacheinlage oder Sachübernahme (inkl. Spezifizierung); Pari- oder Über-pari-Emission;
- Einschränkung oder Aufhebung des Bezugsrechts;
- Einschränkung der Übertragbarkeit;
- Erklärung, dass sämtliche neuen Stammanteile übernommen worden sind;
- gegebenenfalls: dass der Betrag auf jeden Stammanteil zur Verfügung der Gesellschaft einbezahlt oder durch Sacheinlagen gedeckt ist oder dass die Einlage- und Übernahmeverträge vorgelegt wurden.

[109] Art. 781 Abs. 3 OR.

[110] Art. 781 Abs. 3 OR i.V.m. Art. 652 OR.

[111] Art. 781 Abs. 3 OR.

[112] Botschaft, S. 3181.

[113] Art. 781 Abs. 5 Ziff. 1 OR i.V.m. Art. 650 Abs. 2 OR.

4. Insbesondere Sacheinlagen, Sachübernahmen und Liberierung durch Verrechnung

13 Die Sacheinlage ist die Einlage nicht in Geld, sondern in Sachen oder anderen Vermögenswerten. Wie bei der Gründung kann auch bei der Kapitalerhöhung das Stammkapital durch Sacheinlagen liberiert werden. Auf eine Barliberierung wird zugunsten von Sachübernahmen verzichtet, weshalb der Kapitalerhöhungsbeschluss über den Gegenstand der Sacheinlage, den Betrag der Bewertung und den hierfür ausgegebenen Stammanteil Auskunft geben muss. Bei der Kapitalerhöhung gelten die gleichen Vorschriften wie bei der Gründung, und damit stellt sich auch bei der Kapitalerhöhung die Frage, ob die Vorschriften des Art. 90 lit. b HRegV i.V.m. Art. 78 Abs. 2 HRegV anzuwenden sind, derzufolge ein Prüfungsbericht erstattet werden muss. Art. 781 Abs. 5 Ziff. 4 OR verweist auf Art. 652e und Art. 652f OR. Die Prüfungsbestätigung ist nicht erforderlich, wenn in bar liberiert wird und weder eine Sachübernahme noch eine Einschränkung des Bezugsrechts vorgesehen sind. Ist eine Prüfungsbestätigung erforderlich, gilt dies auch dann, wenn die Gesellschaft auf die Revision verzichten kann.

14 Bei der Kapitalerhöhung durch Verrechnung zur Erfüllung der Liberierungspflicht verlangt das Gesetz einen Bericht der Geschäftsführung über den Bestand und die Verrechenbarkeit der Schuld und eine Prüfungsbestätigung der Revision[114]. Dies gilt bei der GmbH auch dann, wenn die Gesellschaft auf die Durchführung der Revision verzichten kann.

5. Die Einschränkung des Bezugsrechts

15 Die Kapitalerhöhung kann die Position des Gesellschafters innerhalb der Gesellschaft in dreifacher Hinsicht tangieren: Der Kapitalanteil kann sich verringern; der Gewinnanteil kann sich verringern; die Stimmkraft innerhalb der Gesellschaft kann abnehmen[115].

16 Die Position des Gesellschafters wird im Rahmen der Kapitalerhöhung durch das Bezugsrecht geschützt. Der Gesellschafter hat das Recht, im Rahmen der Kapitalveränderung seine relative Beteiligung an der Gesellschaft beizubehalten. Dementsprechend werden Beschränkungen des Bezugsrechts nur unter zwei formellen Bedingungen zugelassen: Zum einen ist für den Beschluss bezüglich die Beschränkung des Bezugsrechts ein qualifiziertes Mehr erforderlich[116]; zum anderen muss der Beschluss betreffend die Beschränkung des Bezugsrechts gemeinsam mit dem

[114] Botschaft, S. 3178; Art. 78 Abs. 2 HRegV.

[115] Zum Aktienrecht vgl. *Böckli,* Aktienrecht, § 2 N 273 ff.

[116] Art. 781 Abs. 5 OR i.V.m. Art. 704 Abs. 1 Ziff. 6 OR.

Beschluss der Gesellschafterversammlung über die Erhöhung des Stammkapitals erfolgen[117].

Das Gesetz sieht vor, dass das Bezugsrecht nur aus wichtigen Gründen entzogen werden darf. Derselbe Artikel sieht sodann vor, dass niemand in unsachlicher Weise begünstigt oder benachteiligt werden darf[118]. 17

Die im konkreten Fall massgeblichen wichtigen Gründe sind mit der Einberufung der Gesellschafterversammlung und erst recht an der Gesellschafterversammlung von der Geschäftsführung zu erläutern[119]. 18

Das Verbot der unsachlichen Benachteiligung dient der Gleichbehandlung der Gesellschafter. Die Einschränkung des Bezugsrechts darf nicht dazu dienen, einer bestimmten Gruppe von Gesellschaftern Nachteile aufzuerlegen bzw. einer anderen Gruppe von Gesellschaftern Vorteile zukommen zu lassen, die aufzuerlegen mit dem Zweck der Kapitalerhöhung an sich nichts zu tun haben[120]. 19

Zumal im Recht der GmbH – im Unterschied zum Recht der AG – keine genehmigte Kapitalerhöhung vorgesehen ist, stellt sich die Frage der Zulässigkeit der Delegation im Zusammenhang mit der Einschränkung des Bezugsrechts bei der GmbH nicht. 20

6. Die Beschlüsse der Gesellschafterversammlung und der Geschäftsführung

Der Erhöhungsbeschluss bei der Kapitalerhöhung obliegt der Gesellschafterversammlung und ist öffentlich zu beurkunden[121]. Die Gesellschafterversammlung kann die Festsetzung des Ausgabebetrages selber beschliessen oder diesen Beschluss der Geschäftsführung überlassen. Legt die Gesellschafterversammlung nicht sämtliche Parameter der Kapitalerhöhung fest, braucht es einen zusätzlichen Beschluss der Geschäftsführung. Im Anschluss an den Beschluss der Gesellschafterversammlung ist es Sache der Geschäftsführung, in der Zeitspanne von höchstens drei Monaten die Zeichnung und die entsprechende Kapitaleinlage einzuholen und sowohl über die Feststellung der Zeichnung und Liberierung[122] als auch über die Anpassung der Statuten an die neue Kapitalzahl Beschluss zu fassen und damit die Kapitalerhöhung zu vollenden. 21

117 Art. 781 Abs. 5 OR i.V.m. Art. 652b Abs. 2 OR.

118 Art. 781 Abs. 5 OR i.V.m. Art. 652b Abs. 2 OR.

119 BGE 121 III 229 ff.

120 BGE 91 II 309.

121 Art. 80 HRegV.

122 Art. 781 Abs. 5 OR i.V.m. Art. 652g Abs. 1 Ziff. 1–3 OR.

22 Für die Kapitalerhöhung gilt das Vollzeichnungsprinzip. Wird das neue Kapital nicht voll gezeichnet, liberiert und ins Handelsregister eingetragen, ist die Kapitalerhöhung nach Ablauf der nicht verlängerbaren Dreimonatsfrist[123] insgesamt gescheitert. Eine nachträgliche Reduktion der beschlossenen Kapitalerhöhung ist nicht möglich. Möglich ist hingegen, anstelle eines Festbetrages im Kapitalerhöhungsbeschluss einen Maximalbetrag einzusetzen. Der Erhöhungsbeschluss muss folgende Parameter definieren: den Nennbetrag der Erhöhung; Anzahl und Nennwert; den Ausgabebetrag; das Datum des Beginns der Dividendenberechtigung; die Art der Kapitaleinlage; Gegenstand, Gegenleistung und Gegenpartei bei allfälligen Sachübernahmen; allfällige besondere Vorteile; allfällige Angaben zur Vinkulierung; allfällige Bemerkungen zum Bezugsrecht[124].

7. Beschlussquoren

23 Die erforderliche Mehrheit, um eine Erhöhung des Stammkapitals zu beschliessen, beträgt mindestens zwei Drittel der vertretenen Stimmen und die absolute Mehrheit des gesamten stimmberechtigten Stammkapitals[125]. Diese Regel ist einseitig zwingend. Die Statuten können die Anforderungen an die Beschlussfassung erhöhen, nicht aber herabsetzen[126].

24 Die erforderliche Kapitalmehrheit im Rahmen des zweiten Quorums wird nicht auf den an der Gesellschafterversammlung vertretenen Nennwert bezogen. Die erforderliche Kapitalmehrheit bezieht sich auf das gesamte stimmberechtigte Stammkapital. Die Beschlussfassung in Abwesenheit einzelner Gesellschafter wird dadurch erschwert.

8. Die Verpflichtung zur Kapitaleinlage

25 Das Gesetz verweist im Zusammenhang mit dem Nachweis der Erfüllung der Einlagepflicht auf die Gründungsvorschriften[127]. Bei der Barkapitalerhöhung ist die Einlage inklusive Agio auf ein Sperrkonto zu überweisen. Bei der qualifizierten Kapitalerhöhung, sprich der Erhöhung mittels Sacheinlage oder Sachübernahme, sind der Gegenstand der Sacheinlage und dessen Bewertung sowie die in den Stammanteilen der Gesellschaft bestehende Gegenleistung anzugeben. Der Name des Sacheinlegers muss in Analogie zu Art. 641 Ziff. 6 OR nicht angegeben werden.

[123] Art. 781 Abs. 5 OR i.V.m. Art. 650 Abs. 3 OR.

[124] Art. 781 Abs. 5 OR i.V.m. Art. 650 Abs. 2 OR.

[125] Art. 808b Abs. 1 Ziff. 5 OR.

[126] Art. 808b Abs. 2 OR.

[127] Art. 781 Abs. 5 OR i.V.m. Art. 652c OR i.V.m. Art. 633 f. OR.

Bei der Kapitalerhöhung durch Verrechnung sind weitere Sondervorschriften zu beachten: Die Geschäftsführung ist verpflichtet, im Kapitalerhöhungsbericht den Bestand und die Verrechenbarkeit zu bestätigen. Bringt der Gläubiger zwecks Liberierung eine Forderung gegen die Gesellschaft zur Verrechnung, für die er eine qualifizierte Rangrücktrittserklärung abgegeben hat, bedeutet dies unter Umständen eine Verrechnung mit einer Forderung, welche weder fällig noch erfüllbar ist[128]. Dasselbe gilt, wenn – wie im Falle des Darlehens eines Gesellschafters, das der Gesellschaft in einem Zeitpunkt gewährt wird, in dem der Gesellschaft Eigenkapital zugeführt werden müsste – von einem konkludenten Rangrücktritt auszugehen ist. Die Voraussetzungen der Verrechenbarkeit sind nicht gegeben. 26

Sodann wäre zu prüfen, ob die Forderung werthaltig ist und der Gesellschaft frei verwendbare Mittel zufliessen. Der Bestand der Forderung scheint zweifelhaft, wenn die Gesellschaft als Schuldnerin finanziell derart angeschlagen ist, dass mit einer zeitgerechten Befriedigung des Gläubigers nicht mehr gerechnet werden kann. 27

Bei der Kapitalerhöhung gegen Verzicht auf eine unterwertige Forderung fliesst der Gesellschaft kein frei verwendbares Eigenkapital zu. Die Liberierung bzw. die Deckung des neu zu schaffenden Kapitals ist nicht gewährleistet. Die Vermögenslage der Gesellschaft verbessert sich zwar insofern, als sich die Schulden der Gesellschaft vermindern, was allerdings in der Bilanz mit einer Unterdeckung des Fremdkapitals nicht dem Eigenkapitalkonto, sondern der Deckung des Fremdkapitals, das heisst den übrigen Gläubigern, zugutekommt. Insoweit das Fremdkapital nicht gedeckt ist, bewirkt der Verzicht damit keine Vergrösserung des Eigenkapitals. Da der Stammanteil im Falle einer Kapitalerhöhung gegen Verzicht auf eine unterwertige Forderung nicht gültig, das heisst durch frei verwendbares Eigenkapital, liberiert wird, ist die Emission verboten[129]. 28

Werden nicht voll liberierte Stammanteile ausgegeben und wird die Kapitalerhöhung im Handelregister eingetragen, besteht die Gefahr, dass Dritte durch die Ausgabe neuer Stammanteile getäuscht und geschädigt werden. Der Geschäftsführer, der eine in diesem Sinne widerrechtliche Emission veranlasst hat, bzw. die Revisionsstelle, welche die Emission bestätigt hat, kann verantwortlich werden[130]. 29

[128] Vgl. zum Rangrücktritt § 8 N 47 ff.

[129] Zum Aktienrecht vgl. *Böckli,* Aktienrecht, § 2 N 136 ff. Vgl. a.M. *Druey,* Liberierung durch Verrechnung, S. 267 ff. m.w.H.

[130] Zum Aktienrecht vgl. *Böckli,* Aktienrecht, § 2 N 146.

9. Anmeldung der Kapitalerhöhung beim Handelsregister

30 Die Erhöhung des Stammkapitals muss innerhalb von drei Monaten nach dem Beschluss beim Handelregister angemeldet werden[131]. Massgebend für die Wahrung der Frist ist der Eingang der Anmeldung beim Handelsregister. Im Übrigen finden die Bestimmungen des Aktienrechts entsprechend Anwendung[132].

31 Bei der Kapitalerhöhung sind dem Handelsregister folgende Unterlagen einzureichen:

- Anmeldung;
- die öffentliche Urkunde über den Beschluss der Gesellschafterversammlung;
- die öffentliche Urkunde über die Feststellung der Geschäftsführer und die Statutenänderung;
- die geänderten Statuten;
- die Stampa-Erklärung;
- der Kapitalerhöhungsbericht;
- die Jahresrechnung;
- die Prüfungsbestätigung des Revisors;
- die Sacheinlage- bzw. Sachübernahmeverträge;
- die Bankeinlagebescheinigung.

32 Anmeldungen, die nach Ablauf von drei Monaten vom Tag des Beschlusses der Gesellschafterversammlung an gerechnet eingereicht werden, werden abgewiesen[133].

III. Herabsetzung des Stammkapitals

1. Grundlagen

33 Die Kapitalherabsetzung bewirkt eine Veränderung der Kennziffer des Stammkapitals. Die Kapitalherabsetzung kann mit einem Mittelabfluss (*konstitutive Kapi-*

[131] Art. 781 Abs. 4 OR.

[132] Art. 781 Abs. 5 Ziff. 6 OR i.V.m. Art. 931a OR.

[133] Art. 80 Abs. 2 HRegV.

talherabsetzung), keinem Mittelabfluss (*deklarative Kapitalherabsetzung*) oder mit einem Mittelzufluss (*Kapitalschnitt*) verbunden sein[134].

Die Kapitalherabsetzung mit Mittelabfluss bezweckt, den Gesellschaftern Eigenkapital zurückzuerstatten, welches die Gesellschaft nicht mehr benötigt. In der Höhe des zurückbezahlten Betrages realisiert der Gesellschafter einen Kapitalgewinn. In der Höhe des in der Gesellschaft verbleibenden Betrages bewirkt die Kapitalherabsetzung im Hinblick auf die zukünftigen Dividendenzahlungen eine *Gewinnverdichtung*. Im Rahmen der Kapitalherabsetzung mit Mittelabfluss[135] vermindern sich die Aktiven der Gesellschaft und die Bilanzsumme wird kleiner. 34

Die Kapitalherabsetzung ohne Mittelabfluss wird zur Bereinigung eines Bilanzverlustes vorgenommen. Der vorgetragene Verlust der Gesellschaft wird realisiert und das Kapital der Gesellschaft herabgesetzt. Die Vermögenswerte der Gesellschaft ändern sich nicht; hingegen verschwindet der Verlust[136]. 35

Sodann kann die Kapitalherabsetzung ohne Mittelabfluss mit einer gleichzeitigen Erhöhung des Kapitals verbunden werden. Die Bilanz wird bereinigt, die vorgetragenen Verluste verschwinden und der Gesellschaft fliessen neue Mittel zu. Das Stammkapital wird im Rahmen der Erhöhung des Kapitals quasi ein zweites Mal einbezahlt[137]. 36

2. Kapitalherabsetzung mit Mittelabfluss

a) Grundlagen

Die Kapitalherabsetzung führt immer zu einer Reduktion des qualifiziert geschützten Haftungssubstrats. Ist mit der Kapitalherabsetzung auch eine Rückgabe von Gesellschaftsvermögen an die Gesellschafter verbunden, vermindert sich auch das Gesellschaftsvermögen insgesamt; nur wenn die GmbH mit ihrer Kapitalherabsetzung veränderte Realitäten nachvollzieht und die Kapitalherabsetzung zur Beseitigung einer Unterbilanz erfolgt, bleibt das Nettovermögen unverändert. In keinem Fall darf nach der Kapitalherabsetzung das Minimalkapital von CHF 20 000.– unterschritten sein[138]. 37

Das Gesetz verweist auf die Vorschriften des Aktienrechts[139], die entsprechend anwendbar sind. 38

[134] Zum Aktienrecht vgl. *Stoffel,* Aktienrecht, N 395 ff.

[135] Zum Aktienrecht vgl. *Stoffel,* Aktienrecht, N 397 f.; vgl. nachfolgend N 37 ff.

[136] Zum Aktienrecht vgl. *Stoffel,* Aktienrecht, N 400; vgl. nachfolgend N 44 ff.

[137] Zum Aktienrecht vgl. *Stoffel,* Aktienrecht, N 402; vgl. nachfolgend N 49 ff.

[138] Art. 782 Abs. 2 OR.

[139] Art. 782 Abs. 4 OR i.V.m. Art. 732 ff. OR.

b) Gesellschafterbeschluss

39 Die Kapitalherabsetzung mit Mittelabfluss verlangt einen Grundsatzbeschluss der Gesellschafterversammlung, der von der Geschäftsführung durchgeführt wird. Der Grundsatzbeschluss der Gesellschafterversammlung muss die Eckwerte der Herabsetzung, d. h. den Betrag und die Art und Weise der Herabsetzung, festlegen. Der Beschluss der Gesellschafterversammlung, der mit dem einfachen Mehr gefasst wird[140], muss angeben, in welcher Art und Weise die Kapitalherabsetzung durchgeführt wird[141].

40 Im Anschluss an den Grundsatzbeschluss der Gesellschafterversammlung ist ein dreimaliger Schuldenruf durchzuführen, worin den Gläubigern der Gesellschaft Gelegenheit gegeben wird, die Begleichung oder die Sicherstellung ihrer Forderung zu verlangen[142]. Abschliessend beschliesst die Gesellschafterversammlung die Änderung der Statuten und lässt mittels öffentlicher Urkunde feststellen, dass die Verfahrensvorschriften eingehalten worden sind. Die Beschlussfassung erfolgt mangels abweichender Regelung in den Statuten mit der absoluten Mehrheit der vertretenen Stimmen. Liegt der Feststellungsbeschluss vor, kann die Eintragung im Handelsregister erfolgen[143]. Für die Umsetzung der Kapitalherabsetzung ist die Geschäftsführung verantwortlich[144].

c) Besonderer Revisionsbericht

41 Der Kapitalherabsetzungsbeschluss darf nur gefasst werden, wenn in einem besonderen Revisionsbericht festgestellt wird, dass die Forderungen der Gläubiger trotz Herabsetzung des Stammkapitals voll gedeckt sind. Dieser Revisionsbericht ist nach den Vorschriften des Aktienrechts durch einen Revisionsexperten zu erstatten. Der Revisionsexperte muss sodann an der Gesellschafterversammlung anwesend sein[145].

42 Hat die GmbH eine Revisionsstelle, welche nicht als zugelassener Revisionsexperte qualifiziert, muss sie vor der Kapitalherabsetzung einen zugelassenen Revisionsexperten bestimmen, der diesen Bericht abfassen kann[146]. Diese Vorgehensweise erweist sich als äusserst unzweckmässig, aber unvermeidbar; ein neu bestimmter Revisor, der – anders als eine langjährige Revisionsstelle – die Gesell-

[140] Art. 782 Abs. 4 OR i.V.m. Art. 732 Abs. 1 OR i.V.m. Art. 703 OR.

[141] Art. 782 Abs. 4 OR i.V.m. Art. 732 Abs. 3 OR.

[142] Art. 782 Abs. 4 OR i.V.m. Art. 733 OR.

[143] Art. 782 Abs. 4 OR i.V.m. Art. 734 OR.

[144] Art. 782 Abs. 4 OR i.V.m. Art. 754 OR.

[145] Art. 782 Abs. 4 OR i.V.m. Art. 732 Abs. 2 i.V.m. Art. 727b OR.

[146] Art. 782 Abs. 4 OR i.V.m. Art. 732 Abs. 2 OR.

schaft nicht kennt, ist nicht ohne Weiteres in der Lage, innert vernünftiger Frist einen derartigen Bericht zu erstellen. Bei der Aktiengesellschaft, bei der sich dieses Problem auch ergeben kann[147], ist es weniger aktuell, weil die meisten Revisionsgesellschaften in ihren Reihen oder in ihrer Nähe Revisionsexperten haben, die im Einzelfall eingesetzt werden können.

d) Publikation, Sicherstellung der Gläubiger

43 Hat die Gesellschafterversammlung die Herabsetzung beschlossen, ist diese dreimal im Handelsamtsblatt und zudem in der allenfalls in den Statuten vorgesehenen Form[148] zu publizieren, und es ist den Gläubigern Gelegenheit zu geben, zu verlangen, dass ihre Forderungen getilgt oder sichergestellt werden. Der Aufruf ist mit dem Hinweis zu verbinden, dass die Gläubiger ihre Forderungen innert zwei Monaten nach der dritten Publikation geltend machen müssen; später verwirkt dieses Recht (selbstverständlich aber nicht die Forderung, deren Bestand nicht berührt wird). Nach Ablauf dieser Frist kann die Kapitalherabsetzung ins Handelsregister eingetragen werden. Der Anmeldung sind der Revisionsbericht und die öffentliche Urkunde beizulegen, in welcher die Gesellschaft erklärt, dass die Vorschriften über die Kapitalherabsetzung eingehalten worden sind.

3. Kapitalherabsetzung zur Beseitigung der Unterbilanz ohne Mittelfluss

44 Das Recht der GmbH regelt die Kapitalherabsetzung weitgehend durch Verweis auf die Regeln des Aktienrechts[149]. Zulässig ist dementsprechend auch die deklaratorische Kapitalherabsetzung, d. h. die Kapitalherabsetzung ohne Mittelfluss zur Beseitigung einer Unterbilanz.

45 Sind die Reserven der Gesellschaft aufgezehrt und erzielt die Gesellschaft Verlust, entsteht ein Bilanzverlust. Die Aktiven der Gesellschaft decken zwar noch das Fremdkapital, nicht mehr jedoch das gesamte Stammkapital. Dieser Bilanzverlust kann durch Gewinn oder die deklaratorische Kapitalherabsetzung beseitigt werden. Ziel der deklaratorischen Kapitalherabsetzung ist es, die Ausschüttungsfähigkeit sowie die Emissionsfähigkeit der Gesellschaft wiederherzustellen[150]: Dividenden dürfen nur aus dem Bilanzgewinn und aus hierfür gebildeten Reserven ausgerich-

[147] Der besonders befähigte, zugelassene Revisor bzw. der zugelassene Revisionsexperte ist nur bei der ordentlichen Revision für grössere Gesellschaften obligatorisch vorgesehen. Vgl. Art. 727b OR.

[148] *Küng,* OR, Art. 788 N 12.

[149] Art. 782 Abs. 4 OR.

[150] Zum Aktienrecht vgl. *Böckli,* Aktienrecht, § 2 N 393 ff.

tet werden[151]; wegen des Verbots von Unter-pari-Emissionen müssen Stammanteile mindestens zum Nennwert ausgegeben werden[152].

46 Bei der Kapitalherabsetzung ohne Mittelabfluss werden weder die Ansprüche der Gläubiger noch die Ansprüche der Gesellschafter gefährdet. Das Haftungssubstrat der Gesellschaft verkleinert sich nicht, weshalb auch das Verfahren einfacher ist: Der Schuldenruf ist nicht erforderlich; die damit verbundenen Fristen können ausser Acht gelassen werden. Revisionsbericht, Statutenänderung, Feststellungsbeschluss und Eintragung im Handelsregister bleiben allerdings notwendig[153]. Eine deklarative Kapitalherabsetzung ist sodann auch zulässig, wenn die Gesellschaft zwar überschuldet ist, im Umfang der Überschuldung aber Rangrücktrittserklärungen von Gläubigern vorliegen[154].

47 Der Revisionsbericht muss sich darüber aussprechen, ob tatsächlich eine Unterbilanz besteht, ob sie auf Verluste zurückzuführen ist und ob der Herabsetzungsbetrag nicht grösser ist als die Unterbilanz. Zusätzlich zum Revisionsbericht eine Bilanz vor und eine nach der Kapitalherabsetzung zu verlangen, ist nur dann angebracht, wenn Letztere eine Lücke zur letzten Bilanz schliessen und mit Bezug auf die Zulässigkeit der deklarativen Kapitalherabsetzung, namentlich die Deckung der Gläubiger, weitere Sicherheit bieten[155].

48 Eine Besonderheit ist allerdings zu beachten: Liegt eine durch Verlust entstandene Unterbilanz vor, darf das Stammkapital zu deren Beseitigung nur herabgesetzt werden, nachdem die in den Statuten vorgesehenen Nachschüsse geleistet wurden[156].

4. Kapitalherabsetzung ohne Reduktion des Stammkapitals (Sanierungskapitalherabsetzung)

49 Bei der Sanierungskapitalherabsetzung, dem sogenannten Kapitalschnitt durch Herabsetzung mit Wiedereinzahlung, wird das Stammkapital von der Gesellschafterversammlung herabgesetzt und gleichzeitig bis zur Höhe des bisherigen Stammkapitals durch neues Kapital ersetzt.

50 Wird das Stammkapital zum Zwecke der Sanierung auf null herabgesetzt und anschliessend wieder erhöht, gehen die bisherigen Mitgliedschaftsrechte unter. Die

[151] Art. 798 Abs. 1 OR.

[152] Art. 774 Abs. 2 OR.

[153] Art. 782 Abs. 4 OR i.V.m. Art. 734 f. OR.

[154] ZR 2005, S. 214 ff.

[155] ZR 2005, S. 214 ff.

[156] Art. 782 Abs. 3 OR.

Stammanteile müssen vernichtet werden, wobei den Gesellschaftern im Rahmen der Kapitalerhöhung ein unentziehbares Bezugsrecht zusteht[157].

Für die Kapitalherabsetzung mit Mittelzufluss bedarf es lediglich eines Beschlusses der Gesellschafterversammlung über die Kapitalherabsetzung und die Kapitalerhöhung sowie die Erklärung der vollständigen Liberierung. Eine Statutenänderung, ein besonderer Revisionsbericht oder ein Eintrag im Handelsregister ist grundsätzlich nicht erforderlich, da die Kennzahl des Stammkapitals sowie Art und Nennwert der Stammanteile nicht verändert werden[158]. 51

Werden im Rahmen der Kapitalherabsetzung mit gleichzeitigem Kapitalzufluss neue Titel ausgegeben und wird der Nennwert der bisherigen Titel reduziert, ist zwar nicht das Stammkapital, aber dessen Zusammensetzung anzupassen. 52

Von einer stillen Sanierung spricht man, wenn die Kapitalherabsetzung mit Mittelzufluss ausschliesslich von den bisherigen Gesellschaftern durchgeführt wird, d. h. sämtliche Gesellschafter eine erneute Einlage leisten. 53

Möglich ist sodann, dass der Kapitalzufluss durch frei verwendbares Eigenkapital nach Art. 652d OR oder durch eine Umwandlung der Aufwertungsreserven in Nennkapital finanziert wird. Selbst in diesen Fällen, wo der Gesellschaft keine neuen Mittel zufliessen, findet das verkürzte Verfahren des Kapitalschnitts Anwendung[159]. 54

5. Anmeldung der Kapitalherabsetzung an das Handelsregister

Bei der Kapitalherabsetzung sind dem Handelsregister folgende Unterlagen einzureichen[160]: 55

- Anmeldung;
- öffentliche Urkunde über den Kapitalherabsetzungsbeschluss (Grundsatz- und Durchführungsbeschluss);
- neu gefasstes Exemplar der Statuten;
- Revisionsbericht;
- Vollständigkeitsbericht der Geschäftsführer;

[157] Art. 782 Abs. 4 OR i.V.m. Art. 732a OR.

[158] Die Gläubigerschutzvorschriften sind auch im GmbH-Recht nicht anwendbar, wenn mit der Kapitalherabsetzung eine Kapitalerhöhung im gleichen Umfang verbunden ist. In diesem Fall werden die Interessen der Gläubiger nicht gefährdet, sondern gestärkt. Vgl. Art. 782 Abs. 4 OR i.V.m. Art. 732 Abs. 1 OR sowie auch BGE 121 III 426, E. b.

[159] Zum Aktienrecht vgl. *Böckli,* Aktienrecht, § 2 N 392.

[160] Art. 84 HRegV.

– öffentliche Urkunde über den Feststellungsbeschluss;
– Nachweis über den Schuldenruf;
– Bescheinigung der Revisionsstelle.

56 Der Handelsregisterführer darf die Eintragung nur verweigern, wenn zwingendes materielles Recht als offensichtlich und unzweideutig verletzt erscheint. Der Handelsregisterführer hat die Bilanz, welche eine Unterbilanz ausweist, zu akzeptieren. Anderes gilt dann, wenn der Handelsregisterführer aufgrund einer summarischen Prüfung feststellt, dass der Revisionsbericht offensichtlich unrichtig ist.[161].

§ 10 Die Finanzierung der GmbH

I. Grundlagen

1 Die Gesellschafter sind bei der Gestaltung der Finanzierungsverträge frei. Inhaltlich kann die Gestaltung der Finanzierung verschiedene Ziele verfolgen. Strukturell erfolgt die Finanzierung entweder über Eigenkapital- oder Fremdkapitalinvestitionen. Eigenkapitalinvestitionen erfolgen in der Form der Zeichnung oder des Erwerbs von Stammanteilen. Rechte und Pflichten des Eigenkapitalinvestors ergeben sich aus dem Gesetz, aus den Statuten der Gesellschaft und aus Schuldverträgen, die der Investor mit der Gesellschaft und den Gesellschaftern abschliesst. Fremdkapitalinvestitionen erfolgen in der Form von Darlehen. Rechte und Pflichten des Investors ergeben sich aus dem Gesetz[162] sowie aus den schuldrechtlichen Vereinbarungen mit der Gesellschaft und allenfalls mit den Gesellschaftern.

2 Bei der Strukturierung der Finanzierung ist zu beachten, dass bei der GmbH – im Unterschied zur Aktiengesellschaft – spezifische Pflichten der Gesellschafter in den Statuten festgehalten werden können. Als solche sind sie gesellschaftsrechtlich vollstreckbar und binden automatisch auch neu in die Gesellschaft eintretende Gesellschafter.

3 Bei der Gestaltung der Finanzierungsverträge sind insbesondere die Aspekte der Risikoverteilung, der Gewinnverteilung sowie der Möglichkeit der Beendigung der Investition zu beachten: Mit der Risikoverteilung wird bestimmt, wer bei Misserfolg welchen Anteil am Verlust trägt. Je tiefer die Rangordnung eines Geldgebers, desto grösser sein finanzielles Risiko. Die Gewinnverteilung wiederum bestimmt,

[161] ZR 2005, S. 214 ff. mit Verweis auf REPRAX 2/2002, S. 52.

[162] Art. 312 ff. OR.

wer in welchem Umfang am geldwerten Erfolg teilhat. Die Gewinnverteilung ist das wirtschaftliche Gegenstück zur Risikotragung. Die Risiko- und Gewinnverteilung lässt sich sodann durch die Freiheit und insbesondere durch das Recht, die Investition zu veräussern, beeinflussen[163].

II. Risikoverteilung

1. Eigenkapitalspezifische Gestaltung

a) Vorzugsstammanteile mit Liquidationsvorzug

4 Die tiefere Rangordnung des Eigenkapitals gegenüber dem Fremdkapital kann nicht geändert werden. Zulässig ist hingegen, dass die Gesellschaft neben normalen Stammanteilen Vorzugsstammanteile ausgibt und damit bestimmten Gesellschaftern Vorrechte auf den Liquidationsanteil gewährt[164]. Das Vorrecht kann in einer erhöhten Quote am Liquidationsergebnis, in einem Betrag zuzüglich einer bestimmten Quote oder auch in einem Betrag ohne weitere Quote bestehen[165].

b) Umwandlung von Vorzugs- in nicht privilegierte Stammanteile

5 Eine Umwandlung der Vorzugsstammanteile in nicht privilegierte Stammanteile bedarf der Zustimmung der absoluten Mehrheit der Inhaber der Vorzugsstammanteile in einer Sonderversammlung sowie der Zustimmung der absoluten Mehrheit aller Gesellschafter[166]. Diese Erschwerung der Abschaffung von Vorzugsstammanteilen kann bei Wachstumsfinanzierungen hinderlich sein. Es ist deshalb wichtig, bereits in den Statuten zu bestimmen, unter welchen Voraussetzungen Vorzugsstammanteile automatisch in nicht privilegierte Stammanteile umgewandelt werden[167].

[163] Zur Gestaltung von Finanzierungsverträgen bei der AG vgl. eingehend *von Salis,* Private Finanzierungen, S. 213 ff. sowie weiterführend *von Salis,* Finanzierungsverträge.

[164] Art. 799 OR.

[165] *Forstmoser/Meier-Hayoz/Nobel,* Aktienrecht, § 41 N 26 f.

[166] Art. 799 OR i.V.m. Art. 654 Abs. 3 OR.

[167] *von Salis,* Private Finanzierungen, S. 214 f.

c) Zusicherungen und Garantie

6 Das mit einer Investition verbundene Risiko kann reduziert werden, indem der Käufer der Beteiligung eine Due Diligence durchführen und sich vom Verkäufer Zusicherungen geben lässt.

7 Im Zusammenhang mit dem Kauf von Stammanteilen kann der Verkäufer Zusicherungen abgeben, die den Wert der Beteiligung bestimmen. Zusicherungen führen zu einer Sachgewährleistung. Der Verkäufer haftet dafür, dass der Kaufgegenstand keine körperlichen Mängel hat, die den Wert des Kaufgegenstandes oder seine Tauglichkeit zum vorausgesetzten Gebrauch aufheben oder erheblich mindern[168].

8 Über die Zusicherung hinaus kann sodann für den Fall, dass Zusicherungen verletzt werden, die Schadloshaltung vereinbart werden. Durch die Schadloshaltung soll der Investor so gestellt werden, wie wenn die Zusicherung zutreffen würde. Denkbar ist die Vereinbarung einer Geldsumme oder aber auch die Überlassung von weiteren Stammanteilen. Nicht empfehlenswert ist die Vereinbarung einer Schadloshaltung über die Gesellschaft. Zum einen ist dies wirtschaftlich nicht sinnvoll, weil sich im Umfang der Zahlung der Wert der Beteiligung des Investors verringert. Zum anderen sind Zahlungen der Gesellschaft nur bei freien Reserven möglich, andernfalls eine Einlagerückgewähr anzunehmen ist.

9 Will der Käufer nicht an die kaufrechtlichen Modalitäten für die Geltendmachung von Gewährleistungsansprüchen (Prüfung / Rüge / Verjährung) gebunden sein, lässt er sich vom Verkäufer eine Garantieerklärung abgeben. Die Garantie ist ein selbstständiges Leistungsversprechen, gemäss dem der Verkäufer eine bestimmte Leistung erbringen muss, wenn bestimmte Bedingungen eintreten. Beispielsweise kann eine Garantieerklärung für eine bestimmte zukünftige Entwicklung oder für ein bekanntes, finanziell aber schwer abschätzbares Problem abgegeben werden[169].

d) MAC-Klausel

10 Gemäss der *Material Adverse Change*-Klausel kann der Käufer vom Kauf einer Beteiligung zurücktreten, wenn zwischen dem Abschluss und dem Vollzug des Kaufvertrages ein Ereignis eintritt, welches das zu erwerbende Unternehmen erheblich nachteilig beeinflusst. MAC-Klauseln können als auflösende Bedingung im Sinne von Art. 154 OR oder als suspensive Bedingung im Sinne von Art. 151 OR abgefasst werden. Im ersten Fall verliert der Kaufvertrag seine Wirksamkeit *ex tunc*; im zweiten Fall befindet sich der Kaufvertrag in einem Schwebezustand, bis das Nichteintreten der Bedingung feststeht[170].

[168] Art. 197 OR.

[169] *Schenker,* S. 273 ff.

[170] Vgl. hierzu *Schleiffer,* S. 53 ff.

e) Preisanpassungsklauseln

Preisanpassungsklauseln können darauf abzielen, eine Preiskorrektur im Zeitpunkt des Vollzugs des Kaufvertrages – des Closings – herbeizuführen oder künftige Entwicklungen zu berücksichtigen. Inhaltlich können Preisanpassungsklauseln bezwecken, Vertragsverletzungen zu ahnden oder Wertveränderungen zu berücksichtigen. Nach wirtschaftlichen Bezugsgrössen können ertragsorientierte und bilanzorientierte Preisanpassungsklauseln unterschieden werden. In allen Fällen dienen Preisanpassungsklauseln dazu, den Preis an zukünftige Entwicklungen, namentlich Entwicklungen seit dem letzten Bilanzstichtag, anzupassen und erfolgsabhängige Kaufpreiskomponenten zu berücksichtigen[171]. 11

Bei sogenannten *Earn-out-Klauseln* zahlt der Käufer einer Beteiligung einen von einem – bestimmten, nach Vollzug des Kaufs eintretenden – Ereignis abhängigen Kaufpreis. Berücksichtigt wird beispielsweise die Umsatzentwicklung während einer bestimmten Periode. Entwickelt sich die Gesellschaft besser als erwartet, zahlt der Käufer mehr; entwickelt sich die Gesellschaft schlechter als erwartet, kann der Käufer einen Teil des Kaufpreises zurückfordern. Oftmals wird aber auch das variable Kaufpreiselement mit einem fixen Kaufpreiselement verbunden[172]. 12

2. Fremdkapitalspezifische Gestaltung

a) Darlehen mit Rangrücktritt

Fremdkapital fällt im Konkurs der Gesellschaft in die dritte Klasse[173]. Die konkursrechtliche Rangordnung ist zwingend. Zulässig ist hingegen die Rangrücktrittserklärung. Für den Insolvenzfall bedeutet dies, dass die Forderung des zurücktretenden Gläubigers erst bezahlt wird, wenn alle anderen Gläubiger voll befriedigt worden sind[174]. In der Regel wird mit einem Rangrücktritt aber nicht nur die Verteilordnung im Insolvenzfall geregelt. Stundet der Fremdkapitalgeber sodann alle seine Forderungen für den Fall der Überschuldung, erlangt das Fremdkapital eine eigenkapitalähnliche Wirkung[175]. 13

Gewährt ein Gesellschafter bei fortschreitendem Kapitalverlust oder bei bereits eingetretener Überschuldung der Gesellschaft ein Darlehen, stellt sich die Frage, wie dieses Darlehen im Konkurs der Gesellschaft zu behandeln ist. Ein Teil der 14

[171] *Watter/Gstoehl,* S. 33 ff.; *Schenker,* S. 277 ff.

[172] *Vischer,* S. 509 f.

[173] Art. 219 SchKG.

[174] Vgl. zum Rangrücktritt § 8 N 47 ff.

[175] Art. 820 Abs. 1 OR i.V.m. Art. 725 Abs. 2 OR. Zum Aktienrecht vgl. *Böckli,* Aktienrecht, § 13 N 791 ff.

Lehre vertritt die Meinung, dass Darlehen, die der Gesellschaft in einem Zeitpunkt gewährt werden, in welchem dem Unternehmen Eigenkapital zugeführt werden müsste, als *Quasi-Eigenkapital* oder als konkludenter Rangrücktritt zu behandeln sind[176]. Das neue Recht hat bewusst auf eine Normierung dieser sogenannten eigenkapitalersetzenden Darlehen verzichtet[177]. Trotz diesem Verzicht hat das Bezirksgericht Zürich eine Umqualifizierung bzw. eine Rückstufung des eigenkapitalersetzenden Darlehens u. E. zu Recht gutgeheissen[178].

15 Vom Rangrücktritt zu unterscheiden ist die blosse Nachrangigkeit. Im Rahmen einer Nachrangigkeitserklärung stellt der Gläubiger fest, dass er im Konkurs der Gesellschaft erst befriedigt werden will, wenn alle anderen, nichtnachrangigen Gläubiger voll befriedigt worden sind. Die Nachrangigkeitserklärung beinhaltet keine Stundung. Solange der Konkurs über die Gesellschaft nicht eröffnet ist, kann das Darlehen grundsätzlich jederzeit zurückgefordert werden[179].

b) Darlehen mit Sicherheiten

16 Werden für das neue Fremdkapital Sicherheiten gestellt, kann die Rangordnung des Fremdkapitals zugunsten des Investors beeinflusst werden. Die eingebrachten Werte dienen in diesem Fall primär der Risikodeckung des Investors[180]. Mit der sogenannten Negativklausel oder *negative pledge clause* verpflichtet sich die Gesellschaft, als Darlehensnehmerin bei späteren Darlehensaufnahmen den neuen Gläubigern keine oder nur bestimmte Sicherheiten zu gewähren.

17 Die Negativklausel wird oft mit einer Gleichrangigkeits- bzw. einer sogenannten *Pari-passu-Klausel* verbunden. Die Gleichrangigkeitsklausel besagt, dass die Rückzahlungsschuld der Gesellschaft als Darlehensnehmerin allen anderen bestehenden oder künftigen Darlehensschulden gleichgestellt ist[181].

c) Zweckbindung des Darlehens

18 Durch die Zweckbindung des Darlehens kann der Darlehensgeber, wenn nicht die Risikoverteilung, so doch das Risiko als solches beeinflussen. Die Gesellschaft verpflichtet sich, das Darlehen nur zu einem bestimmten Zweck, beispielsweise zum Bau einer Liegenschaft, zu verwenden[182]. Die Zweckbindung eines Darlehens

[176] *Forstmoser/Meier-Hayoz/Nobel,* Aktienrecht, § 40 N 344; *Böckli,* Aktienrecht, § 13 N 779 f.

[177] Botschaft, S. 3158.

[178] ZR 2005, S. 79.

[179] *Schärer/Maurenbrecher,* OR, Art. 312 N 17.

[180] *von Salis,* Private Finanzierungen, S. 216.

[181] *Schärer/Maurenbrecher,* OR, Art. 312 N 18 sowie Art. 318 N 18.

[182] *Schärer/Maurenbrecher,* OR, Art. 312 N 18a.

kann sodann über ein Vetorecht gegen entsprechende Beschlüsse der Gesellschafterversammlung bzw. die Pflicht zur Genehmigung bestimmter Entscheide der Geschäftsführer durch die Gesellschafterversammlung weiter abgesichert werden[183].

d) Partiarische Darlehen

19 Beim partiarischen Darlehen muss die Gesellschaft als Darlehensnehmerin dem Darlehensgeber einen Teil des Ertrags, den sie mit der vertraglich bestimmten Verwendung der Darlehenssumme erwirtschaftet, zurückerstatten. Erwirtschaftet die Gesellschaft keinen Ertrag, schuldet sie dem Darlehensgeber keine Vergütung. Denkbar ist auch, dass als Vergütung eine Kombination aus einem festen und einem variablen Vergütungsanteil vereinbart wird[184].

III. Gewinnverteilung

1. Eigenkapitalspezifische Gestaltung

a) Verwässerungsschutz

20 Spätere Finanzierungsrunden und damit die Gewinnbeteiligung weiterer Investoren führen zu einer Verwässerung der Investition. Dies ist unvermeidbar, wenn zum Erfolg weiteres Kapital gebraucht wird. Die Gesellschafter können diesen Verwässerungseffekt mildern, indem sie vereinbaren, dass der Investor in einer späteren Finanzierungsrunde weitere Stammanteile zu tieferen Bewertungen beziehen darf, wenn in dieser späteren Finanzierungsrunde tiefere Bewertungen angesetzt werden. Die bisherigen Gesellschafter verpflichten sich, dem Investor weitere Stammanteile zu überlassen, bis der durchschnittliche Preis, den der Investor für alle seine Stammanteile insgesamt entrichtet hat, der Bewertung der folgenden Finanzierungsrunde entspricht. Der Investor kann auch durch Zuteilung neuer Stammanteile oder durch Bezugsoptionen abgegolten werden[185].

21 Eine Verwässerungsschutzklausel könnte in ihren Grundzügen wie folgt lauten: Wenn bei einer Erhöhung des Stammkapitals der Ausgabepreis tiefer ist als CHF X pro Stammanteil, ist der Investor berechtigt, im Rahmen der Erhöhung des Stammkapitals privilegierte Stammanteile zu einem günstigeren Preis zu zeichnen, sodass er beteiligungsmässig mit den Gesellschaftern der späteren Finanzierungs-

[183] Vgl. hierzu § 13 N 79.

[184] *Schärer/Maurenbrecher,* OR, Art. 312 N 37.

[185] *Von Salis,* Private Finanzierungen, S. 216 f.

runde gleichgestellt und so gestellt ist, als ob er alle Stammanteile gleichzeitig mit den Gesellschaftern der späteren Finanzierungsrunde gekauft hätte.

b) Vorzugsstammanteile mit Dividendenvorzug

22 Der Vorzugsstammanteil kann auch Vorrechte bei der Dividende begründen. Die Vorzugsdividende besteht in der Regel in einem zum Voraus bestimmten Prozentsatz des Nominalwertes des Stammanteils. Sie wird ausbezahlt, bevor eine weitere Dividende auf die nicht privilegierten Stammanteile ausgerichtet wird. Die Gesellschafter können auch vereinbaren, dass eine Dividende an nicht privilegierte Stammanteile erst nach Ablauf einer bestimmten Zeit ausgeschüttet werden darf. Sodann kann das Vorzugsrecht auch als Mindestdividende ausgestaltet werden. Da die übrigen Gesellschafter keinen konkreten Anspruch auf Dividende haben, kann die Vorzugsdividende den Gewinn weitgehend den Inhabern von Vorzugsstammanteilen zuweisen[186].

c) Bezugsoptionen

23 Optionsrechte sind Gestaltungsrechte, die unmittelbar ein inhaltlich bereits fixiertes Vertragsverhältnis herbeiführen. Die Bezugsoption berechtigt, während einer bestimmten Frist zu bestimmten Konditionen von der Gesellschaft eigene Stammanteile oder von bestimmten Gesellschaftern Stammanteile zu erwerben. Bezugsoptionen können auf den Erwerb von Vorzugs- oder von Stammanteilen begeben werden. Die Einräumung einer Bezugsoption erhöht den Gewinnanteil der Berechtigten. Das Risiko hingegen entspricht lediglich dem Wert der Bezugsoption. Zumal die bedingte Kapitalerhöhung im Recht der GmbH nicht vorgesehen ist, ist der Anwendungsbereich von Bezugsoptionen bei der GmbH beschränkt.

2. Fremdkapitalspezifische Gestaltung

a) Variable Zinsgestaltungen / Rückzahlungsbetrag des Darlehens

24 Der Zins kann als konstanter oder variabler Prozentsatz des investierten Fremdkapitals, als Anteil am Gewinn oder in zeitlich gestaffelten Stufen festgesetzt werden. Wird am Ende der Laufzeit ein Kapitalbetrag zurückbezahlt, der das investierte Fremdkapital übersteigt, wird dieser Betrag als Gewinnzahlung behandelt[187].

[186] Vgl. *Böckli,* Aktienrecht, § 4 N 160 f.; *von Greyerz,* Schweizerisches Privatrecht, S. 77.

[187] *Von Salis,* Private Finanzierungen, S. 218.

b) Wandeldarlehen

25 Das Wandelrecht erlaubt dem Darlehensgeber, während einer bestimmten Frist zu bestimmten Konditionen Stammanteile der Gesellschaft zu erwerben. Mit der Ausübung des Wandelrechts geht die Darlehensforderung unter. Finanzierungstechnisch wird mit der Ausübung des Wandelrechts das Darlehen mittels Verrechnung in Eigenkapital umgewandelt[188]. Die Höhe der Beteiligungsquote wird durch die Umwandlungsrate bestimmt. Zumal die bedingte Kapitalerhöhung im Recht der GmbH nicht vorgesehen ist, beschränkt sich der Anwendungsbereich auf eigene Stammanteile der Gesellschaft.

IV. Beendigung der Investition

1. Eigenkapitalspezifische Gestaltung

a) Übertragbarkeit

26 Die Abtretung der Stammanteile bedarf der Zustimmung der Gesellschafterversammlung, welche die Zustimmung ohne Angabe von Gründen verweigern kann[189]. Ausnahmen von der gesetzlichen Vinkulierung in der Form von Erleichterungen sind zulässig[190]. Zulässig ist es auch, die Übertragung von Stammanteilen an bestimmte Gesellschafter von der Vinkulierung auszunehmen[191].

27 Die Gesellschafter können vereinbaren, die Beteiligung während einer bestimmten Zeit nicht zu veräussern[192]. Das Veräusserungsverbot erhöht das Risiko der verpflichteten Partei, da ihr eine vorzeitige Ausstiegsmöglichkeit verwehrt wird. Die Gesellschafter können auch vereinbaren, dass während einer bestimmten Zeit bestimmte Gesellschafter der Veräusserung zustimmen müssen.

b) Veräusserungsvorzug

28 Beim Veräusserungsvorzug wird dem bevorzugten Gesellschafter im Falle der Veräusserung der Stammanteile mehrerer Gesellschafter ein privilegierter Anteil am Veräusserungserlös eingeräumt. Die Gesellschafter vereinbaren Regeln für die

[188] *Schärer/Maurenbrecher,* OR, Art. 312 N 25; *von Salis,* Private Finanzierungen, S. 218.

[189] Art. 786 Abs. 1 OR.

[190] Art. 786 Abs. 2 OR.

[191] Zur Vinkulierung vgl. § 19 N 28 ff.

[192] BGE 111 II 337.

Verteilung des Veräusserungserlöses. Der bevorzugte Gesellschafter erhält mehr, als ihm aufgrund seines Stammanteils zustehen würde. Beispielsweise vereinbaren die Gesellschafter, dass der Investor im Falle der Veräusserung einen bestimmten Betrag erhalten soll und der Erlös erst dann proportional zu den Anteilen verteilt wird. In der Regel ist der Veräusserungsvorzug des Investors begrenzt. Wird ein bestimmter Veräusserungswert erreicht, vermindert sich der Veräusserungsvorzug oder fällt dahin[193].

c) Vorhand- und Vorkaufsrechte

29 Beim Vorhandrecht verpflichtet sich der Gesellschafter, seine Stammanteile zuerst dem Berechtigten anzubieten, bevor er sie einem Dritten zum Erwerb anbietet. Der Preis muss aufgrund der Regelung des Vorhandrechts bestimmbar sein. Das heisst, die Parteien müssen die Entscheidfaktoren, das Entscheidverfahren und die Entscheidpersonen bestimmen.

30 Entscheidfaktor ist zunächst, welcher Wert massgebend sein soll. In Frage kommen beispielsweise der Marktwert, der Liquidationswert oder der Steuerwert. Ebenso ist festzulegen, welche Berechnungsmethode zur Anwendung kommen soll. Häufig anzutreffen sind Preisformeln, die auf dem Substanzwert und den Ertragswert abstützen[194]. Der ermittelte Wert kann sodann mit einem Kapitalisierungszinsfuss versehen werden. Der Kapitalisierungszinsfuss basiert auf dem Marktzins und kann durch Zuschläge, beispielsweise für das Risiko der Kapitalanlage oder für die Immobilisierung des investierten Vermögens, erhöht werden. Der Zuschlag kann aber auch das persönliche Engagement des Gesellschafters berücksichtigen und einen allfälligen *Goodwill-Verlust* abgelten[195]. Umgekehrt kann die Preisbestimmung so ausgestaltet werden, dass sie zu einer Gewinnverschiebung zugunsten der erwerbsberechtigten Gesellschafter führt.

31 Als Entscheidverfahren kann ein Schiedsverfahren mit endgültigem Entscheid oder ein Parteigutachten vorgesehen werden. Als Entscheidperson kann eine private Person oder eine staatlichen Instanz vereinbart werden.

32 Beim Vorkaufsrecht verpflichtet sich der Gesellschafter, mit einem allfälligen Dritterwerber einen bedingten Vertrag abzuschliessen, wonach der Vertrag nur in Kraft tritt, wenn die Vorkaufsberechtigten ihr Vorkaufsrecht nicht ausüben.

[193] *Von Salis,* Private Finanzierungen, S. 219.

[194] Z. B. wird der Übernahmepreis von einer führenden schweizerischen Treuhandfirma bestimmt und richtet sich nach dem inneren Wert der Beteiligung, wobei folgende Formel anzuwenden ist: Innerer Wert = (1 × Substanzwert + 2 × Ertragswert) / 3. Der Substanzwert bemisst sich aufgrund einer betriebswirtschaftlichen Betrachtungsweise. Der Ertragswert ist aufgrund der zwei unmittelbar vergangenen, des laufenden und der zwei unmittelbar bevorstehenden Geschäftsjahre unter Berücksichtigung der brachenüblichen Abschreibungen zu ermitteln.

[195] *Truniger,* S. 115 f.

Die Vereinbarung eines Vorhandrechts ist anspruchsvoller als die Vereinbarung eines Vorkaufsrechts. Beim Vorkaufsrecht wird der Vorkaufsteil durch den Abschluss eines Kaufvertrages ausgelöst, weshalb die Abwicklung des Vorkaufsrechts durch den Drittkaufvertrag vorgegeben ist. Nicht so beim Vorhandrecht: Die Auslösung des Vorhandrechts, die Einzelheiten der Abwicklung sowie insbesondere die Bestimmbarkeit des Preises müssen im Voraus vereinbart werden[196]. 33

Bei Vorhand- und Vorkaufsrecht ist es sodann unbedingt notwendig, eine genaue Zuteilungsregel vorzusehen und klarzustellen, was mit Stammanteilen geschehen soll, auf deren Übernahme ein Berechtigter verzichtet. Als Zuteilungsregel kann beispielsweise vorgesehen werden, dass die Stammanteile nach Massgabe der bisherigen Beteiligung auf die verbleibenden Gesellschafter zu verteilen sind. Denkbar ist aber auch eine Kaskadenregelung, welche bestimmten Gesellschaftern ein Vorrecht einräumt[197]. Was den Verzicht auf eine Übernahme anbelangt, werden in der Praxis häufig Anwachsungsregeln vorgesehen: Wird das Erwerbsrecht nicht ausgeübt, wird die entsprechende Quote den übrigen Gesellschaftern – sei es nach Massgabe der bisherigen Beteiligung, sei es unter Berücksichtigung einer Kaskadenregelung – angeboten. Zu regeln ist schliesslich auch, ob das Erwerbsrecht nur als Ganzes oder auch teilweise ausgeübt werden kann[198]. 34

d) Optionen

Optionsrechte berechtigen, einseitig den Erwerb (bedingtes Kaufrecht) oder die Veräusserung (bedingtes Verkaufsrecht) von Stammanteilen zu bestimmten Konditionen herbeizuführen. Beim bedingten Kaufrecht wird ein Teil des Gewinnpotenzials vom Verpflichteten auf den Kaufsberechtigten übertragen. Beim bedingten Verkaufsrecht übernimmt der Erwerbsverpflichtete das Wertverfallsrisiko für die Stammanteile des Verkaufsberechtigten. 35

Die sogenannte *Ratchet-Klausel* berechtigt den Investor, beim Nichterreichen bestimmter Kennzahlen, entgeltlich oder unentgeltlich, von der Gesellschaft oder bestimmten Gesellschaftern weitere Stammanteile zu erwerben. Zum einen senkt sich dadurch der durchschnittliche Erwerbspreis für die Stammanteile; zum anderen erhält der Investor in der Gesellschaft mehr Macht und damit die Möglichkeit, auf die Geschäftsführung stärker Einfluss zu nehmen. Denkbar ist allerdings auch, dem Investor – ohne dass dieser neue Stammanteile erwerben muss – ein Recht einzuräumen, zu verlangen, dass die Geschäftsführung geändert werden muss. 36

Verkaufsrechte können grundsätzlich auch mit der Gesellschaft als Erwerbsverpflichteter vereinbart werden. Bei der Ausübung der Option ist allerdings zu beach- 37

196 *Böckli,* ABV, S. 35 ff.

197 *Forstmoser/Meier-Hayoz/Nobel,* Aktienrecht, § 44 N 258 Fn. 107.

198 *Böckli,* ABV, 35 ff.

ten, dass die Gesellschaft eigene Stammanteile nur erwerben darf, wenn sie über frei verwendbares Eigenkapital in der Höhe des Erwerbspreises verfügt[199]. Sodann darf die Gesellschaft grundsätzlich nicht mehr als 10% des eigenen Kapitals erwerben[200].

38 Denkbar ist auch, dass ein Verkaufsrecht zulasten der Gesellschafter vereinbart wird, wobei Letzteren ein Wahlrecht eingeräumt wird: Die Gesellschafter können entweder den vereinbarten Preis an den Investor zahlen oder sich für die Liquidation der Gesellschaft entscheiden. Faktisch wird damit das Risiko der Gesellschafter auf den Wert ihrer Stammanteile im Zeitpunkt der Verpflichtung limitiert.

39 Eine Übernahmepflicht könnte wie folgt vereinbart bzw. in den Statuten festgehalten werden: Die Gesellschafter X und Z haben das Recht, ihre Stammanteile jederzeit durch schriftliche Erklärung Gesellschafter Y zu offerieren. Y ist verpflichtet, die ihm angebotenen Stammanteile innert drei Monaten nach Zugang der Erklärung gegen Entrichtung des inneren Wertes der Beteiligung zu übernehmen, wobei der innere Wert im Streitfall endgültig von einem gemeinsam bestimmten Schiedsgutachter bestimmt wird. Zu beachten ist, dass dem Verkaufsrecht eine versicherungsähnliche Wirkung zukommt und es den zur Übernahme Verpflichteten einseitig belastet[201].

e) Mitverkaufspflicht/Mitverkaufsrecht

40 Die Tatsache, dass ein Investor nicht in der Lage ist, 100% der Stammanteile zu verkaufen, wirkt sich auf den Kaufpreis negativ aus. Der Investor hat dementsprechend ein Bedürfnis, eine Mitverkaufspflicht zu vereinbaren.

41 Die Gesellschafter können vereinbaren, dass Gesellschafter, die ihre Gesellschaftsanteile verkaufen wollen, das Recht haben, auch die übrigen Gesellschafter zum Verkauf ihrer Stammanteile zu zwingen. Dadurch soll dem Investor ein Verkauf von 100% der Stammanteile ermöglicht werden. Es empfiehlt sich der Klarheit halber, ausdrücklich zu erwähnen, dass dem kaufwilligen Dritten kein selbstständiges Forderungsrecht zustehen soll. Das Recht, über die Auslösung der Mitverkaufspflicht zu entscheiden, kann an eine Mindestbeteiligung geknüpft oder bestimmten Gesellschaftern eingeräumt werden. Zum Schutz der Minderheiten können Mindestverkaufspreise vereinbart werden. Die Regelung, dass für alle verkaufenden Gesellschafter pro Stammanteil derselbe Preis bezahlt werden muss, bewirkt, dass die verkaufswilligen Gesellschafter ein Interesse daran haben, ihre Anteile nicht zu billig zu veräussern[202].

[199] Art. 783 Abs. 1 OR.

[200] Art. 783 Abs. 4 OR i.V.m. Art. 659 Abs. 1 OR.

[201] *Böckli,* ABV, S. 35 ff.

[202] *Von Salis,* Private Finanzierungen, S. 221 f.

Die Mitverkaufspflicht könnte beispielsweise wie folgt lauten: Der Investor ist befugt, von den Gesellschaftern zu verlangen, dass alle Gesellschafter ihre Stammanteile an einen Dritten verkaufen, vorausgesetzt, (a) Gesellschafter X verlässt das Unternehmen; (b) dem Verkauf stimmen ⅔ der Gesellschafter zu; (c) ein Drittinvestor ist bereit, eine Beteiligung von über 50 % zu übernehmen, und (d) der Investor verlangt es. 42

Die Gesellschafter können sich aber auch vertraglich das Recht einräumen, beim Verkauf von Stammanteilen der anderen Gesellschafter mitgenommen zu werden. Das Mitverkaufsrecht kann durch den Verkauf eines bestimmten Prozentsatzes aller Stammanteile oder durch den Verkauf der Stammanteile eines bestimmten Gesellschafters ausgelöst werden. Das Mitverkaufsrecht kann sodann alle Stammanteile des Berechtigten oder lediglich einen bestimmten Teil umfassen. Mit dem Mitverkaufsrecht kann der Gesellschafter verhindern, dass er plötzlich zum Minderheitsgesellschafter in einer von einem neuen Mehrheitsgesellschafter dominierten Gesellschaft wird. Wie bei der Mitverkaufspflicht ist auch hier die Festsetzung eines Mindestpreises oder die Regelung, dass alle Gesellschafter denselben Preis erhalten sollen, möglich. Durch das Mitverkaufsrecht reduziert der Berechtigte sein Risiko. Das Gewinnpotenzial des Verpflichteten wird eingeschränkt, da sich der Kreis der möglichen Kaufinteressenten verkleinert[203]. 43

Das Mitverkaufsrecht könnte wie folgt vereinbart werden: Beschliessen ein oder mehrere Gesellschafter, die gemeinsam mehr als 50 % der Stammanteile vertreten, ihre Stimmanteile zu verkaufen, können Gesellschafter, die ihr Vorkaufsrecht nicht ausüben wollen, verlangen, ihre Stammanteile ebenfalls zu den gleichen Bedingungen zu verkaufen. Die Regelung wäre sodann durch die entsprechenden Modalitäten, namentlich Form und Frist der Ausübungserklärung, zu ergänzen. 44

f) Kombinierte Verkaufs- und Kaufsoption

Bei der kombinierten Verkaufs- und Kaufsoption ist der Gesellschafter berechtigt, den anderen Gesellschaftern seine Stammanteile zu bestimmten Konditionen zum Kauf anzubieten. Lehnen die berechtigten Gesellschafter einen Kauf ab, ist der anbietende Gesellschafter berechtigt, die Stammanteile der ablehnenden Gesellschafter zu erwerben[204]. Kombinierte Verkaufs- und Kaufoptionen ermöglichen es dem Investor, bei schlechtem Geschäftsgang entweder auszusteigen oder die Führung in der Gesellschaft zu übernehmen. 45

Die Gesellschafter können beispielsweise Folgendes vereinbaren: Verlangt eine der Parteien die Beendigung der Zusammenarbeit, hat sie der Gegenpartei ein schriftliches Angebot für 50 % der Stammanteile der Gesellschaft zu machen. Die Gegen- 46

[203] *Von Salis,* Private Finanzierungen, S. 222.

[204] *Von Salis,* Private Finanzierungen, S. 223.

partei hat innert einer Frist von dreissig Tagen zu erklären, ob sie zum gebotenen Preis das Stammkapital der bietenden Partei kaufen oder ihre eigenen Stammanteile an die bietende Partei verkaufen will. Der Kaufpreis wird innert drei Monaten nach Abgabe der Erklärung durch die Gegenpartei fällig und ist Zug um Zug gegen Übergabe der Stammanteile mit Bankscheck zu entrichten. Unterlässt es die Gegenpartei, innert der Frist von dreissig Tagen zu erklären, ob sie kaufen oder verkaufen will, steht der entsprechende Entscheid der anbietenden Partei zu. Massgebend für die Fristwahrung ist der Poststempel[205].

47 Nach einer anderen üblichen Klausel haben die Gesellschafter ein versiegeltes Angebot für jeweils 50 % der Stammanteile abzugeben: Verlangt eine der Parteien die Beendigung der Zusammenarbeit, findet eine Versteigerung mit einmaligem versiegeltem Gebot statt. Mit der Durchführung dieser Versteigerung beauftragen die Parteien gemeinsam eine unabhängige Drittperson. Werden sich die Parteien innert dreissig Tagen über die Wahl der mit der Versteigerung zu beauftragenden Person nicht einig, kann jede der Parteien beim Präsidenten der Handelskammer X deren Bestimmung beantragen. Der Versteigerungsleiter setzt beiden Parteien eine Frist von dreissig Tagen an, innert deren ein schriftliches Gebot für 50 % der Stammanteile der Gesellschaft bei ihm einzureichen ist. Nach Ablauf der Frist eröffnet der Versteigerungsleiter die Gebote. Die Partei, die das höhere Gebot unterbreitet hat, darf und muss das Paket der Gegenpartei zu dem von ihr gebotenen Preis übernehmen. Bei gleichen Geboten entscheidet das Los. Der Kaufpreis wird innert drei Monaten nach Eröffnung der Gebote fällig und ist Zug um Zug gegen Übergabe der Stammanteile mit Bankscheck zu entrichten. Verzichtet eine der Parteien innerhalb der Frist auf die Unterbreitung eines Angebotes, erfolgt der Zuschlag an die andere Partei. Massgebend für die Fristwahrung ist der Poststempel[206].

g) Der Fremdkapitalinvestor als Berechtigter von Erwerbsrechten

48 Obligatorische Erwerbsrechte (Vorhand-, Vorkaufs-, bedingtes Kaufsrecht) können nicht nur Mitgesellschaftern, sondern jedem beliebigen Dritten, insbesondere auch Fremdkapitalinvestoren, eingeräumt werden. Ebenso können auf vertraglicher Ebene Veräusserungsverbote und Zustimmungsgebote zugunsten des Fremdkapitalinvestors vereinbart werden[207].

[205] *Von der Crone,* Pattsituationen, S. 43.

[206] *Von der Crone,* Pattsituationen, S. 43.

[207] *Von Salis,* Private Finanzierungen, S. 223.

h) MAC-Klausel

Wie bereits erwähnt, kann der Vertrag über den Kauf einer Beteiligung resolutiv 49
von einer Bedingung abhängig gemacht werden. Tritt ein bestimmtes Ereignis ein, fällt der Kaufvertrag *ex tunc* dahin[208].

i) Rückkauf der Beteiligung

Dem Rückkauf von Stammanteilen durch die Gesellschaft sind Grenzen gesetzt. 50
Die Gesellschaft darf eigene Stammanteile nur aus frei verfügbarem Eigenkapital und bis zu 10 % des Stammkapitals erwerben[209]. In diesem Rahmen kann sich ein Investor ausbedingen, dass er nach Ablauf einer bestimmten Zeit berechtigt ist, der Gesellschaft alle oder einen Teil seiner Stammanteile zu einem bestimmten Preis zum Rückkauf mit anschliessender Kapitalherabsetzung anzudienen.

k) Das Recht, eine Kapitalerhöhung durchzuführen

Eine Kapitalerhöhung kann zu einer Verwässerung der Kapitalanlage und zu einem 51
Machtverlust führen. Aus diesen Gründen werden Kapitalerhöhungen oftmals verzögert. Der Investor, der eine Minderheitsbeteiligung hält, hat keine Chance, die Kapitalerhöhung zu einer realistischen Bewertung durchzusetzen. Angesichts dieser Problematik kann dem Investor ein Recht eingeräumt werden, eine Kapitalerhöhung in eigener Regie durchzuführen und die neuen Stammanteile entweder selber zu zeichnen oder Dritten zum Kauf anzubieten.

2. Fremdkapitalspezifische Gestaltung

a) Vertragsübertragung und Abtretungsverbot

Die Gesellschaft und der Fremdkapitalinvestor können im Darlehensvertrag ver- 52
einbaren, dass das gesamte Vertragsverhältnis vom Investor ohne Zustimmung der Gesellschaft auf einen Dritten übertragen werden kann. Umgekehrt kann im Darlehensvertrag auch vorgesehen werden, dass die Übertragung der Forderungen des Fremdkapitalinvestors der Zustimmung der Gesellschaft bedarf[210]. Je nachdem hat der Fremdkapitalgeber die Möglichkeit, sein Investment zu beenden oder nicht.

[208] Vgl. hierzu vorangehend N 10.

[209] Art. 783 OR.

[210] *Gauch/Schluep/Schmid/Rey,* N 3673 bzw. N 3561; *von Salis,* Private Finanzierungen, S. 223.

b) Die Pflicht zur Ablösung von Darlehen

53 Der Fremdkapitalgeber kann mit den Gesellschaftern vereinbaren, dass er unter bestimmten Bedingungen von den Gesellschaftern die Ablösung des Darlehens verlangen kann. Ebenso können sich die Gesellschafter gegenüber dem Fremdkapitalgeber verpflichten, beim Verkauf ihrer Stammanteile vom Erwerber auch die Ablösung des Darlehens zu verlangen[211].

54 Häufig wird beispielsweise im Rahmen einer *Pari-passu-Klausel* vereinbart, dass das Darlehen bei einer Verletzung der Gleichrangigkeit sofort zur Rückzahlung fällig wird und oder vom Darlehensgeber fällig gestellt werden kann[212]. Bei Drittverzugsklauseln, sogenannten *Cross-Default-Klauseln*, ist der Darlehensgeber berechtigt, das Darlehen sofort fällig zu stellen, wenn die Gesellschaft als Darlehensnehmerin mit der Erfüllung einer Verbindlichkeit aus einem anderen Vertrag in Verzug gerät[213].

c) Verknüpfung der Fälligkeit mit der Übertragung der Stammanteile

55 Im Darlehensvertrag kann vorgesehen werden, dass die Übertragung bestimmter Stammanteile, insbesondere die Übertragung der Mehrheit der Stammanteile an einen Dritten (*change of control*), die Fälligkeit des Darlehens auslöst[214].

[211] *Von Salis,* Private Finanzierungen, S. 223.

[212] *Schärer/Maurenbrecher,* OR, Art. 312 N 18.

[213] *Schärer/Maurenbrecher,* OR, Art. 318 N 19.

[214] *Von Salis,* Private Finanzierungen, S. 223.

4. Teil
Innenverhältnis

§ 11 Überblick über die wesentlichen Neuerungen

I. Zielsetzung des Gesetzgebers

Das neue Recht orientiert sich an den Bedürfnissen von Unternehmen mit wenigen Gesellschaftern. Auf Regelungen, die auf den öffentlichen Kapitalmarkt ausgerichtet sind, wurde verzichtet. Für Gesellschaften mit einem grösseren Kreis von Beteiligten und für Gesellschaften, die den Kapitalmarkt in Anspruch nehmen wollen, ist die GmbH als personenbezogene Organisationsform nicht geeignet. Wächst der Kreis der Gesellschafter stark an oder strebt das Unternehmen den Schritt an den öffentlichen Kapitalmarkt an, ist die Aktiengesellschaft die passende Rechtsform[1]. 1

Im Aussenverhältnis ist die GmbH im Wesentlichen den gleichen Schutzvorschriften unterworfen wie die Aktiengesellschaft. In der Ausgestaltung des Innenverhältnisses hingegen sind die Gesellschafter freier. Zwingend sind lediglich die Bestimmungen zum Schutz der Gläubiger, zum Schutz von Personen mit Minderheitsbeteiligungen sowie die Bestimmungen, welche die Grundstruktur der GmbH definieren[2]. 2

Dem Personenbezug der GmbH entsprechend sieht auch das neue Recht eine starke Vinkulierung vor. Die gesetzliche Regelung wurde jedoch flexibler und praktikabler ausgestaltet. Die gesetzliche Vinkulierungsordnung dürfte den Bedürfnissen von Kleingesellschaften häufig entsprechen, kann aber statutarisch angepasst werden[3]. 3

Die Regelung der Treuepflicht und des Konkurrenzverbotes trägt den engen persönlichen Beziehungen der beteiligten Personen zur Gesellschaft und dem Auskunfts- und Einsichtsrecht Rechnung[4]. 4

Geplant war, mit dem neuen Recht eine allgemeine Pflicht zur Prüfung der Jahresrechnung einzuführen. Der Vorschlag wurde in der Vernehmlassung aufgrund 5

[1] Botschaft, S. 3154.

[2] Botschaft, S. 3155.

[3] Botschaft, S. 3160.

[4] Botschaft, S. 3162.

der Kosten, die der Gesellschaft aus einer Revisionspflicht entstehen, mehrheitlich abgelehnt. Im neuen Recht wird nun die GmbH grundsätzlich einer Revisionspflicht unterstellt, wobei die Anforderungen an die Prüfung je nach Grösse der Gesellschaft variieren. Die Möglichkeit, eine GmbH *revisionsfrei* zu führen, ist unter neuem Recht stark eingeschränkt.

6 Die gesetzlichen Vorgaben zur Prüfung der Jahresrechnung durch eine Revisionsstelle sind namentlich für den Schutz kleinerer Gläubiger von Bedeutung[5]. Was den Inhalt der Rechnungslegung anbelangt, geht das neue Recht von der Anwendung der geltenden aktienrechtlichen Normen aus[6].

7 Mit Bezug auf die Kompetenzordnung enthält das neue Recht eine wichtige Neuerung, indem es eine beschränkt variable Zuteilung gewisser Kompetenzen ermöglicht. Die Statuten können vorsehen, dass bestimmte, näher zu umschreibende Entscheide der Geschäftsführer der Genehmigung durch die Gesellschafterversammlung bedürfen. Umgekehrt dürfen die Geschäftsführer aber auch von sich aus einzelne Fragen der Gesellschafterversammlung unterbreiten, falls die Statuten dies vorsehen[7].

8 Die Geschäftsführung und die Vertretung schliesslich sind auf die Bedürfnisse kleinerer Betriebe ausgerichtet und lediglich dispositiv geregelt. Die Gesellschafter üben die Geschäftsführung grundsätzlich gemeinsam aus. Während das alte Recht zudem von einer gemeinsamen Vertretung der Gesellschaft durch sämtliche Gesellschafter ausging, ist nach neuem Recht jeder Geschäftsführer einzeln zur Vertretung der Gesellschaft berechtigt. Die im alten Recht vorgesehene gemeinsame Vertretung der Gesellschaft durch mehrere Geschäftsführer erwies sich in der Praxis als zu schwerfällig. Allerdings können die Statuten sowohl die Geschäftsführung als auch die Vertretung je nach den Bedürfnissen der Gesellschaft auch abweichend regeln[8].

II. Wesentliche Neuerungen

1. Die flexiblere Ausgestaltung der Vinkulierung

9 Dem Personenbezug der GmbH entsprechend hält das neue Recht an einer starken Vinkulierung fest. Die gesetzliche Regelung wurde jedoch flexibler und praktika-

[5] Botschaft, S. 3164 f.

[6] Botschaft, S. 3162.

[7] Botschaft, S. 3163.

[8] Botschaft, S. 3164. Zu Zielsetzung und Gang der Reformarbeiten, zu Neuerungen und Konstanten vgl. die synoptische Darstellung von *Forstmoser/Peyer/Schott,* Das neue Recht der GmbH.

bler ausgestaltet. Das Gesetz erlaubt, eine abweichende Vinkulierungsordnung vorzusehen, wobei die entsprechenden Möglichkeiten im Gesetz abschliessend aufgeführt werden. Die Statuten können das Zustimmungserfordernis bis zum Erfordernis der Einstimmigkeit erschweren. Umgekehrt erlaubt das Gesetz auch, auf eine eingehende Ordnung der Vinkulierung in den Statuten oder gar auf das Erfordernis der Zustimmung zu verzichten[9].

2. Die Gestaltungsmöglichkeiten bei der Treuepflicht und dem Konkurrenzverbot

Bei der GmbH unterliegen grundsätzlich nicht nur die Geschäftsführer, sondern 10
sämtliche Gesellschafter einer Treuepflicht. Diese Regelung trägt der engen persönlichen Beziehung zwischen den beteiligten Personen und der Gesellschaft und dem Auskunfts- und Einsichtsrecht Rechnung. Im Einzelfall können die Gesellschafter auf die Treuepflicht verzichten. Für Geschäftsführer sieht das neue Recht sodann neben der Treuepflicht ein Konkurrenzverbot vor. In den Statuten können die Gesellschafter auf das Konkurrenzverbot verzichten oder aber das Konkurrenzverbot auf nicht geschäftsführende Gesellschafter ausdehnen[10].

3. Die neue Kompetenzordnung

Das neue Recht sieht grundsätzlich eine klare Kompetenzordnung vor und stellt 11
klar, welche Befugnisse zwingend der Gesellschafterversammlung, den Geschäftsführern und der Revisionsstelle zukommen. Gleichzeitig belässt das neue Recht Raum für eine bedürfnisbezogene Ausgestaltung. Die Statuten können vorsehen, dass bestimmte, näher zu umschreibende Entscheide der Geschäftsführer der Genehmigung durch die Gesellschafterversammlung bedürfen. Ebenso sind die Geschäftsführer befugt, einzelne Fragen der Gesellschafterversammlung zu unterbreiten, falls die Statuten dies vorsehen. Gewissen Gesellschaftern kann in den Statuten gar ein Vetorecht für bestimmte Beschlüsse der Gesellschafterversammlung zugebilligt werden[11].

[9] Vgl. nachfolgend § 19 N 28 ff.

[10] Vgl. nachfolgend § 18 N 1 ff.

[11] Vgl. nachfolgend § 13 N 1 ff.

4. Die neue Regelung der Geschäftsführung

12 Gemäss Art. 809 Abs. 1 OR üben die Gesellschafter, mangels einer abweichenden Bestimmung in den Statuten, die Geschäftsführung gemeinsam aus. Die Befugnis zur Geschäftsführung steht den Gesellschaftern grundsätzlich ohne Wahl durch die Gesellschafterversammlung zu. Entspricht die gesetzliche Regelung nicht den Bedürfnissen der Gesellschafter, können die Statuten die Geschäftsführung abweichend ordnen und die Geschäftsführung auf einzelne Gesellschafter beschränken oder an Dritte übertragen. Denkbar ist sodann auch, dass die Geschäftsführer intern die Geschäftsführung reglementarisch aufteilen. Diese interne Aufteilung ändert an der Geschäftsführungsbefugnis an sich nichts[12].

5. Die Revisionsstelle / Rechnungslegung

13 Die GmbH ist grundsätzlich der Revisionspflicht unterstellt. Die Möglichkeit, eine GmbH *revisionsfrei* zu führen, ist stark eingeschränkt. Gesellschaften mit einer Bilanzsumme von mehr als CHF 10 Mio., mit einem Umsatz von mehr als CHF 20 Mio. und mehr als 50 Vollzeitstellen unterstehen – wenn zwei Kriterien in zwei aufeinanderfolgenden Jahren erfüllt sind – der ordentlichen Revision; Gesellschaften mit einer Bilanzsumme von weniger als CHF 10 Mio., mit einem Umsatz von weniger als CHF 20 Mio. und weniger als 50 Vollzeitstellen unterstehen der eingeschränkten Revision, wobei bei sehr kleinen Unternehmen unter Umständen die Möglichkeit besteht, auf eine Revision zu verzichten. Für die Rechnungslegung und die Revision gelten die Bestimmungen des Aktienrechts[13].

14 Die Revisionsstelle wird von der Gesellschafterversammlung gewählt[14]. Wird auf eine eingeschränkte Revision verzichtet, gilt dieser Verzicht, bis ein Gesellschafter die Durchführung einer Revision verlangt. Die Gesellschafterversammlung muss sodann eine Revisionsstelle wählen, die Statuten anpassen und die Revisionsstelle beim Handelsregister anmelden[15].

15 Tritt die gewählte Revisionsstelle zurück, muss sie die Geschäftsführung über die Gründe des Rücktritts informieren. Die Geschäftsführung wiederum muss die Gründe den Gesellschaftern anlässlich der nächsten ordentlichen Gesellschafterversammlung bekannt geben[16].

[12] Vgl. nachfolgend § 14 N 1 ff.

[13] Vgl. nachfolgend § 15 N 1 ff. und § 35 N 1 ff.

[14] Art. 804 Abs. 2 Ziff. 3 OR.

[15] Art. 818 Abs. 1 OR i.V.m. Art. 727a Abs. 4 und Abs. 5 OR.

[16] Art. 818 Abs. 1 OR i.V.m. Art. 730a Abs. 3 OR.

Abschliessend sei sodann auf die Auskunfts- und Einsichtsrechte verwiesen: Im alten Recht war der Umfang der Auskunfts- und Einsichtsrechte davon abhängig, ob die Gesellschaft über eine Revisionsstelle verfügte oder nicht. Im neuen Recht stehen Auskunfts- und Einsichtsrechte dem Gesellschafter unabhängig von der Revision zu[17]. 16

6. Mängel in der Organisation der Gesellschaft

Fehlt der Gesellschaft eines der vorgeschriebenen Organe oder ist eines dieser Organe nicht rechtmässig zusammengesetzt, kann der Richter auf Antrag Massnahmen zur Behebung des Mangels in der Organisation anordnen[18]. Aktivlegitimiert sind der Gesellschafter, der Gläubiger und der Handelsregisterführer. Der Registerführer ist verpflichtet, gegen festgestellte Organisationsmängel vorzugehen. Die Durchsetzung statutarischer Vorschriften ist hingegen nicht Sache der Handelsregisterbehörden[19]. 17

Die vom Gesetz genannten möglichen Massnahmen zur Behebung der Mängel in der Organisation der Gesellschaft sind nicht abschliessend aufgezählt. Der Richter hat einen grossen Handlungsspielraum und ist an die Anträge der Parteien nicht gebunden. Die Anordnungen des Richters können von der Gesellschaftsversammlung nicht widerrufen werden. 18

III. Vergleich zum alten Recht/Würdigung

Die Möglichkeit zur Abtretung der Stammanteile war bislang von Gesetzes wegen beschränkt. Stammanteile durften nur mit Zustimmung einer qualifizierten Mehrheit der Gesellschafter abgetreten werden. Die Abtretung konnte in den Statuten von weiteren Bedingungen abhängig gemacht oder gänzlich ausgeschlossen werden. Die Abtretbarkeit von Stammanteilen zu erleichtern war nicht zulässig. Dem Personenbezug der GmbH entsprechend hält das neue Recht an einer starken Vinkulierung fest. Die gesetzliche Regelung wurde jedoch flexibler und praktikabler ausgestaltet[20]. Sehen die Statuten nichts anderes vor, bedarf die Abtretung der Stammanteile nach neuem Recht der Zustimmung der Gesellschafterversammlung. Diese soll die Zustimmung ohne Angabe von Gründen verweigern können[21]. 19

[17] Botschaft, S. 3202.

[18] Art. 819 OR i.V.m. Art. 731b OR.

[19] Botschaft, S. 3238 f.

[20] Botschaft, S. 3160.

[21] Art. 786 Abs. 1 OR.

20 Die gesetzliche Vinkulierungsordnung dürfte den Bedürfnissen von Kleingesellschaften in der Regel entsprechen, weshalb eine aufwendige Regelung in den Statuten unterbleiben kann. Abweichende statutarische Ausgestaltungen bleiben aber möglich: Das Recht auf Abtretung der Stammanteile kann gänzlich ausgeschlossen werden. Zulässig ist aber auch, die freie Abtretbarkeit vorzusehen. Die Statuten können sodann bestimmte Gründe festlegen, welche die Verweigerung der Zustimmung rechtfertigen[22].

21 Während die Aktionäre gegenüber der Gesellschaft keiner Treuepflicht unterliegen, müssen bei der GmbH nicht nur die Geschäftsführer, sondern sämtliche Gesellschafter die Treuepflicht beachten[23]. Diese Regelung trägt der engen persönlichen Beziehung zwischen den beteiligten Personen und der Gesellschaft und dem Auskunfts- und Einsichtsrecht der Gesellschafter Rechnung. Für Geschäftsführer sieht das neue Recht neben der Treuepflicht ausdrücklich ein Konkurrenzverbot vor[24]. In den Statuten können die Gesellschafter auf das Konkurrenzverbot verzichten oder aber das Konkurrenzverbot auf nicht geschäftsführende Gesellschafter ausdehnen. Die Gesellschafter können sodann im Einzelfall einvernehmlich auf die Beachtung der Treuepflicht oder des Konkurrenzverbotes verzichten[25].

22 Die Gesellschaft mit beschränkter Haftung zeichnet sich durch einen grossen Freiraum für die Ausgestaltung des Innenverhältnisses aus. Dies entspricht dem ausgeprägt personenbezogenen Charakter der GmbH. Die Kompetenzaufteilung zwischen der Gesellschafterversammlung und den Geschäftsführern war im alten Recht nicht hinreichend geregelt. Das neue Recht stellt klar, welche Befugnisse zwingend der Gesellschafterversammlung[26], den Geschäftsführern[27] sowie gegebenenfalls der Revisionsstelle[28] zukommen. Gleichzeitig belässt das neue Recht Raum für eine bedürfnisbezogene Ausgestaltung. Das neue Recht ermöglicht eine beschränkt variable Zuteilung gewisser Kompetenzen[29]. Die Statuten können vorsehen, dass bestimmte, näher zu umschreibende Entscheide der Geschäftsführer der Genehmigung durch die Gesellschafterversammlung bedürfen. Ebenso sind die Geschäftsführer befugt, einzelne Fragen der Gesellschafterversammlung zu unterbreiten, falls die Statuten dies vorsehen[30]. Bei dieser Ausgangslage wird man unter neuem Recht von einem relativierten Paritätsprinzip ausgehen müssen[31].

[22] Art. 786 Abs. 2 OR.

[23] Art. 803 Abs. 1 OR bzw. Art. 812 Abs. 2 OR.

[24] Art. 803 Abs. 2 OR und Art. 812 Abs. 3 OR.

[25] Art. 803 Abs. 3 OR und Art. 812 Abs. 3 OR.

[26] Art. 804 Abs. 2 OR.

[27] Art. 810 Abs. 2 OR.

[28] Art. 818 Abs. 1 OR i.V.m. Art. 728a OR.

[29] Botschaft, S. 3163.

[30] Art. 811 OR.

[31] Vgl. So auch *Blanc,* S. 226.

Im Gegensatz zum Aktienrecht kann die Gesellschafterversammlung nach neuem Recht Beschlüsse auf dem Korrespondenzweg fassen, sofern kein Gesellschafter eine mündliche Beratung verlangt[32]. Nach neuem Recht üben sodann alle Gesellschafter die Geschäftsführung grundsätzlich gemeinsam aus[33]. Während das alte Recht zudem von einer gemeinsamen Vertretung der Gesellschaft durch sämtliche Gesellschafter ausging, ist nach neuem Recht jeder Geschäftsführer einzeln zur Vertretung der Gesellschaft berechtigt[34]. Die Statuten können sowohl die Geschäftsführung als auch die Vertretung entsprechend den Bedürfnissen der Gesellschaft abweichend regeln. Zulässig ist auch eine Übertragung der Geschäftsführung an Dritte, das heisst an Personen, die nicht Gesellschafter sind. 23

Das alte GmbH-Recht kannte keine Pflicht, die Jahresrechnung von einem unabhängigen Revisor prüfen zu lassen. Es stand der Gesellschaft offen, eine Revisionsstelle zu bezeichnen. Unter neuem Recht wird die GmbH grundsätzlich der Revisionspflicht unterstellt. Die Möglichkeit, die GmbH *revisionsfrei* zu führen, wurde stark eingeschränkt. 24

Das Vetorecht gegen Beschlüsse der Gesellschafterversammlung ist ein ausgeprägt personenbezogenes Element im Recht der GmbH. Das Vetorecht betont die starke Stellung eines bestimmten Gesellschafters, ohne dessen Zustimmung ein bestimmter Beschluss nicht gefällt werden kann. Der Entscheid eines Gesellschafters wird über den Entscheid des *obersten Organs* gestellt. Zumal das Vetorecht die Funktionstüchtigkeit der Gesellschaft gefährden kann und dem Gedanken der Korrelation zwischen Macht und wirtschaftlichem Risiko zuwiderläuft, erscheint es ratsam, ein Vetorecht nur ausnahmsweise vorzusehen. Das Vetorecht kann nur einstimmig eingeführt werden. Zu beachten ist schliesslich, dass sich das Vetorecht lediglich gegen bestimmte, in den Statuten umschriebene Beschlüsse der Gesellschafterversammlung, nicht aber gegen Beschlüsse der Geschäftsführung richten kann[35]. 25

Generell ist festzustellen, dass der Minderheitsgesellschafter im neuen Recht der GmbH durch verschiedene gesetzliche Bestimmungen besser geschützt ist als im alten Recht[36]: Die Gesellschaft kann vorübergehend bis zu 35 % des Stammkapitals eigene Stammanteile erwerben, was das Ausscheiden des Minderheitsgesellschafters erleichtert[37]; den Gesellschafter trifft keine persönliche Haftung mehr[38]; der Gesellschafter haftet nicht solidarisch für die Leistung von Nachschüssen[39]; bei versteckten Gewinnentnahmen kann der Gesellschafter auf Rückerstattung kla- 26

32 Art. 805 Abs. 4 OR; zur Beschlussfassung vgl. nachfolgend § 13 N 88.

33 Art. 809 Abs. 1 OR.

34 Art. 814 Abs. 1 OR.

35 Vgl. nachfolgend § 13 N 79 ff.

36 *Böckli,* Das neue GmbH-Recht.

37 Art. 783 Abs. 2 OR.

38 Art. 794 OR.

39 Art. 795 Abs. 3 OR.

gen[40]; der Gesellschafter kann von den Geschäftsführern Auskunft über alle Angelegenheiten der Gesellschaft verlangen[41]; der Gesellschafter hat das Recht, die Einberufung einer Gesellschafterversammlung zu verlangen und Anträge zu stellen[42]; die Einberufungsfrist für die Gesellschafterversammlung beträgt 20 Tage und kann maximal auf 10 Tage verkürzt werden[43]; für verschiedene wichtige Beschlüsse verlangt das Gesetz die Zustimmung einer qualifizierten Mehrheit[44]; der Gesellschafter hat neu ein Recht auf Anschlussaustritt[45]; tritt ein Mehrheitsgesellschafter aus der Gesellschaft aus, wird ein Teil seiner Forderung auf Abfindung in eine nachrangige unverzinsliche Forderung umgewandelt[46].

§ 12 Grundlagen

I. Worum geht es?

1 Die Rechtsverhältnisse im Gesellschaftsrecht können in einer groben Unterteilung in Beziehungen innerhalb der Gesellschaft und in Beziehungen zwischen der Gesellschaft und Dritten gegliedert werden. Die Beziehungen innerhalb der Gesellschaft sind wiederum gliederbar in Beziehungen zwischen den Mitgliedern und der Gesellschaft und in Beziehungen unter den Gesellschaftern.

2 Bei der einfachen Gesellschaft sowie bei der Kollektiv- und der Kommanditgesellschaft gibt es nur Beziehungen unter den Gesellschaftern, nicht aber zwischen den Gesellschaftern und der Gesellschaft. Demgegenüber gibt es bei der Aktiengesellschaft nur Rechtsbeziehungen zwischen der Aktiengesellschaft und den Aktionären, aber nicht unter den Aktionären direkt. Bei der GmbH gibt es beides: Rechtsbeziehungen unter den Gesellschaftern und Rechtsbeziehungen zwischen den Gesellschaftern und der Gesellschaft.

40 Art. 800 OR i.V. m. Art. 678 Abs. 3 OR.

41 Art. 802 Abs. 1 OR.

42 Art. 805 Abs. 5 OR.

43 Art. 805 Abs. 3 OR, wobei die Gesellschafter im konkreten Einzelfall auf die Einhaltung verzichten können. Vgl. hierzu auch Entscheid des Bundesgerichts 4C.88/2000 vom 27. Juni 2000, E. 2 b.

44 Art. 808b OR.

45 Art. 822a OR.

46 Art. 825a OR.

II. Unterschiede zum Aktienrecht

1. Rechtsbeziehungen unter den Gesellschaftern

Die GmbH unterscheidet sich von der Aktiengesellschaft dadurch, dass auch zwischen ihren Gesellschaftern rechtliche, mehr noch: vertragliche Beziehungen bestehen. Das hat zur Folge, dass Pflichten und Rechte aus dem GmbH-Recht nicht nur gegenüber der GmbH, sondern auch gegenüber den anderen Gesellschaftern bestehen, welche sich ihrerseits direkt auf diese Pflichten und Rechte berufen können. Das ist besonders dann von grosser praktischer Bedeutung, wenn die GmbH darauf verzichtet, bestimmte Ansprüche oder Rechte gegenüber gewissen Mitgliedern geltend zu machen: Wenn beispielsweise der Hauptgesellschafter und Geschäftsführer der GmbH sein Konkurrenzverbot verletzt, dann wird dies zwar aufgrund der Machtverhältnisse innerhalb der GmbH nicht die GmbH geltend machen, möglicherweise aber ein Minderheitsgesellschafter, der ebenfalls aus dem Konkurrenzverbot berechtigt ist und die Verletzung daher direkt gegen seinen Mitgesellschafter geltend machen kann[47]. 3

2. Zulässigkeit gesellschaftsrechtlicher Pflichten gegenüber der GmbH und den anderen Gesellschaftern

Mit der Aussage, dass Vertragsbeziehungen zwischen den Gesellschaftern und zwischen der Gesellschaft und den Gesellschaftern bestehen, ist noch nichts über die Qualität dieser Beziehungen gesagt, d. h., welche Rechte und Pflichten sich aus Gesetz oder Gesellschaftsvertrag ergeben. Auch hier bestehen Unterschiede zwischen der Aktiengesellschaft und der GmbH: Nicht nur, dass in der Aktiengesellschaft vertragliche Pflichten unter den Gesellschaftern gänzlich fehlen, die Pflichten des Aktionärs gegenüber der Gesellschaft beschränken sich auf seine Liberierungspflicht[48]. Ganz anders bei der GmbH: Das Recht der GmbH kennt keine Beschränkung der Beitragspflicht auf den finanziellen Bereich. Vielmehr sieht das Gesetz selber eine ganze Reihe von nicht vermögensmässigen Mitgliedschaftspflichten vor: Die Mitgliedschaft in der GmbH begründet grundsätzlich eine Pflicht zur Geschäftsführung und Vertretung[49]; es besteht eine allgemeine Treuepflicht; die geschäftsführenden Gesellschafter trifft ein Konkurrenzverbot[50]. Die Mitgliedschaft in der GmbH begründet damit zumindest nach der Art weitgehend dieselben nicht 4

[47] Vgl. nachfolgend § 18 N 16 f.

[48] Art. 680 OR.

[49] Art. 809 ff. OR.

[50] Art. 803 OR; Art. 812 OR.

vermögensmässigen Mitgliedschaftspflichten wie die Mitgliedschaft in Personengesellschaften. Dadurch werden die Gesellschafter unter sich und mit der Gesellschaft eng verbunden. Die Verbundenheit unter den Gesellschaftern und mit der Gesellschaft kann zudem weiter verstärkt werden: Das Gesetz erlaubt statutarisch weitere Pflichten, sogenannte Nebenleistungspflichten, zu vereinbaren. Nebenleistungspflichten müssen dem Zweck der Gesellschaft, der Erhaltung ihrer Selbstständigkeit oder der Wahrung der Zusammensetzung des Gesellschafterkreises dienen[51]. In diesem Rahmen sind die Gesellschafter frei, sich in den Grenzen von Art. 27 ZGB statutarisch sowohl gegenüber anderen Gesellschaftern, als auch gegenüber der Gesellschaft zu weiteren Leistungen zu verpflichten. Machen die Gesellschafter von dieser Möglichkeit Gebrauch, bedeutet dies eine Verstärkung der partnerschaftsbezogenen Struktur und damit eine weitere Annäherung an das Recht von Personengesellschaften.

5 In der Zulässigkeit persönlicher gesellschaftsrechtlicher Pflichten liegt einer der grossen Vorteile der GmbH gegenüber der Aktiengesellschaft. Der Aktionärbindungsvertrag[52], der in der Aktiengesellschaft zu diesem Zweck ergänzend beigezogen wird, vermag nie die Wirkungen von statutarischen Pflichten zu erreichen, wie sie in den GmbH-Statuten festgeschrieben werden können. Aktionäre können gesellschaftsrechtlich gültig gegen den Aktionärbindungsvertrag verstossen, und Rechtsnachfolger im Aktionärstatus (zum Beispiel Erben) sind an den Aktionärbindungsvertrag oft überhaupt nicht gebunden. Bei der GmbH bestehen diese Gefahren nicht: Gegen statutarische Pflichten können die Gesellschafter nicht gesellschaftsrechtlich gültig verstossen, und Rechtsnachfolger sind an die statutarischen Pflichten genau gleich gebunden wie die Gesellschafter, die sie beschlossen haben.

§ 13 Die Gesellschafterversammlung

I. Grundlagen

1 Die Entscheide, die innerhalb einer Gesellschaft gefällt werden müssen, lassen sich in zwei Kategorien aufteilen: in wichtige Entscheide, die nur durch die Gesellschafter insgesamt gefällt werden können, und in weniger wichtige Entscheide, die durch diejenigen Gesellschafter gefällt werden können, welche die Geschäfte der Gesellschaft führen.

[51] Botschaft, S. 3161.

[52] Vgl. dazu § 2 N 13 ff.

Das Prinzip ist in allen Gesellschaftsformen das gleiche. Unterschiede bestehen jedoch in der Art und Weise, wie die Kompetenzen zwischen den geschäftsführenden und den nicht geschäftsführenden Gesellschaftern abgegrenzt werden. Die Umsetzung des Prinzips in konkrete Kompetenzabgrenzungsnormen ist von Gesellschaft zu Gesellschaft verschieden. Bei der Aktiengesellschaft beispielsweise ist die Abgrenzung der Kompetenzen zwischen der Mitgliederversammlung (GV) und der Geschäftsführung (VR) eine andere als bei der Kollektivgesellschaft. Bei der Aktiengesellschaft hat der Verwaltungsrat weit reichende Kompetenzen, die in der Kollektivgesellschaft den nicht geschäftsführenden Gesellschaftern zustehen. 2

Die GmbH orientiert sich an den typischen Bedürfnissen in kleineren Unternehmen: Wenn die Statuten nichts anderes vorsehen, gilt der Grundsatz der Selbstorganschaft und die Gesellschafter üben die Geschäftsführung gemeinsam aus[53]. 3

II. Gesellschafterversammlung

1. Funktion und Arten

a) Funktion; Abgrenzung zur Geschäftsführung

Die Gesellschafterversammlung ist oberstes Organ der Gesellschaft[54]. Diese Formulierung findet sich auch in der entsprechenden Vorschrift des Aktienrechts[55], was zur Frage führt, ob auch im GmbH-Recht wie im Aktienrecht die Paritätstheorie[56] gilt oder ob die Gesellschafterversammlung sich – wie man aus dem Wortlaut von Art. 804 Abs. 1 OR: «oberstes Organ» eigentlich zu lesen glaubt – über ihre gesetzlich vorgesehenen Befugnisse[57] hinaus alle Kompetenzen aneignen kann, die sie will (Omnipotenztheorie). Die Botschaft spricht sich für die Paritätstheorie aus: Die Bezeichnung als *oberstes Organ* ist nicht im Sinne einer hierarchischen Überordnung zu verstehen; vielmehr werden damit die der Gesellschafterversammlung zugewiesenen Aufgaben angesprochen[58]. Jedem Organ sind gemäss seiner Funktion spezifische Aufgaben zugewiesen, welche ihm nicht entzogen werden können. 4

[53] Art. 809 Abs. 1 OR.

[54] Art. 804 Abs. 1 OR.

[55] Art. 698 OR; sowie im Genossenschaftsrecht: Art. 879 Abs. 1 OR.

[56] Zum Begriff: *Forstmoser/Meier-Hayoz/Nobel,* Aktienrecht, § 20 N 9.

[57] Vgl. nachfolgend N 33 ff.

[58] Botschaft, S. 3204.

5 Tatsächlich legt Art. 810 OR die Kompetenzen fest, schränkt diese Regelung in Art. 811 OR aber gleich wieder ein: Die Statuten können vorsehen, dass die Geschäftsführer der Gesellschafterversammlung bestimmte Entscheide zur Genehmigung vorlegen müssen bzw. einzelne Fragen zur Genehmigung vorlegen können[59]. Die unentziehbaren und unübertragbaren Aufgaben können nicht dem Genehmigungsvorbehalt unterstellt werden. Zulässig ist es hingegen, beispielsweise wichtige Investitionsentscheide, die Gewährung von Krediten oder auch die Einleitung von Prozessen einem Genehmigungsvorbehalt zu unterstellen[60]. Bei dieser Ausgangslage ist von einem relativierten Paritätsprinzip auszugehen.

6 Gemäss der Botschaft zeitigt die Genehmigung lediglich gesellschaftsintern Wirkung[61]. Extern kann der Geschäftsführer handeln, er darf nur nicht.

7 Art. 811 Abs. 2 OR stellt sodann fest, dass die Haftung der Geschäftsführer trotz einer Genehmigung der Gesellschafterversammlung bestehen bleibt[62]. Die Genehmigung schränkt die Haftung der Geschäftsführer nicht ein. Konkret bedeutet dies was folgt: Unterbreiten die Geschäftsführer der Gesellschafterversammlung einen widerrechtlichen Antrag und stimmt die Gesellschafterversammlung dem Antrag zu, bleiben die Geschäftsführer haftbar; unterbreiten die Geschäftsführer der Gesellschafterversammlung einen korrekten Antrag und lehnt die Gesellschafterversammlung diesen Antrag ab und zwingt dadurch die Geschäftsführer, sich widerrechtlich zu verhalten, ist der Geschäftsführer verpflichtet, den Beschluss zu ignorieren, die Nichtigkeit des entsprechenden Beschlusses gerichtlich feststellen zu lassen oder den Beschluss anzufechten. Der gewählte Geschäftsführer hat sodann die Möglichkeit, von seinem Amt zurückzutreten. Tut er es nicht, stellt sich die Frage der Haftung; das ergibt sich schon aus der Sorgfalts- und Treuepflicht des Geschäftsführers[63]. Gesellschaftsintern kommt der Genehmigungsbeschluss einer Entlastung gleich[64]. In der Literatur wird sodann zu Recht die Frage aufgeworfen, ob aufgrund der Genehmigung durch die Gesellschafterversammlung eine faktische Organschaft und mithin eine Haftung der Gesellschaft oder aller Gesellschafter, die am Beschluss teilgenommen haben, anzunehmen ist[65].

Im Zusammenhang mit der gesetzlichen Kompetenzordnung ist schliesslich auch auf das Vetorecht hinzuweisen: Gemäss Art. 807 OR können die Statuten allen oder einzelnen Gesellschaftern ein Vetorecht gegen bestimmte Beschlüsse der Gesellschafterversammlung einräumen[66].

[59] Art. 811 Abs. 1 Ziff. 1 und Ziff. 2 OR.

[60] *Böckli,* Das neue GmbH-Recht.

[61] Botschaft, S. 3213 f.

[62] Vgl. hierzu eingehend *Forstmoser,* GmbH, S. 559 ff.

[63] Art. 812 Abs. 1 OR.

[64] Botschaft, S. 3213.

[65] *Blanc,* S. 226 ff.

[66] Vgl. nachfolgend N 79 ff.

b) Arten; ordentliche und ausserordentliche Gesellschafterversammlung; Universalversammlung

Die Gesellschafterversammlung kann (und muss) immer dann stattfinden, wenn über ein Thema zu beschliessen ist, das in den Kompetenzbereich der Gesellschafterversammlung fällt[67]. Zwingend vorgeschrieben ist ausserdem die jährlich abzuhaltende ordentliche Gesellschafterversammlung. Wie die ordentliche Generalversammlung der Aktiengesellschaft soll sie spätestens innert sechs Monaten nach Abschluss des Geschäftsjahrs stattfinden[68]. Diese Frist kann statutarisch verkürzt, aber nicht ausgedehnt werden[69]. Die gesetzlich vorgeschriebene Jahresgesellschafterversammlung beschliesst zwingend über die Genehmigung der Jahresrechnung und über die Wahl der Geschäftsführer, wenn deren Amtszeit abgelaufen ist[70]. Neben den genannten können auch andere Themen mit der Jahresversammlung verbunden werden. In der Regel ist das der Fall, sodass oft auf die Durchführung von ausserordentlichen Gesellschafterversammlungen verzichtet werden kann. 9

Mindestens eine Gesellschafterversammlung pro Jahr ist zwingend vorgeschrieben; die Statuten können aber zusätzliche ordentliche Gesellschafterversammlungen vorsehen, was dann sinnvoll sein kann, wenn nicht geschäftsführende Gesellschafter vorhanden sind, die dennoch enger in den Entscheidungsprozess innerhalb der GmbH eingebunden werden sollen. 10

Ausserordentliche Gesellschafterversammlungen werden nach Massgabe der Statuten und bei Bedarf, das heisst, immer dann, wenn innerhalb der GmbH ein Entscheid zu treffen ist, für den die Gesellschafterversammlung zuständig ist, einberufen[71]. 11

Die Eigentümer oder Vertreter sämtlicher Stammanteile können, falls kein Widerspruch erhoben wird, eine Gesellschafterversammlung ohne Einhaltung der für die Einberufung vorgeschriebenen Formvorschriften abhalten. Über die Universalversammlung ist Protokoll zu führen[72]. Die Beschlüsse der Universalversammlung sind nur gültig, wenn sämtliche Stammanteile vertreten sind[73]. Für die Universalversammlung gelten die Bestimmungen des Aktienrechts[74]. 12

[67] Vgl. nachfolgend N 33 ff.

[68] Art. 805 Abs. 2 OR. Beachte: Die gesetzliche Frist ist nicht zwingend. Vgl. Zum Aktienrecht Entscheid des Bundesgerichts 4C.130/2002 vom 12. Februar 2002, E. 2b.

[69] *Truffer/Dubs,* OR, Art. 809 N 7; *von Steiger,* ZK, N 2 zu Art. 809 OR.

[70] Vgl. nachfolgend § 14 N 18 ff.

[71] Art. 805 Abs. 2 OR.

[72] BGE 120 IV 201, E. I.

[73] BGE 123 IV 134 E. b.

[74] Art. 805 Abs. 5 Ziff. 5 OR i.V.m. Art. 701 OR.

2. Einberufung der Gesellschafterversammlung

a) Grundlagen

13 Die Gesellschafterversammlung wird von den Geschäftsführern, nötigenfalls durch die Revisionsstelle, einberufen. Das Einberufungsrecht steht auch den Liquidatoren zu[75]. Was die Einberufung, das Einberufungs- und das Antragsrecht der Gesellschafter, die Verhandlungsgegenstände, die Anträge, die Universalversammlung, die vorbereitenden Massnahmen, das Protokoll, die Vertretung der Gesellschafter und die unbefugte Teilnahme anbelangt, sind die Vorschriften des Aktienrechts entsprechend anwendbar[76].

b) Form

14 Die Einberufung erfolgt normalerweise[77] durch und auf Veranlassung der Geschäftsführer in der in den Statuten vorgeschriebenen Form resp. schriftlich durch eingeschriebenen Brief[78], wenn die Statuten keine Bestimmung enthalten[79]. Bei der Festlegung der Einladungsform ist die Gesellschaft frei; sinnvoll ist in jedem Fall im Gesellschaftsinteresse die Wahl einer Einladungsform, deren Befolgung beweisbar ist. Zulässig ist grundsätzlich auch die Einladung durch Inserat im SHAB oder in einer Tageszeitung[80]; anders als bei der Aktiengesellschaft mit Inhaberaktionären ist diese Einladungsform bei der GmbH allerdings nicht nötig und wenig sinnvoll, weil der Kreis der Gesellschafter der GmbH immer bekannt und ausserdem im Vergleich zur AG für gewöhnlich zahlenmässig eher beschränkt ist.

c) Inhalt der Einladung, ergänzende Anträge

15 Die Einladung hat den Versammlungsort, den Zeitpunkt der Versammlung und die Versammlungsgegenstände zu bezeichnen. Die Vorschriften des Aktienrechts sind entsprechend anwendbar[81]. In der Einberufung sind die Verhandlungsgegenstände sowie die Anträge der Geschäftsführung und der Gesellschafter bekannt zu geben. Nach Ablauf der Einladungsfrist sind Änderungen der Traktanden grundsätzlich nicht zulässig; namentlich können keine Traktanden nachgeschoben werden.

75 Art. 805 Abs. 1 OR.

76 Art. 805 Abs. 5 OR.

77 Ausnahmen: Vgl. nachfolgend N 20 ff.

78 Art. 805 Abs. 5 Ziff. 1 OR i.V.m. Art. 700 Abs. 1 OR bzw. Art. 686 Abs. 1 OR.

79 Art. 805 Abs. 5 Ziff. 1 OR i.V.m. Art. 700 OR.

80 *Truffer/Dubs,* OR, Art. 809 N 23; *von Steiger,* ZK, N 9 zu Art. 809 OR.

81 Art. 805 Abs. 5 Ziff. 2, Ziff. 3, Ziff. 4 OR i.V.m. Art. 699 f. OR.

Blosse Korrekturen und Gegenanträge sind zulässig[82], auch betreffend Statutenänderungen. Da der von der Geschäftsführung vorgeschlagene Statutentext auch in der Versammlung debattiert und in abgeänderter Form beschlossen werden kann[83], darf ein ausformulierter Gegenantrag den Gesellschaftern auch noch nach Ablauf der Einladungsfrist vorgelegt werden[84]. Die Situation ist also anders als bei den ergänzenden Traktanden, mit denen neue Themen in die Gesellschafterversammlung eingebracht werden[85].

d) Zeitpunkt der Einladung

Die Einladung hat 20 Tage vor dem Versammlungstermin stattzufinden. Die Statuten können diese Frist verlängern oder bis auf 10 Tage verkürzen[86]. Der Termin des Versands der Einladung soll dabei derart bemessen werden, dass die Einladung 20 Tage vor der Versammlung bei den Gesellschaftern eintrifft; dabei ist der übliche Postlauf massgebend, scheitert die rechtzeitige Zustellung der Einladung an der Post, kann die Gesellschafterversammlung gültig beschliessen[87]. 16

e) Traktandierungsrecht

Laden die Geschäftsführer zur Gesellschafterversammlung, bestimmen diese Ort, Zeitpunkt und Traktanden der Sitzung. Gesellschafter, die insgesamt 10% des Stammkapitals vertreten, haben das Recht, zusätzliche Traktanden einzubringen[88]. Dieses Recht wirkt allerdings nur, wenn das Traktandierungsbegehren derart früh bei der Geschäftsführung eingeht, dass das zusätzliche Traktandum den Gesellschaftern unter Einhaltung der gesetzlichen oder statutarischen Einladungsfrist mitgeteilt werden kann. Reicht die Frist nicht mehr, bleibt nur noch die Durchführung einer zweiten Gesellschafterversammlung, auf welche die Gesellschafter, die das Traktandierungsrecht ausübten, ebenfalls einen Anspruch haben[89]. 17

82 Vgl. zur Modifikation von Verhandlungsgegenständen BGE 121 III 424, E. a.

83 *Wohlmann,* GmbH, S. 100 f.; *Janggen/Becker,* BK, N 11 zu Art. 809.

84 Anders jedoch selbstverständlich bei der schriftlichen Urabstimmung, wo keine Diskussion mehr stattfinden kann und der Gegenantrag den Gesellschaftern noch fristgerecht vor der Abstimmung zugestellt werden muss; vgl. *Truffer/Dubs,* OR, Art. 809 N 27; *Janggen/Becker,* BK, N 11 zu Art. 809 OR; *von Steiger,* ZK, N 15 zu Art. 809 OR.

85 Vgl. nachfolgend N 55 ff.

86 Art. 805 Abs. 3 OR.

87 *Janggen/Becker,* BK, N 10 zu Art. 809 OR; *Truffer/Dubs,* OR, Art. 809 N 29.

88 Art. 805 Abs. 5 Ziff. 2 OR i.V.m. Art. 699 OR.

89 Vgl. nachfolgend N 20 ff.

f) Rechtsfolgen bei Verletzung von Einladungsvorschriften

18 Grundsätzlich führt die Verletzung der Vorschriften über die Einberufung der Gesellschafterversammlung nicht zur Nichtigkeit, sondern zur Anfechtbarkeit der Beschlüsse[90]. Das Recht auf Anfechtung verwirkt innert zwei Monaten nach der Beschlussfassung[91]. Werden die Einberufungsvorschriften fundamental und inhaltlich schwerwiegend verletzt, führt dies zur Nichtigkeit der gefassten Beschlüsse. Die Einberufung ohne Angabe von Verhandlungsgegenständen, ohne Angabe von Ort, Tag und Zeitpunkt der Versammlung oder auch die klare Nichteinhaltung der Bestimmung über die rechtzeitige Einberufung der Gesellschafterversammlung führt beispielsweise zu nichtigen Beschlüssen[92]. Nichtigkeit wird sodann immer dann anzunehmen sein, wenn der Gesellschafter als Folge der Verletzung der Vorschriften über die Einberufung der Gesellschafterversammlung in seinem Recht auf Teilnahme und Mitwirkung an der Gesellschafterversammlung erheblich beeinträchtigt wird. Beim Fehlen von Anträgen der Geschäftsführer dürfte dies in der Regel der Fall sein.

19 Vorbehalten bleibt stets die Universalversammlung, an der alle Gesellschafter widerspruchslos teilnehmen[93].

g) Einberufung auf Begehren von Gesellschaftern

20 Auf Verlangen von Gesellschaftern, die mindestens 10% der Stammanteile auf sich vereinigen, muss die Geschäftsführung eine ausserordentliche Gesellschafterversammlung einberufen[94]. Massgebend ist das gezeichnete Stammkapital; irrelevant sind die Stimmrechtsverhältnisse[95]. Die Bestimmung ist einseitig zwingend; die Statuten können die 10%-Limite senken, aber nicht erhöhen[96].

21 Das Begehren um Durchführung einer Gesellschafterversammlung ist schriftlich unter Angabe der Traktanden und der Anträge an die Geschäftsführung zu richten[97]. Das Recht, die Einberufung einer Gesellschafterversammlung zu verlangen,

[90] Zum Aktienrecht vgl. *Böckli,* Aktienrecht, § 12 N 110.

[91] 808c OR i.V.m. Art. 706a OR.

[92] Zum Aktienrecht vgl. *Böckli,* Aktienrecht, § 12 N 111 ff.

[93] *Janggen/Becker,* BK, N 1 zu Art. 809.

[94] Art. 805 Abs. 5 Ziff. 2 OR i.V.m. Art. 699 OR.

[95] Also die Frage, ob der einberufende Gesellschafter an der Versammlung stimmberechtigt ist; vgl. *Truffer/Dubs,* OR, Art. 809 N 11 f.

[96] *Janggen/Becker,* BK, N 7 zu Art. 809 OR. Beachte: Das Recht, anlässlich der Versammlung im Rahmen der traktandierten Verhandlungsgegenstände Anträge zu stellen, besteht unabhängig vom Umfang der Beteiligung. Vgl. so auch *Truffer/Dubs,* OR, Art. 809 N 14.

[97] Beachte: Unter neuem Recht sind die Anträge analog zum Aktienrecht bereits im Begehren um Einberufung zu formulieren. Vgl. Art. 805 Abs. 5 OR i.V.m. Art. 699 Abs. 3 OR.

besteht auch dann, wenn aufgrund der Statuten für das traktandierte Thema die Urabstimmung vorgeschrieben ist[98]; allerdings kann an dieser Versammlung nur entschieden werden, wenn alle Gesellschafter anwesend sind und der mündlichen Beschlussfassung zustimmen; ansonsten dient sie lediglich der Erörterung.

Die Gesellschafter, die das Begehren auf Abhaltung einer Gesellschafterversammlung stellen, können die Gesellschafterversammlung nicht selber einberufen, sondern haben die Einberufung bei den Geschäftsführern zu veranlassen. 22

Die Geschäftsführung muss dem Gesuch nachkommen, wenn die formellen Voraussetzungen erfüllt sind. Die Geschäftsführung ist nicht berechtigt, darüber zu entscheiden, ob die beantragten Traktanden sinnvoll sind oder nicht. Wenn sich die Geschäftsführer weigern, dem Begehren innert angemessener Frist nachzukommen, bleibt nur der Gang zum Richter[99]. 23

Im Falle seiner Geltendmachung vor Gericht wird der Antrag auf Einberufung einer Generalversammlung lediglich darauf hin geprüft, ob die formellen Voraussetzungen erfüllt sind. Ob eine bestimmte Frist angemessen ist, ist eine Ermessensfrage. Eine Vertröstung bis zur nächsten ordentlichen Generalversammlung in vier bis sechs Monaten ist als nicht mehr angemessen zu betrachten. Der Vorsitzende, der ein formell korrektes Gesuch um Einberufung einer Generalversammlung ablehnt, hat für die Kostenfolgen der deswegen angehobenen Traktandierungsklage einzustehen[100]. 24

h) Einberufung durch die Revisionsstelle, den Richter oder die Gesellschafterversammlung

Es ist denkbar, dass die Geschäftsführung ihrer Pflicht, die Gesellschafterversammlung einzuberufen, nicht nachkommt. In diesen Ausnahmefällen kann die Gesellschafterversammlung auch durch die Revisionsstelle oder den Richter einberufen werden. Die Revisionsstelle kann die Gesellschafterversammlung nach den analog anwendbaren Bestimmungen des Aktienrechts einberufen, wenn ihre Durchführung nötig ist, damit die Revisionsstelle ihre Funktion ausüben kann[101], wobei sie über die Notwendigkeit grundsätzlich nach eigenem Ermessen entscheidet[102]. Das ist insbesondere dann der Fall, wenn die Geschäftsführer sich weigern, die ordentliche Gesellschafterversammlung durchzuführen, oder wenn die Revisionsstelle feststellt, dass aufgrund der Bestimmungen über den Schutz des Stammkapitals 25

98 Vgl. nachfolgend N 88.

99 Vgl. nachstehend § 34 N 22 f.

100 Vgl. So für die Genossenschaft, Entscheid des Bundesgerichts 4C.272/2001 vom 4. Juni 2002, E. 5.

101 *Truffer/Dubs,* OR, Art. 809 N 16.

102 *Von Steiger,* ZK, N 5 f. zu Art. 809 OR.

eine Gesellschafterversammlung einberufen werden müsste. Die Einberufung der Gesellschafterversammlung ist nicht nur eine Befugnis, sie ist auch eine Pflicht; die Revisionsstelle kann verantwortlich werden, wenn sie diese verletzt.

26 Wie bereits erwähnt, können Gesellschafter, die insgesamt 10 % des Stammkapitals auf sich vereinen, die Einberufung einer Gesellschafterversammlung verlangen[103]; kommen die Geschäftsführer diesem Anliegen nicht nach, bleibt den Gesellschaftern nur der Gang zum Richter am Sitz der Gesellschaft[104]. Der Richter hat die Gesellschafterversammlung einzuberufen, wenn die Gesellschafter die objektiven Klagevoraussetzungen nachweisen[105] und glaubhaft machen, dass die Gesellschaft ihrem Begehren innert vernünftiger Frist nicht nachgekommen ist. Die kantonalen Prozessrechte sehen dafür in der Regel das summarische Verfahren vor[106].

27 Die Gesellschafterversammlung kann sich auch anlässlich einer ordentlichen oder ausserordentlichen Gesellschafterversammlung selber einberufen[107]. Über den entsprechenden Antrag, über den abgestimmt werden kann, auch wenn er nicht traktandiert ist, entscheidet gemäss dispositivem Gesetzesrecht die absolute Mehrheit der vertretenen Stimmen. Andere statutarische Quoren sind zulässig[108].

i) Prüfung der Legitimation zur Teilnahme an der Gesellschafterversammlung

28 Die Legitimation der Gesellschafter ergibt sich aus dem Anteilsbuch am Stichtag. Der Stichtag ergibt sich entweder aus den Statuten oder – wenn die Statuten sich hierzu nicht äussern – aus dem sachlich begründeten Ermessen der Geschäftsführer[109]. Der Eintrag ist für die Gesellschaft grundsätzlich verbindlich. Nur wenn begründete Zweifel bestehen, kann die Gesellschaft weitere Nachweise verlangen[110].

103 Art. 805 Abs. 5 Ziff. 2 OR i.V.m. Art. 699 OR. Vgl. Hierzu vorangehend N 20 ff.

104 *Truffer/Dubs,* OR, Art. 809 N 19; zur Traktandierungsklage vgl. Art. 699 Abs. 4 OR sowie *Forstmoser/Meier/Hayoz/Nobel,* Aktienrecht, § 23 N 31 ff.

105 Der Gesellschafter muss nachweisen, dass die formellen Voraussetzungen von Art. 699 Abs. 3 erfüllt sind; dass tatsächlich ein Begehren an die Geschäftsführer gestellt wurde; dass innert Frist dem Begehren nicht entsprochen wurde. Vgl. hier nachfolgend § 34 N 22 f.

106 So z. B. in Zürich: Einzelrichter im summarischen Verfahren, vgl. § 219 Ziff. 17 ZPO; in Luzern: Amtsgerichtspräsident im summarischen Verfahren, vgl. § 7 Abs. 1 lit. b ZPO i.V.m. § 225 Abs. 1 ZPO i.V.m. § 2 Ziff. 62 Grossratsbeschluss über die Anwendung des summarischen Verfahrens bei bundesrechtlichen Zivilstreitigkeiten.

107 *Wohlmann,* GmbH, S. 100.

108 Art. 808 OR; wobei allerdings zu beachten ist, dass eine Verschärfung des Quorums nur beschränkt Wirkung zeitigt, da 10 % des Stammkapitals ohnehin schriftlich die Einberufung einer Gesellschafterversammlung verlangen (und wenn nötig gerichtlich durchsetzen) können.

109 Zum Aktienrecht vgl. *Böckli,* Aktienrecht, § 12 N 125.

110 Vgl. zur Vertretung in der Gesellschafterversammlung nachfolgend N 77.

Der Vorsitzende ist verpflichtet, die Stimmberechtigung der Gesellschafter sorgfältig abzuklären. Tut er es nicht, haftet er für die Kostenfolgen der deswegen angehobenen Anfechtungsklage[111]. 29

j) Das Begehren, eine Sonderprüfung durchzuführen

Das Recht der GmbH kennt die Sonderprüfung nicht. Zulässig ist hingegen die statutarische Einführung des Rechts auf Sonderprüfung[112]. Dabei ist zu beachten, dass die Sonderprüfung nicht die Überprüfung eines bestimmten Verhaltens bezweckt, sondern der Feststellung eines bestimmten Sachverhaltes, sprich der Sachverhaltsermittlung, dient[113]. Die Sonderprüfung ist kein vorgezogenes Beweisverfahren; den Ergebnissen der Sonderprüfung kommt keine Beweiskraft zu[114]. 30

Ist das Recht, eine Sonderprüfung zu verlangen, in den Statuten verankert und verlangt ein Gesellschafter die Durchführung einer Sonderprüfung, ist dieses Begehren von den Geschäftsführern bei der Einberufung der Gesellschafterversammlung bekannt zu geben. Das Begehren ist als eigenes Traktandum der Gesellschafterversammlung vorzulegen. Liegt der Bericht der Sonderprüfung vor, ist die Geschäftsführung verpflichtet, diesen der Gesellschafterversammlung vorzulegen. Der Bericht ist am Sitz der Gesellschaft zur Einsicht aufzulegen oder der Gesellschafterversammlung als Orientierungstraktandum zu unterbreiten. Wird der Bericht der Sonderprüfung eigens traktandiert, muss die Geschäftsführung zuhanden der Gesellschafterversammlung einen Antrag zur Beschlussfassung unterbreiten. 31

Liegt der Bericht vor, hat der Gesellschafter das Recht, Ergänzungsfragen zu stellen und damit eine Ausweitung der Sonderprüfung zu bewirken. Allerdings dienen Ergänzungsfragen lediglich dazu, Lücken und Mängel im Bericht aufzudecken, die der Zielverwirklichung der Sonderprüfung entgegenstehen. Können die Ergänzungsfragen nicht beantwortet werden, muss der Sonderprüfer seine Tätigkeit nochmals aufnehmen und den überarbeiteten Bericht der Gesellschafterversammlung nochmals vorlegen[115]. 32

111 Vgl. So für die Genossenschaft, Entscheid des Bundesgerichts 4C.272/2001 vom 4. Juni 2002, E. 4.

112 Die Statuten können beispielsweise Folgendes vorsehen: *«Jeder Gesellschafter kann der Gesellschafterversammlung beantragen, bestimmte Sachverhalte durch eine Sonderprüfung abklären zu lassen, sofern dies zur Ausübung seiner Mitgliedschaftsrechte erforderlich ist und er das Recht auf Auskunft und Einsicht bereits ausgeübt hat. Das Verfahren richtet sich nach den Bestimmungen des Aktienrechts.»*

113 BGE 123 III 268, E. a. Folgerichtig wird die Sonderprüfung im Vorentwurf über die Revision des Aktien- und Rechnungslegungsrechts in Sonderuntersuchung umbenannt. Vgl. hierzu *Böckli,* Zum Vorentwurf, S. 8.

114 *Böckli,* Aktienrecht, § 16 N 73 f.

115 Vgl. hierzu eingehend Entscheid des Bundesgerichts 4P.183/2005 vom 2. November 2005, E. 3.3. Sowie zur Interessenabwägung zwischen dem Geheimhaltungsinteresse der Gesellschaft und dem

3. Befugnisse und Aufgaben der Gesellschafterversammlung

33 Die Befugnisse der Gesellschafterversammlung entsprechen weitgehend denjenigen der Generalversammlung im Aktienrecht. Ihre gesetzlichen Aufgaben sind bis auf eine Ausnahme[116] nicht an andere Organe der GmbH übertragbar.

a) Änderung der Statuten; Änderung des Gesellschaftszwecks

34 Statutenänderungen können nur durch die Gesellschafterversammlung beschlossen werden[117]. Das gilt nicht nur für formelle Statutenänderungen, sondern auch für die materielle Änderung des Gesellschaftszweckes. Für Geschäfte, welche den Gesellschaftszweck materiell ändern[118], ist die Geschäftsführung nicht zuständig; vielmehr muss darüber im für Statutenänderungen vorgeschriebenen Verfahren beschlossen werden. Vorbehalten bleibt die Anpassung der Statuten anlässlich der Kapitalerhöhung durch die Geschäftsführer[119].

b) Bestellung und Abberufung von Geschäftsführern

35 Gemäss Art. 804 Abs. 2 Ziff. 2 OR ist die Gesellschafterversammlung zur Bestellung und Abberufung der Geschäftsführer zuständig. Dies gilt jedoch nur, wenn von der dispositiven gesetzlichen Ordnung der Selbstorganschaft statutarisch abgewichen und die Wahl der Geschäftsführer durch die Gesellschafterversammlung vorgesehen wird[120].

c) Bestellung und Abberufung der Revisionsstelle bzw. des Konzernprüfers

36 Die Gesellschafterversammlung ist für die Bestellung und Abberufung der Revisionsstelle zuständig[121]. Die Bestellung und Abberufung der Konzernprüfer liegt in der Kompetenz der Gesellschafterversammlung der Muttergesellschaft.

Informationsinteresse der Gesellschafter vgl. Entscheid des Bundesgerichts 4C.165/2004 vom 30. Juli 2004, E. 6.

116 Art. 804 Abs. 3 OR: Ernennung von Direktoren, Prokuristen und Handlungsbevollmächtigten.

117 Art. 804 Abs. 2 Ziff. 1 OR.

118 Z. B. die Aufgabe der Produktion und die Beschränkung auf den reinen Handel.

119 Art. 781 Abs. 5 Ziff. 5 OR i.V.m. Art. 652g OR.

120 Art. 809 Abs. 1 OR.

121 Art. 804 Abs. 2 Ziff. 3 OR.

d) Genehmigung des Jahresberichts und der Konzernrechnung

Im Jahresbericht äussert sich die Geschäftsführung über den Geschäftsverlauf des vergangenen Jahres sowie die wirtschaftliche und finanzielle Lage der Gesellschaft[122]. Gemäss Art. 804 Abs. 2 Ziff. 4 OR genehmigt die Gesellschafterversammlung den durch die Geschäftsführung erstellten Jahresbericht sowie gegebenenfalls die Konzernrechnung. 37

e) Genehmigung der Jahresrechnung; Beschlussfassung über die Verwendung des Bilanzgewinnes

Die Genehmigung der Jahresrechnung und der Beschluss über die Verwendung des Bilanzgewinnes, insbesondere die Festsetzung der Dividende sowie gegebenenfalls der Tantiemen, sind obligatorische Traktanden der ordentlichen Gesellschafterversammlung[123]. Diese kann unabhängig von den Anträgen der Geschäftsführer im Rahmen der gesetzlichen Vorschriften über die Verwendung des Gewinnes beschliessen. Beschliessen die Gesellschafter eine widerrechtliche Gewinnentnahme, bleibt dem Geschäftsführer der nicht verantwortlich werden will, nur den Beschluss zu ignorieren, die Anfechtungsklage sowie allenfalls der Rücktritt aus der Geschäftsführung[124]. Die Geschäftsführung darf den Beschluss über eine widerrechtliche Gewinnentnahme nicht mit dem Hinweis vollziehen, dass sie an Entscheide der Gesellschafterversammlung gebunden sei[125]. 38

f) Festsetzung der Entschädigung der Geschäftsführer

Die Entschädigung der Geschäftsführer wird durch die Gesellschafterversammlung festgelegt[126]. Die Bestimmung gewährleistet transparente Verhältnisse und beabsichtigt, Interessenkonflikte zu vermeiden. 39

g) Entlastung

Gemäss Art. 804 Abs. 2 Ziff. 7 OR liegt es in der Kompetenz der Gesellschafterversammlung, die Geschäftsführer zu entlasten[127]. Mit dem Beschluss über die Jahresrechnung erfolgt auch der Beschluss über die Entlastung der Geschäftsführer 40

[122] Vgl. nachfolgend § 14 N 8.
[123] Art. 804 Abs. 2 Ziff. 5 OR.
[124] Zur verdeckten Gewinnausschüttung vgl. § 8 N 30 f.
[125] Zur Verantwortlichkeit vgl. § 25 N 19 ff.
[126] Art. 804 Abs. 2 Ziff. 6 OR.
[127] Vgl. hierzu nachfolgend § 25 N 111 ff.

(Décharge). Der Beschluss kann sich auf die Geschäftsführung als Ganzes oder auf einzelne Personen beziehen. Der Konnex zwischen den beiden Themen Jahresrechnung und Entlastung geht so weit, dass teilweise die Ansicht vertreten wird, die vorbehaltslose Genehmigung der Jahresrechnung und des Geschäftsberichts umfasse vermutungsweise auch die Entlastung der Geschäftsführer; dies zumindest dann, wenn über die Décharge nicht getrennt abgestimmt wird[128]. Der Konnex ist u. E. nicht zwingend. Die Genehmigung der Rechnung ohne Entlastung der Geschäftsführer ist ebenso möglich wie das Umgekehrte[129].

41 Der Entlastungsbeschluss betrifft den Zeitraum des jeweiligen Geschäftsjahres. Wirken sich allfällige Pflichtverletzungen erst später aus, ist dies für die Entlastung nicht relevant. Die Handlungen werden vom Entlastungsbeschluss erfasst[130].

42 Der Entlastungsbeschluss bezieht sich nicht auf Tatsachen, die der Gesellschafterversammlung im Zeitpunkt der Entlastung nicht bekannt waren und auch bei Anwendung der gebotenen Sorgfalt nicht hätten bekannt sein müssen[131]. Werden Tatsachen täuschend dargestellt oder wird deren Tragweite bewusst heruntergespielt, ist keine Entlastung anzunehmen. Andererseits ist es nicht relevant, ob der Gesellschafter bekannt gegebene Tatsachen tatsächlich zur Kenntnis genommen hat[132].

43 Beim Beschluss über die Entlastung haben Personen, die in irgendeiner Weise an der Geschäftsführung teilgenommen haben, kein Stimmrecht[133]. Der Ausschluss vom Stimmrecht gilt auch für die Beteiligung, die der geschäftsführende Gesellschafter vertritt[134]. Der betroffene Geschäftsführer darf sich jedoch äussern und Anträge stellen[135]. Die Ausstandspflicht ist Folge einer Sonderregel für den Entlastungsbeschluss[136]. An anderen Beschlüssen, die einzelne Gesellschafter besonders betreffen, dürfen diese grundsätzlich mitwirken[137].

[128] *Von Steiger,* ZK, N 13 zu Art. 810 OR. Zumindest gegen eine generelle Vermutung *Truffer/Dubs,* OR, Art. 810 N 19. Zum Interessenkonflikt vgl. § 14 N 82 ff.

[129] *Janggen/Becker,* BK, N 7 zu Art. 810 OR.

[130] Entscheid des Bundesgerichts 4C.107/2005 vom 29. Juni 2005, E. 4.2.

[131] BGE 95 II 327.

[132] Entscheid des Bundesgerichts 4C.107/2005 vom 29. Juni 2005, E. 3.2.

[133] Art. 806a Abs. 1 OR.

[134] BGE 128 III 142 ff.

[135] *Forstmoser,* Verantwortlichkeit, N 434.

[136] Art. 806a Abs. 1 OR.

[137] Art. 806a Abs. 1 OR ist als Ausnahme anzusehen, die nicht analog sondern e contrario auszulegen ist. Vgl. *Janggen/Becker,* BK, N 15f. zu Art. 808; *Wohlmann,* GmbH, Seite 106. Zum Interessenkonflikt vgl. nachfolgend § 14 N 82 ff.

h) Zustimmung zur Abtretung von Stammanteilen

Die Gesellschafterversammlung entscheidet über die Zustimmung zur Abtretung von Stammanteilen sowie über die Anerkennung des Erwerbers als stimmberechtigten Gesellschafter[138]. 44

i) Zustimmung zur Bestellung eines Pfandrechts an Stammanteilen

Sehen die Statuten vor, dass die Bestellung eines Pfandrechts an den Stammanteilen der Zustimmung der Gesellschaft bedarf, ist hierfür die Gesellschafterversammlung zuständig[139]. 45

j) Ausübung statutarischer Vorhand-, Vorkaufs- oder Kaufsrechte

Ist die Gesellschaft Berechtigte statutarischer Vorhand-, Vorkaufs- oder Kaufsrechte, entscheidet die Gesellschafterversammlung über deren Ausübung[140]. 46

k) Erwerb eigener Stammanteile

Die Geschäftsführer bedürfen für den Erwerb eigener Stammanteile einer Ermächtigung durch die Gesellschafterversammlung[141]. Werden eigene Stammanteile ohne entsprechende Ermächtigung erworben, kann die Gesellschafterversammlung nachträglich ihre Genehmigung erteilen. Gemäss Art. 783 Abs. 2 OR können bis zu 35 % des Stammkapitals als eigene Stammanteile erworben werden. Da dies zu einer wesentlichen Verschiebung der Beherrschungsverhältnisse führen kann, bedarf die Geschäftsführung für den Erwerb eigener Stammanteile einer Ermächtigung. Erteilt die Gesellschafterversammlung eine Ermächtigung, ist darin sachnotwendigerweise auch die Zustimmung zur Abtretung der Stammanteile an die Gesellschaft eingeschlossen[142]. 47

138 Vgl. nachfolgend § 19 N 28 ff.

139 Art. 804 Abs. 2 Ziff. 9 OR.

140 Art. 804 Abs. 2 Ziff. 10 OR.

141 Art. 804 Abs. 2 Ziff. 11 OR.

142 Botschaft, S. 3206.

l) Regelung von Nebenleistungspflichten

48 Die nähere Regelung von Nebenleistungspflichten obliegt der Gesellschafterversammlung[143]. Erfolgt die nähere Regelung im Rahmen eines Reglements[144], bedarf auch dieses der Genehmigung durch die Gesellschafterversammlung. Zu beachten ist, dass Nebenleistungspflichten nur zulässig sind, soweit sie dem Zweck der Gesellschaft, der Erhaltung ihrer Selbstständigkeit oder der Wahrung der Zusammensetzung der Gesellschafter dienen, wobei die nachträgliche Einführung oder Erweiterung stets der Zustimmung aller betroffenen Gesellschafter bedarf[145].

m) Zustimmung zu konkurrenzierenden Tätigkeiten

49 Gemäss Art. 803 Abs. 3 OR sowie Art. 812 Abs. 2 OR bedürfen Geschäftsführer für Tätigkeiten, die gegen die Treuepflicht oder ein allfälliges Konkurrenzverbot verstossen, grundsätzlich der Zustimmung aller übrigen Gesellschafter. Falls die Statuten dies vorsehen, kann die Gesellschafterversammlung zur Erteilung der Zustimmung für zuständig erklärt werden[146].

n) Antrag auf Ausschluss eines Gesellschafters; Ausschluss eines Gesellschafters

50 Die Gesellschaft kann beim Gericht auf Ausschluss eines Gesellschafters klagen, wenn dafür ein wichtiger Grund vorliegt. Ob eine Klage auf Ausschluss eingereicht werden soll, entscheidet die Gesellschafterversammlung[147]. Sehen die Statuten besondere Ausschlussgründe vor, entscheidet die Gesellschafterversammlung mit qualifizierter Mehrheit über den Ausschluss[148].

[143] Art. 804 Abs. 2 Ziff. 12 OR.
[144] Art. 796 Abs. 3 OR.
[145] Botschaft, S. 3161.
[146] Art. 804 Abs. 2 Ziff. 13 OR.
[147] Art. 804 Abs. 2 Ziff. 14 OR. Zum Ausschluss aus der Gesellschaft vgl. nachfolgend § 19 N 11 ff.
[148] Art. 804 Abs. 2 Ziff. 15 OR i.V.m. Art. 823 Abs. 1 und Abs. 2 OR.

o) Auflösung der Gesellschaft

Die Gesellschafterversammlung kann mit qualifizierter Mehrheit die Auflösung beschliessen[149]. Der Beschluss ist öffentlich zu beurkunden[150]. Vorbehalten bleibt die Auflösung durch den Entscheid einer Behörde oder des Richters[151]. 51

p) Genehmigung von Geschäften der Geschäftsführung

Gemäss Art. 811 OR können die Statuten vorsehen, dass die Geschäftsführer bestimmte Entscheide der Gesellschafterversammlung zur Genehmigung vorlegen müssen. Sehen die Statuten ein Genehmigungserfordernis vor, begründet dies die Zuständigkeit der Gesellschafterversammlung[152]. 52

q) Weitere Befugnisse

Gemäss Art. 805 Abs. 2 Ziff. 18 OR ist die Gesellschafterversammlung für alle weiteren Fragen zuständig, die ihr vom Gesetz oder von den Statuten vorbehalten werden. Die Aufzählung der Kompetenzen in Art. 804 OR ist dementsprechend nicht abschliessender Natur[153]. 53

4. Die Durchführung der Gesellschafterversammlung

a) Konstituierung, Vorsitz

Wenn die Statuten die Art der Durchführung der Gesellschafterversammlung nicht regeln, konstituiert sich die Gesellschafterversammlung selbst[154] und wählt den Vorsitzenden, den Sekretär und die Stimmenzähler. Als Sekretär und Stimmenzähler, nicht aber als Vorsitzender[155] sind auch Dritte wählbar, die nicht Gesellschafter sind[156]. 54

[149] Art. 804 Abs. 2 Ziff. 16 OR.

[150] Art. 821 Abs. 2 OR.

[151] Art. 731b OR i.V.m. Art. 819 OR bzw. Art. 821 OR.

[152] Art. 804 Abs. 2 Ziff. 17 OR.

[153] Botschaft, S. 3206.

[154] *Truffer/Dubs,* OR, Art. 809 N 33.

[155] *Wohlmann,* GmbH, S. 101.

[156] *Truffer/Dubs,* OR, Art. 809 N 33.

b) Leitung der Versammlung

55 Der Vorsitzende leitet die Versammlung. Er eröffnet und schliesst die Versammlung, erteilt und entzieht das Wort, bestimmt die Reihenfolge der Traktanden und formuliert die Anträge, er stellt den Abschluss der Diskussion fest und sorgt für die korrekte Beschlussfassung. Der Vorsitzende hat das Gleichheitsgebot, die Verhältnissmässigkeit und die Entscheidungseffizienz zu beachten[157]. Der Vorsitzende kann jederzeit die Versammlung unterbrechen, eine Sitzung der Geschäftsführung einberufen und diese sofort abhalten. In besonderen Fällen kann der Vorsitzende die Gesellschafterversammlung abbrechen. Der Vorsitzende darf sodann die Redezeit beschränken und bei ehrverletzenden oder nicht zum Thema gehörenden Äusserungen das Wort entziehen[158]. Von absoluten Ausnahmefällen abgesehen, erscheint es uns hingegen nicht zulässig, einen Gesellschafter von der Versammlung auszuschliessen, zumal das Recht auf Stimmabgabe unentziehbar ist[159]. In jedem Fall ist dem ausgeschlossenen Gesellschafter die Möglichkeit zu geben, sich durch eine Person seines Vertrauens vertreten zu lassen.

56 Der Gesellschafter ist befugt, sich anlässlich der Gesellschafterversammlung zu den traktandierten Themen zu äussern. Der Gesellschafter ist grundsätzlich selbst dann befugt, sich zu einem Traktandum zu äussern, wenn er selber vom Stimmrecht ausgeschlossen ist[160]. Das Recht zur Meinungsäusserung ist den Gesellschaftern gleichmässig zu gewähren. Über das Meinungsäusserungsrecht hinaus steht dem Gesellschafter sodann im Rahmen der traktandierten Themen ein Recht zur Antragsstellung zu.

57 Der Vorsitzende ist befugt, die Anträge effizient zu strukturieren. Zwar hat der Gesellschafter einen Anspruch darauf, dass über seine Anträge zu einem bestimmten Traktandum abgestimmt wird; der Vorsitzende ist aber berechtigt und verpflichtet, einen unklaren Antrag in eine klare Form und sodann zur Abstimmung zu bringen[161]. Lediglich wenn der Antrag eindeutig sachwidrig, rechtswidrig oder missbräuchlich ist, ist er als unzulässig zu erklären[162]. Zulässig ist es, wenn mehrere Anträge mit abweichenden Einzelheiten vorliegen, lediglich über die Grundsatzfrage als solche abzustimmen. Ordnungsanträge der Gesellschafter sind grundsätzlich immer möglich. Zulässig ist insbesondere auch der Ordnungsantrag, auf ein

[157] Zum Aktienrecht vgl. *Böckli,* Aktienrecht, § 12 N 173 ff.

[158] Zum Aktienrecht vgl. *Forstmoser/Meyer-Hayoz/Nobel,* Aktienrecht, § 23 N 101.

[159] Vgl. a.M. *Truffer/Dubs,* OR, Art. 809 N 34; *Forstmoser/Meyer-Hayoz/Nobel,* Aktienrecht, § 23 N 101.

[160] Vgl. so auch zum Aktienrecht *Forstmoser/Meyer-Hayoz/Nobel,* Aktienrecht, § 23 N 105. Beachte aber die Pflicht zur Offenlegung des Interessenkonflikts, vgl. nachfolgend § 14 N 82 ff.

[161] Art. 805 Abs. 5 OR; sowie hierzu eingehend *Böckli,* Aktienrecht, § 12 N 178 ff.

[162] Zum Aktienrecht vgl. *Böckli,* Aktienrecht, § 12 N 178 f. sowie zur Leitung der Versammlung generell *Kneta,* N 554 ff.

traktandiertes Thema nicht einzutreten, was die Gesellschafterversammlung ohne Weiteres beschliessen kann.

Der Vorsitzende ist verpflichtet, die Stimmberechtigung der Gesellschafter sorgfältig abzuklären. Tut er es nicht, haftet er für die Kostenfolgen der deswegen angehobenen Anfechtungsklage[163]. 58

c) Protokoll

Das Recht der GmbH verweist für die Führung eines Protokolls auf die Bestimmungen des Aktienrechts[164]. Das Aufnehmen der Verhandlung ist nur im Rahmen von Art. 179bis StGB zulässig[165]. Das Protokoll hat Aufschluss über alle Anträge und Entscheide, über alle an die Geschäftsführung gerichteten Auskunftsbegehren und die Antworten darauf und über die vertretenen Stimmen und die Stimmenverhältnisse zu geben. Die Diskussionen müssen grundsätzlich nicht protokolliert werden, es sei denn, dies sei zum Zwecke der Nachvollziehbarkeit der Beschlussfassung notwendig. Aus Beweisgründen ist es sodann zweckmässig, ausdrücklich für das Protokoll gemachte Aussagen von Gesellschaftern auch zu protokollieren. 59

d) Die Informationspflicht in der Gesellschafterversammlung

Im neuen Recht ist der Umfang der Auskunfts- und Einsichtsrechte nicht mehr davon abhängig, ob die GmbH über eine Revisionsstelle verfügt[166]. 60

Die Geschäftsführer sind gegenüber dem Gesellschafter und gegenüber der Gesellschafterversammlung zur Auskunft über sämtliche Angelegenheiten der Gesellschaft verpflichtet[167]. Das Auskunftsrecht kann jederzeit ausgeübt werden[168]. Neben dem Anspruch auf schriftliche Orientierung über die Organisation der Geschäftsführung hat der Gesellschafter auch einen Anspruch darauf, von der Geschäftsführung anlässlich der Gesellschafterversammlung präzise mündliche Auskünfte über die Organisation der Geschäftsführung zu erhalten. 61

Der Gesellschafter hat sodann grundsätzlich ein uneingeschränktes Recht auf Einsicht in die Geschäftsbücher und in die Korrespondenz[169]. Erfasst sind alle schrift- 62

[163] Vgl. So für die Genossenschaft, Entscheid des Bundesgerichts 4C.272/2001 vom 4. Juni 2002, E. 4.

[164] Art. 805 Abs. 5 Ziff. 7 OR i.V.m. Art. 702 OR.

[165] Zum Aktienrecht vgl. *Truffer/Dubs,* OR, Art. 702 N 31.

[166] Botschaft, S. 3202.

[167] Art. 802 Abs. 1 und Abs. 3 OR.

[168] Botschaft, S. 3202.

[169] Art. 802 Abs. 2 OR. Beachte: Bei der Aktiengesellschaft (Art. 697 OR) hat der Gesellschafter nur das Recht, anlässlich der Generalversammlung spezifische Auskünfte zu verlangen und Begehren auf Akteneinsicht zu stellen.

lichen Unterlagen, die sich bei der Gesellschaft befinden[170]. Die Geschäftsführung oder auch die Gesellschafterversammlung kann dieses Begehren auf Einsicht bei Gefahr, dass die erlangten Kenntnisse zum Schaden der Gesellschaft verwendet werden, zurückweisen. Die Rückweisung darf nicht willkürlich erfolgen, wobei zu beachten ist, dass die Gesellschafterversammlung nicht verpflichtet ist, eine Begründung abzugeben[171]. Wird eine Revision durchgeführt, besteht das Einsichtsrecht nur soweit, als die verlangten Informationen für die Ausübung der Mitgliedschaftsrechte erforderlich sind.

63 Wird das Auskunfts- oder Einsichtsrecht ungerechtfertigterweise verweigert, ordnet der Richter am Sitze der Gesellschaft deren Einhaltung auf Antrag an[172]. Soweit das Auskunftsbegehren ein aktuelles Rechtsschutzinteresse verfolgt und seine Beantwortung erforderlich ist, um die Ausübung der Rechte des Gesellschafters sicherzustellen und eine umfassende Beurteilung der Lage der Gesellschaft zu ermöglichen, ist das Auskunftsrecht grosszügig zu bejahen[173]. Die Grenzen des Auskunftsrechts richten sich nicht nach thematischen Leitplanken, sondern nach dem Vorliegen eines Konfliktes zwischen den berechtigten Interessen der Gesellschafter an einer transparenten Orientierung und den legitimen Interessen der Gesellschaft an der Geheimhaltung bestimmter Informationen. Eine Auskunftsverweigerung ist nur dann zulässig, wenn durch die Auskunft Geschäftsgeheimnisse oder andere schutzwürdige Interessen der Gesellschaft gefährdet werden, wobei die Gesellschaft in diesem Fall die Gefährdung ihrer Interessen konkret nachweisen muss[174]. Die Subsidiarität der Informationsklage ist nicht streng zu vollziehen[175].

5. Stimmrecht, Art der Beschlussfassung

a) Stimmrecht

64 Das Stimmrecht der Gesellschafter ist grundsätzlich kapitalbezogen ausgestaltet. Nach der dispositiven Regel von Art. 806 OR bemisst es sich nach dem Nennwert der Stammanteile. Wie im Aktienrecht gilt der Grundsatz *so viel Kapital, so viel Recht*.

[170] BGE 132 III 71.

[171] Zum Aktienrecht *vgl. Böckli,* Aktienrecht, § 12 N 150.

[172] Art. 802 Abs. 4 OR. Zur Informationsklage vgl. § 34 N 24 ff.

[173] Zum Aktienrecht vgl. *Schnyder/Christen-Westenberg,* Aktienrecht, N 800; *Kunz,* Minderheitenschutz, § 12 N 19; *Forstmoser/Meyer-Hayoz/Nobel,* Aktienrecht, § 40 N 173.

[174] Zum Aktienrecht vgl. *Schnyder/Christen-Westenberg,* Aktienrecht, N 801; *Forstmoser/Meyer-Hayoz/Nobel,* Aktienrecht, § 40 N 181 ff.; *Böckli,* Aktienrecht, § 12 N 155.

[175] Zum Aktienrecht vgl. *Weber,* OR, Art. 697 N 21.

In der partnerschaftlich strukturierten GmbH mag die gesetzliche Regel als unpassend empfunden werden. Zu beachten ist allerdings, dass das Gesetz zwingend nur das Stimmrecht als solches, nicht aber sein Ausmass garantiert. Die Gesellschaft ist frei, vom Grundsatz *so viel Kapital, so viel Recht* abzuweichen. Die Statuten können die Stimmenmacht kapitalmässig schwacher Mitglieder stärken oder die Stimmenmacht kapitalmässig starker Gesellschafter beschränken. 65

Beispielsweise ist es möglich, einzelne Stammanteile mit unterschiedlicher Stimmkraft auszugestalten oder eine Staffelung des Stimmrechts vorzusehen. Bei der Gestaltung des Stimmrechts ist allerdings zu beachten, dass das Stimmrecht neu mit dem Stammanteil verbunden ist, was beispielsweise ein statutarisches Kopfstimmrecht ausschliesst. Gemäss Art. 806 Abs. 2 OR können Stammanteile mit unterschiedlichen Nennwerten ausgegeben werden, wobei die Statuten das Stimmrecht unabhängig vom Nennwert so festsetzen dürfen, dass auf jeden Stammanteil eine Stimme entfällt. Die Stammanteile mit einem tieferen Nennwert werden dadurch in ihrer Stimmkraft privilegiert. Um eine gänzliche Loslösung der Mitwirkungsrechte von der Beteiligung am Risikokapital auszuschliessen, sieht das Gesetz vor, dass unterschiedliche Nennwerte wie im Aktienrecht das Verhältnis eins zu zehn nicht überschreiten dürfen[176]. 66

b) Nichtanwendbarkeit der Bemessung des Stimmrechts nach der Zahl der Stammanteile

Art. 806 Abs. 3 OR nimmt einzelne Beschlüsse der Gesellschafterversammlung von der Bemessung nach der Zahl der Stammanteile aus: die Wahl der Revisionsstelle; die Wahl von Sachverständigen zur Prüfung der Geschäftsführung; die Beschlussverfassung betreffend die Anhebung einer Verantwortlichkeitsklage. Das Gesetz tut dies zur Sicherung der gesellschaftsinternen Kontrolle[177]. 67

Gemäss Art. 806 Abs. 3 Ziff. 3 OR ist die Bemessung des Stimmrechts nach der Zahl der Stammanteile nicht anwendbar für die Beschlussfassung über die Anhebung einer Verantwortlichkeitsklage. 68

Der Beschluss über die Anhebung einer Verantwortlichkeitsklage durch die Gesellschaft sowie auch der Beschluss über die Vertretung der Gesellschaft ist eine Geschäftsführungsaufgabe und fällt als solche grundsätzlich in den Kompetenzbereich der Geschäftsführung[178]. Klageanhebung und Prozessführung liegen grundsätzlich im Ermessen der Geschäftsführung, wobei die Geschäftsführer verpflichtet sind, 69

176 Art. 806 Abs. 2 OR; Art. 693 Abs. 2 OR.

177 Botschaft, S. 3208.

178 Art. 804 OR i.V.m. Art. 810 OR.

die Geschäftsführungsaufgaben mit aller Sorgfalt zu erfüllen und die Interessen der Gesellschaft in guten Treuen zu wahren[179].

70 Das schweizerische Recht kennt Sondertatbestände, welche die Geschäftsführungskompetenz der Geschäftsführer durchbrechen, um potenziellen Interessenkollisionen vorzubeugen. Art. 806 Abs. 3 Ziff. 3 OR ist eine solche Bestimmung. Der Gesetzgeber geht implizit davon aus, dass es Sachverhalte gibt, in welchen es der Gesellschafterversammlung vorbehalten sein muss, über die Angemessenheit der Anhebung einer Verantwortlichkeitsklage zu entscheiden.

71 Dem Wortlaut von Art. 806 Abs. 3 Ziff. 3 OR ist eine ausserordentliche Zuständigkeit der Gesellschafterversammlung im Hinblick auf die Bestellung des Prozessvertreters für die klägerische Gesellschaft nicht zu entnehmen. Ebenso wenig enthält die Bestimmung eine Antwort auf die Frage, in welchem Abstimmungsmodus die Gesellschafterversammlung diesen Beschluss zu fassen hat. Die Regelungsabsicht von Art. 806 Abs. 3 Ziff. 3 OR ist aber eindeutig: Die Bestimmung soll verhindern, dass – gerade in Fällen, für welche eine ausserordentliche Zuständigkeit der Gesellschafterversammlung für die Beschlussfassung hinsichtlich der Klageanhebung begründet ist – aufgrund der Wirkung von Stimmrechtsstammanteilen der Kapitalmehrheit die Möglichkeit einer selbstständigen Wahrnehmung des Klageinteresses der Gesellschaft vorenthalten wird. Bei Interessenkollisionen in der Geschäftsführung muss die Gesellschafterversammlung befugt sein, nicht nur über die Anhebung einer Verantwortlichkeitsklage zu befinden, sondern auch deren Durchsetzung mittels Bestellung eines Prozessvertreters sicherzustellen. Hätte die Gesellschafterversammlung lediglich die Kompetenz, über die Anhebung, nicht aber über die Durchsetzung der Verantwortlichkeitsklage zu befinden, läge es in der Hand der beklagten Mitglieder der Geschäftsführung, die gerichtliche Durchsetzung zu unterlassen bzw. zu vereiteln. Das Stimmprivileg der Stimmrechtsstammanteile muss damit nicht nur für die Beschlussfassung über die Anhebung einer Verantwortlichkeitsklage, sondern auch für die daran anschliessende Beschlussfassung über die Bestellung eines unabhängigen Prozessvertreters ausgeschlossen werden.

72 Art. 806 Abs. 3 Ziff. 3 OR ist damit folgendermassen auszulegen: (i) Die Gesellschafterversammlung ist nicht nur für die Beschlussfassung über die Anhebung einer Verantwortlichkeitsklage, sondern auch für die Wahl eines Prozessvertreters zuständig; (ii) das Stimmenprivileg von Stimmrechtsstammanteilen ist nicht nur für die Beschlussfassung über die Anhebung einer Verantwortlichkeitsklage, sondern auch für die Bestellung eines Prozessvertreters der Gesellschaft ausgeschlossen, sofern die zur Vertretung der Gesellschaft berufenen Personen befangen sind[180].

[179] Art. 812 Abs. 1 OR.

[180] Vgl. zum Aktienrecht (Art. 693 Abs. 3 Ziff. 4 OR) Entscheid des Bundesgerichts 4C.165/2006 vom 3. August 2006, E.3.2.

c) Stimmbindungsvereinbarung

73 Das Gesetz belässt den Gesellschaftern bei der statutarischen Ausgestaltung des Stimmrechts grosse Freiheiten. Insbesondere gilt es zu beachten, dass das Recht der GmbH gemäss Art. 796 OR die Möglichkeit bietet, statutarisch Nebenleistungspflichten zu begründen. Nebenleistungspflichten müssen dem Zweck der Gesellschaft, der Erhaltung ihrer Selbstständigkeit oder der Wahrung der Zusammensetzung des Gesellschafterkreises dienen[181]. In diesem Rahmen kann jedes Tun, Dulden oder Unterlassen Gegenstand von Nebenleistungspflichten sein und insbesondere auch die Ausübung des Stimmrechts betreffen. Es bleibt die Frage, ob Stimmbindungsvereinbarungen auch geschäftsführende Gesellschafter binden können. Die Frage wird dann aktuell, wenn bei der GmbH vom dispositiven Grundsatz der Selbstorganschaft abgewichen, sprich die Geschäftsführungskompetenz auf einzelne Gesellschafter übertragen wird. Die Frage ist u. E. zu verneinen. Dies deshalb, weil die Stimmbindungsvereinbarung in die gesetzliche Zuständigkeitsordnung eingreift und diese Zuständigkeitsordnung auch eine haftungsrechtliche Dimension hat: Wer die Verantwortung trägt, muss auch entscheiden können; wer entscheidet, muss dafür die Verantwortung tragen.

d) Ausschluss vom Stimmrecht / Stimmrechtsbeschränkung

74 Der Ausschluss vom Stimmrecht ist nur in wenigen Ausnahmen vorgesehen: Der Geschäftsführer ist bei der Abstimmung über seine Entlastung vom Stimmrecht ausgeschlossen[182]. Ebenfalls vom Stimmrecht ausgeschlossen sind die eigenen Stammanteile der Gesellschaft[183].

75 Gemäss Art. 806a OR bleiben Personen, die an der Geschäftsführung teilgenommen haben, bei der Entlastung der Geschäftsführer vom Stimmrecht ausgeschlossen. Ebenso kommt den Veräusserern bei Beschlüssen über den Erwerb eigener Stammanteile durch die Gesellschaft kein Stimmrecht zu, und die betroffenen Personen sind bei Beschlüssen über die Zustimmung zu Tätigkeiten, die gegen die Treuepflicht oder ein Konkurrenzverbot verstossen, vom Stimmrecht ausgeschlossen. Die Statuten können weitere Fälle von Interessenkonflikten aufzählen, die zum Ruhen des Stimmrechts führen. Zu denken ist etwa an den Beschluss über die Geltendmachung von Ansprüchen gegen einen Gesellschafter oder an Beschlüsse über die Frage des Ausschlusses und die Abfindung eines Gesellschafters.

76 Die Stimmkraft kann sodann in den Statuten beschränkt werden. Die Statuten können die Stimmenzahl der Besitzer mehrerer Aktien beschränken. In einer Höchst-

[181] Botschaft, S. 3161.

[182] Art. 806a Abs. 1 OR.

[183] Art. 806a Abs. 2 OR; Art. 783 Abs. 4 OR i.V.m. Art. 659a OR.

stimmenklausel legen die Gesellschafter eine prozentuale Maximalzahl oder eine bestimmte Anzahl Stimmen fest, welche ein Gesellschafter maximal an der Gesellschafterversammlung ausüben kann. Besitzt ein Gesellschafter eine diese Grenze überschreitende Beteiligung, ruht das Stimmrecht dieser die Limite übersteigenden Stammanteile[184].

e) Stellvertretung

77 Die Stellvertretung bei der Stimmabgabe in der Gesellschafterversammlung ist wie bei der Aktiengesellschaft zulässig[185], kann aber statutarisch ausgeschlossen oder eingeschränkt werden[186].

f) Nutzniessung

78 Im Falle der Nutzniessung an Stammanteilen stehen das Stimmrecht und die damit verbundenen Rechte dem Nutzniesser zu[187]. Die Regelung entspricht Art. 755 Abs. 2 ZGB. Es ist zu beachten, dass der Nutzniesser dem Eigentümer der Stammanteile ersatzpflichtig wird, wenn er bei der Ausübung seiner Rechte nicht in billiger Weise auf die Interessen des Eigentümers Rücksicht nimmt[188].

g) Vetorecht

79 Die Statuten können den Gesellschaftern gegen bestimmte Beschlüsse der Gesellschafterversammlung ein Vetorecht einräumen[189]. Das Vetorecht kann allen oder einzelnen Gesellschaftern eingeräumt werden und betrifft bestimmte Beschlüsse der Gesellschafterversammlung[190]. Die erfassten Beschlüsse sind in den Statuten klar zu umschreiben. Kein Vetorecht besteht gegenüber den Entscheiden der Geschäftsführer. Da die Statuten aber bestimmte Entscheide der Geschäftsführer der Genehmigung der Gesellschafterversammlung unterstellen können, lässt sich in einem gewissen Rahmen dennoch indirekt ein Vetorecht gegen Entscheide der Ge-

[184] Zum Aktienrecht vgl. *Böckli,* Aktienrecht, § 12 N 431 ff. sowie N 467 ff.

[185] Art. 805 Abs. 5 Ziff. 8 OR i.V.m. Art. 689 Abs. 2 OR; *Von Steiger,* ZK, N 12 zu Art. 809 OR.

[186] *Truffer/Dubs,* OR Art. 808 N 30; *Wohlmann,* GmbH, S. 101.

[187] Art. 806b OR.

[188] Botschaft S. 3208. Zur Bestellung einer Nutzniessung vgl. Art. 789a OR.

[189] Art. 807 OR.

[190] Botschaft, S. 3209; Beachte: Die Einschränkung erfolgte im Nationalrat, vgl. Amtl. Bulletin des Nationalrates 2005 N 101.

schäftsführer realisieren[191]. Das Vetorecht birgt die Gefahr, dass die Gesellschaft blockiert wird.

Die nachträgliche Einführung eines Vetorechts bedarf der Zustimmung sämtlicher Gesellschafter[192]. Jeder Gesellschafter hat ein Vetorecht gegen das Vetorecht[193]. Die Zustimmung durch sämtliche Gesellschafter ist erforderlich, weil die Willensbildung der Gesellschafter durch das Vetorecht erheblich verändert wird. 80

Statutarische Vetorechte können nicht übertragen werden[194]. Vetorechte sind persönliche Rechte. Sie sind nicht mit dem Stammanteil verbunden und erlöschen mit dem Ausscheiden oder im Tod des berechtigten Gesellschafters. Wenn dem Rechtsnachfolger ebenfalls ein Vetorecht eingeräumt werden soll, bedarf dies wiederum der Zustimmung sämtlicher Gesellschafter. Der juristischen Person kann das Vetorecht zeitlich unbegrenzt eingeräumt werden[195]. 81

Zu beachten ist, dass Personen, die über ein Vetorecht verfügen, unter Umständen einen erheblichen Einfluss auf die Geschäftsführung erlangen und sich damit als faktisches Organ der Gesellschaft qualifizieren können. Führt das Vetorecht dazu, dass der Berechtigte faktisch eine Stellung innehat, die derjenigen eines Geschäftsführers entspricht, trifft ihn unter Umständen eine spezifische Organhaftung. 82

h) Willensmängel bei der Stimmabgabe

Die Stimmabgabe als individuelle Willenserklärung kann gestützt auf Willensmängel angefochten werden[196]. Beim Vorliegen eines Willensmangels bei der Stimmabgabe kann der Gesellschafter während eines Jahres nach der Gesellschafterversammlung durch eine einfache Erklärung gegenüber der Gesellschaft seine Stimmabgabe für ungültig erklären und den Beschluss anfechten[197]. Denkbar ist auch, dass die Gesellschaft selber einen Widerrufungsbeschluss fällt. Erkennt beispielsweise die Mehrheit der Gesellschaft einen Irrtum nach der Stimmabgabe, kann ein Aufhebungsbeschluss gefasst und der mangelhafte frühere Beschluss widerrufen werden[198]. 83

[191] Art. 811 Abs. 1 Ziff. 1 OR i.V.m. Art. 807 OR; Botschaft, S. 3209.

[192] Art. 807 Abs. 2 OR.

[193] *Böckli,* Das neue GmbH-Recht.

[194] Art. 807 Abs. 3 OR.

[195] Botschaft, S. 3209

[196] BGE 65 II 15 ff.; *Länzlinger,* OR, Art. 692 N 5.

[197] *Wohlmann,* GmbH, S. 105; vgl. a.M. zum Aktienrecht *Böckli,* Aktienrecht, § 12 N 189.

[198] A.M. zum Aktienrecht *Böckli,* Aktienrecht, § 12 N 189 ff.

i) Beschlussfassung; Quoren

84 Die Position des einzelnen Gesellschafters kann dadurch gestärkt werden, dass die Beschlussfassung anlässlich der Gesellschafterversammlung mittels Quorum erschwert oder erleichtert wird. Das Recht der GmbH zeichnet sich durch grosse Gestaltungsfreiheit aus: Gemäss Art. 808 OR werden Gesellschafterbeschlüsse mangels abweichender gesetzlicher oder statutarischer Vorschriften mit der absoluten Mehrheit der vertretenen[199] Stimmen gefasst. Das Gesetz lässt damit ausdrücklich statutarische Abweichungen zu. Mehr noch, für bestimmte Beschlüsse sieht das Recht der GmbH selbst teils dispositiv, teils einseitig zwingend qualifizierte Quoren vor. In letzterem Fall kann die Beschlussfassung statutarisch lediglich zusätzlich erschwert, nicht aber erleichtert werden. Im Rahmen des dispositiven Rechts hingegen können die Statuten die gesetzlichen Quoren sowohl erleichtern als auch verschärfen[200].

aa) Gesetzliche Quoren

85 Gemäss Art. 808b OR ist ein Beschluss der Gesellschafterversammlung, der mindestens zwei Drittel der vertretenen Stimmen und die absolute Mehrheit des gesamten stimmberechtigten Stammkapitals auf sich vereinigt, erforderlich für die Änderung des Gesellschaftszwecks; die Einführung von stimmrechtsprivilegierten Stammanteilen; die Erschwerung oder die Erleichterung der Übertragbarkeit der Stammanteile; die Zustimmung zur Abtretung von Stammanteilen; die Erhöhung des Stammkapitals; die Einschränkung des Bezugsrechts; die Zustimmung zu Tätigkeiten, die gegen die Treuepflicht oder das Konkurrenzverbot verstossen; den Antrag an das Gericht auf Ausschluss eines Gesellschafters; die Verlegung des Sitzes der Gesellschaft; die Auflösung der Gesellschaft. Das gesetzliche Quorum bedeutet Folgendes: Sind an der Beschlussfassung nicht mindestens 50 % des Stammkapitals vertreten, kann kein gültiger Beschluss zustande kommen[201].

bb) Statutarische Quoren

86 Die Statuten können im Rahmen des sachlich vertretbaren Präsenzquoren vorsehen. Zu beachten ist jedoch, dass Präsenzquoren die Gefahr der Beschlussunfähigkeit mit sich bringen. Dieser Gefahr kann begegnet werden, indem für den Fall der Nichterreichung des Präsenzquorums die Durchführung einer zweiten Gesellschafterversammlung mit einem reduzierten Präsenzquorum vorgesehen wird. Neben Präsenzquoren können sodann Beschlussquoren eingeführt werden, welche nicht

[199] Beachte: Anders als im alten Recht sind nicht die abgegebenen, sondern die vertretenen Stimmen entscheidend. Enthaltungen und ungültige Stimmen wirken im neuen Recht wie Nein-Stimmen.

[200] *Truniger,* S. 90 f.

[201] *Böckli,* Das neue GmbH-Recht.

nur Mindestvoraussetzungen an die Präsenz, sondern auch für das Zustandekommen eines Beschlusses definieren[202].

Die Statutenbestimmungen, die für die Fassung bestimmter Beschlüsse grössere Mehrheiten als die vom Gesetz vorgeschriebenen festlegen, können nur mit dem vorgesehenen Mehr eingeführt werden[203]. Damit soll verhindert werden, dass statutarische Mehrheiten festgeschrieben werden, die sich später nicht erreichen lassen. 87

6. Urabstimmung

a) Grundlagen

Gemäss Art. 805 Abs. 4 OR können Beschlüsse der Gesellschafterversammlung auch schriftlich, das heisst auf dem Zirkularweg, gefasst werden, sofern nicht ein Gesellschafter die mündliche Beratung verlangt. Die Gesellschafterversammlung kann damit wie die Genossenschaft im Rahmen der Urabstimmung durch schriftliche Stimmabgabe per Post Beschlüsse fassen. Im Aktienrecht hingegen sind auf dem Korrespondenzweg gefasste Generalversammlungsbeschlüsse nichtig[204]. Die Zulassung der Urabstimmung bei der GmbH ist nicht ganz unbedenklich, weil gerade in der personalistisch strukturierten GmbH die Gesellschafter die Möglichkeit haben sollten, nicht nur ihre Stimme abzugeben, sondern auch beratend an der Beschlussfassung mitzuwirken[205]. Dieses Recht wird den Gesellschaftern mit der Urabstimmung genommen bzw. eingeschränkt, wobei allerdings zu beachten ist, dass jeder Gesellschafter die mündliche Beratung verlangen kann. 88

b) Art der Beschlussfassung, Quoren

Eine Einladung zur Urabstimmung ist im Gegensatz zur Gesellschafterversammlung nicht erforderlich. Vielmehr werden den Gesellschaftern die Abstimmungsunterlagen unter Beachtung der für die Einladung geltenden Vorschriften mit dem Wortlaut aller Anträge und den Erläuterungen dazu, verbunden mit der Festsetzung einer Frist für die Stimmabgabe, zugestellt. 89

Beschlüsse werden schriftlich unter Beachtung der gleichen Quoren gefällt, wie sie für die Gesellschafterversammlung gelten. Berechnet werden diese Quoren, man- 90

[202] Zum Aktienrecht vgl. hierzu eingehend *Böckli,* Aktienrecht, § 12 N 348 ff.

[203] Art. 808b Abs. 2 OR.

[204] BGE 67 I 346.

[205] *Truffer/Dubs,* OR, Art. 808 N 19; *von Steiger,* ZK, N 38 zu Art. 777 OR.

gels abweichender Bestimmung, ausgehend von den abgegebenen oder den eingegangenen Stimmen.

91 Das Verfahren der Urabstimmung ist detailliert in den Statuten zu regeln, da nur wenige dispositive Gesetzesregeln Hilfe bieten. Zumal die gesetzliche Regelung an die aktienrechtliche Regelung der Beschlussfassung im Verwaltungsrat[206] anlehnt[207], können die entsprechenden Bestimmungen analog angewendet werden: Der gestellte Antrag muss mit *Ja* oder *Nein* beantwortet werden können und ist den Gesellschaftern unter Ansetzung einer Frist zur Stimmabgabe schriftlich zu unterbreiten. Bis zum Ablauf dieser Frist kann jeder Gesellschafter die Durchführung einer mündlichen Beratung verlangen, weshalb ein Beschluss auch erst mit Fristablauf zustande kommen kann[208].

92 Die Statuten können die schriftliche Abstimmung zwingend oder wahlweise, das heisst neben der Beschlussfassung in der Versammlung, vorsehen. Auch wenn die Urabstimmung zwingend vorgesehen ist, können die Revisionsstelle oder Gesellschafter, die 10 % des Stammkapitals vertreten, die Einberufung einer Gesellschafterversammlung verlangen[209]. Gültig entscheiden kann diese aber nur, wenn die Voraussetzungen für die Universalversammlung[210] erfüllt sind. Sind nicht alle Gesellschafter anwesend, kann dagegen lediglich beraten werden; die entsprechenden Entscheide müssen daran anschliessend in einer Urabstimmung gefällt werden[211]. Ist die schriftliche Beschlussfassung lediglich wahlweise vorgesehen, bleibt die Durchführung einer Gesellschafterversammlung jederzeit möglich.

c) Öffentliche Beurkundung von Urabstimmungsbeschlüssen?

93 Die Formvorschriften für Gesellschafterbeschlüsse gelten auch für Urabstimmungen; schreibt das Gesetz die öffentliche Beurkundung vor, zum Beispiel bei Statutenänderungen[212], muss dieses Formerfordernis auch für die Urabstimmung eingehalten werden. Es stellt sich die Frage, wie in diesen Fällen vorzugehen ist: Muss trotz der vorgesehenen Urabstimmung in diesen Fällen eine Versammlung stattfinden, oder gibt es einen Weg, die Urabstimmung öffentlich zu beurkunden? Letzteres wird von Teilen der Lehre[213] vertreten, verbunden mit dem Vorschlag, dass

[206] Art. 713 Abs. 2 OR.

[207] Botschaft, S. 3207.

[208] Zum Aktienrecht vgl. *Wernli,* OR, Art. 713 N 19 und N 22.

[209] Art. 805 Abs. 5 Ziff. 2 OR i.V.m. Art. 699 Abs. 3 OR. Wie bereits erwähnt kann der Gesellschafter darüber hinaus die mündliche Beratung verlangen. Vgl. Art. 805 Abs. 4 OR.

[210] Art. 805 Abs. 5 Ziff. 5 OR i.V.m. Art. 701 OR.

[211] *Truffer/Dubs,* OR, Art. 808 N 22; *von Steiger,* ZK, N 43 zu Art. 777 OR.

[212] Art. 780 OR.

[213] *Janggen/Becker,* BK, N 18 zu Art. 777 OR.

die Urkundsperson die Stimmunterlagen selber verschicken und empfangen soll[214]. Mit diesem Vorgehen wird jedoch nicht annähernd die gleiche Qualität der Kontrolle erreicht, wie dies in der öffentlich beurkundeten Gesellschafterversammlung der Fall wäre; insbesondere ist mit dieser Methode nicht sichergestellt, dass nicht Dritte für die Mitglieder stimmen[215]. Unter neuem Recht scheint die Rechtslage klar: Das Gesetz lässt die schriftliche Beschlussfassung vorbehaltlos zu, das heisst grundsätzlich auch für Beschlüsse, die eine öffentliche Beurkundung verlangen.

d) Exkurs: Die multimediale Gesellschafterversammlung

Die Gesellschafter üben ihre persönlichen Mitgliedschaftsrechte an der Gesellschafterversammlung aus[216]. Der Begriff *Versammlung* setzt nach allgemeinem Sprachgebrauch die räumliche Anwesenheit von zwei oder mehreren Personen voraus. Eine *Versammlung* kann nur unter Anwesenden stattfinden. Das Gesetz geht davon aus, dass es sinnvoll ist, wenn die Gesellschafter zusammenkommen, mit der Geschäftsführung diskutieren, Entscheide treffen und Beschlüsse fassen. 94

Gemäss Art. 805 Abs. 4 OR können Beschlüsse auch schriftlich gefasst werden, sofern nicht ein Gesellschafter die mündliche Beratung verlangt. Das Recht der GmbH lässt mithin anders als das Aktienrecht Beschlüsse auf dem Korrespondenzweg zu. Ebenso lässt das Recht der GmbH die Stellvertretung an der Gesellschafterversammlung ohne Weiteres zu. Gemäss Art. 805 Abs. 5 Ziff. 8 OR i.V.m. Art. 689 Abs. 2 OR kann der Gesellschafter seine Stammanteile in der Gesellschafterversammlung durch einen Dritten vertreten lassen. Nicht zulässig ist hingegen die Einführung einer Delegiertenversammlung neben oder anstelle der Gesellschafterversammlung[217]. 95

Im Aktienrecht wird die Versammlung der Mitglieder als notwendiges und entscheidendes Element der Generalversammlung angesehen[218]. Beschlüsse, welche in Versammlungen unter Abwesenden ergehen, stellen keine Beschlüsse dar[219]. Die Beschlüsse sind nichtig, woran auch die nachträgliche schriftliche Zustimmung der Gesellschafter nichts ändert[220]. Anders das Recht der GmbH, welches Beschlüsse 96

[214] *Truffer/Dubs,* OR, Art. 808 N 24; *Janggen/Becker,* BK, N 18 zu Art. 777 OR; sowie zum Aktienrecht *Wernli,* OR, Art. 713 N 21.

[215] A.M. *Truffer/Dubs,* OR, Art. 808 N 24.

[216] Art. 804 ff. OR.

[217] Zulässig ist hingegen die Schaffung einer «Quasi-Delegiertenversammlung» über die Einräumung von Vollmachten an einzelne Gesellschafter. Vgl. hierzu zum Aktienrecht *Forstmoser/Meier-Hayoz/Nobel,* Aktienrecht, § 23 N 15.

[218] Zur Generalversammlung der Aktiengesellschaft im multimedialen Zeitalter vgl. eingehend *Tanner,* Generalversammlung, S. 473 ff.; *von der Crone,* Internet-Generalversammlung, S. 155 ff.; sowie auch *Patak,* passim.

[219] BGE 71 I 387; *Böckli,* Aktienrecht, § 12 N 52.

[220] BGE 67 I 347.

der Gesellschafterversammlung unter Abwesenden grundsätzlich zulässt[221]. Das Unmittelbarkeitsprinzip, wonach die Gesellschafterversammlung Ort der Meinungsbildung und der Entscheidung ist, gilt im Recht der GmbH nur bedingt.

97 Gemäss Art. 805 Abs. 5 OR gelten für die Einberufung der Gesellschafterversammlung die Vorschriften des Aktienrechts. Art. 700 Abs. 2 OR bestimmt lediglich, dass die Einberufung die Verhandlungsgegenstände und die Anträge des Verwaltungsrates sowie der Aktionäre zu enthalten habe. Die Lehre geht davon aus, dass die formgültige Einberufung zudem die Bekanntgabe des Versammlungsortes, des Verhandlungslokales und des Verhandlungszeitpunkts voraussetzt[222].

98 Eine Telefonkonferenz kann eine Gesellschafterversammlung nicht ersetzen, da keine Bildübertragung erfolgt und sich die Teilnehmer nicht sehen. Im Rahmen der Telefonkonferenz besteht keine Möglichkeit, Einsicht in die von anderen Gesellschaftern allenfalls vorgelegten Dokumente zu nehmen. Videokonferenzsysteme ermöglichen einen unmittelbaren Gedankenaustausch über Bild und Ton. Ausgeschlossen sind hingegen der persönliche Kontakt und das informelle Gespräch. Bei der GmbH sind Videokonferenzen auf der Ebene der Gesellschafterversammlung im Rahmen von Art. 805 Abs. 4 OR grundsätzlich zulässig.

99 Zulässig ist sodann die multilokale Gesellschafterversammlung, bei der die Gesellschafter gleichzeitig an zwei oder mehreren Orten die Versammlung abhalten. Voraussetzung ist allerdings, dass Bild und Ton simultan in alle Versammlungsorte übertragen werden.

100 Die Gesellschafter können sodann eine Teilnahmemöglichkeit an der Gesellschafterversammlung via Internet vorsehen: Die Gesellschafterversammlung wird mit Bild und Ton ins Internet übertragen, wobei Meinungsäusserungen über Internet entweder direkt oder über einen Vertreter erfolgen.

101 Zulässig ist sodann die Einberufung der Gesellschafterversammlung via Telefax, E-Mail oder eine andere Form der Übermittlung[223]. Ebenfalls zulässig ist es, Gesellschaftern, welche die Zustellung von Geschäftsunterlagen zur ordentlichen Gesellschafterversammlung wünschen, diese in elektronischer Form zu übermitteln. Nicht genügen würde hingegen eine Bekanntmachung auf der Website des Unternehmens[224].

102 Rein virtuelle Gesellschafterversammlungen über Internet sind als Folge der bedingten Versammlungsgebundenheit sowie des Stimm- und Auskunftsrechts der Gesellschafter auch bei der GmbH nicht unproblematisch. Voraussetzung ist, dass jeder Gesellschafter über einen Internetanschluss verfügt, dass eine interaktive Beteiligung über Sprache, Grafik, Text und Video an der Konferenz möglich ist und

221 Art. 805 Abs. 4 OR.

222 *Böckli,* Aktienrecht, 12 N 90 ff.; *Tanner,* ZK, N 82 ff. zu Art. 700.

223 Art. 805 Abs. 5 Ziff. 1 OR i.V.m. Art. 700 Abs. 1 und 2 OR.

224 *Tanner,* Generalversammlung, S. 487 f.

dass die Geschlossenheit der Versammlung sichergestellt werden kann. Dies vorausgesetzt, ist es in der kleinen GmbH im Rahmen von Art. 805 Abs. 4 OR denkbar, dass die Gesellschafterversammlung auch auf interaktivem Weg durchgeführt werden kann.

Die Versammlung der Geschäftsführer ist im Gesetz nicht geregelt. Das Gesetz re- 103
gelt nur die Beschlussfassung und hält fest, dass die Statuten eine andere Regel vorsehen können[225]. Eine statutarische Bestimmung, wonach sich die Geschäftsführung selbst konstituiert und Beschlüsse in Versammlungen oder auf dem Zirkularweg fasst, ist dementsprechend zulässig. In der Geschäftsführung sind Telefonkonferenzen dann zulässig, wenn die Protokollierung gewährleistet ist. Videokonferenzen sind auf der Ebene der Geschäftsführung zulässig.

7. Anfechtung und Nichtigkeit von Gesellschaftsbeschlüssen

a) Verweis auf das Aktienrecht

Art. 808c OR verweist für die Frage der Anfechtung von Beschlüssen der Gesell- 104
schafterversammlung auf die Vorschriften des Aktienrechts[226].

b) Anfechtungsgründe

Wie bei der Aktiengesellschaft sind Beschlüsse der Gesellschafterversammlung 105
anfechtbar, die unter Verletzung von Gesetz und Statuten[227] oder ohne vernünftigen Grund[228] den Gesellschaftern Rechte entziehen bzw. einschränken oder welche die Gewinnstrebigkeit der GmbH ohne Zustimmung aller Gesellschafter aufheben. Nicht ohne Weiteres auf die GmbH anwendbar ist indessen der Anfechtungsgrund von Art. 706 Ziff. 3 OR: das Verbot von Ungleichbehandlungen von Gesellschaftern, wenn diese Ungleichbehandlungen nicht durch den Gesellschaftszweck begründet sind. Bei der GmbH sind aufgrund der personalistischeren Struktur Ungleichbehandlungen – zum Beispiel beim Stimmrecht[229] – durchaus möglich, die in der Aktiengesellschaft unzulässig wären[230].

[225] Art. 809 Abs. 4 OR.

[226] Zur Anfechtungsklage vgl. nachfolgend § 34 N 8 ff.

[227] Art. 706 Abs. 2 Ziff. 1 OR.

[228] Art. 706 Abs. 2 Ziff. 2 OR.

[229] Vgl. hierzu vorangehend N 64 ff.

[230] A.M. *Truffer/Dubs*, OR, Art. 808 N 36.

106 Anfechtbar sind nur Beschlüsse der Gesellschafterversammlung, nicht aber solche der Geschäftsführer[231]. Üben die Gesellschafter, wie dispositiv vorgesehen, die Geschäftsführung gemeinsam aus und sind die Geschäftsführer identisch mit den Gesellschaftern, kann sich die Frage stellen, ob ein Entscheid, der angefochten werden soll, ein Gesellschafterentscheid oder ein Geschäftsführungsentscheid ist. Keinesfalls richtig wäre es, in derartigen Fällen allein auf die Bezeichnung des Entscheids abzustellen – und damit die Frage der Anfechtbarkeit in die Hände der (Mehrheits-) Gesellschafter zu legen –, womit die Minderheitsgesellschafter regelmässig auf den Weg der Verantwortlichkeitsklage verwiesen würden. Vielmehr ist bei der Frage, ob ein Beschluss anfechtbar ist, das Thema massgebend und nicht seine Bezeichnung: Fällt der Entscheid in den Kompetenzbereich der Gesellschafterversammlung, ist er gestützt auf Art. 808c OR anfechtbar. Ganz besonders ist dies bei Entscheiden zu beachten, die materielle Statutenänderungen darstellen[232].

c) Frist

107 Die Frist zur Anfechtung beträgt zwei Monate[233] ab Versammlungsdatum oder – bei Urabstimmungen – dem Tag, an dem das Ergebnis der schriftlichen Abstimmung dem betroffenen Gesellschafter bekannt geworden ist[234].

d) Anfechtung durch die Geschäftsführung

108 Das Anfechtungsrecht steht in erster Linie den Gesellschaftern zu, wo es auch vorwiegend praktische Bedeutung erlangt. In der aktienrechtlichen Vorschrift ist als Anfechtungsberechtigter ausdrücklich auch der Verwaltungsrat genannt, der die gegen seinen Willen gefällten Generalversammlungsbeschlüsse anfechten kann[235]. Diese Vorschrift spielt schon bei der Aktiengesellschaft eine geringe Rolle; bei der GmbH dürfte das noch mehr der Fall sein, sind doch – allein schon aufgrund der dispositiven Ordnung der Selbstorganschaft – die Kräfteverhältnisse in Geschäftsführung und Gesellschafterversammlung in der Regel gleich. Kommt es trotzdem zur Anfechtung durch die Geschäftsführer, hat der Richter der GmbH einen Vertreter zu bestimmen, der diese im Anfechtungsprozess vertritt[236].

[231] *Wohlmann,* GmbH, S. 104.

[232] Z. B. die Aufgabe der Produktion und die Beschränkung auf den reinen Handel.

[233] Art. 706a OR.

[234] Vgl. auch *Truffer/Dubs,* OR, Art. 808 N 38.

[235] Art. 706 Abs. 1 OR.

[236] Vgl. zum Streit unter den Gesellschaftern: § 20 N 1 ff.

e) Nichtige Entscheide

Obwohl die Nichtigkeit von Beschlüssen der Gesellschafterversammlung im GmbH-Recht im Gegensatz zum Aktienrecht nicht ausdrücklich erwähnt wird, war von jeher anerkannt, dass mit groben Mängeln behaftete Entscheide nichtig sein können[237]. Formell mangelhafte Gesellschafterentscheide sind bei groben Mängeln daher nicht nur anfechtbar, sondern nichtig; so zum Beispiel Entscheide, die unter Verletzung der Einladungs- oder Quorumsvorschriften zustande kamen. Das Gleiche gilt für Beschlüsse, die gegen die Fundamentalordnung der Gesellschaft verstossen, gegen die grundlegenden Kapitalschutzvorschriften[238] (z. B. der Beschluss über unzulässige Gewinnausschüttungen). 109

Nichtige Gesellschafterbeschlüsse sind von Anfang an unwirksam. In der gerichtlichen Auseinandersetzung wird die Nichtigkeit nicht mit der Anfechtungsklage geltend gemacht, sondern mit einer Feststellungsklage, die auch nach Ablauf der Zweimonatsfrist grundsätzlich noch zulässig bleibt[239]. Gegen eine verspätete Geltendmachung der Nichtigkeit kann allenfalls die Einrede des Rechtsmissbrauchs oder des fehlenden Feststellungsinteresses erhoben werden. Legitimiert ist grundsätzlich jedermann[240], allerdings prozessual nur, wenn ein genügendes Feststellungsinteresse vorliegt. Behörden haben die Nichtigkeit sodann von Amtes wegen zu beachten[241]. 110

f) Anfechtung der Stimmabgabe

Es ist denkbar, dass der Gesellschafterbeschluss deshalb mangelhaft erscheint, weil ein einzelner Gesellschafter bei der Stimmabgabe einem Willensmangel unterlag und aus diesem Grunde «falsch» abgestimmt hat. In diesen – wohl seltenen – Fällen gelten für die Anfechtung die Vorschriften des allgemeinen Teils des OR, wobei allerdings an den Beweis des Willensmangels hohe Anforderungen zu stellen sind[242]. 111

237 *Von Steiger,* ZK, N 10 zu Art. 809.

238 *Von Steiger,* ZK, N 10 zu Art. 809. Beachte: Das Bundesgericht bestätigte, dass Nichtigkeit nur bei schweren Verstössen gegen Grundsatznormen anzunehmen sei, und lehnte die Nichtigkeit eines Beschlusses wegen der Mitwirkung Unbefugter an der Generalversammlung ab. Die Mitwirkung Unbefugter führe bloss zur Anfechtbarkeit. Vgl. Entscheid des Bundesgerichts 4C.107/2005 vom 29. Juni 2005, E. 2.1 sowie E. 2.2.

239 Zur Klage auf Feststellung der Nichtigkeit vgl. nachfolgend § 34 N 14 ff.

240 *Truffer/Dubs,* OR, Art. 808 N 44.

241 *Von Steiger,* ZK, N 11 zu Art. 808 OR.

242 *Wohlmann,* GmbH, S. 105. Vgl. dazu N 83.

§ 14 Die Geschäftsführung

I. Grundlagen

1 Die GmbH nimmt, was die Geschäftsführung und Vertretung der Gesellschaft anbelangt, unter den Körperschaften eine Sonderstellung ein. Anstelle der bei Körperschaften typischen Drittorganschaft sieht das Recht der GmbH grundsätzlich Selbstorganschaft vor: Gemäss Art. 809 Abs. 1 OR üben die Gesellschafter, mangels einer abweichenden Bestimmung in den Statuten, die Geschäftsführung gemeinsam aus. Die Befugnis zur Geschäftsführung steht den Gesellschaftern grundsätzlich ohne Wahl durch die Gesellschafterversammlung zu. Neben der gemeinsamen Geschäftsführung durch alle Gesellschafter sieht das Gesetz zwei weitere Modelle vor: Die Geschäftsführung wird von einem einzigen oder einigen wenigen Gesellschaftern wahrgenommen, wobei die übrigen Gesellschafter als nicht geschäftsführende Gesellschafter zu behandeln sind; die Geschäftsführung wird nicht von den Gesellschaftern, sondern von Dritten übernommen[243].

II. Geschäftsführung

1. Inhalt der Geschäftsführung, Abgrenzungen

a) Abgrenzung zur Gesellschafterversammlung

2 Die Kompetenzabgrenzung zwischen der Geschäftsführung und der Gesellschafterversammlung ergibt sich aus den der Gesellschafterversammlung gesetzlich und statutarisch zugestandenen Kompetenzen; die Geschäftsführer sind für all jene Handlungen und Themen zuständig, die nicht nach Gesetz oder Statuten der Gesellschafterversammlung übertragen wurden[244].

b) Abgrenzung zu untergeordneten Entscheiden

3 Nicht alle Entscheide innerhalb der Gesellschaft die nicht in den Kompetenzbereich der Gesellschafterversammlung fallen, sind damit aber automatisch durch die Geschäftsführer als Geschäftsführungsentscheid zu fällen. Es gibt vielmehr

[243] Vgl. *Böckli,* Das neue GmbH-Recht.

[244] Art. 810 Abs. 1 OR.

ein Entscheidungsniveau unterhalb der Geschäftsführungsebene. Die Frage, welche Entscheide unterhalb dieser Geschäftsführungsebene anzusiedeln sind, ist beispielsweise dann von praktischer Bedeutung, wenn umstritten ist, ob ein Geschäftsführer seine Kompetenzen dadurch überschritten hat, dass er einen Sachentscheid alleine fällte, statt das für Geschäftsführungsentscheide vorgesehene Verfahren zu beachten.

Bei der Bestimmung solcher untergeordneter Entscheide darf der Wunsch nach 4
Flexibilität und einfachen Entscheidungswegen keine übergeordnete Rolle spielen; wollen die Gesellschafter derartige Erleichterungen schaffen, müssen sie statutarisch vorgesehen werden, beispielsweise durch die Delegation von Geschäftsführungsbefugnissen an einzelne Gesellschafter[245].

Echte untergeordnete Entscheide, die auch ohne statutarische Vorkehrungen nicht 5
als Geschäftsführungsentscheide gelten können, sind daher nur Entscheide, die sich inhaltlich auf einen Geschäftsführungsentscheid abstützen, zum Beispiel indem sie diesen vollziehen.

c) Dringende Entscheide

Eine Ausnahme ergibt sich gestützt auf Art. 419 ff. OR: War die Geschäftsführung 6
im Gesellschaftsinteresse dringlich geboten und liess sich das Verfahren für Geschäftsführungsentscheide nicht durchführen, kann jeder Geschäftsführer alleine entscheiden. Sein Entscheid ist aber nicht endgültig; sobald die Geschäftsführer wieder entscheiden können, muss deren Beschluss nachgeholt werden. Dabei sind die Geschäftsführer allenfalls faktisch an den dringenden Entscheid ihres Kollegen gebunden[246], nicht aber rechtlich; sie können ihn zurücknehmen oder einen gegenteiligen Entscheid fällen.

d) Aufgabe der Geschäftsführung

Art. 810 Abs. 1 OR statuiert eine allgemeine Kompetenzvermutung zugunsten der 7
Geschäftsführung: Die Geschäftsführer sind zuständig in allen Angelegenheiten, die nicht nach Gesetz oder Statuten der Gesellschafterversammlung zugewiesen sind. Dabei ist der Geschäftsführer, soweit er die Geschäftsführung nicht übertragen bzw. an ihn unterstellte Personen delegiert hat, verpflichtet, die Geschäfte effektiv zu führen. Immerhin ist zu beachten, dass die Geschäftsführung der Geschäftsführung als Ganzes obliegt.

245 Vgl. dazu nachstehend N 21 ff.

246 Z. B. weil er sich im Aussenverhältnis bereits ausgewirkt hat.

8 Art. 810 Abs. 2 OR listet sodann verschiedene unübertragbare und unentziehbare Aufgaben auf: Die Geschäftsführer sind zuständig für die Oberleitung der Gesellschaft und die Erteilung der nötigen Weisungen; die Festlegung der Organisation; die Ausgestaltung des Rechnungswesens und der Finanzkontrolle sowie der Finanzplanung; die Aufsicht über die Personen, denen ein Teil der Geschäftsführung übertragen ist; die Erstellung des Geschäftsberichts; die Vorbereitung der Gesellschafterversammlung sowie die Ausführung der Beschlüsse der Gesellschafterversammlung; sowie die Benachrichtigung des Richters im Falle der Überschuldung. Neben diesen gesetzlichen Kompetenzen ergeben sich aus dem Gesetz weitere Kompetenzen der Geschäftsführung, wie beispielsweise die Pflicht zur Anpassung der Statuten; Pflichten im Rahmen der Durchführung der Kapitalerhöhung; oder auch Pflichten im Zusammenhang mit dem Abschluss eines Fusionsvertrages bzw. weiterer Rechtsgeschäfte nach dem Fusionsgesetz.

9 Wie bereits erwähnt, können die Statuten gemäss Art. 811 OR vorsehen, dass die Geschäftsführer bestimmte Entscheide oder bestimmte Fragen der Gesellschafterversammlung zur Genehmigung vorlegen müssen bzw. können[247]. Dabei ist allerdings zu beachten, dass die vom Gesetz definierten unentziehbaren und unübertragbaren Aufgaben der Geschäftsführer nicht einem Genehmigungsvorbehalt unterstellt werden dürfen. Sehen die Statuten eine entsprechende Bestimmung vor, kann sich die Geschäftsführung gegen die Einmischung der Gesellschafterversammlung wehren. Die Geschäftsführung könnte einen entsprechenden Beschluss der Gesellschafterversammlung ignorieren, gerichtlich anfechten oder gar die Nichtigkeit des Beschlusses der Gesellschafterversammlung feststellen lassen[248].

e) Die Geschäftsführung in besonderer Situation

10 Die Kompetenzordnung in Art. 810 OR garantiert die Selbstverwaltung der juristischen Person. Die Gesellschafter können in die Kompetenzen der Geschäftsführung nur eingreifen, wenn diese Möglichkeit in den Statuten vorgesehen ist.

11 Bei der Einpersonen-GmbH, bei der sämtliche Stammanteile in der Hand einer Person vereinigt sind und die von derselben Person geführt wird, bestehen stets unausweichliche Interessenkonflikte, welche verlangen, dass der Geschäftsführer die Regeln der Selbstverwaltung der Kapitalgesellschaft sowie deren Sondervermögen beachtet und im Zweifelsfalle die Interessen der juristischen Person seinen eigenen Interessen vorzieht[249].

12 In einer Sondersituation befindet sich sodann der Geschäftsführer in der Konzernuntergesellschaft. Die Konzernuntergesellschaft hat ihre Selbstverwaltung

[247] Vgl. hierzu § 13 N 52.

[248] Zum Aktienrecht vgl. *Böckli,* Aktienrecht, § 13 N 301.

[249] Zum Aktienrecht vgl. *Böckli,* Aktienrecht, § 13 N 468.

weitgehend aufgegeben. Das Sagen hat die Konzerngesellschaft, was eine entsprechende Auslegung von Art. 810 OR verlangt[250].

13 Ebenfalls zu einem grossen Teil fremdbestimmt ist die Geschäftsführung der Joint-Venture-Gesellschaft. Die Geschäftsführung handelt weitgehend entsprechend dem Willen der Partnerunternehmen. Dementsprechend ist Art. 810 OR im Sinne von Art. 811 OR zu modifizieren.

14 Auch in der Unternehmenskrise verändert sich die Rolle der Geschäftsführung erheblich. Der Geschäftsführer ist verpflichtet, die Oberleitung über die Gesellschaft tatsächlich wahrzunehmen und aktiv in das Geschehen einzugreifen. Der Geschäftsführer muss neben dem Tagesgeschäft Sondermassnahmen treffen; der Geschäftsführer muss die kurzfristigen und die langfristigen Interessen des Unternehmens abwägen und stets auch die Interessen der Gesellschafter, die Interessen des Unternehmens sowie seine eigenen Interessen angemessen berücksichtigen. Der Geschäftsführer muss die Handlungsmöglichkeiten erkennen und konsequent, zielstrebig und zeitgerecht entscheiden[251].

2. Bestellung der Geschäftsführer

a) Dispositive Regel: Selbstorganschaft

15 Enthalten die Statuten keine abweichende Regel, üben die Gesellschafter die Geschäftsführung gemeinsam aus[252]. Die Befugnis zur Geschäftsführung steht den Gesellschaftern ohne Wahl durch die Gesellschafterversammlung zu. Bei Selbstorganschaft ist eine Abberufung grundsätzlich nur mittels einer Änderung der Statuten möglich[253]. Dasselbe gilt für die Befugnis zur Vertretung der Gesellschaft. Nur bei Vorliegen eines wichtigen Grundes kann der Gesellschafter dem Richter beantragen, die Geschäftsführungs- und die Vertretungsbefugnis zu entziehen oder zu beschränken[254].

16 Trotz Personalunion von Gesellschafterversammlung und Geschäftsführung ist auch im Rahmen der dispositiven Ordnung die Differenzierung zwischen Gesellschafter- und Geschäftsführungsbeschluss wichtig, weil bei jenem grundsätzlich

250 Vgl. nachfolgend § 33 N 1 ff.

251 Zum Aktienrecht vgl. *Böckli,* Aktienrecht, § 13 N 484 sowie auch *Krneta,* N 638 ff.

252 Art. 809 Abs. 1 OR.

253 Botschaft, S. 3216. Das einmal gewählte Modell der Geschäftsführung kann grundsätzlich (Art. 808 OR) mit der absoluten Mehrheit der vertretenen Gesellschafterstimmen abgeändert werden. Vgl. auch *Böckli,* Das neue GmbH-Recht, S. 20. Beachte: Eine Sicherung der Selbstorganschaft durch die Gründer kann dadurch erfolgen, dass in den Statuten die Einführung der Drittorganschaft mittels Quorum erschwert wird. Denkbar wäre sodann ein Vetorecht.

254 Art. 815 Abs. 2 OR.

nach Grösse des Stammkapitalanteils abgestimmt wird, bei diesem nach Köpfen[255].

17 Das Organ tritt nach aussen für die Gesellschaft auf und befasst sich mit der Geschäftsführung. Die Handlungen der Organe werden der Gesellschaft zugerechnet, sofern das Organ als solches und in Ausübung der geschäftlichen Verrichtung tätig wird. Die Gesellschaft kann sodann durch besondere Vertreter und durch Hilfspersonen handeln. Im letzteren Fall sind nicht die Regeln über die organschaftliche Vertretung[256], sondern die allgemeinen Regeln des Stellvertretungsrechts[257], der Geschäftsherrenhaftung[258] und der Haftung für den Erfüllungsgehilfen[259] zu beachten[260].

b) Statutarisch begründbare Regel: Drittorganschaft; Wähl- und Abwählbarkeit

18 Eine Wahl oder Abwahl von Geschäftsführern durch die Gesellschafterversammlung ist nur möglich, wenn sie in den Statuten vorgesehen ist[261]. Nachträglich lässt sich eine solche Regel nur mittels einer Statutenänderung einführen. Das Modell der Geschäftsführung kann grundsätzlich mit der absoluten Mehrheit der vertretenen Stimmen abgeändert werden[262].

19 Mit der Möglichkeit, Geschäftsführer durch die Gesellschafterversammlung zu wählen oder eben nicht zu wählen, gibt sich die Gesellschafterversammlung die Kompetenz, durch Gesellschafterbeschluss vom Grundsatz der Selbstorganschaft abzuweichen und Gesellschafter von der Geschäftsführung auszuschliessen. Wenn die Pflicht zur Geschäftsführung nicht ausdrücklich in den Statuten aufgehoben ist, sind die gewählten Geschäftsführer zur Geschäftsführung verpflichtet und müssen ihr Amt unabhängig von einer Annahmeerklärung antreten[263]; ist die Pflicht zur

[255] Art. 809 Abs. 4 OR. Beachte: Die Geschäftsführer können sich im Übrigen ihrer Verantwortlichkeit nicht dadurch entziehen, dass sie ihren Entscheid als Gesellschafterentscheid bezeichnen. Umgekehrt können sie auch eine Anfechtung des Entscheids der Gesellschafterversammlung nicht dadurch verhindern, dass sie dieser zustehende Entscheide formell als Geschäftsführungsbeschluss bezeichnen.

[256] Art. 55 ZGB.

[257] Art. 32 ff. OR.

[258] Art. 55 OR.

[259] Art. 101 OR.

[260] Vgl. hierzu eingehend *Meier-Hayoz/Forstmoser,* § 2 N 23 ff. Zum faktischen Organ vgl. nachfolgend § 24 N 9 f.

[261] Art. 809 Abs. 1 OR i.V.m. Art. 804 Abs. 2 Ziff. 2 OR.

[262] Art. 808 OR.

[263] *Watter,* OR, Art. 811 N 10.

Geschäftsführung aufgehoben[264], werden die Gewählten durch Annahmeerklärung Geschäftsführer.

Weichen die Gesellschafter vom Grundsatz der Selbstorganschaft ab und übertragen die Geschäftsführung einem oder mehreren Gesellschafter(n), gewährt das Recht der GmbH den nicht geschäftsführenden Gesellschaftern umfassende Kontrollrechte. Gemäss Art. 802 Abs. 1 OR kann jeder Gesellschafter von den Geschäftsführern Auskunft über alle Angelegenheiten der Gesellschaft verlangen. Gemäss Art. 802 Abs. 2 OR steht dem Gesellschafter darüber hinaus ein umfassendes Einsichtsrecht zu: Hat die GmbH keine Revisionsstelle bzw. wird auf die Durchführung einer Revision verzichtet, hat der Gesellschafter ein uneingeschränktes Einsichtsrecht; hat die GmbH eine Revisionsstelle bzw. wird eine Revision durchgeführt, hat der Gesellschafter ein uneingeschränktes Einsichtsrecht, sofern er ein berechtigtes Interesse glaubhaft macht. Die umfassenden Kontrollbefugnisse rechtfertigen sich, da bei der GmbH, wie bei der einfachen Gesellschaft, eine allgemeine Treuepflicht[265] besteht und die Mitgliedschaft auf einem Vertrauensverhältnis unter den Gesellschaftern basiert. 20

c) Die Delegation der Geschäftsführung

Gemäss Art. 776a Abs. 2 Ziff. 7 OR kann in den Statuten eine vom Gesetz abweichende Regelung der Geschäftsführung und Vertretung vorgesehen werden. Die Statuten können namentlich die Befugnis zur Ernennung von Direktoren, Prokuristen und Handlungsbevollmächtigten an die Geschäftsführung delegieren und die Geschäftsführer zur Delegation bestimmter Aufgaben ermächtigen. Delegierbar sind all jene Aufgaben, die der Geschäftsführung gemäss Art. 810 OR nicht als unübertragbare Aufgaben zugewiesen sind. Zulässig ist es auch, für die Einzelheiten der vom Gesetz abweichenden Regelung auf ein von der Geschäftsführung erlassenes Organisationsreglement zu verweisen[266]. Schranke der Gestaltungsmöglichkeit bilden die unübertragbaren und unentziehbaren Aufgaben der Geschäftsführer. Daraus ergibt sich auch, dass die Kompetenz zur Delegation von der Geschäftsführung in der Regel nicht weiterdelegiert werden kann. 21

Die Geschäftsführung bei der GmbH ist das Exekutivorgan der GmbH. Der Geschäftsführer ist nicht nur Verwaltungsrat. Der Geschäftsführer hat nicht eine Aufsichtsfunktion über die Geschäftsleitung, sondern ist selber für die Geschäftsführung verantwortlich. Bei der GmbH kann lediglich innerhalb der Geschäftsführung eine *zweite Ebene*, diejenige der den Geschäftsführern unterstellten Direktoren und 22

[264] *Von Steiger,* ZK, N 13a zu Art. 811 OR.

[265] Art. 803 OR; Art. 812 OR.

[266] Botschaft, S. 3176 bzw. S. 3216.

Prokuristen, vorgesehen werden[267]. Werden im Rahmen eines Organisationsreglements Aufgaben delegiert, die nicht in die zwingende Zuständigkeit der Geschäftsführer fallen, reduziert sich Verantwortlichkeit der Geschäftsführer in diesen Bereichen auf die korrekte Auswahl, Überwachung und Anweisung.

d) Delegation der Geschäftsführung an eigene Gesellschafter

23 Unter altem Recht galt für delegierte Geschäftsführer die Regel, dass eine Einschränkung der Geschäftsführungsbefugnis durch Einführung der Wähl- und Abwählbarkeit, wenn nicht von Anfang an vorgesehen, nur mit der Zustimmung der betroffenen Gesellschafter und der Geschäftsführer möglich war. Ebenfalls nur unter diesen Voraussetzungen konnte die Ausweitung der Geschäftsführungsbefugnis auf alle Gesellschafter beschlossen werden, denn die Aufnahme zusätzlicher Geschäftsführer verwässerte die Geschäftsführungsbefugnis der bisherigen Geschäftsführer[268]. Unter neuem Recht kann das einmal gewählte Modell der Geschäftsführung grundsätzlich mit der absoluten Mehrheit der vertretenen Stimmen abgeändert werden[269].

24 Zu beachten ist sodann, dass die interne Organisation an der Geschäftsführungsbefugnis grundsätzlich nichts ändert; jeder Geschäftsführer, auch der intern *nicht zuständige* Geschäftsführer, kann durch seinen Widerspruch jederzeit einen formellen Geschäftsführungsentscheid herbeiführen[270]. Ergibt sich innerhalb einer GmbH eine Aufgabenteilung stillschweigend durch gelebte Praxis, liegt nie eine echte Delegation von Geschäftsführungsbefugnissen vor, vielmehr immer nur eine interne Aufteilung im beschriebenen Sinn.

25 Gemäss der Rechtsprechung des Eidgenössischen Versicherungsgerichtes ist jedes Mitglied der Geschäftsführung verpflichtet, sich über wichtige Beschlüsse ausserhalb des ihm zugewiesenen Ressorts zu informieren und bei Unregelmässigkeiten umgehend die erforderlichen Abklärungen zu treffen[271].

e) Bestellung Dritter als Geschäftsführer

26 Die Geschäftsführung der GmbH kann durch Beschluss der Gesellschafterversammlung auch an Personen delegiert werden, die nicht Gesellschafter sind[272]. Unter altem Recht benötigten solche Delegationen die Zustimmung der betroffenen

[267] Vgl. So auch *Böckli,* Das neue GmbH-Recht.

[268] Auch *von Steiger,* ZK, N 19 zu Art. 784 OR; a.M. *Wohlmann,* GmbH, S. 108.

[269] Art. 808 OR.

[270] *Watter,* OR, Art. 811 N 6.

[271] Entscheid des Eidgenössischen Versicherungsgerichts H 337/00 vom 7. Juni 2001, E. 3.

[272] Art. 809 Abs. 1 OR i.V.m. Art. 815 Abs. 1 OR.

Gesellschafter und Geschäftsführer, wenn durch die Bestellung eines neuen Geschäftsführers die Position der bisherigen Geschäftsführer geschwächt wurde. Unter neuem Recht entfällt das Erfordernis der Zustimmung. Das einmal gewählte Modell der Geschäftsführung kann jederzeit mit der absoluten Mehrheit der vertretenen Stimmen geändert werden.

f) «Aufsichtsrat-Geschäftsführer» in der GmbH?

Anders als im Aktienrecht sollen nur diejenigen Personen Geschäftsführer sein, die 27
effektiv das Geschäft der GmbH leiten.

Will innerhalb der Aktiengesellschaft eine Person die Geschäftsführung effizient 28
überwachen können und will sie sich das Recht sichern, im Notfall auch eingreifen zu können, dann muss sie das Verwaltungsratsamt anstreben; allein aufgrund ihrer Stellung als Aktionär kann sie dieses Ziel nicht erreichen.

In der GmbH wählt diese Person einen anderen Weg: Wer lediglich die Geschäfte 29
überwachen, in die Verantwortung für das Tagesgeschäft aber nicht eingebunden sein will, wird in der GmbH in der Regel nicht Geschäftsführer, sondern nicht geschäftsführender Gesellschafter. In dieser Funktion bestehen gesetzliche[273] und – wenn nötig zusätzlich zu schaffende – statutarische Überwachungsrechte und Einflussmöglichkeiten, die denjenigen eines Verwaltungsrats einer Aktiengesellschaft, der sich auf Aufsichtsfunktionen beschränkt, sehr nahe kommen.

g) Bestellbarkeit zum Geschäftsführer

Mit der Frage der Bestellbarkeit zum Geschäftsführer hängt zusammen, dass die 30
rechtsverbindliche Kommunikation sichergestellt und ein personeller Anknüpfungspunkt in der Schweiz gewährleistet sein muss.

Mindestens eine zur Vertretung der GmbH befugte Person muss Wohnsitz in der 31
Schweiz haben. Dabei muss es sich nicht zwingend um einen Geschäftsführer handeln, es genügt beispielsweise ein Direktor. Verfügt keine in der Schweiz wohnhafte Person über eine Einzelzeichnungsberechtigung, kann das Wohnsitzerfordernis durch das Zusammenwirken mehrerer Personen erfüllt werden[274]. Nationalitätsvorschriften für die Mitglieder der Verwaltung fehlen.

Geschäftsführer können – wie im Aktienrecht – grundsätzlich[275] nur natürliche Per- 32
sonen sein. Sind juristische Personen Gesellschafter, werden nicht diese Geschäfts-

[273] Vgl. Art. 802 OR. Beim Fehlen einer Revisionsstelle hat jeder Gesellschafter ein umfassendes Einsichtsrecht; dieses Recht kann auch beim Vorliegen einer Revisionsstelle statutarisch vorgesehen werden.

[274] Botschaft, S. 3216.

[275] Vgl. hierzu nachfolgend § 33 N 1 ff.

führer, sondern die von ihnen bestimmten Vertreter[276]. Die Statuten können vorsehen, dass für die Bezeichnung des Vertreters juristischer Personen die Zustimmung der Gesellschafterversammlung erforderlich ist[277].

33 Hat die Gesellschaft mehrere Geschäftsführer, betraut sie einen Geschäftsführer mit dem Vorsitz[278].

h) Aufhebung von Art. 39 Abs. 1 Ziff. 5 SchKG

34 Unter altem Recht unterlag der geschäftsführende Gesellschafter gemäss Art. 39 Abs. 1 Ziff. 5 SchKG – im Unterschied zu den nicht geschäftsführenden Gesellschaftern – der Betreibung auf Konkurs. Darüber hinaus unterlag der ausscheidende geschäftsführende Gesellschafter gemäss Art. 40 SchKG noch während sechs Monaten, nachdem die Streichung im SHAB publiziert worden war, der Betreibung auf Konkurs[279].

35 Unter neuem Recht wurde Art. 39 Abs. 1 Ziff. 5 SchKG aufgehoben. Der Gesellschafter der GmbH unterliegt nicht der Betreibung auf Konkurs.

3. Pflichten der Geschäftsführer

a) Pflicht zur Kompetenzwahrnehmung

36 Der Geschäftsführer ist verpflichtet, seine Kompetenzen wahrzunehmen; er ist grundsätzlich zur Geschäftsführung und zur Vertretung der Gesellschaft berechtigt und verpflichtet. Die Statuten können eine abweichende Regelung treffen[280].

b) Pflicht zur persönlichen Ausübung des Amts

37 Der Geschäftsführer ist verpflichtet, sein Amt persönlich auszuüben; eine allfällige interne Aufgabenteilung entlastet ihn nicht; der Geschäftsführer muss auch in den-

[276] Art. 809 Abs. 2 OR.

[277] Art. 776a Abs. 1 Ziff. 12 OR.

[278] Art. 809 Abs. 3 OR. Die Bezeichnung des Vorsitzenden der Geschäftsführung steht grundsätzlich der Gesellschafterversammlung zu. Da diese Kompetenz aber nicht zu den unübertragbaren Aufgaben der Gesellschafterversammlung gehört, können die Statuten vorsehen, dass die Geschäftsführer den Vorsitzenden bestimmen. Botschaft, S. 3212.

[279] Vgl. hierzu BGE 78 III 90 ff.

[280] Art. 809 Abs. 1 OR bzw. Art. 814 Abs. 2 OR.

jenigen Bereichen voll informiert sein, die intern einem anderen Geschäftsführer zugeordnet wurden[281].

Die Geschäftsführer dürfen Dritte als Hilfspersonen beiziehen, allerdings dürfen sie diesen keine Geschäftsführerbefugnisse zukommen lassen, weder formell noch materiell. Letzteres kann vorliegen, wenn ein ganzer Tätigkeitsbereich der Geschäftsführung an Dritte weitergegeben wird[282]. 38

c) Sorgfalts- und Treuepflicht

Wie der Gesellschafter[283] unterliegt erst recht auch der Geschäftsführer einer Treupflicht[284]. Er ist bei seinen Entscheiden und seinem Handeln ausschliesslich an das Gesellschaftsinteresse gebunden. Er hat seine Aufgabe mit aller Sorgfalt auszuüben und haftet für jede Fahrlässigkeit[285]. 39

d) Insbesondere: Das Konkurrenzverbot des Geschäftsführers

Ohne die schriftliche Zustimmung aller anderen Gesellschafter darf der Geschäftsführer der GmbH weder für eigene noch für fremde Rechnung konkurrenzierende Tätigkeiten ausüben. Während für die Gesellschafter nur dann ein Konkurrenzverbot besteht, wenn die Statuten dies vorsehen[286], gilt für Geschäftsführer sowie für Dritte, die mit der Geschäftsführung befasst sind, die umgekehrte Regelung: Geschäftsführer unterstehen dem Konkurrenzverbot, es sei denn, alle übrigen Gesellschafter stimmen dieser Tätigkeit schriftlich zu oder die Statuten sehen eine abweichende Regelung vor[287]. 40

Die Statuten können vorsehen, dass die Gesellschafterversammlung der konkurrenzierenden Tätigkeit zustimmen muss. In diesem Fall hat der Geschäftsführer beim Beschluss betreffend die Zustimmung kein Stimmrecht[288]. 41

281 Gemäss der Rechtsprechung des Eidgenössischen Versicherungsgerichtes ist jedes Mitglied der Geschäftsführung verpflichtet, sich über wichtige Beschlüsse ausserhalb des ihm zugewiesenen Ressorts zu informieren und bei Unregelmässigkeiten umgehend die erforderlichen Abklärungen zu treffen. Vgl. Entscheid des Eidgenössischen Versicherungsgericht H 337/00 vom 7. Juni 2001, E. 3.

282 Z. B. Buchführung; Dritte dürfen nur Hilfsperson sein und keine faktische Verantwortlichkeit übernehmen; weniger streng allerdings: *Wohlmann,* GmbH, S. 112; vgl. zur daraus allfällig resultierenden Verantwortlichkeitshaftung: § 25 N 19 ff.

283 Art. 803 OR.

284 Art. 812 OR.

285 Insbesondere auch bei sog. Übernahmeverschulden, wenn er seiner Aufgabe nicht gewachsen ist; *Wohlmann,* GmbH, S. 112.

286 Art. 803 Abs. 2 OR. Botschaft, S. 3214.

287 Art. 812 Abs. 3 OR.

288 Art. 812 Abs. 3 OR i.V.m. Art. 806a Abs. 3 OR.

42 Die Vorschrift gilt für alle Geschäftsführer, unabhängig von ihrer Vertretungsbefugnis[289]. Ob diese geschäftsführenden Gesellschafter ihr Amt aufgrund einer Wahl der Gesellschafterversammlung ausüben oder direkt gestützt auf die Statuten, spielt keine Rolle[290]. Das Konkurrenzverbot gilt sodann nicht nur für Gesellschafter, sondern auch für Dritte, die mit der Geschäftsführung befasst sind.

43 Inhaltlich und räumlich[291] gilt das Konkurrenzverbot für Tätigkeiten im Geschäftsbereich der GmbH. Massgebend für seine Bestimmung ist die effektive Geschäftstätigkeit der Gesellschaft, was auch ernsthaft geplante, aber noch nicht umgesetzte Tätigkeiten der GmbH umfasst[292]. Trotz des schweren Eingriffs des Konkurrenzverbotes in das wirtschaftliche Persönlichkeitsrecht des Betroffenen scheint eine strenge Betrachtungsweise beim Konkurrenzverbot des Geschäftsführers richtig. Anders als beim Arbeitnehmer[293] gibt es beim geschäftsführenden Gesellschafter keine Möglichkeit, ihn ohne Weiteres seines Amtes zu entheben[294]. Besonders problematisch wäre es, ernsthaft geplante Tätigkeiten vom Konkurrenzverbot auszunehmen. Dies würde dem Geschäftsführer erlauben, auf Kosten der GmbH gemachte Entwicklungen und Erfahrungen laufend zugunsten ihrer (zukünftigen) Konkurrenz einzusetzen.

44 Verboten ist das Tätigen von Geschäften sowohl auf eigene wie auch für fremde Rechnung; ebenso die Beteiligung an Unternehmen, die in diesen Bereichen tätig sind, sei es als beschränkt oder als unbeschränkt haftender Gesellschafter. Der Geschäftsführer muss seine Aufgabe mit aller Sorgfalt erfüllen und die Interessen der Gesellschaft in guten Treuen wahren[295]. Ist der Geschäftsführer an einem Konkurrenten beteiligt, kann er das nicht. Der Geschäftsführer, der sich in der genannten Art an einer Gesellschaft beteiligt, kann nicht geltend machen, dass er weder direkt noch indirekt konkurrenzierend tätig sei. Will sich der Geschäftsführer an einem Konkurrenten beteiligen, muss er bei den übrigen Gesellschaftern eine schriftliche Zustimmung einholen[296].

[289] Vgl. *Amstutz,* OR, Art. 818 N 6; *von Steiger,* ZK, N 2 zu Art. 818 OR; a.M. *Janggen/Becker,* BK, N 1 zu Art. 818 OR.

[290] A.M. *Amstutz,* OR, Art. 818 N 6.

[291] *Amstutz,* OR, Art. 818 N 17.

[292] So auch *von Steiger,* ZK, N 4 zu Art. 818 OR; a.M. *Amstutz,* OR, Art. 818 N 10.

[293] Dem gekündigt werden kann, auch wenn die Konkurrenzverbotsverletzung nicht bewiesen oder eindeutig ist.

[294] Vgl. nachfolgend N 79 ff.

[295] Art. 812 Abs. 1 OR.

[296] Art. 812 Abs. 3 OR. Beachte: Unter altem Recht war das Verbot, sich an einem anderen Unternehmen zu beteiligen, explizit erwähnt (Art. 818 Abs. 1 aOR). Unter neuem Recht ist das Verbot nicht mehr explizit erwähnt (Art. 812 OR i.V.m. Art. 803 OR), gilt aber gleichwohl, es sei denn es handle sich um eine reine Finanzbeteiligung. Der Geschäftsführer hat seine geschäftlichen Verhältnisse so zu ordnen, dass Interessenkonflikte wenn immer möglich vermieden werden. Vgl. hierzu nachfolgend N 118.

Das Konkurrenzverbot wirkt bis zur Beendigung der Geschäftsführerstellung; es bleibt bestehen, auch wenn der betroffene Geschäftsführer zurücktreten will, denn der Geschäftsführer, der Gesellschafter ist, kann – im Gegensatz zum Verwaltungsrat – grundsätzlich nicht frei zurücktreten. Mangels einer abweichenden Bestimmung in den Statuten üben die Gesellschafter die Geschäftsführung gemeinsam aus[297]. Das Amt als Geschäftsführer endet erst, wenn die Gesellschafter den Geschäftsführer entlassen[298]. 45

Der Verstoss gegen das Konkurrenzverbot ist ein wichtiger Grund, der den Entzug der Geschäftsführungsbefugnis[299], in schweren Fällen auch den Ausschluss des Gesellschafters gestützt auf Art. 823 Abs. 1 OR, rechtfertigt[300]. Denkbar sind auch statutarische Sanktionen, zum Beispiel Konventionalstrafen. In jedem Fall kann der fehlbare Geschäftsführer zur Leistung von Schadenersatz oder zur Unterlassung verurteilt werden. 46

Die Verfolgung der Konkurrenzverbotsverletzung durch die Gesellschaft setzt voraus, dass die GmbH Geschäftsführermehrheitsbeschlüsse kennt; könnten die Geschäftsführer nur einstimmig entscheiden, käme es nie zu einem solchen Beschluss. Ein Vorgehen der Gesellschaft ist in diesem Fall erst möglich, wenn der GmbH ein Beistand ernannt ist, der anstelle der Geschäftsführer über das Vorgehen entscheidet[301]. Sogar wenn Mehrheitsbeschlüsse möglich sind, bliebe die Konkurrenzverbotsverletzung ohne Sanktion, soweit sie durch die Mehrheitsgesellschafter stattfindet. Richtig erscheint es daher, dem Gesellschafter einen eigenen Unterlassungsanspruch gegenüber den Geschäftsführern auf Einhaltung des Konkurrenzverbots[302] einzuräumen; das Erfordernis ihrer schriftlichen Zustimmung bliebe ohne Sinn, wenn nicht sie selber, sondern nur die Gesellschaft tätig werden könnte, wenn trotz Ausbleibens dieser Zustimmung ein Geschäftsführer konkurrenzierend tätig wird. Systematische Einwände, wie sie gegen dieses Klagerecht mit der Begründung vorgebracht werden, dass unter den Gesellschaftern der GmbH keine Vertragsbeziehungen bestünden[303], sind u. E. unbegründet, weil in anderen Fragen solche Vertragsbeziehungen ausser Zweifel stehen[304]. 47

297 Art. 809 Abs. 1 OR; vgl. dazu N 15 ff.

298 *Von Steiger,* ZK, N 25 zu Art. 811 OR.

299 Art. 815 Abs. 2 OR i.V.m. Art. 565 OR.

300 Vgl. nachfolgend § 19 N 11 ff.

301 Vgl. hierzu § 20 N 11.

302 *Jenny,* S. 59; a.M. *Amstutz,* OR, Art. 818 N 4 und N 21.

303 So *Amstutz,* OR, Art. 818 N 4 und N 21.

304 Treuepflicht unter den Gesellschaftern; vgl. dazu § 18 N 17.

e) Gleichbehandlung

48 Die Geschäftsführer sowie Dritte, die mit der Geschäftsführung betraut sind, haben die Gesellschafter unter gleichen Voraussetzungen gleich zu behandeln[305]. Das Gesetz hat damit die Rechtssprechung des Bundesgerichtes zum Recht auf Gleichbehandlung übernommen, wonach der Gesellschafter gegen jede unterschiedliche Behandlung, die durch die Interessen der Gesellschaft sachlich nicht gerechtfertigt werden kann, geschützt ist[306]. Verlangt ist nicht eine absolute Gleichbehandlung der Gesellschafter. Es genügt viel mehr, dass die Geschäftsführung bei Beschlüssen, welche die rechtlichen Beziehungen zwischen den Gesellschaftern und der Gesellschaft betreffen, sämtliche Gesellschafter soweit gleich behandelt, als nicht Abweichungen im Interesse der Gesamtheit der Gesellschafter unumgänglich notwendig sind[307].

49 Das Gleichbehandlungsgebot gilt einerseits im Verhältnis zwischen den Gesellschaftern, andererseits im Bereich der Geschäftsführung.

50 Im Verhältnis zwischen den Gesellschaftern verbietet das Gleichbehandlungsgebot eine Ungleichbehandlung durch Statutenänderungen oder andere Beschlüsse der Gesellschafterversammlung. Zulässig sind hingegen asymmetrische Ausgestaltungen der ursprünglichen Statuten, da diesen sämtliche Gesellschafter zustimmen müssen.

51 Im Rahmen der Geschäftsführung sind die Gesellschafter unter gleichen Voraussetzungen gleich zu behandeln[308]. Differenzierungen unter den Gesellschaftern sind zulässig, müssen aber nach einem gleichen Massstab erfolgen. Die Geschäftsführer haben ihr Ermessen so auszuüben, dass sie weder einzelnen Gesellschaftern Sondervorteile verschaffen noch deren Partikularinteressen fördern[309]. Von der Gesellschaft abgeschlossene Verträge, welche gegen das Gleichbehandlungsgebot verstossen, sind anfechtbar[310].

f) Die Benachrichtigung des Richters

52 Zu den Pflichten bei Verlust des Stammkapitals äussert sich das GmbH-Recht nicht mit einer eigenen materiellrechtlichen Bestimmung, sondern in Art. 820 OR mit

[305] Art. 813 OR.

[306] BGE 69 II 248 f.

[307] Entscheid des Bundesgerichts 4C.242/2001 vom 5. März 2003, E. 3.1; sowie zum Aktienrecht *Böckli,* Aktienrecht, § 13 N 679 ff.

[308] Art. 813 OR.

[309] Vgl. Entscheid des Bundesgerichts 4C.242/2001 vom 5. März 2003, E. 3.3.

[310] *Huguenin,* Gleichbehandlung, S. 255.

einem Verweis auf die Bestimmungen des Aktienrechts, welche entsprechend anwendbar sind.

Besteht die begründete Besorgnis einer Überschuldung, ist eine Zwischenbilanz nach Veräusserungswerten zu errichten. Zeigt diese ein negatives Nettovermögen, benachrichtigen die Geschäftsführer den Richter, der den Konkurs ausspricht oder, auf Antrag der Geschäftsführer und wenn Aussicht auf Sanierung besteht, die Konkurseröffnung aufschiebt[311]. 53

Die Benachrichtigung des Richters ist eine nicht delegierbare Aufgabe. Zu beachten ist sodann, dass der Richter bei konkreten Aussichten auf eine Sanierung nicht sofort benachrichtigt werden muss. Im Rahmen der Sanierung dürfen die Forderungen der Gläubiger nicht weiter gefährdet werden[312]. Zulässig ist die Aufnahme von Krediten, die durch Dritte gesichert werden. Ungesicherte Kredite und die Auflösung von Vermögenswerten sind nur dann unproblematisch, wenn zu erwarten ist, dass damit neue Gewinne erzielt werden. Erweist sich die Sanierung nachträglich als unfruchtbar, ändert dies nichts an deren grundsätzlicher Zulässigkeit[313]. 54

Bei der GmbH mit Drittorganschaft stellt sich die Frage, ob die gewählten Geschäftsführer nach Eintritt der Überschuldung vom Gericht als solche bestätigt werden müssen oder nicht. Die gerichtliche Bestätigung soll namentlich sicherstellen, dass in der Phase der Überschuldung die Interessen der Gläubiger Priorität haben. Gemäss dem Vorentwurf für eine Revision des Aktien- und Rechnungslegungsrechts soll der Inhalt der Geschäftsführung neu im Interesse der Gläubiger im Gesetz festgehalten werden, wodurch sich eine formelle Bestätigung der Geschäftsführung erübrigt[314]. 55

g) Pflichten des Vorsitzenden

Hat die Gesellschaft mehrere Geschäftsführer, muss die Gesellschafterversammlung einen von ihnen mit dem Vorsitz betrauen[315]. Der Vorsitzende ist für die Einberufung und Leitung der Gesellschafterversammlung, für Bekanntmachungen gegenüber den Gesellschaftern und die Sicherstellung der Anmeldung beim Han- 56

311 Vgl. dazu § 8 N 42 ff.

312 Vgl. hierzu Entscheid des Bundesgerichts 4C.366/2000 vom 19. Juni 2001, E. 4b.

313 Entscheid des Bundesgerichts 4C.366/2000 vom 19. Juni 2001, E. 4.b. Vgl. auch Entscheid des Bundesgerichts 4C.122/2006 vom 27. Juni 2006, E. 5.2 mit dem Hinweis, dass Anwälte wissen sollten, wie bei drohender Überschuldung vorzugehen ist. Zu den Pflichten bei Kapitalverlust und Überschuldung vgl. *Kneta,* N 2167 ff.

314 Vgl. hierzu eingehend *Böckli,* Zum Vorentwurf, S. 11 f. mit Verweis auf *Forstmoser,* Der Richter als Krisenmanager? Überlegungen zu Art. 725 f. OR, in: Richterliche Rechtsfortbildung in Theorie und Praxis. Festschrift für Hans Peter Walter, Bern 2005, S. 263 ff.

315 Art. 809 Abs. 3 OR. Beachte: Die Statuten können vorsehen, dass die Geschäftsführer für die Wahl des Vorsitzenden zuständig sind. Die Kompetenz der Gesellschafterversammlung ist nicht unübertragbar. Botschaft, S. 3212.

delsregister zuständig[316]. Die Aufgaben des Vorsitzenden können sodann in Anlehnung an das Aktienrecht wie folgt umschrieben werden: Der Vorsitzende hat die Sitzungen der Geschäftsführung einzuberufen und zu leiten; er nimmt Informationsbegehren entgegen; er nimmt administrative Aufgaben wahr; er repräsentiert die Verwaltung der Gesellschaft nach innen und nach aussen; in dringenden Fällen erteilt er im Namen der Geschäftsführung Anweisungen und trifft Massnahmen; der Vorsitzende hat den Stichentscheid[317].

4. Rechte der Geschäftsführer

a) Entschädigung der Geschäftsführer

57 Die Mitglieder der Geschäftsführer haben ein Recht auf angemessene Vergütung ihrer Tätigkeit. Die Vergütung kann in Form eines Honorars und einer Gewinnbeteiligung (Tantieme) erfolgen.

58 Eine Gewinnbeteiligung der Mitglieder der Geschäftsführung bedarf einer statutarischen Grundlage und darf ausschliesslich aus dem Bilanzgewinn erfolgen. Legen die Statuten die Höhe der Gewinnbeteiligung fest, begründet dies aufseiten des Mitglieds der Geschäftsführung einen vertraglichen Anspruch, der mit einer Leistungsklage geltend gemacht werden kann[318].

59 Das Honorar der Mitglieder der Geschäftsführung kann fest oder erfolgsabhängig vereinbart werden. In der Regel wird in den Statuten das Recht auf eine angemessene Entschädigung und deren Festlegung durch die Gesellschafterversammlung[319] verankert. Die Bemessung des Honorars richtet sich nach dem Umfang der geleisteten Arbeit, dem Erfolg der Geschäftsführung, der Komplexität des Mandates, dem Risiko der persönlichen Verantwortlichkeit[320] sowie der finanziellen Lage des Unternehmens.

60 Zu beachten ist, dass übersetzte Entschädigungen an die Mitglieder der Geschäftsführung an die Gesellschaft zurückzuerstatten sind. Der Anspruch auf Rückerstattung steht der Gesellschaft zu, welche auf Leistung an die Gesellschaft klagen kann[321].

[316] Art. 810 Abs. 3 OR.

[317] *Zum Aktienrecht vgl. Forstmoser/Meier-Hayoz/Nobel,* Aktienrecht, § 28 N 137 ff.; *Müller/Lipp/Plüss,* S. 73.

[318] BGE 75 II 153 E 2a.

[319] Art. 804 Abs. 2 Ziff. 6 OR.

[320] BGE 111 II 480 ff.

[321] Art. 800 OR i.V.m. Art. 678 OR; vgl. nachfolgend § 34 N 4 ff.

b) Vertretungsbefugnis der Geschäftsführer

Die Geschäftsführung und die Vertretung sind unterschiedlich geregelt. Während die Gesellschafter die Geschäftsführung grundsätzlich gemeinsam ausüben[322], ist grundsätzlich jeder Geschäftsführer zur Vertretung der Gesellschaft berechtigt[323]. 61

Art. 814 OR bestimmt als dispositive Regel, dass alle Geschäftsführer zur Vertretung der Gesellschafter berechtigt sind. Das bedeutet, dass die Geschäftsführer grundsätzlich einzelzeichnungsberechtigt sind und eine Einzelunterschrift führen. Statutarisch kann davon abgewichen werden. Die GmbH kann beispielsweise für Geschäftsführungsbeschlüsse Einstimmigkeit fordern, im Aussenverhältnis aber jedem Geschäftsführer das Einzelvertretungsrecht geben; sie kann auch, was in grösseren Gesellschaften üblich ist, Personen zur Vertretung gegenüber Dritten bestimmen, die im Innenverhältnis nicht Geschäftsführer sind; sie kann eine Kollektivzeichnungsberechtigung vorsehen; sie könnte sogar vorsehen, dass ein Geschäftsführer die GmbH gegenüber Dritten nicht vertreten kann. Zuständig für die Regelung der Vertretungsbefugnis ist grundsätzlich die Gesellschafterversammlung, die ihre Kompetenz allerdings an die Geschäftsführer delegieren kann[324]. Die Zuständigkeit der Gesellschafterversammlung bzw. der Geschäftsführer ist zwingend. Eine statutarische Bestimmung, wonach beispielsweise ein bestimmter Gesellschafter für die Regelung der Vertretungsberechtigung zuständig ist, ist nicht zulässig[325]. 62

Die einem Geschäftsführer durch Gesetz oder Statuten übertragene Vertretungsbefugnis ist grundsätzlich unwiderruflich[326]. Basiert die Vertretungsbefugnis hingegen auf einem Gesellschaftsbeschluss, kann sie auch ohne wichtigen Grund durch Gesellschaftsbeschluss entzogen werden[327]. 63

Für den Schaden aus unerlaubten Handlungen, den eine zur Geschäftsführung oder zur Vertretung befugte Person in Ausübung ihrer geschäftlichen Verrichtungen begeht, haftet die Gesellschaft[328]. Dies gilt unter zwei Voraussetzungen: Erstens, die schädigende Handlung erfolgt in Ausübung geschäftlicher Verrichtungen; zweitens, die schädigende Handlung erfolgt durch eine Person, die formell oder faktisch befugt ist, die Geschäfte der Gesellschaft zu führen oder die Gesellschaft zu vertreten[329]. 64

322 Art. 809 OR.

323 Art. 814 OR.

324 Art. 814 Abs. 2 OR i.V.m. Art. 804 Abs. 3 OR.

325 *Gwelessiani,* Änderungen aus handelsregisterrechtlicher Sicht.

326 Steht die Geschäftsführungsbefugnis den Gesellschaftern ohne Wahl zu, ist eine Abberufung nur auf dem Weg einer statutarischen Neuregelung möglich. Vgl. Botschaft, S. 3216.

327 BGE 81 II 545 f.

328 Art. 817 OR

329 Entscheid des Bundesgerichts 4C.106/2000 vom 13. September 2000, E. 3a.

c) Informationsrechte in der Geschäftsführung

65 Die Mitglieder der Geschäftsführung haben Anspruch auf Auskunft über alle Angelegenheiten der Gesellschaft. Der Vorsitzende ist nicht befugt, einzelne Minderheitsvertreter in der Geschäftsführung von bestimmten Informationen fernzuhalten. Dabei ist allerdings zu beachten, dass die Mitglieder der Geschäftsführung nicht nur befugt sind, sich über den Stand der Dinge zu erkundigen, sondern hierzu auch verpflichtet sind.

66 Auskunftspflichtig sind alle Mitglieder der Geschäftsführung sowie die mit der Geschäftsführung betrauten Personen[330]. Der Vorsitzende der Geschäftsführung nimmt die Anfragen entgegen und leitet sie an das mit dem entsprechenden Sachbereich befasste Mitglied der Geschäftsführung weiter. Der Vorsitzende sorgt für die rechtzeitige und zweckmässige Erteilung der Information an die Mitglieder der Geschäftsführung. Um allfälligen Konflikten innerhalb der Geschäftsführung vorzubeugen, empfiehlt es sich, das Informationsrecht im Rahmen eines Organisationsreglements zu regeln und eine institutionalisierte Berichterstattung vorzusehen[331].

67 Zu unterscheiden ist zwischen dem Informationsrecht innerhalb und ausserhalb der Sitzungen der Geschäftsführung. Innerhalb der Sitzungen sind die mit der Geschäftsführung betrauten Personen grundsätzlich uneingeschränkt zur Auskunft verpflichtet. Ausserhalb der Sitzungen geht das Informationsrecht weniger weit: Das Mitglied der Geschäftsführung ist berechtigt, Auskunft über den Geschäftsgang zu verlangen. Nicht zum Geschäftgang gehören Einzelheiten über bestimmte Sachverhalte oder auch spezifische Informationen über weiter zurückliegende Vorgänge[332].

68 Der grundsätzliche Informationsanspruch in der Geschäftsführung unterliegt sodann folgenden Bedingungen: Die Information muss dem Mitglied der Geschäftsführung dazu dienen, seine gesetzliche Aufgabe erfüllen zu können; das Informationsbegehren muss hinsichtlich des Zeitpunkts[333] und des Umfangs der Anfrage verhältnismässig sein; das Informationsbegehren darf nicht rechtsmissbräuchlich sein; Geschäfts- und Fabrikationsgeheimnisse können bei konkreter Gefahr der Informationsweitergabe eine Verweigerung der Information rechtfertigen, wenn die

[330] Art. 802 OR; analog Art. 715a OR.

[331] Zum Aktienrecht vgl. *Böckli,* Aktienrecht, § 13 N 188.

[332] Zum Aktienrecht vgl. *Böckli,* Aktienrecht, § 13 N 198 ff. Beachte: Die Informationsrechte der Geschäftsführer dienen dazu, dem Geschäftsführer die Erfüllung seiner Aufgaben zu ermöglichen. Dem aus der Geschäftsführung ausgeschiedenen Mitglied der Geschäftsführung stehen auf der Ebene Geschäftsführung grundsätzlich keine Einsichtsrechte mehr zu. Vgl. Entscheid des Bundesgerichts 4C.9/2003 vom 4. April 2003, E. 3.3 sowie Entscheid des Bundesgerichts 4C.7/2003 vom 26. Mai 2003 E. 6.2.

[333] Vgl. hierzu auch Entscheid des Bundesgerichts 4C.7/2003 vom 26. Mai 2003, E. 6.1.

Einsicht für die Erfüllung der Aufgabe nicht erforderlich ist; das Informationsbegehren ist im Falle eines Interessenkonflikts zurückzuweisen[334].

Die Mitglieder der Geschäftsführung haben einen Anspruch auf eine umfassende vorgängige Information über die Traktanden der Sitzung der Geschäftsführung. Die Ausgangslage, die Handlungsmöglichkeiten sowie deren Auswirkungen sind darzulegen, und es ist eine Empfehlung abzugeben. Die Abgabe dieser Informationen im Verlauf der Sitzung genügt den Anforderungen an eine zweckmässige Entscheidvorbereitung nicht. Die Informationen müssen den Mitgliedern der Geschäftsführung vor der Sitzung zugestellt werden. Sofern die Pflicht zur Wahrung der Geschäftsgeheimnisse dies verlangt, kann auf die Abgabe von Akten verzichtet werden bzw. die Pflicht zur Rückgabe von spezifischen Akten angeordnet werden[335]. 69

Lehnt der Vorsitzende der Geschäftsführung ein Gesuch um Auskunft ab, kann das Begehren der Gesamtgeschäftsführung vorgelegt werden, welche sodann endgültig entscheidet. Gegen den Entscheid der Gesamtgeschäftsführung gibt es keinen Instanzenzug[336]. 70

5. Beschlussfassung; Anfechtbarkeit und Nichtigkeit

a) Entscheidfindung und Beschlussfassung

Die Organisation der Geschäftsführung wird mit Vorteil in einem Organisationsreglement festgelegt[337]. In der Regel erfolgt die Einberufung der Sitzungen der Geschäftsführer durch den Vorsitzenden. Jedes Mitglied der Geschäftsführung ist aber befugt, die Durchführung einer Sitzung der Geschäftsführung zu verlangen. Die Form der Einberufung ist frei; die Frist zur Einberufung richtet sich nach Treu und Glauben. 71

Geschäftsführungsentscheide sind gemeinsame Entscheide aller Geschäftsführer, mehrheitlich oder einstimmig je nach statutarischer Regel. Ist in den Statuten nichts geregelt, entscheiden die Geschäftsführer mehrheitlich nach Köpfen[338], nicht nach Stammkapital. Diese Differenzierung ist insbesondere dort wichtig, wo alle Gesellschafter Mitglieder der Geschäftsführung sind. 72

Werden die Beschlüsse mit der Mehrheit der abgegebenen Stimmen gefasst, entscheidet nicht die Anzahl der anwesenden Geschäftsführer, sondern die Zahl der 73

334 Zum Aktienrecht vgl. *Böckli,* Aktienrecht, § 13 N 169 ff.

335 Zum Aktienrecht vgl. *Böckli,* Aktienrecht, § 13 N 215 ff.

336 SemJud 2000, S. 437; zum Aktienrecht vgl. *Böckli,* Aktienrecht, § 13 N 222.

337 Vgl. Anhang: Organisationsreglement.

338 Art. 809 Abs. 4 OR.

stimmenden Geschäftsführer. Der Vorsitzende der Geschäftsführung hat den Stichentscheid[339]. Die Statuten können eine abweichende Regelung vorsehen[340]. Beispielsweise können Präsenz- und Beschlussfassungsquoren festgelegt oder es kann auf den Stichentscheid verzichtet werden[341].

74 Die Vertretung eines Geschäftsführers ist analog zum Aktienrecht nicht möglich. Ebenso wenig die vorgängige schriftliche Stimmabgabe[342]. Zulässig ist allerdings die Beschlussfassung auf dem Zirkulationsweg, sofern diese Möglichkeit in den Statuten vorgesehen ist[343].

b) Anfechtbarkeit und Nichtigkeit

75 Beschlüsse der Geschäftsführung können – anders als die Beschlüsse der Gesellschafterversammlung – nicht beim Richter angefochten werden. Beschlüsse der Geschäftsführung können hingegen nichtig sein, was mittels einer Feststellungsklage geltend gemacht werden kann. Die Regeln über die Nichtigkeit von Beschlüssen der Generalversammlung der Aktiengesellschaft sind analog für die Beschlüsse der Geschäftsführung anzuwenden[344]: Nichtig sind dementsprechend Beschlüsse, welche die Mitgliedschaftsrechte, die Klagerechte oder andere vom Gesetz zwingend statuierte Rechte der Gesellschafter tangieren; Beschlüsse, welche in die Kontrollrechte der Gesellschafter eingreifen; Beschlüsse, welche die Grundstruktur der Rechtsform GmbH missachten; Beschlüsse, welche die Bestimmungen über den Kapitalschutz verletzen; oder Beschlüsse, welche schwere formelle Mängel aufweisen[345]. Beschlüsse, welche *lediglich* den Statuten zuwiderlaufen, sind hingegen nicht per se nichtig[346].

6. Ende der Geschäftsführung

a) Rücktritt

76 Alle Gesellschafter üben die Geschäftsführung gemeinsam aus. Der Gesellschafter ist grundsätzlich zur Geschäftsführung berechtigt und verpflichtet. Gesellschaf-

339 Art. 809 Abs. 4 OR.

340 Art. 809 Abs. 4 OR.

341 Botschaft, S. 3212.

342 Zum Aktienrecht vgl. *von Büren,* Aktienrecht, N 575 f.

343 Art. 776a Abs. 2 Ziff. 6 OR.

344 Art. 816 OR.

345 Zum Aktienrecht vgl. *Böckli,* Aktienrecht, § 13 N 266 ff.; *Truffer/Dubs,* OR, Art. 706b N 8 ff.

346 Zum Aktienrecht vgl. *Böckli,* Aktienrecht, § 13 N 276.

ter können, wenn die Statuten keine abweichende Regeln enthalten, nicht einseitig von ihrem Geschäftsführeramt zurücktreten[347]; die Geschäftsführung ist auch eine Pflicht[348]. Geschäftsführer, denen der Rücktritt verweigert wird, müssen daher auf Austritt oder Auflösung klagen[349].

Weichen die Statuten vom Grundsatz der Selbstorganschaft ab und werden die Geschäftsführer von der Gesellschafterversammlung gewählt, können die Geschäftsführer einseitig von ihrem Amt zurücktreten. 77

Scheidet ein Geschäftsführer aus der Geschäftsführung aus, muss die GmbH unverzüglich deren Löschung als Organ bzw. die Löschung der Vertretungsbefugnis anmelden. Der ausscheidende Geschäftsführer kann die Löschung auch selber anmelden[350]. 78

b) Entzug der Geschäftsführung

Die Gesellschafterversammlung kann die von ihr gewählten Geschäftsführer – unabhängig davon, ob es sich um Gesellschafter oder Dritte handelt – jederzeit abberufen[351]. Steht hingegen den Gesellschaftern das Recht zur Geschäftsführung unabhängig von der Wahl durch die Gesellschafterversammlung zu[352], ist eine Abwahl nur mittels einer Neuregelung der Geschäftsführung in den Statuten möglich[353]. 79

Immerhin kann gemäss Art. 815 Abs. 2 OR jeder Gesellschafter bei Vorliegen wichtiger Gründe vom Richter verlangen, einem Geschäftsführer die Geschäftsführungs- und die Vertretungsbefugnis zu entziehen oder zu beschränken. Als wichtige Gründe nennt das Gesetz grobe Pflichtverletzungen und den Verlust der Fähigkeit zur guten Geschäftsführung. Die Aufzählung ist nicht abschliessend. 80

Direktoren, Prokuristen und Handlungsbevollmächtigten kann die Vertretungsbefugnis jederzeit von den Geschäftsführern entzogen werden[354]. Die Voraussetzungen zur Entziehung der Geschäftsführungs- und Vertretungsbefugnis sind zwingend. Die Voraussetzungen dürfen in den Statuten nicht erschwert werden[355]. 81

347 *Von Steiger,* ZK, N 25 zu Art. 811 OR; *Watter,* OR, Art. 811 N 4.

348 *Watter,* OR, Art. 811 N 3.

349 Vgl. nachfolgend § 34 N 28 ff. bzw. § 34 N 34 ff.

350 Art. 938b OR.

351 Art. 815 Abs. 1 OR.

352 Art. 809 OR.

353 Botschaft, S. 3216 f. Vgl. so auch BGE 81 II 545 f.

354 Art. 815 Abs. 3 OR.

355 Botschaft, S. 3217.

III. Exkurs: Die Treuepflicht des Geschäftsführers bei der gesellschaftsinternen Entscheidfindung; der Interessenkonflikt

1. Grundlagen

82 Gemäss Art. 812 OR ist der Geschäftsführer zur Treue gegenüber der Gesellschaft verpflichtet. Er hat stets die Interessen des Unternehmens zu wahren und zu verfolgen. Tut er es nicht, wird er verantwortlich[356]. In der Literatur wird sodann die Ansicht vertreten, dass die von einer Gesellschaft abgeschlossenen Verträge, welche gegen das Gleichbehandlungsgebot der Gesellschafter verstossen, anfechtbar sind und vom Richter insoweit für ungültig erklärt werden können, als es die Beseitigung der Ungleichbehandlung erfordert[357]. Im Falle einer bösgläubigen Gegenpartei soll die Rechtsfolge sogar in der Nichtigkeit des gegen das Gleichbehandlungsverbot verstossenden Vertrages liegen[358].

83 Als unbestimmter Rechtsbegriff bietet der Begriff Treuepflicht keine klare Richtlinie für das Verhalten des Geschäftsführers.

84 Trotz der grossen Schwierigkeiten, das Verhalten eines einzelnen Geschäftsführers unter dem Gesichtspunkt der Treuepflicht zu analysieren und zu prüfen, gibt es klare Pflichten und Vorschriften.

85 Die Treuepflicht gegenüber seiner Gesellschaft prägt den Geschäftsführer in seinem gesamten wirtschaftlichen Handeln innerhalb und ausserhalb der Gesellschaft. Sie ist beispielsweise für die Frage entscheidend, ob der Geschäftsführer konkurrenzierend zu seiner Gesellschaft tätig werden darf oder auch ob er einer bestimmten politischen Partei (z.B. deren politischen Ziele zu einer Beeinträchtigung der Geschäftstätigkeit seiner Gesellschaft führen würden) beitreten darf. Von direkter gesellschafts- und organisationsrechtlicher Relevanz ist die Treuepflicht des Geschäftsführers allerdings in erster Linie bei der gesellschaftsinternen Entscheidfindung in der Geschäftsführung.

356 Zur Treuepflicht der Gesellschafter vgl. Art. 803 OR. Für die Verantwortlichkeit von Personen, die mit der Geschäftsführung befasst sind, verweist das Recht der GmbH auf die Bestimmungen des Aktienrechts. Vgl. Art. 827 OR.

357 Art. 813 OR; Art. 808c OR i.V.m. Art. 706 Abs. 2 OR und Art. 717 Abs. 2 OR. Vgl. *Huguenin,* Gleichbehandlung, S. 255 ff.; *Huguenin,* Insichgeschäfte, S. 521 ff.; *Homburger,* ZK, N 119 ff. zu Art. 717; *Böckli,* Aktienrecht, § 13 N 679 ff.; *Kunz,* Klagen, S. 146.

358 Art. 808c OR i.V.m. Art. 706 Abs. 2 OR und Art. 717 Abs. 2 OR. Vgl. *Homburger,* ZK, N 1122 zu Art. 717; *Rhein,* S. 228 f.

Methodisch kann der Entscheid des Geschäftsführers auf zwei Arten beurteilt werden: Er kann inhaltlich oder hinsichtlich der Umstände seines Zustandekommens überprüft werden[359]. 86

Wird bei der Überprüfung eines Entscheids des Geschäftsführers lediglich auf den Inhalt abgestellt, sind Entscheide, bei denen der Geschäftsführer seine Treuepflicht gegenüber der Gesellschaft nicht verletzt, nicht zu beanstanden. Dies gilt unabhängig davon, wie der Entscheid zustande gekommen ist. Dieser Weg führt bei einem unbestimmten Rechtsbegriff wie demjenigen der Treuepflicht kaum zu klar anwendbaren Normen und zu brauchbaren Kriterien. Die inhaltliche Überprüfung ist allenfalls denkbar im Rahmen einer nachträglichen Beurteilung eines bestimmten Verhaltens durch einen Richter. Als Verhaltensregel im Vorfeld eines Entscheides taugt sie wenig. 87

Ein Interessenkonflikt liegt vor, wenn der Geschäftsführer in Bezug auf einen bestimmten Sachverhalt mehrere Interessen vertritt. Neben den Interessen der Gesellschaft, zu deren Wahrung er verpflichtet ist, vertritt er seine eigenen Interessen oder die eines anderen (Drittinteressen)[360]. Berührt ein Entscheid mehrere nicht gleich gerichtete Interessen, denen der Geschäftsführer verpflichtet ist, darf der Geschäftsführer nicht am Entscheid mitwirken[361]. Das Verbot, am Entscheid mitzuwirken, betrifft grundsätzlich nicht nur die Stimmabgabe, sondern auch die Verhandlungsführung und die Einflussnahme auf den Entscheid[362]. 88

[359] *Handschin,* Treuepflicht, S. 170 f.

[360] *Handschin,* Treuepflicht, S. 171; andere Autoren gehen nur von einem Interessenkonflikt aus, wenn zwischen den Interessen, die eine Person zu vertreten hat, ein unauflösbarer Widerspruch besteht und die Nähe der Bindung das Urteilsvermögen zu trüben vermag, der Geschäftsführer also nicht mehr in der Lage ist, einen unbefangenen Entscheid zu fällen. Vgl. *Daeniker,* S. 115 ff. mit Verweis auf *Böckli,* Aktienrecht, § 13 N 635 und N 639.

[361] *Forstmoser,* Interessenkonflikte, S. 16 ff.; *Böckli,* Aktienrecht, § 14 N 277 ff. Beachte: Der Swiss Code of Best Practice auferlegt den Mitgliedern der Verwaltung und der Geschäftsführung bei Interessenkonflikten eine allgemeine Ausstandspflicht. Zur Anwendung von Art. 68 ZGB vgl. *Riemer,* BK, Art. 68 ZGB N 3 ff. sowie zu Art. 64–69 ZGB N 26. Vgl. teilweise abweichend *von Büren,* Aktienrecht, N 630; *Forstmoser/Meier-Hayoz/Nobel,* Aktienrecht, § 28 N. 32 sowie a.M. *von der Crone,* Interessenkonflikte im Aktienrecht, S.7, der an diese Situation die Vermutung der Pflichtwidrigkeit knüpft, aber eine inhaltliche Überprüfung des Entscheides zulässt. Vgl. auch *Huguenin,* Insichgeschäfte, S. 521 ff., die sich für eine Inhaltskontrolle auf Verlangen der anfechtungsberechtigten Personen anstelle einer Abschlusskontrolle ausspricht.

[362] Vgl. Swiss Code of Best Practice, Ziff. 16: *«Jedes Mitglied von Verwaltungsrat und Geschäftsleitung hat seine persönlichen und geschäftlichen Verhältnisse so zu ordnen, dass Interessenkonflikte mit der Gesellschaft möglichst vermieden werden. Tritt ein Interessenkonflikt auf, so benachrichtigt das betroffene Mitglied des Verwaltungsrats oder der Geschäftsleitung den Verwaltungsratspräsidenten. Der Präsident bzw. Vizepräsident beantragt einen der Intensität des Interessengegensatzes entsprechenden Entscheid des Verwaltungsrats; dieser beschliesst unter Ausstand des Betroffenen. Wer der Gesellschaft entgegenstehende Interessen hat oder solche Interessen für Dritte vertreten muss, tritt bei der Willensbildung in den Ausstand. Eine Person, die in einem dauernden Interessenkonflikt steht, kann dem Verwaltungsrat und der Geschäftsleitung nicht angehören. Geschäfte zwischen der Gesellschaft und Organmitgliedern oder ihnen nahe stehenden Personen unterstehen dem Grundsatz des Abschlusses zu Drittbedingungen; sie werden unter Ausstand der Betroffenen genehmigt. Nötigenfalls ist eine neutrale Begutachtung anzuordnen.»*

89 Nicht jede Interessenberührung führt automatisch zu einem Interessenkonflikt. Kein Interessenkonflikt liegt vor, wenn der Geschäftsführer von einem Beschluss lediglich berührt ist, aber keine finanziellen Eigeninteressen betroffen sind und weder gesetzliche noch vertragliche Interessenwahrungspflichten verletzt würden, wenn der Geschäftsführer den Interessen der Gesellschaft folgt[363].

90 Das Rechtsgeschäft, das von der Geschäftsführung unter Inkaufnahme eines Interessenkonfliktes abgeschlossen wird, ist grundsätzlich nichtig, es sei denn, wenn die Bedingungen, zu denen das Rechtsgeschäft geschlossen wurde, eine Schädigung der Gesellschaft ausschliessen, weil die Konditionen zu Drittbedingungen ausgehandelt werden[364].

2. Auswirkung des Interessenkonflikts auf das Verhalten des Geschäftsführers

a) Keine Stimmabgabe

91 Der Geschäftsführer im Interessenkonflikt darf beim entsprechenden Beschluss nicht mitstimmen. Diese Schlussfolgerung ist klar und unbestritten[365].

b) Mitwirkung an der Meinungsbildung?

92 Es stellt sich die Frage, ob der Geschäftsführer im Interessenkonflikt nur an der Stimmabgabe nicht mitwirken darf oder ob dies auch für die geschäftsführungsinterne Meinungsbildung gilt. Der Geschäftsführer im Interessenkonflikt, der seine Stimme nicht abgibt, aber argumentativ auf die Entscheidfindung einwirkt, beeinflusst den Gesellschaftsentscheid möglicherweise gleichermassen, wie wenn er eine Stimme abgeben würde. Die Frage stellt sich insbesondere dort, wo der Geschäftsführer im Interessenkonflikt diesen gegenüber seinem Geschäftsführerkollegen nicht offenlegt, am Meinungsbildungsprozess teilnimmt und dann, ohne die Gründe dafür zu nennen, sich der Stimmabgabe enthält.

93 Der Geschäftsführer, der am Meinungsbildungsprozess im Hinblick auf einen Entscheid mitwirkt, bei dem ein Interessenkonflikt vorliegt, ist verpflichtet, diesen Interessenkonflikt offenzulegen, und zwar bevor die Diskussion eingesetzt hat[366]. Die Offenlegung des Interessenkonfliktes gibt den übrigen Geschäftsführern die Mög-

363 Zum Aktienrecht vgl. *Böckli,* Aktienrecht, § 13 N 633 ff.

364 Art. 814 Abs. 4 OR i.V.m. Art. 718b OR. Entscheid des Bundesgerichts 4C.402/1998 vom 14. Dezember 1999 in: Pra 2000, S. 285 ff. Vgl. hierzu auch *Daeniker,* S. 123 ff.

365 Zum Aktienrecht vgl. *Forstmoser,* Interessenkonflikte, S. 17.

366 Zum Aktienrecht vgl. *Böckli,* Aktienrecht, § 13 N 649 ff.

lichkeit, Diskussionsbeiträge und Argumente richtig zu würdigen. Es darf davon ausgegangen werden, dass die anderen Geschäftsführer in der Lage sind, Diskussionsbeiträge im Lichte des Interessenkonfliktes richtig zu würdigen. Die übrigen Geschäftsführer können den Geschäftsführer, der sich im Interessenkonflikt befindet, aber auch aus Gründen der Geheimhaltung jederzeit veranlassen, am Meinungsbildungsprozess nicht weiter teilzunehmen bzw. allenfalls gar den Raum zu verlassen[367].

Geschäftsführer, die verschiedenen Interessen verpflichtet sind, können demzufolge an einem Entscheid im Rahmen einer Diskussion mitwirken, wenn sie die Interessenlage offengelegt haben und wenn die übrigen Mitglieder der Geschäftsführung nicht einen Ausschluss verlangen. In keinem Fall dürfen die Geschäftsführer bei der Stimmabgabe mitwirken. 94

c) Pflicht zur Offenlegung des Interessenkonflikts in jedem Fall?

Es ist denkbar, dass ein Geschäftsführer sich in einem Interessenkonflikt befindet, diesen aber nicht offenlegen will oder darf, zum Beispiel, weil er mit der Offenlegung dieses Interessenkonfliktes ein Amts- oder Berufsgeheimnis verletzen würde[368]. 95

Der Grund dafür, die Offenlegung von Interessenkonflikten zu verlangen, wurde darin erkannt, dass die übrigen Geschäftsführer in der Lage sein müssen, das Verhalten des Geschäftsführers im Interessenkonflikt richtig zu beurteilen. Sie müssen erkennen können, ob der gut gemeinte Rat des Kollegen im Interesse der Gesellschaft erfolgt oder in einem Drittinteresse. Aus dieser Zielsetzung könnte geschlossen werden, dass der Geschäftsführer, der sich an der Meinungsbildung nicht beteiligt, den Interessenkonflikt auch nicht offen legen muss, weil er sich nicht auswirkt. Die Auffassung verkennt, dass die Offenlegung des Interessenkonfliktes nicht nur sicherstellen soll, dass Geschäftsführer im Interessenkonflikt nicht an Entscheiden mitwirken. Es geht auch darum, dass die Gesellschaft die Geheimhaltung von Informationen und Verhandlungen verfügen kann. 96

Richtigerweise muss der Geschäftsführer den Interessenkonflikt daher in jedem Fall offenlegen, es sei denn, dass er ihn beseitigt, indem er entweder von seinem Mandat zurücktritt oder indem er sich von allfälligen Drittinteressen lossagt[369]. Eine Ausnahme ist allenfalls dann gerechtfertigt, wenn der Interessenkonflikt eine einmalige Situation betrifft, in der die übrigen Geschäftsführungsmitglieder auch in Kenntnis des Interessenkonfliktes keine Massnahmen ergreifen würden. 97

[367] Ähnlich für die Aktiengesellschaft *Forstmoser,* Interessenkonflikte, S. 19; *Böckli,* Aktienrecht, § 13 N 653.

[368] Die in *Forstmoser,* Interessenkonflikte, S. 18 postulierte Pflicht zur Offenlegung von Interessenkonflikten besteht also nicht uneingeschränkt.

[369] *Handschin,* Treuepflicht, S. 174.

98 Es kann sich auch unternehmensintern eine Praxis gebildet haben, die für den Geschäftsführer, der den Interessenkonflikt nicht offenlegen will, als Richtlinie dienen kann. Haben die übrigen Geschäftsführer in vergleichbaren Fällen, in denen ein Geschäftsführer einen Interessenkonflikt angemeldet hat, auf Massnahmen verzichtet, darf der Geschäftsführer davon ausgehen, dass diese Politik auch in seinem Fall angewendet werden würde. Er darf sich ohne Mitteilung des Interessenkonfliktes aus der Entscheidfindung fernhalten.

3. Mitwirkung an Entscheiden trotz formalem Interessenkonflikt?

a) Problem im Konzern

99 Die Vorschriften, die sich aus der Treuepflicht im Interessenkonflikt ergeben, führen in Gesellschaften, die Teil eines Konzerns sind, zu einem kaum praktikablen Ergebnis. Die Geschäftsführer der Tochtergesellschaft, die beispielsweise von der Mutter in diese *delegiert* werden, müssten sich gerade dann der Stimme enthalten, wenn es darum geht, ihre Funktion – nämlich die Durchsetzung des Konzerninteresses innerhalb der Tochtergesellschaft – richtig wahrzunehmen[370].

b) Interessenidentität

100 Bei Konzerngesellschaften und generell bei Gesellschaften, die durch einen Gesellschafter beherrscht werden, ist zu differenzieren. Soweit zwischen dem Unternehmen und dem beherrschenden Gesellschafter eine Interessenidentität besteht, gibt es keinen materiellen, sondern nur einen formalen Interessenkonflikt. Entscheide dieser Geschäftsführer sind nicht zu beanstanden.

101 Das Gesellschaftsinteresse besteht regelmässig aus zwei Elementen, dem Gesellschaftszweck und der Pflicht, ihn zu verfolgen, sowie der Rechtsordnung und der Pflicht, sie zu befolgen[371]. Soweit sich das Gesellschaftsinteresse aus dem Gesellschaftszweck ergibt, ist eine Synchronisierung der Interessen möglich, und die Verfolgung des Konzerninteresses ist nicht mehr die Verfolgung eines Drittinteresses. Das Konzerninteresse entspricht in diesem Fall dem Gesellschaftsinteresse mit der Folge, dass der Geschäftsführer dieses nicht nur verfolgen darf, sondern verfolgen muss. Die Synchronisierung der Interessenlagen kann gestützt auf eine spezielle

[370] *Handschin,* Treuepflicht, S. 174 ff. Vgl. hierzu Entscheid des Bundesgerichts 4C.252/2000 vom 5. Dezember 2000, E. 3.b.

[371] Zum Ganzen im Konzern: *Handschin,* Konzern, S. 94 ff.; *Druey/Vogel,* S. 107; *von Büren,* S. 86 ff.

Konzernzweckklausel erfolgen, oder sie darf bei 100 %igen Tochtergesellschaften, die für Dritte als Teil des Konzerns erkennbar sind, angenommen werden.

c) Grenzen der Synchronisierung der Interessen

Die Synchronisierung der Interessen ist nicht grenzenlos möglich. Neben dem Gesellschaftszweck wird das Gesellschaftsinteresse auch durch die Rechtsordnung bestimmt. Diese definiert in jedem Fall die Grenzen. Zu beachten sind insbesondere Vorschriften, welche die Beziehung zwischen dem Gesellschafter und der Gesellschaft zwingend regeln, beispielsweise die Vorschriften über das Verbot der Einlagenrückgewähr etc.[372]. Soweit es also um die Frage geht, ob eine finanzielle Leistung von der Tochter- an die Muttergesellschaft erfolgen darf, liegt in jedem Fall ein Interessenkonflikt vor, denn diese Frage beantwortet sich nicht gestützt auf den Gesellschaftszweck, sondern gestützt auf die Rechtsordnung. An diesem Entscheid darf der Geschäftsführer, der auch dem Interesse des Aktionärs verpflichtet ist, nicht mitwirken. Vermeiden kann der Geschäftsführer den Interessenkonflikt durch eine strikte Beachtung des *at arm's length*-Prinzips, das ihn verpflichtet, Verträge zu Drittbedingungen abzuschliessen[373]. 102

4. Die Feststellung des Interessenkonflikts

a) Worum geht es?

In vielen Fällen sind die Interessenbindungen eines Geschäftsführers offensichtlich und unbestritten. Denkbar ist aber auch, dass die Interessenbindung eines Geschäftsführers uneinheitlich beurteilt wird. Beispielsweise stellt sich der betroffene Geschäftsführer auf den Standpunkt, einer gewissen wirtschaftlichen Interessenbindung nicht zu unterliegen und als Folge dessen frei zu sein, am entsprechenden Entscheid mitzuwirken. Es stellt sich die Frage, nach welchen Kriterien eine wirtschaftliche Interessenbindung eines Geschäftsführers zu beurteilen ist. 103

b) Vertragliche Abhängigkeit

Von einem Interessenkonflikt ist sicherlich dann auszugehen, wenn sich der Geschäftsführer in einer vertraglichen Beziehung, beispielsweise in einem Arbeitsverhältnis, mit dem Exponenten des entsprechenden Interesses befindet und sich 104

[372] *Von Büren,* Der Konzern, S. 89.

[373] *Forstmoser,* Interessenkonflikte, S. 18.

vertraglich verpflichtet hat, die Interessen seines Prinzipals zu verfolgen. Richtigerweise besteht ein Interessenkonflikt aber auch bereits dann, wenn der Geschäftsführer zum Prinzipal in einem Vertragsverhältnis steht, das eine Interessenwahrungspflicht nicht ausdrücklich vorsieht, aber sich aus der Art und Intensität der Vertragsbeziehung ergibt[374].

c) Faktische Abhängigkeit

105 In erster Linie ist bei diesen ausservertraglichen faktischen Abhängigkeitsverhältnissen an die Möglichkeit zu denken, einen bestimmten Geschäftsführer jederzeit abzuwählen und durch diese Abwahlmöglichkeit Einfluss auf sein Verhalten als Geschäftsführer auszuüben. Dies kann, aber muss nicht zu einem Interessenkonflikt führen.

106 Die Abwahlmöglichkeit kann unter zwei Voraussetzungen zu einer Interessenbindung des Geschäftsführers führen. Zum einen ist denkbar, dass der entsprechende Geschäftsführer wirtschaftlich an das Mandat und die Gesellschaft gebunden ist. Eine Abwahl wäre für ihn mit schweren wirtschaftlichen Einbussen verbunden. Wobei nicht nur das Honorar des Geschäftsführers, sondern das wirtschaftliche Gesamtvolumen der kommerziellen Beziehung, sprich auch weitere Aufträge, Lieferverträge usw., zu beachten ist. Fehlt es an dieser wirtschaftlichen Abhängigkeit, führt die Abwahlmöglichkeit eines Geschäftsführers in der Regel nicht zu einem Interessenkonflikt[375].

107 Denkbar ist allerdings eine zweite Konstellation, bei der auch beim nicht wirtschaftlich abhängigen Geschäftsführer ein Interessenkonflikt vorliegt. Das ist der Fall, wenn die Umsetzung eines Beschlusses durch die spätere Abwahl des Geschäftsführers erschwert oder vereitelt werden kann. Geht es beispielsweise um einen Vertragsschluss, der zu einer Dauerbeziehung mit Gesellschaftern führt, welche den Geschäftsführer jederzeit abwählen können, und ist es für die Wahrung der Gesellschaftsinteressen erforderlich, dass die Gesellschaft während der Vertragsdauer durch einen unabhängigen Geschäftsführer vertreten ist, dann darf der Geschäftsführer den Vertrag für die Gesellschaft nur abschliessen, wenn sichergestellt ist, dass die Gesellschaftsinteressen auch dann noch gewahrt sind, wenn die Gesellschafter von ihrem Recht Gebrauch machen, den Geschäftsführer abzuwählen. Das Gleiche gilt für die Prozessführung: Wenn ein Prozess (z. B. Verantwortlichkeitsprozesse oder Verfahren bei ungerechtfertigten Gewinnentnahmen) zwischen der

[374] *Handschin,* Treuepflicht, S. 176 f.

[375] Die von der Treuhandkammer erlassenen Richtlinien zur Unabhängigkeit bestimmen, dass der Honoraranteil eines Kunden 10 % des gesamten Honorarvolumens des Abschlussprüfers nicht übersteigen darf, anderenfalls die Unabhängigkeit gemäss Art. 727c OR nicht mehr gewährleistet sei. Das Bundesgericht lehnt eine starre Regelung ab. Vielmehr sei im Einzelfall zu prüfen, ob die Höhe des Anteils der aus dem Revisionsmandat fliessenden Honorareinnahmen die Unabhängigkeit der Revisionsstelle beeinträchtige. Vgl. BGE 131 III 43 ff.

Gesellschaft und Gesellschaftern, welche die Stimmenmehrheit vertreten, durch einen formal unabhängigen Geschäftsführer geführt werden und die Möglichkeit besteht, diesen Geschäftsführer abzuwählen und dadurch eine Weiterführung des Prozesses zu erschweren. Ist der Geschäftsführer aufgrund der faktischen Abhängigkeit unfähig, bestimmte Verträge abzuschliessen bzw. bestimmte Prozesse zu führen, haben diese zu unterbleiben[376].

5. Überwindung des Interessenkonfliktes

Das Gesetz sieht bei der strukturellen Handlungsunfähigkeit einer juristischen Person vor, dass für diese im Umfang ihrer strukturellen Handlungsfähigkeit ein Beistand gemäss Art. 393 Ziff. 4 ZGB ernannt werden kann. Die Tatsache, dass das Gesetz ein strukturiertes Verfahren zur Überwindung der Entscheidungsunfähigkeit zur Verfügung stellt, zeigt, dass das Gesetz Situationen anerkennt, in denen eine Gesellschaft trotz formaler Bestellung der Organe entscheidungsunfähig ist. Das Verfahren zur Wiederherstellung der Entscheidungsfähigkeit ist kompliziert, und der im Rahmen dieses Verfahrens ernannte Beistand wird in vielen Fällen aufgrund seiner Sachkenntnis nicht ohne Weiteres in der Lage sein, einen richtigen Entscheid zu fällen. Die Situation, in der die Gesellschaft nicht mehr zum Entscheid fähig ist und durch einen Beistand entschieden werden muss, belastet die Gesellschaft. Das Verfahren, welches zur Bestellung eines Beistandes führt, kann Jahre dauern und lähmt die Gesellschaft. Auch aus diesem Grund ist es wichtig, dass der Geschäftsführer der GmbH mit Drittorganschaft dergestalt bestellt wird, dass solche Situationen möglichst selten vorkommen und die absolute Ausnahme bleiben. 108

Ein Geschäftsführer, der erkennt, dass er selber gestützt auf Interessenkonflikte nicht zum Entscheid fähig ist, ist im Interesse der Gesellschaft verpflichtet, alles zu unternehmen, um den Zeitraum der Entscheidungsunfähigkeit zu verkürzen. Er ist verpflichtet, selber die Ernennung eines Beistandes durch die zuständige Behörde oder den Richter zu erwirken[377]. 109

6. Vermeidung des Interessenkonfliktes

Grundsätzlich dürfen die Geschäftsführer der GmbH keine konkurrenzierende Tätigkeit ausüben. Sehen die Statuten eine abweichende Regel vor oder stimmen alle 110

376 *Handschin,* Treuepflicht, S. 177 f.

377 *Handschin,* Treuepflicht, S. 178 f.

übrigen Gesellschafter der Tätigkeit schriftlich zu, darf eine konkurrenzierende Tätigkeit angenommen werden[378].

111 Zu beachten ist sodann, dass unter neuem Recht Verträge – ausgenommen Verträge des laufenden Geschäfts, bei denen die Leistung der Gesellschaft CHF 1000 nicht übersteigt – schriftlich abgeschlossen werden müssen, wenn die Gesellschaft beim Vertragsschluss durch diejenige Person vertreten wird, mit der sie den Vertrag abschliesst[379].

112 Der externe Geschäftsführer ist oft nicht ausschliesslich für eine Gesellschaft tätig, sondern übt das Geschäftsführermandat als externe Persönlichkeit aus. Der Geschäftsführer hat oder vertritt neben seiner wirtschaftlichen Existenz als Geschäftsführer der Gesellschaft noch andere wirtschaftliche Interessen. Sobald eine dieser zusätzlichen Interessensphären, denen der Geschäftsführer verpflichtet ist, mit dem Interesse der Gesellschaft in Konflikt gerät, befindet sich der Geschäftsführer in einem Interessenkonflikt. Er darf am entsprechenden Entscheid der Gesellschaft nicht mitwirken.

113 Die Gefahr des Interessenkonflikts ist zwangsläufig beim externen Geschäftsführer grösser, da dieser mehrere wirtschaftliche Interessen vertritt. Dem Vorteil der Bestellung eines externen Geschäftsführers, der vor allem in der verbesserten Kontrolle des Managements[380], im Erwerb von Know-how[381] und darin gesehen wird, dass geeignete Persönlichkeiten selten sind, was den Beizug externer Personen bedingt[382], steht der Nachteil gegenüber, dass Situationen eintreten können, in denen sich der externe Geschäftsführer in einem Interessenkonflikt befindet und am Entscheid nicht mitwirken und seine Funktion nicht ausüben kann.

114 Die erste Schlussfolgerung in Sachen externe Geschäftsführer ist also, dass sie im Interessenkonflikt an der Meinungsbildung der Gesellschaft nicht mitwirken dürfen. Damit diese Fälle auf ein Minimum beschränkt werden können, dürfen sich Geschäftsführer nicht in die Geschäftsführung einer Gesellschaft wählen lassen, die wirtschaftliche Berührungspunkte mit anderen Interessensphären hat.

115 Die strukturelle Minimierung der Interessenkonflikte ist eine Pflicht des Geschäftsführers[383]. Wer sich in ein Amt wählen lässt, im Wissen, dass er die ihm zugedachte Funktion wegen Interessenkonflikten nicht wahrnehmen kann, darf das Mandat

378 Art. 812 Abs. 3 OR.

379 Art. 814 Abs. 4 OR i.V.m. Art. 718b OR.

380 Swiss Code of Best Pratice, Ziff. 12: *«Eine Mehrheit besteht in der Regel aus Mitgliedern, die im Unternehmen keine operativen Führungsaufgaben erfüllen (nicht exekutive Mitglieder).»*

381 Swiss Code of Best Pratice, Ziff. 12: *«Der Verwaltungsrat soll so klein sein, dass eine effiziente Willensbildung möglich ist, und so gross, dass seine Mitglieder Erfahrung und Wissen aus verschiedenen Bereichen ins Gremium einbringen und die Funktionen von Leitung und Kontrolle (Ziff. 21 ff.) unter sich verteilen können.»*

382 *Forstmoser,* Interessenkonflikte, S. 10.

383 Vgl. hierzu auch *Böckli,* Aktienrecht, § 13 N 651.

nicht übernehmen. Er kann verantwortlich werden, wenn die Gesellschaft wegen seiner Ausstandspflicht in einer schwierigen Situation nicht zum Entscheid fähig ist.

In jedem Fall sind die Geschäftsführer verpflichtet, alle – auch potenzielle – Interessenkonflikte offenzulegen[384]. Dies gilt auch nach der Wahl, bei veränderten Verhältnissen, damit die Gesellschaft erkennen kann, ob der Sachverstand des Geschäftsführers der Gesellschaft tatsächlich zur Verfügung steht[385]. 116

Ein völliges Ausschalten des Interessenkonfliktes ist auch bei demjenigen Geschäftsführer nicht möglich, der neben den Gesellschaftsinteressen keine wirtschaftlichen Drittinteressen wahrnimmt. Jeder Geschäftsführer vertritt mindestens ein weiteres wirtschaftliches Interesse, nämlich das seiner eigenen Person[386]. 117

7. Zusammenfassung

Bei der GmbH mit Drittorganschaft treffen den Geschäftsführer vier Verhaltenspflichten[387]: (1.) Der Geschäftsführer muss den Interessen der Gesellschaft gegenüber Drittpersonen Vorrang einräumen. Den Geschäftsführer trifft eine Unterlassungspflicht. (2.) Der Geschäftsführer muss seine eigenen Angelegenheiten derart gestalten, dass keine Interessenkonflikte entstehen. Den Geschäftsführer trifft eine Gestaltungspflicht. (3.) Tritt ein Interessenkonflikt dennoch auf, ist der Geschäftsführer verpflichtet, den Konflikt offenzulegen. Den Geschäftsführer trifft eine Offenlegungspflicht. (4.) Wird der Interessenkonflikt vom Geschäftsführer offengelegt, muss die Geschäftsführung entscheiden. Die Geschäftsführung trifft eine Entscheidungspflicht: Die Geschäftsführung kann den Interessenkonflikt zur Kenntnis nehmen und keine Massnahmen treffen; die Geschäftsführung kann den vom Interessenkonflikt betroffenen Geschäftsführer vom Entscheid ausschliessen; die Geschäftsführung kann dem vom Interessenkonflikt betroffenen Geschäftsführer – unter Verweis auf den Interessenkonflikt – Informationen vorenthalten; die Geschäftsführung kann den vom Interessenkonflikt betroffenen Geschäftsführer auffordern, den Interessenkonflikt zu beenden und sich von seinen Interessen loszusagen[388]. 118

[384] *Forstmoser,* Interessenkonflikte, S. 18.

[385] *Handschin,* Treuepflicht, S. 179 f.

[386] *Handschin,* Treuepflicht, S. 181.

[387] Vgl. Swiss Code of Best Practice lit. d Ziff. 16.

[388] Zum Aktienrecht vgl. *Böckli,* Aktienrecht, § 13 N 650 ff.

IV. Einsichts- und Kontrollrechte der nicht geschäftsführenden Gesellschafter

1. Grundlagen

119 Weicht die Gesellschaft vom Grundsatz der Selbstorganschaft ab und überträgt sie die Geschäftsführung einem oder mehreren Gesellschaftern, entstehen zwei Kategorien von Gesellschafter: die geschäftsführenden Gesellschafter und die nicht geschäftsführenden Gesellschafter.

120 Der geschäftsführende Gesellschafter hat ein umfassendes Einsichts- und Kontrollrecht, das sich allein schon aus seiner Geschäftsführerkompetenz und -funktion ergibt.

121 Es stellt sich die Frage nach den Kontrollrechten der nicht geschäftsführenden Gesellschafter. Auch diese sind als Gesellschafter wirtschaftlich und oft auch ideell mit ihrer Gesellschaft verbunden. Der Gesellschafter, der nicht Mitglied der Geschäftsführung ist, hat ein Interesse daran, zu wissen, wie es um die Gesellschaft wirtschaftlich steht, welche Geschäftspolitik sie betreibt etc. Nicht zu unterschätzen ist auch das Bedürfnis des nicht geschäftsführenden Gesellschafters, Kenntnis von der Geschäftspolitik und den Geschäften seiner Gesellschaft zu haben, um zu wissen, ob diese seinen Vorstellungen entsprechen: Auch der nicht geschäftsführende Gesellschafter kann persönlich betroffen werden, wenn «seine» GmbH sich negativ exponiert. Bei der GmbH ist diese Gefahr noch grösser als bei der Aktiengesellschaft, weil bei der GmbH die Namen der Gesellschafter im Handelsregister publiziert sind und daher rascher an die Öffentlichkeit gelangen.

122 Das Recht der GmbH gewährt den nicht geschäftsführenden Gesellschaftern umfassende Auskunftsrechte[389]. Was das Einsichtsrecht anbelangt, ist sodann zu unterscheiden, ob die Gesellschafter eine Revision durchführen oder auf eine Revision verzichten[390].

2. Die Neuordnung der Revisionspflicht im Gesellschaftsrecht

123 Im Rahmen der Beratungen der Revision des GmbH-Rechts setzte sich die Kommission für Rechtsfragen des Nationalrates zum Ziel, die Revisionsstelle nicht nur für die GmbH neu zu regeln, sondern ein aktualisiertes und harmonisiertes Gesamtkonzept der Revisionsstelle für sämtliche Rechtsformen des Privatrechts zu schaffen. Das EJPD beschloss, die Neuordnung der Revisionsstelle aus dem Pro-

[389] Art. 802 Abs. 1 OR.

[390] Art. 802 Abs. 2 OR.

jekt für ein Bundesgesetz über die Rechnungslegung und Revision herauszulösen, mit der Frage der Revisionsaufsicht zu ergänzen und als «Zusatzbotschaft» zur Revision des Rechts der GmbH auszugestalten[391].

124 Gemäss der Botschaft zur Revisionspflicht im Gesellschaftsrecht müssen sich Gesellschaften, die den Kapitalmarkt in Anspruch nehmen und zu diesem Zweck Beteiligungspapiere an der Börse kotieren oder Anleihensobligationen ausgeben, einer ordentlichen Revision durch eine besonders qualifizierte Revisionsstelle unterziehen. Weitgehend ähnlich ist die Revisionspflicht für andere grosse, wirtschaftlich bedeutende Unternehmen zu werten: Das öffentliche Interesse an einer ordentlichen Revision besteht hier im gleichen Masse wie bei Publikumsgesellschaften[392].

125 Gemäss Art. 727 Abs. 1 Ziff. 2 OR liegt ein wirtschaftlich bedeutendes Unternehmen vor, wenn zwei der drei nachfolgenden Grössen an zwei aufeinanderfolgenden Geschäftsjahren überschritten werden: eine Bilanzsumme von CHF 10 Mio.; ein Umsatzerlös von CHF 20 Mio.; 50 Vollzeitstellen im Jahresdurchschnitt.

126 Die GmbH ist grundsätzlich der Revisionspflicht unterstellt. Zu unterscheiden sind zwei Kategorien: Wirtschaftlich bedeutende Gesellschaften müssen eine ordentliche Revision von einem zugelassenen Revisionsexperten vornehmen lassen; alle anderen Unternehmen können sich auf eine eingeschränkte Revision durch einen zugelassenen Revisor beschränken.

127 Ist die Gesellschaft von Gesetzes wegen nur zu einer eingeschränkten Revision verpflichtet, können Gesellschafter, die 10% des Stammkapitals vertreten, eine ordentliche Revision durch einen zugelassenen Revisionsexperten verlangen[393]. Das gleiche Recht steht auch Gesellschaftern zu, die einer Nachschusspflicht unterliegen[394]. Umgekehrt kann in einer Gesellschaft, welche nur zu einer eingeschränkten Revision verpflichtet ist, mit Zustimmung sämtlicher Gesellschafter auf eine Revision verzichtet werden, sofern die Gesellschaft nicht über mehr als 10 Vollzeitstellen verfügt[395]. Zulässig ist es sodann auch, statt gänzlich auf eine Revision zu verzichten, bloss einzelne gesetzliche Vorgaben ausser Acht zu lassen oder umgekehrt auch freiwillig eine Revision vornehmen zu lassen[396].

128 Wird auf die Revision verzichtet, gilt dieser Verzicht für die nachfolgenden Jahre, wobei jeder Gesellschafter das Recht hat, spätestens 10 Tage vor der Gesellschafterversammlung die Durchführung einer Revision zu verlangen. Wird die Durchführung einer Revision verlangt, muss die Gesellschafterversammlung eine Revi-

391 Botschaft Revisionspflicht im Gesellschaftsrecht, S. 3983 f. und S. 4008.

392 Botschaft Revisionspflicht im Gesellschaftsrecht, S. 3990 f.

393 Art. 818 Abs. 1 OR i.V.m. Art. 727 Abs. 2 OR.

394 Art. 818 Abs. 2 OR.

395 Art. 818 Abs. 1 OR i.V.m. Art. 727a Abs. 2 OR.

396 Botschaft Revisionspflicht im Gesellschaftsrecht, S. 4002.

sionsstelle wählen, die Statuten anpassen und die Eintragung der Revisionsstelle beim Handelsregister anmelden[397].

129 Im Vergleich zu Publikumsgesellschaften und zu wirtschaftlich bedeutsamen Gesellschaften ist das öffentliche Interesse an einer Revisionsstelle bei kleinen und mittleren Unternehmen weniger gross. Eine Revision dient hier vorab den privaten Interessen der Beteiligten und dem Schutz der Gläubiger[398].

130 Für kleine und mittlere Unternehmen wird grundsätzlich nur eine eingeschränkte Revision verlangt, die zwar von einer Fachperson durchgeführt werden muss, für die aber weniger hohe Anforderungen gelten als für die Revisionsstelle von grösseren Gesellschaften. Für die eingeschränkte Revision ist ein zugelassener Revisor erforderlich. Der zugelassene Revisor verfügt über die gleiche fachliche Ausbildung wie der Revisionsexperte, doch wird lediglich eine kurze Fachpraxis vorausgesetzt[399]. Neben den Erleichterungen hinsichtlich des Prüfungsumfangs und der Prüfungsintensität statuiert das Gesetz sodann weniger weit gehende Anforderungen an die Revisionsstelle betreffend die fachlichen Voraussetzungen; weniger weit gehende Anforderungen an die Unabhängigkeit der Revisionsstelle sowie die Möglichkeit des Verzichts auf eine Revisionsstelle in Kleinbetrieben[400]. Als Folge der Erleichterungen im Umfang und in der Intensität der Prüfung sowie der geringeren fachlichen Anforderungen verursacht die eingeschränkte Revision weniger Aufwand und tiefere Kosten[401].

3. Einsichts- und Kontrollrechte bei Verzicht auf eine Revision

131 Wie vorangehend dargelegt, kann die GmbH nur in einem sehr eng begrenzten Rahmen *revisionsfrei* geführt werden. Hat die Gesellschaft keine Revisionsstelle bzw. wird auf eine Revision verzichtet, kann jeder Gesellschafter jederzeit in die Bücher und Akten der Gesellschaft uneingeschränkt Einsicht nehmen[402]. Die Gesellschafter haben das Recht, sich persönlich über den Gang der Gesellschaftsangelegenheiten zu orientieren, wozu auch der Zutritt zum Geschäftslokal und die Überwachung von Angestellten gehört[403]; sie haben das Recht auf eine umfassende

[397] Art. 818 Abs. 1 OR i.V.m. Art. 727a Abs. 5 OR.

[398] Botschaft Revisionspflicht im Gesellschaftsrecht, S. 3992.

[399] Botschaft Revisionspflicht im Gesellschaftsrecht, S. 3998.

[400] Botschaft Revisionspflicht im Gesellschaftsrecht, S. 3994 ff. mit Verweis auf Art. 4 RAG bzw. Art. 5 RAG; Art. 728 OR bzw. Art. 730*a* Abs. 2 OR; Art. 728*a* OR bzw. Art. 729*a* OR; Art. 728*b* OR bzw. Art. 729*b* OR; Art. 728*c* OR bzw. Art. 729*c* OR.

[401] Botschaft Revisionspflicht im Gesellschaftsrecht, S. 3994.

[402] Art. 802 Abs. 2 OR.

[403] *Handschin,* OR, Art. 541 N 4; *Siegwart,* ZK, N 2 zu Art. 541 OR.

Akteneinsicht, einschliesslich Entwürfe, Protokolle und Notizen[404]. Ob der Gesellschafter dieses Einsichtsrecht zur Kontrolle der Rechtmässigkeit der Geschäftsführung einsetzt oder ob er auch die Zweckmässigkeit und das durch die Geschäftsführung ausgeübte Ermessen kontrollieren will, spielt keine Rolle[405].

Der Gesellschafter hat sein Einsichtsrecht persönlich oder durch seinen gesetz- 132
lichen Vertreter wahrzunehmen. Dritte, zum Beispiel Experten, dürfen nur beigezogen werden, wenn die geschäftsführenden Gesellschafter zustimmen oder wenn ihr Beizug Voraussetzung für die Wahrnehmung des Einsichtsrechts ist[406].

Das Kontrollrecht des nicht geschäftsführenden Gesellschafters ist formell zwin- 133
gend und kann statutarisch nicht ausgeschlossen werden, wohl aber faktisch, indem eine Revision durchgeführt wird. In diesem Fall besteht ein Recht zur Einsichtnahme nur, wenn und soweit ein berechtigtes Interesse glaubhaft gemacht werden kann[407].

Besteht die Gefahr, dass der Gesellschafter sein Einsichtrecht zum Schaden der 134
Gesellschaft für gesellschaftsfremde Zwecke verwendet, kann die Auskunft und die Einsichtnahme in erforderlichem Umfang verweigert werden[408].

4. Einsichts- und Kontrollrechte bei Durchführung einer Revision

Hat die Gesellschaft eine Revisionsstelle bzw. wird eine Revision durchgeführt, ha- 135
ben die nicht geschäftsführenden Gesellschafter lediglich dann ein Recht zur Einsichtnahme, wenn sie ein berechtigtes Interesse glaubhaft machen[409].

a) Bekanntgabe des Geschäfts- und des Revisionsberichts

Spätestens mit der Einladung zur ordentlichen Gesellschafterversammlung müssen 136
die Geschäftsführer den nicht geschäftsführenden Gesellschaftern den Geschäftsbericht zur Kenntnis bringen[410]. Dieser enthält:

404 *Handschin,* OR, Art. 541 N 5.

405 *Watter,* OR, Art. 819 N 6 und wohl auch *von Steiger,* ZK, N 1 ff. zu Art. 819 OR; anders *Wohlmann,* GmbH, S. 119.

406 *Handschin,* OR, Art. 541 N 7.

407 Art. 802 Abs. 2 OR.

408 Art. 802 Abs. 3 OR.

409 Art. 802 Abs. 2 OR.

410 Art. 801a OR.

(1) den Jahresbericht; die verbale Berichterstattung der Geschäftsführer über das abgelaufene Geschäftsjahr;

(2) die Bilanz mitsamt Bilanzanhang[411];

(3) die Erfolgsrechnung[412].

137 Der Revisionsbericht enthält bei der ordentlichen Revision eine Stellungnahme zum Ergebnis der Prüfung; Angaben zur Unabhängigkeit; Angaben zur fachlichen Befähigung und zur Person, welche die Revision geleitet hat; eine Empfehlung, ob die Jahresrechnung mit oder ohne Einschränkung zu genehmigen oder zurückzuweisen ist[413]. Bei der eingeschränkten Revision enthält der Bericht einen Hinweis auf die eingeschränkte Natur der Revision; eine Stellungnahme zum Ergebnis der Prüfung; Angaben zur Unabhängigkeit; Angaben zur fachlichen Befähigung und zur Person, welche die Revision geleitet hat[414].

b) Auskunftsrecht

138 Jeder Gesellschafter hat das Recht, jederzeit von den Geschäftsführern Auskunft über die Angelegenheiten der Gesellschaft zu verlangen[415].

139 Die Auskunft kann von den Geschäftsführern verweigert werden, wenn die Gefahr besteht, dass der Gesellschafter die erlangten Kenntnisse zum Schaden der Gesellschaft für gesellschaftsfremde Zwecke verwendet.

140 Beim Entscheid betreffend die Gewährung des Auskunfts- und Einsichtsrechts steht der Geschäftsführung ein gewisses Ermessen zu. Die Bestimmung ist eng auszulegen. Auskunft und Einsicht dürfen sodann nur *in erforderlichem Umfang* verweigert werden.

141 Werden die Auskunft und die Einsichtnahme von der Geschäftsführung verweigert, entscheidet auf Antrag des Gesellschafters die Gesellschafterversammlung[416]. Verweigert auch die Gesellschafterversammlung die Auskunft oder die Einsicht, kann der Gesellschafter sein Informationsrecht klageweise geltend machen[417].

411 Art. 663a ff. OR.

412 Art. 663 OR.

413 Art. 728b OR.

414 Art. 729b OR.

415 Art. 802 Abs. 1 OR. Botschaft, S. 3202.

416 Art. 802 Abs. 3 OR.

417 Art. 802 Abs. 4 OR.

c) Das Recht, eine ordentliche Revision zu verlangen

142 Personen mit Minderheitsbeteiligungen laufen Gefahr, dass die Mehrheitsbeteiligten, die oft auch die Mehrheit in der Geschäftsführung stellen, bei der Rechnungslegung ihre eigenen bilanzpolitischen Interessen verfolgen. Eine unabhängige und umfassende Überprüfung der Ordnungsmässigkeit der Buchführung und Rechnungslegung kann sich daher zum Schutz der Minderheiten als unabdingbar erweisen. Aus diesem Grund können Gesellschafter einer GmbH, die zusammen mindestens 10 % des Stammkapitals vertreten, und Personen, die durch Nachschusspflichten mit besonderen finanziellen Risiken belastet sind, gemäss Art. 818 OR i.V.m. Art. 727 OR eine ordentliche Revision verlangen[418].

d) Sonderprüfer; Prüfung durch einen Sachverständigen

143 Das Aktienrecht hat die Einsichts- und Kontrollrechte der Aktionäre mit der Sonderprüfung verstärkt. Die Sonderprüfung kann entweder mit Zustimmung der Generalversammlung oder von Gesellschaftern, die zusammen mindestens 10 % des Aktienkapitals vertreten, beim Richter beantragt werden. Bei Gutheissung des Antrages wird der Sonderprüfer vom Richter ernannt. Der Sonderprüfer greift nicht in die beanstandeten Geschäfte ein, sondern erstellt einen Bericht über seine Feststellungen, der an der nächsten Generalversammlung vorgelegt wird.

144 Das Recht der GmbH kennt die Sonderprüfung nicht. Es ist davon auszugehen, dass der Gesetzgeber bewusst darauf verzichtet hat, andernfalls hätte er in Art. 806 Abs. 3 OR, zumal die Bestimmung analog zur aktienrechtlichen Vorschrift in Art. 693 Abs. 3 OR konzipiert wurde, nicht auf die Nennung der Sonderprüfung verzichtet. Unter Umständen sinnvoll und sicher zulässig ist die statutarische Einführung des Rechts auf Sonderprüfung[419]. Relevanz dürfte diesem Bericht vor allem in einem Verantwortlichkeitsprozess gegen die Geschäftsführer zukommen oder im Verfahren betreffend Austritt oder Auflösung der GmbH. Nicht zu unterschätzen ist auch der politische Druck auf die Geschäftsführer, wenn der Sonderprüfer Missstände feststellt.

145 Unabhängig von der statutarischen Ausgestaltung können die Gesellschafter sodann die Ernennung eines Sachverständigen zur Prüfung der Geschäftsführung oder einzelner Teile davon beschliessen. Zur Sicherung der gesellschaftsinternen Kontrolle wurde dieses Recht vom Gesetz privilegiert und von der Bemessung des Stimmrechts nach der Zahl der Stammanteile ausgenommen[420].

[418] Botschaft Revisionspflicht im Gesellschaftsrecht, S. 3993.

[419] Z. B. durch eine Statutenbestimmung, welche die entsprechenden aktienrechtlichen Regeln als anwendbar erklärt.

[420] Art. 806 Abs. 3 Ziff. 2 OR.

§ 15 Die Revisionsstelle

I. Die Neuordnung der Revisionspflicht im Gesellschaftsrecht

1 Wie bereits erwähnt, setzte sich die Kommission für Rechtsfragen des Nationalrates im Rahmen der Beratungen der Revision des GmbH-Rechts zum Ziel, die Revisionsstelle nicht nur für die GmbH neu zu regeln, sondern ein aktualisiertes und harmonisiertes Gesamtkonzept der Revisionsstelle für sämtliche Rechtsformen des Privatrechts zu schaffen. Das EJPD beschloss, die Neuordnung der Revisionsstelle aus dem Projekt für ein Bundesgesetz über die Rechnungslegung und Revision herauszulösen, mit der Frage der Revisionsaufsicht zu ergänzen und als «Zusatzbotschaft» zur Revision des Rechts der GmbH auszugestalten[421].

II. Die Revision nach altem Recht

1. Grundlagen

2 Unter altem Recht war die GmbH nicht verpflichtet, eine Revisionsstelle zu bezeichnen. Die Revisionsstelle war bei der GmbH nicht obligatorisch. Statutarisch konnte eine Revisionsstelle vorgesehen werden, wobei in diesem Fall die Bestimmungen des Aktienrechts Anwendung fanden.

2. Rechnungslegungsstandards

3 Im Handelsregister eingetragene Unternehmen sind verpflichtet, ihre Buchführung ordnungsgemäss zu führen[422]. Das Aktienrecht sieht lediglich Grundsätze zur Rechnungslegung vor[423]; zahlreiche Gesellschaften befolgen freiwillig die Be-

[421] Botschaft Revisionspflicht im Gesellschaftsrecht, S. 3983 f. und S. 4008.

[422] Art. 957 ff. OR.

[423] Art. 662a OR. Vgl. Zur Rechnungslegung nachfolgend § 35.

stimmungen weiterführender Rechnungslegungsstandards, wie z. B. US-GAAP[424], IAS / IFRS[425], Swiss GAAP FER[426].

International sind vor allem die Regeln des US-amerikanischen Financial Accounting Standards Board massgebend, welches Rechnungslegungsstandards und weitere Regelungen erlassen hat, die den Hauptteil der US-GAAP darstellen. Das International Accounting Standards Board erlässt die IAS / IFRS. Die IFRS-Regelungen sind im Vergleich zu US-GAAP weniger detailliert und einfacher anzuwenden. In der Schweiz erlässt die Fachkommission für Empfehlungen zur Rechnungslegung die Fachempfehlungen Swiss GAAP FER. Sie sind kurz gefasst und eignen sich für mittlere und kleinere Unternehmen. Zur Durchführung und zum Umfang der Revision äussern sich die Rechnungslegungsstandards nicht. 4

3. Prüfungsstandards

Die GmbH mit Revisionsstelle musste die ordnungsgemäss geführte Buchhaltung durch die Revisionsstelle prüfen lassen. Art. 728 Abs. 1 aOR schrieb vor, dass die Buchführung und die Jahresrechnung sowie der Antrag über die Verwendung des Bilanzgewinnes durch die Revisionsstelle geprüft werden. Geprüft wurde, ob Buchführung, Jahresrechnung und Antrag über die Verwendung des Bilanzgewinnes Gesetz und Statuten entsprechen. 5

Wie der Abschlussprüfer zu seinen Feststellungen gelangt, ist ihm bzw. der Revisionspraxis überlassen. Neben den Berufsgrundsätzen, der Sorgfaltspflicht und der Unabhängigkeit gibt es keine gesetzlichen Bestimmungen darüber, wie eine Abschlussprüfung durchführt wird. Nationale und internationale Prüfungsstandards wie z. B. ISA[427], GAAS[428], IAG[429] beschreiben die Anforderungen an die Prüfung. In der Schweiz hielten sich die Revisoren in der Regel an die Prüfungsvorschriften der Treuhand-Kammer. Im Juni 2004 hat der Vorstand der Treuhand-Kammer die neuen Schweizer Prüfungsstandards[430] verabschiedet. Die Schweizer Prüfungsstan- 6

424 US-GAAP – Generally Accepted Accounting Principles der USA.

425 IAS – International Accounting Standards, neu werden diese Standards IFRS genannt – International Financial Reporting Standards.

426 Die schweizerischen Fachempfehlungen zur Rechnungslegung.

427 ISA – International Standards of Auditing.

428 GAAS – General Accepted Auditing Standards.

429 IAG – International Auditing Guidelines des International Auditing Practices Committee der IFAC.

430 Die Prüfungsstandards der Treuhand-Kammer wurden in den letzten Jahren immer wieder angepasst. Das Revisionshandbuch der Schweiz wurde 1998 durch das Schweizer Handbuch für Wirtschaftsprüfung ersetzt. 2001 erschienen die Grundsätze zur Abschlussprüfung. Im Moment sind die aktuell geltenden Prüfungsstandards die Schweizer Prüfungsstandards, welche die Grundsätze zur Abschlussprüfung per 31. Dezember 2004 ersetzten. Zur weiteren Bedeutung der Grundsätze zur

dards verkörpern eine Umsetzung aller ISA, die am 30. Juni 2003 publiziert waren. Die Prüfungsstandards sind fachliche Regeln, die bezwecken, die Prüfungspraxis zu vereinheitlichen und die Qualität in der Prüfungsarbeit sicherzustellen. Sie dienen auch als Massstab für Berufsorganisationen, Gerichte und Behörden, um die Prüfungsleistung beurteilen.

4. Ziel der Revision

7 Art. 728 Abs. 1 aOR definierte den Prüfungsauftrag der Revisionsstelle mit den Worten: *«Die Revisionsstelle prüft, ob die Buchführung und die Jahresrechnung sowie der Antrag auf die Verwendung des Bilanzgewinnes Gesetz und Statuten entsprechen.»*

8 Prüfungsgegenstand ist die Darstellung der wirtschaftlichen Vorgänge und Tatbestände in der Buchhaltung, Jahresrechnung und allenfalls anderen finanziellen Ausweisen. Das Hauptziel der Revision besteht also im Prüfen, Beurteilen und Berichten[431]. Im Prüfungsbericht wird zugesichert, dass die finanzielle Lage des Unternehmens im Rahmen der gesetzlichen Vorschriften dargestellt ist.

9 Die innere Qualität der Aussage, dass Buchhaltung und Jahresrechnung gesetzes- und statutenkonform sind, ergibt sich aus der Methode, die zur Aussage geführt hat. Die Aussage, dass Buchhaltung und Jahresrechnung gesetzes- und statutenkonform sind, besagt nicht, dass jeder wirtschaftliche Vorgang in der Buchhaltung und der Jahresrechnung korrekt abgebildet ist, sondern dass der Prüfer gestützt auf die von ihm gewählte Prüfungsmethode zu diesem Schluss gelangt ist. Die Prüfungsaussage ist so gut und so aussagekräftig wie die (sorgfältig angewendete) Prüfungsmethode.

5. Prüfungsmethode / Prüfungstechnik

10 Wie der Abschlussprüfer zu seinen Feststellungen gelangt, ist ihm bzw. der Revisionspraxis überlassen. Es gibt keine gesetzlichen Bestimmungen über die Durchführung der Abschlussprüfung; der Gesetzgeber hat die Prüfungsmethodik der Selbstregulierung überlassen. Als führende Branchenorganisation setzte die Treuhand-Kammer mit ihren Berufs- und Prüfungsgrundsätzen den Massstab, der –

Abschlussprüfung und des Handbuches für Wirtschaftsprüfung vgl. Richtlinie zur Abschlussprüfung Nr. 5.

431 Ausführlicher zu den Zielen und Zweck der Revision: *Treuhand–Kammer,* Handbuch, N 3.153, S. 65 ff.

obwohl nur für Kammer-Mitglieder verbindlich – als Sorgfaltsmassstab auch für Nichtmitglieder, die Abschlussprüfungen durchführen, Bedeutung erlangt hat[432].

Die Revisionsstelle führt ihre Prüfung so durch, dass wesentliche Fehlaussagen in der Jahresrechnung mit angemessener Sicherheit erkannt werden[433]. Die Bestimmungen zur Durchführung der Abschlussprüfung legen nur Zielsetzungen fest; sie sind auslegungsbedürftig und vermitteln kein für alle denkbaren Problemstellungen geeignetes Prüfungsprogramm. Was den Ablauf anbelangt, können drei Phasen unterscheiden werden: (i) die Planung der Revision; (ii) die Durchführung der Revision: Systemprüfung, analytische Prüfung, Detailprüfung; (iii) die Berichterstattung. Jede Prüfungsphase ist mit den anderen verknüpft, wird teilweise parallel durchgeführt und wirkt wie ein einheitlicher Prozess. Die Planung der Revision kann sich bis zum Zeitpunkt der Berichterstattung erstrecken. Die analytischen Prüfungen werden in jeder Prüfungsphase angewendet. 11

6. Die Planung der Revision

Ausgangspunkt der Prüfung ist die Planung. Bei der Planung beschafft der Prüfer Informationen über das zu prüfende Unternehmen und über die relevanten Prüffelder. 12

Das Schwergewicht der Prüfungsvorbereitung liegt in der Identifikation der Risiken[434]. Der Abschlussprüfer führt keine lückenlose Prüfung durch. Er muss einzelne Elemente auswählen, die er gründlich auf die Gesetzes- und Statutenkonformität hin untersucht. Der Prüfer beurteilt die Risiken eines Unternehmens, die in der Jahresrechnung zu einer Fehlaussage führen könnten. Wird das Risiko als hoch eingeschätzt, muss der Abschlussprüfer den Prüfungsumfang und die Prüfungstiefe ausdehnen. Schätzt er hingegen das Risiko als sehr gering ein, wäre es sogar möglich, dass der Abschlussprüfer seinen Bericht nur auf analytische Handlungen abstützt und keine Detailprüfungen macht[435]. 13

In der Regel genügen die reine Analyse der Kennzahlen der Abschlussprüfung und des Kontrollsystems nicht, um Schlussfolgerungen ziehen zu können. Wesentliche Abschlusspositionen und bestimmte Arten von Transaktionen muss der Abschluss- 14

[432] *Watter,* OR, Art.728 N 17.

[433] *Treuhand-Kammer,* Handbuch, N 3.152 S.64.

[434] Schweizer Prüfungsstandards 400.

[435] Ein solches Verhalten wäre denkbar bei kleineren Unternehmen mit einfachen Verhältnissen, welche vom gleichen Abschlussprüfer einige Jahre nacheinander geprüft werden, so dass er mit dem Geschäftsablauf völlig vertraut ist. Es wird aber von der Treuhand-Kammer empfohlen, Stichproben vorzunehmen, auch wenn das Risiko als gering eingeschätzt wird – Schweizer Prüfungsstandards 400, Ziffer 45.

prüfer unabhängig von seiner Einschätzung des Risikos im Rahmen von Einzelprüfungen untersuchen.

15 Aufgrund der gesammelten Information werden die Prüfungsstrategie und die konkreten Prüfungshandlungen bestimmt. Der Revisor definiert, welche Prüffelder verfahrensorientiert, abgestützt auf die interne Kontrolle, und welche ergebnisorientiert – analytisch und aufgrund von Detailprüfungen – geprüft werden sollen[436].

7. Durchführung der Prüfung

16 In der Praxis wurden unterschiedliche Methoden entwickelt, wie sich der Revisor ein Urteil über die Rechnungslegung eines Betriebes verschaffen kann. Die Revisionslehre unterscheidet zwischen der Verfahrens- und der Ergebnisprüfung. Die Auswahl angemessener Verfahren ist eine Sache des professionellen Ermessens unter den jeweiligen Umständen[437].

17 Gegenstand der verfahrensorientierten Prüfungshandlungen ist die Ablauforganisation im Unternehmen, d. h. das System, in dem das unternehmerische Geschehen abläuft[438]. Es werden dabei der Aufbau und das Funktionieren der internen Kontrollen geprüft und die Mitarbeiter über die Abläufe des Geschäftes befragt. Wenn das System genügend Kontrollen aufweist und fehlerfrei funktioniert bzw. Fehler selbstständig durch das Unternehmen aufgedeckt werden und dies durch eine Einhalteprüfung[439] bestätigt wird, kann sich der Revisor auf das Funktionieren und die Wirksamkeit des geprüften Systems verlassen[440]. Die verfahrensorientierte Prüfung ist auch eine Schwachstellenanalyse, die aufzeigt, welche Bereiche mit weiteren anderen Prüfungshandlungen genauer zu prüfen sind.

18 Die ergebnisorientierten Prüfungshandlungen beziehen sich auf die Prüfung der Darstellung einzelner Geschäftsvorfälle in der Rechnungslegung. Unterschieden werden die analytischen Prüfungshandlungen und die Einzelfallprüfungen.

[436] Jede dieser aufgeführten Prüfungsmethoden hat ihre spezifische Vorteile, aber auch ihre Grenzen. So bieten analytische Prüfungshandlungen die Möglichkeit, globale Abstimmungen sehr effizient vorzunehmen, sie liefern aber eine geringe prüferische Sicherheit bezüglich des Einzelnachweises von spezifischen Geschäftsvorfällen. Im Gegensatz dazu gewährleisten Detailprüfungen von Einzelbelegen zwar eine hohe prüferische Sicherheit bei der Beurteilung einzelner Geschäftvorfälle, erweisen sich hingegen zur Prüfung grosser Volumen als sehr zeitintensiv und wenig effizient. *Treuhand-Kammer,* Handbuch, N 3.24273, S. 135 ff.

[437] Schweizer Prüfungsstandards 530 Ziff. 23.

[438] Schweizer Prüfungsstandards 400 Ziff. 30.

[439] Durch diese Einhalteprüfung hat sich der Prüfer von der Wirksamkeit des dauernden Funktionierens der internen Kontrolle zu überzeugen. Es wird geprüft, in dem eine formelle Prüfung und Stichproben anhand von den Unterlagen gemacht werden. Vgl. *Treuhand-Kammer,* Handbuch, N 3.3227, S.181.

[440] *Treuhand-Kammer,* Handbuch, N 3.322, S. 170.

Einzelprüfungen werden in der Form von Einsichtnahmen, Beobachtungen, Befragungen, Bestätigungen oder Berechnungen stichprobenweise durchgeführt. Es können statistische (Zufallsstichproben) oder nicht statistische (Urteilsstichproben, nach einer bewussten, bestimmten Auswahl) Stichproben Anwendung finden[441]. Auf diese Weise werden Elemente untersucht, die entweder wesentlich sind, z. B. einen bestimmten Betrag übersteigen[442], oder die Verdachtsmomente aufweisen. Die Wesentlichkeit ist von der Grösse des Postens oder des Fehlers abhängig, die sich nach den besonderen Umständen ergibt. 19

Analytische Prüfungshandlungen bezwecken die Erlangung von Prüfungsnachweisen, bestehend in der Analyse wesentlicher Kennzahlen und Trends, einschliesslich der Untersuchung von Veränderungen und Relationen, die von anderen relevanten Informationen oder von prognostizierten Beträgen (z. B. Vorperiodenzahlen, voraussichtliche Budgets, Vergleich mit anderen Unternehmen aus der Branche) abweichen. Der Abschlussprüfer wendet analytische Prüfungshandlungen in den Phasen der Planung sowie der Durchführung der Revision an. 20

8. Prüfungsurteil des Prüfers

Kommt der Prüfer zum Schluss, dass er alle geplanten und im Laufe der Prüfung sich als notwendig erweisenden zusätzlichen Handlungen durchgeführt hat, gibt er sein Prüfungsurteil ab[443]. 21

Ein uneingeschränktes Prüfungsurteil gibt er ab, wenn er zum Schluss kommt, dass der Abschluss in allen wesentlichen Punkten mit den anzuwendenden Rechnungslegungsnormen in Übereinstimmung ist. Für seine Beurteilung, ob der Abschluss den anzuwendenden Rechnungslegungsnormen entspricht, muss der Abschlussprüfer einschätzen, ob die bei der Prüfung aufgedeckten und nicht korrigierten Fehlaussagen zusammen wesentlich sind oder nicht. Die Einschätzung der Wesentlichkeit von Aussagen des Abschlusses liegt im professionellen Ermessen des Abschlussprüfers[444]. 22

[441] Der Entscheid betreffend den (statistischen oder nicht statistischen) Ansatz beim Stichprobenverfahren hängt davon ab, welches nach dem Ermessen des Prüfers der effizienteste Weg ist, um unter den jeweiligen Umständen hinreichende und angemessene Prüfungsnachweise zu erlangen. Bei der Anwendung kann der Stichprobenumfang entweder in Anwendung der Wahrscheinlichkeitstheorie oder nach professionellem Ermessen festgelegt werden. Das Verfahren der Stichprobenauswahl steht bei den Schweizerischen Prüfungsstandards im Vordergrund, da es in der Regel für bessere Sicherheit sorgt.

[442] Der Prüfer kann sich dafür entscheiden, Elemente zu untersuchen, die einen bestimmten Betrag übersteigen, um so einen möglichst grossen Teil des Gesamtbetrags eines Abschlusssaldos oder einer Art von Transaktionen zu prüfen. Vgl. Schweizer Prüfungsstandards 320 Ziff. 3.

[443] Schweizer Prüfungsstandards 700.

[444] Schweizer Prüfungsstandards 320 Ziff. 12.

23 Das absolut wirkende Urteil *«(...) entsprechen dem schweizerischen Gesetz und den Statuten»* wird abgegeben, obwohl der Revisor nicht alle Konten, Buchungen, Belege, Bewertungen etc. überprüft, sondern sich darauf beschränkt hat, Risikobereiche festzustellen und eine angemessene Zahl von Stichproben durchzuführen. Korrekterweise müsste das Prüfungstestat nicht eine Erklärung darüber enthalten, dass die Buchführung und die Jahresrechnung sowie der Antrag über die Verwendung des Bilanzgewinns Gesetz und den Statuten entsprechen, sondern dass der Revisor bei pflichtgemässem Vorgehen keine Hinweise erkennen konnte, die ein anderes Urteil nahelegten. Das Risiko, dass Fehler nicht entdeckt wurden, bleibt bestehen.

III. Die Revision nach neuem Recht

1. Grundlagen

24 Die GmbH ist grundsätzlich der Revisionspflicht unterstellt. Zu unterscheiden sind zwei Kategorien: Wirtschaftlich bedeutende Gesellschaften müssen eine ordentliche Revision von einem zugelassenen Revisionsexperten vornehmen lassen; alle anderen Unternehmen können sich auf eine eingeschränkte Revision durch einen zugelassenen Revisor beschränken.

25 Ist die Gesellschaft von Gesetzes wegen nur zu einer eingeschränkten Revision verpflichtet, können Gesellschafter, die 10 % des Stammkapitals vertreten, eine ordentliche Revision durch einen zugelassenen Revisionsexperten verlangen[445]. Das gleiche Recht steht auch Gesellschaftern zu, die einer Nachschusspflicht unterliegen[446].

26 Umgekehrt kann in einer Gesellschaft, welche nur zu einer eingeschränkten Revision verpflichtet ist, mit Zustimmung sämtlicher Gesellschafter auf eine Revision verzichtet werden, sofern die Gesellschaft nicht über mehr als 10 Vollzeitstellen verfügt[447].

27 Will die Geschäftsführung auf eine eingeschränkte Revision verzichten, ersucht sie die Gesellschafter um schriftliche Zustimmung. Die Geschäftsführung kann den Gesellschaftern eine Frist von mindestens 20 Tagen ansetzen und darauf hinweisen, dass beim Ausbleiben einer Antwort die Zustimmung als erteilt gilt[448].

[445] Art. 818 Abs. 1 OR i.V.m. Art. 727 Abs. 2 OR.

[446] Art. 818 Abs. 2 OR.

[447] Art. 818 Abs. 1 OR i.Vm. Art. 727a Abs. 2 OR.

[448] Art. 727a Abs. 3 OR.

Wird auf die Revision verzichtet, gilt dieser Verzicht auf unbestimmte Dauer. Eine Revisionsstelle wird erst gewählt, wenn ein Gesellschafter die Durchführung einer eingeschränkten Revision verlangt[449]. 28

Wird die Durchführung einer eingeschränkten Revision 10 Tage vor der ordentlichen Gesellschafterversammlung verlangt, muss die Gesellschaft – zumal während der 20-Tage-Frist Traktanden weder abgeändert noch nachgeschoben werden dürfen – umgehend eine ausserordentliche Gesellschafterversammlung einberufen, eine Revisionsstelle wählen, eventuell die Statuten anpassen und die Revisionsstelle beim Handelsregister anmelden. Die ordentliche Gesellschafterversammlung kann entweder wie vorgesehen, aber ohne die Beschlüsse betreffend die Genehmigung des Jahresberichtes und der Jahresrechnung bzw. betreffend die Verwendung des Bilanzgewinnes durchgeführt werden oder verschoben und im Anschluss an die ausserordentliche Gesellschafterversammlung durchgeführt werden. Beim Beschluss über die Vorgehensweise wird sich die Geschäftsführung nach den gesetzlichen Ordnungsvorschriften richten: Die ordentliche Gesellschafterversammlung findet alljährlich innerhalb von 6 Monaten nach Abschluss des Geschäftsjahres statt; die Gesellschafterversammlung ist spätestens 20 Tage vor der Versammlung einzuberufen[450]. 29

Wie bereits erwähnt, ist das Recht, eine eingeschränkte Revision zu verlangen, spätestens 10 Tage vor der Gesellschafterversammlung geltend zu machen[451]. Das Gesetz räumt sodann dem Gesellschafter, der einer Nachschusspflicht unterliegt bzw. dessen Abfindung nicht vollständig ausbezahlt ist, das Recht ein zu verlangen, dass die Gesellschaft eine Revisionsstelle bezeichnet und die Jahresrechnung ordentlich revidieren lässt[452]. In diesen Fällen ist keine Frist vorgesehen. Es ist deshalb davon auszugehen, dass die Gesellschafter die Revision jederzeit verlangen können. 30

Gemäss Art. 727 Abs. 1 Ziff. 2 OR liegt ein wirtschaftlich bedeutendes Unternehmen vor, wenn zwei der drei nachfolgenden Grössen in zwei aufeinanderfolgenden Geschäftsjahren überschritten werden: eine Bilanzsumme von CHF 10 Mio.; ein Umsatzerlös von CHF 20 Mio.; 50 Vollzeitstellen im Jahresdurchschnitt. 31

Im Vergleich zu einer ordentlichen Revision erlaubt die eingeschränkte Revision Erleichterungen im Umfang und in der Intensität der Prüfung. Die fachlichen Anforderungen an die Revisionsstelle sind sodann bei der eingeschränkten Revision tiefer. Damit verursacht die eingeschränkte Revision grundsätzlich[453] weniger Aufwand und tiefere Kosten[454]. 32

449 Art. 727a Abs. 4 OR.

450 Art. 805 Abs. 2 und Abs. 3 OR.

451 Art. 727a Abs. 4 OR.

452 Art. 818 Abs. 2 OR; Art. 825a Abs. 4 OR.

453 Vgl. hierzu nachfolgend N 33 ff. und N 40 ff.

454 Botschaft, Revisionspflicht im Gesellschaftsrecht, S. 3994.

2. Befähigung der Revisionsstelle

33 Die Revisionsstelle muss befähigt sein, ihr Amt auszuüben. Der Grad der Befähigung richtet sich nach der konkreten Aufgabenstellung. Die Befähigung der Revisionsstelle hat in komplizierten Verhältnissen höheren Ansprüchen zu genügen als in einfachen Verhältnissen.

34 Die Anforderungen an die Revisionsstelle sind in Art. 727b f. OR geregelt: Gesellschaften, die zur ordentlichen Revision verpflichtet sind, müssen als Revisionsstelle einen zugelassenen Revisionsexperten bezeichnen; Gesellschaften, die zur eingeschränkten Revision verpflichtet sind, müssen als Revisionsstelle einen zugelassenen Revisor bezeichnen. Die Anforderungen an den Revisionsexperten bzw. den Revisor sind in Art. 4 f. Revisionsaufsichtsgesetz geregelt. Vorausgesetzt wird eine bestimmte Ausbildung, eine bestimmte Fachpraxis und ein unbescholtener Leumund.

3. Unabhängigkeit der Revisionsstelle

35 Die Revisionsstelle muss von der revidierten GmbH unabhängig sein und darf an der Erstellung des Revisionsgegenstandes nicht mitgewirkt haben[455]. Sie darf von der GmbH, die sie wählt, weder vertraglich noch durch eine Mehrheitsbeteiligung noch wirtschaftlich durch die Höhe des Honorarvolumens abhängig sein. Die Erstellung der Buchhaltung durch die gleiche Gesellschaft, die auch als Revisionsstelle amtet, ist zwar gerade bei kleinen Gesellschaften immer noch verbreitet, aber eindeutig unzulässig[456]. Umstritten ist indessen, ob die Revisionsstelle die Gesellschaft auch anderweitig beraten darf. Richtigerweise kann dies nur zulässig sein, wenn das Beratungsthema sich nicht auf die Jahresrechnung auswirkt[457].

36 Die Anforderungen an die Unabhängigkeit gelten nicht nur für die Revisionsgesellschaft, sondern auch für den Revisionskonzern; unzulässig ist also auch die Durchführung der Buchhaltung durch eine Schwestergesellschaft der Revisionsstelle[458].

37 Die Regelung unter altem Recht erwies sich in der Praxis als ungenügend. Namentlich der nachträgliche Eintritt eines Sachverhaltes, der die Unabhängigkeit in Frage stellte, konnte bislang nicht sanktioniert werden[459]. Unter neuem Recht gelten strengere Anforderungen. Soll die Revision die Verlässlichkeit der Jahresrechnung sicherstellen, müssen die Neutralität und die Objektivität des Revisors gewährleis-

[455] *Handschin,* Revisionsstelle, S. 344 f.

[456] *Böckli,* Revisionsstelle, S. 41, *Handschin,* Revisionsstelle, S. 346.

[457] *Handschin,* Revisionsstelle, S. 347.

[458] *Handschin,* Revisionsstelle, S. 346.

[459] *Gwelessiani,* Änderungen aus handelsrechtlicher Sicht.

tet sein. Zur Sicherstellung der Unabhängigkeit listet das Gesetz in Art. 728 Abs. 2 OR in nicht abschliessender Weise eine Reihe von Sachverhalten auf, die mit der Unabhängigkeit der Revisionsstelle nicht vereinbar sind, da sie den Anschein der Abhängigkeit entstehen lassen[460]. Explizit erwähnt wird auch das Mitwirken bei der Buchführung sowie das Erbringen anderer Dienstleistungen, durch die das Risiko entsteht, als Revisionsstelle eigene Arbeiten überprüfen zu müssen[461].

Auch bei der eingeschränkten Revision muss die Revisionsstelle unabhängig sein. 38
Das Mitwirken bei der Buchführung und das Erbringen anderer Dienstleistungen ist jedoch grundsätzlich zulässig[462].

Die Verletzung der Unabhängigkeitsvorschriften stellt einen Mangel in der Orga- 39
nisation der Gesellschaft dar und wird entsprechend den Vorschriften des Aktienrechts sanktioniert[463].

4. Aufgaben der Revisionsstelle

a) Im Allgemeinen

Gemäss Art. 728 Abs. 1 aOR hatte die Revisionsstelle zu prüfen, ob die Buchfüh- 40
rung und die Jahresrechnung sowie der Antrag über die Verwendung des Bilanzgewinnes Gesetz und Statuten entsprechen. Das neue Recht sieht eine präzisere Definition der Prüfungsaufgaben vor: Die Revision befasst sich ausschliesslich mit der Buchführung und der Jahres- bzw. der Konzernrechnung, wobei diese Unterlagen einzig unter dem Gesichtspunkt der Vereinbarkeit mit Gesetz und Statuten und gegebenenfalls mit einem (privaten) Regelwerk geprüft werden. Die Revisionsstelle

460 Botschaft Revisionspflicht im Gesellschaftsrecht, S. 3999.

461 Art. 728 OR verlangt, dass die Unabhängigkeit weder tatsächlich noch dem Anschein nach beeinträchtigt sein darf, und listet eine Reihe von Sachverhalten auf, die mit der Unabhängigkeit der Revisionsstelle nicht vereinbar sind: *«(1.) die Mitgliedschaft des Verwaltungsrats, eine andere Entscheidfunktion in der Gesellschaft oder ein arbeitsrechtliches Verhältnis zu ihr; (2.) eine direkte oder bedeutende indirekte Beteiligung am Aktienkapital oder eine wenentliche Forderung oder Schuld gegenüber der Gesellschaft; (3.) eine enge Beziehung des leitenden Prüfers zu einem Mitglied des Verwaltungsrats, zu einer anderen Person mit Entscheidfunktion oder zu einem bedeutenden Aktionär; (4.) das Mitwirken bei der Buchführung sowie das Erbringen anderer Dienstleistungen, durch die das Risiko entsteht, als Revisionsstelle eigene Arbeiten überprüfen zu müssen; (5.) die Übernahme eines Auftrags, der zur wirtschaftlichen Abhängigkeit führt; (6.) der Abschluss eines Vertrags zu nicht marktkonformen Bedingungen oder eines Vertrags, der ein Interesse der Revisionsstelle am Prüfergebnis begründet; (7.) die Annahme von wertvollen Geschenken oder von besonderen Vorteilen."*

462 Art. 729 Abs. 1 und Abs. 2 OR.

463 *Gwelessiani,* Änderungen aus handelsrechtlicher Sicht; Art. 819 OR i.V.m. Art. 731b OR.

überprüft nicht die korrekte Bewertung der Aktiven, sondern lediglich die Einhaltung der Bewertungsgrundsätze[464].

41 Soweit nicht die Gefahr einer Überschuldung besteht, muss die Revisionsstelle kein Urteil über die finanzielle Lage der Gesellschaft abgeben und ebenso wenig die Vermögensstruktur – etwa hinsichtlich der Liquidität, des Verhältnisses von Eigen- und Fremdkapital oder von Anlage- und Umlaufvermögen – analysieren. Der Revisionsstelle obliegt sodann keine allgemeine Pflicht zur Überwachung der Geschäftsführung. Insbesondere ist es nicht Sache der Revisionsstelle, die Qualität der Unternehmensführung zu beurteilen[465].

42 Die Verantwortung für die Rechnungslegung, die Offenlegung und die Berichterstattung liegt bei der Geschäftsführung[466].

b) Aufgaben der Revisionsstelle bei der ordentlichen Revision

43 Gemäss Art. 728a OR prüft die Revisionsstelle, ob die Jahresrechnung den gesetzlichen Vorschriften, den Statuten und den gewählten Regelwerten entspricht; ob der Antrag über die Verwendung des Bilanzgewinnes den gesetzlichen Vorschriften und den Statuten entspricht; ob vom Gesetz verlangte Angaben gemacht werden; ob ein internes Kontrollsystem besteht und die Geschäftsführung Massnahmen zur Sicherstellung einer ordnungsgemässen Buchführung und Rechnungslegung getroffen hat, die eingehalten werden; und ob von der Geschäftsführung eine Risikobeurteilung vorgenommen wurde.

44 Art. 728a Abs. 2 OR stellt sodann klar, dass die eigentliche Geschäftsführung, abgesehen von den Anzeigepflichten gemäss Art. 728c OR, nicht Gegenstand der ordentlichen Revision ist, sondern Aufgabe der Geschäftsführung.

45 Die ordentliche Revision[467] entspricht grundsätzlich[468] der Revision nach dem geltenden Recht, insbesondere in Bezug auf die Prüfungsmethodik und das Prüfungsurteil.

46 Neu wurde die Pflicht der Revisionsstelle zu prüfen, ob die Jahresrechnung dem gewählten Regelwerk (z. B. Swiss GAAP-FER, IFRS) entspricht, und zu bestätigen, dass ein internes Kontrollsystem existiert[469], ausdrücklich ins Gesetz aufge-

[464] Botschaft Revisionspflicht im Gesellschaftsrecht, S. 3996 mit Verweis auf Art. 728a Abs. 1 Ziff. 1 und Art. 729a Abs. 1 Ziff. 1 OR.

[465] Botschaft Revisionspflicht im Gesellschaftsrecht, S. 3997.

[466] Botschaft Revisionspflicht im Gesellschaftsrecht, S. 3997.

[467] Art. 728 ff. OR.

[468] Neu werden bei der ordentlichen Revision die Anforderungen an den Prüfer und die Prüfung des internen Kontrollsystems (bisher Teil der verfahrensorientierten Prüfung) gesetzlich vorgeschrieben und die Unabhängigkeitsvorschriften verschärft.

[469] Art. 728a Abs. 2 OR.

nommen. Beide Prüfungspflichten sind in den Prüfungsstandards der Treuhand-Kammer bereits enthalten[470].

c) Aufgaben der Revisionsstelle bei der eingeschränkten Revision

Die eingeschränkte Revision führt nicht zu einer positiven Bestätigung, dass die Jahresrechnung den gesetzlichen Vorschriften entspricht, sondern zu einer negativen Feststellung: Die Revisionsstelle konnte keine Sachverhalte feststellen, die auf einen Gesetzesverstoss schliessen lassen[471]. 47

Gemäss Art. 729a OR prüft die Revisionsstelle, ob Sachverhalte vorliegen, aus denen zu schliessen ist, dass die Jahresrechnung nicht den gesetzlichen Vorschriften und den Statuten entspricht und ob der Antrag über die Verwendung des Bilanzgewinns nicht den gesetzlichen Vorschriften entspricht. 48

Mit der eingeschränkten Revision führt das Gesetz eine neue Form der Abschlussprüfung in das schweizerische Gesellschaftsrecht ein. Die heutige Version des Artikels wurde während des Gesetzgebungsprozesses wesentlich verändert. 49

Ursprünglich verfolgte der Gesetzgeber das Ziel, eine preisgünstige Revision für kleine und mittlere Unternehmen einzuführen. Zu diesem Zweck, wurde der Umfang der Revision bei diesen Gesellschaften eingeschränkt. Die Einschränkung des Umfanges spart Kosten, bewirkt auf der anderen Seite aber auch, dass die Revision auch qualitativ reduziert durchgeführt wird und geringere Sicherheit bietet. Der Wortlaut der vorgeschlagenen Bestimmung Art. 729a OR lautete im Entwurf des Bundesrats: *«Die Revisionsstelle prüft, ob Sachverhalte vorliegen, aus denen zu schliessen ist, dass die Jahresrechnung und der Antrag des Verwaltungsrats an die Generalversammlung über die Verwendung des Bilanzgewinnes nicht den gesetzlichen Vorschriften und den Statuten entspricht.»* Bei der Prüfung beschränkt sich der Revisor auf Befragungen und analytische Prüfungshandlungen. Inhaltlich entsprach die eingeschränkte Revision nach ursprünglichem Wortlaut der bereits heute bekannten Prüfungsform *Review.* Die entsprechenden Prüfungsstandards für Reviews existieren bereits, sowohl auf internationaler wie auf nationaler Ebene[472]. 50

Die Review wird aufgrund von Befragungen und analytischen Prüfungshandlungen durchgeführt[473]. Diese Form der Revision ist darauf ausgerichtet, die Verlässlichkeit von Aussagen zu prüfen. Eine Review verlangt zwar prüferische Fähigkeiten, 51

470 Zur Pflicht zu prüfen, ob bestimmte Regelwerke (z. B. IFRS) eingehalten worden sind, vgl. Schweizer Prüfungsstandards 120, Ziff. 3A und 3B. Zur Prüfungspflicht des internen Kontrollsystems vgl. Schweizer Prüfungsstandards 400; Schweizer Prüfungsstandards 401; Schweizer Prüfungsstandards 402.

471 Botschaft Revisionspflicht im Gesellschaftsrecht, S. 4027.

472 Die International Standards on Auditing, Engagements to Review Financial Statements (ISA 910), Die Prüfungsstandards der Treuhand-Kammer (Standard 910).

473 Schweizer Prüfungsstandards 120 Ziff. 15; Schweizer Prüfungsstandards 910.

die Anwendung von Prüfungstechniken und die Erlangung von Prüfungsnachweisen, umfasst gewöhnlich aber weder die Beurteilung von Rechnungswesen-Systemen und internen Kontrollen noch die stichprobenweise Prüfung von Aufzeichnungen oder von Antworten mittels Detailprüfungen (Überprüfung, Beobachtung, Einholung einer Bestätigung oder Berechnung). Zwar versucht der Wirtschaftsprüfer auch bei der Review von allen wesentlichen Sachverhalten Kenntnis zu erhalten. Dass er dieses Ziel erreicht, ist jedoch aufgrund der vorgenommenen Prüfungshandlungen bei einer Review weniger wahrscheinlich als bei einer Prüfung.

52 Bislang wurde die Review vor allem für die Prüfung von Zwischenabschlüssen von Unternehmen verwendet[474]. In diesen Fällen verfügt der Revisor bei der Durchführung einer Review bereits über ein umfassendes Revisionswissen, da die Revision in der Regel nicht mehr als ein Jahr zurückliegt. Der Revisor kann sich in diesen Fällen auf dieses Wissen abstützen, Vergleiche machen und analysieren. Trifft er auf keine wesentlichen Veränderungen, wird angenommen, dass die Buchhaltung ordnungsgemäss geführt wurde. Fehlt der Bezug zu einer kürzlich vorgenommenen ordentlichen Revision, wird die Aussagekraft der Review stark reduziert.

53 Die Prüfung nur aufgrund von Befragungen und analytischen Prüfungshandlungen wurde im Vorfeld der parlamentarischen Beratungen teilweise heftig kritisiert. Dementsprechend wurde der vom Bundesrat vorgeschlagene Text am 2. März 2005 durch den Nationalrat in einem ganz wesentlichen Punkt geändert. Neu lautet der ergänzte Abs. 2 des Art. 729a OR wie folgt: *«Die Prüfung beschränkt sich auf Befragungen, analytische Prüfungshandlungen und angemessene Detailprüfungen.»* Mit dem Zusatz *«und angemessene Detailprüfungen»* wurde der Umfang der eingeschränkten Revision entscheidend erweitert. Nach dem geänderten Gesetzestext ist die eingeschränkte Revision nicht mehr eine Review, sondern nähert sich inhaltlich der ordentlichen Revision an, da der Revisor nach neuem Wortlaut nicht nur analysiert und befragt, sondern auch (angemessen) prüft.

54 Nach dieser Änderung entspricht die eingeschränkte Revision nicht mehr der Review (prüferische Durchsicht)[475], denn die Review kennt keine Detailprüfungen. Tatsächlich sind die Detailprüfungen kennzeichnend für die Revision nach dem geltenden Recht resp. für die ordentliche Revision nach neuem Recht. Mit der Ergänzung der Bestimmungen über die eingeschränkte Revision durch *«angemessene Detailprüfungen»* wird die beschränkte Natur der eingeschränkten Prüfung beseitigt und diese ordentlichen Revision angeglichen. Der Prüfer muss nun doch Einblick in Konti und Belege nehmen.

55 Zur Frage, wie er dabei vorgehen muss, gibt es keine Hinweise. Insbesondere finden sich in den Review-Prüfungsstandards[476], auf die in der Botschaft noch verwie-

[474] Schweizer Prüfungsstandards 910 Ziff. 3A.

[475] Trotzdem wird immer wieder ausgeführt, dass die eingeschränkte Revision dem Review entspricht. Vgl. Parlamentarische Beratungen von 2. März 2005, 3. Sitzung.

[476] Schweizer Prüfungsstandards 910.

sen wird, keine Aussagen zur Durchführung der angemessenen Detailprüfungen, da die Review diese nicht kennt. Die Treuhand-Kammer bereitet eine neue Prüfungsanleitung für die eingeschränkte Revision vor.

Methodisch gesehen gibt es keinen Unterschied zwischen der ordentlichen und der eingeschränkten Revision. Beide haben zum Ziel, mit planerischen, systemischen, analytischen und effektiven Prüfungen Sachverhalte zu ermitteln, die auf die Verletzung des Gesetzes oder der Statuten hinweisen[477]. Die eingeschränkte Revision entspricht der heutigen KMU-Revision und in Bezug auf die Prüfungsintensität wohl auch der ordentlichen Revision nach neuem Recht. 56

d) Zurückweisung oder Aufschub der Rechnungsabnahme?

Gemäss Art. 728b Abs. 2 Ziff. 4 OR gibt die Revisionsstelle der Gesellschafterversammlung eine Empfehlung ab, ob die Jahresrechnung mit oder ohne Einschränkung zu genehmigen oder zurückzuweisen ist. Sieht sich die Revisionsstelle ausserstande, eine Empfehlung abzugeben, weil die hierzu benötigten Unterlagen fehlen, muss sie die Geschäftsführung umgehend informieren. Die Geschäftsführer haben sodann die Möglichkeit, die fehlenden Unterlagen zu beschaffen oder die Gesellschafterversammlung zu verschieben. Liegt der Gesellschafterversammlung kein Revisionsbericht vor, ist der Beschluss über die Jahresrechnung nichtig. Besteht die Möglichkeit, die fehlenden Unterlagen kurzfristig zu beschaffen, und verschiebt die Geschäftsführung die Gesellschafterversammlung nicht, muss die Revisionsstelle, wenn die Unterlagen nicht rechtzeitig beigebracht werden, auf die Unmöglichkeit, zu einer Empfehlung zu gelangen, hinweisen und gegebenenfalls feststellen, dass der bisherige Verlauf der Prüfung eine Empfehlung auf Genehmigung der Jahresrechnung nicht ausschliesst. Besteht die Möglichkeit, die fehlenden Unterlagen kurzfristig zu beschaffen, nicht, ist die Revisionsstelle verpflichtet, die Rückweisung der Jahresrechnung zu beantragen[478]. 57

Bei der eingeschränkten Revision gibt die Revisionsstelle keine Empfehlung ab[479]. 58

[477] Falls eine Gesellschaft ihre Buchhaltung nach bestimmten Rechnungslegungsstandards führt, prüft die Revisionsstelle bei der ordentlichen Revision zusätzlich, ob es Verstösse gegen diese Standards gibt.

[478] Vgl. eingehend *Böckli,* Die Revisionsstelle im Dilemma, S. 193 ff.

[479] Art. 729b OR.

§ 16 Rechte der Gesellschafter am Gesellschaftsvermögen

I. Berechtigung am Gesellschaftsvermögen?

1. Grundsatz: Getrennte Vermögenssphären

1 Zum Innenverhältnis gehört die Frage der Rechte am Vermögen, welches als Gesellschaftsvermögen der Erfüllung des Gesellschaftszwecks dient. Der Grundsatz ist rasch beschrieben: Bei juristischen Personen ist die Gesellschaft am Gesellschaftsvermögen berechtigt, bei den Personengesellschaften sind es die Gesellschafter. Berechtigt am Gesellschaftsvermögen der GmbH ist folgerichtig ausschliesslich die juristische Person. Mit der Einbringung der Werte in die GmbH im Rahmen der Gründung verlieren die Gesellschafter ihr Eigentum daran. Ohnehin nie im Eigentum der Gesellschafter standen ausserdem Werte, die durch die und im Namen der GmbH erworben wurden; sie stehen ausschliesslich dieser zu.

2 Beim Erwerb eines Rechtes oder eines Vermögenswertes durch einen Geschäftsführer stellt sich demnach immer die Frage, ob er dieses Recht als Geschäftsführer für die GmbH oder im eigenen Namen für sich erworben hat; nur im zweiten Fall steht das Recht ihm selber zu und nicht der GmbH. Gleiches gilt, wenn bei der Gründung der GmbH eine Sacheinlage durch einen Gründer der GmbH nicht zu Eigentum *(quoad dominium)*, sondern zur Nutzung (entweder *quoad sortem* oder *quoad usum*) übertragen worden ist.

3 Die Frage ist nicht immer leicht zu beantworten, obwohl sich die Antwort in der buchführungspflichtigen GmbH aus der Bilanz entnehmen lassen sollte. Die Bilanz ist aber nicht in jedem Falle massgebend. Dies gilt insbesondere, wenn ein von der GmbH gebrauchter Wert in der Bilanz nicht aufgeführt ist; ob er tatsächlich nicht der GmbH gehört oder ob er fälschlicherweise nicht in der Bilanz aufgeführt ist, muss jeweils im Einzelfall entschieden werden.

2. Ausnahme: Anspruch auf das Gesellschaftsvermögen

a) Keine Besitzesrechte

4 Obwohl der geschäftsführende Gesellschafter das Gesellschaftsvermögen im Gesellschaftsinteresse verwendet und zwischen ihm und dem Vermögenswert eine besitzesähnliche Beziehung besteht, ist der Geschäftsführer nie Besitzer des Gesellschaftsgutes, das auch nicht in seinem Eigentum steht, sondern er übt seinen Besitz

als Organ der juristischen Person GmbH aus. Die GmbH ist Besitzerin[480]; der Geschäftsführer befindet sich in einer dem Besitzesdiener ähnlichen Stellung.

b) Anspruch auf das Gesellschaftsvermögen nur bei der Liquidation

Ein Recht auf, nicht aber ein Recht am Gesellschaftsvermögen besteht im Anschluss an die Liquidation der GmbH[481]. Erst nach Durchführung der Liquidation und einer allfälligen Übertragung der Eigentumswerte der ehemaligen GmbH werden die Gesellschafter an deren Vermögenswerten direkt berechtigt. 5

II. Gewinnanteil

1. Grundlagen; worum geht es?

Eine Gesellschaft ist der Zusammenschluss mehrerer, um mit gemeinsamen Mitteln einen gemeinsamen Zweck zu verfolgen[482]. Dieser gemeinsame Gesellschaftszweck umfasst in der Regel auch die Erzielung eines Gewinns: einer Rendite aus den Werten und der Arbeit, die von den Gesellschaftern in die Gesellschaft eingebracht werden. Das Recht des Mitglieds auf einen Gewinnanteil ist in diesen Fällen Teil und Folge des Gesellschaftsbegriffs. Alle anderen Mitgliedschaftsrechte dienen in der einen oder anderen Art dem Recht auf Gewinnanteil und helfen sicherzustellen, dass jedes Mitglied einen Gewinnanteil erhält, der seinem Einsatz, seinem Anteil an der Gesellschaft entspricht. 6

So grundlegend auch dieses Recht ist, so schwierig ist es, allgemeingültige Kriterien zu bezeichnen, wie das Recht auf Gewinnbeteiligung im Einzelfall ausgestaltet werden muss. Die Gesellschaft hat einen enormen Handlungsspielraum; nicht nur darf sie – für alle Gesellschafter mit gleicher Wirkung – durch ihre Geschäftspolitik auf Gewinne verzichten[483], sie darf sogar bei der Ausschüttung der Gewinne auf die Mitglieder Ungleichbehandlungen vorsehen[484]. 7

Das Recht auf den Gewinnanteil lässt sich in drei Teilrechte gliedern[485], die eng zusammenhängen und von denen das eine das andere voraussetzt: das Recht auf Ge- 8

[480] *Stark,* BK, Art. 920 ZGB, N 17 ff.

[481] Vgl. nachfolgend § 30 N 1 ff.

[482] Art. 530 Abs. 1 OR.

[483] An der Gewinnstrebigkeit ändert sich dadurch nichts; nachfolgend N 12.

[484] Vgl. nachfolgend N 15.

[485] *Amstutz,* OR, Art. 804 N 2.

winnstrebigkeit[486]; das gesellschaftsrechtliche Recht auf Dividende[487]; der schuldrechtliche Anspruch auf ihre Ausschüttung[488].

2. Recht auf Gewinnstrebigkeit?

9 Die GmbH ist gewinnstrebig, wenn sie als Erwerbsgesellschaft gegründet worden ist[489]. Die Gewinnstrebigkeit wird vermutet[490], ist aber nicht zwingend; auf sie kann von Anfang an durch eine entsprechende Zweckbestimmung oder später durch einstimmigen Gesellschafterbeschluss verzichtet werden[491]. Der Verzicht auf die Gewinnstrebigkeit kann in der Praxis etwa bei der GmbH als Konzerntochter sinnvoll sein, wenn aus steuerlichen Überlegungen der Tochtergewinn gering gehalten werden muss[492].

10 Gewinnstrebigkeit liegt auch dann vor, wenn keine Dividenden ausgeschüttet werden. Die Gesellschaft ist daher auch dann noch gewinnstrebig, wenn sie während Jahren darauf verzichtet, ihre Erträge auszuschütten, und diese stattdessen im Unternehmen belässt. Unzulässig wird ein solcher Dividendenverzicht erst, wenn er nicht mehr sachlich begründet werden kann oder erkennbar diskriminierend wirkt[493]. Letzteres kann der Fall sein, wenn die geschäftsführenden Gesellschafter ihren «Gewinnanteil» in der Form von übermässig hohen Honoraren beziehen. Wann diese übermässig sind, ist eine Ermessensfrage[494], die illustriert, wie schwierig im Einzelfall die Frage zu beantworten ist, ob die Gesellschaft ihren Zweck der Gewinnstrebigkeit verletzt hat. Der starke Schutz, den die Gewinnstrebigkeit als Grundsatz geniesst, garantiert im Resultat dennoch keine konkreten Gewinnausschüttungen.

486 Vgl. nachfolgend N 9 ff.

487 Vgl. nachfolgend N 11 ff.

488 Vgl. nachfolgend N 21 ff.

489 *Amstutz,* OR, Art. 804 N 5, vgl. § 5 N 20 f.

490 Vgl. § 5 N 21.

491 *Amstutz,* OR, Art. 804 N 5; *Wohlmann,* GmbH, S. 75 m.w.H.

492 Ganz aufheben wird man den Gewinn nicht können; der steuerlich notwendige Minimalgewinn kann jedoch tiefer sein als der gesellschaftsrechtlich auszuschüttende Gewinn, wenn die Gesellschaft gewinnstrebig ist.

493 *Amstutz,* OR, Art. 804 N 8; *von Steiger,* ZK, N 23 zu Art. 784 OR.

494 Vgl. nachfolgend N 12.

3. Recht auf Gewinnbeteiligung (Dividende)?

a) Gewinn als Voraussetzung

Die Gewinnbeteiligung darf nur aus dem Bilanzgewinn und aus zu diesem Zwecke gebildeten Reserven ausgerichtet werden[495]. Der Bilanzgewinn ist der Jahresertrag, verändert um das Vorjahresergebnis und die Bildung und Auflösung offener Reserven. Wenn ein Gewinnvortrag vorhanden ist, kann ein Gewinn auch vorliegen, wenn die Gesellschaft im entsprechenden Geschäftsjahr einen Betriebsverlust erzielt hat; auch dann können Dividenden ausbezahlt werden. In umgekehrter Weise kann es an einem Bilanzgewinn fehlen, auch wenn ein Betriebsgewinn erzielt worden ist, wenn zulasten der Dividenden Reserven gebildet werden. 11

Die Bestimmungen über die Höhe der Gewinnausschüttung räumen der Gesellschaft resp. den Mehrheitsgesellschaftern, die in der Gesellschafterversammlung darüber befinden[496], einen grossen Ermessensspielraum ein. Der Grund dafür liegt darin, dass die Vorschriften über die zulässigen Gewinnausschüttungen sowohl die Gesellschaftsgläubiger wie auch die Minderheitsgesellschafter schützen wollen, die in dieser Frage völlig entgegengesetzte Interessen haben: Die Gläubiger wollen möglichst tiefe Gewinnausschüttungen, die Minderheitsgesellschafter möglichst hohe. Die Mehrheitsgesellschafter, die zu ihrem eigenen Vorteil die Minderheitsgesellschafter benachteiligen und die Gewinnausschüttungen gering halten wollen, können sich dabei meist auf das Wohl der Gesellschaft und ihrer Kreditwürdigkeit berufen, ohne dass sie das Sachlichkeitsgebot[497] verletzen; sie können also nicht nur durch ihre Geschäftspolitik Betriebsgewinne verhindern, indem sie Erträge investieren statt ausweisen, sie können auch ausgewiesene Gewinne den Reserven statt den Dividenden zuweisen. Solange sie dabei nicht in den Bereich des offensichtlichen Rechtsmissbrauchs vorstossen – zum Beispiel durch gleichzeitige Bezahlung überhöhter Honorare an die Geschäftsführer –, können die Minderheitsgesellschafter kaum etwas dagegen tun[498]. 12

Eine Zwischendividende im Sinne einer Quartalsdividende oder auch einer ausserordentlichen Dividende ist grundsätzlich nicht zulässig, es sei denn, es wird ein Zwischenabschluss erstellt, ein Gewinn ausgewiesen und mittels eines schriftlichen Revisionsberichtes die Rechtmässigkeit der Ausschüttung bestätigt[499]. 13

Bei der Akontodividende wird dem Gesellschafter im Hinblick auf die bevorstehende Dividende ein Darlehen gewährt. Wird danach die Dividende beschlossen, 14

495 Art. 798 Abs. 1 OR.

496 Vgl. dazu § 13 N 38.

497 *Amstutz,* OR, Art. 804 N 8.

498 Zu den Voraussetzungen des Austritts resp. der Auflösung § 19 N 6 ff. sowie § 29 N 1 ff.

499 Zum Aktienrecht vgl. *Böckli,* Aktienrecht, § 12 N 532 und N 534 f.

werden die gegenseitigen Forderungen verrechnet. Kommt der Dividendenbeschluss hingegen nicht zustande, ist die Geschäftsführung verpflichtet, die bereits ausbezahlten Mittel wieder einzutreiben, was wohl nur in kleinen Verhältnissen realistisch ist[500].

b) Berechnung des Gewinnanteils

15 Die einzelnen Gesellschafter haben (nach dispositivem Gesetzesrecht) einen Anspruch auf Gewinnbeteiligung im Verhältnis des Nennwerts der Stammanteile[501]. Die vermögensmässigen Mitgliedschaftsrechte bemessen sich grundsätzlich nach dem Umfang der Kapitalbeteiligung. Es gilt der für kapitalbezogene Gesellschaften typische Grundsatz *so viel Kapital, so viel Recht*. Die kapitalmässige Bemessungsgrundlage rechtfertigt sich, da das Risiko des Gesellschafters proportional zum Umfang der Beteiligung zunimmt.

16 Die gesetzliche Ordnung ist nicht zwingend[502]. Dem gesetzgeberischen Primat des Kapitals steht bei kleinen partnerschaftlich orientierten Gesellschaften das Bedürfnis gegenüber, bei der Bemessung der Gewinnbeteiligung nicht allein an die kapitalmässige Beteiligung gebunden zu sein, sondern auch persönliche Elemente zu berücksichtigen. Das Recht der GmbH lässt ein Abweichen vom Grundsatz *so viel Kapital, so viel Recht* zu: Die Statuten können beispielsweise bestimmen, dass Gewinnanteile unabhängig von den Stammanteilen berechnet werden. Man findet diese Bestimmungen namentlich bei Gesellschaften mit Gesellschaftern, die ausschliesslich ihre Arbeitskraft einbringen.

c) Gewinnunabhängige Vergütungen (Zinsen, Honorare)

17 Zinsen dürfen dem Gesellschafter für seine Stammanteile nicht bezahlt werden[503]. Eine Verzinsung des Stammkapitals liegt vor, wenn dem Gesellschafter eine jährliche von der Höhe der Beteiligung, aber nicht vom Bilanzgewinn abhängige Vergütung bezahlt wird[504]. Zulässig ist indessen die Verzinsung von Darlehen, die der Gesellschaft von ihren Gesellschaftern gewährt worden sind.

18 Die Abgrenzung zwischen Darlehen und Einlage ist nicht immer einfach, denn nicht immer steht die Rechtsnatur der vom Gesellschafter einbezahlten Beträge

[500] Zum Aktienrecht vgl. *Böckli,* Aktienrecht, § 12 N 533.

[501] Art. 798 Abs. 3 OR.

[502] Art. 798 Abs. 3 OR.

[503] Art. 798a Abs. 1 OR (Ausnahme: Bauzinse für die Zeit baulicher Vorbereitung von Infrastrukturbauten wie im Aktienrecht).

[504] *Amstutz,* OR, Art. 804 N 12; vgl. auch *Janggen/Becker,* BK, N 14 zu Art. 804 OR sowie *von Steiger,* ZK, N 8 zu Art. 804 OR.

fest, und es kann unklar sein, ob ein Gesellschafter seinen Stammanteil liberiert oder der Gesellschaft ein Darlehen gegeben hat. Im Zweifelsfall ist es richtig, die Liberierung zu vermuten. Die Bezeichnung des Beitrags als Darlehen ist ein Indiz, aber kein zwingender Hinweis, dass keine Liberierungsleistung erfolgt ist, denn den Gesellschaftern steht es nicht frei, ihre Liberierungspflichten als Darlehen zu bezeichnen. Ein Hinweis darauf, dass trotz Bezeichnung als Darlehen eine Liberierung vorliegt, ist beispielsweise die Rangrücktrittsklausel.

Die Frage gewinnunabhängiger Vergütungen stellt sich immer auch bei den Honoraren der Geschäftsführer. Übermässige Honorare können unzulässige Gewinnausschüttungen sein[505]; sie belasten – je nach Sachlage – Gesellschaftsgläubiger oder Minderheitsgesellschafter. Schwierig ist auch hier die Bestimmung der Grenze zur Unzulässigkeit – mit der Folge, dass wohl nur krasse Fälle überhaupt zu beanstanden sind. Bei der Frage, ob Honorare übermässig sind, darf allenfalls die Unsicherheit des Arbeitsplatzes berücksichtigt werden, nicht aber das Risiko des gesellschaftlichen Engagements, wie beispielsweise Verlust der Einlage. Ausgleich für diese Risiken ist nicht das Honorar, sondern der allen Gesellschaftern zustehende Gewinnanteil resp. die Aussicht darauf. 19

d) Beschluss über die Gewinnausschüttung

Der Beschluss über die Gewinnausschüttung erfolgt durch die Gesellschafterversammlung[506] im Anschluss an die Genehmigung der Jahresrechnung. Dieser Beschluss der Gesellschafterversammlung ist anfechtbar, wenn die Art der Gewinnzuweisung gegen Gesetz und Statuten verstösst. 20

4. Recht auf Gewinnausschüttung

Mit dem Beschluss über die Gewinnausschüttung erhalten die Gesellschafter einen obligatorischen schuldrechtlichen Anspruch gegenüber der Gesellschaft[507]. Mit diesem Anspruch sind sie den anderen Gesellschaftsgläubigern gleichgestellt, auch im Konkurs[508]. Der Anspruch auf Ausbezahlung des Gewinnanteils verjährt gemäss Art. 128 OR in fünf Jahren[509]. 21

[505] Vgl. dazu § 8 N 30 ff.

[506] Vgl. dazu § 13 N 38.

[507] *Wohlmann,* GmbH, S. 77.

[508] *Amstutz,* OR, Art. 804 N 10; so auch *Wohlmann,* GmbH, S. 77; a.M. allerdings *Janggen/Becker,* BK, N 13 zu Art. 804 OR.

[509] BGE 31 II 457; *Amstutz,* OR, Art. 804 N 11.

III. Recht auf Statuserhaltung/Bezugsrecht

1. Grundlagen; worum geht es?

22 Die Rolle eines Mitglieds innerhalb der Gesellschaft ist auch durch seine relative Position im Vergleich zu seinen Mitgesellschaftern geprägt. Je mehr Mitglieder in die Gesellschaft eintreten, desto schwächer wird seine relative Position. In vielen Fällen nimmt der Gesellschafter dies in Kauf; es ist aber auch denkbar, dass ein Gesellschafter Wert darauf legt, dass sein Status erhalten bleibt. Dies kann der Mehrheitsgesellschafter[510] erreichen, indem der sich weigert, der Aufnahme neuer Mitglieder durch eine Kapitalerhöhung zuzustimmen, oder dadurch, dass er selber zusätzliches Kapital in die Gesellschaft einbringt, sodass seine Position bei einer Kapitalerhöhung relativ gleich bleibt.

2. Verhinderung der Kapitalerhöhung

23 Eine Änderung im Mitgliederbestand kann wie bei der Aktiengesellschaft grundsätzlich nur im Rahmen einer Kapitalerhöhung erfolgen[511]. Die Kapitalerhöhung kann nur beschlossen werden, wenn ihr mindestens zwei Drittel der vertretenen Stimmen und die absolute Mehrheit des gesamten stimmberechtigten Stammkapitals zustimmen[512]. Das heisst, (i) entscheidend sind nicht die abgegebenen, sondern die vertretenen Stimmen; (ii) ungültige Stimmen und Enthaltungen zählen wie Nein-Stimmen; (iii) sind an der Beschlussfassung betreffend Kapitalerhöhung nicht mindestens 50% des Stammkapitals vertreten, kann kein gültiger Beschluss zustande kommen[513].

3. Das Bezugsrecht

24 Das Bezugsrecht der Gesellschafter richtet sich nach den Regeln des Aktienrechts[514]. Folgerichtig darf auch bei der GmbH das Bezugsrecht nur aus wichtigen Gründen aufgehoben werden[515]. Die Gründe, die das Aktienrecht als wichtig bezeichnet, insbesondere die Unternehmensübernahmen, spielen bei der GmbH wahrscheinlich

510 Art. 808b Abs. 1 Ziff. 5 OR.

511 Ausnahme: Austritt oder Ausschluss eines Gesellschafters, vgl. dazu § 19 N 6 ff.

512 Art. 781 Abs. 1 OR i.V.m. Art. 808b Ziff. 5 OR.

513 *Böckli,* Das neue GmbH-Recht, S. 17 f.

514 Art. 781 Abs. 5 Ziff. 2 OR.

515 Art. 781 Abs. 5 Ziff. 2 OR i.V.m. Art. 652b Abs. 2 OR.

eine geringere Rolle. Als praktisch wichtiger Grund, der auch bei der GmbH die Einschränkung des Bezugsrechts rechtfertigen könnte, verbleibt wohl in erster Linie die Beteiligung eines neuen Partners, dem ein bestimmter Minimaleinfluss zugesichert werden soll.

4. Verwässerungsschutzklausel und Bezugsoptionen

Durch Verwässerungsschutzklauseln kann das Risiko der Verwässerung der Investition vermindert, allenfalls gar verhindert werden. Durch die Verwässerungsschutzklausel wird der Investor berechtigt, im Falle einer späteren Finanzierungsrunde weitere Stammanteile zu tieferen Bewertungen zu beziehen[516]. Dasselbe kann mit Bezugsoptionen erreicht werden: Bezugsoptionen berechtigen dazu, von der Gesellschaft oder von bestimmten Gesellschaftern zu bestimmten Konditionen Stammanteile zu erwerben[517]. 25

§ 17 Interner Anteil am Verlust, die Nachschusspflicht

I. Grundlagen

Für die Verbindlichkeiten der Gesellschaft haftet nur das Gesellschaftsvermögen[518]. 1
Der Gesellschafter kann jedoch gegenüber den Gesellschaftern oder der Gesellschaft im Rahmen der Nachschusspflicht verpflichtet sein, einen Teil des Verlustes zu tragen[519].

Die Regeln für die interne Pflicht zur Verlusttragung unterscheiden sich von den 2
Regeln über die Haftung gegenüber Dritten[520] durch die Person der Berechtigten und durch die Höhe der Leistungspflicht. Bei der internen Verlusttragungspflicht ist es die Gesellschaft, die zu fordern berechtigt ist; bei der externen Verlusttragung sind es die geschädigten Dritten. Die Statuten müssen die mit einem Stammanteil verbundene Nachschusspflicht festlegen. Die Nachschusspflicht darf das Doppelte

516 Vgl. hierzu eingehend § 10 N 20 ff.

517 Vgl. hierzu eingehend § 10 N 23 ff.

518 Art. 794 OR.

519 Art. 795 OR.

520 Vgl. nachfolgend § 25 N 1 ff.

des Nennwerts des Stammanteils nicht übersteigen, wobei die Gesellschafter nur für die mit dem eigenen Stammanteil verbundenen Nachschüsse haften[521].

II. Die Nachschusspflicht

1. Statutarische Bestimmungen

3 Nachschüsse sind nur zu leisten, wenn die Statuten diese auch gültig vorsehen. Die Statuten müssen den Betrag der mit einem Stammanteil verbundenen Nachschusspflicht festlegen. Die Nachschusspflicht ist grundsätzlich[522] nicht an einen bestimmten Gesellschafter, sondern an dessen Stammanteil gebunden[523]. Die Nachschusspflicht kann für sämtliche oder für einzelne Stammanteile vorgesehen werden[524]. Für die Leistung der Nachschüsse besteht keine Solidarität[525]. Die nachträgliche Einführung oder Erweiterung der Nachschusspflicht bedarf der Zustimmung aller betroffenen Gesellschafter[526].

2. Nicht statutarische Deckungspflichten

4 Pflichten von Gesellschaftern mit dem Inhalt, Verluste aus bestimmten Geschäften zu decken, können nicht nur gestützt auf gesellschaftsrechtliche Pflichten, sondern auch durch Garantievertrag oder Bürgschaft begründet werden. Nach herrschender Auffassung sind dabei die Vorschriften über die Bürgschaft grundsätzlich einzuhalten, wenn die Sicherung von der Gültigkeit des gesicherten Geschäfts abhängt, wenn sie also akzessorisch ist[527]. In vielen Fällen, wo der Gesellschafter das Sicherungsversprechen zwar im eigenen Interesse abgibt, dieses aber akzessorisch ist, kann das Versprechen nach der herrschenden Lehre nur durch eine öffentlich zu beurkundende Erklärung formgültig abgegeben werden[528]. Ein konkludent abgegebenes Sicherungsversprechen, zum Beispiel in der Form eines ungültigen Ver-

[521] Art. 795 Abs. 2 und Abs. 3 OR.

[522] Ausnahme: Art. 795d OR.

[523] Botschaft, S. 3194.

[524] Botschaft, S. 3195.

[525] Art. 795 Abs. 3 OR.

[526] Art. 797 OR.

[527] Vgl. Übersicht bei *Pestalozzi,* OR, Art. 111 N 21 ff.; vgl. zur Kontroverse auch *Handschin,* Garantievertrag, S. 226 ff., der bei einem Eigeninteresse des Garanten an der gesicherten Leistung immer Garantievertrag annimmt.

[528] Art. 493 Abs. 2 OR.

suchs der Festlegung einer statutarischen Nachschusspflicht, ist in diesen Fällen daher ausgeschlossen.

3. Nachschusspflicht: Inhalt, Gültigkeitsvoraussetzungen

a) Maximalhöhe; Aufteilung der Nachschusspflicht

Das alte Recht liess Nachschusspflichten in beliebiger Höhe zu. Anders das neue 5
Recht: Die Statuten müssen den mit dem einzelnen Stammanteil verbundenen Betrag der Nachschusspflicht festlegen. Dieser Betrag darf das Doppelte des Nennwertes des Stammanteils nicht übersteigen[529].

Die Angabe eines Gesamtbetrages für alle Gesellschafter ohne Aufteilung auf die 6
einzelnen Stammanteile ist nicht ausreichend[530]. Die Nachschusspflicht muss in bestimmbarer Weise limitiert sein; aus den Statuten muss klar hervorgehen, welche Stammanteile in welchem Umfang mit einer Nachschusspflicht, belastet sind[531].

b) Zeitliche Beschränkung

Die Nachschusspflicht besteht zeitlich unbegrenzt bis zu ihrer Herabsetzung oder 7
Aufhebung[532]. Ehemalige Gesellschafter haften nach ihrem Austritt unter bestimmten Voraussetzungen subsidiär während drei Jahren weiter, wobei grundsätzlich die neuen Gesellschafter, die deren Stammanteil erworben haben, an ihre Stelle treten[533].

Bestehen statutarische Nachschusspflichten, können Gläubigerforderungen durch 8
das Ausscheiden eines Gesellschafters, auf dessen Solvenz sich die Gläubiger verlassen haben, gefährdet werden[534]. Die Nachschusspflicht des ausscheidenden Gesellschafters dauert deshalb unter bestimmten Umständen noch während drei Jahren fort[535]. Zum einen entfällt die Nachschusspflicht, soweit diese vom Rechtsnachfolger erfüllt wurde[536]; zum anderen sind Nachschüsse nur zu leisten, wenn die Gesellschaft in Konkurs fällt[537].

[529] Art. 795 Abs. 2 OR.

[530] *Amstutz,* OR, Art. 803 N 4; *von Steiger,* ZK, N 6 zu Art. 803 OR.

[531] Botschaft, S. 3195.

[532] Vgl. nachfolgend N 27 ff.

[533] Art. 795d OR.

[534] Botschaft, S. 3197.

[535] 795d Abs. 1 OR.

[536] Art. 795d Abs. 3 OR.

[537] Art. 795d Abs. 2 OR.

9 Die Nachschusspflicht trifft primär den Gesellschafter[538]. Der ausgeschiedene Gesellschafter haftet nur, wenn der Gesellschafter die Nachschüsse nicht zu leisten vermag[539]. Wurde die Beteiligung mehrfach übertragen, sind später ausgeschiedene vor früher ausgeschiedenen Gesellschaftern zu erfassen[540]. Der ausgeschiedene Gesellschafter haftet sodann nur für den Betrag, zu dessen Leistung er während seiner Mitgliedschaft verpflichtet war. Die Nachschusspflicht ausgeschiedener Gesellschafter darf nicht mehr erhöht werden[541].

10 Die Nachschusspflicht erlischt, wenn sie erbracht worden ist[542]; ist sie nur teilweise erfüllt worden, besteht sie in entsprechend reduziertem Umfang fort. Obwohl die Nachschusspflicht ein gesellschaftsinterner Vorgang ist, können auch Gläubiger zumindest indirekt daraus Rechte ableiten[543]. Es ist daher richtig, wenn die Gesellschaft, welche die Nachschusspflicht bereits ganz oder teilweise beansprucht hat, die entsprechenden Statutenbestimmungen streicht oder ändert, damit den Gläubigern gegenüber nicht der falsche Eindruck einer erhöhten Kreditwürdigkeit entsteht.

c) Zulässiger Zweck der Nachschusspflicht

11 Die Nachschusspflicht darf ausschliesslich eingefordert werden, wenn ein Kapitalverlust vorliegt und die Summe von Stammkapital und gesetzlicher Reserve nicht mehr gedeckt ist; die Gesellschaft ihre Geschäfte ohne diese Mittel nicht ordnungsgemäss weiterführen kann; die Gesellschaft aus in den Statuten umschriebenen Gründen Eigenkapital benötigt[544]. Andere Verwendungszwecke sind unzulässig und können auch in den Statuten nicht vorgesehen werden.

12 Unter altem Recht durfte die Nachschusspflicht, ausschliesslich zur Deckung eines Bilanzverlustes vorgesehen und ausgelöst werden.

[538] Botschaft, S. 3198.

[539] Art. 795d Abs. 3 OR.

[540] Botschaft S. 3198.

[541] Art. 795d Abs. 4 OR.

[542] Art. 795d Abs. 3 OR.

[543] Vgl. nachfolgend N 19 ff.

[544] Art. 795a Abs. 2 OR.

III. Auslösung der Nachschusspflicht

1. Durch Beschluss der Geschäftsführer

Unter altem Recht war die Gesellschafterversammlung für die Einforderung von Nachschüssen zuständig. Anders nach neuem Recht: Zuständig für die Geltendmachung der Nachschüsse sind die Geschäftsführer, die – wenn die Statuten nichts anderes festlegen – mit absolutem Mehr entscheiden. Zumal der Geschäftsführer für die sorgfältige Geschäftsführung haftet, ist er gut beraten, die Nachschüsse bei Bedarf einzufordern[545]. 13

Mit Eintritt des Konkurses werden Nachschüsse fällig[546]. Für die Einforderung ist nunmehr die Konkursverwaltung zuständig. 14

2. Grenzen der Beschlussfreiheit

a) Statutarische Ordnung

Die Geschäftsführung ist in ihrem Beschluss an die statutarischen Vorschriften gebunden; sie kann über die Nachschusspflicht nur entscheiden, wenn und soweit diese vorgesehen ist. 15

b) Vorgehen bei unzulässigen Beschlüssen

Der Beschluss der Geschäftsführung, Nachschüsse einzufordern, die zu hoch sind oder die den gesellschaftsinternen Verteilschlüssel verletzen, ist nichtig. Die Nichtigkeit kann mittels einer Feststellungsklage geltend gemacht werden. 16

[545] Vgl. *Böckli,* Das neue GmbH-Recht. Beachte aber Art. 820 Abs. 2 OR: Das Gericht kann den Konkurs aufschieben, wenn ausstehende Nachschüsse unverzüglich bezahlt werden. Damit bringt das Gesetz zum Ausdruck, dass dem Geschäftsführer durchaus ein gewisser Ermessensspielraum zusteht.

[546] Art. 795a Abs. 3 OR.

3. Einforderung: Motive

a) Grundsatz

17 Die Geschäftsführung kann nicht frei über die Auslösung von Nachschusspflichten entscheiden. Nachschüsse dürfen nur beschlossen werden, wenn sie statutarisch vorgesehen sind und in jedem Fall nur in den vom Gesetz vorgesehenen Fällen[547].

b) Verbesserung des Eigenkapitals

18 Ist die Summe von Stammkapital und gesetzlichen Reserven nicht mehr gedeckt, dürfen[548] Nachschüsse eingefordert werden. Stille Reserven sind vor der Einforderung von Nachschüssen aufzulösen.

19 Indem die Einzahlung und die Rückerstattung von Nachschüssen besonderen Vorschriften unterworfen werden und der Verwendungszweck der Nachschüsse erweitert wird, wird die statutarische Nachschusspflicht dem Eigenkapital angeglichen[549].

c) Ordnungsgemässe Weiterführung der Geschäfte

20 Können die Geschäfte der Gesellschaft ohne zusätzliche Mittel nicht mehr ordnungsgemäss weitergeführt werden, können bzw. müssen Nachschüsse eingefordert werden. Zum Schutz der Gesellschafter genügt nicht jeder Bedarf an finanziellen Mitteln. Nachschüsse dürfen nur dann eingefordert werden, wenn beispielsweise die Zahlungsunfähigkeit unmittelbar bevorsteht, wenn die Kreditlimiten ausgeschöpft und keine neuen Kredite mehr erhältlich sind, wenn Zahlungsfristen nicht mehr erstreckt werden können oder wenn nicht benötigte Sachwerte schon veräussert wurden oder nicht innert nützlicher Frist veräussert werden können[550]. Umgekehrt ist der Geschäftsführer zur sorgfältigen Geschäftsführung und mithin unter Umständen zur Einforderung der Nachschüsse verpflichtet.

[547] Art. 795a Abs. 1 und Abs. 2 OR.

[548] Beachte: Zumal der Geschäftsführer für die sorgfältige Geschäftsführung haftet, ist er gut beraten, Nachschüsse bei Bedarf auch tatsächlich einzufordern. Ein gewisses Ermessen steht der Geschäftsführung allerdings zu; das ergibt sich aus Art. 820 Abs. 2 OR. Vgl. *Böckli,* Das neue GmbH-Recht.

[549] Botschaft, S. 3161. Zur Rechtsnatur der Nachschusspflicht vgl. Amstutz, OR, Art. 803 N 8.

[550] Botschaft, S. 3196.

d) Statutarische Gründe

Das Gesetz sieht die Möglichkeit vor, in den Statuten weitere Fälle zu umschreiben, in denen die Geschäftsführer Nachschüsse einfordern können. Die Voraussetzungen sind genau zu umschreiben. Beispielsweise können die Voraussetzungen für das Einfordern von Nachschüssen zwecks Überbrückung eines Liquiditätsengpasses erleichtert werden, oder es können weitere Tatbestände (z. B. der Erwerb einer Geschäftsliegenschaft) definiert werden, die das Einfordern von Nachschüssen rechtfertigen[551]. Zu beachten ist sodann, dass die Statuten das Einfordern der Nachschüsse nicht über das Gesetz hinaus erschweren dürfen. Der Zweck von Nachschüssen und die Interessen Dritter dürfen nicht gefährdet werden. 21

4. Auslösung der Nachschusspflicht gegen den Willen der GmbH und ihrer Organe im Konkurs

Gemäss Art. 795a Abs. 3 OR werden ausstehende Nachschüsse mit Eintritt des Konkurses fällig. Für die Einforderung ist die Konkursverwaltung zuständig. 22

5. Vollstreckung der Nachschusspflicht

Kommt ein Gesellschafter seiner Nachschusspflicht nicht nach, wird diese vollstreckt: Der Gesellschafter, der seinen Nachschusspflichten nicht nachkommt, hat Verzugszinsen zu bezahlen und zusätzlich eine Konventionalstrafe, wenn die Statuten dies vorsehen. Die anderen Gesellschafter haften nicht für nicht geleistete Nachschüsse. 23

6. Verwendung der Nachschüsse

Die vom Gesetz in Art. 795a Abs. 2 OR genannten Gründe bilden nicht nur Voraussetzung für den Beschluss, Nachschüsse einzufordern; sie bestimmen auch den Zweck ihrer Verwendung. 24

[551] Botschaft, S. 3196.

7. Rückerstattung von geleisteten Nachschüssen

25 Bereits geleistete Nachschüsse dürfen an die Gesellschafter zurückbezahlt werden, wenn der Betrag durch frei verwendbares Eigenkapital gedeckt ist und ein zugelassener Revisionsexperte dies schriftlich bestätigt[552]. Die Nachschusspflicht lebt dann allerdings in dieser Höhe wieder auf; dies zumindest dann, wenn die Statuten nicht zwischenzeitlich die Nachschusspflicht reduziert oder abgeschafft haben[553].

26 Die GmbH hat für Zuwendungen der Gesellschafter grundsätzlich[554] Emissionsabgaben zu entrichten. Werden solche Zuwendungen zurückgegeben, unterliegen sie der Vermögens-, allenfalls der Einkommenssteuer[555].

IV. Aufhebung oder Herabsetzung der Nachschusspflicht

1. Statutenänderung

27 Die Nachschusspflicht ergibt sich aus den Statuten; sie kann folglich nur durch eine Statutenänderung wieder aufgehoben werden; nach dispositivem Gesetzesrecht mit der absoluten Mehrheit der vertretenen Stimmen.

28 Gemäss Art. 795c OR darf die Nachschusspflicht sodann nur aufgehoben oder herabgesetzt werden, wenn das Stammkapital und die gesetzlichen Reserven voll gedeckt sind. Die Vorschriften über die Kapitalherabsetzung sind entsprechend anwendbar[556].

2. Keine Mitwirkungsrechte der Gläubiger

29 Die Begründung und – meistens auch – die Auflösung der Nachschusspflicht sind gesellschaftsinterne Vorgänge, die ohne die Mitwirkung Dritter stattfinden. Im Aussenverhältnis wirkt sich das Bestehen einer Nachschusspflicht, nicht nur im Konkurs, zugunsten der Gläubiger aus, denn sie stärkt die Kreditwürdigkeit der Gesellschaft. Trotzdem haben die Gläubiger bei der Aufhebung der internen Nachschusspflicht kein Mitwirkungsrecht. Zum Schutz der Gläubiger sind bei der Auf-

552 Art. 795b OR.

553 Vgl. nachfolgend N 27 ff.

554 In Sanierungsfällen kann die Emissionsabgabe erlassen werden.

555 Botschaft, S. 3195.

556 Vgl. dazu § 9 N 33 ff.

hebung der Nachschusspflicht die Vorschriften über die Herabsetzung des Stammkapitals entsprechend anwendbar[557].

3. Rücktritt aus wichtigem Grund

30 Besteht zwischen betroffenen Gläubigern und der GmbH ein langfristiges Vertragsverhältnis, bei dem die durch die Nachschusspflicht erhöhte Kreditwürdigkeit der Gesellschaft wesentlich ist, kann der Wegfall der Nachschusspflicht grundsätzlich einen wichtigen Grund darstellen, welcher dem Gläubiger den vorzeitigen Vertragsrücktritt ermöglicht, sofern die GmbH nicht anderweitig Sicherheiten leistet.

31 Als Folge der unter neuem Recht statuierten Fortdauer der Nachschusspflicht des ausscheidenden Gesellschafters[558] wird ein Rücktrittsrecht unter neuem Recht allerdings nur noch sehr zurückhaltend angenommen werden dürfen.

§ 18 Treuepflichten und andere Nebenleistungspflichten der Gesellschafter

I. Grundlagen und Inhalt der Treuepflicht

1. Worum geht es?

a) Personalistische Struktur der GmbH

1 Die Gesellschafter sind unter sich und mit der Gesellschaft eng verbunden; zwar weniger eng als die Gesellschafter einer Kollektivgesellschaft, welche mit ihrem ganzen Vermögen für die Gesellschaftsschulden haften, aber enger als die Aktionäre einer Aktiengesellschaft. Die Gesellschafter der GmbH sind gegebenenfalls nachschusspflichtig[559]; sie sind nach dispositivem Recht gleichzeitig Geschäftsführer der GmbH[560]; ausserdem können ihnen (im Gegensatz zu den Aktionären) statutarisch weitere Pflichten gegenüber der Gesellschaft auferlegt werden[561].

[557] Art. 795c Abs. 2 OR i.V.m. Art. 782 Abs. 4 OR i.V.m. Art. 733 f. OR.

[558] Art. 795d Abs. 1 OR.

[559] Art. 795 OR.

[560] Art. 809 OR.

[561] Art. 796 OR.

2 Vor allem in der GmbH, die *revisionsfrei* geführt wird und in der die Gesellschafter umfassende Informationsrechte geniessen[562], wird deutlich, dass die Gesellschafter Treuepflichten unterworfen sein müssen[563]. Es stellt sich die Frage, wie diese Treuepflichten ausgestaltet sind und gegenüber wem sie bestehen. Bestehen sie nur gegenüber der GmbH[564] oder auch direkt gegenüber den anderen Gesellschaftern?

b) Unterschiedliche Treuepflichten in unterschiedlichen Gesellschaften

3 Die Treuepflichten sind abhängig von der Art und Struktur der GmbH: Sie sind stärker, wenn die GmbH nur wenige Mitglieder hat, die ein umfassendes Einsichtsrecht geniessen; sie sind schwächer, wenn die GmbH viele Gesellschafter hat, die kein direktes Einsichtsrecht geniessen. Es ist daher zweckmässig, die Treuepflichten und ihre Ausgestaltung nicht nur abstrakt zu beschreiben, sondern im Kontext der einzelnen Gesellschaftstypen: der GmbH, die auf eine Revision verzichtet[565], der GmbH mit Revision[566], der Zwei-Mann-GmbH[567] und der einheitlich beherrschten GmbH[568].

2. Pflicht zur Beachtung des Gesellschaftszwecks

4 Die GmbH ist ein gemeinsames Unternehmen der Gesellschafter zur gemeinsamen Zweckverfolgung. Dieser Gesellschaftszweck bindet die Gesellschaft und bestimmt auch ihre Handlungsfähigkeit[569]. Weist der Gesellschaftszweck konkret[570] auf Treuepflichten hin und ist ihre Beachtung geradezu Voraussetzung dafür, dass der Gesellschaftszweck überhaupt erreicht werden kann, vermag auch der Gesellschaftszweck Grundlage für Treuepflichten darzustellen.

562 Art. 802 Abs. 1 und Abs. 2 OR.

563 Art. 803 Abs. 1 OR.

564 So *Amstutz,* OR, Art. 818 N 4, der Treuepflichten – unter altem Recht – nur gegenüber der GmbH annimmt.

565 Vgl. nachfolgend N 9 ff.

566 Vgl. nachfolgend N 12.

567 Vgl. nachfolgend N 13 f.

568 Vgl. nachfolgend N 15.

569 Art. 814 OR i.V.m. Art. 718a OR.

570 Zur Genossenschaft *Nigg,* OR, Art. 866 N 3.

3. Nachschusspflicht der Gesellschafter?

Das neue Recht sieht eine Verschärfung der Nachschusspflicht vor. Die Nachschusspflicht kann bzw. muss durch die Geschäftsführung geltend gemacht werden und wird im Konkurs der Gesellschaft automatisch fällig. Die Nachschusspflicht erhält damit materiell den Charakter einer Haftung der Gesellschafter. Bei dieser Ausgangslage verletzt der Geschäftsführer, der gegen seine gesetzlichen oder statutarischen Pflichten gegenüber der Gesellschaft verstösst, immer auch seine Treuepflicht. Diese gesellschaftsrechtliche Treuepflicht besteht nicht nur gegenüber der Gesellschaft, sondern auch gegenüber den anderen Gesellschaftern. 5

4. Konkurrenzverbot der Gesellschafter

Gemäss Art. 803 OR sind die Gesellschafter zur Wahrung der Geschäftsgeheimnisse verpflichtet. Sie müssen alles unterlassen, was die Interessen der Gesellschaft beeinträchtigt. Die Statuten können sodann ein Konkurrenzverbot vorsehen. Zur klageweisen Geltendmachung des Konkurrenzverbotes ist nicht nur die Gesellschaft berechtigt, sondern auch der einzelne Gesellschafter[571]. 6

5. Dispositive Gesellschafterpflichten

Die GmbH ist als personalistisch strukturierte juristische Person geeignet für Gesellschaften, die eine enge Bindung unter den Gesellschaftern vorsehen wollen. Art und Ausmass solcher interner Bindungen, auch der internen Treuepflicht, können die Gesellschafter in den Statuten festlegen. Die Pflicht der Gesellschafter kann sowohl in einem Tun als auch in einem Unterlassen oder in einem Dulden bestehen. Zulässig sind jedoch nur Nebenleistungspflichten, die dem Zweck der Gesellschaft, der Erhaltung ihrer Selbstständigkeit oder der Wahrung der Zusammensetzung des Gesellschafterkreises dienen[572]. In diesem Rahmen liegt die Grenze der Dispositionsfähigkeit in Art. 27 ZGB, dem Verbot der übermässigen Selbstbindung. 7

Denkbar sind neben der Ausweitung des Konkurrenzverbotes auch Verbote, sich ausserhalb einer Konkurrenzierung wirtschaftlich zu betätigen, oder Verbote oder Gebote nicht wirtschaftlicher Verhaltensweisen, die mit dem Gesellschaftszweck in Zusammenhang stehen. 8

[571] Vgl. § 14 N 47.

[572] Art. 796 Abs. 2 OR; Botschaft, S. 3161.

II. Die Ausgestaltung der Treuepflichten in den einzelnen Gesellschaftsformen

1. Die Treuepflicht in der GmbH, die auf eine Revision verzichtet

a) Grundlagen

9 Verzichtet die GmbH auf eine Revision, hat der nicht geschäftsführende Gesellschafter ein umfassendes Auskunfts- und Einsichtsrecht. Er ist in dieser Beziehung den Geschäftsführern gleichgestellt: Jeder Gesellschafter kann in die Bücher und Akten uneingeschränkt Einsicht nehmen[573]. Bei dieser Ausgangslage rechtfertigt es sich, den nicht geschäftsführenden Gesellschafter, der sein umfassendes Einsichtsrecht ausübt oder ausüben will, erhöhten Anforderungen an die Treuepflicht zu unterstellen[574]. Nur auf diesem Weg können die Gefahren für die GmbH, die sich aus dem Einsichtsrecht ergeben können, vermieden resp. vermindert werden.

b) Konkurrenzverbot der Gesellschafter

10 Besteht ein umfassendes Einsichtsrecht, sind die Gesellschafter zur Treue verpflichtet und müssen alles unterlassen, was die Interessen der Gesellschaft beeinträchtigen könnte. Die Statuten können sodann vorsehen, dass die Gesellschafter konkurrenzierende Tätigkeiten unterlassen müssen[575].

11 Besteht die Gefahr, dass Gesellschafter die durch Ausübung des Einsichtsrechts erlangten Erkenntnisse zum Schaden der Gesellschaft verwenden, können die Geschäftsführer die Einsicht verweigern, wobei hierüber auf Antrag des Gesellschafters die Gesellschaftsversammlung entscheidet[576].

2. Die Treuepflicht in der GmbH mit Revision

12 Bei der GmbH mit Revisionsstelle fehlt dem nicht geschäftsführenden Gesellschafter das umfassende Einsichtsrecht: Hat die GmbH eine Revisionsstelle, besteht ein Recht zur Einsichtnahme nur, soweit ein berechtigtes Interesse glaubhaft gemacht

573 Art. 802 Abs. 2 OR.

574 Art. 803 OR.

575 Art. 803 Abs. 2 OR.

576 Art. 802 Abs. 3 OR.

wird[577]. In diesem Fall macht die dispositive Gesetzesregel Sinn, wonach nur die Geschäftsführer dem Konkurrenzverbot unterliegen[578].

3. Die Treuepflicht in der Zwei-Mann-GmbH

Die Zwei-Mann-GmbH ist eine GmbH mit zwei gleichberechtigten geschäftsführenden Gesellschaftern. Der einzelne Gesellschafter steht in der Zwei-Mann-GmbH immer gleichzeitig der GmbH und seinem Mitgesellschafter gegenüber. Wenn der eine Gesellschafter gesellschaftsrechtlich handeln will, richtet er sich immer nur an den anderen Gesellschafter, stimmt dieser zu, ist eine Universalversammlung und mit ihr der entsprechende Gesellschaftsbeschluss zustande gekommen[579]. In der tagtäglichen Handhabung der GmbH ist die Zustimmung oder das Verhalten des anderen Gesellschafters massgebend und bestimmend, nicht das Verhalten der Gesellschaft. 13

Wenigstens im Bewusstsein der beiden Gesellschafter besteht ihre Loyalität sicher ebenso sehr gegenüber dem anderen Gesellschafter wie gegenüber der Gesellschaft. Soweit die Treuepflicht Folge einer faktischen Treuebeziehung ist, besteht sie nicht nur gegenüber der GmbH, sondern gleichermassen auch gegenüber dem anderen Gesellschafter. 14

4. Die Treuepflichten in der einheitlich beherrschten GmbH

Unter der einheitlich beherrschten GmbH versteht man die GmbH, die von nur einem Gesellschafter einheitlich geleitet[580] wird. Ist dieser Gesellschafter zugleich Geschäftsführer, unterliegt er einem umfassenden Konkurrenzverbot[581]. Er darf in diesen Fällen nur dann konkurrenzierend tätig werden, wenn die Statuten eine konkurrenzierende Tätigkeit zulassen oder wenn alle Gesellschafter der Tätigkeit schriftlich zustimmen[582]. Die Gefahr, dass der beherrschende Gesellschafter auf diese Weise die Interessen der GmbH verletzt, ist gering. Ganz anders sieht es aus, wenn der beherrschende Gesellschafter nicht Geschäftsführer ist und dem Konkurrenzverbot nicht unterliegt[583]. In diesem Fall besteht die Gefahr, dass er die GmbH 15

577 Art. 802 Abs. 2 OR.

578 Art. 803 Abs. 2 OR.

579 Beachte aber, dass auch hier die Formalien (Protokollierung etc.) eingehalten werden müssen.

580 Zum Begriff der einheitlichen Leitung: *Handschin,* Konzern, S. 42 ff.

581 Art. 812 Abs. 3 OR.

582 Art. 812 Abs. 3 OR.

583 Art. 803 Abs. 2 OR; wobei zu beachten ist, dass auch der nicht geschäftsführende Gesellschafter ohne umfassendes Einsichtsrecht der allgemeinen Treuepflicht unterliegt.

schwächt zugunsten anderer, konkurrenzierender Unternehmen, die er ebenfalls beherrscht. Es rechtfertigt sich daher, den formell nicht geschäftsführenden, aber faktisch bestimmenden Gesellschafter in der Frage des Konkurrenzverbotes als Geschäftsführer zu behandeln[584].

III. Die Geltendmachung der Rechte aus der Treuepflicht

16 Ansprüche der Gesellschaft kann nur die Gesellschaft geltend machen; soweit also die Treuepflicht ausschliesslich gegenüber der GmbH besteht, kann nur die GmbH diese auch geltend machen. Es ist denkbar, dass die GmbH zu diesem Beschluss aus Quorumsgründen nicht in der Lage ist, weil sich die betroffenen Gesellschafter dagegen aussprechen, selbst wenn er sich nur gegen eine Minderheit richtet. Führt der Streit zu einer strukturellen Handlungsunfähigkeit, ist für die Gesellschaft allenfalls ein Beistand bzw. gemäss Vorentwurf zur Revision des Vormundschaftsrechts ein Sachwalter zu bestimmen.

17 Einfacher ist die Lage bei Treuepflichten, die auch gegenüber den Gesellschaftern bestehen. In diesen Fällen kann die Treuepflichtverletzung durch jeden Gesellschafter geltend gemacht werden. Namentlich in der Zwei-Mann-GmbH ist dies oft Voraussetzung dafür, dass solche Pflichtverletzungen überhaupt geltend gemacht werden können. Zumal Art. 803 Abs. 3 OR vorsieht, dass gegen die Treuepflicht verstossen werden darf, wenn alle Gesellschafter der entsprechenden Tätigkeit schriftlich zustimmen, ist davon auszugehen, dass Treuepflichtverletzungen unter neuem Recht in der Regel durch die einzelnen Gesellschafter geltend gemacht werden können.

18 Bei der gerichtlichen Geltendmachung der Treuepflichtverletzung stehen die Klagen auf Feststellung, Unterlassung und Beseitigung des rechtswidrigen Zustandes im Vordergrund[585]. Besonders schwere Verstösse gegen die Treuepflicht können sodann unter Umständen strafrechtlich, als ungetreue Geschäftsbesorgung[586], geahndet werden.

584 *Amstutz,* OR, Art. 818 N 15.

585 *Amstutz,* OR, Art. 818 N 20.

586 Art. 158 StGB.

IV. Individuelle Gesellschafterpflichten im GmbH-Recht als Vorteil gegenüber der Aktiengesellschaft

Das Aktienrecht kennt keine Beziehungen unter den Gesellschaftern, sondern nur zwischen den Mitgliedern und der Aktiengesellschaft. Die einzige zulässige Pflicht eines Aktionärs gegenüber der Aktiengesellschaft ist die Pflicht zur Liberierung der von ihm gezeichneten Aktien[587]. Besondere Treuepflichten, zum Beispiel Konkurrenzverbote, sind unzulässig und dürfen in den Statuten nicht vorgesehen werden. 19

Der Ausweg, den die Praxis aus dieser Situation gefunden hat, liegt im Abschluss eines Aktionärbindungsvertrages bzw. in der Gründung einer einfachen Gesellschaft, die zum Zweck hat, die Aktiengesellschaft gemeinsam zu betreiben; er vermag jedoch die Vorteile der GmbH nicht zu kompensieren. Die Pflichten, die sich die Aktionäre in der einfachen Gesellschaft auferlegen, schränken ihre Handlungsfähigkeit im Verhältnis zur Aktiengesellschaft nicht ein: Sie dürfen zwar nicht dagegen verstossen und werden unter Umständen schadenersatzpflichtig, können es aber tun. Entscheide innerhalb der Aktiengesellschaft, die Parallelabmachungen verletzen, sind grundsätzlich gültige Entscheide. Anders bei der GmbH: Weil die zusätzlichen Pflichten gesellschaftsrechtlich begründet sind, beschränken sie nicht nur das Dürfen, sondern auch das Können der Gesellschafter. Gültige Beschlüsse innerhalb der GmbH, welche diese Rechte der Gesellschafter verletzen, sind nicht möglich. 20

In dieser Durchsetzbarkeit von individuellen Gesellschafterpflichten liegt ein entscheidender Vorteil der GmbH gegenüber der Aktiengesellschaft. 21

§ 19 Eintritt, Austritt, Ausschluss und Gesellschafterwechsel

I. Grundlagen

In der GmbH spielt für das Mitglied nicht nur die Persönlichkeit der Gesellschaft eine Rolle, sondern auch diejenige der anderen Mitglieder. Gleiches gilt unter Umständen auch für die Gesellschaft selber, die möglicherweise bestimmte Personen nicht aufnehmen will. Dies ist eine Folge der Personenbezogenheit der GmbH. 1

[587] Art. 680 OR.

2 Anders als bei der Publikumsgesellschaft zählt der Gesellschafter in der GmbH oftmals in erster Linie als Partner im gemeinsamen Unternehmen und lediglich subsidiär als Kapitalgeber. Dementsprechend sind die Gesellschafter an der Erhaltung des Kreises der Gesellschafter in seiner bisherigen Zusammensetzung interessiert. Die Beteiligungen sollen im Eigentum eines überschaubaren Kreises eng verbundener Gesellschafter bleiben.

3 Die Frage, inwieweit der Ein- und Austritt von Personen gesteuert resp. verhindert werden kann, ist daher von grosser praktischer Bedeutung und ein wichtiger Faktor bei der Bestimmung der Gesellschaftsform.

4 Der Gesellschafterwechsel ist ein Thema, in welchem die GmbH Vorteile gegenüber der Aktiengesellschaft bietet. Das Aktienrecht erlaubt die Vinkulierung von Aktien oft nur, wenn dem veräusserungswilligen Aktionär die Aktien durch die Gesellschaft oder durch einen anderen Dritten zum wirklichen Wert abgenommen werden[588]. Bei der GmbH sind die Erschwerung und das Verbot der Übertragung von Anteilen dagegen wesentlich einfacher[589].

II. Eintritt nach der Gründung

5 Der Eintritt eines neuen Gesellschafters in die GmbH kann originär im Rahmen einer Kapitalerhöhung erfolgen – indem der neue Gesellschafter neues Stammkapital zeichnet – oder derivativ im Rahmen eines Gesellschafterwechsels. Im zweiten Fall übernimmt der neue Gesellschafter den ganzen Anteil eines alten Gesellschafters oder einen Teil davon. Der originäre Beitritt erfolgt nach den Vorschriften über die Kapitalerhöhung[590].

[588] Vgl. zur Vinkulierungsordnung im Aktienrecht *Böckli,* Aktienrecht, § 6 N 194 ff.; *Forstmoser/Meier-Hayoz/Nobel,* Aktienrecht, § 44 N 103 ff.

[589] Vgl. nachfolgend N 28 ff.

[590] Art. 781 OR.

III. Austritt / Ausschluss

1. Austritt

a) Gemäss Statuten

Die Gesellschaftsstatuten können vorsehen, dass Gesellschafter aus der GmbH austreten können, und festlegen, welche Regeln dabei gelten sollen[591]. Das Austrittsrecht und seine Gestaltung sind dabei nur verbindlich, wenn die Regeln in den Statuten festgelegt werden[592]. Die GmbH ist in dieser Frage lediglich an allgemeine Grundsätze gebunden, insbesondere den Gleichheitsgrundsatz. Sie kann beispielsweise den Austritt frei zulassen, dieses Recht nur bestimmten Gesellschaftern einräumen[593] oder den Austritt vom Eintritt bestimmter Bedingungen oder Ereignisse abhängig machen[594]. Hinsichtlich der statutarischen Umschreibung der Berechtigung, der Form der Ausübung oder auch der Wirkung des Ausscheidens besteht weitestgehend Gestaltungsfreiheit[595]. Begrenzt hingegen sind die Gestaltungsmöglichkeiten in Bezug auf die statutarische Festlegung der finanziellen Folgen des Austritts. Die Abfindung darf nicht willkürlich bemessen werden und kann auch nicht ausgeschlossen oder dermassen eingeschränkt werden, dass das Austrittsrecht illusorisch wird[596]. 6

b) Durch Gesellschafterbeschluss

Ohne statutarische Grundlage und beim Fehlen wichtiger Gründe[597] kann der Austritt eines Gesellschafters auf eigenen Wunsch nur erfolgen, wenn die anderen Gesellschafter diesem zustimmen. Je nach den vorgesehenen Folgen des Austritts kommen die Vorschriften über den Gesellschafterwechsel[598] oder die Bestimmungen über die Kapitalherabsetzung[599] zur Anwendung. Das heisst, der Gesellschafter 7

[591] Art. 822 Abs. 2 OR.

[592] *Von Steiger,* ZK, N 3 zu Art. 822 OR; zur Rechtslage, wenn die Statuten nichts vorsehen, vgl. nachfolgend N 7 ff.

[593] Bei der Normsetzung in den ursprünglichen Statuten sind Ungleichbehandlungen grundsätzlich zulässig, soweit sie mit dem zwingenden Recht und der Struktur der Rechtsform vereinbar sind, da sämtliche Gründungsgesellschafter den Statuten zustimmen müssen. Vgl. Botschaft, S. 3215.

[594] *Stäubli,* OR, Art. 822 N 3.

[595] Art. 825 Abs. 2 OR.

[596] *Truniger,* S. 132 m.w.H.; vgl. nachfolgend N 18 ff.

[597] Vgl. dazu nachfolgend N 8.

[598] Vgl. dazu nachfolgend N 28 ff.

[599] Vgl. dazu § 9 N 33 ff.

kann nach den Bestimmungen über den Erwerb eigener Stammanteile[600] aus dem freien Vermögen der Gesellschaft abgefunden werden; die Beteiligung kann von einem anderen Gesellschafter zum wirklichen Wert übernommen werden; oder die Auszahlung des Abfindungsanspruchs erfolgt über eine Kapitalherabsetzung zulasten des Stammkapitals[601].

c) Aus wichtigem Grund

8 Liegen diese Voraussetzungen nicht vor, kann der Austritt nur aus wichtigem Grund durch den Richter bewilligt werden. Die materiellen Anforderungen an den wichtigen Grund, die den Austritt rechtfertigen, entsprechen weitgehend denjenigen, die für die Auflösung der GmbH gelten. Das Vorliegen wichtiger, einen Austritt rechtfertigender Gründe ist dann anzunehmen, *«wenn die wesentlichen Voraussetzungen persönlicher oder sachlicher Natur, unter denen der Gesellschaftsvertrag eingegangen wurde, nicht mehr vorhanden sind, so dass die Erreichung des Gesellschaftszwecks in der bei der Eingehung der Gesellschaft beabsichtigten Art nicht mehr möglich, wesentlich erschwert oder gefährdet ist.»*[602] Neben dem fortgesetzten Macht- und Vertrauensmissbrauch, der Vereitelung der Gewinnbeteiligung, der Verschleierung von Geschäftszahlen, der willkürlichen Zustimmungsverweigerung, dem fortgesetzten Interessenkonflikt können unter Umständen auch die Ablehnung des Ehegatten als Gesellschafter, die Umwandlung der GmbH in eine andere Gesellschaftsform oder auch die wiederholte Verletzung von Statuten oder Gesellschaftsbeschlüssen als wichtiger Grund qualifiziert werden[603].

9 Das Recht, aus der Gesellschaft auszutreten, bildet ein zwingendes und damit unentziehbares Recht jedes Gesellschafters.

d) Der Anschlussaustritt

10 Reicht ein Gesellschafter Klage auf Austritt ein oder erklärt er seinen Austritt gestützt auf ein statutarisches Austrittsrecht, haben die übrigen Gesellschafter das Recht, Anschlussaustritt zu erklären[604]. Da sich der Austritt eines Gesellschafters für die übrigen Gesellschafter als nachteilig erweisen kann, haben die Gesellschafter die Möglichkeit, innerhalb von drei Monaten nach Zugang der Mitteilung Anschlussaustritt zu erklären und sich damit die Gleichbehandlung mit dem austretenden Gesellschafter zu sichern. Dies gilt namentlich hinsichtlich der Auszahlung

[600] Art. 783 OR sowie nachfolgend N 55 ff.

[601] Vgl. nachfolgend N 17.

[602] ZR 1945, S. 237 f.

[603] Vgl. so *Bügler*, S. 161.

[604] Art. 822a OR.

der Abfindung. Die Gleichbehandlung erfolgt nach Massgabe des Nennwerts der Beteiligung, einschliesslich bereits geleisteter Nachschüsse[605].

2. Ausschluss

a) Direkt durch Gesellschafterbeschluss?

Liegt ein wichtiger Grund vor, kann die Gesellschaft beim Gericht auf Ausschluss 11 eines Gesellschafters klagen[606]. Nach einseitig zwingender Ordnung können die Gesellschafter durch Beschluss, der mindestens zwei Drittel der vertretenen Stimmen und die absolute Mehrheit des gesamten stimmberechtigten Kapitals auf sich vereinigt, beschliessen, dass beim Richter der Ausschluss eines Gesellschafters beantragt werden soll[607]. Das Quorum kann verschärft, nicht aber erleichtert werden[608]. Zuständig für den Entscheid ist zwingend die Gesellschafterversammlung[609]; eine Delegation des Klagerechts an die Geschäftsführung ist nicht zulässig. Zur Klage legitimiert ist ausschliesslich die Gesellschaft. Der Gesellschafter, über dessen Ausschluss befunden wird, hat das Stimmrecht, was sich vor allem dann auswirkt, wenn die Statuten ein verschärftes Quorum vorsehen. Führt dies zur Entscheidungsunfähigkeit, ist allenfalls ein Beistand bzw. gemäss Vorentwurf zur Revision des Vormundschaftsrechts ein Sachwalter zu ernennen.

Die Statuten können sodann vorsehen, dass die Gesellschafterversammlung di- 12 rekt einen Gesellschafter ausschliessen darf, wenn bestimmte Gründe vorliegen[610]. Diese besonderen Ausschlussgründe müssen zum Schutz der Betroffenen genau umschrieben werden. Generalklauseln sind unzulässig, unklare Formulierungen im Zweifel eng anzulegen[611].

b) Entscheid durch den Richter aus wichtigem Grund

Der Richter verfügt das Ausscheiden beim Vorliegen wichtiger Gründe[612]. Der Ent- 13 scheid darüber, ob ein wichtiger Grund vorliegt, kann durch die Gesellschafter mit

605 Botschaft, S. 3221.

606 Art. 823 Abs. 1 OR.

607 Art. 804 Abs. 2 Ziff. 14 OR i.V.m. Art. 808b Abs. 1 Ziff. 8 OR.

608 *Stäubli,* OR, Art. 822 N 10: *von Steiger,* ZK, N 21 zu Art. 822 OR; *Wohlmann,* GmbH, S. 55.

609 Art. 804 Abs. 2 Ziff. 14 OR.

610 Art. 823 Abs. 2 OR.

611 Botschaft, S. 3222.

612 Vgl. dazu die auch für den Ausschluss anwendbaren wichtigen Gründe für die Auflösung der Gesellschaft: § 29 N 1 ff. Das Vorliegen wichtiger Gründe ist anzunehmen, *«wenn die wesentlichen Voraussetzungen persönlicher oder sachlicher Natur, unter denen der Gesellschaftsvertrag einge-*

entsprechenden Statutenbestimmungen beeinflusst werden; beispielsweise durch die Aufzählung von Verhaltensweisen und Situationen, die zu einem Ausscheiden führen sollen[613].

3. Verfahren / vorsorgliche Massnahmen

14 Im Verfahren betreffend das Ausscheiden eines Gesellschafters kann das Gericht auf Antrag einer Partei bestimmen, dass einzelne oder alle mitgliedschaftlichen Rechte und Pflichten der betroffenen Person ruhen[614]. Vorsorgliche Massnahmen können sowohl Sicherungs- als auch Regelungsmassnahmen zum Gegenstand haben und der Wahrung der Interessen sowohl der Gesellschaft als auch der austretenden Person dienen[615].

15 Damit vorsorglich Rechtschutz gewährt werden kann, müssen drei Voraussetzungen erfüllt sein: (i) Das vorläufig zu schützende Recht und die Erfolgschancen im Hauptprozess müssen glaubhaft gemacht werden; (ii) der nicht leicht wieder gutzumachende Nachteil ist glaubhaft darzulegen; (iii) es muss eine besondere Dringlichkeit vorliegen.

4. Wirkung des Austritts / Wirkung des Ausschlusses

a) Bei Übernahme des Anteils durch einen Dritten oder einen anderen Gesellschafter

16 Führt das Ausscheiden des Gesellschafters zum Übergang von Stammanteilen auf andere Personen, gelten die Regeln zur Übertragung der Gesellschafteranteile[616].

b) Ohne Übernahme des Anteils durch einen anderen Gesellschafter

17 Die Übernahme des Anteils des ausscheidenden Gesellschafters durch die GmbH ist zulässig, wenn die GmbH den Rückkauf aus dem über das Stammkapital und die gesetzlichen Reserven hinaus vorliegenden Gesellschaftsvermögen finanziert. Die

gangen wurde, nicht mehr vorhanden sind, so dass die Erreichung des Gesellschaftszwecks in der bei der Eingehung der Gesellschasft beabsichtigten Art nicht mehr möglich, wesentlich erschwert oder gefährdet ist». Vgl. ZR 1945, S. 237 f.

613 Art. 823 Abs. 2 OR.

614 Art. 824 OR.

615 Botschaft, S. 3222.

616 Vgl. nachfolgend N 28 ff.

Gesellschaft kann sodann maximal 10 % des Stammkapitals erwerben[617]. Werden im Zusammenhang mit einem Austritt oder einem Ausschluss von der Gesellschaft eigene Stammanteile erworben, beträgt die Höchstgrenze 35 % des Stammkapitals, wobei diese bis auf 10 % des Stammkapitals innert zwei Jahren zu veräussern oder durch Kapitalherabsetzung zu vernichten sind[618]. Scheitert der Rückkauf an dieser Grenze und übernimmt kein anderer Gesellschafter die Anteile des ausscheidenden Gesellschafters, muss eine Teilliquidation durchgeführt werden[619].

c) Das Recht auf Auszahlung einer Abfindung

In beiden oben genannten Fällen ist so vorzugehen, dass der ausscheidende Gesellschafter eine Abfindung erhält, die dem wirklichen Wert seines Anteils entspricht[620]. Dieses Recht auf Abfindung im Umfang des wirklichen Werts besteht selbst dann, wenn der Gesellschafter aus wichtigem Grund ausgeschlossen wurde[621]. Allfällige Statutenvorschriften über die Berechnung oder den Wegfall der Abfindung, gelten nur für den Fall des freiwilligen Austritts, nicht aber, wenn der Austritt durch den Richter verfügt wird[622]. 18

Der Anspruch auf Abfindung zum wirklichen Wert besteht nicht nur beim Austritt und bei der Auflösung der Gesellschaft, sondern auch beim Ausschluss aus der Gesellschaft. In all diesen Fällen ist der wirtschaftliche Gegenwert der aufzugebenden Beteiligung, ohne Rücksicht auf den Grund des Ausscheidens, zu vergüten[623]. 19

Beim statutarischen Austrittsrecht kann eine vom wirklichen Wert der Stammanteile abweichende Abfindung vorgesehen werden[624]. Zulässig ist es, die Voraussetzungen für den Austritt herabzusetzen und im Gegenzug eine vom wirklichen Wert abweichende Abfindung vorzusehen. Ebenso kann aus Praktikabilitätsgründen auf dem Steuerwert oder dem Substanzwert abgestützt werden, oder es können besondere Modalitäten der Abfindung, beispielsweise die Leistung von Teilzahlungen, vorgesehen werden[625]. 20

617 Vgl. nachfolgend N 55 ff.

618 Art. 783 Abs. 2 OR.

619 Vgl. nachfolgend § 31 N 1 ff.

620 Art. 825 Abs. 1 OR.

621 *Janggen/Becker,* BK, N 6 zu Art. 822 OR; *Stäubli,* OR, Art. 822 N 17.

622 Art. 825 Abs. 2 OR. *Stäubli,* OR, Art. 822 N 18, *von Steiger,* ZK, N 27 zu Art. 822 OR; *Wohlmann,* GmbH, S. 53 f.

623 Botschaft, S. 3222 f.

624 Art. 825 Abs. 2 OR. Beachte aber: Beim Ausschluss ist dies nicht möglich. Vgl. Botschaft, S. 3223.

625 Botschaft, S. 3223. Vgl. zum «wirklichen Wert» *Nobel,* S. 123 f.

d) Beim richterlich verfügten Ausscheiden

21 Ist das Ausscheiden nicht Folge einer Einigung oder eines statutarischen Rechts, sondern eines Richterspruchs, muss der Richter in einem separaten Verfahren auch die Folgen des Ausscheidens regeln, insbesondere auch die Frage der Abfindung[626]. In der GmbH mit mehr als zwei Gesellschaftern wirkt sich dabei erschwerend aus, dass nur die GmbH und der ausscheidende Gesellschafter am Verfahren beteiligt sind; folgerichtig kann der Richter bei der Regelung der Austrittsfolgen nur der GmbH Pflichten auferlegen, nicht aber den anderen Gesellschaftern. Ohne Einigung mit diesen kommt also beim richterlich verfügten Ausscheiden nur die Teilliquidation der GmbH oder, wenn der Anteil des Ausscheidenden weniger als 35 % des Stammkapitals beträgt, der Erwerb des Anteils durch die GmbH[627] in Frage.

22 Einfacher ist die Lage in der Zwei-Mann-GmbH: Weil im Auflösungs- resp. Austrittsprozess auch der andere Gesellschafter passivlegitimiert ist[628], kann der Richter nicht nur die Übernahme des Anteils durch die GmbH oder deren Teilliquidation verfügen, sondern auch den anderen Gesellschafter dazu verpflichten, den Anteil des ausscheidenden Gesellschafters zum wirklichen Wert zu übernehmen.

e) Die Abfindung

23 Dem ausscheidenden Gesellschafter steht ein Anspruch auf eine Abfindung zu, die dem wirklichen Wert seiner Stammanteile im Zeitpunkt seines Ausscheidens entspricht[629]. Stellen Gesetz oder Statuten auf den wirklichen Wert der Stammanteile ab, können die Parteien verlangen, dass dieser vom Gericht bestimmt wird[630].

24 Verfügt die Gesellschaft über verwendbares Eigenkapital, können die Stammanteile der ausscheidenden Person veräussert werden, oder darf die Gesellschaft ihr Stammkapital herabsetzen, wird die Abfindung mit dem Ausscheiden fällig[631]. Dabei ist zu beachten, dass das Gesetz nicht wie beim Erwerb eigener Stammanteile auf den Begriff *frei verwendbares Eigenkapital,* sondern auf den Begriff *verwendbares Eigenkapital* abstellt. Für besondere Zwecke vorgesehene Reserven wie bei-

[626] Beachte aber BGE 89 II 135 ff.: Der Richter kann einen Gesellschafter aus der Gesellschaft ausschliessen, auch wenn die vermögensrechtlichen Folgen nicht Gegenstand des Verfahrens sind. Art. 82 OR findet keine Anwendung.

[627] Art. 783 Abs. 2 OR; vgl. nachfolgend N 55 ff.

[628] Vgl. dazu § 34 N 28 ff. bzw. § 34 N 34 ff.

[629] Art. 825a Abs. 1 OR.

[630] Art. 789 Abs. 1 OR. Zum «wirklichen Wert» vgl. Entscheid des Bundesgerichts 4C.363/2000 vom 3. April 2001, E. 3; BGE 120 II 260 ff. E. 2 sowie auch *Nobel,* S. 123 f.

[631] Art. 825 Abs. 1 OR.

spielsweise Dividenden oder Wiederbeschaffungsreserven sind demnach für die Auszahlung von Abfindungen heranzuziehen[632].

Gemäss Art. 825a Abs. 2 OR ist die Höhe des verwendbaren Eigenkapitals von einem zugelassenen Revisionsexperten festzustellen. Reicht das Eigenkapital zur Auszahlung der Abfindung nicht aus, muss sich der Revisor zur Frage der Kapitalherabsetzung äussern. 25

Für den nicht ausbezahlten Teil der Abfindung hat der ausscheidende Gesellschafter eine unverzinsliche, nachrangige Forderung. Die Forderung ist nachrangig, weil es sich bei der Abfindung um eine Rückleistung einer Beteiligung am Eigenkapital handelt. Dementsprechend ist die Abfindung auch nicht zu verzinsen[633]. 26

Sobald die Gesellschaft wieder über *verwendbares Eigenkapital* verfügt, wird die Forderung auf Abfindung fällig. Um diese Regelung, insbesondere die Zuverlässigkeit des Geschäftsberichts, sicherzustellen, gewährt das Gesetz dem ausscheidenden Gesellschafter das Recht zu verlangen, dass die Gesellschaft eine Revisionsstelle bezeichnet und die Jahresrechnung ordentlich revidieren lässt[634]. 27

IV. Gesellschafterwechsel

1. Die Abtretung des Gesellschaftsanteils

Eine Änderung im Bestand der Mitglieder kann nicht nur durch Eintritt und Austritt im oben beschriebenen Sinn erfolgen, sondern auch durch Gesellschafterwechsel, indem das austretende Mitglied seine Mitgliedschaft auf das neue Mitglied (oder auf eine Person, die schon Mitglied ist) überträgt. 28

Die Regeln über die Übertragbarkeit von Mitgliedschaftsanteilen resp. über deren Beschränkbarkeit zeigen deutlich die vom Gesetzgeber gewollten Unterschiede zwischen Aktiengesellschaft und GmbH auf: In der personalistischen GmbH erlaubt das Gesetz Einschränkungen der Übertragbarkeit, die bei der Aktiengesellschaft unzulässig wären. 29

[632] Botschaft, S. 3223.

[633] Botschaft, S. 3224.

[634] Art. 825a Abs. 4 OR. Wobei «ordentlich» im Sinne von «üblich» zu verstehen und die GmbH in der vom Gesetz vorgesehenen Form zu revidieren ist. In der Regel wird eine eingeschränkte Revision genügen. Gemäss der Botschaft kann der ausscheidende Gesellschafter lediglich verlangen, dass die Gesellschaft eine Revisionsstelle bezeichnet. Vgl. Botschaft, S. 3224.

2. Form, Vorgehen; dispositive Ordnung

a) Übertragungsvertrag und Übertragung zwischen Veräusserer und Erwerber

30 Die Übertragung eines Gesellschaftsanteils erfolgt durch ein schriftliches Verpflichtungsgeschäft zwischen Veräusserer und Erwerber, gefolgt vom eigentlichen Verfügungsgeschäft[635]. Art. 785 Abs. 1 OR verlangt für die Verpflichtung zur Abtretung und die eigentliche Abtretung die schriftliche Form. Wurde nur die eigentliche Abtretung schriftlich festgehalten, nicht aber das Verpflichtungsgeschäft, auf das sich die Abtretung abstützt, kommt die Übertragung dennoch gültig zustande, da der Formmangel des ersten Vertrags geheilt wird[636]. Dies gilt trotz des explizit im Gesetz festgehaltenen Formerfordernisses zumindest dann, wenn sämtliche wesentlichen Elemente des Verpflichtungsgeschäfts im Verfügungsgeschäft schriftlich festgehalten werden.

31 Gemäss Art. 785 Abs. 2 OR müssen im Abtretungsvertrag dieselben Hinweise auf statutarische Rechte und Pflichten aufgenommen werden wie in die Urkunde über die Zeichnung der Stammanteile (Art. 777a Abs. 2 OR). Ein Abtretungsvertrag, der gegen die Anforderungen von Art. 785 Abs. 2 OR verstösst, ist ungültig. Der Erwerber wird im Handelsregister nicht eingetragen[637].

b) Zustimmung der Gesellschaft; Aufnahme des neuen Mitglieds in das Anteilbuch

32 Gemäss Art. 786 Abs. 1 OR bedarf die Abtretung von Stammanteilen der Zustimmung der Gesellschafterversammlung. Dieses Zustimmungserfordernis wird als Vinkulierung bezeichnet.

33 Formell gelangt der Erwerber des Stammanteils unter Vorlage des schriftlichen Abtretungsvertrags an die Gesellschaft, die seine Gültigkeit prüft und im Anschluss mit einem Mehr von mindestens zwei Drittel der vertretenen Stimmen und der absoluten Mehrheit des gesamten stimmberechtigten Stammkapitals[638] darüber entscheidet, ob sie der Übertragung zustimmen will oder nicht, und den neuen Ge-

[635] Art. 785 Abs. 1 OR; Art. 786 f. OR.

[636] Entscheid des Bundesgerichts 4C.175/2003 vom 28. Oktober 2003, E. 3.1; *Wohlmann,* GmbH, S. 48; *von Steiger,* ZK, N 13 zu Art. 791 OR; *Oertle/du Pasquier,* OR, Art. 791 N 2.

[637] *Gwelessiani,* Änderungen aus handelsregisterrechtlicher Sicht.

[638] Art. 808b Abs. 1 Ziff. 4 OR. Das bedeutet Folgendes: (i) Entscheidend sind nicht die abgegebenen, sondern die vertretenen Stimmen; (ii) ungültige Stimmen und Enthaltungen zählen wie Nein-Stimmen; (iii) sind an der Beschlussfassung betreffend die Zustimmung zur Abtretung bzw. die Anerkennung als Gesellschafter nicht mindestens 50 % des Stammkapitals vertreten, kann kein gültiger Beschluss zustande kommen.

sellschafter im Falle der Zustimmung in das Anteilbuch der GmbH einträgt. Für den Entscheid der GmbH, ob sie den neuen Gesellschafter aufnehmen will, ist die Gesellschafterversammlung zuständig[639]. Der Veräusserer ist gemäss Art. 806a OR nicht vom Stimmrecht ausgeschlossen und kann an der Beschlussfassung mitstimmen[640].

34 Eine öffentliche Beurkundung dieses Entscheides betreffend Zustimmung ist nur nötig, wenn mit dem Entscheid eine Statutenänderung verbunden ist. Dies ist immer dann der Fall, wenn die Statuten die einzelnen Stammanteile den Gesellschaftern namentlich zuweisen oder wenn sich durch den Gesellschafterwechsel Anzahl und Nennwert der Stammanteile verändern.

35 Ist für die Abtretung von Stammanteilen die Zustimmung der Gesellschafterversammlung erforderlich, wird die Abtretung mit der Zustimmung rechtswirksam[641] und der Erwerber des Anteils Mitglied der GmbH und in das Anteilbuch aufgenommen. Der Eintrag im Anteilbuch hat lediglich deklaratorische Wirkung. Lehnt die Gesellschafterversammlung das Gesuch nicht innerhalb von sechs Monaten ab, gilt die Zustimmung als erteilt[642].

36 Der Eintrag ins Anteilsbuch kann mittels Leistungsklage durchgesetzt werden[643]. Ist die Anerkennung als Gesellschafter hingegen durch falsche Angaben bzw. eine Täuschung erwirkt worden, kann der Gesellschafter aus der Gesellschaft ausgeschlossen oder die Anerkennung wegen Willensmangel angefochten und der Eintrag im Anteilbuch annulliert werden[644].

37 Die Abtretung bzw. der neue Gesellschafter muss im Handelsregister eingetragen werden[645]. Eine Statutenrevision und mithin eine öffentliche Beurkundung ist hingegen nur dann nötig, wenn die Stammanteile in den Statuten den Gesellschaftern namentlich zugeordnet werden.

c) Verweigerung der Übertragung durch die Gesellschaft

38 Sehen die Statuten keine abweichende Regelung vor, kann die Gesellschafterversammlung die Zustimmung ohne Angabe von Gründen verweigern[646]. Auch sind die Gesellschafter – anders als im Aktienrecht – grundsätzlich nicht verpflichtet, dem verkaufswilligen Gesellschafter seinen Anteil abzunehmen. Gegen Willkür

639 Art. 804 Abs. 2 Ziff. 8 OR.

640 Vgl. so auch zum alten Recht *Wohlmann,* GmbH, S. 48 f.; *Oertle/du Pasquier,* OR, Art. 791 N 3.

641 Art. 787 Abs. 1 OR.

642 Art. 787 Abs. 2 OR.

643 *Wohlmann,* GmbH, S. 49.

644 Vgl. hierzu eingehend *Forstmoser,* GmbH, S. 555 ff.

645 Botschaft, S. 3185.

646 Art. 786 Abs. 1 und Abs. 2 OR.

der anderen Gesellschafter schützt allenfalls das Recht auf Austritt[647] oder auf Auflösung aus wichtigem Grund[648], allerdings nur den Veräusserer, nicht den Erwerber.

39 Verweigern die Gesellschafter die Genehmigung der Übertragung, wird das Verpflichtungsgeschäft unwirksam[649] und es muss eine Rückabwicklung stattfinden[650]. Ist für die Abtretung von Stammanteilen die Zustimmung erforderlich, wird die Abtretung erst mit der Zustimmung rechtswirksam[651]. Eine Aufteilung zwischen Vermögens- und Mitgliedschaftsrechten gibt es – von besonderen Erwerbsarten gemäss Art. 788 OR abgesehen – bei der GmbH nicht[652]. In der praktischen Handhabung steht daher die Konsultation der anderen Gesellschafter, jedenfalls derjenigen Mehrheit, die für die Übertragung benötigt wird, an erster Stelle. Es ist wenig sinnvoll, einen Übertragungsvertrag zu vereinbaren, wenn unsicher ist, ob die Gesellschaft der Übertragung zustimmt.

3. Statutarische Vinkulierung

40 Die Statuten können das Zustimmungserfordernis bis zum Erfordernis der Einstimmigkeit erschweren. Umgekehrt erlaubt das Gesetz auch, auf eine eingehende Ordnung der Vinkulierung in den Statuten oder gar auf das Erfordernis der Zustimmung zu verzichten[653]. Das Gesetz erlaubt, eine abweichende Vinkulierungsordnung vorzusehen, wobei diese Möglichkeiten im Gesetz abschliessend aufgeführt werden[654]. Neben dem bereits erwähnten Verzicht auf das Erfordenis der Zustimmung nennt das Gesetz vier weitere Möglichkeiten: Die Statuten können Gründe festlegen, welche die Verweigerung der Zustimmung rechtfertigen; die Statuten können vorsehen, dass die Zustimmung verweigert werden kann, wenn die Gesellschaft dem Veräusserer die Übernahme der Stammanteile zum wirklichen Wert anbietet; die Statuten können die Abtretung ausschliessen; die Statuten können vorsehen, dass die Zustimmung verweigert werden kann, wenn die Erfüllung statutarischer Nachschuss- oder Nebenleistungspflichten zweifelhaft ist und keine Sicherheit geleistet wird[655].

[647] Art. 786 Abs. 3 OR.

[648] *Wohlmann,* GmbH, S. 49; *von Steiger,* ZK, N 18 zu Art. 791; § 29 N 9 ff.

[649] *Oertle/du Pasquier,* OR, Art. 791 N 3.

[650] *Wohlmann,* GmbH, S. 49.

[651] Art. 787 Abs 1 OR.

[652] *Oertle/du Pasquier,* OR, Art. 791 N 3.

[653] Art. 786 Abs. 2 Ziff. 1 OR.

[654] Botschaft, S. 3186.

[655] Art. 786 Abs. 2 OR.

Als Gründe im Sinne von Art. 786 Abs. 2 Ziff. 2 OR können beispielsweise Konkurrentenklauseln, Familienklauseln oder Prozentklauseln oder konkret umschriebene Sachverhalte statuiert werden. Diese statutarischen Erschwernisse gelten dann aber, wenn die Statuten dies nicht ausnehmen, nicht nur beim Eintritt neuer Gesellschafter, sondern auch, wenn Stammanteile unter den Gesellschaftern abgetreten werden und sich dadurch die Macht- und Stimmenverhältnisse innerhalb der GmbH ändern, ohne dass neue Gesellschafter dazukommen oder bisherige die Gesellschaft verlassen. 41

4. Der Gesellschafterwechsel bei besonderen Erwerbsarten

Für den Erwerb von Gesellschaftsanteilen durch Erbgang, Erbteilung, eheliches Güterrecht oder Zwangsvollstreckung gelten formal andere Regeln: Die Gesellschafteranteile gehen ohne Gesellschaftsbeschluss auf den Erwerber über[656]. 42

Der Erwerber erwirbt die Stammanteile direkt, zeitlich vor der Anerkennung als Gesellschafter. Art. 788 Abs. 1 OR bezweckt, zu verhindern, dass Rechte und Pflichten *herrenlos* werden. Dementsprechend ist die Aufzählung der besonderen Erwerbsarten nicht abschliessend, sondern analog auf ähnliche Sachverhalte anzuwenden[657]. 43

Beim besonderen Erwerb ist die Anerkennung nur für die Ausübung des Stimmrechts notwendig[658]. Der Erwerber muss der Gesellschafterversammlung die Anerkennung als stimmberechtigter Gesellschafter beantragen. Will die Gesellschaftsversammlung die Anerkennung verweigern, muss die Gesellschaft dem Erwerber die Übernahme der Stammanteile zum wirklichen Wert im Zeitpunkt des Anerkennungsgesuches anbieten[659]. 44

Die Statuten können auf das Erfordernis der Anerkennung verzichten. Möglich ist auch, nur bestimmte Erwerbsarten, beispielsweise den erbrechtlichen Erwerb, von Erfordernis der Anerkennung auszunehmen[660]. 45

Schliessen die Statuten die dispositive gesetzliche Vinkulierung aus, gilt dies ohne Weiteres auch für die besonderen Erwerbsarten[661]. 46

[656] Art. 788 Abs. 1 OR.

[657] Botschaft, S. 3188.

[658] Botschaft, S. 3188.

[659] Art. 788 Abs. 3 OR. Zum «wirklichen Wert» vgl. Entscheid des Bundesgerichts 4C.363/2000 vom 3. April 2001, E. 3; BGE 120 II 260 ff. E. 2 sowie auch *Nobel,* S. 123 f.

[660] Botschaft, S. 3189.

[661] Art. 788 Abs. 3 OR; Botschaft, S. 3189.

V. Verbriefung, Verpfändung und Nutzniessung von Gesellschafteranteilen; Erwerb eigener Anteile

1. Verbriefung von Gesellschafteranteilen

47 Es ist denkbar, dass die Mitgliedschaftsanteile ähnlich Aktien in einer Urkunde festgehalten werden. Diese Urkunde ist zwingend kein Wertpapier[662]. Wird über Stammanteile eine Urkunde ausgestellt, ist dies nur als Beweisurkunde oder Namenpapier möglich[663]. Die Stammanteile sind aufgrund der Personenbezogenheit der Rechtsform GmbH nicht kapitalmarktfähig. In die Urkunde müssen dieselben Hinweise auf statutarische Rechte und Pflichten aufgenommen werden wie in die Urkunde über die Zeichnung der Stammanteile. Die Übergabe einer Mitgliedschaftsurkunde an eine andere Person ist gesellschaftsrechtlich ohne Bedeutung. Der Urkunde kommt praktisch keine rechtliche Bedeutung zu; auch ihr Wert als Beweisurkunde ist gering, denn die Mitgliedschaft in einer GmbH lässt sich in erster Linie durch die Statuten, das Anteilbuch[664] und durch die Protokolle der Gesellschafterversammlungen beweisen. Der Verbriefung des Gesellschaftsanteils kommt allenfalls im Rahmen der Verpfändung eine gewisse Bedeutung zu.

2. Verpfändung von Gesellschafteranteilen

a) Worum geht es?

48 Der GmbH-Anteil verkörpert einen Wert; es stellt sich die Frage, ob dieser Wert verpfändbar ist und ob die anderen Gesellschafter der Verpfändung gegebenenfalls zustimmen müssen.

49 Gemäss Art. 899 ZGB sind Forderungen und andere Rechte, auch wenn sie nicht in einem Wertpapier verurkundet sind, verpfändbar, wenn sie übertragbar sind. Dies ist bei GmbH-Anteilen der Fall[665], allerdings nur unter der Voraussetzung, dass die Gesellschafterversammlung mit dem notwendigen Mehr zustimmt: Ohne den zustimmenden Gesellschafterbeschluss wird ein Übertragungsvertrag gegenstandslos. Die Situation ist somit eine völlig andere als bei der Aktiengesellschaft. Bei der Aktiengesellschaft werden die Anteile durch den zweiseitigen Vertrag zwischen Veräusserer und Erwerber übertragen. Der Beschluss der Aktiengesellschaft

[662] Art. 784 Abs. 1 OR; *Wohlmann*, GmbH, S. 64; *Janggen/Becker*, BK, N 7 ff. zu Art. 789 OR; a.A. *von Steiger*, ZK, N 16 zu Art. 789 OR.

[663] Botschaft, S. 3176.

[664] Vgl. dazu § 5 N 72 ff.

[665] Vgl. vorstehend N 47.

ist nicht zwingend vorgeschrieben und ist ein reiner Genehmigungsbeschluss. Der Vertrag zwischen Veräusserer und Erwerber bleibt gültig bestehen und entfaltet Rechtswirkung, auch wenn die Genehmigung der Gesellschaft ausbleibt.

b) Begründung des Pfandrechts

Die Bestellung eines Pfandrechts an Stammanteilen bedarf nur dann der Zustimmung durch die Gesellschafterversammlung, wenn die Statuten dies ausdrücklich vorsehen. Sehen die Statuten nichts vor, ist die Bestellung eines Pfandrechts zulässig. Die Bestellung eines Pfandrechts ist nicht mit der Abtretung des Stammanteils gleichzusetzen, da der Pfandgläubiger lediglich die Verwertung des Stammanteils verlangen kann[666]. 50

Wird die Zustimmung der Gesellschafterversammlung statutarisch vorbehalten, darf diese die Zustimmung nur aus wichtigen Gründen verweigern[667]. 51

c) Verwertung des Pfandes

Die Verwertung des gepfändeten Gesellschaftsanteils erfolgt nach den Bestimmungen über das Vorgehen im Konkurs des Gesellschafters. Ausgelöst wird das Verfahren durch das Pfandverwertungsbegehren des Gläubigers, welches wiederum die definitive Pfändung des Gesellschafteranteils voraussetzt[668]. Diesem folgt, wie im Konkurs, das in Art. 7 ff. VVAG[669] vorgeschriebene Verhandlungsverfahren vor dem Betreibungs- oder Aufsichtsamt[670]. 52

3. Nutzniessung an Gesellschaftsanteilen

Der GmbH-Anteil kann Gegenstand einer Nutzniessung sein. Für die Bestellung einer Nutzniessung an einen Stammanteil sind die Vorschriften betreffend die Übertragung von Stammanteilen entsprechend anwendbar[671]. Dies gilt sowohl für die Form, das Zustimmungserfordernis, den Rechtsübergang, die Regelung der beson- 53

[666] Botschaft, S. 3190.

[667] Art. 789b Abs. 1 OR. Die Regelung beabsichtigt, ein Minimum an wirtschaftlicher Verfügbarkeit von Stammanteilen zu gewährleisten. Beispielsweise soll es zulässig sein, Stammanteile für den Erwerb einer Eigentumswohnung zu verpfänden. Vgl. Botschaft, S. 3191.

[668] Art. 118 SchKG; *Amstutz,* OR, Art. 793 N 6.

[669] Verordnung zum Bundesgesetz über die Pfändung und Verwertung von Anteilen an Gemeinschaftsvermögen vom 17. Januar 1923, SR 281.41.

[670] Vgl. dazu *von Steiger,* ZK, N 6 zu Art. 793 OR.

[671] Art. 789a Abs. 1 OR.

deren Erwerbsarten als auch für die Bestimmung des wirklichen Wertes[672]. Im Falle der Nutzniessung an einem Stammanteil stehen das Stimmrecht und die damit zusammenhängenden Rechte dem Nutzniesser zu[673]. Das Gesetz will mit dieser Regel eine Spaltung der Mitgliedschaftsrechte verhindern. Wer das wirtschaftliche Interesse hat, soll stimmen können. Dabei ist allerdings zu beachten, dass der Nutzniesser dem Eigentümer ersatzpflichtig wird, wenn er bei der Ausübung seiner Rechte nicht in billiger Weise auf die Interessen des Eigentümers Rücksicht nimmt[674].

54 Schliessen die Statuten die Abtretung von Stammanteilen aus, ist auch die Bestellung einer Nutzniessung ausgeschlossen[675].

4. Erwerb eigener Anteile

a) Fragestellung

55 Mit der Frage der Übertrag- und Verpfändbarkeit von Gesellschaftsanteilen hängt auch die Frage zusammen, ob und unter welchen Voraussetzungen die GmbH eigene Anteile erwerben kann. Gefährdet sind durch diesen Vorgang primär die Interessen der Gläubiger, allenfalls aber auch die Interessen der geschäftsführenden Gesellschafter: Gläubigerinteressen sind gefährdet, weil auf dem Wege des Rückkaufs von Stammanteilen der GmbH Haftungssubstrat entzogen wird[676]; Gesellschafterinteressen können gefährdet sein, weil die Rückzahlung von geleisteten Stammeinlagen eine Haftung der geschäftsführenden Gesellschafter begründen kann[677], wenn sie sich als unzulässig erweist.

b) Voraussetzungen

56 Die Gesellschaft darf eigene Stammanteile nur erwerben, wenn sie über das entsprechende frei verwendbare Eigenkapital verfügt. Der Erwerb eigener Stammanteile wird sodann grundsätzlich auf 10 % des Stammkapitals beschränkt[678].

672 Botschaft, S. 3190.

673 Art. 806b OR sowie auch Art. 755 Abs. 2 ZGB und Art. 690 Abs. 2 OR.

674 Art. 806b OR.

675 Art. 789a Abs. 2 OR.

676 *Von Planta/Lenz,* OR, Art. 807 N 1, *Wohlmann,* GmbH, S. 69.

677 Art. 800 OR i.V.m. Art. 678 OR und Art. 680 Abs. 2 OR.

678 Art. 783 Abs. 1 OR.

Ausnahmsweise können eigene Stammanteile bis zu 35 % des Stammkapitals erworben werden. Dies allerdings nur im Zusammenhang mit einem Austritt, einem Ausschluss oder einer Übertragungsbeschränkung[679].

57 Ist mit dem zu erwerbenden eigenen Stammanteil eine Nachschusspflicht oder eine Nebenleistungspflicht verbunden, muss diese vor dem Erwerb aufgehoben werden[680]. Die gesetzliche Regel soll verhindern, dass die Gesellschaft selber zur Schuldnerin der Nachschuss- bzw. der Nebenleistungspflichten wird[681].

58 Im Übrigen verweist das Recht der GmbH auf die Regeln des Aktienrechts[682]. Daraus ergibt sich auch, dass die Pfandnahme an eigenen Stammanteilen nicht dem Erwerb eigener Stammanteile gleichzustellen ist[683].

c) Form und Verfahren des Erwerbs eigener Anteile

59 Der Erwerb eigener Anteile durch die Gesellschaft erfolgt nach den Regeln, die allgemein für die Übertragung von Gesellschaftsanteilen gelten; neben dem schriftlichen Verpflichtungs- und dem schriftlichen Verfügungsgeschäft ist ein Gesellschafterbeschluss mit dem für die Abtretung erforderlichen Quorum erforderlich[684].

60 Zuständig für den Beschluss, eigene Stammanteile zu erwerben, ist die Gesellschafterversammlung, wobei diese die Geschäftsführung zum Erwerb eigener Stammanteile ermächtigen kann[685].

61 Der Gesellschafter, der die Stammanteile an die Gesellschaft abtritt, hat beim Beschluss betreffend den Erwerb eigener Stammanteile kein Stimmrecht[686].

d) Wirkungen des Erwerbs eigener Anteile

62 Die Gesellschafterrechte, die mit den zurückgenommenen Anteilen verknüpft sind, ruhen während des Eigenbesitzes der Gesellschaft[687]. Je höher der Anteil zurückgekaufter Gesellschafteranteile ist, desto gewichtiger werden die Stimmenanteile der

679 Art. 783 Abs. 2 OR.

680 Art. 783 Abs. 3 OR.

681 Botschaft, S. 3183.

682 Art. 784 Abs. 4 OR.

683 Botschaft, S. 3183.

684 Vgl. dazu N 28 ff.

685 Botschaft, S. 3183; Art. 804 Abs. 2 Ziff. 11 OR.

686 Art. 806a Abs. 2 OR.

687 783 Abs. 4 OR i.V.m Art. 659a OR; vgl. sodann *Wohlmann,* GmbH, S. 70; *von Steiger,* ZK, N 10 zu Art. 807 OR; *von Planta/Lenz,* OR, Art. 807 N 13.

anderen Gesellschafter; im Extremfall kann ein Minderheitsgesellschafter auf diesem Weg die GmbH beherrschen.

63 Die über 10 % des Stammkapitals hinaus erworbenen eigenen Stammanteile sind innerhalb von zwei Jahren zu veräussern oder durch Kapitalherabsetzung zu vernichten[688].

e) Folgen der Widerhandlung

64 Der widerrechtliche Erwerb von Stammanteilen durch die Gesellschaft ist grundsätzlich nicht nichtig; sondern gültig, aber anfechtbar zustande gekommen[689]. Nichtigkeit ist nur anzunehmen, wenn die Stammanteile aus gebundenen eigenen Mitteln, das heisst dem Stammkapital, den gesetzlichen oder allfälligen gebundenen statutarischen Reserven, finanziert werden. Wie im Aktienrecht sind die Bestimmungen zum Schutz des Stammkapitals zwingend statuiert[690]. Die Verletzung von Art. 783 OR ist ausserdem eine Pflichtverletzung der Organe, welche zu ihrer Verantwortlichkeit gemäss Art. 827 OR führen kann.

§ 20 Das Innenverhältnis im Streit unter den Gesellschaftern

I. Ausgangslage

1 Die personalistische Struktur der GmbH führt ihre Gesellschafter näher zusammen als die Aktionäre einer Aktiengesellschaft: Die grössere Anzahl von Pflichten unter den Gesellschaftern führt oft auch zu einer grösseren Anzahl von Pflichtverletzungen und damit zum Streit.

2 Der Streit als Folge der persönlichen Beziehung unter den Gesellschaftern kommt daher in der GmbH öfters vor als beispielsweise innerhalb einer kapitalistisch strukturierten Aktiengesellschaft; vor allem aber hat er auch tiefgreifendere Konsequenzen für die Gesellschaft als etwa ein Streit zwischen Aktionären. Das GmbH-Recht würdigt diese Situation und stellt Instrumente zur Überwindung des gesell-

[688] Vgl. Art. 783 Abs. 2 OR.

[689] *Janggen/Becker,* BK, N 1 zu Art. 807 OR; *von Steiger,* ZK, N 12 zu Art. 807 OR; *von Planta/Lenz,* OR, Art. 807 N 10. A.M. zum Aktienrecht *Kurer,* OR, Art. 680 N 17.

[690] Zum Aktienrecht vgl. *Böckli,* Aktienrecht, § 1 N 101b ff.; *von Büren/Stoffel/Weber,* Aktienrecht, N 221.

schaftsinternen Streits zur Verfügung: Jeder Gesellschafter kann aus wichtigen (auch persönlichen) Gründen aus der Gesellschaft austreten oder die Auflösung der Gesellschaft verlangen. Ebenso kann er aus wichtigen (auch persönlichen) Gründen den Ausschluss eines Gesellschafters aus der Gesellschaft verlangen.

II. Streit über die Korrektheit der Bestellung der Organe

1. Worum geht es?

3 Es ist denkbar, dass sich die Gesellschafter nicht primär über inhaltliche Gesellschafterpflichten streiten, sondern über die Berechtigung, sich zu äussern und mitzuentscheiden. Es liegt in diesem Fall ein Streit darüber vor, ob die Organe der GmbH richtig bestellt worden sind.

2. Vorgehen im Streit

4 Die Organfunktion innerhalb der GmbH ist Folge eines Beschlusses der Gesellschafter: Geschäftsführer und Gesellschafter werden durch die Gesellschafter (entweder bei der Gründung oder später) bestimmt. Ausgangslage des Streits ist daher immer ein Gründer- bzw. Gesellschafterbeschluss, der die umstrittene Person zum Gegenstand hat. Der Gesellschafter, der die Ernennung bestreitet, muss den Beschluss der Gesellschafterversammlung im dafür vorgesehenen Verfahren anfechten. Mit der Anfechtungsklage wird geltend gemacht, der Beschluss der Gesellschafterversammlung verstosse gegen das Gesetz oder die Statuten. Die Frist zur Anfechtung beträgt zwei Monate ab Versammlungsdatum[691].

III. Streit unter zum Konsens verpflichteten Geschäftsführern

1. Worum geht es?

5 Ganz anders liegen die Dinge, wenn der Streit inhaltliche Fragen der Geschäftsführung betrifft, über die sich die Gesellschafter oder Geschäftsführer nicht einigen können. Soweit innerhalb einer GmbH Mehrheitsbeschlüsse möglich sind, ent-

[691] Art. 808c OR i.V.m. Art. 706a Abs. 1 OR. Zur Anfechtungsklage vgl. nachfolgend § 34 N 8 ff.

scheidet das Kräfteverhältnis in den zuständigen Organen, wie vorzugehen ist. Denkbar ist aber auch, dass für Geschäftsführungsentscheide Einstimmigkeit verlangt wird, namentlich in der Zwei-Mann-GmbH, wo sogar ein Zwang zur Einstimmigkeit besteht, wenn sie sich aus zwei gleichberechtigten Gesellschaftern zusammensetzt.

6 Ist der Zwang zum Konsens, der in dieser Stimmrechtsregelung liegt, nicht stark genug, muss die Rechtsordnung der GmbH in deren Gesellschaftsinteresse ein Instrumentarium zur Verfügung stellen, um Pattsituationen aufzulösen.

2. Sporadischer oder sektorieller Streit

a) Fragestellung

7 Die Beschlussfassung beruht grundsätzlich auf dem Mehrheitsprinzip. Treten Situationen auf, in denen es keine Mehrheit gibt, können keine Beschlüsse gefasst werden. Betrifft der Dissens lediglich eine Sachfrage, ist die Funktionsfähigkeit der Gesellschaft lediglich vorübergehend gestört. Sind sich die Parteien jedoch generell und permanent uneinig, kann dies zur Funktionsunfähigkeit der Gesellschaft führen.

8 Das neue Recht der GmbH verfügt über dispositive Regeln, welche Situationen, in denen es keine Mehrheit gibt und keine Beschlüsse gefasst werden können, verhindern sollen: In der Gesellschafterversammlung hat der Vorsitzende den Stichentscheid[692]; verfügt die Gesellschaft über mehrere Geschäftsführer, muss die Gesellschafterversammlung den Vorsitz regeln, wobei der Vorsitzende in der Geschäftsführung den Stichentscheid hat[693].

b) Vertragliche Vorkehren

9 Weichen die Gesellschafter vom dispositiven Recht ab, können sie dem Problem dennoch auf verschiedene Weise begegnen: (i) Die Parteien vereinbaren für den Fall eines andauernden Dissenses, die Geschäftsführung durch Zuwahl eines unabhängigen Geschäftsführers zu erweitern, der sodann in der Geschäftsführung den Stichentscheid hat. (ii) Die Parteien vereinbaren die Bereinigung der Gesellschafterstruktur mittels Übernahme der Beteiligung der einen Partei durch die andere Partei. Der Preis für die Übernahme der Beteiligung wird in der Regel durch eine unabhängige Stelle bestimmt. Denkbar sind aber auch (iii) sogenannte *Kauf-*

692 Art. 808a OR.

693 Art. 809 Abs. 3 und Abs. 4 OR. Beachte: Die Statuten können vorsehen, dass die Geschäftsführer den Vorsitzenden bestimmen. Die Kompetenz der Gesellschafterversammlung ist nicht unübertragbar. Botschaft, S. 3212.

Verkauf-Klauseln. Beispielsweise: Verlangt eine der Parteien die Beendigung der Zusammenarbeit, hat sie der Gegenpartei ein schriftliches Angebot für 50 % der Stammanteile der Gesellschaft zu machen. Die Gegenpartei hat innert einer Frist von dreissig Tagen zu erklären, ob sie zum gebotenen Preis das Stammkapital der bietenden Partei kaufen oder ihre eigenen Stammanteile an die bietende Partei verkaufen will. Der Kaufpreis wird innert drei Monaten nach Abgabe der Erklärung durch die Gegenpartei fällig und ist Zug um Zug gegen Übergabe der Stammanteile mit Bankcheck zu entrichten. Unterlässt es die Gegenpartei, innert der Frist von dreissig Tagen zu erklären, ob sie kaufen oder verkaufen will, steht der entsprechende Entscheid der anbietenden Partei zu. Massgebend für die Fristwahrung ist der Poststempel[694]. Nach einer anderen üblichen Klausel haben die Parteien ein versiegeltes Angebot für jeweils 50 % der Stammanteile abzugeben. Die Partei, die das höhere Angebot macht, darf und muss das Paket der Gegenseite übernehmen. Dadurch sind die Parteien gezwungen, nicht mehr für das Paket zu verlangen, als sie selbst bereit wären, dafür zu bezahlen. Die Parteien vereinbaren beispielsweise was folgt: Verlangt eine der Parteien die Beendigung der Zusammenarbeit, findet eine Versteigerung mit einmaligem versiegeltem Gebot statt. Mit der Durchführung dieser Versteigerung beauftragen die Parteien gemeinsam eine unabhängige Drittperson. Werden sich die Parteien innert dreissig Tagen über die Wahl der mit der Versteigerung zu beauftragenden Person nicht einig, kann jede der Parteien beim Präsidenten der Handelskammer X deren Bestimmung beantragen. Der Versteigerungsleiter setzt beiden Parteien eine Frist von dreissig Tagen an, innert deren ein schriftliches Gebot für 50 % der Stammanteile der Gesellschaft bei ihm einzureichen ist. Nach Ablauf der Frist eröffnet der Versteigerungsleiter die Gebote. Die Partei, die das höhere Gebot unterbreitet hat, darf und muss das Paket der Gegenpartei zu dem von ihr gebotenen Preis übernehmen. Bei gleichen Geboten entscheidet das Los. Der Kaufpreis wird innert drei Monaten nach Eröffnung der Gebote fällig und ist Zug um Zug gegen Übergabe der Stammanteile mit Bankcheck zu entrichten. Verzichtet eine der Parteien innerhalb der Frist auf die Unterbreitung eines Angebotes, erfolgt der Zuschlag an die andere Partei. Massgebend für die Fristwahrung ist der Poststempel[695].

Anders als im Recht der Aktiengesellschaft können bei der GmbH solche Klauseln 10
in die Statuten aufgenommen und damit gesellschaftsrechtlich verbindlich vereinbart werden.

[694] *Von der Crone,* Pattsituationen, S. 43.

[695] *Von der Crone,* Pattsituationen, S. 43.

c) Vorgehen beim unlösbaren Patt

11 Bestehen weder gesetzliche noch statutarische oder vertragliche Vorkehren und verursacht der Streit zwischen den Gesellschaftern ein Patt[696], ist ein Beistand gestützt auf Art. 393 ZGB[697] bzw. gemäss Vorentwurf zur Revision des Vormundschaftsrechts ein Sachwalter zu ernennen, der den Entscheid über das Thema für die GmbH fällt resp. betreut. Der Vorentwurf zur Revision des Vormundschaftsrechts sieht vor, dass vormundschaftliche Massnahmen nur noch auf natürliche Personen Anwendung finden sollen. Handlungsunfähige juristische Personen erhalten gemäss Vorentwurf keinen Beistand, sondern einen Sachwalter. Ist ein Organ handlungsunfähig oder fehlen die Organe, können die Gesellschafter, die Gläubiger sowie auch das Handelregister dem Gericht beantragen, die erforderlichen Massnahmen anzuordnen. Der Richter kann der Gesellschaft eine Frist zur Wiederherstellung des rechtmässigen Zustandes ansetzen; ein fehlendes Organ ernennen; für eine bestimmte Aufgabe einen Sachwalter ernennen oder auch die Auflösung der Gesellschaft verfügen. Die Kosten der getroffenen Massnahmen trägt die Gesellschaft[698]. Die Zuständigkeit des Beistandes bzw. des Sachwalters ist in analoger Anwendung von Art. 392 ZGB auf die strittige Fragestellung zu beschränken[699].

d) Vorgehen beim untergeordneten Konflikt

12 Die Deblockierung des Patts durch den staatlich ernannten Beistand bzw. Sachwalter greift stark in die Rechte der GmbH und in ihre privatautonome Gestaltungsfreiheit (wozu auch die Freiheit gehört, ein Thema kontrovers zu debattieren) ein. Dazu kommt, dass der Beistand bzw. der Sachwalter von aussen kommt und unter Umständen nur die formelle Kompetenz zum Entscheid hat, nicht aber das Wissen, das dafür nötig wäre.

13 Die Ernennung eines Beistandes bzw. Sachwalters muss daher die Ausnahme bleiben: die Gesellschafter, die für ihre Beschlüsse Einstimmigkeit verlangen, haben sich für den Zwang zum Konsens entschieden und sind verpflichtet, diesen zu su-

[696] Hier verstanden als eine Situation in der (1) entschieden werden *muss,* aber (2) nicht entschieden werden *kann.* Diese Ausgangslage ist zu unterscheiden von derjenigen, in der eine Partei lediglich mit dem Status quo unzufrieden ist, die andere aber an einer Änderung nicht mitwirken will (z. B. Lockerung eines statutarischen Quorums); hier besteht eine Regelung (nämlich die alte) und es liegt kein zwingender Handlungsbedarf vor, damit auch keine Pattsituation.

[697] *Schnyder/Murer,* BK, Art. 393 ZGB N 71, *Schuhmacher-Bauer,* S. 98.

[698] Botschaft, S. 3232 f.; S. 3239; S. 3244. In der Praxis bietet die Regelung oftmals Probleme, da die betroffene Gesellschaft den beispielsweise für die Ernennung des fehlenden Organs notwendigen Kostenvorschuss nicht leistet. Das Basler Obergericht ging davon aus, dass der Richter in diesem Fall befugt sei, über die Gesellschaft den Konkurs zu eröffnen und eine konkursamtliche Zwangsliquidation zu verfügen (BJM 1999, S. 259 ff.).

[699] Art. 367 Abs. 2 ZGB; *Schnyder/Murer,* BK, N 61 zu Art. 393 ZGB.

chen. Erst wenn feststeht, dass der Konsens ausgeschlossen ist, kommt die Ernennung eines Beistands bzw. Sachwalters überhaupt in Frage.

3. Lähmender Streit

Führt der Streit unter den Geschäftsführern oder Gesellschaftern so weit, dass über- 14
haupt keine Entscheide mehr gefällt werden können, muss die GmbH grundsätzlich[700] aufgelöst werden. In diesem Fall sind die Organe der GmbH nur noch formell vorhanden, nicht mehr aber faktisch, weil sie nicht mehr handlungsfähig sind. Ist der Streit, das Patt endgültig, fehlt es der GmbH an Organen, und sie ist aufzulösen[701].

Oft wird sich die Lage derart darstellen, dass der Streit nicht von Beginn weg als 15
endgültig lähmend erkannt und ein Beistand ernannt wird. Obwohl in diesem Fall die GmbH technisch funktioniert, ist sie längerfristig aufzulösen, denn die Einsetzung eines Beistandes bzw. eines Sachverwalters ist keine dauerhafte Lösung. Der Beistand bzw. der Sachwalter kann und darf die gesetzlichen Organe nicht auf Dauer vollkommen ersetzen.

Zu beachten ist sodann, dass jeder Gesellschafter aus wichtigen (auch persön- 16
lichen) Gründen aus der Gesellschaft austreten, die Auflösung der Gesellschaft verlangen oder auch das Ausscheiden eines Gesellschafters aus der Gesellschaft verlangen kann. Diese gesetzlichen Konfliktlösungsbehelfe können statutarisch zusätzlich erweitert werden[702].

IV. Schiedsklauseln in den Statuten

Namentlich Gesellschaften mit wenigen Gesellschaftern haben oftmals ein Bedürf- 17
nis, interne Differenzen schnell und diskret zu bereinigen. Bei dieser Ausgangslage rechtfertigt sich unter Umständen eine statutarische Schiedsklausel.

Bei der Gestaltung einer statutarischen Schiedsklausel ist zu beachten, dass der 18
Verzicht auf die ordentlichen Gerichte nur dann gültig ist, wenn eine schriftliche Beitrittserklärung des Gesellschafters vorliegt, die auf die statutarische Schiedsklausel ausdrücklich Bezug nimmt. Der blosse Verweis auf die entsprechende Be-

[700] Gemäss Art. 821 Abs. 3 OR kann das Gericht statt auf Auflösung der Gesellschaft auf eine andere sachgemässe und den Beteiligten zumutbare Lösung erkennen. Vgl. nachfolgend § 28 N 35 ff.

[701] Vgl. nachfolgend § 29 N 1 ff.

[702] Vgl. zum Austrittsrecht § 19 N 6 ff; zum Recht, die Auflösung zu verlangen, § 28 N 27 ff.; zum Ausschlussrecht § 19 N 11 ff.

stimmung in den Statuten genügt nicht[703]. Anders als bei der Aktiengesellschaft ist es bei der GmbH hingegen zulässig, die Zustimmung der Gesellschaft zur Übertragung der Stammanteile vom Beitritt zur statutarischen Schiedsklausel abhängig zu machen. Zu beachten ist sodann, dass das zwingende Recht der Gestaltung von Schiedsklauseln inhaltliche Grenzen setzt.

19 Dies vorausgesetzt, vereinbaren die Gesellschafter beispielsweise was folgt: Alle Streitigkeiten über Gesellschaftsangelegenheiten zwischen der Gesellschaft und ihren Gesellschaftern oder Geschäftsführern, unter den Gesellschaftern und zwischen diesen und der Geschäftsführung oder Streitigkeiten unter den Geschäftsführern werden, soweit nicht von Gesetzes wegen der ordentliche Richter zuständig ist, unter Ausschluss der ordentlichen Gerichte durch ein Schiedsgericht entschieden. Der Sitz des Schiedsgerichtes befindet sich am Sitz der Gesellschaft. Das Schiedsgericht wird in der Weise bestellt, dass jede Partei einen Schiedsrichter bestimmt und diese gemeinsam den Obmann wählen. Unterlässt es eine Partei, innerhalb eines Monats ihren Schiedsrichter zu bestimmen, oder können sich die beiden von den Parteien ernannten Schiedsrichter nicht über die Person einigen, sind die entsprechenden Schiedsrichter durch den Präsidenten des kantonalen Obergerichtes zu ernennen. Für das Verfahren gelten die Bestimmungen der kantonalen Zivilprozessordnung.

[703] Vgl. *Böckli,* Aktienrecht, § 16 N 149 ff.; *Forstmoser/Meier-Hayoz/Nobel,* Aktienrecht, § 8 N 85 f.

5. Teil
Aussenverhältnis

§ 21 Überblick über die wesentlichen Neuerungen

I. Zielsetzung des Gesetzgebers

Das neue Recht orientiert sich an den Bedürfnissen von Unternehmen mit einem beschränkten, eher eng gefassten Kreis von Gesellschaftern. Für Gesellschaften mit einem grösseren Kreis von Gesellschaftern und für Gesellschaften, die den Kapitalmarkt in Anspruch nehmen wollen, ist die GmbH als personenbezogene Organisationsform nicht geeignet. Wächst der Kreis der Gesellschafter stark an oder strebt das Unternehmen den Schritt an den öffentlichen Kapitalmarkt an, ist die Aktiengesellschaft die passende Rechtsform[1]. 1

Im Aussenverhältnis ist die GmbH grundsätzlich den gleichen Schutzvorschriften unterworfen wie die Aktiengesellschaft[2]. 2

Was die Haftung der Gesellschafter für die Liberierung des gesamten Stammkapitals anbelangt, stellte der Gesetzgeber fest, dass diese in der Praxis oft unbekannt war und eine erhebliche Gefahr für die Gesellschafter darstellte. Mit Blick auf die zunehmende Zahl von Gesellschaften mit beschränkter Haftung wurde die subsidiäre Solidarhaftung der Gesellschafter deshalb abgeschafft[3]. 3

Die Regelung der Nachschusspflichten war unter altem Recht lückenhaft und sah keine genügenden Schranken gegen Missbräuche zulasten von Personen mit Minderheitsbeteiligungen vor. Das neue Recht beschränkt die Nachschusspflicht auf das Doppelte des Nennwertes des Stammanteils, mit dem sie verbunden ist. Neu wird die statutarische Nachschusspflicht sodann dem Eigenkapital angeglichen: Die Einzahlung und die Rückerstattung von Nachschüssen untersteht besonderen Vorschriften; Nachschüsse können sodann nicht mehr nur zur Deckung von Bilanzverlusten eingefordert werden, sondern auch bei Liquiditätsengpässen sowie in Fällen, in denen die Gesellschaft aus in den Statuten umschriebenen Gründen Eigenkapital benötigt. Durch die Erweiterung der Verwendungszwecke der Nach- 4

1 Botschaft, S. 3154.

2 Botschaft, S. 3155.

3 Botschaft, S. 3159.

schusspflicht kann diese die im alten Recht vorgesehene Möglichkeit der Teilliberierung weitgehend ersetzen[4].

5 Das neue Recht sieht eine dispositive Regelung der Geschäftsführung und der Vertretung vor, die auf die Bedürfnisse kleinerer Betriebe ausgerichtet ist: Die Gesellschafter üben die Geschäftsführung grundsätzlich gemeinsam aus. Hingegen ist grundsätzlich jeder Geschäftsführer einzeln zur Vertretung der Gesellschaft berechtigt. Damit hat der Gesetzgeber die in der Praxis als zu schwerfällig empfundene Regelung des alten Rechts korrigiert und die Vertretung der Gesellschaft vereinfacht[5].

II. Wesentliche Neuerungen

1. Die neue Regelung der Vertretung der Gesellschaft

6 Der Geschäftsführer ist grundsätzlich zur gemeinsamen Geschäftsführung und (einzenln) zur Vertretung der Gesellschaft berechtigt und verpflichtet. Die Geschäftsführung und die Vertretung sind unterschiedlich geregelt. Währenddem die Gesellschafter die Geschäftsführung grundsätzlich gemeinsam ausüben, ist grundsätzlich jeder Geschäftsführer zur Vertretung der Gesellschaft berechtigt. Art. 814 OR bestimmt als dispositive Regel, dass alle Geschäftsführer einzeln zur Vertretung der Gesellschafter berechtigt sind. Statutarisch kann davon abgewichen werden[6].

2. Neuerungen im Firmenrecht

7 Im alten Recht war die Firmenbildung für die GmbH anders geregelt als für die Aktiengesellschaft und die Genossenschaft. Im Rahmen der Revision des GmbH-Rechts wird nunmehr eine einheitliche Ordnung geschaffen. Wie bisher kann die Firma unter Wahrung der allgemeinen Grundsätze zur Firmenbildung frei gewählt werden. Neu müssen aber die Aktiengesellschaft und die Genossenschaft in gleicher Weise wie bisher die GmbH generell die Rechtsform in der Firma angeben. Bislang genoss die Firma der GmbH nur dann den Schutz der schweizweiten Ausschliesslichkeit, wenn sie keinen Personennamen enthielt. Neu geniesst sie diesen

4 Botschaft, S. 3161.

5 Botschaft, S. 3164. Zu Zielsetzung und Gang der Reformarbeiten, zu Neuerungen und Konstanten vgl. die synoptische Darstellung von *Forstmoser/Peyer/Schott,* Das neue Recht der GmbH.

6 Vgl. nachfolgend § 24 N 1 ff.

Schutz in jedem Fall. Abschliessend sei sodann darauf hingewiesen, dass die Firmengebrauchspflicht neu auf Gesetzesstufe geregelt ist[7].

3. Verzicht auf die subsidiäre Solidarhaftung der Gesellschafter

Nach altem Recht hafteten die Gesellschafter der GmbH bis zur Höhe des eingetragenen Stammkapitals nach den Vorschriften des Rechts der Kollektivgesellschaft für alle Verbindlichkeiten der Gesellschaft solidarisch. Im neuen Recht wurde auf die subsidiäre Solidarhaftung der Gesellschafter verzichtet. Nach neuem Recht haftet für die Verbindlichkeiten der Gesellschaft nur das Gesellschaftsvermögen. Wie bei der Aktiengesellschaft trifft den Gesellschafter ausser der Liberierungspflicht grundsätzlich keine weitere finanzielle Verpflichtung[8]. 8

4. Umfassende Regelung der Nachschusspflicht

In Abweichung vom alten Recht wird die statutarische Nachschusspflicht unter neuem Recht dem Eigenkapital angeglichen: Die Einzahlung und die Rückerstattung von Nachschüssen untersteht besonderen Vorschriften; Nachschüsse können sodann nicht mehr nur zur Deckung von Bilanzverlusten eingefordert werden, sondern auch bei Liquiditätsengpässen sowie in Fällen, in denen die Gesellschaft aus in den Statuten umschriebenen Gründen Eigenkapital benötigt. Nachschüsse werden von der Geschäftsführung eingefordert, welche hierzu unter Umständen verpflichtet ist. Das neue Recht beschränkt die Nachschusspflicht auf das Doppelte des Nennwerts des Stammanteils. Eine Solidarhaftung für die Nachschüsse der übrigen Gesellschafter besteht nicht[9]. 9

5. Aufhebung der jährlichen Meldepflicht

Nach altem Recht war die Geschäftsführung verpflichtet, dem Handelsregister jährlich die Namen der Gesellschafter, die Stammanteile sowie die darauf erfolgten Leistungen zu melden. Als Folge der im neuen Recht statuierten Pflicht zur vollständigen Liberierung wurde auf die jährliche Meldepflicht nunmehr verzichtet[10]. 10

[7] Vgl. nachfolgend § 23 N 1 ff.

[8] Vgl. nachfolgend § 25 N 1 ff.

[9] Vgl. dazu § 17 N 3 ff.

[10] Botschaft, S. 3162.

Die Meldepflicht im Rahmen der Gründung sowie im Falle der Abtretung bleibt bestehen[11].

III. Vergleich zum alten Recht / Würdigung

11 Nach altem Recht hafteten die Gesellschafter der GmbH bis zur Höhe des eingetragenen Stammkapitals nach den für die Kollektivgesellschaft geltenden Vorschriften für alle Verbindlichkeiten der Gesellschaft solidarisch. Die Gesellschafter wurden von dieser Haftung in dem Masse befreit, als das Stammkapital einbezahlt und nicht durch Rückleistungen oder durch ungerechtfertigte Bezüge vermindert worden ist. Das heisst, jeder Gesellschafter haftete solidarisch für die Liberierung des gesamten Stammkapitals. Die gesetzliche Ordnung der Haftung war für die Gesellschafter einer GmbH gefährlich. Im neuen Recht wurde auf die subsidiäre Solidarhaftung der Gesellschafter verzichtet. Der Schutz der Gläubiger wird nunmehr durch andere Vorkehren gewährleistet: Unter neuem Recht müssen die Stammanteile stets voll liberiert werden; für Sacheinlagen und Sachübernahmen sowie für die Liberierung durch Verrechnung oder durch frei verfügbares Eigenkapital wurden Voraussetzungen statuiert, die Missbräuche erschweren (Gründungs- und Kapitalerhöhungsbericht, Prüfungspflicht dieser Berichte). Damit ist die effektive Erfüllung der Einlagepflicht unter neuem Recht besser gewährleistet.

12 Anders als bei der Aktiengesellschaft können bei der GmbH in den Statuten Nachschuss- und Nebenleistungspflichten vorgesehen werden. Das alte Recht der Nachschusspflichten war lückenhaft und vermochte Gesellschafter mit Minderheitsbeteiligungen lediglich ungenügend zu schützen. Das neue Recht beschränkt die Nachschusspflicht auf das Doppelte des Nennwerts des Stammanteils[12]. In Abweichung vom alten Recht wird die statutarische Nachschusspflicht unter neuem Recht dem Eigenkapital angeglichen: Die Einzahlung und die Rückerstattung von Nachschüssen untersteht besonderen Vorschriften; Nachschüsse können sodann nicht mehr nur zur Deckung von Bilanzverlusten eingefordert werden, sondern auch bei Liquiditätsengpässen sowie in Fällen, in denen die Gesellschaft aus in den Statuten umschriebenen Gründen Eigenkapital benötigt[13]. Durch die Erweiterung der Verwendungszwecke der Nachschusspflicht kann diese die im alten Recht vorgesehene Möglichkeit der Teilliberierung weitgehend ersetzen[14].

[11] Art. 791 Abs. 1 OR; Botschaft, S. 3185.

[12] Art. 795 Abs. 2 OR.

[13] Art. 795a Abs. 2 OR.

[14] Botschaft, S. 3161.

Der Begriff der Nebenleistungspflicht ist extensiv auszulegen[15]. Die Pflicht der Gesellschafter kann sowohl in einem Tun als auch in einem Unterlassen oder in einem Dulden bestehen. Zulässig sind jedoch nur Nebenleistungspflichten, die dem Zweck der Gesellschaft, der Erhaltung ihrer Selbstständigkeit oder der Wahrung der Zusammensetzung des Gesellschafterkreises dienen[16]. Gegenstand und Umfang der Nebenleistungspflicht ist in den Statuten festzulegen[17]. Für die nähere Umschreibung kann auf ein Reglement der Gesellschafterversammlung verwiesen werden[18]. Die nachträgliche Einführung und die Erweiterung statutarischer Nachschuss- oder Nebenleistungspflichten bedarf der Zustimmung aller davon betroffenen Gesellschafter[19]. Die dispositive gesetzliche Ordnung ermöglicht eine den konkreten Bedürfnissen angepasste Ausgestaltung die Gesellschaftsform. 13

Die Aufhebung der jährlichen Meldepflicht als Folge der Pflicht zur vollständigen Liberierung bedeutet eine administrative Erleichterung, wobei allerdings zu beachten ist, dass an der Eintragung der Gesellschafter im Handelsregister festgehalten wurde[20]. 14

§ 22 Grundlagen

I. Ausgangslage

Bisher wurden die Verhältnisse betrachtet, die zwischen der Gesellschaft und den Gesellschaftern resp. zwischen den Gesellschaftern unter sich bestehen. Sie werden dem Innenverhältnis zugeordnet, obwohl sie – wie alles, was innerhalb der Gesellschaft stattfindet – auch nach aussen wirken. 1

Mit dem Begriff des Aussenverhältnisses werden die Beziehungen zwischen der Gesellschaft resp. den Gesellschaftern und Dritten umschrieben, die nicht zur Gesellschaft gehören; dazu gehört auch das Verhältnis zu Gesellschaftern, wenn sie nicht in ihrer Funktion als Gesellschafter auftreten, zum Beispiel ein Gesellschafter, der seiner GmbH wie ein Dritter eine Sache liefert. 2

[15] Botschaft, S. 3161.

[16] Botschaft, S. 3161.

[17] Art. 776a Abs. 1 Ziff. 1 OR i.V.m. Art. 795 OR und Art. 796 OR. Zur Nebenleistungspflicht vgl. § 18 N 7 f.

[18] Art. 796 Abs. 3 OR.

[19] Art. 797 OR.

[20] Art. 791 OR; vgl. zur Eintragung im Handelsregister § 5 N 78.

II. Gemeinsamkeiten und Unterschiede im Vergleich zum Aktienrecht

3 Die GmbH ist als Körperschaft mit einem zum Voraus bestimmten festen Grundkapital, für deren Verbindlichkeiten nur das Gesellschaftsvermögen haftet, eng mit der AG verwandt. Durch die Revision des Rechts der GmbH wurde diese Verwandtschaft weiter verstärkt. Insbesondere die Regeln betreffend das Aussenverhältnis, beispielsweise die Regeln betreffend die Sicherstellung der Haftungsbasis, betreffend die Rechnungslegung und die Revision oder betreffend den Kapitaleinsatz der Gesellschafter wurden an das Recht der Aktiengesellschaft angenähert. Eigenständig bleibt das Recht der GmbH hingegen in Bezug auf die Regelung der Organe und ihrer Kompetenzen.

§ 23 Auftreten der Gesellschaft als Einheit / Art des Auftretens / Firmenrecht

I. Grundlagen

1. Worum geht es?

1 Die Art des Auftretens gegenüber Dritten ist von entscheidender Bedeutung für die Stellung eines Unternehmens im Markt. Das Unternehmen will durch sein Auftreten diejenige Geltung erlangen, die es für sich beansprucht. Dabei kann es sich vieler Mittel bedienen: PR-Massnahmen und Werbung gehören sicher dazu.

2 Ausgangslage des Auftretens gegenüber Dritten ist aber der Name der Gesellschaft, die ein Unternehmen betreibt, die Firma; damit verbunden ist die Frage, ob und wie die Gesellschaft im eigenen Namen gegenüber Dritten auftreten kann. Je nach Geltungsanspruch soll und muss der Gesellschaftsname auf die Person der Gründer oder Gesellschafter hinweisen oder von diesen unabhängig sein. Wer das Vertrauen, das er bei anderen geniesst, seinem Unternehmen zukommen lassen will, gibt der Gesellschaft seinen Namen[21], wer eine eigene Unternehmensidentität aufbauen will, wählt einen Namen, der den Gründer überlebt und auf die Identität des Unternehmens hinweist[22].

21 Z. B. Gebr. Müller GmbH.

22 Z. B. Robotech GmbH.

2. Rechtliche Grundlagen

Die Namensgebung der GmbH unterliegt strengen Normen. Sie muss den Vorschriften des Namensrechts[23], des Wettbewerbsrechts[24] und des Firmenrechts[25] entsprechen. Die Regeln über die Namensgebung einer GmbH lassen sich nach dem Gesagten also nicht ausschliesslich dem Firmenrecht entnehmen; auch das Namens- und Wettbewerbsrecht muss berücksichtigt werden. Der Schutzbereich dieser Vorschriften geht teilweise weiter, als derjenige des Firmenrechts[26]. Im Folgenden werden nur die wichtigsten Grundsätze und die Abweichungen der GmbH vom allgemein gültigen Recht der Firmenbildung dargestellt; für tiefergreifende Erläuterungen sei auf die zitierte Literatur und die allgemeinen gesellschaftsrechtlichen Abhandlungen zum Firmenrecht verwiesen[27]. 3

II. Grundsätze für die Firmenbildung

1. Sprache, Erscheinungsbild der Firma

Die Gesellschaft ist völlig frei in Bezug auf die Sprache, die sie für ihre Firma wählt. Zulässig sind auch Fantasiebezeichnungen, die überhaupt keiner Sprache entnommen sind. 4

An die schweizerischen Amtssprachen ist die Firma lediglich bei den obligatorischen Firmenbestandteilen gebunden, im GmbH-Firmenrecht also bei der Bezeichnung der Gesellschaftsform. Zulässig ist die Firma «XY S.a.r.l.» (Société à responsabilité limitée), auch wenn die GmbH ihren Sitz in der deutschsprachigen Schweiz hat. Unzulässig indessen ist die Firma, die ihre Rechtsform beispielsweise in englischer Sprache angibt: «XY Ltd.». 5

Abkürzungen als Teil der Firma sind zulässig, wenn sie sich aus den Anfangsbuchstaben der einzelnen Worte der Firma ergeben[28]. In jedem Fall muss die Firma in 6

23 Art. 29 ZGB.

24 Insbesondere Art. 3 lit. b sowie Art. 3 lit. d des Bundesgesetzes gegen den unlauteren Wettbewerb (UWG; SR 241).

25 Vgl. nachfolgend N 4 ff.

26 Der vereinfachten Darstellung wegen erfolgt der Hinweis auf namens- und wettbewerbsrechtliche Vorschriften bei den jeweiligen Sachthemen.

27 Vgl. insbesondere auch *Eckert,* Bewilligungspflichtige und verbotene Firmenbestandteile; *Küng/Meisterhans/Zenger,* GmbH, Genossenschaft, Handbuch für das Handelsregister; *Rebsamen,* Das Handelsregister, ein Handbuch für die Praxis; *Altenpohl,* OR, Art. 944–956.

28 *Küng/Hauser,* § 3 N 20.

deutschen Buchstaben oder arabischen Ziffern schreibbar und aussprechbar sein[29]. Die grammatikalische Korrektheit hingegen ist bei der Firmenbildung nicht zu beachten[30]. Satzzeichen sind nur erlaubt, wenn sie grammatikalisch nötig sind[31], nicht aber, wenn sie reklamehaft verwendet werden[32]. Symbole und Bildzeichen dürfen nicht verwendet werden[33].

2. Bezeichnung der Gesellschaftsform

7 Bei der GmbH ist die Bezeichnung als Gesellschaft mit beschränkter Haftung obligatorisch[34]. Dies gilt unter neuem Recht auch für die Aktiengesellschaft und die Genossenschaft. Die Bezeichnung als Gesellschaft mit beschränkter Haftung kann auch durch Abkürzung in einer Amtssprache erfolgen[35] oder durch die voll ausgeschriebene Bezeichnung «Gesellschaft mit beschränkter Haftung» oder durch ein mit den Begriffen «Gesellschaft» und «m.b.H.» zusammengesetztes Wort[36].

3. Bezeichnung der Gründer oder Gesellschafter?

8 Nicht nötig ist die Bezeichnung von natürlichen Personen, die Gründer, Geschäftsführer oder Gesellschafter sind. Sind solche Namen Firmenbestandteil muss die Firma nicht geändert werden, wenn die Träger dieser Namen ihre Beziehung zur GmbH durch Tod oder Austritt verlieren[37]. Umgekehrt darf die Firma aber nur einen Familiennamen enthalten, wenn zwischen der Gesellschaft und dem Träger des Namens tatsächlich eine Beziehung besteht; – das ergibt sich aus dem Grundsatz, dass die Firma der Wahrheit entsprechen muss und keine Täuschung verursachen darf[38].

9 Das GmbH-Recht ermöglicht hier im Gegensatz zur Kollektiv- und Kommanditgesellschaft eine Konstanz in der Firma. In jenen Gesellschaftsformen dürfen nur

29 *Küng/Hauser,* § 3 N 7.

30 *Altenpohl,* OR, Art. 944 N 8.

31 BGE 64 I 56; *Altenpohl,* OR, Art. 944 N 9; *Küng/Meisterhans/Zenger,* S. 42. Vgl. aber nachfolgend N 23.

32 «...plus GmbH»; *Altenpohl,* OR, Art. 944 N 9. Allenfalls können solche Bezeichnungen als Dienstleistungsmarke Schutz finden. Vgl. aber nachfolgend N 23.

33 *Küng/Hauser,* § 3 N 14. Vgl. nachfolgend N 23.

34 Art. 950 OR.

35 GmbH., S.à r.l., S.a r.l.

36 Gesellschaft für XY m.b.H.; *Altenpohl,* OR, Art. 949 N 4.

37 So auch *Altenpohl,* OR, Art. 944 N 14 für AG und Genossenschaft; vgl. auch BGE 73 II 120 ff.

38 *Küng/Hauser,* § 3 N 29.

Personen in der Firma genannt sein, die unbeschränkt haften; ein Gesellschafterwechsel zwingt daher die Kollektiv- und die Kommanditgesellschaft, nicht aber die GmbH, zur Firmenänderung.

4. Territorialschutz

Jede Firma sichert in einem bestimmten Ausmass Schutz vor Firmenanmassung durch Dritte. Unter altem Recht galt Folgendes: Besteht die Firma der GmbH aus einem Personennamen, dann darf dieser Personenname durch eine andere GmbH in der Region[39], in der die GmbH tätig ist, nur mit einem Zusatz verwendet werden, der die Verwechslung mit der älteren GmbH ausschliesst. Unter neuem Recht müssen sich die Firmen der Aktiengesellschaft, der Gesellschaft mit beschränkter Haftung und der Genosschaft generell von allen in der Schweiz bereits eingetragenen Firmen deutlich unterscheiden[40]. 10

Der firmenrechtliche Territorialschutz besteht nur innerhalb der im Handelsregister eingetragenen Unternehmen. Firmenrechtlich kann also gegen beispielsweise einen Verein mit gleichem Namen nicht vorgegangen werden. Allerdings ist gestützt auf die Vorschriften des Namensrechts[41] oder nach UWG ein identischer oder ähnlicher Name unzulässig, wenn der alte Träger dieses Namens durch die Neugründung Nachteile erleidet, zum Beispiel im Falle einer Verwechslungsgefahr. 11

5. Wettbewerbsbezogene Grenzen der Firmenbildung

a) Grundsatz

Die Firma als Name der GmbH prägt ihr Auftreten im Markt; folgerichtig ist ihre Wahl auch durch den Anspruch bestimmt, dem die GmbH entsprechen möchte. Die Versuchung, mittels der Firmenwahl am Markt einen Eindruck zu erwecken, der nicht stimmt, oder durch die Wahl der Firma einen Wettbewerbsvorteil zu erlangen, ist gross. Das Firmenrecht setzt daher enge Grenzen und verbietet der GmbH wie auch allen anderen Unternehmen, eine Firma zu wählen, die ihr einen ungerechtfertigten Wettbewerbsvorteil verschafft[42]. 12

[39] *Altenpohl,* OR, Art. 946 N 5.

[40] Art. 951 Abs. 2 OR.

[41] Art. 29 ZGB.

[42] Zur Verwechslungsgefahr im Allgemeinen vgl. BGE 131 III 577; zum Adressatenkreis einer Firma vgl. Entscheid des Bundesgerichts 4C.199/2003 vom 20. Oktober 2003, E.2.3; zum Kennzeichnungsgehalt einer Firma vgl. Entscheid des Bundesgerichts 4C.197/2003 vom 5. Mai 2004, E.5.3.

13 An die Unterscheidbarkeit sind umso höhere Anforderungen zu stellen, wenn sich die ältere Firma im Markt bereits etabliert hat[43]. Ein besonders strenger Massstab an die Unterscheidbarkeit von Firmen ist sodann bei Fantasiebezeichnungen anzuwenden[44].

b) Unwahre, täuschende und übertreibende Firmen

14 Die Firma muss der Wahrheit entsprechen und darf keine Täuschung verursachen. Weil die Überprüfung der Firma präventiv erfolgt, ist nicht die effektive Täuschung massgebend, sondern die Täuschungsgefahr beim durchschnittlich aufmerksamen Betrachter[45].

15 Ausgangspunkt der Firmenbildung ist der Gesellschaftszweck; die Firma muss durch diesen gedeckt sein[46]; dass die geschilderte Tätigkeit den Schwerpunkt der Gesellschaftstätigkeit bildet, ist dagegen nicht erforderlich[47]. Auch innerhalb des Gesellschaftszwecks gibt es Grenzen: Sogar wenn die Firma durch den Gesellschaftszweck abgedeckt wird, ist die Firmenwahl unzulässig, wenn sie übertreibt[48] oder einen falschen Eindruck erzeugt[49].

c) Sachfirmen, welche den Sachausdruck monopolisieren

16 Wettbewerbspolitisch motiviert sind auch die Vorschriften, die es verbieten, durch die Firmenbildung einen Sachausdruck zu monopolisieren oder den Eindruck eines solchen Monopols zu erwecken[50]. Sachausdrücke als Firmenbestandteile sind nur zulässig, wenn ihnen individualisierende Zusätze beigefügt werden[51].

17 Unzulässig sind nicht nur reine Sachfirmen; unzulässig können auch Firmen sein, die eine Sachbezeichnung ausschliesslich mit einer Ortsbezeichnung verbinden

43 BGE 127 III 168 f. («Securitas – Securicall»).

44 BGE 131 III 572.

45 BGE 114 II 287; wobei auch der sich einer anderen Landessprache bedienende Durchschnittsbetrachter berücksichtigt werden muss, BGE 110 II 399 ff.; BGE 113 II 282; BGE 123 III 226 ff.

46 Unzulässig beispielsweise das Wort «Industrie» in der Firma einer Handelsgesellschaft; vgl. Jahrbuch des Handelsregisters 1993, S. 139.

47 BGE 91 I 218; *Altenpohl,* OR, Art. 944 N 19.

48 Mit Begriffen wie «global», «universal» etc.

49 Beispielsweise durch Verwendung fehlender oder nicht mit schweizerischen Massstäben vergleichbarer akademischer Titel (BGE 113 II 282 f., «Dr. h.c.»); weitere Beispiele in *Altenpohl,* OR, Art. 944 N 18 ff.

50 Z. B. «Bau GmbH», vgl. BGE 101 Ib 362 («Inkasso AG»); BGE 106 II 355 («Industries SA»); BGE 107 II 250 («Management AG»); BGE 114 II 284 («Aeroleasing AG»); *Altenpohl,* OR, Art. 944 N 16; *Küng/Meisterhans/Zenger,* S. 41.; *Küng/Hauser,* § 3 N 46 ff. Vgl. aber nachfolgend N 23.

51 *Altenpohl,* OR, Art. 944 N 16.

und auf diese Weise die Sachbezeichnung regional monopolisieren[52]. Die Handhabung der Vorschrift ist allerdings heikel und im Voraus nicht absehbar, sondern in der Praxis die Folge von Verhandlungen mit dem eidgenössischen Handelsregister, das über die Einhaltung dieser Vorschriften wacht[53].

6. Grenzen der Firmenbildung im öffentlichen Interesse

Firmen dürfen nicht gegen das öffentliche Interesse verstossen. Darunter fällt das Verbot, eine Firma zu wählen, die den Eindruck erweckt, dass es sich bei ihr um eine staatliche Institution handle, zum Beispiel durch Verwendung der Begriffe «Kanton», «Gemeinde», «Eidgenossenschaft», aber auch «rotes Kreuz» oder «Vereinte Nationen»[54]. Aus diesem Grunde darf auch die Bezeichnung «Schweiz» – wenn überhaupt – nur in Klammern gesetzt «(Schweiz)» für Tochtergesellschaften ausländischer Unternehmen verwendet werden[55]. 18

Gegen öffentliche Interessen verstossen auch Firmen mit einem unsittlichen Inhalt, die daher ebenfalls nicht gewählt werden dürfen. 19

7. Altrechtliche Firmenbildungen

Die beschriebenen firmenrechtlichen Vorschriften wurden nicht immer gleich streng gehandhabt; es gibt daher eine Vielzahl von Unternehmen, die Sach- und Ortsfirmen, zum Teil auch unwahre oder irreführende Firmen[56] tragen. Sie geniessen den Schutz vor Rückwirkung und müssen nicht geändert werden. Wollen oder müssen diese Unternehmen jedoch ihre Firma ändern, beispielsweise wegen ihrer Umwandlung in eine GmbH oder in eine Aktiengesellschaft, muss die neue Firma nach Massgabe der geltenden Regeln gebildet werden. 20

Durch die vom Bundesrat per 1. Januar 1998 in Kraft gesetzte Änderung der Handelsregisterverordnung (SR 172.011) wurden die Anforderungen an die Wahl und 21

[52] Z. B. «Baugesellschaft Bern m.b.H.»

[53] Zuweilen hängt die Abgrenzung an Kleinigkeiten, wie einem Bindestrich. Unzulässig war «Oerlikon Schweisstechnik AG», zulässig aber «Oerlikon-Schweisstechnik AG»; beide (neben anderen Beispielen) beschrieben und begründet in: Jahrbuch des Handelsregisters, 1992, S. 59 f.

[54] *Altenpohl,* OR, Art. 944 N 23.

[55] *Altenpohl,* OR, Art. 944 N 24 f. Ein Mustergesuch für die Beantragung einer nationalen Firmenbezeichnung findet sich im Jahrbuch des Handelsregisters, 1993, S. 199 ff.; vgl. auch zur Bewilligungspflicht der Bezeichnung «Schweiz» allgemein: *von Albertini,* S. 108 ff.; sowie zu territorialen Bezeichnungen nachfolgend N 22 f.

[56] Z. B. «Bankverein».

Schreibweise von Firmen erleichtert und auf das Reklameverbot sowie das Bewilligungsverfahren für geografische Bezeichnungen verzichtet[57].

8. Zulässigkeit von Territorialbezeichnungen

22 Nationale und territoriale Bezeichnungen[58] in Firmen sind grundsätzlich zulässig. Entscheidend sind das Wahrheitsgebot, das Täuschungsverbot und der Schutz öffentlicher Interessen. Territorialbezeichnungen sind zulässig, wenn sie mit Bezug auf den Gesellschaftszweck, die Herkunft der Produkte oder das Tätigkeitsfeld zutreffend sind. Als alleiniger Firmenbestandteil hingegen ist die geografische Bezeichnung nicht zulässig[59].

9. Anleitung und Weisung an die Handelsregisterbehörden betreffend die Prüfung von Firmen und Namen

23 Das Eidgenössische Amt für Handelsregister hat die Grundsätze der Firmenbildung in seiner Anleitung und Weisung vom 1. Januar 1998[60] zusammengefasst. Der Weisung sind folgende Grundsätze zu entnehmen: Der Begriff *«International»* wird nur vergeben, wenn das Unternehmer über eine internationale Struktur verfügt. Ein Repräsentationsbüro oder ausländische Kundschaft genügt hingegen nicht. Nationale Begriffe werden weiterhin unter den Gesichtspunkten des Wahrheitsgebotes, des Täuschungsverbotes und des Schutzes öffentlicher Interessen lediglich zurückhaltend gebilligt. Das Verbot reklamenhafter Firmenbestandteile wurde aufgehoben. Die Bezeichnung der Örtlichkeit des Geschäfts sowie die Angabe der Tätigkeitsart in der Firma sind eintragungsfähig. Nicht eintragungsfähig ist hingegen die grafische Gestaltung des Firmenlogos. Was die Schreibweise der Firma anbelangt, sind nach wie vor nur lateinische Buchstaben erlaubt, wogegen Orthographiefehler nicht mehr eine Rückweisung rechtfertigen. Zeichen wie @, *, $, € oder % sind nicht zulässig. Neben der eingetragenen Firmenbezeichnung darf das Unternehmen eine Kurzbezeichnung verwenden, die nicht Firmenbestandteil ist. Die Abkürzung selbst wird in diesem Fall jedoch firmenrechtlich nicht geschützt. Die mehrsprachige Eintragung der Firma muss exakt übereinstimmen. Ist die Firma eingetragen, ist das Unternehmen verpflichtet, die Firma zu gebrauchen. Das heisst, auf Briefen, Rechnungen und Bekanntmachungen ist die Firma voll-

[57] Vgl. nachfolgend N 23.

[58] Etwa: «basler», «schweizerische». Vgl. nachfolgend N 23.

[59] *Altenpohl,* OR, Art. 944 N 24 f.; *Küng/Hauser,* § 3 N 52 ff.

[60] SR 172.011.

ständig und unverändert wiederzugeben. Die Rechtsform der Firma ist sodann im Handelsregister einzutragen[61].

III. Das Verbot gleichlautender Firmen; praktisches Vorgehen

Damit Unternehmen individualisiert werden können, werden gleichlautende Firmen vom eidgenössischen Amt für das Handelsregister nicht zugelassen und zurückgewiesen. Über www.admin/zefix.ch oder mittels des Schweizerischen Ragionenbuches kann abgeklärt werden, ob bereits eine Firma wie die in Aussicht genommene existiert. Sodann besteht die Möglichkeit, beim Eidgenössischen Amt für Handelsregister oder beim kantonalen Handelsregister eine Vorprüfung vornehmen zu lassen. 24

IV. Rechtsschutz

Die Zulässigkeit der Firmenbildung wird vom Eidgenössischen Handelsregisteramt präventiv überwacht. Im Rahmen dieser Prüfung werden allerdings nur Firmen untersagt, die mit bereits bestehenden Firmen identisch sind, was das Rechtsschutzbedürfnis des einzelnen Firmeninhabers nur geringfügig entlastet. 25

Der Registerführer prüft jede angemeldete Tatsache auf ihre Gesetzmässigkeit und ihre materielle Richtigkeit. Bei der Prüfung der registerrechtlichen Voraussetzungen ist seine Kognitionsbefugnis unbeschränkt. Materiellrechtliche Voraussetzungen prüft der Registerführer hingegen mit beschränkter Kognition[62]. 26

Stimmt das Eidgenössische Handelsregisteramt einer Firma zu, die einer bereits verwendeten Firma ähnlich ist (oder scheitert die Prüfung des Eidgenössischen Handelsregister daran, dass nicht in das Handelsregister einzutragende Namensträger übersehen werden), muss der belastete Firmeninhaber selber tätig werden. Er muss nach den jeweils anwendbaren Prozessvorschriften am Sitz des anderen Unternehmens gestützt auf die entsprechenden namens-, firmen- oder wettbewerbsrechtlichen Vorschriften klageweise vorgehen. Gemäss Art. 956 Abs. 2 OR kann, wer durch den unbefugten Gebrauch einer Firma beeinträchtigt wird, auf Unterlas- 27

[61] Vgl. hierzu eingehend *Böckli,* Aktienrecht, § 1 N 279 ff.

[62] BGE 114 II 69 ff. bzw. BGE 121 III 371.

sung und bei Verschulden auf Schadenersatz klagen. Ist eine Leistungsklage nicht möglich, kann sodann eine Feststellungsklage erhoben werden[63].

V. Zwang zur Verwendung der Firma

28 Das Firmenrecht verpflichtet die Gesellschaft, die von ihr gewählte Firma im Verkehr mit Dritten auch tatsächlich zu benutzen. Sie darf zwar neben ihrer Firma zusätzlich auch mit einer Kurzbezeichnung dieser Firma, einer Enseigne oder einer Marke auftreten; auf die Firma, insbesondere den obligatorischen Bestandteil «GmbH» darf sie aber nicht verzichten[64]. In der Geschäftskorrespondenz, in Rechnungen oder in öffentlichen Bekanntmachungen muss die unveränderte, vollständige Firma verwendet werden. Die Verwendung von Firmen, die nicht mit dem im Handelsregister eingetragenen Wortlaut übereinstimmen und irreführend sein können wird durch Art. 326ter StGB sanktioniert[65].

29 Die Verwendung einer anderen Bezeichnung als der im Handelsregister eingetragenen Firma ist strafbar, wenn dadurch eine Täuschung bewirkt wird[66]. Diese kann beispielsweise darin bestehen, dass bei den Gläubigern durch das Weglassen des Firmenbestandteils «GmbH» der Eindruck einer Kollektivgesellschaft und damit der unbeschränkten Haftung der Gesellschafter erweckt wird.

§ 24 Vertretung der Gesellschaft gegenüber Dritten

I. Grundlagen

1. Worum geht es?

1 Die Handlungssphären der Gesellschafter lassen sich aufteilen in Handeln innerhalb der Gesellschaft und in Handeln für die Gesellschaft gegenüber Dritten. Das Handeln innerhalb der Gesellschaft erfolgt durch die Gesellschafterversammlung, durch die Geschäftsführung und durch die dieser untergeordneten Stellen. Das

[63] *Altenpohl,* OR, Art. 956 N 11 ff.; *Küng/Hauser,* § 3 N 41f.

[64] Art. 954a OR.

[65] Botschaft, S. 3242.

[66] *Küng/Meisterhans/Zenger,* S. 35.

Handeln innerhalb der Gesellschaft bestimmt die gesellschaftsinterne Meinungsbildung.

Gestützt auf diese Meinungsbildung tritt die Gesellschaft nach aussen gegenüber Personen auf, die nicht der Gesellschaft angehören. Dieses Auftreten nach aussen folgt eigenen Regeln: Die Parallelität zwischen Geschäftsführung und Vertretung nach aussen, also die Vertretungsbefugnis der geschäftsführenden Gesellschafter, ist zwar die dispositive Regel[67], von der aber oft, vor allem bei grösseren Gesellschaften, abgewichen wird. 2

Das GmbH-Recht verweist zum Umfang und zur Beschränkung der Vertretungsbefugnis sowie für Verträge zwischen der Gesellschaft und der Person, die sie vertritt, auf die Regeln des Aktienrechts[68]. 3

II. Umfang und Beschränkung der Vertretungsbefugnis

1. Gesetzliche Vertreter der GmbH (Organe)

a) Grundsatz

Die GmbH handelt gegenüber Dritten durch ihre gesetzlichen und gewillkürten Vertreter. Gesetzliche Vertreter sind die geschäftsführenden Gesellschafter[69] als Organe der GmbH und die Personen mit organtypischen Funktionen[70]; gewillkürte Vertreter sind die ernannten Organe, die nicht geschäftsführende Gesellschafter sind: Prokuristen, Handlungsbevollmächtigte und Ad-hoc-Stellvertreter[71]. 4

b) Die geschäftsführenden Gesellschafter als Organe

Nach dispositivem Recht[72] üben die Gesellschafter die Geschäftsführung gemeinsam aus. Entspricht diese Regelung nicht den konkreten Bedürfnissen der Gesellschafter, können sie die Geschäftsführung in den Statuten abweichend regeln und die Geschäftsführungsbefugnis auf einzelne Gesellschafter oder Dritte übertragen[73]. 5

67 Art. 814 Abs. 1 und Abs. 2 OR.

68 Art. 814 Abs. 4 OR.

69 Vgl. nachfolgend N 5 ff.

70 Vgl. nachfolgend N 9 f.

71 Vgl. nachfolgend N 14 ff.

72 Art. 809 Abs. 1 OR.

73 Botschaft, S. 3211 f.

6 Gemäss Art. 814 Abs. 1 OR ist jeder Geschäftsführer berechtigt, die Gesellschaft zu vertreten. Die Vertretung kann in den Statuten abweichend geregelt werden[74]. Die abweichende Vertretungsordnung wird dementsprechend durch einen Gesellschaftsbeschluss, nicht jedoch durch einen Geschäftsführerbeschluss gefasst.

7 Die abweichende Regelung der Vertretung ist nicht im Detail in den Statuten festzuhalten. Die Statuten können auf ein Reglement der Gesellschafterversammlung oder der Geschäftsführung verweisen[75].

8 Zwingend ist, dass mindestens ein Geschäftsführer zur Vertretung der Gesellschaft berechtigt ist. Die Gesellschaft muss auf der Ebene der Geschäftsführung vertreten werden können, wobei es genügt, wenn zwei Geschäftsführer die Gesellschaft kollektiv zu zweien vertreten können.

c) Personen mit organtypischen Funktionen

9 Personen mit organtypischen Funktionen sind Personen, die innerhalb der GmbH eine Stellung innehaben, die einem Geschäftsführer entspricht, ohne dass ihnen diese Funktion formell zukommt; faktische Organe können also auch Personen sein, die im Aussenverhältnis nur Prokuristen oder Handlungsbevollmächtigte oder überhaupt nicht vertretungsbefugt sind[76]. Unabhängig von einem Eintrag in das Handelsregister oder der gesellschaftsinternen Funktion kann jede Person mit interner faktischer Organstellung die GmbH durch ihre unerlaubten Handlungen verpflichten[77].

10 Eine solche Verpflichtung kann auch darin bestehen, einem Dritten Schadenersatz zu leisten, wenn das faktische Organ seine Vertretungsbefugnis vortäuschte und den Dritten zu einem Vertragsschluss mit der GmbH verleitete, der zwar mangels Vertretungsbefugnis nicht gültig zustande kommt, die GmbH aber unter Umständen aus culpa in contrahendo schadenersatzpflichtig werden lässt. Diese Schadenersatzpflicht kann dazu führen, dass die nachträgliche Genehmigung des Vertrags mit dem Dritten[78] die günstigere Lösung darstellen kann.

74 Art. 814 Abs. 2 OR.

75 Botschaft, S. 3215 f.

76 Zum faktischen Organ vgl. BGE 128 III 29 ff.; BGE 128 III 92 ff.; Entscheid des Bundesgerichts 4C.307/2001 vom 14. März 2002, E. 2.b.

77 Vgl. dazu nachfolgend N 11 ff.

78 Art. 38 OR.

d) Vertretungsbefugnis der Organe

Juristische Personen handeln durch ihre Organe. Handeln die Organe, liegt daher keine eigentliche Stellvertretung vor, sondern ein unmittelbares eigenständiges Handeln der jeweiligen juristischen Person, der GmbH. 11

Ist das Handeln des Organs vertragswidrig, begeht die Gesellschaft direkt und unmittelbar eine Vertragsverletzung; ist das Handeln des Organs widerrechtlich, ist es die Gesellschaft, die widerrechtlich handelt. Handelt ein Organ, kann die Gesellschaft nicht geltend machen, dass es das Organ nicht zum Handeln ermächtigt habe, ja nicht einmal, dass es dem Organ verboten habe, die Handlung zu begehen. Diese Einwände vermögen die Haftung der Gesellschaft nicht auszuschliessen. Die Gesellschaft wird erst dann nicht durch das Handeln der Organe verpflichtet, wenn diese nicht als Gesellschaftsorgane (sondern beispielsweise in ihrem Privatbereich[79]) handeln. 12

Das Organ verpflichtet die Gesellschaft durch unerlaubte Handlungen[80] und durch Verträge, welche es namens der Gesellschaft abschliesst. Für unerlaubte Handlungen haftet die Gesellschaft. Für abgeschlossene Verträge haftet die Gesellschaft nur, wenn ihr Abschluss durch den Gesellschaftszweck gedeckt ist. Das ist dann nicht der Fall, wenn der Abschluss des Vertrags für den am Geschäft beteiligten Dritten objektiv erkennbar durch den Gegenstand der GmbH geradezu ausgeschlossen ist[81]. Dabei ist der Gesellschaftszweck extensiv auszulegen; entscheidend ist, ob die Art des Geschäftes dem Gesellschaftsgegenstand entsprechen könnte; ob das konkrete Geschäft tatsächlich im Interesse der Gesellschaft lag, wird nicht geprüft[82]. 13

2. Gewillkürte Vertreter der GmbH

a) Grundlagen

Die GmbH kann und sollte die Vertretungsbefugnis ihrer Geschäftsführer statutarisch regeln: Entweder von der dispositiven Regel abweichend oder diese präzisierend. 14

Präzisierend kann die GmbH die Vertretungsbefugnis regeln, indem sie die vertretungsbefugten geschäftsführenden Gesellschafter namentlich benennt und im Handelsregister eintragen lässt. Abweichend kann sie die Vertretungsbefugnis der ge- 15

79 Vgl. BGE 105 II 289 ff.

80 Art. 817 OR.

81 Vgl. zur Aktiengesellschaft BGE 116 II 323 bzw. BGE 126 III 361 ff.

82 Anders noch BGE 95 II 442 (Prospera); diese Rechtsprechung wurde korrigiert in BGE 116 II 323 bzw. BGE 111 II 284 ff. Vgl. auch ZR 2004, S. 65 ff.

schäftsführenden Gesellschafter regeln, indem sie diesen die Vertretungsbefugnis auch nur zu zweien oder in anderen Kombinationen oder gar nicht einräumt. Dabei ist zu beachten, dass auch eine gemäss Handelsregister nur kollektiv zeichnungsberechtigte Person unter den in Art. 32 Abs. 2 OR beschriebenen Umständen die Gesellschaft allein verpflichten kann[83].

16 Nur kleine Gesellschaften lassen sich ausschliesslich durch ihre Gesellschafter vertreten. Oft werden weitere Personen bestimmt, denen die Vertretungsbefugnis zukommen soll.

17 Zuständig für die Festlegung der Vertretungsverhältnisse ist die Gesellschafterversammlung, die mit dem für Statutenrevisionen nötigen Quorum entscheidet. Die Gesellschafterversammlung kann die Befugnis zur Ernennung von Prokuristen und Handlungsbevollmächtigten durch eine Statutenbestimmung an die Geschäftsführung delegieren[84].

18 Beim Entscheid über die Regelung der Vertretungsbefugnis ist zu beachten, dass mindestens eine Person, welche die Gesellschaft vertreten kann, Wohnsitz in der Schweiz haben muss. Hat kein zur Vertretung befugter Geschäftsführer Wohnsitz in der Schweiz, muss ein Direktor mit Wohnsitz in der Schweiz mit der Vertretung der Gesellschaft betraut werden[85].

b) Einschränkung oder Ausweitung der Vertretungsbefugnis der geschäftsführenden Gesellschafter

aa) Einschränkung der Vertretungsbefugnis durch inhaltliche Grenzen

19 Das GmbH-Recht verweist zum Umfang und zur Beschränkung der Vertretungsbefugnis auf die Regeln des Aktienrechts[86]: Der Geschäftsführer kann im Namen der Gesellschaft (nur) Rechtshandlungen vornehmen, die der Zweck der Gesellschaft mit sich bringen kann. Diese Vertretungsmacht kann mit Wirkung gegenüber Dritten beschränkt werden, sofern sie im Handelsregister eingetragen ist[87]. Die Vertretungsbefugnis der geschäftsführungsberechtigten Gesellschafter ist nicht zwingend vorgeschrieben. Es ist zulässig, bestimmte geschäftsführende Gesellschafter in Abweichung von der dispositiven Gesetzesordnung von der Vertretungsbefugnis auszunehmen.

[83] BJM 2001, S. 183. Beachte: Bei kollektiver Zeichnungsberechtigung kann ein Zeichnungsberechtigter die Betreibung entgegennehmen und Rechtsvorschlag erheben, nicht aber gegen den Willen des anderen Zeichnungsberechtigten Beschwerde führen. Vgl. BGE 65 III 73 f.

[84] Art. 804 Abs. 3 OR.

[85] Art. 814 Abs. 3 OR.

[86] Art. 814 Abs. 4 OR.

[87] BGE 120 II 9 ff.

Es ist auch denkbar, dass einem geschäftsführungsbefugten Gesellschafter im Aussenverhältnis eine Stellung eingeräumt wird, der keine Organqualität zukommt, dass man ihn zum Prokuristen oder Handlungsbevollmächtigten macht und seine Vertretungsbefugnis auf diese Weise inhaltlich beschränkt. Eine inhaltliche Einschränkung der Vertretungsbefugnis ohne Wegfall der Organstellung ist nicht möglich, weil die inhaltlichen «Vertretungsbefugnisse» der Organe zwingend festgelegt sind[88]. Eine Einschränkung der Vertretungsbefugnis der Organe ist nur durch die Einführung der Pflicht zum gemeinsamen Handeln möglich. Dabei ist allerdings zu beachten ist, dass unter Umständen auch eine Person, die nur kollektiv zeichnungsberechtigt ist, die Gesellschaft alleine verpflichten kann. Ist eine Zeichnungsberechtigung kollektiv zu zweien vorgesehen, ist die Zeichnungskompetenz der jeweiligen Berechtigten in dem Sinne eingeschränkt, als keiner ohne den anderen die Gesellschaft rechtswirksam verpflichten kann. Handelt die im Handelsregister als kollektiv zeichnungsberechtigt bezeichnete Person ohne Mitwirkung eines weiteren Zeichnungsberechtigten, sind die Handlungen nicht verbindlich; es sei denn, die kollektiv zeichnungsberechtigte Person verfüge über eine Einzelvollmacht, ein zweiter Kollektivvertreter habe der Zeichnung vorgängig zugestimmt oder diese nachträglich genehmigt[89]. Beispielsweise kann bei der kollektiven Zeichnungsberechtigung einer der Zeichnungsberechtigten wohl eine Betreibung entgegen nehmen und Rechtsvorschlag erheben; der kollektiv Zeichnungsberechtigte ist aber nicht befugt, ohne das Mitwirken eines zweiten Zeichnungsberechtigten Beschwerde zu führen oder einen Entscheid weiterzuziehen[90]. 20

bb) Geografische Beschränkung der Vertretungsbefugnis

Geografisch kann die Vertretungsbefugnis auf Handlungen für eine Haupt- oder eine Zweigniederlassung der GmbH beschränkt werden[91]. 21

c) Vertretung durch Personen, die nicht geschäftsführungsbefugte Gesellschafter sind

Unter diese Gruppe fallen die Geschäftsführer, die nicht Gesellschafter sind[92], und Personen, die weder Gesellschafter noch Geschäftsführer sind. Für diese Gruppe stellt der Gesetzgeber drei Formen zur Verfügung: 22

88 Art. 55 ZGB.

89 BJM 2001, S. 183; BGE 65 III 73 f.; Entscheid des Bundesgerichts 4C.49/2005 vom 2. Mai 2005, E. 3.2.

90 BGE 65 III 73 f.

91 *Wohlmann,* GmbH, S. 114.

92 Vgl. § 14 N 18 ff.

aa) Direktoren

23 Direktoren sind Organe. Oft, aber nicht notwendigerweise sind sie im Innenverhältnis geschäftsführungsbefugt (aber nicht Gesellschafter); nach aussen sind es Organe mit den gleichen Befugnissen wie die gesetzlichen Organe, die auch geschäftsführende Gesellschafter sind. Direktoren verpflichten die GmbH nicht nur durch ihr vertragliches Handeln, sondern auch durch unerlaubte Handlungen[93].

bb) Prokuristen

24 Prokuristen haben die gleiche Vertretungsbefugnis wie Organe, mit dem Unterschied, dass Geschäfte mit Grundstücken einer besonderen Vollmacht bedürfen. Eine weitere – in der Praxis unter Umständen wichtige – Einschränkung der Vertretungsbefugnis der Prokuristen liegt in der in den meisten Zivilprozessordnungen vorgesehenen Regel, wonach nur Organe zur Vertretung von Gesellschaften im Prozess und zur Bestellung eines gewillkürten Vertreters (Anwaltes) berechtigt sind[94].

cc) Handlungsbevollmächtigte

25 Handlungsbevollmächtigte können ihre Gesellschaft in Bezug auf alle Rechtshandlungen verpflichten, welche die normale Geschäftstätigkeit mit sich bringt. Für Grundstücksgeschäfte, das Eingehen von Wechselverbindlichkeiten, für die Aufnahme von Darlehen und die Prozessführung sind besondere Vollmachten nötig[95].

dd) Einschränkungen der gewillkürten Vertretungsbefugnis

26 Die Vertretungsbefugnis von Prokuristen und Handlungsbevollmächtigten kann eingeschränkt werden, indem sie nur zu zweien, oder nur in einem geografisch beschränkten Gebiet (bei Zweigniederlassungen) ausgeübt werden kann.

ee) Entstehung der gewillkürten Vertretungsbefugnis

27 Direktoren, Prokuristen und Handlungsbevollmächtigte werden grundsätzlich von der Gesellschafterversammlung ernannt. Statutarisch kann diese Kompetenz an die Geschäftsführer übertragen werden[96].

[93] Vgl. Hierzu auch Entscheid des Eidgenössischen Versicherungsgerichts H 420/99 vom 22. März 2001, E. 2.a.

[94] *Vogel/Spühler,* § 29 N 110 f.

[95] Art. 462 Abs. 2 OR.

[96] Art. 804 Abs. 3 OR.

Direktoren und Prokuristen erlangen ihre Vertretungsbefugnis durch den Eintrag in das Handelsregister. Das Handelsregister hat positive Rechtskraft: Kein Dritter kann sich darauf berufen, dass er seinen Inhalt nicht gekannt hat. 28

Scheidet ein Geschäftsführer aus der Geschäftsführung aus, muss die GmbH unverzüglich deren Löschung als Organ bzw. die Löschung der Vertretungsbefugnis anmelden. Der ausscheidende Geschäftsführer kann die Löschung auch selber anmelden[97]. 29

ff) Ad-hoc-Vertreter

Neben den Personen, welche die GmbH als institutionalisierte Vertreter ernennt, kann sie Vertreter ernennen, die in einer einzigen Angelegenheit die GmbH vertreten sollen, zum Beispiel einen Anwalt, der für die GmbH einen Prozess führen soll. Für die Bestimmung der Ad-hoc-Vertreter und Spezialhandelsbevollmächtigten für bestimmte Geschäfte sind grundsätzlich die Geschäftsführer zuständig[98]. Eine Ausnahme gilt, wenn es die Statuten verlangen sowie im Falle des Generalbevollmächtigten; ansonsten könnten die Geschäftsführer die Gesellschafterversammlung umgehen und statt Direktoren Generalbevollmächtigte ernennen. 30

3. Zeichnungsberechtigung

Die zur Vertretung der Gesellschaft befugten Personen haben in der Weise zu zeichnen, dass sie der Firma ihre Unterschrift beifügen[99]. Zeichnungsberechtigte Personen müssen im Handelsregister eingetragen werden. Die Unterschrift ist dem Handelsregister in beglaubigter Form einzureichen[100]. 31

4. Insbesondere die Passivvertretung

Unabhängig von der Regelung der aktiven Vertretungsbefugnis ist jeder Geschäftsführer passiv vertretungsbefugt: Willenserklärungen erreichen die GmbH gültig, wenn sie an einen Geschäftsführer gerichtet worden sind[101]. 32

97 Art. 938b Abs. 2 OR.

98 *Von Steiger,* ZK, N 25 zu Art. 811 OR.

99 Art. 814 Abs. 5 OR.

100 Art. 814 Abs. 6 OR.

101 *Wohlmann,* GmbH, S. 115; *von Steiger,* ZK, N 18 zu Art. 811 OR.

III. Entzug der Vertretungsbefugnis

1. Geschäftsführende Gesellschafter

33 Der Entzug der Vertretungsbefugnis gestaltet sich unterschiedlich, je nachdem ob die Geschäftsführer von der Gesellschafterversammlung gewählt werden oder die Geschäftsführungsbefugnis den Gesellschaftern ohne Wahl zusteht.

34 Gemäss Art. 809 Abs. 1 OR üben die Gesellschafter, mangels einer abweichenden Bestimmung in den Statuten, die Geschäftsführung gemeinsam aus. Die Befugnis zur Geschäftsführung steht den Gesellschaftern grundsätzlich ohne Wahl durch die Gesellschafterversammlung zu, wobei die Statuten die Geschäftsführung abweichend regeln, namentlich auf einzelne Gesellschafter beschränken oder an Dritte delegieren können.

35 Die Gesellschafterversammlung kann die von ihr gewählten Geschäftsführer jederzeit (auch ohne wichtigen Grund) abberufen[102]. Steht den Gesellschaftern die Befugnis zur Geschäftsführung ohne Wahl zu (Selbstorganschaft), ist eine Abberufung grundsätzlich nur mittels einer statutarischen Neuregelung der Geschäftsführung möglich[103].

36 Liegen wichtige Gründe vor, kann der Richter auf Antrag eines Gesellschafters dem Geschäftsführer die Geschäftsführungsbefugnis entziehen oder beschränken[104]. Wichtige Gründe sind beispielsweise anzunehmen, wenn ein Geschäftsführer seine Pflichten grob verletzt oder seine Fähigkeit zu einer guten Geschäftsführung verliert[105]. Massgebend sind die für die Abberufung der Geschäftsführer der Kollektivgesellschaft geltenden Grundsätze.

2. Andere Vertreter

37 Direktoren, Prokuristen und Handlungsbevollmächtigte können von den Geschäftsführern jederzeit abberufen werden[106]. Dies gilt selbst dann, wenn die betroffene Person von der Gesellschafterversammlung ernannt wurde, wobei diesfalls unverzüglich eine Gesellschafterversammlung einzuberufen ist[107].

[102] Art. 815 Abs. 1 OR.

[103] Botschaft, S. 3216 f.; BGE 81 II 545 f.

[104] Art. 815 Abs. 2 OR.

[105] Botschaft, S. 3217.

[106] Art. 815 Abs. 3 OR.

[107] Art. 815 Abs. 4 OR.

§ 25 Haftung der geschäftsführenden und der nicht geschäftsführenden Gesellschafter

I. Grundlagen

1. Worum geht es?

1 Das Engagement einer Person in einer Gesellschaft ist fast immer mit einem wirtschaftlichen Risiko verbunden, auch wenn der Gesellschafter nicht für Gesellschaftsschulden haftet: Der Aktionär verliert einen Teil seines Aktienwerts, der angestellte Geschäftsführer seine Stelle etc. Mit dem Begriff der Haftung des Gesellschafters ist aber nicht diese wirtschaftliche Betroffenheit gemeint, sondern die Haftung mit dem persönlichen Vermögen, also auch über diejenigen Werte hinaus, welche er für die Gesellschaft eingesetzt hat.

2 Die Pflicht des Gesellschafters, zusätzliche Mittel aus seinem eigenen Vermögen zugunsten der Gesellschaft oder ihrer Gläubiger zu verwenden, kann als Nachschusspflicht gegenüber der Gesellschaft oder als Haftpflicht gegenüber Dritten bestehen. Im Rahmen der Nachschusspflicht muss der Gesellschafter der Gesellschaft diejenigen Mittel zur Verfügung stellen, die sie braucht, sei es, zur Verbesserung des Eigenkapitals, sei es zur Überbrückung von Liquidationsengpässen bzw. zur ordnungsgemässen Weiterführung der Geschäfte[108]. Der Anspruch steht der Gesellschaft und nicht den Gläubigern zu. Anders die Haftung für Gesellschaftsschulden: In diesen Fällen entsteht der Anspruch unmittelbar bei den Gläubigern, denen gegenüber die Gesellschafter haftbar werden, wenn die Gesellschaft nicht mehr in der Lage ist, ihren Verpflichtungen nachzukommen.

3 Nachschüsse sollen den Zusammenbruch der Gesellschaft verhindern. Nachschüsse kommen zeitlich vor der Haftung zum Tragen. Wirtschaftlich betrachtet kommen für den Gesellschafter Nachschusspflicht und Haftung gegenüber Dritten oft auf das Gleiche hinaus. Ob er an die Gesellschaft leistet, damit diese die Gläubiger befriedigt, oder ob er an die Gläubiger direkt leisten muss, ändert nichts daran, dass er mit seinem Vermögen Verluste der Gesellschaft zu decken hat.

4 Mit der Aussage, dass der Gesellschafter Dritten für Gesellschaftsschulden haften kann, ist über die Ausgestaltung dieser Haftung noch nichts gesagt. Das Gesellschaftsrecht kennt verschiedene Konzepte: ausschliessliche Haftung der Gesell-

[108] Vgl. § 17 N 3 ff.

schafter[109]; primäre Haftung des Gesellschaftsvermögens, subsidiäre Haftung der Gesellschafter[110]; verschuldenabhängige und verschuldenunabhängige Haftung[111].

II. Die Haftung des Gesellschafters mit beschränkter Haftung

5 Nach altem Recht hafteten die Gesellschafter bis zur Höhe des eingetragenen Stammkapitals nach den Vorschriften des Rechts der Kollektivgesellschaft für alle Verbindlichkeiten der Gesellschaft solidarisch. Die Gesellschafter hafteten nicht, wenn das Stammkapital einbezahlt und nicht durch Rückleistungen oder ungerechtfertigte Bezüge vermindert worden war.

6 Nach neuem Recht haftet für die Verbindlichkeiten der Gesellschaft nur das Gesellschaftsvermögen[112]. Die GmbH ist eine Kapitalgesellschaft für deren Verbindlichkeiten ausschliesslich das Gesellschaftsvermögen haftet. Ist keine Nachschusspflicht vorgesehen, trifft den Gesellschafter – wie bei der Aktiengesellschaft – ausser der Liberierungspflicht grundsätzlich keine weitere finanzielle Verpflichtung gegenüber der Gesellschaft oder gegenüber den Gläubigern der Gesellschaft. Die Liberierung des Stammkapitals und die Sicherstellung der Haftungsbasis wird durch die entsprechende Anwendung der Bestimmungen des Aktienrechts[113] gewährleistet, wobei das Stammkapital stets vollständig zu liberieren ist[114].

7 Das neue Recht sieht eine Verschärfung der Nachschusspflicht vor[115]. Nachschüsse können durch die Geschäftsleitung geltend gemacht werden[116] und werden im Konkurs der Gesellschafter automatisch fällig[117]. Damit gewinnen die Nachschusspflichten materiell den Charakter einer Haftung der Gesellschafter, weil die Ge-

[109] Bei der einfachen Gesellschaft trifft die Haftung für Gesellschaftsschulden ausschliesslich die Gesellschafter. Dies deshalb, weil das im Mit- oder Gesamteigentum stehende Vermögen nicht zu einem selbstständigen Haftungssubstrat ausgestaltet worden ist.

[110] Bei der Kollektivgesellschaft, der Kommanditgesellschaft, der Kommandit-AG, der Genossenschaft und dem Verein haftet der Gesellschafter lediglich subsidiär. Primär haftet das Gesellschaftsvermögen.

[111] Die Haftung für Gesellschaftsschulden besteht unabhängig vom Verschulden. Die Gesellschafter der Kollektivgesellschaft haften für die Schulden der Gesellschaft, auch wenn sie dafür nicht verantwortlich sind. Anders bei der Haftung aus Verantwortlichkeit. Der Geschäftsführer haftet nur dann, wenn er pflichtwidrig und schuldhaft handelt.

[112] Art. 772 Abs. 1 OR sowie Art. 794 OR.

[113] Art. 777c Abs. 2 OR; Art. 781 Abs. 3 OR; Art. 782 Abs. 4 OR; Art. 800 OR; Art. 801 OR etc.

[114] Art. 777c OR.

[115] Vgl. Zur Nachschusspflicht eingehend § 17 N 3 ff.

[116] Art. 795a Abs. 1 OR.

[117] Art. 795a Abs. 3 OR.

sellschaft über die Auslösung der Nachschusspflicht nicht mehr frei entscheiden kann. Unter altem Recht hatte die Nachschusspflicht diese Funktion weniger, denn die Gesellschafter konnten sie ohne Einbezug der Gläubiger abschaffen und nach einem Teil der Lehre sogar im Konkurs der Gesellschaft auf deren Geltendmachung verzichten.

Eine Nachschusspflicht, die, wenn sie einmal vorgesehen ist, nur wieder aufgehoben werden kann, wenn alle Gläubigerforderungen (nach den gleichen Voraussetzungen wie bei der Kapitalherabsetzung) sichergestellt sind, und die im Konkurs der Gesellschaft in jedem Fall fällig wird, verkörpert eine stärkere Belastung der Gesellschafter, als dies bei der Nachschusspflicht unter altem Recht der Fall war. Die Nachschusspflicht wird durch ihre neue Konstruktion ein Instrument des Gläubigerschutzes und der Sicherstellung der Kreditwürdigkeit der Gesellschaft. 8

Wie in allen Gesellschaftsformen haften die Geschäftsführer sodann für Pflichtverletzungen, die sie bei der Ausübung ihrer Funktion begehen; wenn beim Stichwort Verantwortlichkeitshaftung primär das Aktienrecht genannt wird, dann also nicht deshalb, weil diese Haftung nur dort vorkommt, sondern weil ihr dort die grösste Bedeutung zukommt, weil im Aktienrecht andere Haftungsgrundlagen fehlen. Tatsächlich gibt es diese Haftung mit unterschiedlicher Ausprägung in allen Gesellschaftsformen, auch in der GmbH. 9

III. Die Haftung der geschäftsführenden Gesellschafter aus Verantwortlichkeit

1. Worum geht es?

Art. 827 OR unterwirft Personen, die bei der Gründung mitwirken oder mit der Geschäftsführung, der Revision oder der Liquidation befasst sind, der Verantwortlichkeitshaftung des Aktienrechts. Zu unterscheiden sind drei verschiedene Verantwortlichkeitsklagen: Die Klage aus Gründungshaftung; die Klage aus Haftung für Verwaltung, Geschäftsführung und Liquidation; die Klage aus Revisionshaftung. 10

Die Verantwortlichkeitshaftung ist eine Haftung im Aussenverhältnis gegenüber den Gläubigern der GmbH und zugleich eine Haftung im Innenverhältnis gegenüber den Gesellschaftern. Das gilt bei der GmbH sogar noch viel stärker als bei der Aktiengesellschaft, weil bei der GmbH die Geschäftsführer zusätzlichen Pflichten gegenüber den Gesellschaftern unterliegen. Aus Gründen der Systematik und der Übersichtlichkeit erfolgt die Darstellung der Verantwortlichkeitsregeln im Kapitel über die Haftung der Gesellschafter und nicht im Kapitel über die Rechte der Gesellschafter gegenüber den Geschäftsführern. 11

2. Gründungshaftung

a) Grundlagen

12 Gemäss Art. 827 OR i.V.m. Art. 753 OR haften alle Personen, welche an der Gründung mitgewirkt haben, sowohl der Gesellschaft als auch den Gesellschaftern und den Gesellschaftsgläubigern für den Schaden, den sie absichtlich oder fahrlässig im Zusammenhang mit qualifizierten Gründungen[118], der Eintragung ins Handelsregister[119] oder der Entgegennahme von Zeichnungen[120] verursacht haben. Die Gründungshaftung setzt allerdings voraus, dass die mitwirkende Person einen spürbaren Einfluss auf die Gründung ausgeübt hat.[121]

b) Schaden

13 Der Schaden kann in einer Verminderung der Aktiven, einer Vermehrung der Passiven oder in entgangenem Gewinn bestehen. Der Schaden ist vom Kläger zu beweisen und berechnet sich in der Regel aufgrund der Differenz zwischen dem gezeichneten und dem nicht liberierten Stammkapital[122].

c) Widerrechtlichkeit

14 Die Widerrechtlichkeit liegt in der Regel in der Verletzung von Informationspflichten bzw. in unkorrekten Angaben, in der Verschleierung oder im Verschweigen von relevanten Tatsachen oder in unterlassenen Prüfungen[123]. Dabei ist zu beachten, dass die Gesellschaft aus Tatsachen, die allen Gründern bei der Gründung bekannt waren, keine Ansprüche gegen die Gründer ableiten kann. Dies gilt selbst dann, wenn die Gesellschaftsanteile seit der Gründung in andere Hände übergegangen sind[124].

[118] Art. 753 Ziff. 1 OR.

[119] Art. 753 Ziff. 2 OR.

[120] Art. 753 Ziff. 3 OR.

[121] Entscheid des Bundesgerichts 4P.161 / 2003 vom 12. November 2003, E. 4.3.2

[122] BGE 127 III 403 ff.

[123] BGE 64 II 278 ff.; BGE 83 II 287 f.; BGE 90 II 494 f.; BGE 102 II 356.

[124] BGE 83 II 56 f.

d) Verschulden

Das Verschulden des Verantwortlichen, ist vom Kläger zu beweisen. Fahrlässigkeit bzw. entsprechendes Wissen genügt. Ausnahmsweise verlangt Art. 753 Ziff. 3 OR eine wissentliche Pflichtverletzung. 15

Fahrlässigkeit setzt voraus, dass das schädigende Ereignis für den Schädiger voraussehbar war, wobei eine konkrete Gefahr der Schädigung genügt[125]. Abzustellen ist auf die Kenntnisse und Umstände zur Zeit der pflichtwidrigen Handlung. Der Verschuldensmassstab ist objektiviert: Massgebend ist die Sorgfalt, die ein gewissenhafter und vernünftiger Mensch desselben Verkehrskreises wie der Verantwortliche unter denselben Umständen als erforderlich erachten würde[126]. 16

e) Kausalität

Zwischen der Pflichtverletzung und dem konkreten Schaden muss ein adäquater Kausalzusammenhang gegeben sein, der vom Kläger zu beweisen ist[127]. 17

f) Verjährung

Der Anspruch auf Schadenersatz verjährt in fünf Jahren von dem Tag an, an dem der Geschädigte Kenntnis vom Schaden und von der Person des Ersatzpflichtigen erlangt hat, jedenfalls aber mit dem Ablauf von zehn Jahren, vom Tag der schädigenden Handlung an gerechnet[128]. 18

3. Haftung für Verwaltung, Geschäftsführung und Liquidation

a) Grundlagen

Mit der Verwaltung, der Geschäftsführung oder der Liquidation befasste Personen sind für die absichtliche oder fahrlässige Verletzung ihrer Pflichten verantwortlich[129]. 19

Die Verantwortlichkeit wird durch den Verstoss gegen die im Gesetz oder in den Statuten im Interesse der Gesellschaft, der Gesellschafter oder der Gläubiger auf- 20

[125] BGE 99 II 180.

[126] BGE 112 II 180.

[127] BGE 126 V 361 f.; BGE 113 II 57; *Forstmoser,* Verantwortlichkeit, N 266 ff.

[128] Art. 760 Abs. 1 OR.

[129] Art. 827 OR i.V.m. Art. 754 OR.

erlegten Pflichten begründet. Die verantwortlichen Personen können sich entlasten, wenn sie die Erfüllung der ihnen auferlegten Aufgaben berechtigterweise übertragen haben und den Nachweis erbringen, dass sie dabei die nach den Umständen gebotene Sorgfalt bei der Auswahl, Unterrichtung und Überwachung angewandt haben[130].

21 Die Verantwortlichkeit trifft alle Geschäftsführer. Das sind nach dispositiver Regel alle Gesellschafter, die zur gemeinsamen Geschäftsführung berechtigt und verpflichtet sind[131].

22 Faktische Geschäftsführer sind Personen, die aufgrund ihrer effektiven Rolle innerhalb der GmbH den formellen Geschäftsführern in Fragen der Verantwortlichkeit gleichzusetzen sind[132]. Ein Mehrheitsgesellschafter, der nicht Geschäftsführer ist, sich aber in die Geschäftsführung einmischt und dem faktisch eine Geschäftsführerstellung zukommt, unterliegt der Verantwortlichkeitshaftung.

23 Die Organe haften unbeschränkt mit ihrem ganzen Vermögen, wenn Gläubigern und Gesellschaftern durch ihr widerrechtliches Verhalten ein Schaden entstanden ist.

24 Die Gesellschafter der GmbH haben ein umfassendes Auskunfts- und Einsichtsrecht. Nach richtiger Auffassung ist dies ausschliesslich ein Recht, nicht auch eine Pflicht; den nicht geschäftsführenden Gesellschaftern kann also nicht der Vorwurf gemacht werden, dass sie ihr Einsichtsrecht hätten ausüben müssen und dass sie deshalb verantwortlich würden[133].

b) Schaden

25 Der Schaden kann in einer Verminderung der Aktiven, einer Vermehrung der Passiven oder in entgangenem Gewinn bestehen und entspricht der Differenz zwischen

[130] Vgl. nachfolgend N 27 ff.

[131] Bei der GmbH mit Drittorganschaft ist für die Frage der Organeigenschaft der Zeitpunkt des tatsächlichen Austritts aus der Geschäftsführung massgebend. Die Löschung im Handelsregister oder die Publikation im SHAB ist nicht relevant. Vgl. BGE 126 V 61 ff.; BGE 126 V 134 ff. Die Organhaftung trifft nur formell eingesetzte und faktische Geschäftsführer, nicht aber nicht geschäftsführende Gesellschafter. Vgl. BGE 126 V 237 ff.

[132] Gemäss Bundesgericht kommt eine faktische Organstellung nur Personen zu, die in eigener Verantwortung eine dauernde Zuständigkeit für gewisse das Alltagsgeschäft übersteigende und das Geschäftsergebnis beeinflussende Entscheide wahrnehmen. Weder ein Handeln im Einzelfall noch eine bloss hilfsweise Tätigkeit in untergeordneter Stellung vermag hingegen die spezifische Organhaftung zu begründen. Vgl. zum Begriff des faktischen Organs BGE 117 II 570 ff. sowie BGE 128 III 29 ff.; BGE 128 III 92 ff.; sowie auch BGE 132 III 523, E. 4.5 und Entscheid des Bundesgerichts 4C.307/2001 vom 14. März 2002, E. 2.b. Beachte auch: Dem im Handelsregister als einzelzeichnungsberechtig eingetragenen Direktor kommt Organqualität zu. Vgl. Entscheid Eidgenössisches Versicherungsgericht H 420/99 vom 22. März 2001, E. 2.a.

[133] *Wohlmann,* GmbH, S. 124.

dem gegenwärtigen Stand des Vermögens und dem Stand, den das Vermögen ohne das schädigende Ereignis hätte[134].

Der im Rahmen der Verantwortlichkeitsklage geltend gemachte Schaden entspricht 26 der Differenz zwischen dem tatsächlichen Vermögensstand des Geschädigten und dem hypothetischen Vermögensstand ohne das schädigende Ereignis[135]. Der Nachweis des Schadens ist vom Kläger zu erbringen. Beruft sich der Kläger lediglich auf eine im Konkurs kollozierte Forderung, ist die Klage mangels genügender Substanziierung abzuweisen[136]. Bestand und Umfang des Schadens sind Tatfragen[137].

c) Widerrechtlichkeit / Pflichtverletzung

aa) Grundlagen

Die Verantwortlichkeit setzt einen Verstoss gegen gesetzliche oder statutarische 27 Pflichten voraus. Dabei ist die Natur der verletzten Norm zu beachten. Je nach Art der verletzten Schutznorm gestaltet sich die prozessuale Durchsetzung der Ansprüche verschieden. Gemäss mehrjähriger – nunmehr aber relativierter[138] – Rechtsprechung des Bundesgerichts werden Verantwortlichkeitsansprüche von Gläubigern nur durch die Verletzung von Gläubigerschutzbestimmungen begründet. Die Verletzung von Vorschriften, welche den Schutz der Gesellschaft oder der Aktionäre bezwecken, begründen zugunsten der Gläubiger keinen Verantwortlichkeitsanspruch[139].

Die Frage der Pflichtverletzung wird bei der GmbH, trotz der Analogie zum Ak- 28 tienrecht, nicht nach den Vorschriften über die Pflichten des Verwaltungsrats der Aktiengesellschaft beurteilt, vielmehr gelten eigene Regeln: Der Geschäftsführer der GmbH unterliegt anderen Pflichten als der Verwaltungsrat; insbesondere unterliegt er auch zahlreichen Pflichten gegenüber den Gesellschaftern, was im Aktienrecht nicht der Fall ist und was der Verantwortlichkeitsklage des Gesellschafters wegen unmittelbarer Schädigung, welche auch ausserhalb des Konkurses zulässig ist, innerhalb der GmbH eine viel grössere Bedeutung verschafft[140].

134 Entscheid des Bundesgerichts 4C.122/2006 vom 27. Juni 2006, E. 6.2; BGE 132 III 188 f.; BGE 127 III 403 ff.

135 Entscheid des Bundesgerichts 4C.105/2004 vom 31. August 2004, E. 4.1.

136 Entscheid des Bundesgerichts 4C.275/2000 vom 24. April 2001, E. 3.b.

137 Entscheid des Bundesgerichts 4C.130/2002 vom 12. Februar 2002, E. 2c.

138 Entscheid des Bundesgerichts 4C.111/2004 vom 9. November 2004, E. 3.1.2; vgl. nachfolgend N 89 ff.

139 BGE 128 III 180; BGE 112 II 261 f.; BGE 110 II 395.

140 *Wohlmann*, GmbH, S. 124.

bb) Pflicht zur Kompetenzwahrnehmung

29 Der Geschäftsführer ist verpflichtet, seine Kompetenzen wahrzunehmen; er ist grundsätzlich zur Geschäftsführung und zur Vertretung der Gesellschaft (berechtigt und) verpflichtet. Weil es innerhalb der GmbH (anders als im Aktienrecht) grundsätzlich keine zweite Geschäftsführungsebene, etwa eine Geschäftsleitung, gibt, müssen die Geschäftsführer auch das Tagesgeschäft überblicken. Die Geschäftsführung bei der GmbH ist das Exekutivorgan der GmbH. Der Geschäftsführer ist nicht Verwaltungsrat. Der Geschäftsführer hat nicht eine Aufsichtsfunktion über die Geschäftsleitung, sondern ist selber für die Geschäftsführung verantwortlich. In einer operativ tätigen GmbH ist aus diesem Grunde ein wöchentlicher Sitzungsrhythmus für Geschäftsführersitzungen geboten.

30 Im Mittelpunkt dieser Pflichten steht die Aufgabe der Geschäftsführer, für eine zweckmässige Organisation und für ein Rechnungswesen zu sorgen. Die Geschäftsführer dürfen die Gesellschaft nur Geschäfte ausüben lassen, zu denen sie organisatorisch, personell und finanziell in der Lage ist.

31 Die Pflicht zur Kompetenzwahrnehmung manifestiert sich ganz besonders deutlich in der Benachrichtigung des Richters bei Überschuldung[141]. Die Gefahr dieser Regel für den Geschäftsführer darf nicht unterschätzt werden; im Zweifelsfall rechtfertigt es sich, eine Bilanz zu Liquidationswerten erstellen zu lassen, um sicher zu gehen, dass die Frage der Überschuldung nicht allein von der Fortführung des Geschäfts abhängt[142].

32 Eine Pflicht zur Kompetenzwahrnehmung besteht sodann im Bereich der Nachschusspflicht. Ist die Summe von Stammkapital und gesetzlichen Reserven nicht mehr gedeckt, müssen unter Umständen Nachschüsse eingefordert werden: Der Geschäftsführer haftet für die sorgfältige Geschäftsführung und ist deshalb gut beraten, Nachschüsse bei Bedarf tatsächlich einzufordern. Andererseits wird man der Geschäftsführung ein gewisses Ermessen einräumen müssen; das ergibt sich schon aus Art. 820 Abs. 2 OR.

33 Bei der Frage, ob falsche geschäftspolitische Geschäftsführungsentscheide eine Verantwortlichkeit auslösen können, ist Zurückhaltung geboten. Die notwendige Risikobereitschaft darf den Geschäftsführern nicht durch den Druck allfälliger Verantwortlichkeitsprozesse genommen werden. Der Geschäftsführer hat alles zu tun, was erfahrungsgemäss nach dem gewöhnlichen Lauf der Dinge notwendig ist, um den angestrebten Erfolg herbeizuführen. Die Sorgfaltspflicht ergibt sich aus der vom Organ übernommenen Aufgabe. Die Prüfung der Frage, ob der Geschäftsführer seine Sorgfaltspflicht verletzt hat, erfolgt anhand des konkreten Einzelfalls. Bei dieser Prüfung muss das Gericht den unternehmerischen Entscheid der Geschäfts-

[141] Vgl. hierzu Entscheid des Bundesgerichts 4C.19/2001 vom 25. Mai 2001, E. 2c.

[142] Entscheid des Bundesgerichts 4C.122/2006 vom 27. Juni 2006, E. 5.2.

führer inhaltlich beurteilen, obschon es weder Unternehmer noch Manager ist. Das Gericht mischt sich in unternehmerische Entscheidungen ein. Um dieser Gefahr zu begegnen, hat das amerikanische Recht die sogenannte *business judgement rule* entwickelt. Gemäss dieser Regel beschränkt sich der Richter bei der Überprüfung der Entscheidung auf die Art der formalen Entscheidfindung. Entscheidet das Organ in gutem Glauben daran, dass der Entscheid im Interesse der Gesellschaft geboten ist, erfolgt dieser Entscheid gestützt auf einen adäquaten Informations- und Verarbeitungsprozess und sind die Mitglieder des Organs nicht befangen, ist die richterliche Kognition auf die Willkürprüfung beschränkt[143].

cc) Pflicht zur persönlichen Ausübung des Amts

Der Geschäftsführer ist verpflichtet, sein Amt persönlich auszuüben; eine allfällige interne Aufgabenteilung[144] entlastet ihn nicht; der Geschäftsführer muss auch in denjenigen Bereichen voll informiert sein, für die intern ein anderer Geschäftsführer zuständig ist. 34

Dritte dürfen von den Geschäftsführern als Hilfspersonen beigezogen werden, allerdings dürfen die Geschäftsführer diesen keine Geschäftsführerbefugnisse zukommen lassen, weder formell noch materiell. Letzteres kann vorliegen, wenn ein ganzer Tätigkeitsbereich der Geschäftsführung an Dritte weitergegeben wird[145]. Dieses Verhalten hat nicht nur zur Folge, dass die delegierenden Geschäftsführer haftbar werden, verantwortlich werden kann auch die Hilfsperson als faktisches Organ. 35

dd) Sorgfalts- und Treuepflicht

Der Geschäftsführer unterliegt einer strengen Treuepflicht. Er ist bei seinen Entscheiden und seinem Handeln ausschliesslich an das Gesellschaftsinteresse gebunden und hat seine Aufgabe mit aller Sorgfalt auszuüben[146]. Er haftet für jede Fahrlässigkeit[147]. Bei der Prüfung der Frage, ob der Geschäftsführer sorgfältig gehandelt hat, ist jedes Geschäft einzeln zu beurteilen[148]. Strengere Massstäbe sind anzulegen, wenn der Geschäftsführer nicht im Interesse der Gesellschaft, sondern in eigenem Interesse, in demjenigen von Gesellschaftern oder von Drittpersonen 36

[143] Vgl. *Isler,* Sorgfalt und Haftung, S. 4; *Böckli,* Aktienrecht, § 13 N 582 ff.; *Kunz,* Minderheitenschutz, § 6 N 115 ff.; sowie eingehend *Grimm,* Business Judgement Rule, passim.

[144] Vgl. dazu § 14 N 21 ff.

[145] Buchführung; Dritte dürfen nur Hilfsperson sein, keine faktische Verantwortlichkeit übernehmen.

[146] Art. 812 Abs. 1 und Abs. 2 OR.

[147] *Wohlmann,* GmbH, S. 112; vgl. nachfolgend N 42 ff.

[148] Entscheid des Bundesgerichts 4C.201/2001 vom 19. Juni 2002, E. 2.1.1.

handelt[149]. Ebenso ist an den Geschäftsführer mit überdurchschnittlichen Qualifikationen betreffend die Sorgfaltspflicht ein höherer Massstab anzulegen[150].

ee) Insbesondere das Konkurrenzverbot des Geschäftsführers

37 Der Geschäftsführer ist nach dispositiver Gesetzesvorschrift einem Konkurrenzverbot unterworfen[151]; diese Pflicht besteht nicht nur gegenüber der Gesellschaft, sondern auch gegenüber den anderen Gesellschaftern. Verletzt er das Konkurrenzverbot und entsteht der Gesellschaft und den anderen Gesellschaftern dadurch ein Schaden, wird der Geschäftsführer auch den anderen Gesellschaftern gegenüber verantwortlich.

ff) Organisationsverschulden?

38 Grundsätzlich haftet ein Unternehmen im schweizerischen Haftpflichtrecht nur, wenn der Schaden einem Mitarbeiter oder einem Organ des Unternehmens persönlich angelastet werden kann. Selbst dann haftet das Unternehmen nur, wenn es ihm nicht gelingt aufzuzeigen, dass es den Mitarbeiter sorgfältig ausgewählt, instruiert und überwacht hat und es über eine adäquate Betriebsorganisation verfügte. Die Organe des Unternehmens, deren Aufgabe es ist, für eine pflichtgemässe Organisation zu sorgen, haften gegenüber Dritten grundsätzlich nicht.

39 In jüngster Vergangenheit gibt es nun allerdings zwei Entwicklungen, die weit gehende Konsequenzen für Unternehmen und ihre Geschäftsführer haben könnten. Haftet ein Unternehmen für ein Verhalten seiner Mitarbeiter, dann ist die Ursache dafür oft die, dass der Richter dem Unternehmen eine mangelhafte Organisation vorwirft. Dieser Vorwurf der mangelhaften Organisation richtet sich nicht nur an das Unternehmen, sondern auch an die Personen, die im Unternehmen für die Ausgestaltung der Organisation zuständig sind, also die Geschäftsführer. Im sogenannten *Baustoff-Urteil* hat der deutsche Bundesgerichtshof entschieden, dass bei einer Haftung des Unternehmens aus Organisationsverschulden nicht nur das Unternehmen haftet, sondern auch der Verwaltungsrat oder Direktor, dem die fehlerhafte Organisation anzulasten ist[152]. In der Schweiz hat sich diese Rechtsprechung noch nicht durchgesetzt, doch es ist anzunehmen, dass diese Entwicklung übernommen wird. Geschäftsführer müssen also damit rechnen, dass nicht nur ihr Unternehmen, sondern auch sie persönlich haften, wenn als Folge einer mangelhaften Organisation einem Dritten ein Schaden entsteht.

149 BGE 113 II 56 ff.

150 Entscheid des Bundesgerichts 4C.201/2001 vom 19. Juni 2002, E. 2.1.1.

151 Art. 812 Abs. 3 OR. Vgl. dazu § 14 N 40 ff.

152 BGHZ 117 319 f.; NJW 1992 1754.

Die zweite Entwicklung, die Geschäftsführer beachten müssen, ist der Trend, bisher als zivilrechtlich beurteilte Vorgänge auch unter dem Gesichtspunkt des Strafrechts zu würdigen. Das Bundesgericht bestätigte beispielsweise den Schuldspruch gegen einen Konzernchef wegen Verletzung des Kriegsmaterialgütergesetzes allein gestützt auf den Umstand, dass er in seinem Unternehmen keine organisatorischen Vorkehren getroffen hatte, die solche Vorgänge verhinderten[153]. Ebenso wurde der Importeur einer Hebebühne wegen fahrlässiger Tötung bestraft, weil er es unterlassen hatte, die verkaufte Hebebühne vor der Lieferung auf Mängel hin zu überprüfen; auch dieser Entscheid unter ausdrücklichem Hinweis auf die Pflicht der Organe, ihr Unternehmen sachgerecht zu organisieren[154]. Ebenso wie ein Direktor eines Industrieunternehmens kann beispielsweise auch der Geschäftsführer eines Transportunternehmens strafbar werden, wenn einer seiner Fahrer in Verletzung der Ruhezeitenvorschriften am Steuer einschläft, unbeteiligte Dritte tötet und aufgezeigt werden kann, dass im betreffenden Unternehmen keine organisatorische Vorkehren gegen solche Gesetzesverletzungen vorgesehen sind. 40

Das Unternehmen und die Geschäftsführer können sich durch eine entsprechende Organisation schützen. Diese Compliance-Organisation muss sach- und risikogerecht sein. Das heisst, am Anfang des Aufbaus jedes Compliance-Systems steht die Risikoanalyse im Unternehmen. Im Rahmen einer technischen und rechtlichen Analyse ist festzustellen, wie umfangreich die Compliance-Organisation sein muss, damit ihr Vorliegen die Haftung des Unternehmens und ihrer Organe verlässlich verhindern kann. Die Risiken müssen gewichtet werden. Risiken gewichten heisst, Restrisiken anerkennen und annehmen. Ein Compliance-System muss nicht alle denkbaren Risiken im Unternehmen erfassen. Die Rechtsprechung, geht nicht soweit, dass ein Organisationsverschulden auch noch angenommen wird, wenn die Organisation unfähig war, Restrisiken zu erfassen. Das gilt erst recht für die strafrechtliche Seite, die bis jetzt immer nur in krassen Fällen, etwa beim gänzlichen Fehlen eines solchen Compliance-Systems, eingegriffen hat. 41

d) Verschulden

Nach dem Gesetz genügt für die Geltendmachung der Verantwortlichkeitsansprüche jedes Verschulden, auch leichte Fahrlässigkeit. Leichte Fahrlässigkeit liegt bei geringfügiger Verletzung der erforderlichen Sorgfalt vor, das heisst, wenn vom Sorgfaltsmassstab, den ein gewissenhafter und sachkundiger Organträger in einer vergleichbaren Lage bei der Erfüllung der ihm übertragenen Aufgaben beachten würde, abgewichen wird[155]. Fahrlässigkeit erfordert, dass das schädigende Ereignis 42

[153] BGE 122 IV 103 ff.

[154] BGE 121 IV 10 ff.

[155] BGE 128 V 132.

für den Schädiger voraussehbar gewesen ist. Der Schadenseintritt muss nicht sicher sein. Voraussehbar muss lediglich die konkrete Gefahr der Schädigung sein[156].

43 Haftbar wird der Geschäftsführer auch beim geringsten Verschulden, wobei ein objektiver, nicht ein subjektiver Massstab anzulegen ist. Wer wegen seiner zeitlichen Belastung das Amt nicht ernst nehmen kann und ihm zu wenig Beachtung schenkt, kann sich nicht auf seine Nachlässigkeit berufen. Ein Verschulden darf erst dann ausgeschlossen werden, wenn der Geschäftsführer gegen einen widerrechtlichen Entschluss opponiert und mit allen ihm zur Verfügung stehenden Mitteln gegen diesen vorgegangen ist oder von seinem Amt zurücktrat. Das Gleiche gilt, wenn der Geschäftsführer erst frisch gewählt oder in die GmbH eingetreten ist und noch nicht in der Lage war, sich ein Bild von der Gesellschaft zu machen.

44 Was die Beweislast anbelangt, ist zu unterscheiden, ob der Anspruch vertraglicher oder deliktischer Natur ist: Ist der Anspruch vertraglicher Natur, ist das Verschulden zu vermuten; ist der Anspruch deliktischer Natur, ist das Verschulden vom Kläger zu beweisen[157].

e) Kausalität

45 Zwischen dem Verhalten des Organträgers und dem eingetretenen Schaden muss ein adäquater Kausalzusammenhang bestehen. Der Kläger hat diesen zu beweisen. Es gelten die allgemeinen vertrags- und haftpflichtrechtlichen Grundsätze. Als rechtserhebliche Ursache eines Schadensereignisses ist eine Handlung dann anzusehen, wenn sie nach dem gewöhnlichen Lauf der Dinge und der allgemeinen Lebenserfahrung geeignet ist, einen Erfolg in der Art des eingetretenen Schadens herbeizuführen[158]. Der Kausalzusammenhang kann durch ein Drittverschulden unterbrochen werden[159]. An die Adäquanz sind hingegen keine hohen Anforderungen zu stellen[160]. Die Feststellung der natürlichen Kausalität ist eine Tatfrage[161].

[156] BGE 99 II 180.

[157] Zum Aktienrecht vgl. *Widmer/Banz,* OR, Art. 754 N 35.

[158] BGE 126 V 361.

[159] Entscheid des Bundesgerichts 4C.92/2001 vom 11. Juli 2001, E. 2b.

[160] Entscheid des Bundesgerichts 4C.344/1998 vom 24. November 2000, E. 4c.

[161] Entscheid des Bundesgerichts 4C.130/2002 vom 12. Februar 2002, E. 2c.

f) Haftungseinschränkung beim Vorliegen eines Organisationsreglements?

aa) Fragestellung

Nach den Vorschriften des Aktienrechts kann sich die Verantwortlichkeit des Verwaltungsrats auf die korrekte Auswahl, Überwachung und Anweisung von Direktoren beschränken, sofern er diesen im Rahmen eines Organisationsreglements Aufgaben zuweist, die nicht in die zwingende Zuständigkeit des Verwaltungsrats fallen. 46

bb) Delegation von Geschäftsführungsaufgaben

Die Geschäftsführung kann auf einzelne Gesellschafter beschränkt oder auch an Dritte übertragen werden[162]. 47

Will die GmbH Dritte, die nicht Gesellschafter sind, als Geschäftsführer oder Direktoren einsetzen, dann erfolgt dies nicht dadurch, dass die Geschäftsführung selber diese bestimmt[163], sondern durch Mehrheitsbeschluss der Gesellschafter[164]. Die delegierten Geschäftsführer, die keine Gesellschafterstellung innehaben, sind ebenso sehr Geschäftsführer, wie diejenigen Geschäftsführer, die auch Gesellschafter sind. Ihre Bestellung entbindet die geschäftsführenden Gesellschafter nicht von ihren Pflichten. Unterschiede gibt es allenfalls im Innenverhältnis: delegierte Geschäftsführer haben u.U. kein Stimmrecht und sind jederzeit durch Mehrheitsbeschluss abwählbar oder können von ihrem Amt zurücktreten[165]. 48

Zu beachten ist, dass das neue Recht mit Bezug auf die Frage der Verantwortlichkeit nicht mehr unterscheidet, ob die Geschäftsführung von Gesellschaftern oder Dritten wahrgenommen wird. Dritte treffen dieselben Sorgfalts- und Treuepflichten wie geschäftsführende Gesellschafter[166]. 49

cc) Reglementarische Zuweisung von Aufgaben

Gemäss Art. 776a Abs. 2 Ziff. 7 OR kann in den Statuten eine vom Gesetz abweichende Regelung der Geschäftsführung und Vertretung vorgesehen werden. Dele- 50

[162] Art. 809 OR; Botschaft, S. 3212.

[163] Wie bei der Aktiengesellschaft im Falle der Direktoren durch den Verwaltungsrat.

[164] Vgl. dazu § 13 N 35.

[165] Art. 815 Abs. 1 und Art. 815 Abs. 3 OR.

[166] Art. 812 Abs. 1 OR; *Watter,* OR, Art. 812 N 1.

gierbar sind all jene Aufgaben, die der Geschäftsführung gemäss Art. 810 OR nicht als unübertragbare Aufgaben zugewiesen sind.

51 Innerhalb der Geschäftsführung ist die Aufgabenteilung unter den Geschäftsführern, im Vergleich zur Aktiengesellschaft, nur in sehr beschränktem Mass zulässig. Die Geschäftsführer können Bereiche definieren, die von einzelnen Geschäftsführern primär betreut werden, über welche sie die anderen Geschäftsführer aber in den Geschäftsführersitzungen jeweils orientieren.

52 Sinnvoll kann auch die Zuweisung von speziellen Verantwortlichkeitsbereichen auf bestimmte Geschäftsführer sein. Diese Zuweisung kann erfolgen, ohne dass damit auch eine Entscheidkompetenz verbunden ist; sie beinhaltet in diesem Fall lediglich die Bearbeitungskompetenz, sprich die Pflicht, das zugewiesene Thema zu betreuen und den anderen Geschäftsführern die Entscheidungsgrundlagen für ihren Geschäftsführungsentscheid zu liefern.

53 Mit der Aufgabenzuweisung darf auch die Kompetenz verbunden werden, in den zugewiesenen Aufgabenbereichen allein zu entscheiden. Weil auch in diesem Fall die anderen Geschäftsführer verpflichtet bleiben, ihr Amt, welches die ganze Geschäftsführung und damit auch den zugewiesenen Bereich umfasst, persönlich auszuüben, kommt diese Lösung in der Praxis wohl nur in Frage, wenn das Geschäft und die Zahl der Geschäftsführer relativ klein und überschaubar ist.

54 Die Geschäftsführer können die gewählte interne Kompetenzordnung in einem Reglement oder in den Statuten festlegen. Dies kann im Verantwortlichkeitsfall dem belangten Gesellschafter den Beweis erleichtern, dass er sich auf die Angaben des anderen Gesellschafters in seinem Bearbeitungsbereich hat verlassen dürfen. Ein solches Reglement entfaltet aber nicht die Wirkungen des aktienrechtlichen Organisationsreglements, welches die delegierenden Geschäftsführer nur noch für die Auswahl, Überwachung und Anweisung der Geschäftsführer haften lässt.

g) Verjährung

55 Der Anspruch auf Schadenersatz verjährt in fünf Jahren von dem Tag an, an dem der Geschädigte Kenntnis vom Schaden und von der Person des Ersatzpflichtigen erlangt hat, jedenfalls aber mit dem Ablauf von zehn Jahren, vom Tag der schädigenden Handlung an gerechnet[167].

56 Kenntnis vom Schaden bedeutet, der Geschädigte kennt die Umstände, die erforderlich sind, um eine Verantwortlichkeitsklage zu begründen[168]. Kenntnis von der

[167] Art. 760 Abs. 1 OR.

[168] Entscheid des Bundesgerichts 4C.142/2004 vom 4. Oktober 2004, E. 2.2 und 5.

Person des Ersatzpflichtigen bedeutet, der Geschädigte kennt die Tatsachen, welche die Ersatzpflicht dieser Person begründen[169].

Die Unterbrechung der Verjährung gegenüber einem Solidarschuldner wirkt gegenüber allen Solidarschuldnern[170]. 57

Ergibt sich die Verantwortlichkeit aus einer strafbaren Handlung, finden die allenfalls längeren Verjährungsfristen des Strafrechts Anwendung. Gerät die Gesellschaft in Konkurs, läuft die Verjährungsfrist mit der Bestellung der Konkursverwaltung resp. für die Gläubiger der Gesellschaft mit Auflage des Kollokationsplanes. 58

4. Exkurs: Die Verantwortlichkeit gestützt auf Art. 108 FusG

a) Grundlagen

Gemäss Art. 108 FusG sind alle mit der Fusion, der Spaltung, der Umwandlung oder der Vermögensübertragung befassten Personen den Rechtsträgern, den Gesellschaftern und den Gläubigern für den Schaden verantwortlich, den sie durch absichtliche oder fahrlässige Verletzung ihrer Pflichten verursachen. Der Verantwortlichkeit unterliegen sodann Personen, die mit der Prüfung der vorgenannten Transaktionen betraut waren[171]. 59

Basiert die Verantwortlichkeit einer Person auf einer Verletzung von Pflichten, welche das Fusionsgesetz statuiert, richtet sich die Haftung nach Art. 108 FusG. Die Bestimmung stellt eine lex specialis dar und schliesst die Anwendbarkeit der allgemeinen Bestimmungen über die Verantwortlichkeit grundsätzlich aus. Vorbehalten bleiben allerdings die Verantwortlichkeit der Gründer[172] sowie die Verantwortlichkeit von Personen, die für ein Institut des öffentlichen Rechts tätig sind[173]. 60

Passivlegitimiert sind alle Personen, die mit der Transaktion in irgendeiner Weise befasst sind, sprich nicht bloss die Organe der Gesellschaft. Für die Passivlegitimation ist entscheidend, ob das FusG der verantwortlichen Person Pflichten auferlegt. Personen, die nach FusG keine Pflichten treffen, sind nicht passivlegitimiert[174]. Anwälte und andere externe Berater haften, wenn sie fusionsgesetzliche Pflichten zur selbstständigen Erledigung übernommen haben. Wirken sie jedoch lediglich bei 61

169 Entscheid des Bundesgerichts 4C.298/2000 vom 21. Dezember 2000, E. 5a.

170 Art. 136 Abs. 1 OR.

171 Art. 108 Abs. 2 FusG.

172 Art. 108 Abs. 1 FusG.

173 Art. 108 Abs. 4 FusG.

174 *Schenker,* Baker & McKenzie, Art. 108 N 12.

der Entscheidvorbereitung mit, sind sie nicht passiv legitimiert[175]. Mehrere Ersatzpflichtige haften solidarisch[176].

b) Schaden

62 Der Schaden entspricht der Differenz zwischen dem tatsächlichen Vermögensstand des Geschädigten und dem hypothetischen Vermögensstand ohne das schädigende Ereignis[177]. Wird vom Gesellschafter oder vom Gläubiger ein mittelbarer Schaden der Gesellschaft geltend gemacht, ist auf den Schaden der Gesellschaft abzustellen[178].

c) Widerrechtlichkeit

63 Art. 108 FusG setzt die Verletzung von Pflichten voraus, die im Fusionsgesetz statuiert werden. Beispielsweise die fusionsgesetzlichen Bestimmungen zum Gläubigerschutz, zum Minderheitenschutz oder die gesellschaftsrechtliche Treue- und Sorgfaltspflicht. Die Verletzung anderer Pflichten, beispielsweise aus Arbeitsvertrag oder Börsengesetz, begründet keine Verantwortlichkeit nach Art. 108 FusG[179].

64 Zu beachten ist, dass Art. 108 Abs. 3 FusG nicht auf Art. 758 OR verweist. Die analoge Anwendbarkeit dieser Bestimmung über die Wirkung der Décharge ist deshalb fraglich.

d) Verschulden

65 Zur Begründung der Verantwortlichkeit genügt jedes Verschulden, sprich die absichtliche oder die fahrlässige Pflichtverletzung. Der Verschuldensmassstab ist objektiviert[180].

[175] *Maurenbrecher,* BSK FusG, Art. 108 N 29.

[176] Art. 108 Abs. 3 OR i.V.m. Art. 827 OR i.V.m. Art. 759 OR.

[177] BGE 127 III 404 m.w.H.

[178] *Forstmoser/Meier-Hayoz/Nobel,* Aktienrecht, § 36 N 95 f.

[179] *Maurenbrecher,* BSK FusG, Art. 108 N 31.

[180] *Schenker,* Baker & McKenzie, Art. 108 N 19.

e) Kausalität

Zwischen dem pflichtwidrigen Verhalten und dem eingetretenen Schaden muss ein adäquater Kausalzusammenhang bestehen. Die Pflichtverletzung muss geeignet sein, einen Erfolg der eingetretenen Art herbeizuführen[181]. 66

f) Verjährung

Art. 108 Abs. 3 FusG verweist auf Art. 760 OR. Dementsprechend verjährt der Anspruch auf Schadenersatz in fünf Jahren von dem Tag an, an dem der Geschädigte Kenntnis vom Schaden und der Person des Ersatzpflichtigen erlangt hat, jedenfalls aber mit dem Ablauf von zehn Jahren, vom Tage der Schädigung an gerechnet. Wird die Klage aus einer strafbaren Handlung hergeleitet, gilt die längere strafrechtliche Verjährungsvorschrift auch für den zivilrechtlichen Verantwortlichkeitsanspruch. 67

5. Exkurs: Die Haftung der Revisionsstelle

a) Grundlagen

Die Revisionsstelle ist für den Schaden verantwortlich, den sie durch absichtliche oder fahrlässige Verletzung ihrer Pflichten verursacht. Die Revisionshaftung trifft alle mit der Prüfung der Jahres- und Konzernrechnung, der Gründung der Kapitalerhöhung oder der Kapitalherabsetzung befassten Personen[182]. Handelt die Revisionsstelle nicht organspezifisch, beispielsweise als Beraterin, unterliegt diese Tätigkeit nicht der Revisionsstellenhaftung[183]. 68

b) Schaden

Die Revisionsstelle verursacht in der Regel keinen direkten Schaden. Sie hat keine Möglichkeit, über das Vermögen der Gesellschaft zu verfügen. Die von der Revisionsstelle verursachten Schäden sind damit in der Regel Folgeschäden. Der Schaden entspricht dem Anwachsen des Verlustes zwischen dem Zeitpunkt, da die Überschuldung hätte erkannt werden müssen, und dem Zeitpunkt, da die Überschuldung tatsächlich erkannt wurde[184]. 69

[181] BGE 113 II 57.

[182] Art. 827 OR i.V.m. Art. 755 OR.

[183] BGE 112 II 262.

[184] Vgl. hierzu Entscheid des Bundesgerichts 4C.160/2001 vom 18. Dezember 2001, E. 2d; Entscheid des Bundesgerichts 4C.292/2003 vom 25. Mai 2004, E. 4.4.3; sowie eingehend *Widmer/Banz,* OR, Art. 755 N 9.

c) Widerrechtlichkeit

70 Die Revisionsstelle hat Tätigkeitspflichten und Unterlassungspflichten[185]. Zu den Tätigkeitspflichten gehören die Pflicht zur Prüfung; die Pflicht, Bericht zu erstatten; die Pflicht, an der Gesellschafterversammlung teilzunehmen; die Pflicht, Anzeige zu erstatten; die Pflicht, eine Frist anzusetzen; und die Pflicht, zu handeln. Zu den Unterlassungspflichten gehören die Schweigepflicht; allenfalls die Pflicht, die Annahme bzw. die Fortführung des Mandates zu unterlassen[186].

71 Die Revisionsstelle verletzt ihre Pflichten, wenn sie das Vorhandensein aufgeführter Aktiven nicht überprüft, eine Überbewertung nicht festgestellt wird und deshalb zu Unrecht eine Genehmigung der Bilanz beantragt wird. Die Revisionsstelle muss die Geschäftsführung kontrollieren und systematisch nach Unregelmässigkeiten forschen[187]. Die Meldepflicht ist sodann nicht auf den Prüfungsgegenstand der Revision beschränkt, sondern bezieht sich auf alle festgestellten Unregelmässigkeiten[188]. Verzichtet ein Investor auf zusätzliche Garantien des Verkäufers oder auf einen Spezialbericht der Revisionsstelle, führt dies nicht zu einer Reduktion des Schadens infolge Selbstverschulden[189].

72 Die Revisionsstelle muss sich das Wissen anrechnen lassen, das sie im Rahmen eines zusätzlichen Mandates erlangt hat. In casu bewirkte ein zusätzliches Konto- und Buchführungsmandat eine Verschärfung der Organhaftung[190].

73 Zu beachten ist, dass der Auftrag der Revisionsstelle – soweit nicht die Gefahr einer Überschuldung besteht – gemäss der Botschaft zur Revisionspflicht im Gesellschaftsrecht begrenzt wird[191]. Umgekehrt spricht aber die Rechtsprechung des Bundesgerichts eher für eine Erweiterung des Auftrages: Eine Verletzung der Sorgfaltspflicht wurde beispielsweise im Rahmen eines Doppelmandates angenommen, weil die Revisionsstelle es unterlassen hatte, trotz Kenntnis von Unstimmigkeiten bei der Tochtergesellschaft der Muttergesellschaft eine gründliche Überprüfung der Betriebsführung dringend nahezulegen[192].

185 Vgl. hierzu § 15 N 40 ff.

186 BGE 86 II 183; BGE 93 II 27 f.; BGE 112 II 462; BGE 116 II 541.

187 Entscheid des Bundesgerichts 4P.208/2003 vom 12. Oktober 2004, E. 2.4.1.

188 BGE 129 III 129 E. 7.1.

189 Entscheid des Bundesgerichts 4C.198/2000 vom 28. September 2000, E. 4.c.

190 Entscheid des Bundesgerichts 4C.200/2002 vom 13. November 2002, E. 7.2 bzw. BGE 129 III 129 ff.

191 Vgl. sodann vorangehend § 15 N 1 ff.

192 Entscheid des Bundesgerichts 4C.72/2004 vom 3. Juni 2005, E. 1.3.

d) Verschulden

Der Revisor haftet für den Schaden, den die Exekutivorgane der Gesellschaft verursacht haben, wenn und insoweit als er die Schädigung durch eine pflichtgemässe Mandatsführung hätte verhindern können.[193] Für die Haftung genügt jedes Verschulden, auch leichte Fahrlässigkeit. 74

e) Kausalität

Die Revisionsstelle haftet nur insoweit, als der Schaden auf ihr Verschulden zurückgeführt werden kann. Zwischen der Pflichtverletzung und dem konkreten Schaden muss ein adäquater Kausalzusammenhang gegeben sein, der vom Kläger zu beweisen ist. 75

Liegt die Pflichtverletzung in einer Unterlassung, ist eine Haftung nur gegeben, wenn der Schaden durch pflichtgemässes Verhalten hätte verhindert werden können. Im konkreten Fall verneinte das Bundesgericht eine Haftung, weil es davon ausging, dass der Schaden durch pflichtgemässes Verhalten nicht hätte verhindert werden können, da es dem Präsidenten des Verwaltungsrates mit grosser Wahrscheinlichkeit gelungen wäre, die Generalversammlung zu beschwichtigen[194]. 76

f) Verjährung

Der Anspruch auf Schadenersatz verjährt in fünf Jahren von dem Tag an, an dem der Geschädigte Kenntnis vom Schaden und von der Person des Ersatzpflichtigen erlangt hat, jedenfalls aber mit dem Ablauf von zehn Jahren, vom Tag der schädigenden Handlung an gerechnet[195]. 77

6. Exkurs: Die Haftung der Geschäftsführer für öffentlichrechtliche Forderungen

Die Haftung des geschäftsführenden Gesellschafters kann sich sodann aus einer Bestimmung des öffentlichen Rechts ergeben[196]. Verwiesen sei beispielsweise auf die Haftung gemäss Verrechnungssteuergesetz[197]; die Haftung gemäss Bundes- 78

[193] Zum Aktienrecht vgl. *Böckli,* Aktienrecht, § 18 N 183 ff.

[194] Entscheid des Bundesgerichts 4C.53/2003 vom 25. Juni 2003, E. 6.

[195] Art. 760 Abs. 1 OR.

[196] Vgl. Hierzu eingehend *Müller/Lipp/Plüss,* S. 231 ff.; *Krneta,* N 2106 ff.

[197] Art. 15 Abs. 1 BG über die Verrechnungssteuer.

gesetz über die direkte Bundessteuer[198]; die Haftung gemäss Mehrwertsteuergesetz[199]; die Haftung nach AHVG[200] und BVG[201]; oder auch auf die Haftung gemäss USG[202].

7. Exkurs: Die strafrechtliche Verantwortlichkeit der Geschäftsführer

79 Im Vordergrund der strafrechtlichen Verantwortlichkeit[203] der geschäftsführenden Gesellschafter stehen namentlich folgende Tatbestände: Veruntreuung[204]; ungetreue Geschäftsbesorgung[205]; unwahre Angaben über kaufmännische Gewerbe[206]; unwahre Angaben gegenüber Handelsregisterbehörden[207]; Verletzung von Fabrikations- und Geschäftsgeheimnissen[208]; Übertretung firmen- und namenrechtlicher Bestimmungen[209]; Konkursdelikte; Urkundendelikte.

80 Die Frage der ungetreuen Geschäftsbesorgung stellt sich regelmässig bei der verdeckten Gewinnausschüttung oder auch bei Verstössen gegen die Treuepflicht. Gemäss Art. 158 StGB begeht derjenige, der aufgrund eines Rechtsgeschäftes damit betraut ist, Vermögen eines anderen zu verwalten oder eine solche Vermögensverwaltung zu beaufsichtigen, und dabei unter Verletzung seiner Pflicht bewirkt oder zulässt, dass der andere am Vermögen geschädigt wird, eine ungetreue Geschäftsbesorgung.

81 Bei den Konkursdelikten sei auf den betrügerischen Konkurs und den Pfändungsbetrug[210]; die Gläubigerschädigung durch Vermögensverminderung[211]; die Misswirtschaft[212]; die ordnungswidrige Führung der Geschäftsbücher[213] oder die Un-

198 Art. 55 Abs. 1 BG über die direkte Bundessteuer.

199 Art. 32 Abs. 1 BG über die Mehrwertsteuer.

200 Art. 52 AHVG.

201 Art. 52 BVG; Art. 56a BVG.

202 Art. 59 USG.

203 Vgl. Hierzu eingehend *Müller/Lipp/Plüss,* S. 258 ff.

204 Art. 138 StGB.

205 Art. 159 StGB.

206 Art. 152 StGB.

207 Art. 153 StGB. Zum Erschleichen eines Handelsregistereintrages durch unwahre Protokolle vgl. BGE 123 IV 137 f.

208 Art. 162 StGB.

209 Art. 326ter StGB.

210 Art. 163 StGB.

211 Art. 164 StGB.

212 Art. 165 StGB.

213 Art. 325 StGB.

terlassung der Buchführung[214]; die Gläubigerbevorzugung[215] oder auch auf das Erschleichen eines gerichtlichen Nachlassvertrages[216] verwiesen.

Urkundendelikte werden vor allem durch Bilanzmanipulationen[217], durch das fehlerhafte Protokollieren von Beschlüssen[218] oder auch das Erschleichen von Falschbeurkundungen[219] begangen. 82

8. Exkurs: Die Haftung des Unternehmens nach Art. 100 quater StGB

Gemäss Art. 100 quater StGB kann ein Unternehmen strafbar werden, wenn eine Person im Unternehmen eine Straftat begeht und diese Person als Folge einer mangelhaften Organisation des Unternehmens nicht ermittelt werden kann. Eine strafrechtliche Verantwortung des Unternehmens besteht mithin grundsätzlich nur, wenn es der Strafverfolgungsbehörde nicht gelungen ist, die Person ausfindig zu machen, welche die Straftat begangen hat[220]. 83

Handelt es sich bei den begangenen Straftaten um Beteiligung an einer kriminellen Organisation, Geldwäscherei, Bestechung von Amtsträgern, Vorteilsgewährung gegenüber Amtsträgern und Finanzierung des Terrorismus, haftet das Unternehmen unabhängig von der Strafbarkeit einer natürlichen Person, wenn es nicht alle erforderlichen und zumutbaren organisatorischen Massnahmen getroffen hat, um eine solche Straftat zu verhindern[221]. 84

Voraussetzung für die Strafbarkeit des Unternehmens ist das Vorliegen eines Organisationsmangels. Was unter einem Organisationsmangel zu verstehen und wann ein Organisationsmangel anzunehmen ist, sagt das Gesetz nicht. 85

Die Gesetzesbestimmung schränkt die Strafbarkeit des Unternehmens auf Straftaten ein, welche *«in Ausübung geschäftlicher Verrichtung im Rahmen des Unternehmenszwecks»* verübt worden sind. Es ist davon auszugehen, dass die strafrechtliche Haftung des Unternehmens entfällt, wenn die strafbare Handlung nicht in Ausübung, sondern bloss bei Gelegenheit einer geschäftlichen Verrichtung begangen worden ist und mit der eigentlichen Geschäftstätigkeit des Unternehmens nichts zu tun hat. 86

[214] Art. 166 StGB.
[215] Art. 167 StGB.
[216] Art. 170 StGB.
[217] Art. 251 StGB.
[218] Art. 252 StGB.
[219] Art. 253 StGB.
[220] Art. 100 quater Abs. 1 StGB.
[221] Art. 100 quater Abs. 2 StGB.

87 Das Unternehmen kann für sein Verhalten mit einer Busse bis zu CHF 5 Mio. bestraft werden. Die Höhe der Busse bemisst sich nach der Schwere der Tat, der Schwere des Organisationsmangels, des angerichteten Schadens und der wirtschaftlichen Leistungsfähigkeit des Unternehmens[222].

88 Im Hinblick auf Art. 100^{quater} StGB muss das Unternehmen einerseits Strukturen schaffen, die es im Idealfall ermöglichen, jede geschäftliche Handlung jederzeit einem bestimmten Mitarbeiter zuzuordnen[223]; andererseits muss das Unternehmen ausreichende interne Kontrollmechanismen schaffen, um strafbares Handeln zu verhindern[224]. Der Umfang der notwendigen Organisationsstruktur hängt wesentlich von der Grösse des Unternehmens, dem Produkt und dem geografischen Tätigkeitsgebiet ab.

IV. Geltendmachung der Haftung

1. Klage- und Anspruchsberechtigung

89 Anspruchsberechtigt zur Geltendmachung von Verantwortlichkeitsansprüchen sind die Gesellschafter, die Gesellschaft und die Gläubiger.

90 Hinsichtlich der Klageberechtigung ist zu unterscheiden, ob ein mittelbarer Schaden oder ein unmittelbarer Schaden geltend gemacht wird[225]. Der unmittelbare oder direkte Schaden schädigt die Gesellschaft, den Gesellschafter oder den Gläubiger selbst; der mittelbare Schaden schädigt den Gesellschafter oder den Gläubiger lediglich indirekt, weil die unmittelbar geschädigte Gesellschaft einen Vermögensverlust erlitten hat[226].

91 Gemäss dem haftpflichtrechtlichen Grundsatz, dass nur derjenige geschädigt ist, dem ein direkter Schaden in seinem Vermögen zugefügt worden ist, begründen Wertverluste der Beteiligung, welche mittelbar daraus resultieren, dass die Gesellschaft als Folge einer Pflichtverletzung seitens der Organe einen Schaden erlitten hat, grundsätzlich keinen Anspruch. In diesen Situationen ist in erster Linie die Gesellschaft als direkt Geschädigte aktiv legitimiert[227].

222 Art. 100^{quater} Abs. 3 StGB.

223 Art. 100^{quater} Abs. 1 StGB

224 Art. 100^{quater} Abs. 2 StGB.

225 BGE 122 III 168.

226 Zum unmittelbaren Schaden vgl. Entscheid des Bundesgerichts 4C.142/2004 vom 4. Oktober 2004, E. 4 bzw. BGE 110 II 391 ff.; zum mittelbaren Schaden vgl. BGE 131 III 311 f. bzw. BGE 128 III 180 ff.; sowie auch *Forstmoser/Meier-Hayoz/Nobel,* Aktienrecht, § 36 N 12 ff.

227 Entscheid des Bundesgerichts 4C.122/2006 vom 27. Juni 2006, E. 3.2.2.

Von einem unmittelbaren Schaden ist auszugehen, wenn ein absolutes Recht des Geschädigten, eine Schutznorm ausserhalb des Aktienrechts oder eine aktienrechtliche Norm, die ausschliesslich Aktionäre oder Gläubiger schützt, verletzt wird[228]. Im Fall der Vertrauenshaftung und der *culpa in contrahendo* ist ebenfalls von einer unmittelbaren Schädigung auszugehen[229]. 92

Der unmittelbare Schaden tritt unabhängig von einer Schädigung der Gesellschaft direkt beim Gesellschafter oder beim Gläubiger ein[230]. Beispielsweise der Schaden, der daraus resultiert, dass ein Gesellschafter beim Bezugsrecht übergangen wird; der Schaden, der daraus entsteht, dass ein Gesellschaftsorgan eine Drittperson durch falsche Auskünfte über die finanzielle Lage der Gesellschaft zur Kreditgewährung an die Gesellschaft veranlasst; der Schaden, der daraus resultiert, dass ein Liquidationsüberschuss vorzeitig verteilt wird. Liegt ein unmittelbarer Schaden vor, kann der betroffene Gesellschafter grundsätzlich jederzeit einen Verantwortlichkeitsanspruch erheben[231]. 93

Sind sowohl die Gesellschaft als auch die Gläubiger unmittelbar geschädigt, braucht es eine Regel, um zu verhindern, dass sich die Klagen konkurrenzieren. Gemäss Bundesgericht ist die Klagebefugnis der Aktionäre und der Gläubiger nur zur Verhinderung eines Wettlaufs zwischen der Konkursverwaltung und den direkt klagenden Gläubigern bzw. Aktionären zur Geltendmachung von Verantwortlichkeitsansprüchen eingeschränkt. In diesem Fall können die Aktionäre bzw. die Gläubiger ihren direkten Schaden nur ausnahmsweise geltend machen, nämlich dann, wenn das Verhalten eines Gesellschaftsorgans gegen aktienrechtliche Bestimmungen verstösst, die ausschliesslich dem Gläubiger- bzw. dem Aktionärsschutz dienen oder wenn die Schadenersatzpflicht auf einem anderen widerrechtlichen Verhalten des Organes im Sinne von Art. 41 OR oder einen Tatbestand der Culpa in contrahendo gründet[232]. Das Bundesgericht weist jedoch darauf hin, dass das Risiko der Privilegierung schnell handelnder Gläubiger oder Gesellschafter gegenüber der Gesellschaft erst nach Konkurseröffnung eintrete, weshalb ausserhalb des Konkurses eine Beschränkung der zur Klage legitimierenden Schutznormen nicht angebracht sei[233]. 94

Beim mittelbaren Schaden wird primär die Gesellschaft geschädigt. Gesellschafter und Gläubiger sind lediglich insofern betroffen, als der Wert der Beteiligung bzw. die Einbringlichkeit der Forderung beeinträchtigt wird. Von einem mittelbaren Schaden ist dementsprechend auszugehen, wenn eine Norm verletzt wird, welche 95

[228] Entscheid des Bundesgerichts 4C.316/2003 vom 3. März 2003, E. 6.1.

[229] BGE 128 III 180 ff.; BGE 127 III 374 ff.; BGE 125 III 86 ff.

[230] BGE 122 III 176.

[231] Zum Aktienrecht vgl. *von Büren/Stoffel/Weber,* N 1239 f.

[232] Entscheid des Bundesgerichts 4C.111/2004 vom 9. November 2004, E. 3.1.2.

[233] Entscheid des Bundesgerichts 4C.122/2006 vom 27. Juni 2006, E. 3.2.3; Entscheid des Bundesgerichts 4C.48/2005 vom 13. Mai 2005, E. 2.1; BGE 131 III 311 f.

die Gesellschaft schützt[234]. Beispielsweise der Schaden, der daraus resultiert, dass ein Organ seine Pflichten verletzt und damit der Gesellschaft einen Schaden zufügt. Macht ein Gläubiger einen mittelbaren Schaden geltend, muss er den ganzen Schaden einklagen, den das verantwortliche Organ der Gesellschaft zugefügt hat[235].

96 Für die Gesellschaft selber spielt die Unterscheidung keine Rolle, wohl aber – wie nachfolgend darzulegen sein wird – für die Gesellschafter und die Gläubiger. Ausserhalb des Konkurses ist die Gesellschaft jederzeit legitimiert, gegen die verantwortlichen Personen vorzugehen. Im Konkurs entscheidet die zweite Gläubigerversammlung über die Anhebung einer Klage. Die Gesellschaft wird von der Konkursverwaltung vertreten.

a) Bei Ansprüchen der Gläubiger

97 Bei unmittelbarer Schädigung sind die Gläubiger grundsätzlich berechtigt, jederzeit gegen die Verantwortlichen vorzugehen und Leistung an sich zu verlangen[236].

98 Bei mittelbarer Schädigung ist zu unterscheiden, ob sich die Gesellschaft in Konkurs oder ausserhalb des Konkurses befindet.

99 Ausserhalb des Konkurses sind die Gläubiger nicht zur Klage legitimiert. Gesellschaftsgläubiger sind durch das Verhalten der Geschäftsführer erst geschädigt, wenn feststeht, dass die GmbH ihre Forderungen nicht mehr erfüllen kann. Dies ist erst im Konkurs der Fall, weshalb das Vorliegen des Konkurses Voraussetzung für die Geltendmachung der Verantwortlichkeitsansprüche durch die Gesellschaftsgläubiger ist.

100 Im Konkurs sind die Gesellschaftsgläubiger legitimiert, Klage auf Leistung an die Gesellschaft zu erheben. Dabei ist allerdings zu beachten, dass die Klage primär der Gesellschaft, vertreten durch die Konkursverwaltung zusteht. Gläubiger können ihren Anspruch erst dann geltend machen, wenn die Konkursverwaltung auf die Geltendmachung verzichtet[237]. Der Gläubiger lässt sich den Anspruch abtreten. Klagen die Gläubiger, wird das Ergebnis des Prozesses vorab zur Deckung der Kläger verwendet. Der Rest fällt in die Konkursmasse[238]. Das heisst, unter Berücksichtigung der konkursrechtlichen Rangordnung werden vorab die klagenden Gläubi-

[234] Zum Aktienrecht vgl. *von Büren/Stoffel/Weber,* N 1241.

[235] BGE 129 III 129 ff.; BGE 125 III 86 ff.; BGE 122 III 166 ff.

[236] Entscheid des Bundesgerichts 4C.122/2006 vom 27. Juni 2006, E. 3.2.3; Entscheid des Bundesgerichts 4C.48/2005 vom 13. Mai 2005, E. 2.1; BGE 131 III 311 f.

[237] Art. 757 Abs. 1 OR.

[238] Art. 757 Abs. 2 OR.

ger, dann die klagenden Gesellschafter im Verhältnis ihrer Beteiligung befriedigt, der Rest fällt in die Konkursmasse[239].

Zu beachten ist, dass der Abtretungsgläubiger nicht individuell, sondern im Na- 101
men der Gläubigergesamtheit klagt. Die Aktivlegitimation beruht auf einer Prozessstandschaft. Eingeklagt werden nicht Ansprüche, die dem Konkursgläubiger persönlich zustehen, sondern Ansprüche der Konkursiten. Der Abtretungsgläubiger hat bei der Verteilung des Prozesserlöses lediglich einen Anspruch auf Vorabbefriedigung[240]. Dementsprechend kann er den gesamten Schaden einfordern, wobei sich der Beklagte nicht auf Einreden gegen die Gesellschaft[241] oder gegen den klagenden Gläubiger berufen kann[242]. Nicht betroffen von der Einredebeschränkung ist die Verrechnungseinrede einer Organperson, die Forderungen gegen die Gesellschaft geltend machen kann[243]. Zu beachten ist sodann, dass es nicht Sache des Richters ist, die Abtretungsverfügung der Konkursverwaltung auf ihre Rechtmässigkeit hin zu überprüfen. Die rechtskräftige Kollokation genügt zur Erfüllung der Voraussetzung der Aktivlegitimation im Verantwortlichkeitsprozess[244]. Für die Überprüfung der Rechtmässigkeit der Abtretungsverfügung ist die Aufsichtsbehörde gemäss SchKG zuständig.

Der Schaden der Gläubiger besteht in der Vermögenseinbusse, welche die konkur- 102
site Gesellschaft durch das pflichtwidrige Verhalten des Organes erlitten hat. Im Falle der verspäteten Konkurserklärung entspricht der Schaden der Differenz zwischen dem tatsächlichen Vermögensstand im Zeitpunkt der Anzeige der Überschuldung und dem hypothetischen Vermögensstand bei einer früheren, pflichtgemässen Anzeige. Die Gesamtheit der kollozierten Forderungen bildet keine verbindliche Grundlage für die Schadensberechnung[245].

Nachdem das Aktienrecht die Geltendmachung der Verantwortlichkeitsansprü- 103
che der Gesellschaftsgläubiger selber regelt, sollte die Durchführung eines Konkursverfahrens nicht mehr Voraussetzung für die Geltendmachung der Verantwortlichkeitsansprüche bilden; nach richtiger, allerdings umstrittener Auffassung sollte die Verantwortlichkeitsklage des Gesellschaftsgläubigers auch dann möglich sein, wenn der Konkurs mangels Aktiven eingestellt worden ist.

239 Zum Aktienrecht vgl. *Schnyder/Christen-Westenberg,* Aktienrecht, N 1052. Vgl. Entscheid des Bundesgerichts 4C.122/2006 vom 27. Juni 2006, E. 3.2.2.

240 Entscheid des Bundesgerichts 4C.312/2005 vom 10. Januar 2006, E. 2.2.

241 Entscheid des Bundesgerichts 4C.312/2005 vom 10. Januar 2006, E. 4.1.

242 Zum Aktienrecht vgl. *Schnyder/Christen-Westenberg,* Aktienrecht, N 1053.

243 BGE 132 III 342.

244 Entscheid des Bundesgerichts 4C.312/2005 vom 10. Januar 2006, E. 2.2.1 und E. 2.3.2.

245 Entscheid des Bundesgerichts 4C.312/2005 vom 10. Januar 2006, E. 2.3.3.

b) Bei Ansprüchen der Gesellschafter

104 Bei unmittelbarer Schädigung sind die Gesellschafter grundsätzlich berechtigt, jederzeit gegen die Verantwortlichen vorzugehen und Leistung an sich zu verlangen[246].

105 Bei mittelbarer Schädigung ist zu unterscheiden, ob sich die Gesellschaft in Konkurs oder ausserhalb des Konkurses befindet.

106 Ausserhalb des Konkurses können die Gesellschafter ihren mittelbaren Schaden mittels Klage auf Leistung an die Gesellschaft geltend machen.

107 Die aktienrechtliche Regel, auf die das GmbH-Recht in Art. 827 OR verweist, sieht primär die Klage der Gesellschafter gegen die Geschäftsführer auf Leistung an die Gesellschaft vor[247]. Dass der Aktionär regelmässig nur auf Leistung an die Gesellschaft klagen kann, ergibt sich aus der Struktur der Aktiengesellschaft, in der die Verwaltungsräte primär Pflichten gegenüber der Gesellschaft, nicht aber gegenüber den Gesellschaftern, den Aktionären haben[248].

108 Anders liegen die Dinge bei der GmbH. Bei der GmbH sind die Geschäftsführer den nicht geschäftsführenden Gesellschaftern zum Teil direkt verpflichtet[249]. Die GmbH folgt diesbezüglich dem Recht der Kollektivgesellschaft. Wie bei der Kollektivgesellschaft sind die Gesellschafter der GmbH durch den Gesellschaftsvertrag untereinander zu einer engen Gemeinschaft verbunden. Die Gesellschafter sind Partner im gemeinsamen Bestreben um Verwirklichung des Gesellschaftszweckes. Soweit das Recht der GmbH dem Recht der Kollektivgesellschaft folgt und einen direkten Anspruch gegenüber dem Geschäftsführer vorsieht, sollte der Gesellschafter unabhängig von den Vorschriften über die Geltendmachung von Verantwortlichkeitsansprüchen nicht nur die Klage auf Leistung an die Gesellschaft erheben können, sondern auch die Klage auf Leistung an sich selber. Die Klagebefugnis im Verantwortlichkeitsrecht ist immer Folge der materiellen Berechtigung. Soweit die Gesellschafter materiell berechtigt sind, wie das im GmbH-Recht der Fall sein kann, sind sie auch berechtigt, auf Leistung an sich selber zu klagen.

109 Im Konkurs sind die Gesellschafter legitimiert, Klage auf Leistung an die Gesellschaft zu erheben. Dabei ist allerdings zu beachten, dass die Klage primär der Gesellschaft, vertreten durch die Konkursverwaltung zusteht. Gesellschafter können ihren Anspruch erst dann geltend machen, wenn die Konkursverwaltung auf die

[246] Entscheid des Bundesgerichts 4C.122/2006 vom 27. Juni 2006, E. 3.2.3; Entscheid des Bundesgerichts 4C.48/2005 vom 13. Mai 2005, E. 2.1; BGE 131 III 311 ff.

[247] Art. 756 OR.

[248] Vgl. zu dem Ausnahmen aber *Druey,* Aktienrecht, S. 712 e und den dort zitierten BGE 110 II 391 E. 2b.

[249] Z.B. Informationsrechte Art. 802 OR; Konkurrenzverbot Art. 812 Abs. 3 OR; Gleichbehandlung Art. 813 OR; Entziehung der Vertretungsbefugnis Art. 815 Abs. 2 OR; Anschlussaustritt Art. 822a Abs. 2 OR.

Geltendmachung verzichtet[250]. Klagen die Gesellschafter, wird das Ergebnis des Prozesses vorab zur Deckung der Kläger verwendet. Der Rest fällt in die Konkursmasse[251].

c) Tabellarischer Überblick

110

Ausserhalb Konkurs		
Unmittelbarer Schaden	Gläubiger	Klageberechtigt
	Gesellschafter	Klageberechtigt
	Gesellschaft	Klageberechtigt
Mittelbarer Schaden	Gläubiger	Nicht klageberechtigt
	Gesellschafter	Klageberechtigt (Klage auf Leistung an die Gesellschaft[252])
	Gesellschaft	Klageberechtigt
Im Konkurs		
Unmittelbarer Schaden	Gläubiger	Klageberechtigt
	Gesellschafter	Klageberechtigt
	Gesellschaft	Klageberechtigt
Mittelbarer Schaden	Gläubiger	Subsidiär klageberechtigt
	Gesellschafter	Subsidiär klageberechtigt
	Gesellschaft	Primär klageberechtigt

2. Entlastung

Wird dem Geschäftsführer von der Gesellschafterversammlung Entlastung erteilt[253], verliert die Gesellschaft und die der Entlastung zustimmenden Gesellschafter, mit Bezug auf die der Gesellschafterversammlung bekannten Tatsachen, ihren Anspruch, eine Verantwortlichkeitsklage zu erheben. 111

Der Entlastungsbeschluss entlastet die Geschäftsführer nicht in jedem Fall: Gesellschafter, die der Entlastung nicht zugestimmt haben, sowie Dritte sind daran nicht gebunden und können Verantwortlichkeitsansprüche erheben[254]; Gläubiger können weiterhin auf Ersatz des mittelbaren Schadens, Gesellschafter und Gläubiger kön- 112

[250] Art. 757 Abs. 1 OR.

[251] Art. 757 Abs. 2 OR.

[252] Zur Klage auf Leistung an sich selbst vgl. vorangehend N 107 ff.

[253] Art. 804 Abs. 2 Ziff. 7 OR.

[254] *Truffer/Dubs,* OR, Art. 810 N 23.

nen weiterhin auf Ersatz des unmittelbaren Schadens klagen[255]; sogar die Gesellschaft und die Gesellschafter, die der Entlastung zugestimmt haben, verlieren ihren Anspruch auf Verantwortlichkeit nicht, sofern sich ihr Anspruch auf Tatsachen bezieht, die der Gesellschafterversammlung im Zeitpunkt der Entlastung nicht bekannt waren und auch bei Anwendung der gebotenen Sorgfalt nicht hätten bekannt sein müssen[256].

113 Gemäss Art. 806a Abs. 1 OR haben Personen, die in irgendeiner Weise an der Geschäftsführung teilgenommen haben, bei der Beschlussfassung über die Entlastung kein Stimmrecht. Die Bestimmung ist mit Bezug auf den ausgeschlossenen Personenkreis extensiv auszulegen. Die Bestimmung umfasst alle Personen, die an der Geschäftsführung teilgenommen haben, nicht nur die von der Abstimmung Betroffenen.

114 Die gegenseitige Déchargeerteilung durch Gesellschafter, die in der Verwaltung oder Geschäftsführung tätig sind – je unter Stimmenthaltung für sich selbst – begründet keine gültige Entlastung[257]. Sind sämtliche Gesellschafter zugleich Geschäftsführer, kann kein gültiger Déchargebeschluss ergehen[258].

3. Solidarität

115 Mehrere Beklagte haften solidarisch, wobei das eigene Verschulden und die Umstände persönlich zurechenbar sind[259]. Es gilt der Grundsatz der differenzierten Solidarität[260]. Der Beklagte haftet nur soweit, als er persönlich den Schaden aufgrund seines eigenen Verschuldens verursacht hat. Der Grad des Verschuldens wird berücksichtigt. Dementsprechend kann, im Umfang als dem Verantwortlichen der Schaden aufgrund seines eigenen Verhaltens und der Umstände persönlich zurechenbar ist, jeder Verantwortliche ins Recht gefasst werden, bis der ganze Schadensbetrag bezahlt ist[261]. Haften mehrere Verantwortliche solidarisch, legt der Richter die Regressordnung fest.

[255] Zum Aktienrecht vgl. *Forstmoser/Meier-Hayoz/Nobel,* Aktienrecht, § 36 N 131 ff.

[256] Entscheid des Bundesgerichts 4C.107/2005 vom 29. Juni 2005, E. 3.2. BGE 95 II 323 f.

[257] So zum Aktienrecht *Forstmoser/Meier-Hayoz/Nobel,* Aktienrecht, § 24 N 78.

[258] So zum Aktienrecht *Forstmoser/Meier-Hayoz/Nobel,* Aktienrecht, § 24 N 82.

[259] Art. 827 OR i.V.m. Art. 759 OR.

[260] Zum Beitritt der differenzierten Solidarität vgl. Entscheid des Bundesgerichts 4C.192/2003 vom 13. Oktober 2003, E. 3.4.

[261] BGE 122 III 325. Beachte aber: In der Praxis ist die Schadenersatzreduktion wegen leichtem Verschulden, beispielsweise bei einem ungerechtfertigten Vertrauen in die sorgfältige Wahrnehmung der Pflichten durch andere Geschäftsführer, weitgehend ohne Bedeutung. Vgl. hierzu eingehend *Roberto,* S. 34 f.

4. Gerichtsstand

Der Gerichtsstand für Verantwortlichkeitsklagen gegen Mitglieder der Geschäftsführung befindet sich am Sitz der Gesellschaft[262]. Klagen im Zusammenhang mit der Verantwortlichkeit nach Art. 108 FusG können gegen alle verantwortlichen Personen beim Gericht am Sitz eines der beteiligten Rechtsträger erhoben werden[263]. 116

5. Streitwert

Der Streitwert der Verantwortlichkeitsklage bestimmt sich nach dem Gesamtschaden, den die Gesellschaft erlitten hat[264]. Gemäss Art. 759 Abs. 2 OR hat der Kläger die Möglichkeit, mehrere Beklagte auf den Gesamtschaden einzuklagen. Der Kläger kann sodann verlangen, dass der Richter im gleichen Verfahren die Ersatzpflicht des einzelnen Beklagten festsetzt[265]. 117

6. Beweislast

Der Schaden, die Widerrechtlichkeit, das Verschulden und die Kausalität sind grundsätzlich vom Kläger zu beweisen. Anderes gilt beim Interessenkonflikt. Der Interessenkonflikt führt u. E. zu einer Umkehr der Beweislast. Es wird vermutet, dass das betreffende Geschäft die Gesellschaft benachteiligt und der Geschäftsführer somit seine Pflichten verletzt hat. Der Beklagte muss den Beweis des Gegenteils führen, nämlich, dass das betreffende Geschäft zu Marktbedingungen abgeschlossen wurde[266]. Eine Umkehr der Beweislast ist sodann anzunehmen, wenn der Verantwortlichkeitsanspruch vertraglicher Natur ist. 118

7. Vergleich/Teilvergleich

Der Vergleich zwischen der klagenden Gesellschaft und dem verantwortlichen Organ der Gesellschaft bindet die dem Vergleich nicht zustimmenden Gesellschafter 119

262 Art. 29 GestG.

263 Art. 29a GestG.

264 *Forstmoser/Meier-Hayoz/Nobel,* Aktienrecht, § 36 N 120.

265 BGE 122 III 325.

266 Entscheid Kantonsgericht St. Gallen vom 11. Dezember 1996, GVP 1997 Nr. 33 in: SJZ 1999, 328 f., insb. E. d. Von einer Umkehr der Beweislast scheint auch das Bundesgericht in SemJud 1984, 483 ff. ausgegangen zu sein. Es hielt fest, dass das beklagte Verwaltungsratsmitglied im betreffenden Fall den Beweis einer Gegenleistung an die Gesellschaft nicht erbracht habe.

und die Gläubiger der Gesellschaft grundsätzlich nicht. Dasselbe gilt umgekehrt für den Vergleich zwischen dem klagenden Gläubiger und dem verantwortlichen Organ der Gesellschaft bzw. für den Vergleich zwischen dem klagenden Gesellschafter und dem verantwortlichen Organ der Gesellschaft. Der Vergleich bindet grundsätzlich nur die involvierten Parteien.

120 Beim Vergleich der Konkursverwaltung hat der Gesellschafter oder der Gläubiger, der mit dem Vergleich nicht einverstanden ist, das Recht, die im Vergleich vorgesehene Summe in die Konkursmasse einzuwerfen und den Anspruch selber geltend zu machen[267]. Macht der Gesellschafter oder der Gläubiger von dieser Möglichkeit nicht Gebrauch, ist er an den Vergleich der Konkursverwaltung gebunden.

121 Der Vergleich der Konkursverwaltung kann sämtliche Forderungen gegen die verantwortlichen Organe umfassen; denkbar ist aber auch, dass sich nicht alle verantwortlichen Organe am Vergleich beteiligen. Man spricht von einem Teilvergleich. Beim Teilvergleich zahlen die am Vergleich beteiligten Organe einen, ihrem Anteil am Gesamtschaden entsprechenden, Betrag. Die am Vergleich beteiligten Parteien werden dadurch befreit; der Anspruch der Konkursverwaltung gegenüber den am Vergleich nicht beteiligten verantwortlichen Organen reduziert sich entsprechend. Auf diese Weise ist sichergestellt, dass zwischen den am Vergleich beteiligten Organen und den am Vergleich nicht beteiligten Organen keine Regressansprüche entstehen, da kein verantwortliches Organ mehr bezahlt als seinen Anteil am Gesamtschaden. Gleichzeitig wird sichergestellt, dass der Betrag, der an die Konkursmasse bezahlt wird, nicht grösser ist, als der dem Vergleich zugrunde gelegte Schaden[268].

[267] BGE 78 III 138.

[268] Zur Wirkung und zur vertraglichen Gestaltung des Teilvergleiches vgl. eingehend *Isler,* Der aussergerichtliche Vergleich, S. 195 ff.

6. Teil
Die Beendigung der Gesellschaft; das Ausscheiden des Gesellschafters

§ 26 Überblick über die wesentlichen Neuerungen

I. Zielsetzung des Gesetzgebers

Was die Beendigung der Gesellschaft anbelangt, führt das neue Recht verschiedene Gründe auf, die zur Auflösung der Gesellschaft führen: Der Eintritt statutarisch definierter Sachverhalte; der Beschluss der Gesellschafterversammlung; die Eröffnung des Konkurses; das Vorliegen wichtiger Gründe; die Verfolgung eines widerrechtlichen oder unsittlichen Zwecks; das Bestehen von Mängeln in der Organisation sowie neu, Tatbestände der Auflösung ohne Liquidation gemäss Fusionsgesetz. 1

Der starken Personenbezogenheit der Gesellschafterstellung in der GmbH entspricht die Möglichkeit, aus der Gesellschaft auszutreten und Gesellschafter unter bestimmten Umständen aus der Gesellschaft auszuschliessen. Das neue Recht schliesst die Regelungslücken des alten Rechts und erleichtert die Abwicklung des Ausscheidens. Das neue Recht stellt klar, dass ausscheidenden Gesellschaftern sowohl beim Austritt als auch beim Ausschluss ein Anspruch auf eine Abfindung in der Höhe des wirklichen Wertes ihrer Stammanteile zusteht. Was die Auszahlung der Abfindung anbelangt, zielt das neue Recht einerseits darauf hin, die effektive Auszahlung der Abfindung sicherzustellen, andererseits die Erfüllung der Forderungen der Gläubiger durch die Abfindung nicht zu gefährden[1]. 2

[1] Botschaft, S. 3165 f. Zu Zielsetzung und Gang der Reformarbeiten, zu Neuereungen und Konstanten vgl. die synoptische Darstellung von *Forstmoser/Peyer/Schott,* Das neue Recht der GmbH.

II. Wesentliche Neuerungen

1. Die neue Regelung betreffend die Abwicklung des Ausscheidens

3 Führt das Ausscheiden des Gesellschafters zum Übergang seines Stammanteils auf andere Personen, gelten die Regeln zur Übertragung der Gesellschafteranteile. Dem ausscheidenden Gesellschafter steht ein Anspruch auf eine Abfindung zu, die dem wirklichen Wert seiner Stammanteile entspricht. Verfügt die Gesellschaft über verwendbares Eigenkapital, können die Stammanteile der ausscheidenden Person veräussert werden oder darf die Gesellschaft ihr Stammkapital herabsetzen, wird die Abfindung mit dem Ausscheiden fällig. Für den nicht ausbezahlten Teil der Abfindung hat der ausscheidende Gesellschafter eine unverzinsliche, nachrangige Forderung. Sobald die Gesellschaft wieder über *verwendbares Eigenkapital* verfügt, wird die Forderung auf Abfindung fällig[2].

2. Der Anschlussaustritt

4 Reicht ein Gesellschafter Klage auf Austritt ein oder erklärt er seinen Austritt gestützt auf ein statutarisches Austrittsrecht, haben die übrigen Gesellschafter die Möglichkeit, innerhalb von drei Monaten nach Zugang der Mitteilung Anschlussaustritt zu erklären und sich damit, insbesondere hinsichtlich der Auszahlung der Abfindung, die Gleichbehandlung mit dem austretenden Gesellschafter zu sichern[3].

3. Das Ausschlussrecht der Gesellschafterversammlung

5 Liegt ein wichtiger Grund vor, kann die Gesellschaft beim Gericht auf Ausschluss eines Gesellschafters klagen. Zur Klage legitimiert ist ausschliesslich die Gesellschaft. Führt das Ausscheiden des Gesellschafters zum Übergang seines Stammanteils auf andere Personen, gelten die Regeln zur Übertragung der Stammanteile. Dem ausscheidenden Gesellschafter steht ein Anspruch auf eine Abfindung zu, die dem wirklichen Wert seiner Stammanteile entspricht[4]. Neu erlaubt das Recht der GmbH zudem, in den Statuten vorzusehen, dass die Gesellschafterversammlung

[2] Vgl. dazu § 19 N 6 ff.

[3] Vgl. dazu § 19 N 10.

[4] Vgl. dazu § 19 N 11 ff.

Gesellschafter ausschliessen darf, wenn bestimmte, statutarisch klar zu umschreibende Gründe vorliegen[5].

4. Die Auflösung durch Umwandlung oder Fusion

Der Auflösungsbeschluss kann zu einem Umwandlungs- oder Fusionsverfahren 6
führen. Mit der Umwandlung ändert die Gesellschaft ihre Rechtsform, wobei die Umstrukturierung ohne Auflösung, Liquidation, Neugründung und Übertragung der einzelnen Aktiven erfolgt, sondern unter Fortbestand aller vermögens- und mitgliedschaftsrechtlichen Beziehungen. Eine Abfindung findet nicht statt. Anders bei der Fusion: Der Gesellschafter der durch die Fusion untergehenden Gesellschaft wird für den Verlust seiner Anteils- und Mitgliedschaftsrechte entschädigt. Die Gesellschafter haben Anspruch auf Anteils- und Mitgliedschaftsrechte an der übernehmenden Gesellschaft[6].

III. Vergleich zum alten Recht/Würdigung

Die im Gesetz vorgesehenen Auflösungsgründe sind inhaltlich weitgehend diesel- 7
ben wie im alten Recht. Neu ist allerdings, dass der Richter bei der Auflösungsklage nicht nur auf Auflösung erkennen, sondern auch andere sachgemässe und den Beteiligten zumutbare Lösungen anordnen kann[7].

Die starke Personenbezogenheit der Gesellschafterstellung in der GmbH mani- 8
festiert sich in der Möglichkeit des Austritts und des Ausschlusses einzelner Gesellschafter. Das neue Recht schliesst die Regelungslücken des alten Rechts und erleichtert die Abwicklung des Ausscheidens[8]. Unverändert kann jeder Gesellschafter aus wichtigen Gründen jederzeit beim Richter auf Bewilligung des Austritts klagen[9]. Über diese gesetzlich zwingend vorgegebene Austrittsmöglichkeit hinaus sind die Gesellschafter befugt, in den Statuten ein weiter gehendes Recht auf Austritt vorzusehen und dieses von bestimmten Bedingungen abhängig zu machen[10]. Da der Austritt eines Gesellschafters sich für die übrigen Beteiligten als

[5] Art. 823 Abs. 2 OR.

[6] Vgl. nachfolgend § 32 N 2 ff.

[7] Art. 821 Abs. 3 OR.

[8] Botschaft, S. 3165.

[9] Art. 822 Abs. 1 OR.

[10] Art. 822 Abs. 2 OR.

nachteilig erweisen kann, sieht das neue Recht im Interesse der Gleichbehandlung aller Gesellschafter eine Regelung für den Anschlussaustritt vor[11].

9 Als Gegenstück zum Recht auf Austritt aus wichtigem Grund wird der Gesellschaft die Möglichkeit eingeräumt, beim Gericht auf Ausschluss eines Gesellschafters zu klagen, wenn hierfür ein wichtiger Grund vorliegt[12].

10 Das neue Recht erlaubt, während des Verfahrens betreffend Austritt oder Ausschluss eines Gesellschafters, die Anordnung vorsorglicher Massnahmen zu verlangen und gerichtlich verfügen zu lassen, dass einzelne oder alle mitgliedschaftlichen Rechte und Pflichten der betroffenen Personen ruhen[13].

11 Das neue Recht stellt klar, dass ausscheidende Gesellschafter einen Anspruch auf Abfindung in der Höhe des wirklichen Werts ihrer Stammanteile haben[14]. Ein solcher Anspruch besteht sowohl beim Austritt als auch beim Ausschluss. Was die Auszahlung der Abfindung anbelangt, versucht das neue Recht einerseits, die effektive Auszahlung der Abfindung, andererseits die Erfüllung von Forderungen der Gläubiger sicherzustellen[15].

§ 27 Grundlagen

I. Beendigung der GmbH durch Konkurs oder durch sich selbst

1 Die Beendigung einer Gesellschaft erscheint als Ausnahme; meistens verbinden wir diesen Vorgang mit dem Konkurs[16]. Das gilt ganz besonders bei den juristischen Personen, die, anders als einfache Gesellschaften, in der Regel nicht auf eine beschränkte Dauer ausgerichtet sind.

2 Trotzdem ist es durchaus denkbar, dass die GmbH nicht durch Konkurs aufgelöst wird, sondern durch Gesellschafterbeschluss[17] oder weil die Gesellschafter derart zerstritten sind[18], dass die Fortführung der GmbH unmöglich erscheint. In diesen

[11] Art. 822a OR.

[12] Art. 823 Abs. 1 OR.

[13] Art. 824 OR.

[14] Art. 825 OR.

[15] Art. 825a OR.

[16] Vgl. nachfolgend § 29 N 3 ff.

[17] Vgl. nachfolgend § 29 N 1 ff.

[18] Vgl. nachfolgend § 28 N 1 ff.

Fällen kommt es zur freiwilligen Beendigung der Gesellschaft, zur Beendigung durch sich selbst.

II. Liquidation der Gesellschaft

Mit der Auflösung der juristischen Person ist der Wegfall des Unternehmensträgers verbunden. Das Unternehmen kann ohne diesen Träger nicht existieren; entweder wird es im dafür vorgesehenen Verfahren liquidiert[19] oder auf einen anderen Träger überführt. Letzteres ist der Fall, wenn die GmbH im Rahmen einer Fusion in einer anderen GmbH oder in einer Aktiengesellschaft untergeht und das Unternehmen in die übernehmende Gesellschaft eingegliedert wird[20]. In diesem Fall liegt eine Auflösung der GmbH ohne Liquidation vor. 3

Wird die GmbH durch Konkurs aufgelöst, führt dies zwangsläufig dazu, dass das Unternehmen liquidiert werden muss[21]. Trotz der Verwendung des Begriffes «Liquidation» heisst dies aber nicht zwingend, dass das Unternehmen aufgespalten wird und dass seine Einzelteile getrennt versilbert werden. Auch im Rahmen einer Liquidation ist es denkbar, dass das Unternehmen integral erhalten bleibt, wenn es en bloc statt in Stücken veräussert wird. 4

III. Ausscheiden des Gesellschafters

Der Gesellschafter der GmbH kann wie der Aktionär seinen Anteil an einen Dritten veräussern, der dann an seiner Stelle Gesellschafter wird[22]. Dieses Ausscheiden beeinflusst die Struktur der GmbH grundsätzlich nicht. 5

Anders als im Aktienrecht ist es im GmbH-Recht möglich, dass ein Gesellschafter durch einen eigentlichen Austritt ausscheidet, also ohne dass sein Gesellschaftsanteil durch einen Dritten übernommen wird. Weil mit diesem Ausscheiden immer auch die Bezahlung einer Abfindung im Umfang der Beteiligung des ausscheidenden Gesellschafters verbunden ist[23], führt das Ausscheiden eines Gesellschafters in diesen Fällen wirtschaftlich zu einer *Teilauflösung* der GmbH in diesem Umfang. 6

19 Vgl. nachfolgend § 30 N 11 ff.

20 Vgl. nachfolgend § 32 N 2 ff.

21 Vgl. nachfolgend § 30 N 6 ff.

22 Vgl. dazu § 19 N 28 ff.

23 Vgl. nachfolgend § 31 N 1 ff.

7 Liegt ein wichtiger Grund vor, kann der Gesellschafter von Gesetz wegen auf Austritt aus der Gesellschaft klagen. Darüber hinaus kann dem Gesellschafter ein statutarisches Austrittsrecht eingeräumt werden oder die Gesellschafter können dem Austritt zustimmen[24].

8 Ähnliches gilt beim Ausschluss. Liegt ein wichtiger Grund vor, kann die Gesellschaft auf Ausschluss klagen. Die Statuten können sodann vorsehen, dass die Gesellschafterversammlung einen Gesellschafter ausschliessen darf, wenn bestimmte Gründe vorliegen[25].

9 Führt das Ausscheiden eines Gesellschafters zum Übergang von Stammanteilen, finden die Regeln betreffend die Übertragung von Stammanteilen Anwendung. Es ist aber auch denkbar, dass die Gesellschaft selber die Beteiligung übernimmt. Ist beides nicht der Fall, muss eine Teilliquidation durchgeführt werden. In allen Fällen hat der ausscheidende Gesellschafter einen Anspruch auf Abfindung in der Höhe des wirklichen Wertes[26].

IV. Hinweis auf die Bestimmungen des Aktienrechts

10 Für die Folgen der Auflösung sind die Vorschriften des Aktienrechts entsprechend anwendbar[27]. Unter dem Vorbehalt der Fälle der Fusion, Spaltung oder Übertragung des Vermögens tritt die aufgelöste Gesellschaft in Liquidation[28]. Im Rahmen der Liquidation hat jeder Gesellschafter Anspruch auf einen Anteil am Liquidationsergebnis, das dem Verhältnis der Nennwerte der Stammanteile entspricht[29].

[24] Vgl. Zum Austritt § 19 N 6 ff.

[25] Vgl. Zum Ausschluss § 19 N 11 ff.

[26] Vgl. Zur Abfindung § 19 N 18 ff.

[27] Art. 821a OR i.V.m. Art. 826 Abs. 2 OR.

[28] Art. 738 OR.

[29] Art. 826 Abs. 1 OR.

§ 28 Die Beendigung durch sich selbst

I. Nach Massgabe der Statuten oder durch Gesellschaftsbeschluss (Art. 821 Ziff. 1 und 2 OR)

1. Auflösung durch Statutenbestimmung

Das Gesetz hält die gesetzlichen Auflösungsgründe zwingend im Sinne einer Minimalvorschrift fest. Das heisst, die vom Gesetz vorgesehenen Auflösungsgründe können statutarisch nicht aufgehoben, sondern lediglich erweitert werden. Im Rahmen dieses Grundsatzes sind die Gesellschafter frei, materiell beliebige Auflösungsgründe vorzusehen. Beispielsweise können sie vorsehen, dass der Austritt, der Rücktritt, der Tod eines Gesellschafters oder auch langjähriger Misserfolg bzw. das Nichterreichen einer bestimmten Rendite Auflösungstatbestände bilden sollen[30]. 1

Die Auflösung erfolgt bereits beim Vorliegen der statutarischen Auflösungsgründe; ein Auflösungsbeschluss ist nicht erforderlich[31]. Ein Auflösungsbeschluss kann indessen dann Sinn machen, wenn ein Minderheitsgesellschafter das Vorliegen der Auflösungsgründe bestreitet und die Auflösung durch Gesellschafterbeschluss als der einfachere Weg erscheint. 2

Wollen die Gesellschafter die Auflösung vermeiden, müssen sie die statutarischen Auflösungsgründe durch Statutenänderung vor deren Eintritt streichen. Ansonsten bleibt ihnen grundsätzlich nur die Neugründung (mit anderem Namen) unter Übernahme des Geschäftes als Sacheinlage gemäss Art. 777c Abs. 2 Ziff. 2 OR. 3

2. Auflösung durch Gesellschafterbeschluss

Die GmbH kann durch einen Gesellschafterbeschluss aufgelöst werden, wenn mindestens zwei Drittel der vertretenen Stimmen und die absolute Mehrheit des gesamten stimmberechtigten Stammanteils zustimmen[32]. Vorbehalten bleiben andere statutarische Quoren, die bis zur Einstimmigkeit verschärft werden können. 4

[30] *Truniger,* S. 125 f. m.w.H.

[31] *Stäubli,* OR, Art. 820 N 3; *von Steiger,* ZK, N 6 zu Art. 820 OR, welcher von einer Auflösung «eo ipso» spricht.

[32] Art. 808b Abs. 1 Ziff. 11 OR.

5 Art. 808b OR ist einseitig zwingend. Die Statuten können die Anforderung an die Beschlussfassung erhöhen[33], nicht aber erleichtern. Damit schliesst das Gesetz die Einräumung eines statutarischen Kündigungsrechts zumindest für Minderheitsgesellschafter aus.

6 Der Auflösungsbeschluss muss auch die Folgen der Auflösung der GmbH regeln und insbesondere bestimmen, ob die Auflösung durch Liquidation, durch Fusion oder durch Umwandlung in eine andere Gesellschaftsform[34] stattfinden soll. Sodann kann der Auflösungsbeschluss, gemäss der Rechtsprechung des Bundesgerichts, so lange wieder aufgehoben werden, als mit der Verteilung des Gesellschaftsvermögens noch nicht begonnen worden ist[35].

II. Ausserordentliche Auflösungsgründe aus gesellschaftsinternen Gründen (Art. 821 Abs. 3 OR)

1. Worum geht es?

7 Die Auflösung der GmbH als Folge eines gesellschaftsinternen Vorgangs ist nicht nur möglich beim Eintritt eines Ereignisses, das in den Statuten als Auflösungsereignis vorgesehen ist oder wenn die Gesellschafterversammlung diese beschliesst: Aus gesellschaftsinternen Gründen kann die GmbH auch durch den Richter aus wichtigem Grund aufgelöst werden.

8 Eine analoge Bestimmung besteht auch im Aktienrecht[36]; im GmbH-Recht ist ihr Anwendungsbereich jedoch grösser, weil die wichtigen Gründe nicht in der Gesellschaft selbst liegen müssen, sondern auch in der Person eines Gesellschafters oder in der Beziehung zwischen den Gesellschaftern liegen können.

2. Auflösung der Gesellschaft aus wichtigem Grund

a) Wichtige Gründe im Allgemeinen

9 Gemäss Art. 821 Abs. 3 OR kann jeder Gesellschafter aus wichtigem Grund die Auflösung der Gesellschaft verlangen. Die Auflösungsklage dient dem Minderhei-

[33] Art. 808b Abs. 2 OR.

[34] Vgl. nachfolgend § 32 N 2 ff.

[35] BGE 123 III 473 ff.

[36] Art. 736 Ziff. 4 OR.

tenschutz. Die Minderheit soll vor schwerem Machtmissbrauch durch die Mehrheit geschützt werden[37].

Der Begriff *wichtige Gründe* basiert auf Art. 2 ZGB sowie auf dem allgemeinen Grundsatz, wonach Dauerschuldverhältnisse aus besonderen Gründen aufgelöst werden können. Entscheidend ist die Einzelfallbeurteilung, die konkreten Umstände sowie die wirtschaftlichen und sozialen Folgen[38]. 10

Die Auflösungsklage ist nicht ultima ratio, sondern eine gravierende Massnahme, die im Einzelfall verhältnismässig sein muss. Das Recht der GmbH schützt den Minderheitsgesellschafter[39], wobei die wichtigen Gründe in einem angemessenen Verhältnis zur Sanktion der Auflösung stehen müssen. Die Verletzung der Interessen der klagenden Gesellschafter muss ein Ausmass erreichen, das ihren Schutz gegenüber allen anderen Interessen aufdrängt. 11

b) Wichtige sachliche Gründe im Besonderen

Wichtige Gründe sind in erster Linie sachliche Gründe. Darunter fällt beispielsweise der Fall, wenn die Mehrheitsgesellschafter die Gewinne in missbräuchlicher Weise in der Gesellschaft zurückbehalten. Hingegen ist der Missbrauch der beherrschenden Stellung nicht der einzige Grund, der eine Auflösung rechtfertigen kann. Je nach den Umständen kann den Minderheitsgesellschaftern die Aufrechterhaltung der Gesellschaft, deren andauernde schlechte Geschäftsführung unweigerlich in den Ruin führt, nicht zugemutet werden: *«Le critère décisif réside bien plutôt dans le point de savoir si le maintien de la société peut être imposé objectivement et raisonnablement aux actionnaires minoritaires*[40]*»*. 12

Auch eine schwere finanzielle Benachteiligung kann ein sachlicher Grund zur Auflösung der Gesellschaft sein. Von einer schweren finanziellen Benachteiligung ist auszugehen, wenn infolge unangemessener Bezüge der geschäftsführenden Mehrheitsgesellschafter ein Bilanzgewinn und damit auch eine Dividende entfällt und die Minderheit deshalb leer ausgeht[41]. 13

Werden aus dem Gesellschaftsvermögen in ungerechtfertigter Weise Zahlungen zugunsten von Mehrheitsgesellschaftern vorgenommen und wird diese Praxis trotz Protest der Minderheitsgesellschafter fortgeführt, zeugt dies von einer fundamentalen Missachtung der legitimen Interessen der Minderheitsgesellschafter, welche 14

[37] Die Rechtsprechung zum Aktienrecht kann in ihren Grundzügen ins Recht der GmbH übernommen werden. Vgl. BGE 109 II 142 bzw. Pra 1983, 241; BGE 67 II 165 bzw. Pra 1941, 109.

[38] Zum Aktienrecht vgl. *Stoffel,* Aktienrecht, N 1084.

[39] Beachte: Der Minderheitsgesellschafter ist im neuen Recht durch verschiedene Bestimmungen besser geschützt als im alten Recht. Vgl. dazu § 11 N 26.

[40] BGE 126 III 270.

[41] BGE 105 II 121 ff.

die Letzteren nicht hinzunehmen brauchen. Dies gilt insbesondere dann, wenn die finanzielle Situation der Gesellschaft beeinträchtigt und die wirtschaftlichen Interessen der Gesellschafter gefährdet werden[42].

15 Werden ungerechtfertigte Zahlungen veranlasst, wird nachgerade den Minderheitsgesellschaftern der Zugang zu Informationen über die Gesellschaft verweigert und wird dadurch die Geltendmachung der Mitgliedschaftsrechte verunmöglicht, stellt dies einen Missbrauchstatbestand dar, der die Auflösung der Gesellschaft rechtfertigt[43].

c) Wichtige persönliche Gründe im Besonderen

16 Gemäss Art. 821 Abs. 3 OR kann die GmbH durch Urteil des Richters aufgelöst werden, wenn ein Gesellschafter aus einem wichtigen Grund die Auflösung verlangt. Die Auflösung kann auch aus Gründen verlangt werden, die in der Person anderer Gesellschafter liegen[44]. Die Berücksichtigung personalistischer Elemente bei der Frage des wichtigen Grundes ist dort besonders wichtig, wo nur zwei Gesellschafter vorhanden sind.

17 Als Folge einer Klage der Minderheit können die persönlichen Verhältnisse derart belastend werden, dass sie eine Auflösung der Gesellschaft rechtfertigen. Dies ist insbesondere in kleinen Verhältnissen, in denen zwischen den Gesellschaftern ein enges Verhältnis besteht, anzunehmen: *«A cet égard, des aspects personnels – en particulier dans les petites sociétés à caractère familial – peuvent jouer un rôle dans la pesée des intérêts, à tout le moins lorsqu'ils rendent durablement et objectivement insupportable la continuation des rapports sociaux»*[45].

d) Lehre und Rechtsprechung

18 Ob wichtige Gründe vorliegen, die eine Auflösung rechtfertigen, ist eine Ermessensfrage[46]. Wichtige Gründe sind namentlich in folgenden Fällen anzunehmen:

aa) Wegfall von wesentlichen Gründungsvoraussetzungen

19 Die GmbH kann aufgelöst werden, wenn wesentliche Voraussetzungen persönlicher Natur, unter denen der Gesellschaftsvertrag eingegangen wurde, nicht mehr

[42] BGE 84 II 50.

[43] Repertorio di Giurisprudenza Patria, Bellinzona 1967, S. 95 f.

[44] *Pfitzmann,* S. 117 ff.; *von Steiger,* ZK, N 12 zu Art. 820 OR, N 16 zu Art. 822 OR.

[45] BGE 126 III 269; BGE 84 II 50.

[46] *Von Steiger,* ZK, N 13 zu Art. 820 OR; *Stäubli,* OR, Art. 820 N 18.

vorhanden sind und die Fortsetzung der Gesellschaft daher nicht mehr zugemutet werden kann[47]. Dass die Gesellschafter die Gesellschaft im Beurteilungszeitraum nicht mehr gründen würden, genügt allerdings nicht; gefordert ist der Wegfall wesentlicher Voraussetzungen persönlicher Natur, unter denen die Gesellschaft eingegangen worden ist, wenn beispielsweise ein Gesellschafter gegenüber dem anderen Gesellschafter die Regeln des Anstands konstant und aufs Gröbste verletzt.

bb) Gefährdung ökonomischer oder ideeller Interessen der Gesellschafter

Das Recht der GmbH kennt verschiedene Mittel des Minderheitenschutzes. Die 20
Gutheissung der Auflösungsklage setzt voraus, dass eine Situation vorliegt, in welcher punktuelle Eingriffe nicht genügen, um die Interessen der Minderheit wirksam und dauerhaft zu schützen. Die Klage ist demnach begründet, wenn die Mehrheitsgesellschafter ihre Stellung in rechtsmissbräuchlicher Weise ausnützen und die Rechte der Minderheit schwer und andauernd verletzen. Ebenso ist vorauszusetzen, dass die Minderheitsgesellschafter nur durch die Auflösung der Gesellschaft wirksam geschützt werden können[48]. Der Weiterbestand der Gesellschaft darf den Minderheitsgesellschaftern nach Treu und Glauben objektiv nicht mehr zugemutet werden.

cc) Fortgesetzter Machtmissbrauch

Bei fortgesetztem Machtmissbrauch eines Gesellschafters ist die GmbH ebenfalls 21
aus wichtigem Grund aufzulösen[49]. Das gilt ganz besonders dann, wenn im Machtmissbrauch zugleich eine Verletzung der gesetzlichen Vorschrift des Art. 809 OR liegt, wonach die Gesellschafter die Geschäftsführung gemeinsam ausüben, sofern die Statuten nichts anderes vorsehen.

dd) Fortgesetzter Vertrauensmissbrauch

Ein wichtiger Grund ist auch der fortgesetzte Vertrauensmissbrauch eines Gesell- 22
schafters[50]; zum Beispiel bei fortgesetzter Verschleierung oder bei konstanter Weigerung der Geschäftsführer, den nicht geschäftsführenden Gesellschaftern Einsicht

[47] *Von Steiger,* ZK, N 13 zu Art. 820 OR; *Wohlmann,* GmbH, S. 130 f.

[48] BGE 67 II 165; ZR 1940, S. 213.

[49] BGE 67 II 162 ff.

[50] *Von Steiger,* ZK, N 17 zu Art. 820 OR.

in die Geschäftsbücher zu gewähren oder bei dauernder Nichterfüllung von Nebenleistungspflichten[51].

ee) Willkürliche Verweigerung der Zustimmung zur Abtretung des Gesellschaftsanteils an einen Dritten

23 Die Gesellschafter der GmbH können ihren Anteil grundsätzlich nur mit Zustimmung der Gesellschafterversammlung an Dritte veräussern[52]. Diese starke Vinkulierung des Gesellschafters an seinen Anteil wird als Vorteil der GmbH gegenüber der Aktiengesellschaft empfunden. Das darf aber nicht dazu führen, dass einem Gesellschafter, der seinen Anteil veräussern will, die Veräusserung willkürlich verweigert wird. In diesem Fall kann der Gesellschafter aus der Gesellschaft austreten[53], allenfalls sogar die Auflösung der Gesellschaft verlangen[54]. Eine willkürliche Verweigerung dürfte immer dann vorliegen, wenn diese nicht mit dem Gesellschaftsinteresse begründet werden kann, sondern ausschliesslich im Interesse des verweigernden Gesellschafters liegt.

ff) Weitere wichtige Gründe

24 Die Rechtsprechung bejahte sodann das Vorliegen wichtiger Gründe bei andauernder Missachtung der Kontrollrechte[55]; bei schwerer finanzieller Benachteiligung von Minderheitsgesellschaftern[56]; bei missbräuchlicher Anhäufung von Gewinn in der Gesellschaft und Weigerung, eine dem Geschäftsgang entsprechende Dividende auszuzahlen[57]; bei dauernder Unmöglichkeit, Organe zu bestellen[58]. Blosse Streitigkeiten zwischen Mehrheit und Minderheit stellen hingegen keine wichtigen Gründe dar[59].

[51] *Meier-Hayoz/Forstmoser,* § 18 N 88, die allerdings in diesen Fällen den Ausschluss des betreffenden Gesellschafters als die naheliegendere Lösung betrachten.

[52] Art. 786 OR; vgl. § 19 N 28 ff.

[53] Art. 786 Abs. 3 OR.

[54] *Von Steiger,* ZK, N 18 zu Art. 820 OR.

[55] BGE 105 II 114.

[56] BGE 84 II 44.

[57] ZWR 1986, 340.

[58] SemJud 1988 15.

[59] BGE 104 II 32 ff.

e) Statutarische wichtige Gründe

Die Statuten können weitere Gründe nennen, welche die Gesellschafter als wichtig erachten und bei deren Vorliegen eine Auflösung der Gesellschaft aus wichtigem Grund möglich sein soll[60]. Das heisst, es können Tatbestände festgehalten werden, welche per se wichtig sind. Beispielsweise können die Gesellschafter vereinbaren, dass der Austritt, der Rücktritt, der Tod oder die dauernde Arbeitsunfähigkeit eines Gründungsmitgliedes, oder auch längerfristiger Misserfolg bzw. das Nichterreichen einer bestimmten Rendite Auflösungstatbestände darstellen sollen. Die Gesellschafter können sodann in den Statuten den Mehrheitsgesellschaftern ein Recht auf Kündigung einräumen oder bestimmen, auf welche sachgemässen und zumutbaren Massnahmen der Richter erkennen soll, wenn ihm die Auflösung als nicht gerechtfertigt erscheint[61]. 25

f) Schutzwürdige Interessen Dritter

Schutzwürdige wirtschaftliche und soziale Interessen Dritter sind beim Entscheid betreffend die Auflösung der Gesellschaft zu berücksichtigen. Dabei ist allerdings zu beachten, dass das Kollektivinteresse nicht generell dem Individualinteresse der Minderheit vorzuziehen ist, sondern diesem Prinzip grundsätzlich gleichwertig ist. Bei der Interessenabwägung ist auf die konkreten Verhältnisse abzustellen[62]. 26

3. Prozessuales für den Auflösungsprozess

a) Aktivlegitimation

Die GmbH kann gegen ihren Willen nur vom Richter aufgelöst werden. Der Richter handelt aufgrund einer Klage. Anders als im Aktienrecht ist bei der GmbH jeder Gesellschafter – unabhängig von der Höhe seiner Beteiligung – zur Klage legitimiert. Gläubiger und externe Geschäftsführer sind hingegen – abgesehen von Organisationsmängeln[63] – nicht berechtigt, auf Auflösung der Gesellschaft zu klagen. Es ist sodann davon auszugehen, dass der Kläger sowohl im Zeitpunkt des Eintritts des wichtigen Grundes als auch im Zeitpunkt der Klage Gesellschafter sein muss. Bei verpfändeten Stammanteilen ist ausschliesslich der Eigentümer legitimiert. Bei 27

[60] Art. 821 Abs. 1 Ziff. 1 OR.

[61] *Truniger,* S. 120 f. sowie S. 126 m.w.H. Beachte: Beim Kündigungsrecht ist das für die Auflösung der Gesellschaft in Art. 808b OR statuierte einseitig zwingende Quorum zu beachten.

[62] Vgl. hierzu BGE 126 III 270 f.

[63] Art. 819 OR i.V.m. Art. 731b OR.

nutzniessungsbelasteten Stammanteilen sind Nutzniesser und Eigentümer gemeinsam klageberechtigt[64].

b) Passivlegitimation

28 Es stellt sich die Frage, ob im Auflösungsprozess der GmbH die Gesellschaft wie im Aktienrecht selber passivlegitimiert ist, oder ob der Gesellschafter wie im Recht der Kollektivgesellschaft gegen diejenigen Gesellschafter vorgehen muss, die sich der Auflösung widersetzen.

29 Die herrschende Lehre[65] geht praktisch einhellig davon aus, dass sich die Klage gegen die Gesellschaft zu richten habe, weil diese als juristische Person partei- und prozessfähig ist. Die Anhebung einer Auflösungsklage gegen die GmbH dürfte daher zulässig und in der kapitalistisch strukturierten GmbH mit vielen Mitgliedern auch richtig sein. Die Gesellschaft wird im Prozess grundsätzlich von der Geschäftsführung vertreten. Die Mehrheitsgesellschafter sind nicht Prozesspartei.

30 In kleinen Verhältnissen, insbesondere in der Zwei-Mann-GmbH erscheint indessen die Passivlegitimation auch des anderen Gesellschafters nach den Vorschriften über die Kollektivgesellschaft richtig: Die Analogie zur Kollektivgesellschaft in Bezug auf die Auflösung der GmbH war im alten Recht vom Gesetzgeber ausdrücklich bei der Formulierung der Bestimmung über die Auflösung der Gesellschaft aus wichtigem Grund gewollt: «Im schweizerischen Recht entschloss man sich zu einer Lösung nach dem Recht der Personengesellschaften»[66]. Diese Analogie zur Kollektivgesellschaft ergibt in der kleinen GmbH in Bezug auf die Frage der Passivlegitimation Sinn: Gegen die Analogie zur Kollektivgesellschaft in Fragen der Passivlegitimation spricht keinesfalls die Tatsache, dass die GmbH als juristische Person partei- und prozessfähig ist[67]. Auch die Kollektivgesellschaft ist partei- und prozessfähig; trotzdem ist im Recht der Kollektivgesellschaft die Auflösungsklage gegen diejenigen Gesellschafter zu richten, die sich der Auflösung widersetzen, weil dem Auflösungsprozess immer eine Auseinandersetzung zwischen den Gesellschaftern zugrunde liegt, also eine Angelegenheit des Innenverhältnisses[68]. Ganz besonders gilt dies in der Zwei-Mann-GmbH, wenn der eine Gesellschafter gegen den anderen Gesellschafter vorgeht. Solche Auseinandersetzungen sind faktisch immer Auseinandersetzungen zwischen den beiden Gesellschaftern und sollten auch zwischen diesen ausgefochten werden. Würde der Konflikt zwischen einem Gesellschafter und der GmbH, die, wenn in der Zwei-Mann-GmbH

64 Vgl. für die Aktiengesellschaft, *Forstmoser/Meyer-Hayoz/Nobel,* Aktienrecht, § 55 N 93 ff.

65 *Guhl,* § 73 N. 12; *von Steiger,* ZK, N 20 zu Art. 820 OR; *Wohlmann,* GmbH, S. 131; *Stäubli,* OR, Art. 820 N 22.

66 *Von Steiger,* ZK, N 12 zu Art. 820 OR.

67 Wie das Obergericht des Kantons Aargau in AGVE 1982, S. 44 f. meint.

68 So ausdrücklich das Handelsgericht des Kantons St.Gallen in: SJZ 46, S. 43 f.

beide Gesellschafter die gleichen Rechte geniessen, durch einen Beistand vertreten ist, ausgetragen, wäre der andere Gesellschafter, der den Auflösungsgrund gesetzt hat oder gesetzt haben soll, nicht einmal am Verfahren beteiligt.

c) Weitere prozessuale Aspekte

Die Auflösungsklage ist grundsätzlich an keine Frist gebunden. Wird das Verhalten über längere Zeit ohne Widerspruch geduldet, muss sich der Kläger allenfalls eine Verletzung von Treu und Glauben vorwerfen lassen. 31

Die Auflösungsklage hat nur Erfolg, wenn die untragbaren Verhältnisse anders praktisch nicht beseitigt werden können. Dementsprechend ist die Auflösungsklage insofern subsidiär, als sie unter dem Gesichtspunkt der Verhältnismässigkeit zu prüfen ist[69]. Subsidiär ist jedoch nur die Rechtsfolge der Auflösung, nicht die Auflösungsklage an sich. Dies ergibt sich aus der Möglichkeit des Richters, auf andere sachgemässe Massnahmen zu erkennen. 32

Liegen die wichtigen Gründe primär in den persönlichen Verhältnissen und kann die Gesellschaft an sich weitergeführt werden, steht das Austrittsrecht grundsätzlich im Vordergrund[70]. 33

Örtlich zuständig ist das Gericht am eingetragenen Sitz der Gesellschaft[71]. Die sachliche Zuständigkeit richtet sich nach dem jeweiligen kantonalen Prozessrecht. Die Auflösungsklage kann aber auch einem Schiedsgericht unterbreitet werden[72]. Im Rahmen der Auflösungsklage können vorsorgliche Massnahmen angeordnet werden[73]. Eine vergleichsweise Auflösung der Gesellschaft ist nicht zulässig[74]. 34

4. Alternativen zur Auflösung: Andere sachgemässe und zumutbare Massnahmen

Wenn wichtige Gründe vorliegen, ist die Gesellschaft aufzulösen und zu liquidieren, mit der Folge, dass unter Umständen durch die Liquidation Werte zerstört werden, die einen höheren Sach- oder Stellenwert haben als die Gesellschafterrechte, denen durch das Recht auf Auflösung entsprochen werden soll. Aus diesem Grund hat der Gesetzgeber im revidierten Recht der GmbH die Möglichkeit geschaffen, 35

69 *Stäubli,* OR, Art. 820 N 14.

70 Art. 821 Abs. 3 OR; *Stäubli,* OR, Art. 820 N 14.

71 Art. 3 Abs. 1 lit. b GestG.

72 Zur Kollektivgesellschaft BGE 69 II 118.

73 Vgl. für die Aktiengesellschaft, *Vock,* S. 181.

74 Vgl. für die Aktiengesellschaft, *Forstmoser/Meyer-Hayoz/Nobel,* Aktienrecht, § 55 N 101 mit Verweis auf BGE 80 I 390 f.

den Gesellschafterinteressen mit weniger weit gehenden Massnahmen zu entsprechen und so die Auflösung der Gesellschaft zu vermeiden.

36 Gemäss Art. 821 Abs. 3 OR kann das Gericht statt auf Auflösung auf eine andere sachgemässe und den Beteiligten zumutbare Lösung erkennen. Gemeint ist eine Lösung, welche die Beendigung der Gesellschaft vermeidet, die Interessen des Klägers aber in vergleichbarer Weise schützt. In der Literatur zum Aktienrecht werden folgende Massnahmen erwähnt: Die Anordnung eines Rückkaufs der Aktien, allenfalls verbunden mit einer Kapitalherabsetzung (indirektes Austrittsrecht); die Vorgabe einer Dividendenpolitik; die Anweisung, einen Aktionär in den Verwaltungsrat aufzunehmen; die Ausscheidung von Tochtergesellschaften; die Statutenänderung; die Auferlegung von Quoren[75].

37 Die Unternehmensspaltung ist ebenfalls eine Alternative zur Auflösung. Ist ein Unternehmen derart diversifiziert, dass es in zwei oder mehrere lebensfähige Gesellschaften aufgeteilt werden kann, ist die Spaltung als andere sachgemässe Massnahme zu prüfen[76].

§ 29 Gesetzliche Auflösungsgründe

I. Auflösung der GmbH als Folge eines Beschlusses der Gesellschafterversammlung

1 Die Gesellschafterversammlung kann die Auflösung der Gesellschaft beschliessen[77]. Dem Beschluss müssen mindestens zwei Drittel der vertretenen Stimmen und die absolute Mehrheit des gesamten stimmberechtigten Stammkapitals zustimmen[78]. Sodann ist der Beschluss über die Auflösung der Gesellschaft öffentlich zu beurkunden[79].

[75] Vgl. zum Aktienrecht *Forstmoser/Meier-Hayoz/Nobel,* Aktienrecht, § 55 N 103 ff.; *Böckli,* Aktienrecht, § 17 N 15; *Handschin,* Andere sachgemässe Lösungen, S. 43 ff.; *Kunz,* Minderheitenschutz, § 11 N 49; *Stoffel,* Aktienrecht, N 1095; *Höhn,* S. 113 ff.

[76] Vgl. nachfolgend § 31 N 11 ff.

[77] Art. 804 Abs. 2 Ziff. 16 OR.

[78] Art. 808b Abs. 1 Ziff. 11 OR. Das heisst, (i) entscheidend sind nicht die abgegebenen, sondern die vertretenen Stimmen; (ii) ungültige Stimmen und Enthaltungen zählen wie Nein-Stimmen; (iii) ist an der Beschlussfassung betreffend Kapitalerhöhung nicht mindestens 50% des Stammkapitals vertreten, kann kein gültiger Beschluss zustande kommen.

[79] Art. 821 Abs. 2 OR.

Der Beschluss der Gesellschafterversammlung kann angefochten werden[80]. Diesfalls ist zu beachten, dass die vergleichweise Aufhebung eines Auflösungsbeschlusses der Gesellschafterversammlung nicht zulässig ist[81]. 2

II. Auflösung der GmbH als Folge ihrer Betreibung oder ihres Konkurses

1. Grundsatz

Die GmbH unterliegt gemäss Art. 39 Abs. 1 Ziff. 9 SchKG dem Konkurs und wird mit der rechtskräftigen Eröffnung aufgelöst und liquidiert. 3

2. Konkurseinleitung durch die Gesellschaftsgläubiger

Die Gesellschaftsgläubiger können das Konkursbegehren nach vorgängiger Betreibung gemäss Art. 166 SchKG stellen; ohne vorgängige Betreibung nur, wenn die GmbH ihre Zahlungen eingestellt hat[82] oder wenn ein vorgeschlagener Nachlassvertrag verworfen oder die Stundung widerrufen wurde[83]. 4

3. Konkurseinleitung durch die Gesellschaft selber

Ohne unmittelbare Einwirkung der Gesellschaftsgläubiger kann der Konkurs über die GmbH eröffnet werden, wenn diese überschuldet ist und gemäss Art. 820 Abs. 1 OR i.V.m. Art. 725 f. OR ihre Bücher hinterlegen muss[84]. 5

[80] Art. 808c OR.

[81] BGE 80 I 390 f.

[82] Art. 190 Ziff. 2 SchKG.

[83] Art. 309 SchKG.

[84] Vgl. dazu oben § 8 N 42 ff.

III. Auflösung der Gesellschaft als Folge des Konkurses eines Gesellschafters oder der Pfändung seines Anteils

6 Unter altem Recht konnten die Konkursverwaltung und die Pfandgläubiger bei Konkurs eines Gesellschafters unter Beobachtung einer sechsmonatigen Kündigungsfrist die Auflösung der GmbH verlangen.

7 Unter neuem Recht wird die körperschaftliche Natur der GmbH verstärkt. Der Wechsel in der Mitgliedschaft berührt die Existenz der Gesellschaft grundsätzlich nicht: Tod, Entmündigung oder Konkurs eines Gesellschafters führen wie bei der Aktiengesellschaft nicht (mehr) zur Auflösung der Gesellschaft[85].

IV. Auflösung der Gesellschaft aus anderen gesetzlichen Gründen

1. Verfolgung eines widerrechtlichen oder unsittlichen Zwecks

8 Gemäss Art. 57 Abs. 3 ZGB führt die Verfolgung eines widerrechtlichen oder unsittlichen Zwecks zur Auflösung der Gesellschaft. Ein wichtiger spezialgesetzlich geregelter Fall ist die Regel der «Lex Friedrich», welche bestimmt, dass Gesellschaften, die zur Umgehung der Bewilligungspflicht des Grundstückserwerbs durch Ausländer gegründet wurden, aufzulösen sind. Das Vermögen dieser GmbH verfällt dem Gemeinwesen[86].

2. Nichteinhaltung gesetzlicher Vorschriften

9 Mindestens eine Person, die die Gesellschaft vertreten kann, muss in der Schweiz Wohnsitz haben[87]. Ist diese Voraussetzung nicht erfüllt, setzt der Handelsregisterführer eine Frist zur Behebung an. Verläuft diese ungenutzt, wird die GmbH aufgelöst, indem der Handelsregisterführer ihre Liquidation im Handelsregister einträgt[88].

[85] Anderes gilt für die Rechtsgemeinschaften: Vgl. Art. 545 Abs. 1 Ziff. 2 OR, Art. 575 Abs. 1 Ziff. 2 OR.

[86] Art. 27 Abs. 1 lit. b BewG (SR 211.412.41).

[87] Art. 814 Abs. 3 OR; vgl. § 2 N 11.

[88] Art. 90 lit. f i.V.m. Art. 86 HRegV.

3. Mängel in der Organisation

Bei Mängeln in der Organisation der Gesellschaft sind die Vorschriften des Aktienrechts anwendbar[89]: Fehlt der Gesellschaft ein vorgeschriebenes Organ oder ist dieses Organ nicht rechtmässig zusammengesetzt, kann der Gesellschafter, der Gläubiger oder der Handelsregisterführer dem Richter beantragen, die erforderlichen Massnahmen zu ergreifen. Bei Mängeln in der gesetzlich zwingend vorgeschriebenen Organisation ist der Registerführer gar verpflichtet, das Gericht zu benachrichtigen und Massnahmen zur Behebung der Mängel zu beantragen[90]. 10

Der Richter kann beispielsweise der Gesellschaft eine Frist zur Wiederherstellung des rechtmässigen Zustandes ansetzen; das fehlende Organ oder einen Sachwalter ernennen; oder die Gesellschaft auflösen[91]. Die im Gesetz aufgelisteten Massnahmen sind nicht abschliessend. 11

Die angeordneten Massnahmen können weder von der Geschäftsführung noch von der Gesellschafterversammlung widerrufen werden. Die Kosten sämtlicher Massnahmen trägt die Gesellschaft. 12

4. Fehlen von Aktiven; Auflösung ohne Konkursverfahren

Wird im Rahmen eines Konkursverfahrens festgestellt, dass Aktiven gänzlich fehlen, wird das Konkursverfahren eingestellt[92] und die Konkurseröffnung bleibt aus. In diesem Fall wird die GmbH von Amtes wegen durch das Handelsregister gelöscht[93]. Das Gleiche gilt, wenn die Gesellschaft ohne Konkursverfahren ihre Tätigkeit eingestellt hat und über keine Aktiven mehr verfügt[94]. 13

5. Abschluss eines Nachlassvertrags

Gemäss Art. 820 Abs. 1 OR sind bei der Überschuldung die Bestimmungen des Aktienrechts entsprechend anwendbar. Dementsprechend tritt der Auflösungstatbestand von Art. 821 Abs. 1 Ziff. 3 OR nicht ein, solange Sanierungsmassnahmen ergriffen und fortgesetzt werden. Die Nachlassstundung an sich stellt keinen Auflösungstatbestand dar. Wird hingegen ein Nachlassvertrag mit Vermögensabtretung gerichtlich bewilligt, liegt ein Auflösungstatbestand vor[95]. Der Nachlassvertrag 14

[89] Art. 819 OR.

[90] Botschaft, S. 3239.

[91] Art. 731b OR.

[92] Art. 230 SchKG; Art. 39 KOV.

[93] Art. 90 lit. f i.V.m. Art. 89 HRegV.

[94] *Stäubli,* OR, Art. 820 N 24.

[95] Zum Aktienrecht vgl. *Stäubli,* OR, Art. 736 N 12.

mit Vermögensabtretung ist eine besondere Art des Konkurses. Beim ordentlichen Nachlassvertrag hingegen besteht die Gesellschaft weiter[96].

6. Auflösung ohne Liquidation gemäss Fusionsgesetz

15 Der Auflösungsbeschluss kann zu einem Umwandlungs- oder Fusionsverfahren führen. Im Rahmen der Umwandlung ändert die Gesellschaft ihre Rechtsform, ohne die ursprüngliche Gesellschaft aufzulösen. Sämtliche vermögens- und mitgliedschaftsrechtlichen Beziehungen bleiben bestehen[97].

16 Im Rahmen der Fusion findet eine rechtliche Vereinigung von Gesellschaften durch Vermögensübernahme statt. Die ursprünglichen Gesellschaften werden nicht liquidiert[98].

§ 30 Folgen der Auflösung: Liquidation

I. Worum geht es?

1 Der Auflösungsentscheid löst entweder ein Liquidationsverfahren nach Obligationenrecht[99], ein Umwandlungs- oder Fusionsverfahren[100] oder ein Liquidationsverfahren auf dem Weg der Zwangsvollstreckung[101] aus.

II. Wesen und Zweck des Liquidationsverfahrens

2 Der Zweck der Liquidation besteht in der Auszahlung des Liquidationserlöses an die Gesellschafter. Der Auflösungsbeschluss bewirkt eine Änderung des Gesellschaftszwecks. Zweck ist die Beendigung der laufenden Geschäfte, die Verwertung der Aktiven und die Begleichung der Schulden. Die Firma erhält den Zusatz *«in Liquidation»*.

[96] *Von Büren/Stoffel/Weber,* N 1283.
[97] Vgl. nachfolgend § 32 N 40 ff.
[98] Vgl. nachfolgend § 32 N 2 ff.
[99] Vgl. nachfolgend N 11 ff.
[100] Vgl. nachfolgend § 32 N 2 ff.
[101] Vgl. dazu § 29 N 3 ff.

III. Zuständigkeiten

1. Anmeldung an das Handelsregister

a) Geschäftsführung

Wurde die GmbH durch Gesellschafterbeschluss oder wegen des Eintritts oder des Vorliegens statutarischer oder gesetzlicher Auflösungsgründe aufgelöst, haben die Geschäftsführer der GmbH dem Handelsregister die Auflösung der Gesellschaft anzumelden (sofern die Auflösung nicht vom Handelsregisteramt selbst eingeleitet wurde). Dabei müssen nicht alle Geschäftsführer tätig werden; es genügt die Einhaltung der üblichen Anmelderegeln[102]. 3

Diese Anmeldung erfolgt auch im Interesse der Gläubiger und zu ihrem Schutz; Geschäftsführer, welche die rechtzeitige Anmeldung unterlassen, können geschädigten Gläubigern gegenüber verantwortlich werden. 4

b) Richter

Wird die Gesellschaft aus wichtigem Grund durch den Richter aufgelöst, muss dieser die Anmeldung der Löschung in Anwendung von Art. 821a Abs. 2 OR beim Handelsregister anmelden. Das Gleiche gilt, wenn die GmbH durch Eintritt oder Vorliegen statutarischer Auflösungsgründe beendet wird, diese aber mehrheitlich bestritten werden und der Richter für deren Feststellung angerufen werden musste. 5

c) Konkursverwaltung

Wird die GmbH durch Konkurs aufgelöst, erfolgt die Meldung an das Handelsregister und die Liquidation durch die Konkursverwaltung. 6

[102] Art. 90 i.V.m. Art. 22 HRegV; *von Steiger,* ZK, N 2 zu Art. 821 OR; *Stäubli,* OR, Art. 821 N 3. Sind die Geschäftsführer dazu nicht in der Lage, hat die Gesellschaftsversammlung entsprechende Personen zu bestimmen; *von Steiger,* ZK, N 2 zu Art. 821 OR.

2. Durchführung der Liquidation

a) Liquidatoren

7 Wurde die GmbH durch Gesellschafterbeschluss oder wegen des Eintritts oder des Vorliegens statutarischer oder gesetzlicher Auflösungsgründe aufgelöst, wird die Liquidation von den ernannten Liquidatoren durchgeführt.

8 Zuständig für die Ernennung der Liquidatoren ist grundsätzlich die Gesellschafterversammlung. Ist sie dazu nicht in der Lage oder bereit, oder wird die Gesellschaft aus wichtigem Grund durch den Richter aufgelöst, ernennt dieser die Liquidatoren. In ihrer Wahl sind Richter und Gesellschafterversammlung bei der Gesellschaft mit Selbstorganschaft nur frei, soweit kein Geschäftsführer das Amt übernehmen will; beachten müssen sie in jedem Fall Art. 826 Abs. 2 OR i.V.m. Art. 740 Abs. 3 OR, wonach wenigstens einer der Liquidatoren in der Schweiz wohnhaft und zur Vertretung berechtigt sein muss.

9 Die Liquidatoren können durch die Gesellschafterversammlung oder durch den Richter, wenn dieser sie ernannt hat, jederzeit wieder abberufen werden[103].

b) Konkursverwaltung

10 Wird über die Gesellschaft der Konkurs eröffnet, wird die GmbH durch die Konkursverwaltung liquidiert[104].

IV. Ablauf der Liquidation

1. Hinweis auf die Normen des Aktienrechts

11 Art. 826 Abs. 2 OR verweist für die Durchführung der Liquidation der GmbH auf die Normen des Aktienrechts.

[103] Zum Aktienrecht *Stäubli,* OR, Art. 740/741 N 10, mit Einschränkung beim richterlich ernannten Liquidator. Als wichtige Gründe im Sinne von Art. 741 Abs. 2 OR sind Umstände zu betrachten, die objektiv darauf schliessen lassen, dass die Liquidation nicht ordentlich durchgeführt wird und Drittinteressen gefährdet werden könnten. Der Richter entscheidet nach Recht und Billigkeit. Vgl. Entscheide des Bundesgerichts 4C.139/2001 vom 13. August 2001, E. 2a sowie 4C.92/2005 vom 19. Juli 2005, E. 2.1.

[104] Art. 826 Abs. 2 OR i.V.m. Art. 740 Abs. 5 OR.

2. Anmeldung an das Handelsregister

Mit der Anmeldung werden dem Handelsregisteramt die Auflösungsgründe mitgeteilt, belegt und die Personen benannt, die von der Gesellschafterversammlung, vom Richter oder von der Konkursverwaltung mit der Liquidation beauftragt worden sind. Die Gesellschaft erhält eine neue Firma: «... GmbH *in Liq.*»[105]. 12

3. Liquidationsbilanz, Schuldenruf

Die Liquidatoren erstellen als Erstes eine Liquidationsbilanz[106]. Sie fordern alle Gläubiger durch Mitteilung auf, ihre Ansprüche gegenüber der Gesellschaft anzumelden. Weil oft nicht alle Gläubiger aus den Geschäftsbüchern zu entnehmen sind, erfolgt zudem ein Schuldenruf, der im Schweizerischen Handelsamtsblatt dreimal veröffentlicht wird[107]. Stellen die Liquidatoren eine Überschuldung fest, die auch durch die Einforderungen von Nachschüssen[108] oder durch entsprechende Rangrücktrittserklärung von Gesellschaftsgläubigern[109] nicht behoben werden kann, benachrichtigen sie den Richter, der den Konkurs eröffnet[110]. 13

4. Einforderung von Leistungen bei den Gesellschaftern durch die Liquidatoren oder die Konkursverwaltung

a) Statutarische und vertragliche Nebenleistungen

Anders als im Aktienrecht sind mit der Erbringung der Liberierung die Pflichten der Gesellschafter gegenüber der Gesellschaft nicht erschöpft. Das Recht der GmbH erlaubt die Festlegung von Leistungspflichten, die über die Liberierungspflicht hinausgehen. Bestehen solche statutarischen oder vertraglichen Ansprüche gegenüber den Gesellschaftern, werden diese ebenfalls durch die Liquidatoren eingefordert[111]. 14

105 *Stäubli,* OR, Art. 821 N 5; *von Steiger,* ZK, N 4 zu Art. 823 OR.

106 Art. 742 Abs. 1 OR.

107 Art. 742 Abs. 2 OR i.V.m. Art. 745 Abs. 2 OR.

108 Vgl. dazu § 17 N 3 ff.

109 Art. 820 Abs. 1 OR i.V.m. Art. 725 Abs. 2 OR; vgl. § 8 N 47 ff.

110 Art. 743 Abs. 2 OR; *Stäubli,* OR, Art. 743 N 11 ff.

111 *Stäubli,* OR, Art. 823 N 10; *von Steiger,* ZK, N 27b zu Art. 823 OR.

b) Insbesondere Nachschusspflichten

15 Die Statuten können die Gesellschafter zur Leistung von Nachschüssen verpflichten[112]. Vor Eintritt des Konkurses werden Nachschüsse gestützt auf den Beschluss der Geschäftsführer zum Zweck der Verbesserung des Eigenkapitals, der ordnungsgemässen Weiterführung der Geschäfte oder aus statutarisch festgehaltenen Gründen eingefordert. Mit Eintritt des Konkurses werden ausstehende Nachschüsse fällig. Zur Einforderung ist nunmehr die Konkursverwaltung zuständig.

c) Verantwortlichkeitsansprüche?

16 Stellen die Liquidatoren fest, dass von Geschäftsführern Pflichtverletzungen begangen worden sind, sind nicht sie, sondern nur die Gesellschafterversammlung[113], die Gesellschaftsgläubiger oder die Konkursverwaltung klageberechtigt.

5. Fortführung der Geschäfte; Verwertung der Gesellschaftsaktiven

17 Gleichzeitig mit der Feststellung und Erhebung der Passiven beginnen die Liquidatoren mit der Liquidation der Gesellschaft; wenn nicht anders bestimmt, auch durch Freihandverkauf. Dabei haben sie auch Geschäfte fortzuführen, wenn dies der Vermeidung oder Verringerung eines Liquidationsverlustes dient.

6. Befriedigung der Gläubiger; Schuldentilgung

18 Die Liquidatoren dürfen die Schulden der Gesellschaft erst tilgen, wenn die finanziellen Verhältnisse aufgrund der Liquidationsbilanz feststehen und das Risiko, dass nach der Befriedigung einzelner Gläubiger der Konkurs doch noch eröffnet wird sowie die Gefahr anderweitiger Bevorzugung einzelner Gläubiger zulasten der anderen nicht mehr besteht[114].

19 Getilgt werden müssen alle bekannten Forderungen. Haben bekannte Gläubiger ihre Anmeldung unterlassen, muss der entsprechende Forderungsbetrag gerichtlich hinterlegt werden[115]. Ähnliches gilt für bestrittene und noch nicht fällige For-

[112] Art. 776a Abs. 1 Ziff. 1 OR; vgl. dazu § 17 N 3 ff.

[113] *Stäubli,* OR, Art. 823 N 13.

[114] Zum Aktienrecht *Stäubli,* OR, Art. 743 N 8 ff.

[115] Art. 744 Abs. 1 OR.

derungen[116]. Diese sind entweder gerichtlich zu hinterlegen, bis sie fällig sind oder über die Berechtigung entschieden worden ist. Als Alternative bietet sich die Bestellung einer gleichwertigen Sicherheit an oder das Zuwarten mit der Verteilung des Liquidationserlöses[117].

Sofort bei deren Fälligkeit, also vor dem Vorliegen der Liquidationsbilanz, sind die 20
Forderungen zu tilgen, die nach der Auflösung während der Durchführung der Liquidation entstanden sind.

7. Verteilung des Liquidationserlöses

Sind alle Passiven ermittelt und alle Aktiven verwertet, ist der Überschuss auf die 21
Gesellschafter (oder an Dritte) nach Massgabe der Statuten zu verteilen[118]; bestimmen diese nichts, entscheidet der Nennwert der Stammanteile über die Verteilung des Liquidationserlöses[119].

Die Verteilung des Liquidationsüberschusses auf die Gesellschafter darf grundsätz- 22
lich erst nach einem Jahr nach dem dritten Schuldenruf stattfinden[120]. Das Recht erlaubt die Verteilung an die Gesellschafter bereits nach drei Monaten, wenn ein zugelassener Revisionsexperte bestätigt, dass alle Schulden getilgt sind und dass angenommen werden kann, dass durch die vorzeitige Verteilung keine Interessen Dritter gefährdet sind[121]. Unsichere oder nicht beanspruchte Verbindlichkeiten werden hinterlegt.

8. Stille Liquidation

Erhält der Registerführer davon Kenntnis, dass eine Gesellschaft über keine ver- 23
wertbaren Aktiven mehr verfügt, kann er die Gläubiger auffordern, innert 30 Tagen ihr begründetes Interesse an der Aufrechterhaltung der Eintragung der Gesellschaft mitzuteilen. Wird kein begründetes Interesse geltend gemacht, wird die Gesellschaft von Amtes wegen gelöscht[122].

[116] Art. 744 Abs. 2 OR.

[117] Zum Aktienrecht *Stäubli,* OR, Art. 744 N 4.

[118] Im Sinne einer von der dispositiven Ordnung von Art. 826 OR abweichenden Gewinnverteilung: *Stäubli,* OR, Art. 823 N 14; vgl. dazu auch *von Steiger,* ZK, N 31 ff. zu Art. 823 OR.

[119] Art. 826 Abs. 2 OR i.V.m. Art. 745 OR.

[120] Art. 826 Abs. 2 OR i.V.m. Art. 745 Abs. 2 OR.

[121] Art. 826 Abs. 2 OR i.V.m. Art. 745 Abs. 3 OR.

[122] Art. 938a OR; Art. 89 HRegV.

V. Löschung der Gesellschaft

24 Ist das Liquidationsergebnis verteilt, wird die Löschung der GmbH im Handelsregister angemeldet. Diese Löschung bewirkt den Untergang der Gesellschaft, ist aber nicht definitiv. Tauchen neue Aktiven oder Passiven auf, kann die Wiedereintragung der GmbH im Handelsregister verlangt werden, wenn schutzwürdige Interessen vorliegen, die nur durch die Wiedereintragung befriedigt werden können[123]. Mit der Wiedereintragung erlangt die Gesellschaft ihre Handlungsfähigkeit wieder, das heisst, die Organe können ihre Tätigkeit wieder aufnehmen und die Gläubiger können ihre Forderungen gegen die Gesellschaft wieder geltend machen[124].

VI. Aufbewahrung der Geschäftsbücher

25 Die Geschäftsbücher sind nach der Liquidation während 10 Jahren an einem sicheren Ort aufzubewahren[125]. Die Verletzung dieser Pflicht kann nicht nur zu einer zivilrechtlichen Haftung der Liquidatoren führen, sondern auch strafrechtliche Folgen haben[126]. Die Bücher müssen während der Aufbewahrungsfrist allen akteneinsichtsberechtigten Gesellschaftern zugänglich sein[127].

§ 31 Durchführung der Teilliquidation beim Austritt eines Gesellschafters

I. Worum geht es?

1 Der Austritt des Gesellschafters aus der GmbH, der nicht mit einem Gesellschafterwechsel verknüpft ist, führt dazu, dass die GmbH dem austretenden Gesellschafter den Wert seines Anteils ausbezahlen muss. Von der Auflösung der Gesellschaft unterscheidet sich der Austritt eines Gesellschafters dadurch, dass die Gesellschaft

[123] BGE 78 I 451 ff.; BGE 64 I 334 ff.

[124] Zum Aktienrecht *Forstmoser/Meier-Hayoz/Nobel,* Aktienrecht, § 56 N 154 ff.

[125] Art. 957 OR; Art. 962 OR.

[126] Art. 962 OR; Art. 826 Abs. 2 OR i.V.m. Art. 747 OR; Art. 166 StGB sowie Art. 325 StGB; zum Aktienrecht *Stäubli,* OR, Art. 747 N 1.

[127] *Wohlmann,* GmbH, S. 133.

nach dem Austritt bestehen bleibt. Trotzdem gibt es Ähnlichkeiten zur Auflösung, denn um den austretenden Gesellschafter entschädigen zu können, muss die GmbH ihre Substanz reduzieren. Betrifft der Austritt einen Gesellschafter mit einem kleinen Anteil, dürften oft keine Probleme entstehen und der Bestand der GmbH wird nicht gefährdet; verlässt aber beispielsweise in einer Zwei-Mann-GmbH ein 50%-Gesellschafter die Gesellschaft, dann muss die GmbH zur Hälfte «aufgelöst» werden. In diesem Fall sind die Folgen des Austritts mit denen der Auflösung teilweise vergleichbar[128].

II. Auszahlung aus den freien Mitteln

Scheidet ein Gesellschafter aus der Gesellschaft aus, hat er Anspruch auf eine Ab- 2
findung, die dem wirklichen Wert seiner Stammanteile entspricht[129]. Die Abfindung wird mit dem Ausscheiden fällig, wenn die Gesellschaft über verwendbares Eigenkapital verfügt, die Stammanteile des ausgeschiedenen Gesellschafters veräussern kann oder das Stammkapital herabsetzen darf[130]. Verfügt die Gesellschaft nicht oder nicht über genügend verwendbares Eigenkapital, kann keine bzw. lediglich eine teilweise Abfindung erfolgen. Der ausscheidende Gesellschafter hat für den nicht ausbezahlten Teil der Abfindung eine unverzinsliche, nachrangige Forderung. Sobald die Gesellschaft wieder über verwendbares Eigenkapital verfügt, wird die Forderung auf Abfindung fällig[131].

1. Voraussetzungen

Die GmbH darf Stammanteile von Gesellschaftern zurückkaufen, solange sie zu 3
diesem Zweck das Stammkapital und die gesetzlichen Reserven nicht angreift. Die Gesellschaft muss den Rückkauf aus dem über das Stammkapital hinausreichenden Gesellschaftsvermögen finanzieren und braucht frei verfügbares Stammkapital. Sodann darf der Nennwert der erworbenen eigenen Stammanteile grundsätzlich 10% bzw. 35% des Stammkapitals nicht übersteigen[132]. Müssten Stammkapital und gesetzliche Reserven angegriffen werden, muss die Gesellschaft den Weg der Kapitalherabsetzung wählen.

[128] Es rechtfertigt sich daher, den Austritt und seine Folgen im Kapitel über die Auflösung der GmbH darzustellen.

[129] Art. 825 Abs. 1 OR.

[130] Art. 825a Abs. 1 OR.

[131] Vgl. nachfolgend N 23.

[132] Art. 783 OR; Zum Erwerb eigener Anteile: Vgl. § 19 N 55 ff.

4 Die Gesellschaft hat daher zuerst festzustellen, ob eine Kapitalherabsetzung nötig ist, oder ob sie den ausscheidenden Gesellschafter aus eigenen Mitteln entschädigen kann. Mit anderen Worten, die Gesellschaft muss abklären, ob die Gesamtaktiven nach Abzug des Stammkapitals und der gesetzlichen Reserven höher sind als die Verpflichtungen der GmbH gegenüber Dritten. Zu diesem Zweck muss sie eine Bilanz[133] erstellen. Ein zugelassener Revisionsexperte muss die Höhe des verwendbaren Eigenkapitals feststellen[134].

2. Bewertung des Anteils; massgebender Zeitpunkt

5 Die Abfindung eines Gesellschafters kann den Wert der GmbH reduzieren; die Auflösung stiller Reserven kann Steuern auslösen, die Veräusserung eines Betriebsteils kann zu einem ungünstigen Ertrag, unter Umständen sogar zu einem tiefen Liquidationsertrag führen. In diesen Fällen ist bei der Bewertung des Anteils des austretenden Gesellschafters das Gesamtvermögen im Zeitpunkt nach der Schaffung von Liquidität zu berücksichtigen. Würde dem ausscheidenden Gesellschafter derjenige Wert ausbezahlt, der dem Wert seines Anteils vor der Schaffung der Voraussetzungen für die Abfindung entspricht, würde dieser zulasten der verbleibenden Gesellschafter bevorzugt.

3. Auszahlung aus liquiden Mitteln

6 Ist der Anteil des austretenden Gesellschafters relativ klein, sodass die GmbH in der Lage ist, ihn aus liquiden Mitteln auszubezahlen, stellen sich keine besonderen Fragen.

4. Auszahlung beim Ungenügen liquider Mittel

7 Sind die liquiden Mittel nicht gross genug, um den austretenden Gesellschafter auszubezahlen, hat die GmbH folgende Möglichkeiten:

[133] Die Bilanz, die erstellt wurde, um den Wert des Anteils des ausscheidenden Gesellschafters zu bewerten, ist nicht zwingend massgebend, da die Bewertungen in dieser sich ausschliesslich GmbH-intern auswirken.

[134] Art. 825a Abs. 2 OR.

a) Veräusserung von Gesellschaftsaktiven

Die GmbH kann Gesellschaftsaktiven veräussern und auf diesem Wege die Liquidität schaffen, die nötig ist, um den ausscheidenden Gesellschafter auszubezahlen. 8

b) Abtretung von Gesellschaftsaktiven an den austretenden Gesellschafter

Denkbar ist auch, dass der ausscheidende Gesellschafter seinen Anteil nicht in bar ausbezahlt erhält, sondern in Form von Gesellschaftsaktiven, die direkt auf ihn übertragen werden. Diese Form der Abfindung ist beim Fehlen eines statutarischen oder gesetzlichen Austrittsrechts allerdings nur möglich, wenn die Gesellschafter im Beschluss, in dem sie den Austritt genehmigen, diese Art der Abfindung beschlossen haben, oder – bei einem Austritt aus statutarischen oder gesetzlichen Gründen – wenn der ausscheidende Gesellschafter einer Abtretung von Gesellschaftsaktiven zustimmt oder diese beantragt hat. 9

c) Die Abfindung durch Spaltung der Gesellschaft

Nur einvernehmlich, also mit Zustimmung auch des Austretenden und praktisch wohl auch der wichtigen Gläubiger[135] kann dem ausscheidenden Gesellschafter statt seines Anteils ein seinem Anteil entsprechender Teil des Unternehmens mit Aktiven und Passiven übertragen werden. Besonders in einer Zwei-Mann-GmbH, die aufgrund ihrer Vermögensstruktur gut teilbar ist, kann diese Lösung, eventuell verbunden mit einer Ausgleichszahlung, sinnvoll sein. 10

aa) Exkurs: Die Spaltung; Grundlagen

Bei der Spaltung überträgt die Gesellschaft ihr Vermögen oder Teile ihres Vermögens auf eine andere Gesellschaft und erhält im Gegenzug Anteils- oder Mitgliedschaftsrechte der übernehmenden Gesellschaft. Es gilt der Grundsatz der mitgliedschaftlichen und der vermögensmässigen Kontinuität[136]. Die Spaltung führt zu einer Aufteilung des Vermögens und zu einer neuen Zuweisung von Mitgliedschaftsrechten. Zumal bei der Spaltung eine Vermögensaufteilung stattfindet, ist dem Schutz der Gesellschafter sowie der Gläubiger besonders Rechnung zu tragen. Die Gesellschaftsformen, die sich an einer Spaltung beteiligen können, sind im Ge- 11

[135] Wegen der damit verbundenen Schuldübernahme, vgl. Art. 181 OR.

[136] Art. 31 FusG.

setz abschliessend bestimmt[137]. Nur Kapitalgesellschaften können sich in Kapitalgesellschaften und Genossenschaften spalten[138].

bb) Arten

12 Das Fusionsgesetz sieht zwei Arten der Spaltung vor: Die Aufspaltung und die Abspaltung[139]. Bei der Aufspaltung wird das ganze Vermögen einer Gesellschaft aufgeteilt und auf andere Gesellschaften übertragen. Die Aufspaltung führt zu einer Auflösung der übertragenden Gesellschaft. Die Gesellschafter der aufzulösenden Gesellschafter erhalten Anteils- und Mitgliedschaftsrechte an der übernehmenden Gesellschaft. Die Abspaltung hingegen führt nicht zur Auflösung der übertragenden Gesellschaft. Bei der Abspaltung werden lediglich Teile des Vermögens einer Gesellschaft auf eine andere Gesellschaft übertragen. Die übertragende Gesellschaft besteht fort. Im Umfang des Werts der abgespaltenen Teile des Vermögens erhalten die Gesellschafter der übertragenden Gesellschaft Anteils- und Mitgliedschaftsrechte der übernehmenden Gesellschaft.

13 Was die Übertragung von Anteils- und Mitgliedschaftsrechten an der übernehmenden Gesellschaft anbelangt, unterscheidet das Gesetz zwischen der symmetrischen Spaltung und der asymmetrischen Spaltung[140]. Bei der symmetrischen Spaltung werden den Gesellschaftern der übertragenen Gesellschaft Anteils- und Mitgliedschaftsrechte an der übernehmenden Gesellschaft im Verhältnis ihrer bisherigen Beteiligung zugeteilt. Die Anteilsrechte an der übertragenen Gesellschaft bleiben unberührt. Bei der asymmetrischen Spaltung können die Beteiligungsverhältnisse verändert werden. Es ist möglich, dass bestimmte Gesellschafter im Rahmen der Spaltung aus der übertragenden Gesellschaft ausscheiden und stattdessen Beteiligungsrechte an der übernehmenden Gesellschaft erhalten.

14 Die Spaltung kann sodann mit einer Neugründung oder einer Übernahme verbunden werden[141]. Bei der Spaltung zur Neugründung wird das Vermögen einer Gesellschaft auf eine neue Gesellschaft übertragen, welche aus der Spaltung hervorgeht. Die Gesellschafter der übertragenden Gesellschaft erhalten Anteilsrechte an der neu gegründeten Gesellschaft. Bei der Spaltung zur Übernahme hingegen wird ein Teil des Vermögens auf eine bestehende Gesellschaft übertragen. Die Gesellschafter der übertragenden Gesellschaft erhalten Anteilsrechte an der bestehenden übernehmenden Gesellschaft.

[137] Art. 30 FusG.

[138] *Epper,* Baker & McKenzie, Art. 30 N 1 ff.

[139] Art. 29 FusG.

[140] Art. 31 Abs. 2 FusG.

[141] Art. 34 FusG.

cc) Der Spaltungsvertrag und der Spaltungsplan

Das Spaltungsverfahren gestaltet sich wie das Fusionsverfahren[142]. Ausgangslage der Spaltung ist der Spaltungsvertrag zwischen den beiden Gesellschaften. Der Spaltungsvertrag regelt und bezeichnet die Parteien, die Verpflichtung zur Spaltung, die Art der Spaltung und das Austauschverhältnis der Anteile. Findet im Rahmen der Spaltung keine Übertragung von Vermögen auf eine bestehende Gesellschaft, sondern auf eine neu zu gründende Gesellschaft statt, ist ein Spaltungsplan zu erstellen[143]. Wesentlicher Inhalt des Spaltungsvertrages bzw. des Spaltungsplanes ist die Vermögensübertragung von der übertragenden auf die übernehmende Gesellschaft gegen Gewährung von Mitgliedschaftsrechten[144]. Das im Spaltungsvertrag bzw. Spaltungsplan enthaltene Inventar muss die Aktiven und Passiven, welche im Rahmen der Spaltung übertragen werden, eindeutig bezeichnen. Das Austauschverhältnis ist aufgrund der Unternehmenswerte zu bestimmen. Die Unternehmensteile sind auf einer *Stand-alone*-Basis zu Fortführungswerten zu bewerten. Stichtag ist der Zeitpunkt des Abschlusses des Spaltungsvertrags[145]. 15

Ebenfalls Teil des Spaltungsvertrages bzw. des Spaltungsplanes ist eine Liste der Arbeitsverhältnisse, welche gemäss Art. 333 OR mit den Aktiven und Passiven auf die übernehmende Gesellschaft übergehen[146]. Der Spaltungsvertrag bzw. der Spaltungsplan muss hinsichtlich sämtlicher objektiv und subjektiv wesentlicher Bestandteile schriftlich abgefasst und unterzeichnet werden[147]. Bei Abschluss des Spaltungsvertrags darf der der Spaltung zugrunde liegende Bilanzstichtag nicht mehr als 6 Monate zurückliegen[148]. 16

dd) Der Spaltungsbericht und der Prüfungsbericht

Im Rahmen des Spaltungsvertrages haben die beteiligten Gesellschaften einen Spaltungsbericht zu verfassen[149]. Die obersten Leitungsorgane der beteiligten Gesellschaften erstellen entweder einen gemeinsamen oder je einzeln einen Spaltungsbericht. Im Spaltungsbericht wird die Spaltung rechtlich und wirtschaftlich begründet. Es ist darzulegen, welche wirtschaftlichen und rechtlichen Veränderungen sich als Folge der Spaltung ergeben. Ebenfalls darzulegen sind die Folgen für die beteiligten Gesellschaften und das Umtauschverhältnis bzw. allfällige Ausgleichs- 17

142 Vgl. nachfolgend § 32 N 2 ff.

143 Art. 36 Abs. 2 FusG.

144 Art. 37 FusG.

145 *Glanzmann,* Baker & McKenzie, Art. 31 N 8. Zum Umtauschverhältnis und zur Bewertung vgl. auch *Watter/Büchi,* BSK FusG, Art. 31 N 7.

146 Art. 49 Abs. 1 FusG.

147 Art. 36 Abs. 3 FusG.

148 Art. 35 Abs. 1 FusG.

149 Art. 39 FusG.

zahlungen. Zeigt die Spaltung für die Arbeitnehmer Auswirkungen, sind diese im Spaltungsbericht zu erläutern. Spaltungsvertrag, Spaltungsplan und Spaltungsbericht sind von einem zugelassenen Revisionsexperten prüfen zu lassen[150]. Der Revisor prüft namentlich die Vertretbarkeit des Umtauschverhältnisses, die Methode der Unternehmensbewertung und die Frage, ob die vorgesehene Kapitalerhöhung bei der übernehmenden Gesellschaft zur Wahrung der Rechte der Gesellschafter und zur Wahrung der mitgliedschaftlichen Kontinuität ausreicht. Ist der Prüfungsbericht erstellt, ist ein dreimaliger Schuldenruf durchzuführen[151]. Den Gesellschaftern ist sodann Einsicht in Spaltungsvertrag, Spaltungsplan, Spaltungsbericht, Prüfungsbericht und Jahresrechnungen zu gewähren[152]. Gleichzeitig ist allenfalls die Arbeitnehmervertretung zu konsultieren[153].

ee) Der Spaltungsbeschluss

18 Der Spaltungsvertrag wird von den obersten Leitungsorganen, d.h. von den Geschäftsführern der beteiligten Gesellschaften abgeschlossen. Der Spaltungsvertrag bedarf der schriftlichen Form und der Zustimmung der Gesellschafter der beteiligten Gesellschaften. Der Zustimmungsbeschluss der Geschäftsführer muss schriftlich festgehalten werden[154].

19 Der eigentliche Spaltungsbeschluss steht der Gesellschafterversammlung der beteiligten Gesellschaften zu. Der Beschluss ist mit einer qualifizierten Mehrheit zu fällen[155] und bedarf der öffentlichen Beurkundung[156]. Der Spaltungsbeschluss einer GmbH bedingt die Zustimmung der Gesellschafter mit dem Mehrheitserfordernis für eine Statutenänderung[157].

20 Gesellschafter, die mit dem Spaltungsbeschluss nicht einverstanden sind, können den Richter anrufen. Sie können Ausgleichszahlungen verlangen[158] oder die Spaltung anfechten[159].

21 Im Anschluss an den Spaltungsbeschluss ist bei der übertragenden Gesellschaft die allenfalls notwendige Kapitalherabsetzung[160] durchzuführen bzw. bei der überneh-

[150] Art. 40 FusG.
[151] Art. 45 FusG.
[152] Art. 41 Abs. 1 FusG.
[153] Art. 50 FusG i.V.m. Art. 28 FusG.
[154] Art. 36 Abs. 1 und Abs. 3 FusG.
[155] Art. 43 Abs. 2 FusG i.V.m. Art. 18 Abs. 1 lit. c FusG.
[156] Art. 44 FusG.
[157] Vgl. dazu § 13 N 84 ff.
[158] Art. 105 FusG. Vgl. nachfolgend § 34 N 51 ff.
[159] Art. 106 FusG.
[160] Art. 32 FusG.

menden Gesellschaft eine Kapitalerhöhung[161] bzw. eine Neugründung[162] vorzunehmen.

ff) Wirkung

Sobald der Spaltungsbeschluss vorliegt, müssen die Geschäftsführer die Spaltung beim Handelsregister anmelden[163]. Beizubringen sind grundsätzlich die Spaltungsbeschlüsse, die Spaltungsbilanzen, der Spaltungsvertrag, der Spaltungsplan und der Spaltungsbericht. Die Kognition des Handelsregisterführers richtet sich nach Art. 940 OR. Der Handelsregisterführer darf die Eintragung nur dann verweigern, wenn die Eintragung offensichtlich zwingendem Recht widerspricht. Mit dem Handelsregistereintrag erfolgt die Universalsukzession[164]. 22

d) Restforderung

Verfügt die Gesellschaft nicht oder nicht über genügend verwendbares Eigenkapital, kann keine bzw. lediglich eine teilweise Abfindung erfolgen. Die Höhe des verwendbaren Eigenkapitals ist von einem Revisionsexperten festzustellen. Reicht das verwendbare Eigenkapital für eine Abfindung nicht aus, stellt der Experte fest, wie weit das Stammkapital unter Beachtung der gesetzlichen Vorschriften herabgesetzt werden könnte[165]. Für den nicht ausbezahlten Teil der Abfindung hat der ausscheidende Gesellschafter eine unverzinsliche nachrangige Forderung. Diese wird fällig, sobald die Gesellschaft wieder über verwendbares Eigenkapital verfügt[166]. Wird die Abfindung nicht vollständig ausbezahlt, kann der ausscheidende Gesellschafter sodann die Bezeichnung einer Revisionsstelle und die Durchführung einer ordentlichen Revision der Jahresrechnung verlangen[167]. 23

161 Art. 33 FusG.

162 Art. 34 FusG.

163 Art. 51 FusG.

164 Art. 52 FusG.

165 Art. 825a Abs. 2 OR.

166 Art. 825a Abs. 3 OR.

167 Art. 825a Abs. 4 OR.

§ 32 Insbesondere: Die Auflösung durch Fusion oder Umwandlung

I. Worum geht es?

1 Wie bereits erwähnt kann der Auflösungsbeschluss zu einem Umwandlungs- oder Fusionsverfahren[168] führen. Die Auflösung durch Fusion oder Umwandlung entspricht einem verbreiteten wirtschaftlichen Bedürfnis bei der GmbH. Zum einen sind Fusionen Vorgänge, die nicht nur bei Grossgesellschaften vorkommen, sondern auch in mittleren und kleineren Verhältnissen. Zum anderen ist die GmbH oftmals auf eine Umwandlung angewiesen; ohne die Umwandlungsmöglichkeit kann ein Unternehmen in der Form einer GmbH sein Wachstum ab einer bestimmten Grösse nicht mehr juristisch nachvollziehen. Entsprechend dem wirtschaftlichen Bedürfnis war die Umwandlung einer AG in eine GmbH schon unter altem Recht vorgesehen[169] und die rechtsformwechselnde Umwandlung einer GmbH in eine AG ohne formelle gesetzliche Grundlage unter bestimmten Voraussetzungen zulässig[170].

II. Die Auflösung durch Fusion

1. Exkurs: Die Fusion

a) Grundlagen

aa) Arten der Fusion

2 Das Fusionsgesetz sieht zwei Arten von Fusionen vor: die Absorptionsfusion und die Kombinationsfusion[171]. Bei der Absorptionsfusion wird eine GmbH durch die andere Gesellschaft übernommen. Die übernommene GmbH geht unter, die übernehmende Gesellschaft lebt fort (in der Regel gestärkt durch eine Kapitalerhöhung und die zusätzlichen Aktiven der übernommenen Gesellschaft). Bei der Kombinationsfusion verschmelzen zwei Gesellschaften zu einer neuen. Zwei oder meh-

[168] Art. 4 ff. FusG.

[169] Art. 824 ff. aOR.

[170] BGE 125 III 18 ff.

[171] Art. 3 Abs. 1 FusG.

rere Gesellschaften werden aufgelöst, wobei deren Vermögen auf eine neu zu gründende Gesellschaft übergehen. Die übertragende Gesellschaft wird mit der Fusion aufgelöst und im Handelsregister gelöscht[172].

bb) Zulässige Fusionen

Das Gesetz zählt die zulässigen Fusionen abschliessend auf. Die GmbH kann wie 3
folgt fusionieren: Als übernehmende Gesellschaft kann sie mit der Kollektiv- und der Kommanditgesellschaft[173], mit der Aktiengesellschaft, der Kommanditaktiengesellschaft und der GmbH[174], mit der Genossenschaft[175] und mit dem im Handelsregister eingetragenen Verein[176] fusionieren. Als übertragende Gesellschaft kann die GmbH mit der Aktiengesellschaft, der Kommanditaktiengesellschaft, der GmbH[177] und mit der Genossenschaft[178] fusionieren.

Eine GmbH in Liquidation kann sich als übertragende Gesellschaft an einer Fusion 4
nur beteiligen, wenn sie mit der Vermögensverteilung noch nicht begonnen hat[179]. Als übernehmende Gesellschaft kommt die GmbH in Liquidation grundsätzlich nicht in Frage, es sei denn im Falle des Widerrufs des Auflösungsbeschlusses[180].

Grundsätzlich ausgeschlossen ist sodann die Fusion mit einem Passivenüberschuss. 5
Eine GmbH, deren Stammkapital und deren gesetzliche Reserven zur Hälfte nicht mehr gedeckt sind oder die überschuldet ist, kann mit einer anderen Gesellschaft nur fusionieren, wenn diese über frei verwendbares Eigenkapital im Umfang der Unterdeckung bzw. der Überschuldung verfügt oder Gläubiger in entsprechendem Umfang einen Rangrücktritt erklären[181]. Sind die vorgenannten Voraussetzungen erfüllt, ist die Sanierungsfusion zulässig.

cc) Rechtsfolgen der Fusion im Überblick

Die Gesellschafter der durch die Fusion untergehenden Gesellschaft werden für 6
den Verlust ihrer Anteils- und Mitgliedschaftsrechte entschädigt. Die Gesellschafter haben Anspruch auf Anteils- und Mitgliedschaftsrechte an der übernehmenden

172 Art. 3 Abs. 2 FusG.

173 Art. 4 Abs. 1 lit. c FusG; Art. 4 Abs. 2 lit. b FusG.

174 Art. 4 Abs. 1 lit. a FusG.

175 Art. 4 Abs. 3 lit. b FusG.

176 Art. 4 Abs. 1 lit. d FusG.

177 Art. 4 Abs. 1 lit. a FusG.

178 Art. 4 Abs. 1 lit. b FusG.

179 Art. 5 FusG.

180 Vgl. BGE 123 III 473.

181 Art. 6 FusG.

Gesellschaft[182]. Das Umtauschverhältnis ist das Resultat der Verhandlungen zwischen den fusionierenden Gesellschaften, wobei das Umtauschverhältnis unter Berücksichtigung aller relevanten Umstände, wie insbesondere Vermögen oder Verteilung der Stimmrechte, festzulegen ist[183].

7 Bei der Festlegung des Umtauschverhältnisses kann eine Ausgleichszahlung vorgesehen werden. Diese Ausgleichszahlung darf den zehnten Teil des wirklichen Wertes der gewährten Anteile nicht übersteigen[184].

8 Zu beachten ist sodann, dass den Inhabern von Vorzugsstammanteilen der übertragenden Gesellschaft gleichwertige Rechte zu gewähren oder die Vorzugsstammanteile zum wirklichen Wert zurückzukaufen sind[185].

9 Die an der Fusion beteiligten Gesellschaften können im Fusionsvertrag vorsehen, dass die Gesellschafter zwischen einer Beteiligung und einer Abfindung wählen können[186] oder dass nur eine Abfindung ausgerichtet wird[187]. Das Wahlrecht bedeutet ein Austrittsrecht der Gesellschafter der übertragenden Gesellschaft.

10 In der Regel bedingt die Absorptionsfusion aufseiten der übernehmenden Gesellschaft zwecks Wahrung der mitgliedschaftlichen Kontinuität eine Kapitalerhöhung[188]. Hält die übernehmende Gesellschaft eigene Stammanteile, ist in diesem Ausmass eine Kapitalerhöhung nicht notwendig. Dasselbe gilt, wenn die übertragende Gesellschaft eigene Anteile hält oder wenn die fusionierenden Gesellschaften bereits aneinander beteiligt sind.

11 Bei der Kombinationsfusion kommt es notwendigerweise zu einer Neugründung. Dabei finden die Bestimmungen über die Anzahl Gründer bei Kapitalgesellschaften sowie die Vorschriften über die Sacheinlage keine Anwendung[189].

[182] Art. 7 FusG.

[183] Art. 7 Abs. 1 FusG. Bei der Absorptionsfusion lässt sich das Umtauschverhältnis beispielsweise wie folgt berechnen: Umtauschverhältnis = Wert der Stammanteile der übertragenden Gesellschaft dividiert durch den Wert der Stammanteile der übernehmenden Gesellschaft. Wird das Umtauschverhältnis mit der Anzahl Stammanteile der übertragenden Gesellschaft multipliziert, ergibt sich die Anzahl der neuen Stammanteile der übernehmenden Gesellschaft. Multipliziert man die Anzahl neuer Stammanteile mit dem Nennwert der Stammanteile der übernehmenden Gesellschaft, ergibt sich der Betrag der für die Absorptionsfusion notwendigen Kapitalerhöhung. Vgl. hierzu *Glanzmann,* Baker & McKenzie, Art. 7 N 13 f. Vgl. auch *Tschäni/Papa,* BSK FusG, Art. 7 N 19 ff.

[184] Art. 7 Abs. 2 FusG.

[185] Art. 7 Abs. 6 FusG.

[186] Art. 8 Abs. 1 FusG.

[187] Art. 8 Abs. 2 FusG.

[188] Art. 9 FusG.

[189] Art. 10 FusG.

b) Fusionsvertrag

Ausgangslage der Fusion ist der Fusionsvertrag zwischen den beiden Gesellschaften; dieser bezeichnet die Parteien, regelt die Verpflichtung zur Fusion, die Art der Fusion und das Austauschverhältnis der Anteile[190]. Durch den Fusionsvertrag werden die beteiligten Gesellschaften ohne Liquidation zu einer einzigen rechtlichen Einheit vereinigt[191]. 12

Der Fusionsvertrag wird von den obersten Leitungsorganen der beteiligten Gesellschaften abgeschlossen[192]. Bei der GmbH sind dies die Geschäftsführer. Vereinbarungen betreffend Vorbereitungshandlungen können auch von untergeordneten Organen bzw. bevollmächtigten Personen abgeschlossen werden[193]. 13

Der Fusionsvertrag bedarf der schriftlichen Form und der Zustimmung der Gesellschafter der beteiligten Gesellschaften[194]. Die einfache Schriftform genügt auch dann, wenn durch die Fusion Grundstücke auf die übernehmende Gesellschaft übergehen. Kann der Fusionsvertrag nicht durch alle Geschäftsführer unterzeichnet werden, muss der entsprechende Zustimmungsbeschluss der Geschäftsführer schriftlich festgehalten werden[195]. 14

Der Fusionsvertrag muss festhalten, ab welchem Zeitpunkt die Gesellschafter der übertragenden Gesellschaft Anteil am Bilanzgewinn haben[196]. Wird den Gesellschaftern der übertragenden Gesellschaft ein Wahlrecht[197] eingeräumt, muss der Fusionsvertrag sodann Frist und Form der Mitteilung sowie die Höhe der Abfindung regeln[198]. 15

Ebenso ist im Vertrag festzuhalten, wenn den Mitgliedern der Geschäftsführung im Zusammenhang mit der Fusion besondere Vorteile eingeräumt werden[199]. 16

Die obersten Leitungsorgane, sprich bei der GmbH die Geschäftsführer, müssen einen schriftlichen Bericht über die Fusion erstellen[200]. In diesem Fusionsbericht sind der Zweck und die Folgen der Fusion, der Fusionsvertrag, das Umtauschverhältnis, die Höhe der Abfindung, die Besonderheiten der Bewertung, gegebenenfalls der Umfang der Kapitalerhöhung, allenfalls entstehende persönliche Leis- 17

190 Art. 13 FusG.

191 Art. 3 FusG i.V.m. Art. 7 FusG

192 Art. 12 Abs 1 FusG.

193 *Schenker*, Baker & McKenzie, zu Art. 12 N 13.

194 Art. 12 Abs. 2 FusG.

195 *Schenker*, Baker & McKenzie, Art. 12 N 14.

196 Art. 13 Abs. 1 lit. e FusG.

197 Art. 8 FusG.

198 Art. 13 Abs. 1 lit. f FusG.

199 Art. 13 Abs. 1 lit. h FusG.

200 Art. 14 Abs. 1 FusG.

tungspflichten, allenfalls entstehende neue Pflichten, die Auswirkungen der Fusion auf die Arbeitnehmer, der Inhalt eines allfälligen Sozialplanes, die Auswirkungen der Fusion auf die Gläubiger, allenfalls erteilte oder ausstehende behördliche Bewilligungen rechtlich und wirtschaftlich zu erörtern[201].

18 Der Fusionsbericht bezweckt, die Gesellschafter – im Hinblick auf die Beschlussfassung – über die Eckdaten der Transaktion zu informieren. Falsche Angaben im Fusionsbericht können die Anfechtbarkeit des Fusionsbeschlusses, die zivilrechtliche Verantwortlichkeit der mit der Fusion befassten Personen oder eine strafrechtliche Verantwortlichkeit zur Folge haben[202].

19 Kleine und mittlere Unternehmen[203] können auf die Erstellung eines Fusionsberichtes verzichten[204].

20 Fusionsvertrag, Fusionsbericht sowie die der Fusion zugrunde liegende Bilanz ist grundsätzlich von einem zugelassenen Revisionsexperten prüfen zu lassen. Von der Prüfungspflicht ausgenommen sind kleine und mittlere Unternehmen[205].

21 Die Bilanzen der an der Fusion beteiligten Gesellschaften bilden die Grundlage zur Bewertung der Gesellschaften und zur Berechnung des Umtauschverhältnisses. Die Bilanzen müssen den tatsächlichen Verhältnissen entsprechen, weshalb sie im Zeitpunkt des Abschlusses des Fusionsvertrages nicht älter als 6 Monate sein dürfen. Eine Zwischenbilanz ist notwendig, wenn seit Abschluss der letzten Bilanz wichtige Änderungen in der Vermögenslage eingetreten sind[206].

22 Fusionsvertrag, Fusionsbericht, Prüfungsbericht sowie die Jahresrechnungen und Berichte der letzten drei Geschäftsjahre sind grundsätzlich vor der Beschlussfassung während 30 Tagen am Sitz der Gesellschaft zur Einsicht aufzulegen. Hat die GmbH auf eine eingeschränkte Revision verzichtet, genügen die Jahresrechnungen. Stimmen alle Gesellschafter zu, können kleine und mittlere Gesellschaften auf dieses Einsichtsverfahren verzichten[207]. Wird das Einsichtsverfahren nicht korrekt durchgeführt, kann dies die Anfechtbarkeit des Fusionsbeschlusses zur Folge haben[208].

201 Art. 14 Abs. 3 FusG.

202 Art. 106 FusG; Art. 108 FusG.; Art. 152 StGB.

203 Art. 2 lit. e FusG.

204 Art. 14 Abs. 2 FusG.

205 Art. 15 Abs. 2 FusG.

206 Art. 11 FusG.

207 Art. 16 FusG.

208 Art. 106 FusG.

c) Fusionsbeschluss

Der abgeschlossene Fusionsvertrag muss den Gesellschaftern sowohl der übertragenden als auch der übernehmenden Gesellschaft zur Genehmigung unterbreitet werden[209]. Die Gesellschafter der untergehenden Gesellschaft genehmigen den Fusionsvertrag und beschliessen die Auflösung ohne Liquidation, insbesondere das Austauschverhältnis der Anteile. Die Gesellschafter der untergehenden Gesellschaft werden durch die Fusion Gesellschafter der übernehmenden Gesellschaft. 23

Der Fusionsbeschluss der Gesellschafterversammlung bedarf der öffentlichen Beurkundung[210]. Bei der GmbH müssen dem Fusionsbeschluss mindestens zwei Drittel der vertretenen Stimmen sowie die absolute Mehrheit des gesamten Stammkapitals (mit dem ein ausübbares Stimmrecht verbunden ist) zustimmen[211]. Ist die Fusion mit der Einführung oder der Erhöhung von Nachschusspflichten verbunden, wenn also die übernehmende Gesellschaft statutarische Nachschusspflichten kennt, die höher sind, als die Nachschusspflichten der übernommenen Gesellschaft, wird der Fusionsbeschluss gar einstimmig erfolgen müssen. Die übernehmende Gesellschaft hat einen öffentlich zu beurkundenden Gesellschafter-Beschluss zu fällen, wenn die Fusion mit einer Kapitalerhöhung oder mit einer anderen Statutenänderung verbunden ist[212]. 24

d) Wirkung

Sobald der Fusionsbeschluss vorliegt, müssen die Geschäftsführer die Fusion beim Handelsregister anmelden. Beizubringen sind grundsätzlich die Fusionsbeschlüsse, die Fusionsbilanzen, der Fusionsvertrag, der Fusionsbericht, der Prüfungsbericht sowie der Nachweis der besonderen Befähigung[213]. Die Kognition des Handelsregisterführers richtet sich nach Art. 940 OR: Der Handelsregisterführer kann die Eintragung nur dann verweigern, wenn die Eintragung offensichtlich zwingendem Recht widerspricht[214]. 25

Die übertragende Gesellschaft wird mit der Eintragung der Fusion im Handelsregister gelöscht[215]. Die Fusion wird mit der Eintragung rechtswirksam[216]. 26

[209] Art. 18 FusG.

[210] Art. 20 Abs. 1 FusG.

[211] Art. 18 Abs. 1 lit. c FusG.

[212] Art. 780 OR; Art. 781 Abs. 5 Ziff. 1 OR i.V.m. Art. 650 Abs. 2 OR.

[213] *Passadelis,* Baker & McKenzie, zu Art. 21 N 6 ff.

[214] *Meier-Hayoz/Forstmoser,* § 6 N 32 ff.

[215] Art. 21 Abs. 3 FusG.

[216] Art. 22 Abs. 1 FusG.

27 Mit der Absorptionsfusion übernimmt die übernehmende Gesellschaft im Rahmen einer Universalsukzession alle Aktiven und Passiven der untergegangenen Gesellschaft. Die Gläubiger der übernommenen Gesellschaft haben jedoch das Recht, aus den Aktiven der übernommenen Gesellschaft befriedigt zu werden. Aus diesem Grunde führt die übernommene Gesellschaft drei Schuldenrufe durch. Auf den Schuldenruf kann verzichtet werden wenn ein zugelassener Revisionsexperte bestätigt, dass keine Forderungen bekannt oder zu erwarten sind, zu deren Befriedigung das freie Vermögen der beteiligten Gesellschaften nicht ausreicht[217]. Die übernehmende Gesellschaft ist verpflichtet, die Forderungen von Gläubigern der an der Fusion beteiligten Gesellschaften sicherzustellen, wenn diese es verlangen[218].

28 Gesellschafter, welche für die Verbindlichkeiten der übertragenden Gesellschaft haften, bleiben verpflichtet, soweit die Verbindlichkeiten vor der Veröffentlichung des Fusionsbeschlusses begründet wurden. Die Ansprüche verjähren grundsätzlich drei Jahre nach Eintritt der Rechtswirksamkeit der Fusion[219].

29 Überträgt der Arbeitgeber den Betrieb, geht das Arbeitsverhältnis mit allen Rechten und Pflichten auf den Erwerber über[220]. Zu beachten ist allerdings, dass der Übergang des Arbeitsverhältnisses nicht zu einem erhöhten Kündigungsschutz zugunsten der Arbeitnehmer führt. Eine Kündigung kurz vor oder nach der Fusion ist zulässig[221]. Die Gesellschaften sind sodann zur Konsultation der Arbeitnehmer verpflichtet[222].

e) Weitere Aspekte

aa) Eintragung im Handelsregister

30 Sobald der Fusionsvertrag durch die Gesellschafterversammlung genehmigt ist, meldet die Geschäftsführung der übernehmenden Gesellschaft die Fusion beim Handelsregister zur Eintragung an[223]. Die übertragene Gesellschaft wird daraufhin von Amtes wegen gelöscht[224].

31 Der Handelsregisterführer überprüft die eingereichten Unterlagen. Eine umfassende Prüfungsbefugnis ist dem Gesetz nicht zu entnehmen. Es ist jedoch davon

[217] Art. 25 Abs. 2 FusG.

[218] Art. 25 Abs. 1 FusG.

[219] Art. 26 Abs. 1 bzw. Abs. 2 FusG.

[220] Art. 27 FusG i.V.m. Art. 333 OR.

[221] *Reinert,* Baker & McKenzie, zu Art. 27 N 4.

[222] Art. 28 FusG i.V.m. Art. 333a OR.

[223] Art. 21 Abs. 1 FusG.

[224] Art. 21 Abs. 3 FusG.

auszugehen, dass die Prüfungsbefugnis des Registerführers mit Bezug auf die formellen Voraussetzungen für die Eintragung unbeschränkt, mit Bezug auf die Überprüfung der inhaltlichen Übereinstimmungen mit dem zwingenden Recht hingegen – analog zur Gründung der Gesellschaft – beschränkt ist.

Zu beachten ist sodann die Bestimmung von Art. 32 HRegV: Gegen die Eintragung der Fusion kann Einspruch erhoben werden. 32

bb) Gläubigerschutz

Im Rahmen der Fusionsprüfung müssen die an der Fusion beteiligten Gesellschaften den Fusionsvertrag, den Fusionsbericht und die der Fusion zugrunde liegende Bilanz von einem zugelassenen Revisionsexperten prüfen lassen[225]. Die Gläubiger können erst nach dem Vollzug, d. h. nach der Eintragung im Handelsregister und dem dreimaligen Aufruf im Schweizerischen Handelsamtsblatt, die Sicherstellung ihrer Forderung verlangen. 33

Da die Fusion mit der Eintragung im Handelsregister bereits wirksam ist und die übernommene Gesellschaft von Amtes wegen im Handelsregister gelöscht wird, müssen sich die Gläubiger an die übernehmende Gesellschaft wenden. Zu beachten ist, dass das Gesetz den Gläubigerschutz nur in Fällen einer nachvollziehbaren Gefährdung vorsieht. Eine Gefährdung der Gläubiger könnte beispielsweise angenommen werden, wenn eine kleine, gesunde Gesellschaft mit einer grossen, schwachen Gesellschaft fusioniert[226]. 34

Die Pflicht zum Schuldenruf entfällt, wenn ein zugelassener Revisionsexperte bestätigt, dass keine Forderungen bekannt oder zu erwarten sind, zu deren Befriedigung das freie Vermögen der beteiligten Gesellschaften nicht ausreicht[227]. Die besondere Bestätigung des Revisors befreit die Gesellschaft nur von der Pflicht zur Veröffentlichung eines dreimaligen Aufrufes. Auch ohne Schuldenruf haben die Gläubiger aber einen Anspruch auf Sicherstellung ihrer Forderung. 35

Für die Sicherstellung von Forderungen kommen sowohl Personalsicherheiten (Bürgschaft, Garantie oder Schuldbeitritt) wie auch Realsicherheiten (Pfandrechte, Sicherungsübereignungen oder Abtretungen) in Frage. Die Sicherungspflicht der Gesellschaft entfällt, wenn die Gesellschaft nachweist, dass die Erfüllung der Forderung durch die Fusion nicht gefährdet wurde[228]. Das heisst, die Fusion muss für die Gefährdung kausal sein. Ist die Fusion für die Werthaltigkeit der Forderung neutral zu beurteilen, kann keine Sicherstellung verlangt werden. Anstatt Sicher- 36

[225] Art. 15 FusG.

[226] *Zum Aktienrecht vgl. Böckli,* Aktienrecht, § 3 N 156 ff.

[227] Art. 25 Abs. 2 FusG.

[228] Art. 25 Abs. 3 FusG.

heit zu leisten, kann die Gesellschaft die Forderungen auch erfüllen, vorausgesetzt, dass dadurch die übrigen Gläubiger nicht benachteiligt werden[229].

37 Der Anspruch auf Sicherstellung von Gläubigerforderungen verwirkt gegenüber Dritten drei Monate nach der Veröffentlichung im Schweizerischen Handelsamtsblatt[230]. Die Klage auf Sicherstellung ist am Sitz der Gesellschaft anhängig zu machen.

cc) Minderheitenschutz

38 Das Fusionsgesetz enthält zahlreiche Bestimmungen, die den Minderheitenschutz bezwecken. Art. 7 Abs. 1 FusG beispielsweise statuiert ein Mehrbelastungsverbot: Die Kontinuität der Mitgliedschaft verlangt, dass die Beteiligten als Folge der Fusion nicht mit zusätzlichen Verpflichtungen oder Einschränkungen belastet werden dürfen. Dem Minderheitenschutz dient sodann die Bestimmung, wonach allgemein Fusionsbeschlüsse der übertragenden und der übernehmenden Gesellschaft mit einer qualifizierten Mehrheit gefasst werden müssen[231]. Die Pflicht zur Information der Gesellschafter[232] ermöglicht es den Minderheitsgesellschaftern, Einblick in den Fusionsvertrag, den Fusionsbericht, den Prüfungsbericht sowie die Jahresrechnung und Jahresberichte der letzten drei Geschäftsjahre zu nehmen. Die zwingend festgehaltenen Grundsätze der Gleichbehandlung[233] sowie des Diskriminierungs- und Begünstigungsverbotes[234] der Gesellschafter, der Sorgfaltpflicht der Leitungsorgane[235] sowie auch das Recht, Anfechtungsklage[236] oder Verantwortlichkeitsklage[237] zu erheben, stärkt die Position des Minderheitsgesellschafters.

2. Die «Auflösung» durch Fusion

39 Bei der Absorptionsfusion wird die Gesellschaft, deren Vermögen übernommen wird, aufgelöst; bei der Kombinationsfusion werden zwei oder mehrere Gesellschaften aufgelöst und ihre Vermögen auf eine neue Gesellschaft übertragen. In beiden Fällen findet eine rechtliche Vereinigung von Gesellschaften durch Vermögensübernahme ohne Liquidation statt.

229 Art. 25 Abs. 4 FusG.
230 Art. 25 Abs. 1 FusG.
231 Art. 18 Abs. 1 FusG.
232 Art. 16 FusG.
233 Art. 813 OR.
234 BGE 91 II 309.
235 Art. 812 OR.
236 Art. 106 FusG.
237 Art. 108 FusG.

III. Die Auflösung durch Umwandlung

1. Exkurs: Die Umwandlung

a) Grundlagen

aa) Fortbestand vermögens- und mitgliedschaftsrechtlicher Beziehungen

Stellt sich im Laufe der Zeit heraus, dass eine andere Rechtsform besser geeignet ist, ermöglicht die Umwandlung eine Anpassung an die veränderten Verhältnisse. Mit der Umwandlung ändert die Gesellschaft ihre Rechtsform, wobei die Umstrukturierung in Abweichung von den allgemeinen Regeln des Zivilrechts ohne Auflösung, Liquidation, Neugründung und Übertragung der einzelnen Aktiven erfolgt, sondern unter Fortbestand aller vermögens- und mitgliedschaftsrechtlichen Beziehungen[238]. Bei der Umwandlung ändern die Gesellschafter nicht[239]. Der Fortbestand der Mitgliedschaft darf nicht an die Erbringung von Leistungen geknüpft werden[240]. Die Anteilsquoten und der Ertragsanspruch sind beizubehalten, ebenso die relative Stimmkraft[241]. Unverändert bleibt sodann das Vermögen der Gesellschaft. Den Inhabern von Vorzugsstammanteilen sind im Rahmen der Umwandlung gleichwertige Rechte zu gewähren. Andernfalls sind sie zum wirklichen Wert im Zeitpunkt der Erstellung des Umwandlungsplans zurückzukaufen[242]. 40

Bei der Umwandlung der GmbH in eine Aktiengesellschaft muss der Umwandlungsbeschluss den gleichen Anforderungen genügen wie der Gründungsbeschluss. Es müssen die Statuten der alten GmbH derart abgeändert werden, dass sie den Vorschriften des Aktienrechts entsprechen: Der Gesellschaftszweck ist anzupassen; die Vorschriften betreffend die Anzahl Gründer finden keine Anwendung[243]; die Firma ist gemäss Art. 950 f. OR anzupassen; Statutenbestimmungen, die Art. 680 OR verletzen oder sonstwie gegen zwingendes Aktienrecht verstossen[244], sind ersatzlos zu streichen; das Stammkapital ist zu erhöhen[245]; evt. ist die Organisation der Gesellschaft anzupassen und in den Statuten zu regeln. 41

[238] Art. 53 FusG.

[239] Art. 56 Abs. 1 FusG.

[240] *Rimle,* Baker & McKenzie, Art. 53 N 4.

[241] *Gericke,* BSK FusG, Art. 56 N 12 f.

[242] Art. 56 Abs. 5 FusG.

[243] Art. 57 FusG.

[244] Z. B. statutarische Nebenleistungspflichten, statutarische Erwerbsrechte, Nachschusspflichten, statutarische Austrittsrechte.

[245] Beachte: Da die Mitgliedschaft in der AG im Rahmen der Umwandlung unentgeltlich zuzugestehen ist, muss die Kapitalerhöhung aus dem Vermögen der GmbH finanziert werden.

bb) Zulässige Umwandlungen

42 Die Umwandlung der Rechtsform ist nur für die im Gesetz abschliessend aufgezählten Arten von Rechtsträgern möglich[246]. Die GmbH kann sich in eine Kapitalgesellschaft anderer Rechtsform, sprich eine Aktiengesellschaft oder eine Kommanditaktiengesellschaft[247] sowie in eine Genossenschaft[248] umwandeln. Zulässig ist sodann die Umwandlung einer Kollektivgesellschaft bzw. einer Kommanditgesellschaft[249], einer Aktiengesellschaft oder einer Kommanditaktiengesellschaft[250] sowie einer Genossenschaft[251] in eine GmbH.

b) Umwandlungsplan und Umwandlungsbericht

43 Die Geschäftsführer erstellen einen schriftlichen Umwandlungsplan und einen schriftlichen Umwandlungsbericht[252]. Der Umwandlungsplan enthält die Firma, den Sitz und die Rechtsform vor und nach der Umwandlung; die neuen Statuten; die Zahl, die Art und die Höhe der Anteile, welche die Gesellschafter nach der Umwandlung erhalten[253]. Im Umwandlungsbericht sind der Zweck und die Folge der Umwandlung, die Gründungsvorschriften, die neuen Statuten, das Umtauschverhältnis sowie allenfalls entstehende neue Pflichten der Gesellschafter schriftlich zu erläutern[254]. Beide Dokumente sind von einem zugelassenen Revisionsexperten zu überprüfen[255] und zusammen mit dem Revisionsbericht zur Einsicht aufzulegen[256]. Kleine und mittlere Unternehmen[257] können bei Einstimmigkeit auf die Umwandlungsprüfung verzichten[258].

[246] Art. 54 FusG.
[247] Art. 54 Abs. 1 lit. a FusG.
[248] Art. 54 Abs. 1 lit. b FusG.
[249] Art. 54 Abs. 2 lit. a FusG; Art. 54 Abs. 3 lit. a FusG.
[250] Art. 54 Abs. 1 lit. a FusG.
[251] Art. 54 Abs. 4 lit. a FusG.
[252] Art. 59 FusG; Art. 61 FusG.
[253] Art. 60 FusG.
[254] Art. 61 FusG.
[255] Art. 62 FusG.
[256] Art. 63 FusG.
[257] Art. 2 lit. e FusG.
[258] Art. 62 Abs. 2 FusG.

c) Umwandlungsbeschluss

Dem Umwandlungsbeschluss müssen mindestens mindestens zwei Drittel der vertretenen Stimmen sowie die absolute Mehrheit des gesamten Stammkapitals (mit dem ein ausübbares Stimmrecht verbunden ist) zustimmen[259]. 44

Soll eine GmbH in eine Genossenschaft umgewandelt werden, müssen alle Gesellschafter zustimmen[260]. Die Umwandlung der GmbH in eine Kommanditaktiengesellschaft wiederum bedarf der schriftlichen Zustimmung derjenigen Gesellschafter, welche eine unbeschränkte Haftung übernehmen[261]. 45

Der Umwandlungsbeschluss der Gesellschafter bedarf der öffentlichen Beurkundung[262]. Liegt der Umwandlungsbeschluss vor, ist die Umwandlung beim Handelsregister anzumelden[263]. Als Belege sind der Umwandlungsbeschluss, die Umwandlungsbilanz, der Umwandlungsplan, der Umwandlungsbericht, der Prüfungsbericht inklusive Nachweis der besonderen Befähigung sowie die neuen Statuten einzureichen[264]. 46

d) Wirkung

Die Umwandlung wird mit der Eintragung im Handelsregister rechtswirksam[265]. Die Gesellschaft ändert ihre Rechtsform; die vermögens- und mitgliedschaftsrechtlichen Beziehungen bleiben bestehen. 47

Gläubiger- und Arbeitnehmerschutz sind bei der Umwandlung grundsätzlich nicht gefährdet. Der bisherige Rechtsträger bleibt bestehen, er ändert nur die Rechtsform[266]. 48

e) Gläubigerschutz

Bei der Umwandlung kommt es für den Gläubiger zu keinem Schuldnerwechsel. Dementsprechend sieht das Fusionsgesetz bei dieser Transaktionsform keine besonderen Gläubigerschutzregeln vor. Führt die Umwandlung zu einer Veränderung 49

[259] Art. 64 Abs. 1 lit. c FusG.

[260] Art. 64 Abs. 1 lit. b FusG.

[261] Analog zu Art. 18 Abs. 3 FusG. Vgl. *Jermini,* BakerMcKenzie, Art. 64 N 9.

[262] Art. 65 FusG.

[263] Art. 66 FusG.

[264] *Passadelis,* Baker & McKenzie, zu Art. 66 N 5.

[265] Art. 67 FusG.

[266] *Affentranger/Reinert,* Baker & McKenzie, zu Art. 68 N 1 ff.

der Haftung der Gesellschafter, so dauert die persönliche Haftung der Gesellschaft fort[267].

f) Arbeitnehmerschutz

50 Da bei der Umwandlung keine Vermögensübertragung stattfindet, sind die Schutzbedürfnisse der Arbeitnehmer bei der Umwandlung weniger bedeutend als bei anderen Umstrukturierungen. Eine allfällige persönliche Haftung der Gesellschafter für Forderungen aus dem Arbeitsvertrag dauert fort[268].

2. Die «Auflösung» durch Umwandlung

51 Die Umwandlung der GmbH kann auf zwei Arten erfolgen: (i) Die bestehende Gesellschaft wird aufgelöst und liquidiert, und es wird eine neue Gesellschaft gegründet, auf die das Vermögen der Gesellschaft übertragen wird; (ii) die Gesellschaft ändert im Rahmen des Umwandlungsverfahrens nach Fusionsgesetz ihre Rechtsform, ohne die ursprüngliche Gesellschaft aufzulösen. Im zweiten Fall bleiben sämtliche vermögens- und mitgliedschaftsrechtlichen Beziehungen bestehen.

IV. Alternativen zur Fusion und zur Umwandlung

1. Grundlagen

52 Kommt eine Fusion oder eine Umwandlung nicht in Betracht, bleibt nur die Übertragung von Aktiven und Passiven auf eine neu gegründete Gesellschaft unter gleichzeitiger Liquidation der alten Gesellschaft[269].

53 Dabei muss man sich trotz des Überganges von Aktiven und Passiven stets im Klaren darüber sein, dass hier im Gegensatz zur Fusion oder Umwandlung keine Universalsukzession vorliegt. Vielmehr geht es um eine rein vermögensrechtliche Übertragung von Rechtsgütern auf einen anderen Rechtsträger (partielle Universalsukzession) kraft Eintrag im Handelsregister. Die für die Einzelübertragung geltenden Formvorschriften (Zession; Indossierung; Grundbuch etc.) müssen nicht erfüllt werden. Die beteiligten Rechtsträger bleiben bestehen. Die übertragende

[267] Art. 68 Abs. 1 FusG i.V.m. Art. 26 FusG.

[268] Art. 68 Abs. 2 FusG i.V.m. Art. 27 Abs. 3 FusG.

[269] Art. 69 ff. FusG.

Gesellschaft erhält eine Gegenleistung. Die Vermögensübertragung hat keine mitgliedschaftsrechtliche Komponente.

Die Bestimmungen betreffend die Vermögensübertragung ersetzen bei der GmbH zwingend die Bestimmung von Art. 181 OR[270]. 54

Gegenstand der Vermögensübertragung können das gesamte Vermögen oder Teile des Vermögens sein. Die Vermögenswerte sind in einem Inventar aufzuführen[271]. Die Übertragung von Passiven ist nicht zwingend. Allerdings muss das Inventar einen Aktivenüberschuss aufweisen[272]. Eine Gegenleistung ist nicht zwingend notwendig[273]. Allerdings ist zu beachten, dass die Verminderung des Haftungssubstrates im Falle einer verdeckten Gewinnausschüttung zu einer Verantwortlichkeit der Organe führen kann. 55

2. Übertragungsvertrag

Bei der GmbH wird der Übertragungsvertrag von den Geschäftsführern abgeschlossen[274]. Der Vertrag bedarf der schriftlichen Form, wobei bei der Übertragung von Grundstücken die entsprechenden Vertragsteile der öffentlichen Beurkundung bedürfen[275]. 56

Der Übertragungsvertrag enthält Firma, Sitz und Rechtsform der beteiligten Gesellschaften, das Inventar, den Wert der Vermögensübertragung, die allfällige Gegenleistung sowie die Liste der übergehenden Arbeitsverhältnisse[276]. 57

Die Vermögensübertragung ist im Handelsregister anzumelden[277]. Der Anmeldung sind der Übertragungsvertrag, das Inventar sowie allenfalls die im Zusammenhang mit einer Kapitalherabsetzung bzw. Statutenänderung notwendigen Belege beizulegen[278]. 58

[270] *Frick,* Baker & McKenzie, Vorbem. zu Art. 69–72 N 4.

[271] Art. 71 Abs. 1 lit. b FusG.

[272] Art. 71 Abs. 2 FusG.

[273] Art. 71 Abs. 1 lit. d FusG.

[274] Art. 70 Abs. 1 FusG.

[275] Art. 70 Abs. 2 FusG.

[276] Art. 71 FusG.

[277] Art. 73 FusG.

[278] *Passadelis,* Baker & McKenzie, Art. 73 N 5.

3. Wirkung

59 Die Vermögensübertragung wird mit der Eintragung im Handelsregister rechtswirksam[279]. In diesem Zeitpunkt gehen die Vermögenswerte ohne Weiteres auf den neuen Rechtsträger über.

60 Die Geschäftsführer der übertragenden GmbH müssen die Gesellschafter anlässlich der nächsten Gesellschafterversammlung über die Vermögensabtretung informieren[280]. Die Informationspflicht entfällt, wenn die übertragenden Aktiven weniger als 5 % der Bilanzsumme betragen[281].

61 Das Haftungssubstrat der GmbH kann durch die Vermögensübertragung verringert werden. Zum Schutz der Gläubiger statuiert das Gesetz eine solidarische Haftung während dreier Jahre[282].

62 Das Gesetz verweist sodann auf Art. 333 OR. Die Gesellschaften sind darüber hinaus verpflichtet, die Arbeitnehmervertretung zu konsultieren[283].

4. Weitere Aspekte

a) Interessenkonflikte

63 Bei der Vermögensübertragung, beispielsweise zum Zwecke der Gründung einer Tochtergesellschaft, zum Zwecke der Liquidation der Gesellschaft oder auch zum Zwecke der Veräusserung eines Unternehmensteils, kommt es nicht selten vor, dass – sei es aufseiten der Geschäftsführung der übertragenden Gesellschaft, sei es aufseiten der Geschäftsführung der übernehmenden Gesellschaft – ein Interessenkonflikt besteht[284]. Der Geschäftsführer ist oftmals zugleich Käufer und Verkäufer und vertritt neben den Interessen der Gesellschaft, zu deren Wahrung er verpflichtet ist, seine eigenen Interessen oder die eines Dritten. Liegt ein Interessenkonflikt vor, müssen die befangenen Organe in den Ausstand treten[285]. Die Genehmigung der Vermögensübertragung durch die Gesellschafterversammlung vermag an dieser Pflicht nichts zu ändern.

[279] Art. 73 Abs. 2 FusG.

[280] Art. 74 Abs. 1 FusG.

[281] Art. 74 Abs. 3 FusG.

[282] Art. 75 FusG.

[283] Art. 76 f. FusG.

[284] *Zum Aktienrecht vgl. Böckli,* Aktienrecht, § 3 N 388.

[285] Vgl. dazu § 14 N 82 ff.

b) Das Fehlen einer obligatorischen Prüfung

Bei der Vermögensübertragung verzichtet das Gesetz auf eine obligatorische Prü- 64
fung durch einen zugelassenen Revisionsexperten. Die Vermögensübertragung hat diesbezüglich gegenüber der Abspaltung eines Teiles des Vermögens der Gesellschaft einen zweifachen Vorteil: Einen verfahrenstechnischen Vorteil und einen Kostenvorteil[286].

c) Klagerechte bei der Vermögensübertragung

Im Vordergrund stehen zwei Klagerechte: Die Anhebung einer Verantwortlich- 65
keitsklage[287] sowie die Anfechtungsklage[288]. Neben den fusionsrechtlichen Rechtsbehelfen sind sodann die Rechtsbehelfe des Vertragsrechts in Betracht zu ziehen. Im Vordergrund stehen Klagen, die sich gegen den Vertragspartner richten[289].

286 *Zum Aktienrecht vgl. Böckli,* Aktienrecht, § 3 N 392.

287 Art. 108 FusG.

288 Art. 106 FusG.

289 *Zum Aktienrecht vgl. Böckli,* Aktienrecht, § 3 N 399 ff.

7. Teil
Weitere Aspekte

§ 33 Die GmbH als Tochtergesellschaft im Konzern

I. Grundlagen

1. Begriff

Konzerne sind von grosser praktischer Bedeutung. Der grösste Teil der wirtschaftlich bedeutenden Aktiengesellschaften in der Schweiz sind als Tochter- oder Muttergesellschaften in einem Konzern mit anderen Aktiengesellschaften verbunden[1]. Im volkstümlichen Verständnis verbinden wir den Konzern mit etwas Grossem, die GmbH mit etwas Kleinem. Die Thematisierung der GmbH im Zusammenhang mit dem Konzern erscheint daher als Widerspruch. 1

Der Begriff des Konzerns fand erstmals mit der Revision des Aktienrechts Eingang in das Gesetz. Art. 663e OR bestimmt: *«Fasst die Gesellschaft durch Stimmenmehrheit oder auf andere Weise eine oder mehrere Gesellschaften unter einheitlicher Leitung zusammen (Konzern), so erstellt sie eine konsolidierte Jahresrechnung (Konzernrechnung).»* 2

Der Konzern definiert sich als mehrere Gesellschaften (juristische Vielfalt) unter einer einheitlichen Leitung (durch die Mutter), sodass eine wirtschaftliche Einheit entsteht[2]. In dieser Kombination von juristischer Vielfalt und wirtschaftlicher Einheit liegt das *Konzern-Paradoxon*: Die Tochtergesellschaften sind rechtlich selbstständig, aber wirtschaftlich in die Einheit des Konzerns eingebunden[3]. Die Tochtergesellschaften stehen unter der einheitlichen Leitung der Muttergesellschaft[4]. 3

1 *Handschin,* Konzern, S. 6. Nach *Forstmoser/Meier-Hayoz/Nobel,* Aktienrecht, § 60 N 4 wird die Verbundenheit im Konzern bei Publikumsgesellschaften mehr und mehr zur Regel, anders bei den kleinen, personenbezogenen Aktiengesellschaften.

2 Zum Konzernbegriff: *Forstmoser/Meier-Hayoz/Nobel,* Aktienrecht, § 60 N 8; *Handschin,* Konzern, S. 21, 30; *Druey/Vogel,* S. 5 f.; *von Büren,* S. 15.

3 *Handschin,* Konzern, S. 56.

4 *Handschin,* Konzern, S. 42 ff.

2. Arten des Konzerns

4 Die meisten Konzerne sind faktische Konzerne, bei denen der Zusammenhalt der Gesellschaften durch die Ausübung des Stimmrechts und die Entsendung von Vertrauenspersonen in die Organe gewährleistet wird. Vertragliche Verpflichtungen innerhalb des Konzerns sind selten. Über die Entsendung von Vertrauenspersonen in die Organe wird eine einheitliche Leitung im Rahmen eines strukturierten Gebildes, des Konzerns, sichergestellt[5].

3. Vorteile des Konzerns

5 Die Struktur und die Organisation des Konzerns lassen sich an die verschiedenen Bedürfnisse anpassen. Der Konzern erlaubt die Kombination einer straffen, zentral ausgerichteten Gesamtleitung mit weitgehenden Gestaltungs- und Umsetzungskompetenzen in den örtlichen Untergesellschaften[6]. Der Konzern ermöglicht darüber hinaus, Unternehmenseinheiten mit eigener juristischer Persönlichkeit, Sondervermögen und Organen zu schaffen und damit die Haftung auf bestimmte Geschäftseinheiten zu beschränken. Im internationalen Verhältnis sind Konzernstrukturen sodann aus steuerlichen Gründen interessant. Die Zusammenführung von juristisch selbstständigen Einheiten ermöglicht die Durchsetzung einer einheitlichen Unternehmensstrategie und dient der Realisierung von Synergien. Trotz zentraler Steuerung bleiben die wirtschaftlichen Einheiten grundsätzlich eigenständig[7].

4. Die Konzernentstehung

6 Der Konzern entsteht durch die Gründung von abhängigen Tochterunternehmen, die Gründung von Gemeinschaftsunternehmen, die Akquisition von Unternehmen, die Fusion von Unternehmen oder vertragliche Vereinbarung. Der Entscheid, durch Stimmenmehrheit oder auf andere Weise eine oder mehrere Gesellschaften unter einheitliche Leitung zusammenzufassen, obliegt bei der GmbH grundsätzlich der Geschäftsführung. Ein Beschluss der Gesellschafterversammlung ist nur nötig, wenn die Zusammenfassung mit dem statutarischen Zweck nicht vereinbar und infolgedessen eine Änderung der Statuten notwendig ist. Schwieriger ist die Frage, ob die Gesellschafterversammlung der zu übernehmenden Gesellschaft der

[5] *Böckli,* Aktienrecht, § 11 N 145; *Schnyder,* Aktienrecht, N 1242.

[6] *Böckli,* Aktienrecht, § 11 N 138.

[7] *Böckli,* Aktienrecht, § 11 N 141 ff.; *Schnyder,* Aktienrecht, N 1240; *von Büren/Stoffel/Weber,* N 1565 ff.

Eingliederung in einen Konzern zustimmen muss. Dies ist sicher dann notwendig, wenn die Statuten, insbesondere der statutarische Zweck der Gesellschaft, revidiert werden müssen[8].

5. Die Leitung des Konzerns

Der Konzern verfügt über eine einheitliche Leitung, eine einheitliche Willensbildung und eine einheitliche Organisation. Die Konzernleitung legt die Strategie und die daraus abgeleitete Vorgehensweise fest. Die Konzernleitung legt insbesondere Umsatz- und Ertragsziele sowie auch die Marktstrategie fest. Die Finanzkontrolle und die Finanzplanung sowie ganz generell die Oberaufsicht über die Gruppe obliegt der Konzernleitung. Dabei ist zu beachten, dass die in Art. 716a OR bzw. Art. 810 OR als grundsätzlich nicht delegierbare Aufgaben definierten Geschäftsbereiche auch für die Konzernführungsorganisation verbindlich sind. 7

Als Führungsinstrumente der Konzernleitung dient die Stimmenmehrheit und damit die Ausübung der Stimmenmacht in den Konzerngesellschaften; Verträge zwischen der Obergesellschaft und der Untergesellschaft; allenfalls Doppelorganschaften sowie insbesondere Konzernweisungen. Im Rahmen von Konzernweisungen werden Verhaltensrichtlinien im Konzern festgelegt[9]. 8

6. Konzernvertragsrecht

Auf vertraglicher Ebene werden Konzerne in der Regel im Rahmen von Übernahmeverträgen, Joint-Venture-Verträgen oder Aktionärbindungsverträgen geregelt. Beim Übernahmevertrag wird der Konzerngesellschaft eine beherrschende Beteiligung übertragen. Eine andere Möglichkeit besteht in der Gründung eines Gemeinschaftsunternehmens, über welches der Konzerngesellschaft im Rahmen der Joint-Venture-Vereinbarung die Oberleitung eingeräumt wird. Im Rahmen eines Aktionärbindungsvertrages bzw. Verträgen zwischen den Gesellschaftern schliesslich kann einem Gesellschafter die Stimmenmehrheit innerhalb der Gesellschaft und damit die Leitung der Gesellschaft übertragen werden[10]. 9

[8] *Böckli,* Aktienrecht, § 11 N 166 ff.; *Schnyder,* Aktienrecht, N 1246 ff.; *von Büren/Stoffel/Weber,* N 1574 ff.

[9] *Böckli,* Aktienrecht, § 11 N 237 ff.; *Schnyder,* Aktienrecht, N 1267 ff.; *Handschin,* Konzern, S. 42 ff.

[10] *Böckli,* Aktienrecht, § 11 N 413 ff.

II. Der Konzern im Aktienrecht

10 Das Auseinanderklaffen von rechtlicher Selbstständigkeit und wirtschaftlicher Abhängigkeit steht in einem scheinbaren Widerspruch zu zwingenden Normen des Aktienrechts, gemäss denen der Verwaltungsrat zwingend oberstes Geschäftsführungsorgan der Aktiengesellschaft ist[11].

11 Die Geschäftsführungskompetenz in der Aktiengesellschaft obliegt ausschliesslich dem Verwaltungsrat[12]. Eine Übertragung der Geschäftsführung auf die Generalversammlung kann nicht gestützt auf die Generalklausel in Art. 698 OR i.V.m. Art. 716 OR erfolgen. Art. 716a OR geht von einer konzernfreien, nicht einer einheitlichen Leitung unterworfenen Aktiengesellschaft aus[13].

12 Die im Konzern eingebundene Tochtergesellschaft verfügt oft nur über eine einzige Gesellschafterin, die Muttergesellschaft, welche sämtliche Aktien der Tochter hält. Dies hat zur Folge, dass die Generalversammlung des Tochterunternehmens faktisch von der Muttergesellschaft bestimmt wird und die Muttergesellschaft – faktisch – zum Organ der Tochtergesellschaft wird. Der von der Muttergesellschaft beherrschten Generalversammlung der Tochtergesellschaft stehen rechtlich keinerlei Geschäftsführungskompetenzen zu; faktisch aber bestimmt sie durch die einheitliche Leitung die Geschicke der Tochtergesellschaft. Die vollständige Unterwerfung der Tochtergesellschaft unter die einheitliche Leitung der Muttergesellschaft, d. h. unter die Generalversammlung, führt unweigerlich zu einem unlösbaren Konflikt[14].

13 Die Personalunion von Gesellschafter und Verwaltungsrat in der Tochtergesellschaft ist im Aktienrecht nur bedingt möglich. Gemäss Art. 707 Abs. 3 OR kann der Alleinaktionär[15] der Tochtergesellschaft nur dann die Stelle eines Verwaltungsrats bekleiden, wenn er eine natürliche Person ist[16]. Ist der Alleinaktionär eine juristische Person, ist eine Selbstorganschaft ausgeschlossen[17].

14 Die Praxis versucht, auf verschiedene Art und Weise mit dem Problem umzugehen. So befolgen die Verwaltungsräte der Tochtergesellschaft im Rahmen eines

[11] Art. 716 Abs. 1 OR sowie Art. 716a Abs. 1 Ziff. 1 OR.

[12] *Meier-Hayoz/Forstmoser,* § 16 N 355; *Böckli,* Aktienrecht, § 13 N 279 ff.; *Böckli,* Kernkompetenzen, S. 36.

[13] *Böckli,* Kernkompetenzen, S. 55.

[14] *Böckli,* Kernkompetenzen, S. 59. Vgl. hierzu auch Entscheid des Bundesgerichts 4C.252/2000 vom 5. Dezember 2000, E. 3.b.

[15] Art. 625 Abs. 3 OR; zur Einmann-AG vgl. *Forstmoser/Meier-Hayoz/Nobel,* Aktienrecht, § 62 N 26 ff.; *Meier-Hayoz/Forstmoser,* § 2 N 135.

[16] *Wernli,* OR, Art. 707 N 15; *Meier-Hayoz/Forstmoser,* § 16 N 370; *Forstmoser/Meier-Hayoz/Nobel,* Aktienrecht, § 27 N 9 sowie § 60 N 27 ff.

[17] Zur grundsätzlichen Frage, ob eine natürliche Person eine Konzernmutter sein kann, vgl. *Handschin,* Konzern, S. 38, 79.

autonomen Nachvollzuges die Weisungen der Muttergesellschaft. Im Rahmen dieses autonomen Nachvollzuges überprüft der Verwaltungsrat lediglich, ob die Weisungen der Muttergesellschaft im Einklang mit den Bestimmungen des Aktienrechts stehen, insbesondere mit den Normen über das Verbot verdeckter Gewinnausschüttungen[18]. Oft wird dem Verwaltungsrat der Tochtergesellschaft im Gegenzug Schadloshaltung im Falle einer persönlichen Inanspruchnahme zugesichert[19].

15 Die Synchronisierung zwischen den Interessen der Muttergesellschaft und den Interessen der Tochtergesellschaft kann sodann auch dadurch erreicht werden, dass der Zweck der Tochtergesellschaft auf die Verfolgung des Konzerninteresses ausgerichtet wird[20]. Eine absolute Abhängigkeit der Tochter- von der Muttergesellschaft wird dadurch jedoch nicht erreicht, zumal der Gesellschaftszweck mehr oder weniger weit ausgelegt werden kann und die zwingenden Bestimmungen des Gläubigerschutzes, insbesondere, was Ausschüttungen an die Muttergesellschaft anbelangt, beachtet werden müssen.

16 Durch eine vollständige oder teilweise Personalunion der Mitglieder der Konzernleitung und der Mitglieder des Verwaltungsrates der Tochtergesellschaft kann erreicht werden, dass Personen, die im Rahmen des Konzerns für die operative Führung zuständig sind, gleichzeitig als Verwaltungsräte der Tochtergesellschaften diese Entscheide in den Tochtergesellschaften umsetzen können. Die Lösung ist praktisch sinnvoll, setzt aber eine gewisse räumliche Nähe zwischen der Tochtergesellschaft und der Muttergesellschaft voraus, wobei auch in diesem Fall die formellen Grenzen der Konzernleitung beachtet werden müssen.

17 Die vorstehend aufgezeigten Lösungsversuche halten am gesetzlichen Modell der Oberleitung einer Gesellschaft durch den Verwaltungsrat formell fest, können aber an den effektiven Machtverhältnissen im Konzern nichts ändern. Es verbleibt der Widerspruch zwischen der formellen Struktur und den materiellen Machtverhältnissen. De lege ferenda postuliert daher die Lehre den Erlass gesetzlicher Bestimmungen zum Konzernrecht. Die Anforderungen an eine solche gesetzliche Regelung weisen in zwei Richtungen: Zum einen soll es der Generalversammlung erlaubt sein, über einzelne Geschäftsführungsentscheide Beschluss zu fassen. Dadurch würde das Prinzip der Parität von Generalversammlung und Verwaltungsrat aufgehoben. Im Konzern käme somit der Generalversammlung eine

[18] *Böckli,* Kernkompetenzen, S. 60, schlägt vor, die Bestimmung des Art. 716a OR folgendermassen auszulegen: *«Der Verwaltungsrat einer vollständig in einem Konzern eingegliederten Untergesellschaft wacht darüber, dass die folgenden Aufgaben, in Übereinstimmung mit Gesetz und Statuten, insbesondere unter Wahrung der Bestimmungen über den Kapitalschutz, erfüllt werden».* Unter dieser Betrachtung komme dem Verwaltungsrat der beherrschten Gesellschaft durchaus noch eine eigenständige Bedeutung zu.

[19] *Forstmoser/Meier-Hayoz/Nobel,* Aktienrecht, § 60 N 37.

[20] *Forstmoser/Meier-Hayoz/Nobel,* Aktienrecht, § 60 N 35 f. Der Gesellschaftszweck kann beliebig festgelegt werden, sofern die Zweckverfolgung als solche erlaubt ist. Vgl. dazu *Meier-Hayoz/Forstmoser,* § 1 N 99. Zur Frage, ob in dieser Zweckbestimmung eine übermässige Bindung im Sinne von Art. 27 ZGB liegt, vgl. *Handschin,* Konzern, S. 86 ff., insb. S. 90.

Kompetenzkompetenz zu, indem sie selber darüber bestimmen kann, für welche Entscheide sie zuständig sein will. Zum anderen soll die Muttergesellschaft als formelles Organ der Tochtergesellschaft anerkannt werden. Der Muttergesellschaft kommt dabei die Stellung eines Doppelorgans zu, indem ihr die Geschäftsführung der Tochtergesellschaft obliegt, und zwar im Rahmen ihrer Oberleitung über die Tochtergesellschaft[21].

III. Die GmbH als Konzerntochtergesellschaft

18 Es stellt sich die Frage, ob sich die GmbH als Organisationsform für Konzerntochtergesellschaften eignet, allenfalls sogar besser eignet als die Aktiengesellschaft.

19 Im Aussenverhältnis ist die GmbH gleichwertig zur Aktiengesellschaft. Die GmbH ist eine juristische Person für deren Verbindlichkeiten nur das Gesellschaftsvermögen haftet. Eine weiter gehende Haftung besteht nur bei entsprechendem Verschulden der Organe.

20 Im Innenverhältnis ist die GmbH flexibler. Im Recht der GmbH ist das Paritätsprinzip weniger stark ausgeprägt als im Aktienrecht. Zum einen versteht es sich von selbst, dass die Paritätstheorie von begrenzter Bedeutung bleibt, wenn zwischen der Gesellschafterversammlung und der Geschäftsführung personelle Identität besteht. Zum anderen legt Art. 810 OR die Kompetenzen der Geschäftsführer fest, schränkt diese Regelung in Art. 811 OR aber gleich wieder ein: Die Statuten können vorsehen, dass die Geschäftsführer der Gesellschafterversammlung bestimmte Entscheide zur Genehmigung vorlegen müssen bzw. einzelne Fragen zur Genehmigung vorlegen können[22]. Art. 811 Abs. 1 OR sieht zwar keine eigentliche Verschiebung der Zuständigkeiten vor, bietet jedoch die Möglichkeit, der Gesellschafterversammlung eine obligatorische[23] oder eine fakultative[24] Genehmigungskompetenz einzuräumen[25]. Dadurch wird der Gesellschafterversammlung letztlich die Kompetenzkompetenz eingeräumt.

21 In den Statuten der Konzerntochtergesellschaft in der Form der GmbH kann festgehalten werden, dass die Geschäftsführer bestimmte Entscheide der Gesellschafterversammlung (welche im Konzern durch die Muttergesellschaft verkörpert wird) vorlegen müssen bzw. vorlegen können. Formell würde dadurch die rechtlich gültige Grundlage dafür geschaffen, dass sich die Muttergesellschaft in einem gewis-

21 Vgl. hierzu eingehend *Handschin,* Konzern, S. 122; vgl. auch *Meier-Hayoz/Forstmoser,* § 23 N 48 ff.

22 Art. 811 Abs. 1 Ziff. 1 und Ziff. 2 OR.

23 Art. 811 Abs. 1 Ziff. 1 OR.

24 Art. 811 Abs. 1 Ziff. 2 OR.

25 Botschaft, S. 3213.

sen Umfang in die Geschäftsführung der Tochtergesellschaft verbindlich einmischen und im Konzern die Oberleitung über Tochtergesellschaften ausüben kann.

Art. 811 Abs. 2 OR stellt gleichzeitig klar, dass die Haftung der Geschäftsführer gegenüber Dritten wegen Pflichtverletzung trotz einer Genehmigung der Gesellschafterversammlung bestehen bleibt. In dieser Bestimmung liegt ein sinnvolles Regulativ, welches sicherstellt, dass die formellen Organe der GmbH keine Weisungen der Konzernmuttergesellschaft umsetzen, die zur Schädigung der Tochtergesellschaft führen. Gesellschaftsintern kommt die Genehmigung einem Entlastungsbeschluss gleich[26]. 22

Die strukturelle Legalisierung der Konzernleitung ist damit im GmbH-Recht bis zu einem gewissen Grad möglich. Im Aktienrecht besteht diese Möglichkeit nicht. 23

IV. Die Muttergesellschaft als formelles Organ der Konzerntochtergesellschaft

Noch konsequenter würde die Konzerleitung legalisiert, wenn die Muttergesellschaft als formelles Organ der Tochtergesellschaft in der Form einer GmbH anerkannt würde. 24

Grundsätzlich spricht nichts dagegen, dass eine juristische Person formelles Organ einer anderen juristischen Person sein kann: Einerseits ist anerkannt, dass nicht geschäftsführende Organe auch mit juristischen Personen besetzt werden können, man denke nur etwa an die Revisionsstelle. Andererseits können juristische Personen als faktische Organe qualifiziert werden[27]. 25

Gemäss Art. 772 OR ist die GmbH eine personenbezogene Kapitalgesellschaft, an der eine oder mehrere Personen oder Handelsgesellschaften beteiligt sind. Es besteht die Möglichkeit, eine Einpersonen-GmbH zu gründen. Wenn nun die GmbH aus einer einzigen Gesellschafterin besteht, diese einzige Gesellschafterin eine juristische Person ist und die Statuten dieser Einpersonen-GmbH nicht vom subsidiären gesetzlichen Prinzip der Selbstorganschaft abweichen, stellt sich die Frage, ob die juristische Person die Funktion der Geschäftsführerin wahrnehmen kann. 26

Gemäss Art. 809 Abs. 2 OR können als Geschäftsführer nur natürliche Personen eingesetzt werden. Ist an der Gesellschaft eine juristische Person oder eine Handelsgesellschaft beteiligt, bezeichnet sie gegebenenfalls eine natürliche Person, die diese Funktion an ihrer Stelle ausübt. Die Statuten können dafür die Zustimmung der Gesellschafterversammlung verlangen. 27

[26] Botschaft, S. 3213.

[27] *Handschin,* Konzern, S. 319 f.

28 Die Gesetzesbestimmung lässt unterschiedliche Interpretationen zu: (i) der Gesetzgeber wollte die Organschaft durch eine juristische Person ausschliessen; (ii) bei der in Selbstorganschaft geführten GmbH ist die juristische Person als Geschäftsführerin zulässig.

29 Die erste Interpretation ist naheliegend und stützt sich auf den klaren Wortlaut von Satz 1 ab. Als Geschäftsführer können nur natürliche Personen eingesetzt werden.

30 Die zweite Interpretation stützt sich auf folgende Überlegung: Die Aussage, als Geschäftsführer könnten nur natürliche Personen eingesetzt werden, betrifft die GmbH, die nach dem Prinzip der Drittorganschaft geführt wird, bei der Geschäftsführer «eingesetzt» werden. Bei der GmbH, die nach dem Prinzip der Selbstorganschaft geführt wird, werden keine Geschäftsführer eingesetzt, folglich ist die Bestimmung, dass nur natürliche Personen «eingesetzt» werden können, auf in Selbstorganschaft organisierte GmbH nicht anwendbar. Die in Satz 2 und 3 dieser Bestimmung vorgesehene Bezeichnung einer natürlichen Person besagt nicht, dass bei Selbstorganschaft der Gesellschafter, der juristische Person ist, nicht Geschäftsführer ist, sondern verlangt lediglich, dass diese juristische Person eine natürliche Person bezeichnet, die sie vertritt. Um sicherzustellen, dass diese natürliche Person in die Geschäftsführung passt, können die Statuten die Zustimmung der Gesellschafterversammlung vorsehen. Obligatorisch ist diese Zustimmung aber nicht, und beim Fehlen einer entsprechenden Statutenbestimmung kann die juristische Person als Gesellschafterin die von ihr eingesetzte natürliche Person beliebig einsetzen und ersetzen. Auch dadurch unterscheidet sich der gewählte Geschäftsführer (oder bei der Aktiengesellschaft: Verwaltungsrat) vom Vertreter der juristischen Person als Geschäftsführerin in Selbstorganschaft.

31 Grundsätzliche Bedenken gegen die juristische Person als Geschäftsführerin einer GmbH gibt es nicht. Juristische Personen sind zu den gleichen Rechten fähig, wie natürliche Personen, es sei denn, dass die natürliche Persönlichkeit eine zwingende Voraussetzung für die Ausübung des fraglichen Rechts darstellt. Eine solche Voraussetzung ist bei der Geschäftsführung einer Gesellschaft nicht zu erkennen. Der persönliche Charakter des Geschäftsführungsmandates sowie die persönliche Haftung schliessen die Geschäftsführung durch eine juristische Person nicht grundsätzlich aus. Zu beachten ist, dass die GmbH anders als die Aktiengesellschaft vom Prinzip der Selbstorganschaft geprägt wird. Im Gegensatz zur Aktiengesellschaft besteht bei der GmbH grundsätzlich Identität zwischen Gesellschafter und Geschäftsführung.

32 Bei dieser Ausgangslage stellt sich die Frage, ob die Bedenken gegen eine juristische Person als Geschäftsführerin stark genug sind, um die dispositive Regel der Selbstorganschaft zu durchbrechen. Das Prinzip der Selbstorganschaft ist nicht Selbstzweck, sondern stellt ein Organisationsmodell dar, das auf die Bedürfnisse einer kleinen Gesellschaft zugeschnitten ist. Die Selbstorganschaft vereinfacht formlose Entscheidfindungen. Eine solche Vereinfachung ist zulässig und un-

problematisch, weil das Entscheidgremium mit den Gesellschaftern identisch ist. Überschaubar sind die Verhältnisse aber nicht nur bei Kleinunternehmen, sondern auch bei Tochtergesellschaften, die von einer einzigen Gesellschafterin, nämlich der Muttergesellschaft, beherrscht werden.

Die in Selbstorganschaft geführte GmbH befindet sich näher bei der Personengesellschaft als bei der Aktiengesellschaft. Auch nach neuem Recht bleibt die GmbH eine personenbezogene Kapitalgesellschaft. Das heisst, bei der Auslegung sind nicht nur die aktienrechtlichen Bestimmungen, sondern auch die Bestimmungen des Personengesellschaftsrechts massgebend. Ein Blick ins Recht der einfachen Gesellschaft zeigt, dass hier die Geschäftsführung durch juristische Personen unbestritten ist: Juristische Personen können nach einmütiger Auffassung in Lehre und Rechtsprechung Geschäftsführer einer einfachen Gesellschaft sein. In diesem Zusammenhang sei auf die Arbeitsgemeinschaft und das Joint Venture verwiesen. Dass juristische Personen grundsätzlich Geschäftsführer sein können, zeigt sodann auch ein Blick nach Deutschland: Die Kapitalgesellschaft und Co. ist eine in Deutschland verbreitete Mischung von Kapital- und Personengesellschaft. Auch wenn die Kapitalgesellschaft und Co. in der Schweiz aufgrund des klaren Gesetzesrechts unzulässig ist, zeigt dieses Modell, dass es keine grundsätzlichen strukturellen Bedenken gegen die Zulassung von juristischen Personen als Geschäftsführer einer GmbH gibt. 33

Sprechen weder zwingende sachliche, noch rechtliche Gründe gegen die Zulässigkeit von juristischen Personen als Geschäftsführer, ist dies bei der in Selbstorganschaft geführten GmbH als zulässig zu erachten. Im Konzern führt dies u. E. dazu, dass die Muttergesellschaft Geschäftsführerin der Tochtergesellschaft sein kann[28]. 34

§ 34 Die Klagen im Recht der GmbH

I. Grundlagen

Zu den Schutzrechten des Gesellschafters gehören zum einen die Informations- und Kontrollrechte, zum anderen die Klagerechte. Im Folgenden werden die verschiedenen Klagerechte, welche das Recht der GmbH zur Verfügung stellt, kurz im Sinne eines Überblicks erörtert. 1

[28] Vgl. hierzu eingehend *Handschin,* Die GmbH als Tochter, S. 67 ff.

1. Sonderprüfung

2 Das Recht der GmbH kennt die Sonderprüfung nicht. Zulässig ist hingegen die statutarische Einführung des Rechts auf Sonderprüfung[29]. Ist das Recht, eine Sonderprüfung zu verlangen, in den Statuten verankert, ist jeder Gesellschafter berechtigt, der Gesellschafterversammlung den Antrag zu stellen, es seien bestimmte Sachverhalte und Vorgänge durch einen unabhängigen Sonderprüfer abzuklären.

3 Ist ein Recht, eine Sonderprüfung zu verlangen, in den Statuten verankert, ist analog zum Aktienrecht davon auszugehen, dass die Einleitung der Sonderprüfung die Erforderlichkeit der Sonderprüfung voraussetzt und eine vorgängige Ausübung der Informationsrechte bedingt. Mangels statutarischer Quoren wird der Beschluss über die Einsetzung eines Sonderprüfers mit der absoluten Mehrheit der vertretenden Stimmen gefasst[30]. Stimmt die Gesellschafterversammlung dem Antrag auf Einleitung einer Sonderprüfung nicht zu, kann eine Sonderprüfung nur stattfinden, wenn statutarisch vereinbart wird, dass Gesellschafter, welche über einen bestimmten Mindestanteil am Stammkapital verfügen, innerhalb einer bestimmten Frist die Einsetzung eines Sonderprüfers verlangen können. Die Statuten können sodann eine analoge Anwendung der aktienrechtlichen Bestimmung in Art. 697a ff. OR statuieren. Diesfalls kann die Einsetzung eines Sonderprüfers direkt beim Richter verlangt werden. Zuständig ist der Richter am Sitz der gesuchstellenden Partei oder am Sitz der Gesellschaft[31]. Das Begehren richtet sich gegen die Gesellschaft und wird in der Regel im summarischen Verfahren beurteilt[32]. Die Fragen werden grundsätzlich von Amtes wegen einer Zulässigkeitsprüfung unterzogen. Der Grundsatz, wonach dem Gesuchsteller im Einparteienverfahren keine Entschädigung zuzusprechen ist, findet im Verfahren betreffend Sonderprüfung keine Anwendung[33].

2. Klage auf Rückerstattung von Leistungen

4 Gemäss Art. 800 OR sind Gewinnanteile, die Gesellschafter oder Geschäftsführer ungerechtfertigterweise bezogen haben, zurückzuerstatten[34]. Die Vorschriften des Aktienrechts, insbesondere Art. 678 f. OR, sind entsprechend anwendbar.

[29] Vgl. dazu § 14 N 143 ff.

[30] Art. 808 OR.

[31] ZR 2002, S. 33 ff. mit Verweis auf Art. 11 GestG bzw. Art. 3 Abs. 1 lit. b GestG.

[32] Zum Aktienrecht vgl. *Forstmoser/Meier-Hayoz/Nobel,* Aktienrecht, § 35 N 51 ff.

[33] ZR 2002, S. 33 ff.

[34] Vgl. Dazu § 8 N 30 ff.

Die Gewinnausschüttung kann durch verdeckte Entnahmen oder bewusste Gewinnvorenthaltungen, durch Ableiten von der Gesellschaft zukommenden Erträgen an Off-shore-Gesellschaften, über Darlehen an Gesellschafter oder auch über Verstösse gegen die Regeln der Dividendenausschüttung erfolgen[35]. Entscheidend ist, dass die Leistung der Gesellschaft in einem offensichtlichen Missverhältnis zur Gegenleistung und/oder zur wirtschaftlichen Lage der Gesellschaft steht[36]. 5

Anspruchsberechtigt sind die Gesellschaft und die Gesellschafter. Die Klage richtet sich gegen den Empfänger der Leistung. Zuständig ist der Richter am Wohnsitz des Beklagten. Die Gesellschafter klagen auf Leistung an die Gesellschaft[37]. Zu beachten ist, dass das Gesetz – anders als in allen anderen Klagen der Gesellschafter auf Leistung an die Gesellschaft – keine Sonderregel betreffend die Zuweisung der Verfahrenskosten vorsieht. Nach der hier vertretenen Meinung ist von einer analogen Anwendung von Art. 756 Abs. 2 OR auszugehen. Macht der Gesellschafter von seinem Recht Gebrauch, den Schaden der Gesellschaft einzuklagen, trägt er ein beträchtliches Kostenrisiko, obschon sich im Falle des Prozesserfolges lediglich das Vermögen der Gesellschaft erhöht. Aufseiten des klagenden Gesellschafters führt die erfolgreich erhobene Klage hingegen kaum zu einem spürbaren Wertzuwachs der Beteiligung. Materiell handelt der Kläger als Geschäftsführer ohne Auftrag für die Gesellschaft und hat bei sorgfältigem Handeln, nach dem leitenden Gedanken des Art. 422 OR, gegen die Gesellschaft auch bei Prozessverlust einen Anspruch auf die Entlastung von den Kosten[38]. 6

Gemäss Art. 678 Abs. 4 OR unterliegt der Rückforderungsanspruch einer fünfjährigen Verjährungsfrist. Die Verjährungsfrist läuft ab Empfang der Leistung. 7

3. Die Anfechtungsklage

Gemäss Art. 808c OR sind für die Anfechtung der Beschlüsse der Gesellschafterversammlung die Vorschriften des Aktienrechts, sprich Art. 706 f. OR, entsprechend anwendbar. Mit der Anfechtungsklage wird geltend gemacht, ein Beschluss der Gesellschafterversammlung verstosse gegen das Gesetz oder die Statuten[39]. 8

[35] Zum Aktienrecht vgl. *Böckli,* Aktienrecht, § 1 N 104.

[36] Art. 678 Abs. 2 OR. Beachte: Gemäss dem Vorentwurf für eine Revision des Aktien- und des Rechnungslegungsrechts wird auf die Qualifikation «offensichtlich» verzichtet. Es genügt ein Missverhältnis zwischen Leistung und Gegenleistung. Die ungerechtfertigte Bereicherung muss sodann nicht bösgläubig erfolgen. Vgl. hierzu kritisch *Böckli,* Zum Vorentwurf, S. 10 sowie S. 22 f.

[37] Art. 678 Abs. 3 OR.

[38] Zum Aktienrecht vgl. *Böckli,* Aktienrecht, § 18 N 235.

[39] Vgl. dazu § 13 N 104 ff.

9 Neben den allgemeinen Anfechtungsgründen[40] gilt es, den besonderen Anfechtungsgrund der Teilnahme Unbefugter an der Gesellschafterversammlung[41] zu beachten. Die Teilnahme Unbefugter an der Gesellschafterversammlung, begründet ein Recht auf Anfechtung der Beschlüsse der Gesellschafterversammlung, sofern nicht nachgewiesen wird, dass die Mitwirkung der unbefugten Person keinen Einfluss auf die Beschlussfassung hatte.

10 Die Anfechtungsklage ist grundsätzlich kassatorischer Natur. Das Gericht darf nicht an die Stelle der Gesellschafterversammlung treten. Gestalterische Eingriffe im Sinne einer ersatzweisen richterlichen Beschlussfassung sind nicht zulässig[42]. Anderes gilt allerdings, wenn der Richter kein Ermessen auszuüben braucht. Die Anfechtung und die positive Feststellung dient in diesem Fall unmittelbar der Durchsetzung des Stimmrechts, weshalb der Richter nicht nur befugt ist, den Beschluss zu kassieren, sondern das entsprechende Abstimmungsergebnis auch gleich festzustellen[43].

11 Der Anfechtungsprozess richtet sich gegen die Gesellschaft als Beklagte[44]. Zuständig ist der Richter am Sitz der Gesellschaft[45]. Klageberechtigt sind die Gesellschafter und die Gesellschaft selber. Die Gläubiger haben kein Anfechtungsrecht. Die Gesellschaft wird durch die Geschäftsführung vertreten. Der Kläger muss ein Anfechtungsinteresse haben. Dieses ist grundsätzlich zu verneinen, wenn der Kläger dem entsprechenden Beschluss zugestimmt hat. Die Klage ist als selbstständige Gestaltungsklage innerhalb von zwei Monaten seit Durchführung der Gesellschafterversammlung einzureichen[46]. Während der Dauer des Anfechtungsverfahrens ist der angefochtene Beschluss grundsätzlich gültig[47].

12 Die Gesellschaft kann die Klage weder anerkennen noch das Verfahren durch Vergleich beenden. Die Gesellschaft vertritt die Interessen der Mehrheit der Gesellschafter und hat keine Macht über den Prozessgegenstand zu verfügen. Ein allfälliger Vergleich wäre von der Gesellschafterversammlung zu genehmigen[48].

13 Der Streitwert bemisst sich nach dem Interesse der Gesellschaft am Prozessausgang[49]. Bei Abweisung der Klage verteilt der Richter die Kosten nach seinem Er-

40 Art. 808c OR i.V.m. Art. 706 OR.

41 Art. 808c OR i.V.m. Art. 691 OR.

42 Zum Aktienrecht vgl. Entscheid des Bundesgerichts 4P.22/2000 vom 28. März 2000, E. 2a; *Forstmoser/Meyer-Hayoz/Nobel,* Aktienrecht, § 25 N 61.

43 Zum Aktienrecht vgl. *Böckli,* Aktienrecht, § 12 N 500.

44 BGE 122 III 283 E. aa.

45 Art. 3 Abs. 1 lit. b GestG.

46 Art. 808c OR i.V.m. Art. 706a OR.

47 Zum Aktienrecht vgl. *Forstmoser/Meyer-Hayoz/Nobel,* Aktienrecht, § 25 N 41 ff.

48 Zum Aktienrecht vgl. *Böckli,* Aktienrecht, § 16 N 138 f.

49 Entscheid des Bundesgerichts 4P.208/2003 vom 12. Oktober 2004, E. 2.3.

messen auf die Gesellschaft und den Kläger. Er beachtet dabei die Umstände des Einzelfalls[50].

4. Klage auf Feststellung der Nichtigkeit

Nichtigkeit ist nur bei schweren Verstössen gegen das geschriebene oder ungeschriebene Recht anzunehmen[51]. Nichtig sind namentlich Beschlüsse, die das Recht auf Teilnahme an der Gesellschafterversammlung, das Mindeststimmrecht, die Klagerechte oder andere vom Gesetz zwingend gewährte Rechte des Gesellschafters entziehen oder beschränken; Beschlüsse, die Kontrollrechte über das gesetzlich zulässige Mass hinaus beschränken; Beschlüsse, welche die Grundstrukturen der GmbH missachten oder die Bestimmungen zum Kapitalschutz verletzen[52]. 14

Nichtig wäre demzufolge eine Bestimmung, wonach die Gesellschafterversammlung einen Beschluss nur auf Antrag der Geschäftsführung fassen oder das Stammkapital nur in dem von der Geschäftsführung vorgeschlagenen Umfang erhöhen kann; nichtig wäre eine Einschränkung des unentziehbaren Antragsrechts des Gesellschafters oder ein statutarischer Ausschluss jeder Art von Stimmrechtsvertretung in der Gesellschafterversammlung[53]; nichtig wäre eine Statutenbestimmung, welche bei der GmbH mit Drittorganschaft die Abberufung von Mitgliedern der Geschäftsführung während der Amtsperiode verbietet oder auch eine Bestimmung, die das Mitglied der Geschäftsführung als entlastet erklärt, wenn nicht eine qualifizierte Mehrheit gegen die Décharge stimmt[54]. 15

Beispiele für Beschlüsse, welche die Grundstruktur der GmbH missachten, wären etwa die Schaffung von Stammanteilen ohne Anrecht auf Dividende und Liquidationsanteil; die statutarische Übertragung von Befugnissen der Gesellschafterversammlung auf die Geschäftsführung; oder auch die Einführung von nennwertlosen Stammanteilen[55]. 16

Eine Verletzung der Bestimmungen zum Kapitalschutz wäre beispielsweise anzunehmen beim Beschluss über die Rückgewähr des Stammkapitals; bei der Begründung eines statutarischen Austrittsrechts mit Abfindung zulasten der Gesellschaft; oder auch bei einem Beschluss, der auf eine Unter-pari-Emmission abzielt[56]. 17

[50] Entscheid des Bundesgerichts 4C.386/2002 vom 12. Oktober 2004, E. 6.

[51] Entscheid des Bundesgerichts 4C.107/2005 vom 29. Juni 2005, E. 2.1.

[52] Vgl. dazu § 13 N 109 ff.

[53] Zum Aktienrecht vgl. *Böckli,* Aktienrecht, § 16 N 161.

[54] Zum Aktienrecht vgl. *Böckli,* Aktienrecht, § 16 N 166.

[55] Zum Aktienrecht vgl. *Böckli,* Aktienrecht, § 16 N 168.

[56] Zum Aktienrecht vgl. *Böckli,* Aktienrecht, § 16 N 171.

18 Neben den vorgenannten schweren inhaltlichen Mängeln können auch schwere formelle Mängel zur Nichtigkeit führen: Beispielsweise Beschlüsse, die nie zur Abstimmung vorgelegt, dennoch aber ins Protokoll aufgenommen wurden; oder auch Beschlüsse einer nicht schriftlich einberufenen oder sonst ganz offensichtlich beschlussunfähigen Gesellschafterversammlung[57]. Formell grob mangelhafte Beschlüsse sind nicht anfechtbar, sondern nichtig[58].

19 Verstösst ein Beschluss der Gesellschafterversammlung gegen zwingendes Recht ausserhalb des GmbH-Rechts führt dies ebenfalls zur Nichtigkeit dieses Beschlusses[59].

20 Nichtige Beschlüsse sind von Anfang an unwirksam. Die Nichtigkeit wird nicht mit einer Anfechtungsklage geltend gemacht, sondern mit einer Feststellungsklage. Legitimiert ist grundsätzlich jedermann, soweit er ein Feststellungsinteresse hat. Geschäftsführer, Gläubiger, Gesellschafter können – selbst wenn sie dem Beschluss selber zugestimmt haben[60] – grundsätzlich eine Klage auf Feststellung der Nichtigkeit anheben. Die Nichtigkeit ist sodann allenfalls von Amtes wegen zu beachten. Die Klage auf Feststellung der Nichtigkeit richtet sich gegen die Gesellschaft und ist an deren Sitz geltend zu machen[61]. Die Klage ist an keine Verwirkungsfrist gebunden[62].

21 Gemäss Art. 816 OR gelten für die Beschlüsse der Geschäftsführer sinngemäss die gleichen Nichtigkeitsgründe wie für die Beschlüsse der Gesellschafterversammlung. Das heisst, der Beschluss der Geschäftsführung kann nichtig und Gegenstand einer Feststellungsklage sein.

5. Die Traktandierungsklage

22 Gemäss Art. 805 Abs. 5 Ziff. 2 OR i.V.m. Art. 699 OR kann die Einberufung einer Gesellschafterversammlung von einem oder mehreren Gesellschaftern, die zusammen mindestens 10% des Stammkapitals vertreten, verlangt werden. Entspricht die Geschäftsführung dem Begehren um Einberufung und Traktandierung nicht binnen angemessener Frist, hat der Richter auf Antrag der Gesuchsteller die Ein-

57 Zum Aktienrecht vgl. *Böckli,* Aktienrecht, § 16 N 174.

58 Beachte: Das Bundesgericht bestätigte, dass Nichtigkeit nur bei schweren Verstössen gegen Grundsatznormen anzunehmen sei und lehnte die Nichtigkeit eines Beschlusses wegen der Mitwirkung Unbefugter an der Generalversammlung ab. Die Mitwirkung Unbefugter führe bloss zur Anfechtbarkeit. Vgl. Entscheid des Bundesgerichts 4C.107/2005 vom 29. Juni 2005, E. 2.1.

59 Zum Aktienrecht vgl. *Böckli,* Aktienrecht, § 16 N 176.

60 BGE 74 II 43.

61 Art. 3 Abs. 1 lit. b GestG.

62 Zum Aktienrecht vgl. *Böckli,* Aktienrecht, § 16 N 156; *Forstmoser/Meier-Hayoz/Nobel,* Aktienrecht, § 25 N 128 ff.

berufung anzuordnen[63]. Gemäss Art. 699 OR setzt das Recht auf Einberufung der Gesellschafterversammlung lediglich voraus, dass der Gesellschafter mindestens 10% des Stammkapitals vertritt. Der Richter hat dementsprechend lediglich zu prüfen, ob die formellen Voraussetzungen von Art. 699 Abs. 3 OR erfüllt sind; ob tatsächlich ein Begehren an die Geschäftsführung gestellt wurde; und ob innert angemessener Frist dem Begehren entsprochen wurde.

Mit der Traktandierungsklage kann nicht nur das Recht zur Einberufung, sondern 23
auch das Recht zur Traktandierung durchgesetzt werden. Das Begehren richtet sich gegen die Gesellschaft und wird in der Regel im summarischen Verfahren beurteilt. Zuständig ist der Richter am Sitz der Gesellschaft[64]. Im summarischen Verfahren muss der Kläger seinen Anspruch lediglich glaubhaft machen. Im Entscheid beruft der Richter in der Regel die Gesellschafterversammlung nicht selber ein, sondern befielt der Gesellschaft bzw. der Geschäftsführung eine Gesellschafterversammlung innert einer bestimmten Frist mit bestimmten Traktanden durchzuführen[65]. Bei entsprechendem Antrag darf der Richter selber die Gesellschafterversammlung einberufen[66].

6. Die Informationsklage

Gemäss Art. 802 Abs. 1 OR kann jeder Gesellschafter von der Geschäftsführung 24
jederzeit Auskunft über alle Angelegenheiten der Gesellschaft verlangen. Wird die Auskunft von der Geschäftsführung verweigert, entscheidet auf Antrag des Gesellschafters die Gesellschafterversammlung. Verweigert die Gesellschafterversammlung die Auskunft ungerechtfertigterweise, wird die Auskunft oder die Einsicht auf Antrag des Gesellschafters vom Gericht angeordnet[67].

Soweit das Auskunftsbegehren ein aktuelles Rechtsschutzinteresse verfolgt und 25
seine Beantwortung erforderlich ist, um die Ausübung der Mitgliedschaftsrechte sicherzustellen bzw. um eine umfassende Beurteilung der Lage der Gesellschaft zu ermöglichen, ist das Auskunftsrecht namentlich bei der GmbH grosszügig zu bejahen[68]. Was die Grenzen des Auskunftsrechts anbelangt, sind nicht thematische Überlegungen entscheidend, sondern das Vorliegen eines Konfliktes zwischen den berechtigten Interessen der Gesellschafter an einer transparenten Orientierung und dem legitimen Interesse der Gesellschaft an der Geheimhaltung bestimmter Infor-

[63] Vgl. dazu § 13 N 17 ff.

[64] Art. 3 Abs. 1 lit. b GestG.

[65] Zum Aktienrecht vgl. *Forstmoser/Meier-Hayoz/Nobel,* Aktienrecht, § 23 N 31 ff.

[66] Entscheid des Bundesgrichts 4C.47/2006 vom 30. Mai 2006, E. 3.4.3.2.

[67] Art. 802 Abs. 4 OR. Vgl. dazu § 13 N 60 ff.

[68] Zum Aktienrecht vgl. *Schnyder/Christen-Westenberg,* Aktienrecht, N 800; *Kunz,* Minderheitenschutz, § 12 N 19; *Forstmoser/Meyer-Hayoz/Nobel,* Aktienrecht, § 40 N 173.

mationen. Die Verweigerung der Auskunft ist nur zulässig, wenn durch die Auskunft Geschäftsgeheimnisse oder andere schutzwürdige Interessen der Gesellschaft gefährdet werden. Diese Gefährdung ist von der Gesellschaft nachzuweisen[69]. Unterliegt der Gesellschafter einem Konkurrenzverbot, sind die Anforderungen an das Geheimhaltungsinteresse der Gesellschaft hoch.

26 Das Klagebegehren der Informationsklage muss den Auskunfts- bzw. Einsichtsanspruch konkret umschreiben. Klagevoraussetzung ist die vorgängige erfolglose Geltendmachung eines Begehrens betreffend Auskunft oder Einsicht in der Gesellschafterversammlung, wobei die Subsidiarität der Informationsklage nicht streng zu vollziehen ist[70].

27 Die Informationsklage richtet sich gegen die Gesellschaft und ist an deren Sitz geltend zu machen[71]. Eine Frist zur Einreichung der Informationsklage besteht nicht[72].

7. Die Auflösungsklage

28 Gemäss Art. 821 Abs. 3 OR kann jeder Gesellschafter beim Richter die Auflösung der Gesellschaft aus wichtigem Grund verlangen[73]. Das Vorliegen eines wichtigen Grundes ist zurückhaltend anzunehmen, soweit die Minderheit andere Möglichkeiten zur gerichtlichen Durchsetzung ihrer Rechte hat und die Auflösung Dritte in ihren Interessen tangieren kann[74]. Die Auflösungsklage ist nicht ultima ratio, sondern eine gravierende Massnahme, die im Einzelfall verhältnismässig sein muss. Der Richter kann bei kleinen Gesellschaften, in welchen die persönliche Beziehung unter den Gesellschaftern besonders wichtig ist, die besonderen Umstände würdigen und eine Unzumutbarkeit der Fortführung zugunsten des Minderheitsgesellschafters bejahen. Wichtige Gründe sind beispielsweise anzunehmen, wenn die Mehrheitsgesellschafter die Gewinne in missbräuchlicher Weise in der Gesellschaft zurückbehalten; bei einer schweren, anhaltenden Missachtung der Kontrollrechte; oder auch bei einer schweren finanziellen Benachteiligung des Minderheitsgesellschafters[75]. Je nach Umständen kann den Minderheitsgesellschaftern die Aufrecht-

[69] Zum Aktienrecht vgl. Entscheid des Bundesgerichts 4C.234/2002 vom 4. Juni 2003, E. 4.3.1 und E. 4.3.3.1 sowie auch *Schnyder/Christen-Westenberg,* Aktienrecht, N 801; *Forstmoser/Meyer-Hayoz/Nobel,* Aktienrecht, § 40 N 181 ff.; *Böckli,* Aktienrecht, § 12 N 155.

[70] Zum Aktienrecht vgl. *Weber,* OR, Art. 697 N 21.

[71] Art. 3 Abs. 1 lit. b GestG.

[72] Entscheid des Bundesgerichts 4C.234/2002 vom 4. Juni 2003, E. 3.1; *Weber,* OR, Art. 697 N 20.

[73] Vgl. Dazu § 28 N 27 ff.

[74] Zum Aktienrecht vgl. *Böckli,* Aktienrecht, § 16 N 191.

[75] BGE 105 II 114 ff.

erhaltung der Gesellschaft aber auch dann nicht zugemutet werden, wenn deren andauernde schlechte Geschäftsführung unweigerlich in den Ruin führt[76].

Die Auflösungsklage ist grundsätzlich an keine Frist gebunden. Wird das Verhalten über längere Zeit ohne Widerspruch geduldet, muss sich der Kläger allenfalls eine Verletzung von Treu und Glauben vorwerfen lassen. Örtlich zuständig ist das Gericht am eingetragenen Sitz der Gesellschaft[77]. Die sachliche Zuständigkeit richtet sich nach dem jeweiligen kantonalen Prozessrecht. Das Rechtsbegehren lautet auf Auflösung und Anweisung des Handelsregisters die Auflösung der Gesellschaft im Handelsregister einzutragen, eventualiter auf Bewilligung des Austritts aus der Gesellschaft[78]. Die Auflösungsklage kann einem Schiedsgericht unterbreitet werden[79]. Im Rahmen der Auflösungsklage können vorsorgliche Massnahmen angeordnet werden[80]. Eine vergleichsweise Auflösung der Gesellschaft ist nicht zulässig[81]. 29

Das Gericht kann statt auf Auflösung auf eine andere sachgemässe und den Beteiligten zumutbare Lösung erkennen, so insbesondere auf die Abfindung des klagenden Gesellschafters zum wirklichen Wert seiner Stammanteile[82]. Für die Folgen der Auflösung sind die Vorschriften des Aktienrechts entsprechend anwendbar[83]. 30

Neben dem vorgenannten Hauptanwendungsfall der Auflösungsklage kennt das Gesetz zwei weitere Auflösungsklagen: 31

Fehlt der Gesellschaft eines der vorgeschriebenen Organe oder ist eines dieser Organe nicht rechtmässig zusammengesetzt, können die Gesellschafter, die Gläubiger oder der Handelsregisterführer dem Richter beantragen, die erforderlichen Massnahmen zu ergreifen. Der Richter kann insbesondere der Gesellschaft eine Frist ansetzen binnen derer der rechtmässige Zustand wieder herzustellen ist; er kann das fehlende Organ selber ernennen oder einen Sachwalter bestimmen; oder er kann die Gesellschaft auflösen und die Liquidation anordnen[84]. 32

Wurden bei der Gründung der Gesellschaft gesetzliche oder statutarische Vorschriften missachtet, haben die Gesellschafter und die Gläubiger das Recht, beim Richter die Auflösung der Gesellschaft zu verlangen, sofern ihre Interessen in er- 33

[76] BGE 126 III 266 ff. Zu beachten ist allerdings, dass im vorgenannten Fall der Minderheitsaktionär wegen der Unverkäuflichkeit seiner Aktien schutzlos dem auf Lohnmaximierung und Gewinnminimierung ausgerichteten Geschäftsgebaren des Mehrheitsaktionärs ausgeliefert war. Vgl. *Böckli,* Aktienrecht, § 16 N 192.

[77] Art. 3 Abs. 1 lit. b GestG.

[78] *Küng/Hauser,* S. 349.

[79] BGE 69 II 118.

[80] Vgl. *Vock,* Prozessuale Fragen bei der Durchsetzung von Aktionärsrechten, S. 181.

[81] Zum Aktienrecht vgl. *Forstmoser/Meyer-Hayoz/Nobel,* Aktienrecht, § 55 N 101.

[82] Art. 821 Abs. 3 OR.

[83] Art. 821a OR i.V.m. Art. 826 Abs. 2 OR.

[84] Art. 819 OR i.V.m. 731b OR

heblichem Masse gefährdet oder verletzt worden sind[85]. Die Verletzung und Gefährdung der Interessen der Gesellschafter und der Gläubiger ist, zumal der Entscheid den Fortbestand der Gesellschaft unmittelbar in Frage stellt, mit Zurückhaltung anzunehmen.

8. Die Klage auf Austritt aus der Gesellschaft

34 Gemäss Art. 822 Abs. 1 OR kann der Gesellschafter aus wichtigem Grund auf Bewilligung des Austritts klagen. Die materiellen Anforderungen an den wichtigen Grund, die den Ausritt rechtfertigen, entsprechen weitgehend denjenigen, die für die Auflösung der GmbH gelten: Das Vorliegen wichtiger, einen Austritt rechtfertigender Gründe ist dann anzunehmen, *«wenn die wesentlichen Voraussetzungen persönlicher oder sachlicher Natur, unter denen der Gesellschaftsvertrag eingegangen wurde, nicht mehr vorhanden sind, so dass die Erreichung des Gesellschaftszwecks in der bei der Eingehung der Gesellschaft beabsichtigten Art nicht mehr möglich, wesentlich erschwert oder gefährdet ist[86].»*

35 Das Recht, aus der Gesellschaft auszutreten, bildet ein zwingendes und damit unentziehbares Recht jedes Gesellschafters.

36 Das Begehren richtet sich gegen die Gesellschaft. Die Klage auf Austritt aus der Gesellschaft ist grundsätzlich an keine Frist gebunden. Örtlich zuständig ist das Gericht am eingetragenen Sitz der Gesellschaft[87]. Die sachliche Zuständigkeit richtet sich nach dem jeweiligen kantonalen Prozessrecht. Das Rechtsbegehren lautet auf die Bewilligung des Austritts durch den Richter sowie die Erstattung des wirklichen Wertes der Beteiligung, wobei der Wert der Beteiligung vom Richter auf mindestens CHF X.– festzusetzen sei. Nach Eintritt der Rechtskraft sei das Handelsregister sodann anzuweisen, das Ausscheiden des Klägers im Handelsregister festzuhalten[88].

37 Reicht ein Gesellschafter Klage auf Austritt ein oder erklärt er seinen Austritt gestützt auf ein statutarisches Austrittsrecht, haben die übrigen Gesellschafter das Recht, Anschlussaustritt zu erklären[89].

38 Im Verfahren betreffend Austritt eines Gesellschafters kann das Gericht auf Antrag einer Partei bestimmen, dass einzelne oder alle mitgliedschaftlichen Rechte und Pflichten der betroffenen Person ruhen[90]. Vorsorgliche Massnahmen können

[85] Art. 779 Abs. 3 OR.

[86] ZR 1945, S. 237; vgl. dazu § 19 N 6 ff.

[87] Art. 3 Abs. 1 lit. b GestG.

[88] *Küng/Hauser,* S. 341.

[89] Art. 822a OR.

[90] Art. 824 OR.

sowohl Sicherungs- als auch Regelungsmassnahmen zum Gegenstand haben und sowohl der Wahrung der Interessen der Gesellschaft als auch der austretenden Person dienen[91].

9. Die Klage auf Ausschliessung aus der Gesellschaft

Liegt ein wichtiger Grund vor, kann die Gesellschaft beim Gericht auf Ausschluss eines Gesellschafters klagen[92]. Die Gesellschafter sind nicht zur Klage legitimiert. Der Richter verfügt den Ausschluss beim Vorliegen wichtiger Gründe. 39

Wie bei der Auflösung sind wichtige Gründe anzunehmen, *«wenn die wesentlichen Voraussetzungen persönlicher oder sachlicher Natur, unter denen der Gesellschaftsvertrag eingegangen wurde, nicht mehr vorhanden sind, so dass die Erreichung des Gesellschaftszwecks in der bei der Eingehung der Gesellschaft beabsichtigten Art nicht mehr möglich, wesentlich erschwert oder gefährdet ist»*[93]. 40

Der Entscheid darüber, ob ein wichtiger Grund vorliegt, kann durch die Gesellschafter mit entsprechenden Statutenbestimmungen beeinflusst werden; beispielsweise durch die Aufzählung von Verhaltensweisen und Situationen, die zu einem Ausschluss führen sollen[94]. Ist das Ausscheiden Folge eines Urteils, muss der Richter in einem separaten Verfahren die Folgen des Ausscheidens regeln, insbesondere auch die Frage der Abfindung. 41

Zur Klage legitimiert ist ausschliesslich die Gesellschaft. Das Begehren richtet sich gegen den Gesellschafter. Die Klage auf Ausschliessung aus der Gesellschaft ist grundsätzlich an keine Frist gebunden. Örtlich zuständig ist das Gericht am Wohnsitz des auszuschliessenden Gesellschafters[95]. Die sachliche Zuständigkeit richtet sich nach dem jeweiligen kantonalen Prozessrecht. Das Rechtsbegehren lautet auf Ausschluss des Gesellschafters aus der Gesellschaft, wobei das Handelsregister anzuweisen sei, nach Eintritt der Rechtskraft das Ausscheiden des Beklagten im Handelsregister festzuhalten[96]. 42

Im Verfahren betreffend die Ausschliessung eines Gesellschafters kann das Gericht auf Antrag einer Partei bestimmen, dass einzelne oder alle mitgliedschaftlichen Rechte und Pflichten der betroffenen Person ruhen[97]. Vorsorgliche Massnahmen können sowohl Sicherungs- als auch Regelungsmassnahmen zum Gegenstand 43

[91] Botschaft, S. 3222.

[92] Art. 823 Abs. 1 OR. Vgl. dazu § 19 N 11 ff.

[93] ZR 1945, S. 237.

[94] Art. 823 Abs. 2 OR.

[95] Art. 3 Abs. 1 lit. b GestG.

[96] *Küng/Hauser,* S. 342.

[97] Art. 824 OR.

haben und sowohl der Wahrung der Interessen der Gesellschaft als auch der austretenden Person dienen[98].

10. Die Klage auf Bestimmung des wirklichen Wertes der Stammanteile

44 Beim Austritt, bei der Auflösung der Gesellschaft oder auch beim Ausschluss aus der Gesellschaft, besteht ein Anspruch auf Abfindung zum wirklichen Wert. In all diesen Fällen ist der wirtschaftliche Gegenwert der aufzugebenden Beteiligung, ohne Rücksicht auf den Grund des Ausscheidens, zu vergüten[99]. Gemäss Art. 789 Abs. 1 OR können die Parteien, wann immer das Gesetz oder die Statuten auf den wirklichen Wert der Stammanteile abstellen, verlangen, dass dieser vom Gericht bestimmt wird.

45 Die Klage auf Bestimmung des wirklichen Wertes der Stammanteile wird mit einer Feststellungsklage geltend gemacht. Legitimiert ist grundsätzlich jedermann, soweit er ein Feststellungsinteresse hat. Geschäftsführer, Gläubiger, Gesellschafter können grundsätzlich eine Klage auf Feststellung des wirklichen Wertes anheben. Die Klage auf Feststellung des wirklichen Wertes der Stammanteile richtet sich gegen die Gesellschaft und ist an deren Sitz geltend zu machen[100]. Das Gericht verteilt dabei die Kosten des Verfahrens und der Bewertung nach seinem Ermessen[101].

11. Die Verantwortlichkeitsklage

46 Art. 827 OR unterwirft Personen, die bei der Gründung mitwirken oder mit der Geschäftsführung, der Revision oder der Liquidation befasst sind, der Verantwortlichkeitshaftung des Aktienrechts[102]. Die vorgenannten Personen können Dritten und den eigenen Gesellschaftern gegenüber für Schäden, die aus ihrer Geschäftsführung entstehen, haftbar werden.

47 Der Anspruch auf Schadenersatz verjährt in fünf Jahren von dem Tag an, an dem der Geschädigte Kenntnis vom Schaden und von der Person des Ersatzpflichtigen erlangt hat, jedenfalls aber mit Ablauf von zehn Jahren vom Tag der schädigenden Handlung an gerechnet[103]. Ergibt sich die Verantwortlichkeit aus einer strafbaren

[98] Botschaft, S. 3222.

[99] Botschaft, S. 3223.

[100] Art. 3 Abs. 1 lit. b GestG.

[101] Art. 789 Abs. 2 OR.

[102] Vgl. dazu § 25 N 10 ff.

[103] Art. 760 Abs. 1 OR.

Handlung, finden die allenfalls längeren Verjährungsfristen des Strafrechts Anwendung.

Anspruchsberechtigt zur Geltendmachung von Verantwortlichkeitsansprüchen sind die Gesellschafter, die Gesellschaft und die Gläubiger. 48

Hinsichtlich der Klageberechtigung ist zu unterscheiden, ob ein mittelbarer Schaden oder ein unmittelbarer Schaden geltend gemacht wird. Der unmittelbare oder direkte Schaden schädigt die Gesellschaft, den Gesellschafter oder den Gläubiger selbst; der mittelbare Schaden schädigt den Gesellschafter oder den Gläubiger lediglich indirekt, weil die unmittelbar geschädigte Gesellschaft einen Vermögensverlust erlitten hat. Für die Gesellschaft selber spielt die Unterscheidung keine Rolle, wohl aber für die Gesellschafter und die Gläubiger. Ausserhalb des Konkurses ist die Gesellschaft jederzeit legitimiert, gegen die verantwortlichen Personen vorzugehen. Im Konkurs entscheidet die zweite Gläubigerversammlung über die Anhebung einer Klage. Die Gesellschaft wird von der Konkursverwaltung vertreten. 49

Der Gerichtsstand für Verantwortlichkeitsklagen gegen Mitglieder der Geschäftsführung befindet sich am Sitz der Gesellschaft[104]. Gemäss Art. 759 Abs. 2 OR hat der Kläger die Möglichkeit, mehrere Beklagte auf den Gesamtschaden einzuklagen. Der Kläger kann sodann verlangen, dass der Richter im gleichen Verfahren die Ersatzpflicht des einzelnen Beklagten festsetzt[105]. 50

12. Die Klagen des FusG: Die Klage auf Verantwortlichkeit; die Klage auf Überprüfung der Anteils- und Mitgliedschaftsrechte

Wie bereits erwähnt, richtet sich die Haftung nach Art. 108 FusG, wenn die Verantwortlichkeit einer Person auf einer Verletzung von Pflichten basiert, welche das Fusionsgesetz statuiert. Gemäss Art. 108 FusG sind alle mit der Fusion, der Spaltung, der Umwandlung oder der Vermögensübertragung befassten Personen den Rechtsträgern, den Gesellschaftern und den Gläubigern für den Schaden verantwortlich, den sie durch absichtliche oder fahrlässige Verletzung ihrer Pflichten verursachen. Der Verantwortlichkeit unterliegen sodann Personen, die mit der Prüfung der vorgenannten Transaktionen betraut waren[106]. 51

Für die Fusion, die Spaltung und die Umwandlung statuiert das Gesetz sodann den Grundsatz der mitgliedschaftlichen Kontinuität: Die Anteils- und Mitgliedschafts- 52

[104] Art. 29 GestG.

[105] BGE 122 III 325.

[106] Vgl. dazu § 25 N 59 ff.

rechte der Gesellschafter dürfen grundsätzlich[107] nicht verändert werden[108]. Um den Grundsatz der mitgliedschaftlichen Kontinuität zu schützen, gewährt das Fusionsgesetz dem Gesellschafter das Recht, die Berechnung des Umtauschverhältnisses überprüfen zu lassen[109]. Die Restrukturierung als solche wird durch die Klage auf Überprüfung der Anteils- und Mitgliedschaftsrechte nicht tangiert. Die Leistungsklage[110] muss innert 2 Monaten nach der Veröffentlichung des Beschlusses erhoben werden. Bei der Fusion richtet sich die Klage gegen die übernehmende Gesellschaft; bei der Spaltung gegen die Parteien des Spaltungsvertrages, die eine notwendige Streitgenossenschaft bilden; bei der Umwandlung gegen die *neue* Gesellschaft[111].

§ 35 Die Rechnungslegung bei der GmbH

I. Grundlagen

1. Allgemeines

1 Gemäss Art. 801 bzw. Art. 818 OR sind bei der GmbH für den Geschäftsbericht, die Reserven sowie für die Offenlegung der Jahresrechnung und der Konzerrechnung die Vorschriften des Aktienrechts entsprechend anwendbar. Zu beachten sind dementsprechend insbesondere die Art. 662 ff. OR sowie die Art. 957 ff. OR. Zu beachten ist allerdings, dass gemäss Vorentwurf das Rechnungslegungsrecht im Obligationenrecht neu an der Stelle der bisherigen allgemeinen Bestimmungen zur kaufmännischen Buchführung integriert und die bisherigen Spezialnormen des Aktienrechts ersetzen werden.

[107] Zulässig ist hingegen ein Spitzenausgleich von maximal 10% des wirklichen Wertes. Bei der Fusion und der Spaltung darf ein Teil des festgelegten Umtauschverhältnisses mittels einer Ausgleichzahlung beglichen werden. Vgl. Art. 7 Abs. 2 FusG bzw. Art. 31 Abs. 1 FusG. Vgl. dazu § 32 N 2 ff.

[108] Art. 7 FusG; Art. 31 FusG; Art. 56 FusG.

[109] Art. 105 FusG.

[110] *Böckli,* Aktienrecht, § 3 N 256; a.M. *von der Crone/Dobler/Eugster,* S. 253, die sich für eine Gestaltungsklage aussprechen.

[111] Vgl. hierzu eingehend *von der Crone/Dobler/Eugster,* S. 250 ff.

2. Zweck

Die Rechnungslegung bezweckt zum einen die Information der Gesellschafter, zum anderen die Information der Geschäftsführer. Die Gesellschafter werden im Rahmen der Rechnungslegung über den von der Gesellschaft erwirtschafteten Erfolg informiert. Bleibt der Erfolg aus, zeigt die Rechnungslegung der Geschäftsführung an, ob die Geschäftstätigkeit eingestellt und die Bilanz deponiert werden muss. 2

3. Die Jahresrechnung

Die GmbH muss von Gesetzes wegen eine ordnungsgemäss Buchhaltung führen und nach jedem Geschäftsjahr innert sechs Monaten[112] eine Bilanz, ein Inventar und eine Erfolgsrechnung erstellen[113]. Die Jahresrechnung besteht aus der Bilanz, der Erfolgsrechnung und dem Anhang[114]. Die Jahresrechnung ist in Schweizer Franken zu erstellen[115] und enthält auch die Vorjahreszahlen[116]. Die Bilanz gibt die finanzielle Situation der Gesellschaft wieder. Der Vergleich zwischen Aktiven und Passiven ergibt einen Bilanzgewinn oder einen Bilanzverlust. Die Erfolgsrechnung erfasst die Einnahmen und die Ausgaben der Gesellschaft. Aus dem Vergleich zwischen Einnahmen und Ausgaben resultiert ein Jahresgewinn oder ein Jahresverlust. Der Anhang[117] dient der Erläuterung der Erfolgsrechnung und der Bilanz. Der Jahresbericht stellt die wirtschaftlichen Verhältnisse der Gesellschaft dar. 3

Der Geschäftsbericht wird von der Geschäftsführung erstellt[118]. Die Genehmigung der Jahresrechnung sowie der Beschluss über die Verwendung des Jahresgewinns obliegt der Gesellschafterversammlung[119]. Die Geschäftsbücher, die Buchungsbelege und die Geschäftskorrespondenz sind während zehn Jahren aufzubewahren[120]. Die Geschäftsführung ist verpflichtet, für die Aufbewahrung der Geschäftsunterlagen zu sorgen. 4

112 Art. 805 Abs. 2 OR i.V.m. Art. 804 Abs. 2 Ziff. 5 OR.

113 Art. 957 f. OR.

114 Art. 662 Abs. 2 OR.

115 Art. 960 Abs. 1 OR.

116 Art. 662a Abs. 1 OR.

117 Art. 663b OR.

118 Art. 810 Abs. 2 Ziff. 5 OR.

119 Art. 804 Abs. 2 Ziff. 4 OR.

120 Art. 962 OR.

II. Bewertungs- und Rechnungslegungsgrundsätze

1. Allgemeines

5 Die Bewertungs- und Rechnungslegungsgrundsätze werden in den Art. 662 ff. OR sowie Art. 959 ff. OR festgehalten. Gemäss Art. 662a OR ist die Jahresrechnung nach den Grundsätzen der ordnungsgemässen Rechnungslegung so aufzustellen, dass die tatsächliche Vermögens- und Ertragslage der GmbH beurteilt werden kann. Dies erfordert die Vollständigkeit der Jahresrechnung[121]; die Klarheit der Buchhaltung und der Jahresrechnung[122]; die Erfassung sämtlicher wesentlichen Angaben[123]; das Prinzip der vorsichtigen Bewertung[124]; die grundsätzliche Bilanzierung zu Fortführungswerten[125]; die Stetigkeit der Darstellung und Bewertung[126]; sowie das Verrechnungs- und Saldierungsverbot[127].

2. Die Bilanz

6 Die Bilanz weist das Umlaufvermögen und das Anlagevermögen, das Fremdkapital und das Eigenkapital aus. Das Fremdkapital ist in Schulden aus Lieferungen und Leistungen, andere kurzfristige Verbindlichkeiten, langfristige Verbindlichkeiten und Rückstellungen zu unterteilen. Das Eigenkapital ist in Stammkapital, gesetzliche und andere Reserven sowie in den Bilanzgewinn zu unterteilen[128].

3. Die Erfolgsrechnung

7 Die Erfolgsrechnung unterscheidet betriebliche, betriebsfremde und ausserordentliche Aufwendungen und Erträge[129]. Entscheidend ist, ob sich Aufwand und Ertrag aus der Verfolgung des Gesellschaftszwecks ergeben bzw. ob Aufwand und Ertrag Folge eines wiederkehrenden oder nicht wiederkehrenden Ereignisses sind.

[121] Art. 662a Abs. 2 Ziff. 1 OR.
[122] Art. 662a Abs. 2 Ziff. 2 OR.
[123] Art. 662a Abs. 2 Ziff. 2 OR.
[124] Art. 662a Abs. 2 Ziff. 3 OR.
[125] Art. 662a Abs. 2 Ziff. 4 OR.
[126] Art. 662a Abs. 2 Ziff. 5 OR.
[127] Art. 662a Abs. 2 Ziff. 6 OR.
[128] Art. 663a OR.
[129] Art. 663 OR.

4. Die Bewertung

Die Vermögenswerte der Gesellschaft werden im Rahmen der Rechnungslegung zu dem Wert erfasst, der ihnen für die Gesellschaft zukommt. Entscheidend ist, zu welchem Erlös die Vermögenswerte tatsächlich realisiert werden könnten[130]. Das Anlagevermögen, sprich Immobilien, Maschinen, Immaterialgüterrecht oder auch Beteiligungen dürfen maximal zu Anschaffungs- oder Herstellungskosten, unter Abzug der notwendigen Abschreibungen, bewertet werden[131]. Das Umlaufvermögen, namentlich Forderungen, nicht verkaufte Ware und Rohmaterialien, sind zu Anschaffungs- oder Herstellungskosten, maximal aber zum Marktpreis zu bewerten[132]. 8

Gemäss Art. 663a Abs. 2 OR sind immaterielle Anlagen in der Bilanz gesondert auszuweisen. Zu den immateriellen Anlagen zählen namentlich urheber-, marken-, patent-, muster- oder modellrechtlich geschützte nicht körperliche Rechte sowie aktivierbares Know-how und Goodwill. Der derivativ erworbene Goodwill ist – und dies im Unterschied zum selbst erarbeiteten, originären Goodwill – aktivierungsfähig und wird in der Regel über eine Zeitdauer von 10 bis 20 Jahre ertragswirksam abgeschrieben[133]. 9

5. Abschreibungen, Wertberichtigungen und Rückstellungen

Als Passivposten sind in der Bilanz Abschreibungen, Wertberichtigungen und Rückstellungen aufzuführen. Periodische Wertverminderungen, Anpassungen der Bewertung von Aktiven und Rückstellungen für zu erwartende Aufwendungen müssen in der Erfolgsrechnung ausgewiesen werden und belasten das Resultat des Geschäftsjahres[134]. 10

Das Verhältnis zwischen Eigen- und Fremdkapital wird vom Gesetz nicht vorgeschrieben. Je höher das Eigenkapital, desto grössere Verluste kann die GmbH auffangen. Kunden, Lieferanten und Geldgeber sind an einem hohen Eigenkapital interessiert. Unter dem Aspekt der Rentabilität ist ein hohes Eigenkapital hingegen nicht erwünscht. Für die Gesellschaft wiederum ist das Eigenkapital eine entscheidende Grösse, weshalb es vom Gesetz durch zwingende Normen geschützt wird. 11

[130] Art. 960 Abs. 2 OR.

[131] Art. 665 OR.

[132] Art. 666 OR.

[133] Zur buchhalterischen Behandlung von Goodwill vgl. *Tschäni,* M&A-Transaktionen, S. 12 ff. sowie auch *Neuhaus/Ilg,* OR, Art. 663a N 41 f.

[134] Art. 669 OR.

6. Die Reserven

12 Gemäss Art. 801 OR i.V.m. Art. 671 OR sind 5 % des Jahresgewinnes der allgemeinen Reserve zuzuweisen. Die Reserve ist von der Gesellschaft selbst erwirtschaftetes Eigenkapital. Beträgt die Reserve 20 % des einbezahlten Stammkapitals, besteht die Pflicht zur Reservenbildung grundsätzlich[135] nicht mehr.

13 Die allgemeine Reserve darf, soweit sie die Hälfte des Stammkapitals nicht übersteigt, nur zur Deckung von Verlusten oder für Massnahmen verwendet werden, die geeignet sind, in Zeiten schlechten Geschäftsganges das Unternehmen durchzuhalten, der Arbeitslosigkeit entgegenzuwirken oder ihre Folgen zu mildern[136].

14 Gemäss Art. 801 OR i.V.m. Art. 672 OR können die Statuten bestimmen, dass der Reserve höhere Beiträge als 5 % des Jahresgewinnes zuzuweisen sind und dass die Reserve mehr als die vom Gesetz vorgeschriebenen 20 % des Stammkapitals betragen muss. Neben dieser statutarischen Reserve[137] kann die Gesellschafterversammlung sodann die Bildung einer Reserve beschliessen[138].

15 Neben der Reserve, welche in der Bilanz als solche deklariert wird, kann die Geschäftsführung auch eine stille Reserve bilden. Zu diesem Zweck werden Aktiven der Gesellschaft unterbewertet oder gewisse Passiven (beispielsweise Rückstellungen, Delcredere) höher eingeschätzt. Stille Reserven sind aus der Bilanz nicht ersichtlich. Sie müssen den Gesellschaftern grundsätzlich nicht bekannt gegeben werden, wohl aber der Revisionsstelle[139]. Stille Reserven verschaffen der Gesellschaft einen gewissen Spielraum bei der Rechnungslegung und ermöglichen es, eine vorübergehende negative Geschäftsentwicklung auffangen zu können. Dabei ist allerdings zu beachten, dass die Auflösung stiller Reserven in der Jahresrechung offenzulegen ist, sobald der Gesamtbetrag der aufgelösten stillen Reserven den Betrag der neu gebildeten Reserven übersteigt[140].

135 Art. 801 OR i.V.m. Art. 671 Abs. 2 OR.

136 Art. 801 OR i.V.m. Art. 671 Abs. 3 OR.

137 Art. 776a Abs. 1 Ziff. 9 OR.

138 Art. 801 OR i.V.m. Art. 674 Abs. 2 OR.

139 Art. 801 OR i.V.m. Art. 669 Abs. 4 OR.

140 Art. 801 OR i.V.m. Art. 663b Ziff. 8 OR.

§ 36 Die Besteuerung der GmbH

I. Grundlagen

1. Allgemeines

Die GmbH unterliegt grundsätzlich[141] einer Ertrags-(Gewinn-)steuer auf den Jahresgewinn und einer Kapitalsteuer[142]. Die Progression der Ertragssteuer richtet sich in der Regel nach der Rendite. Nach dem Steuerrecht des Bundes und der meisten Kantone entrichtet die GmbH im Normalfall eine progressive Steuer vom Reingewinn sowie eine proportionale oder progressive Steuer vom Kapital. 1

Holding- und Domizilgesellschaften werden im kantonalen Steuerrecht privilegiert, weshalb sie in der Regel nur eine proportionale Sondersteuer vom Kapital, jedoch keine Ertragssteuer oder lediglich eine ermässigte Ertragssteuer zu leisten haben. Auf Bundesebene spielt diese Unterscheidung nicht. Auf Bundesebene werden Holding- und Domizilgesellschaft wie alle anderen Gesellschaften besteuert. 2

2. Die Steuerhoheit

Überblicksweise kann festgestellt werden, dass der Bund bei der GmbH eine Gewinnsteuer, eine Mehrwertssteuer, Stempel- und Verrechnungssteuern und Zölle erhebt. Der Kanton erhebt primär eine Gewinn- und Kapitalsteuer. Die Gemeinden erheben in der Regel eine Gewinn- und Kapitalsteuer, eine Kirchensteuer sowie Spezialsteuern wie beispielsweise die Grundstückgewinn- oder Handänderungssteuer. 3

3. Das Steuersubjekt

Die subjektive Steuerpflicht setzt voraus, dass die Person zum Hoheitsträger in einer steuerrechtlich relevanten Beziehung steht. Bei der GmbH wird diese steuerrechtlich relevante Beziehung primär durch den Sitz oder die tatsächliche Verwaltung der Gesellschaft begründet. Des Weiteren kann die steuerrechtlich relevante 4

141 Gemäss Art. 772 Abs. 1 OR steht die GmbH als Rechtsform auch für ideelle und gemeinnützige Zwecke zur Verfügung, weshalb sie grundsätzlich von der Steuer befreit werden kann. Vgl. auf Bundesebene Art. 56 DBG bzw. Art. 23 StHG; auf kantonaler Ebene gelten die Steuerrechte der einzelnen Kantone, vgl. z. B. in Zürich § 61 StG.

142 Art. 49 Abs. 1 DBG; Art. 57 DBG; Art. 24 StHG; Art. 29 StHG.

Beziehung durch die Teilnahme an steuerbaren Vorgängen (z. B. Mehrwertsteuer beim Verkauf von Waren) oder durch Rechte an Sachen im Hoheitsgebiet (z. B. Grundstückbesitz) begründet werden.

4. Das Steuerobjekt

5 Die Steuerleistungspflicht knüpft an bestimmte Zustände (z. B. Besitz eines Grundstücks), Vorgänge (z. B. Mehrwertsteuer beim Verkauf von Waren) oder Wertzuflüsse (z. B. steuerbarer Reingewinn) an.

5. Steuerberechnungsgrundlage; Steuermass

6 Der steuerbare Reingewinn oder auch das Vermögen bilden die Grundlage, aufgrund der die Steuer als Geldbetrag berechnet wird. Das Steuermass wird in der Regel in Prozenten oder Promillen der Steuerberechnungsgrundlage festgelegt.

II. Unternehmenssteuerrecht

1. Allgemeines

7 Die GmbH unterliegt der Gewinn- und Kapitalsteuer[143]. Gleichzeitig wird die Beteiligung als Vermögen besteuert und allfällige Einkünfte aus der Unternehmung von der Einkommenssteuer erfasst[144]. Der Gewinn aus der Geschäftstätigkeit sowie allfällige Vermögenserträge unterliegen sodann der Gewinnsteuer[145]. Die Veranlagung der Unternehmenssteuern stützt auf die ordnungsmässige Rechnungslegung der steuerpflichtigen Gesellschaft ab.

2. Die Gewinnsteuer

8 Gemäss Art. 58 Abs. 1 DBG setzt sich der steuerbare Reingewinn der GmbH aus dem Saldo der Erfolgsrechnung, dem nicht geschäftsmässig begründeten Aufwand sowie den nicht gutgeschriebenen Erträgen zusammen. Die steuerliche Gewinnermittlung beruht auf dem Buchwertprinzip. Gemäss dem Buchwertprinzip ent-

143 Art. 49 Abs. 1 DBG; Art. 57 DBG; Art. 24 StHG; Art. 29 StHG.

144 Art. 17 DBG; Art. 7 StHG; Art. 13 StHG.

145 Art. 58 Abs. 1 DBG; Art. 24 StHG.

spricht der Gewinn dem Nettoerlös der über den Buchwert der Aktiven und Passiven hinaus erzielt wird[146]. Die Unternehmung ist verpflichtet, den gesamten Ertrag aus ihrer Tätigkeit, aus ihrem Vermögen und aus sonstigen Quellen erfolgswirksam zu verbuchen[147]. Kapitaleinlagen gehören nicht zum Ertrag[148]. Geschäftsmässig begründeter Aufwand darf der Erfolgsrechnung belastet werden[149]. Die Aktiven der Gesellschaft sind, soweit sie aktivierungsfähig sind, aktivierungspflichtig[150]. Kosten für den Erwerb, die Herstellung, die Vermehrung oder die dauernde Verbesserung von Wirtschaftsgütern sind aktivierungsfähig. Die Bewertung der Aktiven erfolgt grundsätzlich zum Anschaffungswert, zu Herstellungskosten oder zum Einkommenssteuerwert. Auf die Aktiven können sodann Abschreibungen erfolgen. Abschreibungen dienen der buchmässigen Berücksichtigung der Entwertung von Aktiven und erfolgen zulasten der Erfolgsrechnung. Abschreibungen vermindern als Aufwandposten den Gewinn der Rechnungsperiode. Das Tiefstwertprinzip begrenzt den Umfang der steuerlich zulässigen Abschreibung[151]. Betragsmässig feststehende, unbedingte Leistungspflichten der GmbH sind als Schulden passivierbar. Voraussetzung für die steuerliche Anerkennung ist, dass nur geschäftliche Schulden passiviert werden[152]. In den Passiven berücksichtigt werden sodann Rückstellungen für Aufwand oder Verlust im Rechnungsjahr, deren genaue Höhe oder Rechtsbestand noch nicht bekannt ist. In Art. 63 Abs. 1 DBG sind die steuerrechtlich zulässigen Rückstellungen aufgeführt. Der Reinertrag wird vom Bund gestützt auf einen proportionalen Steuersatz berechnet. Der Steuersatz beträgt 8,5 %[153].

Die Besteuerung des Gewinns der GmbH in den einzelnen Kantonen ist sehr un- 9
terschiedlich. Einzelne Kantone stellen bei der Ertragssteuer auf das Verhältnis zwischen Reinertrag und Kapital ab; andere Kantone sehen einen Stufentarif oder einen progressiven Besteuerungssatz vor. Im Kanton Zürich wird auf den steuerbaren Gewinn eine Steuer von 4 % als Grundsteuer zuzüglich Zuschläge bis zu maximal 10 % erhoben[154].

146 *Höhn/Waldburger,* § 46 N 6.

147 *Höhn/Waldburger,* § 46 N 25.

148 Art. 60 lit. a DBG.

149 Art. 27 DBG; Art. 58 Abs. 1 DBG; Art. 10 StHG; Art. 24 Abs. 1 StHG.

150 *Höhn/Waldburger,* § 46 N 57 ff.

151 *Höhn/Waldburger,* § 46 N 67.

152 *Höhn/Waldburger,* § 46 N 85.

153 Art. 68 DBG.

154 § 71 StG.

3. Die Kapitalsteuer

10 Der Bund erhebt keine Kapitalsteuer[155]. Anders die Kantone: Die GmbH entrichtet bei den Kantons- und Gemeindesteuern jährlich auf ihrem Kapital die Kapitalsteuer[156]. Das Eigenkapital ergibt sich aus der Differenz zwischen den gemäss Einkommen- bzw. Gewinnsteuerrecht bewerteten Aktiven und dem steuerlich anerkannten Fremdkapital[157]. Die Kapitalsteuer wird in den Kantonen mehrheitlich zu einem proportionalen Satz berechnet. Im Kanton Zürich beträgt die Kapitalsteuer 1,5 ‰ des steuerbaren Eigenkapitals. Eigenkapital unter CHF 100 000.– wird nicht besteuert[158].

§ 37 Intertemporales Recht

I. Die Hauptregeln der Übergangsbestimmungen

1. Nichtrückwirkung

1 Art. 1 Abs. 1 ÜBest verweist auf den Schlusstitel des ZGB: Es gilt der Grundsatz der *Nichtrückwirkung*. Für Sachverhalte, die sich vor Inkrafttreten des neuen Rechts ereignet haben, gilt das alte Recht.

2 Dauertatbestände, d. h. Sachverhalte, die sich unter altem Recht ereignet haben und unter neuem Recht andauern, unterliegen nicht dem Grundsatz der Nichtrückwirkung. Dauertatbestände unterliegen ab Inkrafttreten grundsätzlich dem neuen Recht. Dies bedeutet, dass das neue Recht auf bestehende Gesellschaften Anwendung findet[159].

155 Die Art. 73 bis 78 DBG wurden durch das Bundesgesetz über die Reform der Unternehmensbesteuerung vom 10. Oktober 1997 aufgehoben.

156 Art. 29 StHG.

157 *Höhn/Waldburger,* § 46 N 105.

158 § 82 StG.

159 Botschaft, S. 3246 f.

2. Sofortige Geltung des neuen Rechts

Die zwingenden Regeln des neuen Rechts – das heisst, namentlich die Bestimmungen zum Schutz der Gläubiger[160], zum Schutz von Gesellschaftern mit Minderheitsbeteiligungen[161] sowie die Bestimmungen betreffend die Grundstruktur[162] der GmbH[163] – finden unmittelbare Anwendung[164]. Das neue Recht wirkt grundsätzlich sofort; ausgenommen im Bereich des dispositiven Rechts, hier gilt bis zum Ablauf der zweijährigen Übergangsfrist altes statutarisches Recht. 3

3. Die zweijährige Übergangsfrist

Art. 2 Abs. 1 ÜBest räumt Gesellschaften, die im Zeitpunkt des Inkrafttretens des neuen Rechts bereits im Handelsregister eingetragen sind, für die Anpassung ihrer Statuten und Reglemente eine Frist von zwei Jahren ein. Werden die Statutenbestimmungen und Reglemente, welche dem neuen Recht widersprechen, nicht fristgerecht angepasst, fallen sie ersatzlos dahin, soweit nicht dispositives Gesetzesrecht an die Stelle der ungültigen Bestimmungen tritt. 4

II. Materielle Übergangsbestimmungen

1. Der Stichentscheid in der Gesellschafterversammlung

Das alte Recht enthielt keine Regel zum Stichentscheid, liess es aber zu, dass dem Vorsitzenden der Gesellschafterversammlung oder einem anderen Gesellschafter im Falle einer Patt-Situation ein Recht zum Stichentscheid eingeräumt wurde. 5

Das neue Recht sieht vor, dass der Vorsitzende der Gesellschafterversammlung in der Gesellschafterversammlung den Stichentscheid hat[165]. Diese Regelung findet nach Ablauf der zweijährigen Anpassungsfrist grundsätzlich automatisch Anwendung. Gesellschaften, die eine Änderung der bisherigen Verhältnisse vermeiden 6

160 Z.B. Art. 781 OR; Art. 782 OR; Art. 783 OR; Art. 795 ff. OR; Art. 798 OR.

161 Z.B. Art. 781 Abs. 5 Ziff. 2 OR i.V.m. Art. 732a Abs. 2 OR; Art. 786 Abs. 2 OR; Art. 796 OR; Art. 808b OR; Art. 813 OR; Art. 822 OR.

162 Z.B. Art. 772 OR; Art. 776a OR; Art. 804 OR; Art. 810 OR; Art. 815 OR; Art. 818 OR.

163 Botschaft, S. 3154 f.

164 Art. 1 Abs. 2 ÜBest.

165 Art. 808a OR. Vgl dazu § 20 N 8.

wollen, sind gezwungen, die Anwendbarkeit der vorgenannten Bestimmung während der Anpassungsfrist in den Statuten ausdrücklich auszuschliessen[166].

7 Dasselbe gilt für den Stichentscheid des Vorsitzenden der Geschäftsführung bei der Beschlussfassung in der Geschäftsführung[167].

2. Vollständige Liberierung

8 Das neue Recht verlangt in Art. 777c Abs. 1 OR die vollständige Liberierung der Stammanteile[168]. Bisher musste lediglich die Hälfte des Stammkapitals einbezahlt werden. Gemäss Art. 3 Abs. 1 ÜBest sind die Gesellschafter verpflichtet, ihre Stammanteile innerhalb von zwei Jahren vollständig zu liberieren. Tun sie es nicht, dauert die unter altem Recht vorgesehene solidarische Haftung der Gesellschafter bis zur vollständigen Liberierung an. Die Haftungsbefreiung tritt erst nach der vollständigen Liberierung sämtlicher Stammanteile ein[169]. Das heisst, bis zur vollen Liberierung haftet der Gesellschafter, wenn das Stammkapital nicht voll einbezahlt ist, subsidiär, persönlich in der Höhe des nicht einbezahlten Betrages. Im Übrigen findet auch auf die Frage der Haftung der Grundsatz der Nichtrückwirkung Anwendung: Für Sachverhalte, die sich vor Inkrafttreten des neuen Rechts ereignet haben, gilt das alte Recht.

3. Partizipations- und Genussscheine

9 Unter altem Recht war die Ausgabe von Partizipationsscheinen durch die GmbH nicht geregelt. Unter neuem Recht ist die Ausgabe von Partizipationsscheinen bei der GmbH bewusst nicht vorgesehen[170]. In Fällen, in denen unter altem Recht Partizipationsscheine ausgegeben wurden, bestimmt nun das Übergangsrecht in Art. 4 Abs. 1, dass Partizipationsscheine nach Ablauf von zwei Jahren grundsätzlich als Stammanteile gelten. Die Gesellschaft kann die Umwandlung der Partizipationsscheine in Stammanteile vermeiden, indem sie diese vor Ablauf der Anpassungsfrist durch eine Kapitalherabsetzung vernichtet und den bisherigen Partizipanten eine Abfindung in der Höhe des wirklichen Wertes ausrichtet[171].

166 Art. 2 Abs. 3 ÜBest.

167 Botschaft, S. 3247.

168 Vgl. dazu § 5 N 59 ff.

169 Art. 3 Abs. 2 ÜBest.

170 Vgl. dazu § 8 N 14.

171 Botschaft, S. 3249.

Für Anteile, die nicht in den Passiven der Bilanz ausgewiesen werden, finden nach dem Inkrafttreten des neuen Rechts die Vorschriften über die Genussscheine Anwendung[172]. 10

4. Eigene Stammanteile

Das alte Recht sah für den Erwerb eigener Stammanteile keine Beschränkung vor. 11 Anders das neue Recht, das grundsätzlich eine Begrenzung auf 10 % des Stammkapitals statuiert[173]. Über 10 % des Stammkapitals hinaus erworbene eigene Stammanteile sind innerhalb von zwei Jahren zu veräussern oder durch Kapitalherabsetzung zu vernichten[174].

5. Nachschusspflicht

Das alte Recht sah für die statutarische Nachschusspflicht keine gesetzliche Be- 12 grenzung vor. Unter neuem Recht ist die Nachschusspflicht auf das Doppelte des Nennwertes der Stammanteile, mit denen sie verbunden ist, beschränkt[175]. Gemäss Art. 6 Abs. 1 ÜBest bleiben statutarische Verpflichtungen zur Leistung von Nachschüssen, die vor dem Inkrafttreten des neuen Rechts begründet wurden, und die das Doppelte des Nennwerts der Stammanteile übersteigen, rechtsgültig. Die Nachschusspflicht kann zum Schutz der Gläubiger nur im Verfahren nach Art. 795c OR herabgesetzt werden.

Die Einforderung von Nachschüssen unterliegt ab Inkrafttreten den Bestimmungen 13 des neuen Rechts.

6. Nebenleistungspflichten

Unter neuem Recht können Nebenleistungspflichten nur noch im Rahmen des Ge- 14 sellschaftszwecks und zum Zweck der Erhaltung der Selbstständigkeit oder der Wahrung der Zusammensetzung des Kreises der Gesellschafter begründet werden[176]. Diese Regelung bedeutet gegenüber dem alten Recht eine Einschränkung. Unter altem Recht konnten in den Statuten beliebige Nebenleistungspflichten ver-

[172] Art. 4 Abs. 3 ÜBest.

[173] Vgl. dazu § 19 N 55 ff.

[174] Art. 5 ÜBest.

[175] Vgl. dazu § 17 N 3 ff.

[176] Art. 796 Abs. 2 OR. Vgl. dazu § 18 N 7 f.

einbart werden. Nebenleistungspflichten, welche mit dem neuen Recht nicht vereinbar sind, fallen nach Ablauf der Anpassungsfrist dahin[177].

7. Revisionsstelle

15 Gemäss Art. 818 OR ist die GmbH unter neuem Recht grundsätzlich verpflichtet, eine Revision durchzuführen[178]. Unter altem Recht war die Bezeichnung einer Revisionsstelle nicht obligatorisch. Die Pflicht zur Bezeichnung einer Revisionsstelle gilt vom 1. Geschäftsjahr an, das mit dem Inkrafttreten dieses Gesetzes oder danach beginnt[179]. Bei der Bestimmung der Art der vom Gesetz vorgesehenen Revision ist auf die zwei letzten Geschäftsjahre abzustellen[180]. Sodann ist entweder die Revisionsstelle oder der Verzicht auf die Durchführung einer eingeschränkten Revision dem Handelsregister zu melden[181].

8. Bemessung des Stimmrechts

16 Gemäss Art. 806 OR bemisst sich das Stimmrecht der Gesellschafter grundsätzlich nach dem Nennwert der Stammanteile[182]. Gesellschaften, die das Stimmrecht vor dem Inkrafttreten des neuen Rechts unabhängig vom Nennwert der Stammanteile, beispielsweise auf eine Stimme pro Stammanteil, festgelegt haben, sind nicht verpflichtet, die entsprechenden Bestimmungen an die Anforderungen von Art. 806 OR anzupassen[183]. Gesellschaften aber, die das Stimmrecht unabhängig vom Stammanteil geregelt und ein Kopfstimmrecht vereinbart haben, müssen die Statuten anpassen. Im neuen Recht ist das Stimmrecht zwingend mit dem Stammanteil verbunden[184].

9. Qualifizierte Mehrheit

17 Gemäss Art. 9 ÜBest können Statutenbestimmungen, welche für die Beschlussfassung der Gesellschafterversammlung qualifizierte Mehrheiten vorsehen und eine

177 Art. 2 Abs. 2 ÜBest.
178 Vgl. dazu § 15 N 1 ff.
179 Art. 7 ÜBest.
180 Botschaft Revisionspflicht im Gesellschaftsrecht, S. 4048.
181 *Gwelessinani,* Änderungen aus handelsregisterrechtlicher Sicht.
182 Vgl. dazu § 13 N 64 ff.
183 Art. 8 ÜBest.
184 *Böckli,* Das neue GmbH-Recht.

blosse Wiedergabe der Bestimmung des alten Rechts darstellen, innerhalb der Anpassungsfrist mit der absoluten Mehrheit der vertretenen Stimmen an das neue Recht angepasst werden.

10. Vernichtung von Stammanteilen im Falle der Sanierung

Wird das Stammkapital zum Zwecke der Sanierung auf null herabgesetzt und an- 18
schliessend wieder erhöht, gehen die bisherigen Mitgliedschaftsrechte der Gesellschafter mit der Herabsetzung unter[185]. Im Unterschied zum alten Recht, geht mit Inkrafttreten des neuen Rechts das minimale Stimmrecht von Gesellschaftern, welche nicht mehr am Stammkapital beteiligt sind, unter. Die ausgegebenen Stammanteile müssen vernichtet werden[186].

11. Ausschliesslichkeit der eingetragenen Firma

Nach altem Recht war die Ausschliesslichkeit der Firmen von Gesellschaften mit 19
beschränkter Haftung, welche einen Personennamen enthalten, beschränkt. Firmen, welche einen Personennamen enthielten, durften grundsätzlich geführt werden, sofern sich der Sitz der Gesellschaften nicht am selben Ort befand. Unter neuem Recht gilt das Recht auf Ausschliesslichkeit der Firma in jedem Fall für die ganze Schweiz[187]. Die Rechtslage für bereits eingetragene Firmen ändert sich nicht: Die Ausschliesslichkeit von Firmen, die vor dem Inkrafttreten des neuen Rechts im Handelsregister eingetragen wurden, beurteilt sich nach altem Recht[188].

185 Art. 782 Abs. 4 OR i.V.m. Art. 732a Abs. 1 OR. Vgl. hierzu § 9 N 49 ff.

186 Art. 10 ÜBest.

187 Vgl. dazu § 23 N 1 ff.

188 Art. 11 ÜBest.

Musterstatuten einer GmbH mit Selbstorganschaft (kleinere Gesellschaften mit wenigen Gesellschaftern)

Vorbemerkung: Die GmbH mit Selbstorganschaft ist geeignet für Gesellschaften mit einem kleinen Kreis von Gesellschaftern, welche ein Bedürfnis haben, sich aktiv an der Geschäftsführung zu beteiligen und die Gesellschaft gemeinsam zu führen. Die Selbstorganschaft verstärkt das personenbezogene Element der GmbH. Die GmbH in Selbstorganschaft ist beispielsweise geeignet für Dienstleistungsbetriebe und nicht kapitalintensive Gewerbebetriebe; Unternehmen in der Startphase; Franchisebetriebe und Joint-Venture-Gesellschaften; Arbeitsgemeinschaften oder Praxisgemeinschaften. Die Statuten können sodann auch als Grundlage für die Einpersonen-GmbH dienen, wobei verschiedene Bestimmungen erst zur Anwendung kommen, wenn der Gesellschafter Stammanteile an einen Dritten abtritt. Die nachfolgenden Statuten sind unter dem Aspekt der Typologie mit Fussnoten versehen. Die Anmerkungen zu den Fussnoten folgen im Anschluss an die Statuten. Die nachfolgenden Statuten wurden vom Handelsregisteramt Kanton Zürich geprüft und akzeptiert.

Statuten
der XY GmbH (XY Sarl)

I. Firma / Sitz / Dauer / Zweck der Gesellschaft

Art. 1

Unter der Firma XY GmbH *(XY Sarl)* besteht mit Sitz in (…) auf unbestimmte Dauer eine Gesellschaft mit beschränkter Haftung im Sinne von Art. 772 ff. OR.

Art. 2

Die Gesellschaft bezweckt, (…).

Die Gesellschaft kann im In- und Ausland Zweigniederlassungen und Tochtergesellschaften errichten, sich an anderen Unternehmen beteiligen sowie andere Unternehmen erwerben oder erworbene Unternehmen verkaufen. Sie kann Grundeigentum und Wertschriften erwerben, belasten, verwalten und verkaufen. Sie kann alle Geschäfte tätigen, die der Verwirklichung ihres Zwecks förderlich sein könnten. Sie kann Darlehen aufnehmen und gewähren, Garantien und andere Sicherheiten stellen, Immaterialgüterrechte erwerben, verwalten und verwerten.

II. Stammkapital

Art. 3

Das Stammkapital der Gesellschaft beträgt CHF 20 000.00. Es ist eingeteilt in 20 Stammanteile zu CHF 1000.00. Eine Nachschusspflicht der Gesellschafter wird ausdrücklich ausgeschlossen.

Variante: *Zuordnung der Stammanteile an die einzelnen Gesellschafter*

Variante: *Bestimmungen über Sachübernahmen und Sacheinlagen*

Variante: *Einführung einer Nachschusspflicht* [1]

Variante: *Einführung von Genussscheinen; Einführung von Vorzugsstammanteilen (Dividendenvorzug; Liquidationsvorzug etc.)*

Variante: *Schaffung verschiedener Kategorien von Stammanteilen*

Art. 4

Über die Stammanteile wird von der Geschäftsführung ein Anteilbuch geführt, dem die Namen und Adressen der Gesellschafter, Nutzniesser und Pfandgläubiger, Gesellschafter ohne Stimmrecht, Anzahl, Nennwert sowie allenfalls Kategorie der Stammanteile sowie jeder Übertrag eines Stammanteils und jede sonstige Änderung dieser Tatsachen ersichtlich ist.

Variante: *Ausstellung einer Urkunde (Beweisurkunden oder Namenpapier)*

Art. 5

Die Gesellschafterversammlung kann beschliessen, das Stammkapital zu erhöhen. Dem Beschluss müssen mindestens zwei Drittel der vertretenen Stimmen und die absolute Mehrheit des gesamten stimmberechtigten Stammkapitals zustimmen. Im Rahmen der Kapitalerhöhung hat jeder Gesellschafter das Recht, sich im Verhältnis seiner bisherigen Beteiligung am neuen Stammkapital zu beteiligen. Liegen der Kapitalerhöhungsbericht und, sofern erforderlich, die Prüfungsbestätigung vor, ändert die Geschäftsführung die Statuten entsprechend.

Variante: *Verwässerungsschutzklausel für Investoren* [2]

Variante: *Erschwerung der Beschlussfassung*

Variante: *Begründung von Bezugsoptionen gegenüber von Mitgesellschaftern oder gegenüber der Gesellschaft* [3]

III. Übertragung/Austritt/Ausschluss

Art. 6

Die Abtretung von Stammanteilen und die Verpflichtung zur Abtretung, ob zu Eigentum oder zu Nutzniessung, bedürfen der schriftlichen Form und der Zustimmung durch die Gesellschafterversammlung.

Über Stammanteile kann nur mit Zustimmung der Gesellschafterversammlung verfügt werden, wobei mindestens zwei Drittel der vertretenen Stimmen, welche die absolute Mehrheit des gesamten stimmberechtigten Stammkapitals vertreten, zustimmen müssen. Die Gesellschafterversammlung kann die Zustimmung ohne Angabe von Gründen verweigern. Diese Verfügungsbeschränkung umfasst neben der Veräusserung auch die Verpfändung und die Einräumung der Nutzniessung, wobei in diesen Fällen die Zustimmung nur aus wichtigen, bekannt zu gebenden Gründen verweigert werden darf.

Werden Stammanteile durch Erbgang, Erbteilung, Zwangsvollstreckung oder ehelichem Güterrecht erworben, gehen alle Rechte und Pflichten, die damit verbunden sind, grundsätzlich ohne Zustimmung der Gesellschafterversammlung auf den Erwerber über. Die Anerkennung als stimmberechtigter Gesellschafter kann sodann durch die Gesellschafterversammlung nur verweigert werden, wenn bisherige Gesellschafter oder die Gesellschaft sich bereit erklären, die Anteile zum wirklichen Wert im Zeitpunkt des Gesuches zu übernehmen. Machen mehrere Gesellschafter von diesem Recht Gebrauch, steht ihnen ein Bezugsrecht nach Massgabe ihrer bisherigen Beteiligung zu.

Die Abtretung ist der Gesellschaft vom Abtretenden innert 10 Tagen anzuzeigen. Lehnt die Gesellschafterversammlung das Gesuch um Anerkennung nicht innerhalb von sechs Monaten ab, gilt die Anerkennung als erteilt.

Variante: *Erleichterung der Übertragung (Pflicht zur Übernahme der Anteile zum wirklichen Wert; Festlegung von Gründen, welche die Verweigerung der Zustimmung zur Abtretung rechtfertigen; Verzicht auf das Zustimmungserfordernis)* [4]

Variante: *Erschwerung der Übertragung durch Einführung eines Einstimmigkeitserfordernisses*

Variante: *Quotenklausel*

Variante: *Vorhand-, Vorkauf-, Kauf-, Verkaufsrecht*

Variante: *Mitverkaufsrecht, Mitverkaufspflicht*

Variante: *Kombinierte Verkauf-Kauf-Option*

Art. 7

Der Gesellschafter kann unter Einhaltung einer Kündigungsfrist von sechs Monaten auf das Ende des Geschäftsjahres aus der Gesellschaft austreten.

Darüber hinaus kann der Gesellschafter beim Vorliegen eines wichtigen Grundes beim Gericht auf Bewilligung des Austritts aus der Gesellschaft klagen.

Der ausscheidende Gesellschafter hat Anspruch auf eine Abfindung, die dem wirklichen Wert seiner Anteile entspricht.

Variante: *Regelung betreffend Abfindung in Form von Teilzahlungen* [5]

Art. 8

Verletzt ein geschäftsführender Gesellschafter das Konkurrenzverbot oder hat ein Gesellschafter als Folge eines Interessenkonfliktes die Interessen der Gesellschaft verletzt, darf die Gesellschafterversammlung den Gesellschafter aus der Gesellschaft ausschliessen. Darüber hinaus kann die Gesellschaft bei Vorliegen eines wichtigen Grundes beim Richter auf Ausschluss eines Gesellschafters klagen.

Der ausgeschlossene Gesellschafter hat Anspruch auf eine Abfindung, die dem wirklichen Wert seiner Anteile entspricht.

Variante: *Erschwerung des Ausschlusses (Beschränkung auf richterlichen Ausschluss)* [6]

IV. Organisation der Gesellschaft

Art. 9

Die Organe der Gesellschaft sind:

A Die Gesellschafterversammlung;

B Die Geschäftsführung;

C Die Revisionsstelle.

A Die Gesellschafterversammlung

Art. 10

Oberstes Organ der Gesellschaft ist die Gesellschafterversammlung. Ihr stehen folgende unübertragbaren Befugnisse zu:

1. die Änderung der Statuten;
2. die Bestellung und die Abberufung der Revisionsstelle;
3. die Genehmigung des Jahresberichtes und der Konzernrechnung, der Jahresrechnung sowie die Beschlussfassung über die Verwendung des Bilanzgewinnes, insbesondere die Festsetzung der Dividende;
4. die Festsetzung der Entschädigung der Geschäftsführer;
5. die Entlastung der Geschäftsführer;
6. die Zustimmung zur Abtretung von Stammanteilen sowie die Anerkennung als stimmberechtigter Gesellschafter;
7. die Beschlussfassung über die Ausübung statutarischer Vorhand-, Vorkaufs- oder Kaufsrechte;
8. die Ermächtigung der Geschäftsführer zum Erwerb eigener Stammanteile durch die Gesellschaft bzw. die Genehmigung eines solchen Erwerbs;
9. die Beschlussfassung über den Antrag betreffend den gerichtlichen Ausschluss eines Gesellschafters;
10. die Beschlussfassung über die Auflösung der Gesellschaft.

Ferner ist die Gesellschafterversammlung befugt, über alle weiteren Geschäfte, für die nach Gesetz oder Statuten die Gesellschafterversammlung zuständig ist, Beschluss zu fassen.

Variante: *Bei Drittorganschaft* [7] *die Bestellung und die Abberufung der Geschäftsführer sowie allenfalls die Beschlussfassung über die Tantieme*

Variante: *Genehmigungsvorbehalt* [8]

Art. 11

Gesellschafterversammlungen werden, sooft es vom Gesetz verlangt wird oder im Interesse der Gesellschaft als erforderlich erscheint, abgehalten, mindestens einmal jährlich innerhalb von sechs Monaten nach Abschluss des Geschäftsjahres.

Die Gesellschafterversammlung wird durch die Geschäftsführer einberufen und findet in der Regel am Sitz der Gesellschaft statt; an einem anderen Ort darf sie nur stattfinden, wenn dadurch kein Gesellschafter in der Wahrung seiner Rechte behindert wird.

Die Einberufung einer Gesellschafterversammlung kann von jedem Gesellschafter schriftlich unter Angabe der Verhandlungsgegenstände und der Anträge verlangt werden. Die Einberufung hat in diesem Fall innert vierzehn Tagen nach gestelltem Begehren zu erfolgen. Das Recht zur Einberufung der Gesellschafterversammlung steht auch der Revisionsstelle und dem Liquidator zu.

Variante: *Erschwerung der Einberufung der Gesellschafterversammlung* [9]

Art. 12

Die Einladung zur Gesellschafterversammlung ist jedem Gesellschafter und Nutzniesser einzeln, schriftlich unter Angabe des Versammlungsorts, des Zeitpunkts und der Verhandlungsgegenstände sowie der Anträge der Geschäftsführer bzw. der Gesellschafter 20 Tage vor dem Versammlungstermin mitzuteilen.

Die Versammlung kann nur über Traktanden Beschlüsse fassen, welche in der Einladung gehörig angekündigt worden sind. Zur Stellung eines Antrages im Rahmen der Verhandlungsgegenstände, eines Antrages betreffend die Einberufung einer ausserordentlichen Gesellschafterversammlung sowie eines Antrages betreffend Verhandlungen ohne Beschlussfassung, bedarf es keiner vorgängigen Ankündigung.

Der Geschäftsbericht und der Revisionsbericht sind innerhalb der Einladungsfrist zur Gesellschafterversammlung, die diese Traktanden behandelt, am Sitz der Gesellschaft zur Einsichtnahme durch die Gesellschafter aufzulegen.

Wenn sämtliche Gesellschafter anwesend oder vertreten sind und kein Widerspruch erhoben wird, kann eine Gesellschafterversammlung ohne Einhaltung der Einberufungsvorschriften abgehalten werden (Universalversammlung).

Art. 13

Der Vorsitzende der Geschäftsführung und in seiner Abwesenheit ein von der Gesellschafterversammlung gewählter Tagespräsident leitet die Gesellschafterversammlung und bezeichnet den Stimmenzähler und den Protokollführer, welcher die Beschlüsse und Wahlen protokollarisch festzuhalten hat. Der Protokollführer braucht nicht Gesellschafter zu sein. Die Protokolle sind durch den Vorsitzenden und den Protokollführer zu unterzeichnen und der Gesellschafterversammlung zur Genehmigung vorzulegen.

Art. 14

Jeder Gesellschafter besitzt pro CHF 1000.00 Nominalwert seiner Stammanteile eine Stimme. Die Stellvertretung ist unter Vorlegung einer schriftlichen Vollmacht zulässig. Im Falle der Nutzniessung steht das Stimmrecht dem Nutzniessenden zu.

Art. 15

Gesellschafterbeschlüsse werden, wenn das Gesetz (Art. 808b OR) oder die Statuten es nicht anders vorschreiben, mit der absoluten Mehrheit der vertretenen Stimmen gefasst.

Die Abstimmungen und Wahlen erfolgen offen, sofern nicht ein Gesellschafter oder ein Vertreter ein geheimes Verfahren verlangt. Kommt bei Wahlen im ersten Wahlgang die Wahl nicht zustande, findet ein zweiter Wahlgang statt, in dem das relative Mehr entscheidet.

Bei Beschlüssen über die Entlastung der Geschäftsführer haben Personen, die in irgendeiner Weise an der Geschäftsführung teilgenommen haben, kein Stimmrecht.

Bei Beschlüssen über den Erwerb eigener Stammanteile durch die Gesellschaft hat der Gesellschafter, der die Stammanteile abtritt, kein Stimmrecht.

Bei Beschlüssen über die Zustimmung zu Tätigkeiten der Gesellschafter, die gegen die Treuepflicht oder das Konkurrenzverbot verstossen, hat die betroffene Person kein Stimmrecht.

Variante: *Präsenz- und Stimmquoren*

Variante: *Vetorecht* [10]

Variante: *Regelung betreffend die schriftliche Abstimmung* [11]

B Die Geschäftsführung

Art. 16

Die Geschäftsführung ist zuständig, soweit die Aufgaben nicht der Gesellschafterversammlung übertragen sind und nimmt namentlich folgende unübertragbare und unentziehbare Aufgaben wahr:

1. die Oberleitung der Gesellschaft;
2. die Festlegung der Organisation;
3. die Ausgestaltung des Rechnungswesens und der Finanzkontrolle sowie der Finanzplanung;
4. die Aufsicht über Personen, denen ein Teil der Geschäftsführung übertragen ist;

5. die Erstellung des Geschäftsberichts (Jahresrechnung, Jahresbericht sowie gegebenenfalls Konzernrechnung);
6. die Vorbereitung der Gesellschafterversammlung sowie die Ausführung der Beschlüsse der Gesellschafterversammlung;
7. die Benachrichtigung des Richters im Falle der Überschuldung.

Ferner sind die Geschäftsführer befugt, weitere Geschäfte, für die nach Gesetz oder Statuten die Geschäftsführung zuständig ist, wahrzunehmen.

Art. 17

Die Gesellschafter üben die Geschäftsführung gemeinsam aus. Die Gesellschafter sind ohne Wahl durch die Gesellschafterversammlung zur Geschäftsführung berechtigt und verpflichtet.

Jeder Geschäftsführer ist einzeln zur Vertretung der Gesellschaft berechtigt. Die Gesellschaft muss durch eine Person vertreten werden können, die Wohnsitz in der Schweiz hat. Dieses Erfordernis kann durch einen Geschäftsführer oder einen Direktor erfüllt werden.

Die Geschäftsführung konstituiert sich, im Rahmen der gesetzlichen Vorgaben, selbst. Sie fasst Beschlüsse in Versammlungen oder auf dem Zirkularweg mit dem absoluten Mehr der abgegebenen Stimmen.

Die Geschäftsführung bezeichnet Prokuristen und Handlungsbevollmächtigte sowie die übrigen vertretungsberechtigten Personen und bestimmt die Art ihrer Zeichnungsberechtigung. Die zur Vertretung der Gesellschaft befugten Personen sind im Handelsregister einzutragen.

Variante: *Selbstorganschaft mit geschäftsführenden und nicht geschäftsführenden Gesellschaftern* [11]

Variante: *Drittorganschaft* [7]

Variante: *Kollektivzeichnungsberechtigung*

Variante: *Präsenz- und Stimmquoren* [12]

Variante: *Ermächtigung zur Delegation*

Art. 18

Die Geschäftsführer sind verpflichtet, die Gesellschaft in keiner Weise zu konkurrenzieren. Die Geschäftsführer verpflichten sich insbesondere, ohne Zustimmung der übrigen Gesellschafter weder auf eigene noch auf fremde Rechnung ein Geschäft zu betreiben, das mit dem der Gesellschaft in Wettbewerb steht oder dessen Zweck demjenigen der Gesellschaft entspricht, in einem solchen tätig zu sein oder sich an einem solchen direkt oder indirekt zu beteiligen.

Variante: *Konventionalstrafe*

Variante: *Hinweis auf Art. 814 Abs. 4 OR i.V.m. Art. 718b OR: Bei Einpersonengesellschaften müssen Verträge zwischen dem einzigen Gesellschafter und der Gesellschaft grundsätzlich in schriftlicher Form abgeschlossen werden. Ausgenommen von dieser Vorschrift sind Vereinbarungen des laufenden Geschäfts, bei denen die Leistung der Gesellschaft den Wert von CHF 1000 nicht übersteigt.*

C Die Revisionsstelle

Art. 19

Ist die Gesellschaft verpflichtet, eine ordentliche Revision durchzuführen, wählt die Gesellschafterversammlung für jedes Jahr ein staatlich beaufsichtigtes Revisionsunternehmen bzw. einen zugelassenen Revisionsexperten. Ist die Gesellschaft nicht verpflichtet, eine ordentliche Revision durchzuführen, wählt die Gesellschafterversammlung für jedes Jahr einen zugelassenen Revisor, der die Jahresrechnung eingeschränkt prüft.

Ist die Gesellschaft von Gesetzes wegen nur zu einer eingeschränkten Revision verpflichtet, können Gesellschafter, die 10 Prozent des Stammkapitals vertreten, eine ordentliche Revision durch einen zugelassenen Revisionsexperten verlangen.

Ist die Gesellschaft von Gesetzes wegen nur zu einer eingeschränkten Revision verpflichtet, kann mit Zustimmung sämtlicher Gesellschafter auf eine Revision verzichtet werden, sofern die Gesellschaft nicht über mehr als 10 Vollzeitstellen im Jahresdurchschnitt verfügt. Haben die Gesellschafter auf eine eingeschränkte Revision verzichtet, gilt dieser Verzicht auch für die folgenden Jahre. Der Gesellschafter hat jedoch das Recht, spätestens 10 Tage vor der Gesellschafterversammlung eine eingeschränkte Revision zu verlangen. Die Gesellschafterversammlung muss sodann eine Revisionsstelle wählen.

Wird eine ordentliche oder eine eingeschränkte Revision verlangt, findet die ordentliche Gesellschafterversammlung unter Einhaltung der Vorschriften betreffend die Einberufung nach Vorliegen des Revisionsberichtes statt.

Rechte und Pflichten der Revisionsstelle richten sich nach Art. 727 ff. OR. Der Revisionsstelle obliegt namentlich die Prüfung der Jahresrechnung und die Berichterstattung an die Gesellschafterversammlung. Die Revisionsstelle ist gehalten, an der Gesellschafterversammlung anwesend zu sein. Durch einstimmigen Beschluss kann die Gesellschafterversammlung auf die Anwesenheit der Revisionsstelle verzichten.

Variante: *Bei Bestehen einer Nachschusspflicht, Verweis auf das Recht der Gesellschafter, eine ordentliche Revision zu verlangen*

V. Rechnungsabschluss / Gewinnverteilung

Art. 20

Das Geschäftsjahr dauert vom 1. Januar bis 31. Dezember (erstmals bis 31. Dezember 20..). Die Bilanz und die Erfolgsrechnung sind nach den Vorschriften von Art. 662a ff. OR und Art. 958 ff. OR und den Grundsätzen der ordnungsgemässen Rechnungslegung zu errichten.

Art. 21

Aus dem Jahresgewinn ist zuerst, entsprechend den Vorschriften des Gesetzes, die Zuweisung an den Reservefonds vorzunehmen. Der Bilanzgewinn steht zur Verfügung der Gesellschafterversammlung, die ihn im Rahmen der gesetzlichen Auflagen (Art. 801 OR i.V.m. Art. 671 ff. OR) nach freiem Ermessen verwenden kann.

Die Gesellschafterversammlung kann die Anlage weiterer Reservefonds beschliessen und deren Zweckbestimmung und Verwendung festsetzen.

Die Dividende darf erst festgesetzt werden, nachdem die vom Gesetz und den Statuten vorgeschriebenen Zuwendungen erfolgt sind. Die Dividende ist sodann im Verhältnis des Nennwertes der Stammanteile festzusetzen.

Variante: *Regeln für die Gewinnverteilung; Bestimmung einer gemeinsamen Dividendenpolitik* [13]

VI. Auflösung

Art. 22

Die Gesellschaft kann durch einen Gesellschafterbeschluss aufgelöst werden, wenn mindestens zwei Drittel der vertretenen Stimmen und die absolute Mehrheit des gesamten stimmberechtigten Stammkapitals zustimmen.

Beschliesst die Gesellschafterversammlung die Auflösung der Gesellschaft, wird die Liquidation nach den Vorschriften der Art. 742 ff. OR durch die Geschäftsführer durchgeführt, sofern die Gesellschafterversammlung damit nicht andere Personen beauftragt. Wenigstens einer der Liquidatoren muss in der Schweiz wohnhaft und zur Vertretung berechtigt sein. Die Liquidatoren sind befugt, die Gesellschafterversammlung einzuberufen.

Das Vermögen der aufgelösten Gesellschaft wird nach Tilgung aller Schulden unter die Gesellschafter im Verhältnis der Stammanteile verteilt.

Variante: *Erschwerung des Auflösungsbeschlusses durch erhöhte Anforderungen an den Beschluss*

VII. Bekanntmachungen

Art. 23

Alle Bekanntmachungen der Gesellschaft erfolgen im Schweizerischen Handelsamtsblatt, alle Mitteilungen an die Gesellschafter durch eingeschriebenen Brief.

Anmerkungen zu den Statuten:

1) Vgl. Musterstatuten Gesellschaft mit Selbstorganschaft, Anmerkung 2.

2) Soll bei Gesellschaften mit einer grösseren Anzahl Gesellschafter das kapitalbezogene Element der GmbH verstärkt werden, muss die Übertragung der Beteiligung, analog zum Aktienrecht, erleichtert, nicht erschwert werden. Gesellschaften mit Drittorganschaft weisen dementsprechend oftmals weniger strenge Übertragungsbeschränkungen auf als Gesellschaften mit Selbstorganschaft.

3) Einerseits ist der Austritt ein effizientes Mittel zur gesellschaftsinternen Konfliktlösung; andererseits kann der Austritt die Gesellschaft schwächen. Beides ist bei der Gestaltung des Austrittsrechts zu beachten. Zweifelsohne fallen persönliche Differenzen bei Gesellschaften mit einer grösseren Anzahl Gesellschafter weniger schwer ins Gewicht als bei Gesellschaften mit wenigen Gesellschaftern.

4) Der ausscheidende Gesellschafter hat grundsätzlich Anspruch auf eine Abfindung, die dem wirklichen Wert seiner Anteile entspricht. Für das Ausscheiden auf Grund eines statutarischen Austrittsrechts können die Statuten eine abweichende Regelung vorsehen.

5) Das Ausschlussrecht der Gesellschaft rechtfertigt sich nur bei Gesellschaften mit wenigen Gesellschaftern, bei denen die gemeinsame Geschäftsführung durch interne Differenzen erheblich gestört werden kann. Bei Gesellschaften mit Drittorganschaft rechtfertigt sich ein Ausschlussrecht der Gesellschaft in der Regel nicht.

6) Eine Pflicht, Beschlüsse der Gesellschafterversammlung zur Genehmigung vorzulegen, stärkt die Position der Gesellschafterversammlung gegenüber der Geschäftsführung und rechtfertigt sich in der Regel nur bei Gesellschaften mit Drittorganschaft, da bei Gesellschaften mit Selbstorganschaft die Gesellschafter an der Geschäftsführung beteiligt sind.

7) Das Recht, Beschlüsse der Gesellschafterversammlung zur Genehmigung vorzulegen, kann bei Gesellschaften mit Drittorganschaft angemessen erscheinen und stärkt die Legitimation der Beschlüsse der Geschäftsführung.

8) Bei grösseren Gesellschaften soll eventuell nicht jeder Gesellschafter die Einberufung einer Gesellschafterversammlung verlangen können. Die Einberufung einer Gesellschafterversammlung soll nur verlangt werden können, wenn das Begehren von einer bestimmten Anzahl Gesellschafter oder einem bestimmten Anteil am Kapital unterstützt wird.

9) Bei der Gesellschaft mit Drittorganschaft rechtfertigt es sich, den Gesellschaftern ein umfassendes Informationsrecht einzuräumen.

10) Das Recht der GmbH kennt die Sonderprüfung nicht. Zulässig ist hingegen die statutarische Einführung des Rechts, eine Sonderprüfung zu verlangen. Dies kann bei Gesellschaften mit Drittorganschaft sinnvoll sein, wenn die Einsichts- und Informationsrechte der nicht an der Geschäftsführung beteiligten Gesellschafter beschränkt sind.

11) Präsenz- und Beschlussquoren dienen dem Minderheitenschutz. Namentlich bei Gesellschaften mit Drittorganschaft kann ein Bedürfnis bestehen sicherzustellen, dass gewisse Beschlüsse nicht ohne die Zustimmung der Minderheit gefasst werden können.

12) Enthalten die Statuten keine abweichende Regel, üben die Gesellschafter die Geschäftsführung gemeinsam aus. Die Befugnis zur Geschäftsführung steht den Gesellschaftern ohne Wahl durch die Gesellschafterversammlung zu. Dasselbe gilt für die Befugnis, die Gesellschaft zu vertreten. Vgl. Musterstatuten Gesellschaft mit Selbstorganschaft.

13) Bei Gesellschaften mit Drittorganschaft ist es empfehlenswert, die Geschäftsführung in einem Geschäftsreglement zu regeln.

14) Grössere Gesellschaften, die das kapitalbezogene Element hervorheben wollen, versuchen, die Kontinuität der Gesellschaft unabhängig von der Person der einzelnen Gesellschafter sicherzustellen und erschweren in der Regel den Beschluss betreffend die Auflösung der Gesellschaft.

Musterstatuten einer GmbH mit Drittorganschaft (grössere Gesellschaften mit mehreren Gesellschaftern)

Vorbemerkung: Die GmbH mit Drittorganschaft ist geeignet für Gesellschaften mit einem grösseren Kreis von Gesellschaftern, die sich nicht oder lediglich zum Teil aktiv an der Geschäftsführung beteiligen wollen. Die Drittorganschaft verstärkt das kapitalbezogene Element der GmbH. Die Geschäftsführung ist das Exekutivorgan der Gesellschaft und die Organschaft bedingt ein Dreifaches: die Wahl durch die Gesellschafterversammlung; die Annahme der Wahl und den Abschluss eines schuldrechtlichen Vertrages zwischen der Gesellschaft und dem Gewählten. Gesellschaften mit Drittorganschaft müssen sodann den Einsichts- und Informationsrechten der Gesellschafter verstärkt Rechnung tragen. Die GmbH mit Drittorganschaft ist beispielsweise geeignet für Dienstleistungsbetriebe und nicht kapitalintensive Gewerbebetriebe, deren Struktur einerseits durch Partnerschaft, andererseits durch eine gewisse Kapitalbezogenheit geprägt ist. Die nachfolgenden Statuten sind unter dem Aspekt der Typologie mit Fussnoten versehen. Die Anmerkungen zu den Fussnoten folgen im Anschluss an die Statuten. Die nachfolgenden Statuten wurden vom Handelsregisteramt Kanton Zürich geprüft und akzeptiert.

Statuten
der XY GmbH (XY Sarl)

I. Firma / Sitz / Dauer / Zweck der Gesellschaft

Art. 1

Unter der Firma XY GmbH (*XY Sarl*) besteht mit Sitz in (…) auf unbestimmte Dauer eine Gesellschaft mit beschränkter Haftung im Sinne von Art. 772 ff. OR.

Art. 2

Die Gesellschaft bezweckt, (...) .

Die Gesellschaft kann im In- und Ausland Zweigniederlassungen und Tochtergesellschaften errichten, sich an anderen Unternehmen beteiligen, sowie andere Unternehmen erwerben oder erworbene Unternehmen verkaufen. Sie kann Grundeigentum und Wertschriften erwerben, belasten, verwalten und verkaufen. Sie kann alle Geschäfte tätigen, die der Verwirklichung ihres Zwecks förderlich sein könnten. Sie kann Darlehen aufnehmen und gewähren, Garantien und andere Sicherheiten stellen, Immaterialgüterrechte erwerben, verwalten und verwerten.

II. Stammkapital

Art. 3

Das Stammkapital der Gesellschaft beträgt CHF 3 000 000.–. Es ist eingeteilt in 3000 Stammanteile zu CHF 1000.– .

Die Gesellschafter sind zur Leistung von Nachschüssen verpflichtet. Die mit dem einzelnen Stammanteil verbundene Nachschusspflicht beträgt das Doppelte des Nennwerts des Stammanteils. Nachschüsse werden von der Geschäftsführung eingefordert, wenn die Summe von Stammkapital und gesetzlichen Reserven nicht mehr gedeckt ist oder wenn die Gesellschaft ihre Geschäfte ohne zusätzliche Mittel nicht mehr weiterführen kann.

Variante: *Zuordnung der Stammanteile an die einzelnen Gesellschafter*

Variante: *Bestimmungen über Sachübernahmen und Sacheinlagen*

Variante: *Expliziter Ausschluss der Nachschusspflicht*

Variante: *Nennung von Gründen, die zur Einforderung von Nachschüssen legitimieren (Art. 795a Abs. 2 Ziff. 3 OR)*

Variante: *Schaffung verschiedener Kategorien von Stammanteilen*

Art. 4

Über die Stammanteile wird von der Geschäftsführung ein Anteilbuch geführt, aus dem die Namen und Adressen der Gesellschafter, Nutzniesser und Pfandgläubiger, Gesellschafter ohne Stimmrecht, Anzahl, Nennwert sowie allenfalls Kategorie der Stammanteile sowie jeder Übertrag eines Stammanteils und jede sonstige Änderung dieser Tatsachen ersichtlich sind.

Variante: *Ausstellung einer Urkunde (Beweisurkunde oder Namenpapier)*

Art. 5

Die Gesellschafterversammlung kann beschliessen, das Stammkapital zu erhöhen. Dem Beschluss müssen mindestens zwei Drittel der vertretenen Stimmen und die absolute Mehrheit des gesamten stimmberechtigten Stammkapitals zustimmen. Im Rahmen der Kapitalerhöhung hat jeder Gesellschafter das Recht, sich im Verhältnis seiner bisherigen Beteiligung am neuen Stammkapital zu beteiligen. Liegen der

Kapitalerhöhungsbericht und, sofern erforderlich, die Prüfungsbestätigung vor, ändert die Geschäftsführung die Statuten entsprechend.

Variante: *Verwässerungsschutzklausel für Investoren* [1]

III. Übertragung / Austritt / Ausschluss

Art. 6

Die Abtretung von Stammanteilen und die Verpflichtung zur Abtretung, ob zu Eigentum oder zu Nutzniessung, bedürfen der schriftlichen Form.

Über Stammanteile kann nur mit Zustimmung der Gesellschafterversammlung verfügt werden. Die Gesellschaft kann die Zustimmung zur Abtretung nur verweigern, wenn sie dem Veräusserer die Übernahme der Stammanteile für eigene Rechnung, für Rechnung anderer Gesellschafter oder für Rechnung Dritter zum wirklichen Wert, im Zeitpunkt der Einreichung des Gesuches um Zustimmung zur Übertragung, anbietet.

Diese Verfügungsbeschränkung umfasst neben der Veräusserung auch die Einräumung einer Nutzniessung. Lehnt die Gesellschafterversammlung das Gesuch um Zustimmung zur Abtretung nicht innerhalb von sechs Monaten ab, gilt die Zustimmung als erteilt.

Die Bestellung eines Pfandrechts an Stammanteilen bedarf der Zustimmung der Gesellschafterversammlung. Die Gesellschafterversammlung darf die Zustimmung nur verweigern, wenn ein wichtiger Grund vorliegt.

Sind Stammanteile infolge Erbgang, Erbteilung, Zwangsvollstreckung oder ehelichen Güterrechts erworben worden, gehen die mit dem Stammanteil verbundenen Rechte ohne Zustimmung der Gesellschaft auf den Erwerber über. Auf das Erfordernis der Anerkennung wird verzichtet.

Variante: *Erleichterung der Übertragung durch Verzicht auf das Zustimmungserfordernis*

Variante: *Erschwerung der Übertragung* [2]

Variante: *Vorhand-, Vorkauf-, Kauf-, Verkaufsrecht*

Art. 7

Der Gesellschafter kann unter Einhaltung einer Kündigungsfrist von sechs Monaten auf das Ende des Geschäftsjahres aus der Gesellschaft austreten.

Darüber hinaus kann der Gesellschafter beim Vorliegen eines wichtigen Grundes beim Gericht auf Bewilligung des Austritts aus der Gesellschaft klagen.

Der ausscheidende Gesellschafter hat Anspruch auf eine Abfindung, die dem wirklichen Wert seiner Anteile entspricht.

Variante: *Erleichterung des Austrittsrechts; Verzicht auf Kündigungsrecht*[3]

Variante: *Regelung betreffend Abfindung in Form von Teilzahlungen*[4]

Art. 8

Beim Vorliegen eines wichtigen Grundes kann die Gesellschaft beim Richter auf Ausschluss eines Gesellschafters klagen, wobei der ausgeschlossene Gesellschafter Anspruch auf eine Abfindung zum wirklichen Wert seiner Anteile hat.

Variante: *Ausschlussrecht der Gesellschaft und Definition wichtiger Gründe*[5]

IV. Organisation der Gesellschaft

Art. 9

Die Organe der Gesellschaft sind:

A Die Gesellschafterversammlung;

B Die Geschäftsführung;

C Die Revisionsstelle.

A Die Gesellschafterversammlung

Art. 10

Oberstes Organ der Gesellschaft ist die Gesellschafterversammlung. Ihr stehen folgende unübertragbare Befugnisse zu:

1. die Änderung der Statuten;
2. die Bestellung und die Abberufung der Geschäftsführer;
3. die Bestellung und die Abberufung der Revisionsstelle;
4. die Genehmigung des Jahresberichtes und der Konzernrechnung, der Jahresrechnung sowie die Beschlussfassung über die Verwendung des Bilanzgewinnes, insbesondere die Festsetzung der Dividende und der Tantieme;
5. die Festsetzung der Entschädigung der Geschäftsführer;

6. die Entlastung der Geschäftsführer;
7. die Zustimmung zur Abtretung von Stammanteilen;
8. die Beschlussfassung über die Ausübung statutarischer Vorhand-, Vorkaufs- oder Kaufsrechte;
9. die Ermächtigung der Geschäftsführer zum Erwerb eigener Stammanteile durch die Gesellschaft bzw. die Genehmigung eines solchen Erwerbs;
10. die Beschlussfassung über den Antrag betreffend den gerichtlichen Ausschluss eines Gesellschafters;
11. die Beschlussfassung über die Auflösung der Gesellschaft.

Ferner ist die Gesellschafterversammlung befugt, über alle weiteren Geschäfte, für die nach Gesetz oder Statuten die Gesellschafterversammlung zuständig ist, Beschluss zu fassen.

Art. 11

Die Geschäftsführer sind verpflichtet, folgende Beschlüsse der Gesellschafterversammlung zur Genehmigung vorzulegen:

1. Festlegung der Unternehmensziele und der Unternehmensstrategie;
2. Beschlüsse betreffend Investitionsvorhaben von mehr als CHF (...);
3. Beschlüsse über nicht budgetierte Ausgaben von mehr als CHF (...);
4. Beschlüsse betreffend die Belastung und Veräusserung von Grundeigentum;
5. (...).

Im Bereich der unübertragbaren und unentziehbaren Aufgaben der Geschäftsführer besteht keine Pflicht, Beschlüsse der Gesellschafterversammlung zur Genehmigung vorzulegen.

Die Genehmigung der Gesellschafterversammlung schränkt die Haftung der Geschäftsführer nicht ein.

Variante: *Ausschluss der Pflicht, Beschlüsse der Gesellschafterversammlung zur Genehmigung vorzulegen*[6]

Art. 12

Die Geschäftsführer sind befugt, folgende Beschlüsse der Gesellschafterversammlung zur Genehmigung vorzulegen:

1. Beschlüsse betreffend die Oberleitung der Gesellschaft;

2. Beschlüsse betreffend Investitionsvorhaben von weniger als CHF (…);
3. Beschlüsse betreffend nicht budgetierte Ausgaben von weniger als CHF (…);
4. (…).

Die Genehmigung der Gesellschafterversammlung schränkt die Haftung der Geschäftsführer nicht ein.

Variante: *Ausschluss der Möglichkeit, Beschlüsse der Gesellschafterversammlung zur Genehmigung vorzulegen*[7]

Art. 13

Gesellschafterversammlungen werden, sooft es vom Gesetz verlangt wird oder im Interesse der Gesellschaft als erforderlich erscheint, abgehalten, mindestens einmal jährlich innerhalb von sechs Monaten nach Abschluss des Geschäftsjahres.

Die Gesellschafterversammlung wird durch die Geschäftsführer einberufen und findet in der Regel am Sitz der Gesellschaft statt; an einem anderen Ort darf sie nur stattfinden, wenn dadurch kein Gesellschafter in der Wahrung seiner Rechte behindert wird.

Die Einberufung einer Gesellschafterversammlung kann von Gesellschaftern, die insgesamt 10% des Stammkapitals vertreten, schriftlich unter Angabe der Verhandlungsgegenstände und der Anträge verlangt werden. Die Einberufung hat in diesem Fall innert vierzehn Tagen nach gestelltem Begehren zu erfolgen. Das Recht zur Einberufung der Gesellschafterversammlung steht auch der Revisionsstelle und dem Liquidator zu.

Variante: *Erleichterung der Einberufung durch Senkung der 10% Hürde*[8]

Art. 14

Die Einladung zur Gesellschafterversammlung ist jedem Gesellschafter und Nutzniesser einzeln, schriftlich, unter Angabe des Versammlungsorts, des Zeitpunkts und der Verhandlungsgegenstände sowie der Anträge der Geschäftsführung bzw. der Gesellschafter 20 Tage vor dem Versammlungstermin mitzuteilen.

Die Versammlung kann nur über Traktanden Beschlüsse fassen, welche in der Einladung gehörig angekündigt worden sind. Zur Stellung eines Antrages im Rahmen der Verhandlungsgegenstände, eines Antrages betreffend die Einberufung einer ausserordentlichen Gesellschafterversammlung, eines Antrags betreffend die Durchführung einer Sonderprüfung[10] sowie eines Antrages betreffend Verhandlungen ohne Beschlussfassung bedarf es keiner vorgängigen Ankündigung.

Der Geschäftsbericht und der Revisionsbericht sind innerhalb der Einladungsfrist zur Gesellschafterversammlung, die diese Traktanden behandelt, am Sitz der Gesellschaft zur Einsichtnahme durch die Gesellschafter aufzulegen.

Wenn sämtliche Gesellschafter anwesend oder vertreten sind und kein Widerspruch erhoben wird, kann eine Gesellschafterversammlung ohne Einhaltung der Einberufungsvorschriften abgehalten werden (Universalversammlung).

Art. 15

Der Vorsitzende der Geschäftsführung und in seiner Abwesenheit ein von der Gesellschafterversammlung gewählter Tagespräsident leiten die Gesellschafterversammlung und bezeichnen den Stimmenzähler und den Protokollführer, welcher die Beschlüsse und Wahlen protokollarisch festzuhalten hat. Protokollführer und Stimmenzähler brauchen nicht Gesellschafter zu sein. Die Protokolle sind durch den Vorsitzenden und den Protokollführer zu unterzeichnen und der Gesellschafterversammlung zur Genehmigung vorzulegen.

Art. 16

Jeder Gesellschafter besitzt pro CHF 1000.– Nominalwert seiner Stammanteile eine Stimme. Die Stellvertretung ist unter Vorlegung einer schriftlichen Vollmacht zulässig. Im Falle der Nutzniessung steht das Stimmrecht dem Nutzniessenden zu.

Art. 17

Jeder Gesellschafter ist berechtigt, jederzeit von den Geschäftsführern Auskunft über die Angelegenheiten der Gesellschaft zu verlangen. Der Gesellschafter hat sodann grundsätzlich ein Recht auf Einsicht in die Geschäftsbücher und in die Korrespondenz.

Verweigern die Geschäftsführer die Auskunft oder die Einsichtnahme, kann der Gesellschafter das Begehren der Gesellschafterversammlung unterbreiten. Die Gesellschafterversammlung kann das Begehren bei Gefahr, dass die erlangten Kenntnisse zum Schaden der Gesellschaft verwendet werden, zurückweisen. Verweigert die Gesellschafterversammlung die Auskunft oder die Einsichtnahme ungerechtfertigterweise, kann der Gesellschafter den Richter anrufen.

Variante: *Umfassendes Einsichtsrecht*[9]

Art. 18

Jeder Gesellschafter kann der Gesellschafterversammlung beantragen, bestimmte Sachverhalte durch eine Sonderprüfung abklären zu lassen. Die Sonderprüfung richtet sich nach den Bestimmungen des Aktienrechts. Verlangt ein Gesellschafter die Durchführung einer Sonderprüfung, ist dieses Begehren von den Geschäftsführern bei der Einberufung der Gesellschafterversammlung bekannt zu geben. Das Begehren ist als eigenes Traktandum der Gesellschafterversammlung vorzulegen. Liegt der Bericht der Sonderprüfung vor, ist die Geschäftsführung verpflichtet, diesen der Gesellschafterversammlung vorzulegen.

Variante: *Verzicht auf das Recht, die Sonderprüfung zu verlangen* [10]

Art. 19

Gesellschafterbeschlüsse werden, wenn das Gesetz (Art. 808b OR) oder die Statuten es nicht anders vorschreiben, mit der absoluten Mehrheit der vertretenen Stimmen gefasst.

Die Abstimmungen und Wahlen erfolgen offen, sofern nicht ein Gesellschafter oder ein Vertreter ein geheimes Verfahren verlangt. Kommt bei Wahlen im ersten Wahlgang die Wahl nicht zustande, findet ein zweiter Wahlgang statt, in dem das relative Mehr entscheidet.

Bei Beschlüssen über die Entlastung der Geschäftsführer haben Personen, die in irgendeiner Weise an der Geschäftsführung teilgenommen haben, kein Stimmrecht.

Bei Beschlüssen über den Erwerb eigener Stammanteile durch die Gesellschaft hat der Gesellschafter, der die Stammanteile abtritt, kein Stimmrecht.

Bei Beschlüssen über die Zustimmung zu Tätigkeiten der Gesellschafter, die gegen die Treuepflicht oder das Konkurrenzverbot verstossen, hat die betroffene Person kein Stimmrecht.

Variante: *Erschwerung der Beschlussfassung; Sperrminoritäten* [11]

B Die Geschäftsführung

Art. 20

Die Geschäftsführung ist zuständig, soweit die Aufgaben nicht der Gesellschafterversammlung übertragen sind, und nimmt namentlich folgende unübertragbare und unentziehbare Aufgaben wahr:

1. die Oberleitung der Gesellschaft;
2. die Festlegung der Organisation;
3. die Ausgestaltung des Rechnungswesens und der Finanzkontrolle sowie der Finanzplanung;
4. die Aufsicht über Personen, denen ein Teil der Geschäftsführung übertragen ist;

5. die Erstellung des Geschäftsberichts (Jahresrechnung, Jahresbericht sowie gegebenenfalls Konzernrechnung);
6. die Vorbereitung der Gesellschafterversammlung sowie die Ausführung der Beschlüsse der Gesellschafterversammlung;
7. die Benachrichtigung des Richters im Falle der Überschuldung.

Ferner sind die Geschäftsführer befugt, weitere Geschäfte, für die nach Gesetz oder Statuten die Geschäftsführung zuständig ist, wahrzunehmen.

Art. 21

Die Geschäftsführung besteht aus einem oder mehreren Geschäftsführern, welche Gesellschafter oder Dritte sein können. Die Geschäftsführer werden durch die Gesellschafterversammlung jeweils für die Dauer von einem Jahr gewählt. Eine Wiederwahl ist zulässig. Durch Mehrheitsbeschluss können die Geschäftsführer jederzeit abberufen werden. Die Geschäftsführer können, ausser zur Unzeit, jederzeit zurücktreten.

Jeder Geschäftsführer ist zur Vertretung der Gesellschaft berechtigt. Die Gesellschaft muss durch eine Person vertreten werden können, die Wohnsitz in der Schweiz hat. Dieses Erfordernis kann durch einen Geschäftsführer oder einen Direktor erfüllt werden.

Die Geschäftsführung konstituiert sich, im Rahmen der gesetzlichen Vorgaben, selbst. Die Geschäftsführer wählen einen Vorsitzenden und einen Sekretär, der nicht Gesellschafter sein muss.

Die Geschäftsführung tritt zusammen, sooft es die Geschäfte erfordern oder wenn es ein Geschäftsführer verlangt. Mit der Einberufung der Sitzung sind die Traktanden bekannt zu geben. Die Geschäftsführung fasst Beschlüsse in Versammlungen oder auf dem Zirkularweg mit dem absoluten Mehr der abgegebenen Stimmen. Der Vorsitzende hat den Stichentscheid. Die Geschäftsführung ist beschlussfähig, wenn die Mehrheit der Geschäftsführer am Beschluss beteiligt ist. Über die Verhandlungen und Beschlüsse der Geschäftsführung ist ein Protokoll zu führen.

Die Geschäftsführung kann die Vorbereitung und die Ausführung ihrer Beschlüsse einzelnen Mitgliedern zuweisen oder nach Massgabe eines Organisationsreglementes an einzelne Geschäftsführer oder an Dritte, die nicht Gesellschafter sein müssen, übertragen. Das Organisationsreglement ordnet die Geschäftsführung, bestimmt die hierfür erforderlichen Stellen, umschreibt deren Aufgaben und regelt die Berichterstattung.

Die Geschäftsführung bezeichnet Direktoren, Prokuristen und Handlungsbevollmächtigte sowie die übrigen vertretungsberechtigten Personen und bestimmt die

Art ihrer Zeichnungsberechtigung. Die zur Vertretung der Gesellschaft befugten Personen sind im Handelsregister einzutragen.

Variante: *Selbstorganschaft* [12]

Variante: *Kollektivzeichnungsberechtigung*

Variante: *Verweis auf ein Geschäftsreglement* [13]

Variante: *Die Gesellschafterversammlung regelt den Vorsitz (Art. 809 Abs. 3 OR)*

Art. 22

Die gewählten geschäftsführenden Gesellschafter bzw. Dritten haben Anspruch auf Ersatz der im Interesse der Gesellschaft aufgewendeten Auslagen, ein der Tätigkeit angemessenes Honorar sowie eine Gewinnbeteiligung (Tantieme). Das Honorar wird von der Gesellschafterversammlung festgelegt. Die Ausrichtung einer Gewinnbeteiligung (Tantieme) ist nur zulässig, wenn die Zuweisung an die gesetzliche Reserve gemacht und eine Dividende von fünf Prozent an die Gesellschafter ausgerichtet worden ist. Gewinnbeteiligungen (Tantiemen) werden gestützt auf den Beschluss der Gesellschafterversammlung ausgerichtet.

Variante: *Verzicht auf die Ausrichtung einer Tantieme*

Art. 23

Die Geschäftsführer sind verpflichtet, die Gesellschaft in keiner Weise zu konkurrenzieren. Die Geschäftsführer verpflichten sich insbesondere, ohne Zustimmung der übrigen Gesellschafter weder auf eigene noch auf fremde Rechnung ein Geschäft zu betreiben, das mit dem der Gesellschaft in Wettbewerb steht oder dessen Zweck demjenigen der Gesellschaft entspricht, in einem solchen tätig zu sein oder sich an einem solchen direkt oder indirekt zu beteiligen.

Variante: *Ausdehnung des Konkurrenzverbotes auf die an der Geschäftsführung nicht beteiligten Gesellschafter*

Variante: *Konventionalstrafe*

C Die Revisionsstelle

Art. 24

Ist die Gesellschaft verpflichtet, eine ordentliche Revision durchzuführen, wählt die Gesellschafterversammlung für jedes Jahr ein staatlich beaufsichtigtes Revisionsunternehmen bzw. einen zugelassenen Revisionsexperten. Ist die Gesellschaft nicht verpflichtet, eine ordentliche Revision durchzuführen, wählt die Gesellschafterversammlung für jedes Jahr einen zugelassenen Revisor, der die Jahresrechnung eingeschränkt prüft.

Ist die Gesellschaft von Gesetzes wegen nur zu einer eingeschränkten Revision verpflichtet, können Gesellschafter, die 10 Prozent des Stammkapitals vertreten, eine ordentliche Revision durch einen zugelassenen Revisionsexperten verlangen. Das gleiche Recht steht auch Gesellschaftern zu, die einer Nachschusspflicht unterliegen.

Ist die Gesellschaft von Gesetzes wegen nur zu einer eingeschränkten Revision verpflichtet, kann mit Zustimmung sämtlicher Gesellschafter auf eine Revision verzichtet werden, sofern die Gesellschaft nicht über mehr als 10 Vollzeitstellen im Jahresdurchschnitt verfügt. Haben die Gesellschafter auf eine eingeschränkte Revision verzichtet, gilt dieser Verzicht auch für die folgenden Jahre. Jeder Gesellschafter hat jedoch das Recht, spätestens 10 Tage vor der Gesellschafterversammlung eine eingeschränkte Revision zu verlangen. Die Gesellschafterversammlung muss sodann eine Revisionsstelle wählen.

Wird eine ordentliche oder eine eingeschränkte Revision verlangt, findet die ordentliche Gesellschafterversammlung unter Einhaltung der Vorschriften betreffend die Einberufung nach Vorliegen des Revisionsberichtes statt.

Rechte und Pflichten der Revisionsstelle richten sich nach Art. 727 ff. OR. Der Revisionsstelle obliegen namentlich die Prüfung der Jahresrechnung und die Berichterstattung an die Gesellschafterversammlung. Die Revisionsstelle ist gehalten, an der Gesellschafterversammlung anwesend zu sein. Durch einstimmigen Beschluss kann die Gesellschafterversammlung auf die Anwesenheit der Revisionsstelle verzichten.

V. Rechnungsabschluss / Gewinnverteilung

Art. 25

Das Geschäftsjahr dauert vom 1. Januar bis 31. Dezember (erstmals bis 31. Dezember 20(..). Die Bilanz und die Erfolgsrechnung sind nach den Vorschriften von Art. 662a ff. OR und Art. 958 ff. OR und den Grundsätzen der ordnungsge-mässen Rechnungslegung zu errichten.

Art. 26

Aus dem Jahresgewinn ist zuerst, entsprechend den Vorschriften des Gesetzes, die Zuweisung an den Reservefonds vorzunehmen. Der Bilanzgewinn steht zur Verfügung der Gesellschafterversammlung, die ihn im Rahmen der gesetzlichen Auflagen (Art. 801 OR i.V.m. Art. 671 ff. OR) nach freiem Ermessen verwenden kann.

Die Gesellschafterversammlung kann die Anlage weiterer Reservefonds beschliessen und deren Zweckbestimmung und Verwendung festsetzen.

Die Dividende darf erst festgesetzt werden, nachdem die vom Gesetz und den Statuten vorgeschriebenen Zuwendungen erfolgt sind. Die Dividende ist sodann im Verhältnis des Nennwertes der Stammanteile festzusetzen.

VI. Auflösung / Liquidation

Art. 27

Die Gesellschaft kann durch einen Gesellschafterbeschluss aufgelöst werden, wenn mindestens zwei Drittel der vertretenen Stimmen und die absolute Mehrheit des gesamten stimmberechtigten Stammkapitals zustimmen.

Beschliesst die Gesellschafterversammlung die Auflösung der Gesellschaft, wird die Liquidation nach den Vorschriften der Art. 742 ff. OR durch die Geschäftsführer durchgeführt, sofern die Gesellschafterversammlung damit nicht andere Personen beauftragt. Wenigstens einer der Liquidatoren muss in der Schweiz wohnhaft und zur Vertretung berechtigt sein. Die Liquidatoren sind befugt, die Gesellschafterversammlung einzuberufen.

Das Vermögen der aufgelösten Gesellschaft wird nach Tilgung aller Schulden unter die Gesellschafter im Verhältnis der Stammanteile verteilt.

Variante: *Erschwerung des Auflösungsbeschlusses durch erhöhte Anforderungen an den Beschluss*[14]

VII. Bekanntmachungen

Art. 28

Alle Bekanntmachungen der Gesellschaft erfolgen im Schweizerischen Handelsamtsblatt, alle Mitteilungen an die Gesellschafter durch eingeschriebenen Brief.

Anmerkungen zu den Statuten:

1) Vgl. Musterstatuten Gesellschaft mit Selbstorganschaft, Anmerkung 2.

2) Soll bei Gesellschaften mit einer grösseren Anzahl Gesellschafter das kapitalbezogene Element der GmbH verstärkt werden, muss die Übertragung der Beteiligung, analog zum Aktienrecht, erleichtert, nicht erschwert werden. Gesellschaften mit Drittorganschaft weisen dementsprechend oftmals weniger strenge Übertragungsbeschränkungen auf als Gesellschaften mit Selbstorganschaft.

3) Einerseits ist der Austritt ein effizientes Mittel zur gesellschaftsinternen Konfliktlösung; andererseits kann der Austritt die Gesellschaft schwächen. Beides ist bei der Gestaltung des Austrittsrechts zu beachten. Zweifelsohne fallen persönliche Differenzen bei Gesellschaften mit einer grösseren Anzahl Gesellschafter weniger schwer ins Gewicht als bei Gesellschaften mit wenigen Gesellschaftern.

4) Der ausscheidende Gesellschafter hat grundsätzlich Anspruch auf eine Abfindung, die dem wirklichen Wert seiner Anteile entspricht. Für das Ausscheiden aufgrund eines statutarischen Austrittsrechts können die Statuten eine abweichende Regelung vorsehen.

5) Das Ausschlussrecht der Gesellschaft rechtfertigt sich nur bei Gesellschaften mit wenigen Gesellschaftern, bei denen die gemeinsame Geschäftsführung durch interne Differenzen erheblich gestört werden kann. Bei Gesellschaften mit Drittorganschaft rechtfertigt sich ein Ausschlussrecht der Gesellschaft in der Regel nicht.

6) Eine Pflicht, Beschlüsse der Gesellschafterversammlung zur Genehmigung vorzulegen, stärkt die Position der Gesellschafterversammlung gegenüber der Geschäftsführung und rechtfertigt sich in der Regel nur bei Gesellschaften mit Drittorganschaft, da bei Gesellschaften mit Selbstorganschaft die Gesellschafter an der Geschäftsführung beteiligt sind.

7) Das Recht, Beschlüsse der Gesellschafterversammlung zur Genehmigung vorzulegen, kann bei Gesellschaften mit Drittorganschaft angemessen erscheinen und stärkt die Legitimation der Beschlüsse der Geschäftsführung.

8) Bei grösseren Gesellschaften soll eventuell nicht jeder Gesellschafter die Einberufung einer Gesellschafterversammlung verlangen können. Die Einberufung einer Gesellschafterversammlung soll nur verlangt werden können, wenn das Begehren von einer bestimmten Anzahl Gesellschafter oder einem bestimmten Anteil am Kapital unterstützt wird.

9) Bei der Gesellschaft mit Drittorganschaft rechtfertigt es sich, den Gesellschaftern ein umfassendes Informationsrecht einzuräumen.

10) Das Recht der GmbH kennt die Sonderprüfung nicht. Zulässig ist hingegen die statutarische Einführung des Rechts, eine Sonderprüfung zu verlangen. Dies kann bei Gesellschaften mit Drittorganschaft sinnvoll sein, wenn die Einsichts- und Informationsrechte der nicht an der Geschäftsführung beteiligten Gesellschafter beschränkt sind.

11) Präsenz- und Beschlussquoren dienen dem Minderheitenschutz. Namentlich bei Gesellschaften mit Drittorganschaft kann ein Bedürfnis bestehen sicherzustellen, dass gewisse Beschlüsse nicht ohne die Zustimmung der Minderheit gefasst werden können.

12) Enthalten die Statuten keine abweichende Regel, üben die Gesellschafter die Geschäftsführung gemeinsam aus. Die Befugnis zur Geschäftsführung steht den Gesellschaftern ohne Wahl durch die Gesellschafterversammlung zu. Dasselbe gilt für die Befugnis, die Gesellschaft zu vertreten. Vgl. Musterstatuten Gesellschaft mit Selbstorganschaft.

13) Bei Gesellschaften mit Drittorganschaft ist es empfehlenswert, die Geschäftsführung in einem Geschäftsreglement zu regeln.

14) Grössere Gesellschaften, die das kapitalbezogene Element hervorheben wollen, versuchen, die Kontinuität der Gesellschaft unabhängig von der Person der einzelnen Gesellschafter sicherzustellen, und erschweren in der Regel den Beschluss betreffend die Auflösung der Gesellschaft.

Muster Organisationsreglement für die Geschäftsführung einer GmbH mit Drittorganschaft

Vorbemerkung: Gemäss Art. 776a Abs. 2 Ziff. 7 OR kann in den Statuten eine vom Gesetz abweichende Regelung der Geschäftsführung und Vertretung vorgesehen werden. Die Statuten können namentlich die Befugnis zur Ernennung von Direktoren, Prokuristen und Handlungsbevollmächtigten an die Geschäftsführung delegieren und die Geschäftsführer zur Delegation bestimmter Aufgaben ermächtigen. Delegierbar sind all jene Aufgaben, die der Geschäftsführung gemäss Art. 810 OR nicht als unübertragbare Aufgaben zugewiesen sind. Durch die rechtmässige Delegation reduziert sich die Verantwortlichkeit der Geschäftsführer in diesen Bereichen auf die korrekte Auswahl, Überwachung und Anweisung. Das nachfolgende Organisationsreglement und das dazugehörige Geschäftsreglement sind mit Fussnoten versehen. Die Anmerkungen zu den Fussnoten folgen im Anschluss an das Geschäftsreglement.

Organisationsreglement der XY GmbH

I. Grundlagen

Dieses Reglement wird von der Geschäftsführung gestützt auf Art. 809 f. OR sowie Art. (...) der Statuten erlassen. Es regelt die Aufgaben und die Befugnisse der Geschäftsführer.

II. Exekutivorgane der Gesellschaft

Die Exekutivorgane der Gesellschaft sind:

Die Geschäftsführer;

der Vorsitzende der Geschäftsführung;

die Geschäftsleitung.

III. Die Geschäftsführer

1. Kompetenzen und Aufgaben; Delegation der Geschäftsführung

Die Geschäftsführer sind für die Oberleitung der Gesellschaft verantwortlich. Der Geschäftsführung kommen folgende Aufgaben zu:

- die Oberleitung der Gesellschaft;
- die Festlegung der Organisation;
- die Ausgestaltung des Rechnungswesens und der Finanzkontrolle sowie der Finanzplanung;
- die Aufsicht über Personen, denen ein Teil der Geschäftsführung übertragen ist;
- die Erstellung des Geschäftsberichts (Jahresrechnung, Jahresbericht sowie gegebenenfalls Konzernrechnung);
- die Vorbereitung der Gesellschafterversammlung sowie die Ausführung der Beschlüsse der Gesellschafterversammlung;
- die Benachrichtigung des Richters im Falle der Überschuldung.

Die Geschäftsführer delegieren die Geschäftsführung an die Geschäftsleitung, soweit der Delegation nicht zwingende Gesetzesbestimmungen entgegenstehen bzw. die Statuten oder dieses Reglement etwas anderes bestimmen[1]. Die Organisation der Geschäftsleitung ist im Geschäftsreglement festgelegt. Das Geschäftsreglement ist Bestandteil des Organisationsreglementes und ist dem letzteren als Anhang angefügt.

2. Konstituierung

Es gilt Art. (…) der Statuten der Gesellschaft: Die Geschäftsführung konstituiert sich im Rahmen der gesetzlichen Vorgaben selbst. Die Geschäftsführung kann für die Vorbereitung bestimmter Geschäfte und Entscheide Arbeitsgruppen (z. B. Strategieplanung, Finanzplanung) bilden.

Gemäss den Statuten (Art. …) kann die Geschäftsführung Direktoren, Prokuristen und Handlungsbevollmächtigte bezeichnen und die Art ihrer Zeichnungsberechtigung bestimmen.

3. Sitzungen, Einberufung und Traktandierung

Die Einberufung von Sitzungen der Geschäftsführung erfolgt durch den Vorsitzenden oder – im Falle seiner Verhinderung – durch ein Mitglied der Geschäftsführung. Jedes Mitglied der Geschäftsführung kann, unter Angabe der Gründe, vom Vorsitzenden die unverzügliche Einberufung einer Sitzung verlangen.

Die Einberufung erfolgt schriftlich, mindestens zehn Tage im Voraus und unter Angabe der Traktanden. Vorbereitungsunterlagen zu wichtigen Traktanden sind mit der Einberufung den Mitgliedern der Geschäftsführung zuzustellen.

Die Sitzungen der Geschäftsführung werden vom Vorsitzenden oder – im Falle seiner Verhinderung – von einem Mitglied der Geschäftsführung geleitet.

Mit Zustimmung des Vorsitzenden können auch Personen zu Sitzungen eingeladen werden, welche der Geschäftsführung nicht angehören. Diese haben kein Stimmrecht.

4. Beschlussfähigkeit, Beschlussfassung und Protokollierung

Die Geschäftsführung ist beschlussfähig, wenn die Mehrheit ihrer Mitglieder anwesend ist.

Die Geschäftsführung fasst ihre Beschlüsse mit der Mehrheit der abgegebenen Stimmen.

Verlangt kein Mitglied der Geschäftsführung eine mündliche Beratung, können Beschlüsse auch auf dem Zirkularweg gefasst werden.

Die Beschlüsse der Geschäftsführung sind zu protokollieren. Das Protokoll ist vom Vorsitzenden und vom Protokollführer zu unterzeichnen und von der Geschäftsführung zu genehmigen. Zirkularbeschlüsse sind in das nächste Protokoll aufzunehmen.

5. Auskunftsrecht

Jedes Mitglied der Geschäftsführung kann jederzeit über alle Angelegenheiten der Gesellschaft Auskunft und Einsicht in alle Bücher und Akten verlangen.

6. Entschädigung

Die Entschädigung und die Gewinnbeteiligung der Geschäftsführer werden durch die Gesellschafterversammlung festgelegt. Im Interesse der Gesellschaft getätigte Auslagen werden fortlaufend ersetzt.

IV. Vorsitzender der Geschäftsführung

1. Allgemeines

Gemäss den Statuten (Art. …) wählen die Geschäftsführer einen Vorsitzenden. Der Vorsitzende der Geschäftsführung sorgt dafür, dass die Geschäftsführung als Organ funktioniert und ihre Aufgaben entsprechend den gesetzlichen Vorschriften wahrnimmt. Der Vorsitzende koordiniert die Arbeiten der Mitglieder der Geschäftsführung und lässt sich vom Vorsitzenden der Geschäftsleitung sowie von den mit der Geschäftsleitung betrauten Personen laufend über den Geschäftsgang unterrichten. Die Informationen der Geschäftsleitung leitet der Vorsitzende an die Geschäftsführer weiter.

2. Aufgaben

Der Vorsitzende der Geschäftsführung repräsentiert die Gesellschaft nach innen und nach aussen und nimmt folgende Aufgaben wahr:

- Festsetzung, Vorbereitung und Leitung der Gesellschafterversammlung;
- Festsetzung, Vorbereitung und Leitung der Sitzungen der Geschäftsführung;
- Gesellschaftsinterne und -externe Kommunikation der Beschlüsse der Geschäftsführung;
- Entgegennahme von Erklärungen und Mitteilungen zuhanden der Geschäftsführung;
- Sicherstellung der erforderlichen Anmeldungen beim Handelsregister;
- Behandlung der dem Vorsitzenden von der Geschäftsführung zugeordneten Sonderaufgaben.

V. Die Geschäftsleitung

1. Zusammensetzung

Die Geschäftsleitung setzt sich aus dem Vorsitzenden der Geschäftsleitung (CEO), dem Leiter Betriebswirtschaft und Finanzen (CFO), dem Leiter Marketing (CMM), sowie dem Leiter Informatik/Technik (CTO) zusammen.

2. Aufgaben

Die Geschäftsführer delegieren die Geschäftsführung an die Geschäftsleitung, soweit der Delegation nicht zwingende Gesetzesbestimmungen entgegenstehen bzw. die Statuten oder dieses Reglement etwas anderes bestimmen. Namentlich bleiben die Geschäftsführer für die in Art. 810 OR aufgeführten unübertragbaren und unentziehbaren Aufgaben zuständig. In diesen Bereichen haben die Mitglieder der Geschäftsleitung lediglich eine unterstützende Funktion[1]. Für die einzelnen Aufgaben der Geschäftsleitung wird auf das Geschäftreglement der Gesellschaft verwiesen, welches als Bestandteil des Organisationsreglementes dem letzteren als Anhang angefügt ist.

VI. Schlussbestimmung

Dieses Reglement tritt gemäss Beschluss der Geschäftsführung vom (…) am (…) in Kraft und ersetzt das Organisationsreglement vom (…).

Ort/Datum:

Für die Geschäftsführung

______________________________	______________________________
Vorsitzender der Geschäftsführung	Mitglied der Geschäftsführung

Beilage:

Geschäftsreglement

Muster Geschäftsreglement einer GmbH mit Drittorganschaft

Geschäftsreglement der XY GmbH

1. Grundlagen

Dieses Reglement wird von der Geschäftsführung gestützt auf Art. 809 f. OR sowie Art. (…) der Statuten erlassen. Es regelt die Organisation der Geschäftsführung und bildet Bestandteil des Organisationsreglements.

2. Zusammensetzung der Geschäftsleitung

Die Geschäftsleitung wird von der Geschäftsführung der Gesellschaft gewählt und setzt sich aus folgenden Direktoren zusammen:

- Vorsitzender der Geschäftleitung (CEO);
- Leiter Betriebswirtschaft und Finanzen (CFO);
- Leiter Marketing (CMO);
- Leiter Informatik/Technik (CTO).

Die bestehende Geschäftsleitung hat für Neubesetzungen ein Antragsrecht.

3. Aufgaben der Geschäftsleitung im Allgemeinen

Die Geschäftsführung delegiert, soweit nicht zwingendes Gesetzesrecht, Statuten oder Reglemente entgegenstehen, die Geschäftsführung an die Geschäftsleitung. Im Bereich der vom Gesetz in Art. 810 OR festgelegten unentziehbaren und unübertragbaren Aufgaben unterstützt die Geschäftsleitung die Geschäftsführer und nimmt gemeinsam mit der Geschäftsführung namentlich folgende Aufgaben wahr[1]:

- Entwicklung und Umsetzung des Unternehmensleitbildes und der Unternehmensziele;
- Durchführung der Beschlüsse der Geschäftsführung;

- Organisation, Leitung und Überwachung der Geschäftstätigkeit der Gesellschaft;
- Organisation, Leitung und Überwachung des Rechnungswesens, der Finanzkontrolle, des Budgets und der Finanzplanung, einschliesslich Cash-Management, Versicherung und Steuern;
- Festlegung einer einheitlichen Personalpolitik mit Bezug auf Beförderungs-, Lohn-, Bonus- und Beteiligungssysteme;
- Ernennung der mit der Vertretung der Gesellschaft betrauten Person, namentlich der Zeichnungsberechtigten;
- Entscheid über die Führung von Prozessen sowie den Abschluss von Vergleichen;
- (...).

Die Mitglieder der Geschäftsleitung vertreten die Gesellschaft mit einem Mitglied der Geschäftsführung durch Kollektivunterschrift zu zweien.

4. Sitzungen / Einberufung / Traktandierung

Die Sitzungen der Geschäftsleitung werden vom Vorsitzenden der Geschäftsleitung und bei dessen Verhinderung von seinem Stellvertreter einberufen und geführt. Die Mitglieder der Geschäftsleitung sind berechtigt, von ihnen gewünschte Gegenstände auf die Traktandenliste setzen zu lassen. Die Traktanden der Sitzungen der Geschäftsleitung sind den Mitgliedern der Geschäftsleitung rechtzeitig bekannt zu geben. Sitzungen der Geschäftsleitung finden zumindest zweimal im Monat statt. Sie sind ferner immer dann einzuberufen, wenn die Angelegenheiten der Gesellschaft dies erfordern.

5. Beschlussfähigkeit / Beschlussfassung / Protokoll

Die Geschäftsleitung ist beschlussfähig, wenn die Mehrheit ihrer Mitglieder anwesend ist. Beschlüsse der Geschäftsleitung werden einstimmig gefasst. Falls keine Einstimmigkeit erzielt werden kann, entscheidet die Geschäftsleitung in der nächsten Sitzung mit einfacher Mehrheit.

Auf Veranlassung des Vorsitzenden der Geschäftsleitung können Beschlüsse auf dem Zirkularweg gefasst werden. Sie sind im Protokoll der darauffolgenden Sitzungen der Geschäftsleitung aufzunehmen.

Die Beschlüsse der Geschäftsleitung sind zu protokollieren. Das Protokoll ist vom Protokollführer und vom Vorsitzenden der Geschäftsleitung zu unterzeichnen. Das Protokoll ist sodann den Mitgliedern der Geschäftsleitung und dem Vorsitzenden der Geschäftsführung zuzustellen. Das Protokoll ist in der darauffolgenden Sitzung der Geschäftsleitung zu genehmigen.

6. Aufgaben des Vorsitzenden der Geschäftsleitung (CEO)

Der Vorsitzende der Geschäftsleitung führt und koordiniert die Aufgaben der Geschäftsleitung. Der Vorsitzende der Geschäftsleitung untersteht dem Vorsitzenden der Geschäftsführung, der seinerseits für die wirtschaftliche Gesamtführung und das Ergebnis verantwortlich ist[1]. Seine Stellvertretung regelt der CEO selber. Zu den Aufgaben des CEO gehören insbesondere:

- Die strategische und operative Weiterentwicklung des Unternehmens;
- die Vertretung der Geschäftsleitung gegenüber der Geschäftsführung;
- die quartalsweise Berichterstattung über die Finanzlage an die Geschäftsführung;
- die umgehende Orientierung des Vorsitzenden der Geschäftsführung über Vorgänge, die einen erheblichen Einfluss auf den Geschäftsgang haben könnten;
- (…).

7. Aufgaben des Leiters Betriebswirtschaft und Finanzen (CFO)

Der Leiter Betriebswirtschaft und Finanzen ist für die Kontrolle der Wirtschaftlichkeit und die Finanzen der Gesellschaft verantwortlich. Zu seinen Aufgaben gehören insbesondere:

- das Finanz- und Rechnungswesen entsprechend den Weisungen der Geschäftsführung;
- das Erstellen von Jahres-, Geschäfts-, Ertrags- und Investitionsbudget;

– (…).

8. Aufgaben des Leiters Marketing (CMM)

Der Leiter Marketing ist für das Erstellen von Marketingstrategien und Marketingplänen verantwortlich. Zu seinen Aufgaben gehören insbesondere:

– Die Koordination und Durchführung aller Marketing- und Public Relations-Aktivitäten;
– die Budgetverantwortung für Marketing und Public Relations;
– (…).

9. Aufgaben des Leiters Informatik / Technik (CTO)

Der Leiter Informatik / Technik ist für die Planung und Implementierung sowie für die Sicherheit und den Betrieb aller IT-Systeme verantwortlich. Zu seinen Aufgaben gehören insbesondere:

– Der Aufbau und Betrieb der IT-Infrastruktur;
– die Sicherstellung des lückenlosen Betriebs;
– (…).

Dieses Reglement tritt am (…) in Kraft und ersetzt das Reglement vom (…). Zum Zeichen des Einverständnisses ist das Reglement von sämtlichen Mitgliedern der Geschäftsleitung sowie vom Präsidenten der Geschäftsführung zu unterzeichnen.

Ort / Datum

______________________	______________________
Vorsitzender der Geschäftsführung	Vorsitzender der Geschäftsleitung

Leiter Betriebswirtschaft / Finanzen	Leiter Marketing
Leiter Informatik / Technik	

Anmerkungen:

1) Delegierbar sind nur jene Aufgaben, die der Geschäftsführung gemäss Art. 810 OR nicht als unübertragbare Aufgaben zugewiesen sind. Die Geschäftsführung bei der GmbH ist das Exekutivorgan der GmbH. Der Geschäftsführer ist nicht Verwaltungsrat. Der Geschäftsführer hat nicht eine Aufsichtsfunktion über die Geschäftsleitung, sondern ist selber für die Geschäftsführung verantwortlich. Bei der GmbH kann lediglich innerhalb der Geschäftsführung eine Geschäftsleitung, bestehend aus den Geschäftsführern unterstellten Direktoren und Prokuristen, vorgesehen werden.

Konkordanztabelle

Altes Recht – Revidiertes Recht

Altes Recht	**Revidiertes Recht**
Artikel	Artikel
772 I, II	772
772 III	--
773	773
774 I	774 I
774 II	772 II, 777c I
775 I	775
775 II	--
776	776
777	776a
778	777c II
779 I, II	777 I, II
779 III	777b
779 IV	777c II
780 I	778
780 II, III, IV	--
781	791
782	778a
783 I	779 I
783 II, III	779a
784 I	780
784 II, III	808b I
785	780
786 I	781
786 II	--

Altes Recht	**Revidiertes Recht**
Artikel	Artikel
787	781 V Ziff. 2
788	782
789 I, II, IV	--
789 III	784
790 I	790
790 II, IV	--
790 III	790 IV
791 I, II	786 I; 787 I
791 III	786 II, III
791 IV	785 I
792	788
793	--
794	--
795	--
796	--
797	792
798	793 I
799	--
800	--
801	--
802	794
803 I, II, III	795, 795a
803 IV	--
804	798, 798a
805	801
806	800
807 I	--
807 II	783 I

Altes Recht	**Revidiertes Recht**
Artikel	Artikel
808 I	804 I
808 II	805 IV
808 III	808
808 IV	806 I
808 V	806a I
808 VI	808c
809	805
810 I, II	804 II, III
811 I, II	809 I; 814 I
811 III	--
812 I	809 I, 814 II
812 II	--
813 I	814 III
813 II	819
814 I	814 IV
814 II, III	815
814 IV	817
815	814 V, VI
816	804 III; 815 III
817	820
818	803, 812
819 I	--
819 II	818 I
820	821
821	821a II

Altes Recht	**Revidiertes Recht**
Artikel	Artikel
822 I, II	822; 821 III
822 III	808b; 823
822 IV	825; 825a
823	826 II
824	--
825	--
826	--
827	827

Konkordanztabelle

Revidiertes Recht – Altes Recht

Revidiertes Recht	**Altes Recht**
Artikel	Artikel
772 I	772 I
772 II	772 II; 774 II
773	773
774	774 I
774a	--
775	775 I
776	776
776a	777
777	779 I, II
777a	--
777b	779 III
777c	774 II; 778
778	780
778a	782
779 I	783 I
779 II, III, IV	--
779a	783 II, III
780	784 I; 785 I
781	786; 787
782	788
783 I	807
783 II, III, IV	--

Revidiertes Recht	**Altes Recht**
Artikel	Artikel
784 I	789 III
784 II	--
785 I	791 IV
785 II	--
786 I	791 II
786 II	791 III
786 III	--
787 I	791 I, II
787 II	--
788 I, III	792
788 II, IV, V	--
789	--
789a	--
789b	--
790 I, II, IV	790
790 III	--
791 I	781 Ziff. 4
791 II	780 II
792	797
793	798
794	802
795 I, II	803 I, II
795 III	--
795a I, II	803 I, III
795a III	--
795b	--
795c	--
795d	--
796	777 Ziff. 2
797	784 III

Revidiertes Recht	Altes Recht
Artikel	**Artikel**
798 I, III	804 I
798 II	--
798a	804 II
798b	--
799	--
800	806
801	805
801a	--
802	819
803 I, III, IV	--
803 II	818
804	808 I, 810
805 I, II, III, IV	808 II, 809
805 V	--
806 I	808 IV
806 II, III	--
806a I	808 V
806a II, III	--
806b	--
807	--
808	808 III
808a	--
808b	784 II, III
808c	808 VI
809 I	811 I
809 II, III, IV	--
810	--
811	--
812 I, II	--
812 III	818 I

Revidiertes Recht	Altes Recht
Artikel	**Artikel**
813	--
814 I	811 I
814 II	811 II; 812 II
814 III	813 I
814 IV	814 I
814 V, VI	815
815 I, II	814 II, III
815 III	816
815 IV, V	--
816	--
817	814 IV
818 I	819 II
818 II	--
819	--
820	817
821 I	820
821 II, III	--
821a	821
822	822
822a	--
823 I	822 III
823 II, III	--
824	--
825 I	822 IV
825 II	--
825a	--
826	823
827	827

Sachregister

(Die Ziffer vor dem Punkt verweist auf den Paragraphen, die Ziffer nach dem Punkt auf die entsprechende Randnote)

L

M

N